Multi- und Omnichannel-Management in Banken und Sparkassen

Harald Brock · Ingo Bieberstein
(Hrsg.)

Multi- und Omnichannel-Management in Banken und Sparkassen

Wege in eine erfolgreiche Zukunft

 Springer Gabler

Herausgeber
Harald Brock
Düsseldorf
Deutschland

Ingo Bieberstein
Hochschule Niederrhein
Mönchengladbach
Deutschland

ISBN 978-3-658-06537-9   ISBN 978-3-658-06538-6 (eBook)
DOI 10.1007/978-3-658-06538-6

Die Deutsche Nationalbibliothek verzeichnet diese Publikation in der Deutschen Nationalbibliografie; detaillierte bibliografische Daten sind im Internet über http://dnb.d-nb.de abrufbar.

Springer Gabler
© Springer Fachmedien Wiesbaden 2015

Gedruckt auf säurefreiem und chlorfrei gebleichtem Papier

Springer Fachmedien Wiesbaden ist Teil der Fachverlagsgruppe Springer Science+Business Media (www.springer.com)

Geleitwort

Das Zukunftsprojekt „Industrie 4.0" ist derzeit in aller Munde. Damit soll die 4. Industrielle Revolution nach Dampfmaschine, Elektrifizierung und Computer eingeläutet werden.

Den Prozess zur sogenannten „Industrie 4.0" verfolgen alle Finanzdienstleister mit großem Interesse, da diese die Zukunftsfähigkeit des Industriestandorts Deutschland bestimmen wird. Denn nur wenn es den klassischen Industrien gelingt, ihre Produktionsprozesse zu vernetzen, können neue Formen von Wertschöpfung entstehen. Zudem kann die deutsche Industrie dadurch in die Lage versetzt werden, zum Leitanbieter neuer, hochklassiger Technologie zu werden.

Die Digitalisierung ist ein fortschreitender, sehr dynamischer Prozess, der nicht nur die Geschäftsmodelle und -prozesse der Unternehmen, sondern auch die der Kreditinstitute erfasst. Daher dürfen wir uns hier nicht dem Denken unserer Kunden verschließen. Wir müssen uns vielmehr in sie hineinversetzen und ihnen folgen. Für Banken und Sparkassen sollte es von zentraler Bedeutung sein, dass Kunden die Wertschöpfungsketten verstehen.

Den Kunden geht es heute nicht mehr allein darum, den Kanal selbst zu wählen, über den eine Transaktion – sei es Zahlung oder Information – abgewickelt werden kann, sondern sie wollen auch den Zeitpunkt selbst bestimmen. Das heißt, alle Kundengruppen wollen schnelle und flexible Lösungen. Gleichwohl müssen wir den individuellen Bedürfnissen – besonders jenen der Unternehmen – Rechnung tragen, und ein entsprechendes Angebot bereitstellen. Eine Standardlösung wird aus unserer Sicht hier nur selten greifen.

Da Kunden bereits heute eine Vielzahl digitaler Geräte wie Laptop, Smartphone und Tablet nutzen, werden auch Banken ihren Service noch stärker darauf ausrichten. Das Multikanalangebot wird daher weiter ausgebaut werden, auch wenn einzelne Dienstleistungen, wie der Hauskauf für den Privatkunden, weiterhin eine Beratung in der Filiale erfordern. Auch im Corporate Banking wird der Berater wie gehabt im Mittelpunkt stehen. Denn dieses ist ein „People's Business", bei dem die persönliche Betreuung wesentlich für das Erkennen von Kundenbedürfnissen und das Finden individueller und passgenauer Lösungen bleiben wird.

Die Digitalisierung umfasst aber nicht nur den Onlinekanal, sondern eine Vielzahl von Kanälen. Mit der Digitalisierung steigen die Erwartungen an Unternehmen und Banken, auch ihre Daten zur Verfügung zu stellen. Denn Kundendaten und deren Nutzung gewinnen zunehmend an Bedeutung! Künftig besteht daher die Herausforderung insbesondere in der intelligenten Nutzung der Informationen, da der Kunde eine personalisierte Ansprache und passgenaue Angebote erwartet.

In der Commerzbank versuchen wir deshalb, aktuelle Trends frühzeitig zu erkennen und Veränderungen zu akzeptieren. Nur so können wir sie auch zu unseren Gunsten nutzen. Tun wir es nicht, werden neue, nicht regulierte Wettbewerber außerhalb der traditionellen Finanzindustrie noch stärker auftreten.

Wir haben uns daher entschieden, den Kunden nicht nur zu folgen, sondern auch eigene Innovationen anzutreiben. Denn nur wenn wir digitale Innovationen selbst entwickeln und implementieren, werden wir die Kunden künftig erreichen.

Durch die Gründung des „Main Incubators" haben wir einen sehr wichtigen Schritt hin zur Steigerung unserer Innovationskraft getan. Durch diesen erhalten kleine, innovative FinTech-Unternehmen Beteiligungskapital, Experten-Know-how und Büroräume sowie eine entsprechende Infrastruktur in Frankfurt. Und die Förderung des FinTech-Bereichs hat bereits erste Früchte getragen, indem wir unter anderem in das Start-up Traxpay investiert haben, das B2B-Dynamic-Payments-Lösungen anbietet. Daneben haben wir mit der CommerzVentures GmbH eine Corporate-Venture-Capital-Gesellschaft mit Fokus auf Finanzdienstleistungen gegründet. Diese investiert in junge Unternehmen, die sich überwiegend in der Marktreifephase befinden. Wir sind zuversichtlich, mit den aktuellen und künftigen Initiativen und Projekten im intensiven Wettbewerb um den Kunden auch beim Thema Digitalisierung vorn positioniert zu sein.

Das vorliegende Fachbuch bietet einen guten und aktuellen Überblick über das künftige Multikanalmanagement aus Sicht von Kreditinstituten, Wissenschaft und Beratungsgesellschaften. Die wertvollen Aufsätze thematisieren dabei die digitalen Herausforderungen, die das Bankwesen in den nächsten Jahren verändern werden. Gleichzeitig werden Lösungswege aufgezeigt. Ich wünsche den Herausgebern und den Autoren daher, dass ihr Buch möglichst weite Verbreitung findet. Denn auch wenn es immer Banken geben wird, werden sie sich immer wieder neu erfinden müssen.

Holger Werner
    Bereichsvorstand Corporate Banking der Commerzbank AG, Verantwortlicher der Digitalisierungsstrategie und Aufsichtsratsvorsitzender des Main Incubators.

Geleitwort

In den letzten 25 Jahren hat sich in Deutschland nicht nur die Zahl der Banken, sondern auch die Zahl der Bankfilialen mehr als halbiert. Und auch die Beschäftigung im Bankensektor ist konstant rückläufig. Während im Jahr 2002 noch mehr als 750.000 Menschen im Kreditgewerbe arbeiteten, waren es 2012 weniger als 650.000– ein Rückgang von mehr als 100.000 Arbeitsplätzen in zehn Jahren. Und dieser Trend setzt sich fort. Dennoch ist es den deutschen Banken und Sparkassen bis heute nicht gelungen, ertragskräftige Geschäftsmodelle zu etablieren. Ganz im Gegenteil. Im Vergleich zum europäischen Wettbewerb liegen deutschen Banken und Sparkassen bei den Kosten im Verhältnis zum Ertrag, der sogenannten Cost-Income-Ratio (CIR), weit zurück. Während deutsche Kreditinstitute meist eine CIR von 80 % und mehr aufweisen können, beobachten wir beispielsweise in Spanien und England CIRs zwischen 40 und 60 %.

Insbesondere in Spanien ist es Banken wie Santander oder BBVA gelungen, großen Nutzen aus der ersten digitalen Revolution zu ziehen. Sie haben das frühe Internetzeitalter zwischen 1995 und 2010 genutzt, um Kunden mit vielen technischen Innovationen, unter anderem dem Mobile Banking, neuen Zugang zur Bank zu geben und gleichzeitig die eigenen Kostenstrukturen umzuwälzen.

Auch in Deutschland ist es einem Institut gelungen in diese Dimensionen vorzustoßen. Die ING DiBa konnte ohne Filialnetz zwischen 2002 und 2013 ihre Kundenzahl um den Faktor acht auf heute mehr als acht Millionen steigern, einen Verlust von vier Millionen Euro in einen Gewinn von mehr als 690 Mio. € wandeln und ein Mitarbeiterwachstum von 914 auf 3.300 erzielen.

In den nächsten fünf bis zehn Jahren können wir mit der zweiten digitalen Revolution rechnen.

Im Jahr 2000 waren viele Internettechnologien noch unzuverlässig, teuer und schwer zu benutzen. Man denke an das erste Mobile Banking basierend auf der WAP Technologie für das Nokia 7110. Es war letztlich nur für wenige wohlhabende und technologiebegeisterte Menschen geeignet.

Inzwischen verfügen wir über reife stationäre sowie mobile Internettechnologien, die kostengünstig und benutzerfreundlich in jedem privaten Haushalt vorhanden sind. Digitale Angebote ziehen stark verändertes Kundenverhalten und Kundenerwartungen gerade auch für Banking nach sich.

Banken müssen sich in den nächsten Jahren zunehmend dem digitalen Lifestyle der Gesellschaft stellen. Das gilt vor allem für die neuen Generationen, die ein Leben ohne Smartphone und mobiles Internet gar nicht kennen. Aber auch wohlhabende Menschen im Ruhestand verzeichnen gegenwärtig hohe Zuwachsraten – gerade bei der Nutzung von Tablet Computern. Eine Integration von Filiale und Bankmitarbeiter ins digitale Leben der Menschen ist gefordert.

Während sich traditionelle Banken und Sparkassen schwerfällig abmühen, ihre Kultur und ihre Geschäftsprozesse den neuen Herausforderungen anzupassen, haben Angreifer wie die Fidor Bank mit ihrem Social Banking Ansatz mit neuen Technologien auf der grünen Wiese in kurzer Zeit bereits erste rein digitale Geschäftsmodelle erfolgreich im Markt etabliert.

Gleichzeitig zeichnen sich am Horizont bereits vollkommen neue Technologien ab, die das Potenzial haben, das gesamte Bank- und Geldgewerbe in den Grundstrukturen zu revolutionieren. Diese neuen Technologien basieren auf der Idee von dezentralen, offenen und transparenten Systemen. Eine so gestaltete Open Source Bank Technologie ermöglicht beliebigen Dritten nachvollziehbares Banking. Staaten und Banken als zentrale Institute sind in solchen Szenarien überflüssig. Ein zunehmend bekannter Vertreter ist die Blockchain Technologie, auf der beispielsweise die virtuelle Crypto Währung Bitcoin basiert. Inzwischen erreicht Bitcoin ein tägliches Handelsvolumen von fast 20 Mio. US-Dollar. Weitere interessante Entwicklungen und Technologien entstehen zurzeit aus den Initiativen Ripple, Stellar und Ethereum.

Gerade für traditionelle Banken und Sparkassen wird es in den nächsten Jahren darauf ankommen, neue Technologien einzusetzen und den Wandel der Kanäle aktiv zu gestalten, um einerseits dem geänderten Kundenverhalten Rechnung zu tragen und andererseits nachhaltig wettbewerbsfähige Kostenstrukturen zu etablieren. Hierbei wird ihnen das vorliegende Buch helfen.

Frank Schwab
CEO Fidor TecS und Co Founder des FinTech Forums

Vorwort der Herausgeber

Die Kunden- und Anbieterprogressivität steigt unaufhaltsam. Bankkunden werden immer anspruchsvoller, informierter und vernetzter. Auf der Angebotsseite treten immer mehr Unternehmen auf den Markt, die Teile des klassischen Bankgeschäftes mit innovativen Leistungen in Frage stellen. Metaphorisch gesprochen befinden sich Banken und Sparkassen in einem Transformationsstrudel, dessen Rotationsgeschwindigkeit und Sogkraft mittlerweile extern vorgegeben sind. Der Sog ist so stark, dass sich kein Institut der digitalen Transformation entziehen kann. Skeptische Stimmen prophezeien klassischen Kreditinstituten sogar das gleiche Schicksal wie der Buch-, Film- und Musikindustrie. Sie übersehen allerdings die protektiven Besonderheiten von Finanzdienstleistungen, die sich in der exponierten Bedeutung von Vertrauen, Sicherheit sowie in persönlichen und personalisierten Kontaktmöglichkeiten widerspiegeln. Diese Leistungsbesonderheiten machen die Branche überlebensfähiger, sie sichern jedoch nicht zwangsläufig das Überleben eines jeden einzelnen Institutes in der digitalen Welt.

Banken und Sparkassen dürfen sich nicht geschlagen geben und in die Tiefe ziehen lassen. In jedem Kreditinstitut kommt es jetzt darauf an, den Transformationsstrudel mit individuellen Strategien und unter Berücksichtigung der eigenen Stärken unbeschadet zu überstehen. Auf dem Weg in ruhige Gewässer wird es zu Widerständen und Rückschlägen kommen. Weniger schnelle und umsetzungsstarke Institute werden durchgewirbelt und auf den Kopf gestellt werden. Langsame und schwerfällige Institute werden viel Wasser schlucken und ums Überleben kämpfen müssen. Kreditinstitute sollten sich jedoch nicht vorschnell von institutsgruppenspezifischen Besonderheiten, wie beispielsweise dichte Filialnetze lösen, die vielleicht nur auf den ersten Blick einen großen Ballast darstellen.

Wir möchten Banken und Sparkassen mit dem vorliegenden Buch Hilfestellungen an die Hand geben, diesen Transformationsstrudel möglichst unbeschadet und überdacht zu überwinden. Als wesentliche Maßnahme sehen wir die Implementierung eines kundenzentrierten Multi- bzw. Omnichannel-Managements in Banken und Sparkassen.

Das Alleinstellungsmerkmal unseres Buches ist die Betrachtungsvielfalt. Es ist das erste Buch im Multi- und Omnichannel-Kontext, das die Perspektive der Wissenschaft mit den Konzepten und Empfehlungen renommierter Unternehmensberater, Bankpraktiker und Fintech Start-ups vereint und verzahnt. Ein ganz besonderer Dank gilt daher allen Autoren, die am vorliegenden Buch mitgewirkt haben.

Durch die Bereitstellung von unterschiedlichen und differenzierten Sichtweisen wollen wir Entscheidungsträgern, Bank- und Sparkassenmitarbeitern, aber auch Studierenden in vier Teilen dabei helfen, die gegenwärtigen Dynamiken in der Finanzbranche besser zu verstehen, Rückschlüsse zu ziehen und zukunftsweisende Transformationsprozesse einzuleiten.

Teil 1 dient der Orientierung. Orientierung ist in einem dynamischen Umfeld ganz entscheidend. Nur wer die Besonderheiten und die Historie der Vertriebs- und Kommunikationsstrukturen von Kreditinstituten kennt, kann die Zukunft erfolgreich gestalten.

Teil 2 geht auf die aktuellen Herausforderungen und Defizite in der Ausgestaltung der Vertriebs- und Kommunikationsstrukturen bei Banken und Sparkassen ein. Das Spektrum reicht von der quantitativen und qualitativen Analyse des Bankenmarktes im Kontext eines Multi- und Omnichannel-Managements, über einen Blick hinter die Kulissen bekannter Fintech Start-ups, bis hin zur Betrachtung des Handels, der sich bereits seit vielen Jahren mit dem Thema Multi- und Omnichannel-Management beschäftigt und deshalb als Best Practice Beispiel dienen kann.

Teil 3 soll Banken und Sparkassen bei der Neuorientierung helfen. Hierzu werden Hilfestellungen geliefert, die entscheidungstheoretische Defizite aufdecken und beheben, den Fokus für neue kundenzentrierte Geschäftsmodelle schärfen und strategische Hilfestellungen bereitstellen, die bei der Neuausrichtung der Vertriebs- und Kommunikationsstrukturen helfen.

Teil 4 geht intensiv auf die relevanten Vertriebs- und Kommunikationskanäle von Kreditinstituten ein. Es wird aufgezeigt, welche Anforderungen jeder einzelne Kanal erfüllen muss und wie die Verzahnung von Filiale, Online, Mobile und Social Media sichergestellt werden kann.

Nun kommt es darauf an, dass Sie den Transformationsstrudel mit kreativen und innovativen Lösungen und der Implementierung eines kundenzentrierten Multi- bzw. Omnichannel-Managements meistern. Dann wird es viele Wege in eine erfolgreiche Zukunft geben!

Nicht zuletzt möchten wir uns besonders bei unserem Lektor Herrn Guido Notthoff vom Springer Gabler Verlag bedanken. Er hat uns in allen Arbeitsphasen von der ersten Idee bis hin zum fertigen Buch in vielfältiger Weise engagiert unterstützt.

Düsseldorf und Mönchengladbach im Januar 2015   Harald Brock
                                                     Professor Dr. Ingo Bieberstein

Inhaltsverzeichnis

Die Herausgeber

Prof. Dr. Ingo Bieberstein absolvierte zunächst eine Ausbildung zum Bankkaufmann bei der Deutschen Bank AG. Im Anschluss studierte er Betriebswirtschaftslehre an der Universität zu Köln (Diplom-Kaufmann). Nach seinem Studium war er Assistent am Seminar für Allgemeine Betriebswirtschaftslehre, Handel und Absatz der Universität zu Köln, wo er auch promovierte. Seine Dissertation wurde mit dem F. G. Contzen Förderpreis des Deutschen Einzelhandels ausgezeichnet. Im Anschluss arbeitete er als Vertriebsplaner bei der Henkel KGaA in Düsseldorf und als kaufmännischer Leiter der Cewe Color AG in Mönchengladbach. Ingo Bieberstein war zudem Lehrbeauftragter für Marketing an der Fachhochschule Köln und der FOM – Fachhochschule für Ökonomie und Management. Seit 1993 ist er Professor für Allgemeine Betriebswirtschaftslehre, insbesondere Marketing, an der Hochschule Niederrhein. Der Forschungsschwerpunkt liegt in der Zufriedenheitsforschung und dem Dienstleistungsmarketing

Harald Brock studierte Betriebswirtschaftslehre an der RWTH Aachen mit Schwerpunkten Finanzierung, Finanzdienstleistungen und International Management. Im Rahmen seiner Promotion zum Thema „Shared-Value im Geschäftsmodell von Finanzdienstleistern" absolvierte er einen mehrmonatigen Forschungsaufenthalt an der Newcastle University (UK). Während seines Studiums war Harald Brock Mitglied der Deans List der RWTH sowie der Eberle-Butschkau-Stiftung. Zudem erhielt er ein Stipendium eines Kreditinstitutes. Sein Masterstudium schloss er als Bester seines Jahrgangs ab. Vor seinem Studium absolvierte er eine Ausbildung zum Bankkaufmann, die er als Landesbester beendete. Nach dem Studium arbeitete Harald Brock zunächst als wissenschaftlicher Mitarbeiter am Gründerzentrum der RWTH Aachen, wo seine Leidenschaft für innovative (FinTech) Start-ups entstand. Im Anschluss führte sein Weg zurück in die Finanzdienstleistungsbranche, wo er wichtige Führungsfunktionen übernommen hat. Mit ‚thinkbank' berät und unterstützt er Kreditinstitute im Bereich Multi- und Omnichannel-Management, Marketing, CSR und Shared-Value. Er verfügt mittlerweile über mehr als zehn Jahren Erfahrung in unterschiedlichen Bereichen der Kreditwirtschaft. Harald Brock veröffentlichte bereits zahlreiche Artikel und Beiträge in führenden Fachzeitschriften und in der Wirtschaftspresse (Bankmagazin, Handelsblatt et al.). Zudem ist er der Initiator des vorliegenden Buches „Multi- und Omnichannel-Management in Banken und Sparkassen".

Teil I

Orientierung: Grundlagen zum Thema Finanzdienstleistungen sowie Vertriebs- und Kommunikationsstrukturen

Theorie – Besonderheiten der Distribution von Finanzdienstleistungen

Ingo Bieberstein

Zusammenfassung

Der Beitrag legt das theoretische Fundament für die Gestaltung moderner dienstleistungsspezifischer Distributionssysteme. Die Diskussion der konstitutiven Merkmale des Dienstleistungsabsatzes macht die Notwendigkeit einer Multikanalstrategie bei Banken und Sparkassen deutlich.

1.1 Einleitung

In arbeitsteiligen Wirtschaftssystemen fallen Produktion und Konsumtion von Produkten üblicherweise räumlich und zeitlich auseinander. Daraus ergibt sich die distributionspolitische Notwendigkeit, Produkte über den Ort und den Zeitpunkt ihrer Erstellung hinaus dort anzubieten, wo sie vom Kunden nachgefragt werden. Dazu schafft die Distribution die Verbindung zwischen Anbieter und Nachfrager beim Absatz ihrer Leistungen. Beim Absatz von Dienstleistungen erfolgen Produktion und Konsumtion synchron, sodass Dienstleistungsbetriebe in ihrer Distributionspolitik zahlreiche gutsspezifische Besonderheiten berücksichtigen müssen.

Der vorliegende Beitrag zeigt aus marketingtheoretischer Sicht distributionspolitische Besonderheiten beim Absatz von Finanzdienstleistungen auf. Neben dienstleistungsspezifischen Besonderheiten werden auch unternehmensinterne und -externe Einflussgrößen auf Distributionsentscheidungen berücksichtigt. Vor allem mit der Verbreitung und Akzeptanz von Informations- und Kommunikationstechnologien zieht die Digitalisierung

I. Bieberstein (✉)
Möchengladbach, Deutschland
E-Mail: Ingo.Bieberstein@hs-niederrhein.de

© Springer Fachmedien Wiesbaden 2015
H. Brock, I. Bieberstein (Hrsg.), *Multi- und Omnichannel-Management in Banken und Sparkassen,* DOI 10.1007/978-3-658-06538-6_1

und Automatisierung von Leistungsangeboten immer stärker in den Dienstleistungssektor ein. Diese Entwicklung führt derzeit auch im Bankenmarkt zu einem tiefgreifenden Umbruch der Distributionsstrukturen. Viele Kreditinstitute stellen ihre traditionellen Absatzwege über eigene Filialen immer häufiger auf den Prüfstand. Gerade die jahrzehntelang erfolgreiche Einkanal-Distribution vieler Banken und Sparkassen genügt den gewandelten Kundenanforderungen und Wettbewerbsbedingungen schon lange nicht mehr. Mittlerweile gibt es in der Finanzdienstleistungsbranche schon eine große Vielfalt unterschiedlicher Distributionssysteme. Von der reinen Internetbank mit einem rein digitalen Geschäftsmodell ohne eigenes Filialnetz bis hin zum traditionell persönlich geprägten Filialvertrieb sind alle distributionspolitischen Varianten im Markt zu finden.

Im Folgenden werden dann Merkmale von Dienstleistungen im Vergleich zu denen materieller Produkte herausgearbeitet, um daran die Besonderheiten beim Absatz von Finanzdienstleistungen abzuleiten. Damit gibt dieser Beitrag den theoretischen Rahmen für die folgenden hauptsächlich aus Praxisperspektive verfassten Aufsätze. Gleichzeitig sollen die Ausführungen Studierenden helfen, distributionspolitische Entscheidungen von Banken und Sparkassen in den Kontext des Dienstleistungsmarketings einzuordnen.

1.2   Konstitutive Merkmale von Dienstleistungen und ihre Ausprägung bei Finanzdienstleistern

Bis heute konnte sich die Marketingwissenschaft nicht auf eine einheitliche Definition des Begriffs der Dienstleistung einigen. Viele Veröffentlichungen stellen dienstleistungstypische Merkmale heraus, die Dienstleistungen von materiellen Produkten bzw. Sachgütern abgrenzen. Auch im Folgenden werden Dienstleistungen anhand konstitutiver Merkmale beschrieben, die Rückschlüsse auf das Distributionsmanagement solcher Güter zulassen.

Nach dem weit verbreiteten Ansatz von Hilke (Hilke 1989, S. 10 f.) lassen sich die konstitutiven Merkmale einer Dienstleistung aus unterschiedlichen Perspektiven ableiten. Nach Abb. 1.1 werden drei Betrachtungsebenen

- Ebene der Dienstleistungspotenziale
- Ebene des Dienstleistungserstellungsprozesses
- Ebene des Dienstleistungsergebnisses

unterschieden, wobei jede Phase jeweils ein gesondertes Merkmal einer Dienstleistung beschreibt.

1.2.1   Potenzialebene

In der ersten Betrachtungsebene werden Dienstleistungen als die *Fähigkeit* und *Bereitschaft* eines Dienstleistungsbetriebes verstanden, eine bestimmte Dienstleistung erbringen

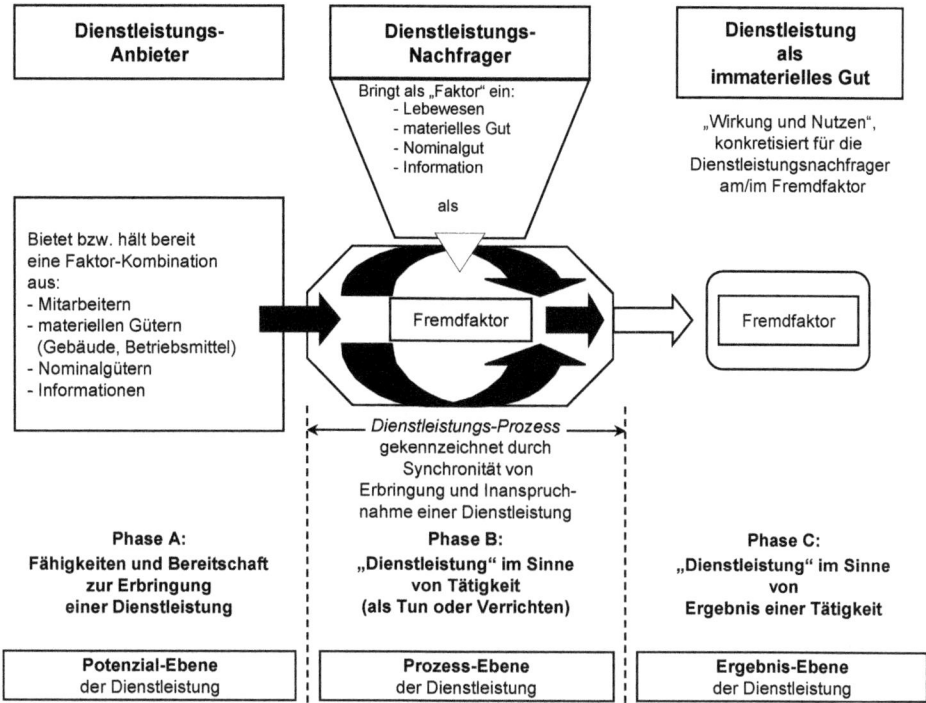

Abb. 1.1 Drei-Phasen Betrachtung eines Dienstleistungsangebotes (vgl. Hilke 1989, S. 10 ff.)

zu können. Im Gegensatz zur Produktion materieller Güter wird bei der Dienstleistungserstellung kein fertiges Produkt auf Lager produziert. Dienstleistungsbetriebe bieten leistungsbereite Potenziale an, die im Falle einer Nachfrage und Inanspruchnahme die angebotene Dienstleistung verrichten können. Bei Banken und Sparkassen werden materielle und personelle Potenziale bzw. Produktionsfaktoren (zum Beispiel Tresor, Bankgebäude, Bankberater) bereitgehalten, die die Fähigkeit haben, die Dienstleistung zu verrichten. Die Leistungsbereitschaft charakterisiert neben der Fähigkeit (zum Beispiel Banklizenz, Beratungskompetenz) auch die Verfügbarkeit dieser Faktoren für den Kunden (zum Beispiel Öffnungszeiten eines Kreditinstituts, 24 Std. telefonische Erreichbarkeit einer Bankenhotline).

Ein Kreditinstitut kann seinen Kunden keine auf Vorrat produzierte Dienstleistung anbieten. Es kann dem Kunden nur versprechen, mit seinen Potenzialen eine spezifizierte Dienstleistung zu erbringen (zum Beispiel Führung eines Girokontos). Da diese Dienstleistung vor dem Kauf bzw. der Inanspruchnahme noch nicht existiert, verkaufen Banken und Sparkassen immaterielle Leistungsversprechen. Dieses Leistungsversprechen kann vom Kunden vor dem Kauf nicht getestet werden. Der Kunde muss diesem Leistungsversprechen vertrauen.

Das versprochene Leistungsergebnis ist immateriell, wobei die Immaterialität die Nicht-Greifbarkeit eines Gutes zum Ausdruck bringt. Diese Intangibilität macht den Kauf von Dienstleistungen für den Kunden wesentlich risikoreicher als den Kauf eines materiellen Produktes (Haller 2005, S. 7). Gerade beim Kauf von stark individualisierten Finanzdienstleistungen (zum Beispiel langfristiger Hypothekenkredit) ist das Kaufrisiko besonders hoch, da der Kunde im Vorfeld nicht beurteilen kann, ob der Dienstleister in der Lage ist, seine spezifischen Anforderungen später adäquat umzusetzen. Aufgrund dieser für den Kunden problematischen Qualitätseinschätzung muss der Dienstleister seine Leistungsfähigkeit durch Qualitätssignale kommunizieren. Hierzu stellen Dienstleister in der Akquisitionsphase häufig die für den Kunden sichtbaren und tangiblen Potenziale (zum Beispiel Abbildungen von Bankgebäuden und deren Mitarbeitern) werblich zum Zwecke der Leistungsdokumentation besonders heraus. Neben der betrieblichen Kommunikationspolitik kann auch die Ausgestaltung der Distributionspolitik in der Kundenakquisition einen wichtigen Beitrag leisten, um solche Leistungsbeweise für den Kunden greifbar und sichtbar zu machen. So sind beispielsweise die Qualität des betrieblichen Standortes oder die Gebäudearchitektur demonstrative Leistungs- und Qualitätsbeweise einer später zu erbringenden Dienstleistung.

Solche Leistungsversprechen werden in der Regel unmittelbar nach dem Kauf am Kunden erbracht. Sie können aber auch als Leistungsanrechte verkauft werden. Dies sind dann verbriefte Versprechen des Dienstleisters gegenüber dem Kunden, die versprochene Dienstleistung zu einem späteren Zeitpunkt einmalig oder dauerhaft (zum Beispiel Depotverwaltung) zu erbringen. Ein Leistungsanrecht stellt noch keine Dienstleistung dar. Die Produktion der eigentlichen Dienstleistung erfolgt erst zu dem Zeitpunkt, an dem der Kunde das Leistungsanrecht in Anspruch nimmt, die Leistungspotenziale nutzt und sich aktiv in den Produktionsprozess einbringt. Die Abgabe eines solchen Leistungsversprechens erfolgt dabei unter der Angabe der räumlichen (Ort der Leistungsinanspruchnahme) und zeitlichen (Bereitschaftszeiten) Bedingungen (Scheuch 1998, S. 950). Die Bank und Sparkasse muss deutlich machen, wo und wann sie ihre Leistungsbereitschaft bereithält, damit der Kunde sie in Anspruch nehmen kann. Wird die Leistungsbereitschaft stationär in der Zentrale oder dezentral in der Filiale angeboten, so kommt der betrieblichen Standortentscheidung eine weitere besondere distributionspolitische Bedeutung zu, da der Standort neben unternehmensinternen Anforderungen (zum Beispiel Raumkosten) vor allem auch externe Kundenanforderungen (zum Beispiel Erreichbarkeit, Ambiente) erfüllen muss. Gleichzeitig wirken Standortbedingungen (zum Beispiel 1a-Standortlage im Bankenviertel), architektonische Qualität der Gebäude und deren Einrichtung als wichtige Qualitätsindikatoren für den Kunden. Während Sachgüterhersteller ihren Produktionsstandort hauptsächlich unter Kostengesichtspunkten planen können, wird der Standort des Dienstleisters mithin zu einem wichtigen Marketinginstrument (zum Beispiel Nähe, Erreichbarkeit, Ausstattung).

Viele Dienstleistungsbetriebe können ihre Leistungen aufgrund immobiler Potenzialfaktoren (zum Beispiel Tresor) nur am stationären Standort des Dienstleisters anbieten. Sie sind *standortgebunden*, der Kunde muss sie aufsuchen. Um Leistungsfähigkeiten möglichst kundennah und leicht erreichbar anzubieten, spielt die Kundennähe für diese Dienstleistungsbetriebe eine wichtige Rolle. Gerade die im stationären Vertrieb relativ hohen Raumkosten auf der einen Seite und die Personalkosten der persönlichen Leistungserbringung auf der anderen Seite führten bei Banken und Sparkassen schon früh zur Suche nach alternativen kostengünstigeren Distributionsmöglichkeiten, ohne dabei den Kundennutzen zu reduzieren. Zur Reduzierung der Standort- und Bereitschaftskosten versuchen immer mehr Kreditinstitute elektronische Distributionspotenziale bereitzuhalten und ihre Dienstleistungsprozesse zu digitalisieren, um das Internet als Distributionskanal zu nutzen. Bei *standortungebundenen* Finanzdienstleistungen kann die Leistung auch an anderen Orten verrichtet werden. Dies kann am Wohnort des Kunden erfolgen (zum Beispiel Vermögensberatung in der Wohnung des Kunden), an einem dritten Ort (zum Beispiel Verkauf von Konsumentenkrediten auf einer Verbraucherausstellung) oder man verzichtet auf das Zusammentreffen von Dienstleister und Kunde, indem die Dienstleistung digitalisiert wird und über das Internet vertrieben und erstellt wird.

1.2.2 Prozessebene

Sobald der Kunde das vom Dienstleister bereitgehaltene Leistungspotenzial in Anspruch nimmt (zum Beispiel Bedienung eines Geldautomaten, Kreditberatung) rückt die Prozessdimension der Dienstleistung, d. h. die eigentliche Leistungserstellung, in den Mittelpunkt der Überlegungen. Hier findet die Kombination der internen Produktionsfaktoren (zum Beispiel Kontoauszugsdrucker) mit sog. externen Produktionsfaktoren statt. Die Erstellung bzw. Produktion der Dienstleistung kann erst dann erfolgen, wenn der Kunde die Leistungspotenziale nutzt und sich dabei als *Co-Produzent* oder *Prosumer* in den Leistungserstellungsprozess einbringt (Bieberstein 2008, S. 279 ff.). Der Kunde kann sich selbst (zum Beispiel Informationsgespräch mit einem Berater zum Abschluss einer Baufinanzierung) oder seine Objekte (zum Beispiel Bargeld, das in eine andere Währung getauscht werden soll) in den Prozess einbringen. Dies bedeutet, dass eine Produktion nur dann stattfindet, wenn sich der Kunde und/oder sein Objekt in den Produktionsprozess integriert. Ohne die Integration und Mitwirkung des Kunden kann eine Dienstleistung nicht erbracht werden. Die notwendige Integration bzw. Mitwirkung eines externen Faktors am Leistungserstellungsprozess schließt daher eine Vorratsproduktion von Dienstleistungen aus. Die Prozessbetrachtung fordert eine Synchronität von Absatz und Produktion bei Dienstleistungen. Somit wird der Ort der Distribution gleichzeitig auch zum Produktionsort.

Die Intensität der Kundenmitwirkung im Leistungsprozess entscheidet über den Individualisierungs- bzw. Standardisierungsgrad einer Dienstleistung. Erwartet der Kunde spezifische, individuelle Leistungen, so entsteht im Prozess eine individuelle, persönliche Dienstleistung. Im Extremfall kann der Kunde sogar Einfluss nehmen auf die einzusetzenden Ressourcen des Dienstleisters (Fließ 2009, S. 12). Dies ist beispielsweise der Fall, wenn der Kunde bei seiner Bank einen konkreten Kundenberater verlangt. Gestaltet der

Dienstleister hingegen die Dienstleistungserstellung unabhängig von den individuellen Kundenwünschen, so ist die Dienstleistung *standardisiert*, wobei unter Standardisierung eine Vereinheitlichung der Leistungen verstanden wird. Alle Kunden erhalten die gleiche Leistung. Dienstleistungen, bei denen der Leistungserstellungsprozess weitgehend standardisiert ist, werden auch als Dienstleistungsprodukte bezeichnet (Fließ 2009, S. 112), bei denen nur eine geringe Integration des Kunden erforderlich ist. Dies ist meistens dann der Fall, wenn der Kunde dem Dienstleister nur sein Objekt zur Verfügung stellt und der Dienstleister die geforderte Dienstleistung relativ autonom erbringen kann (zum Beispiel Überlassung von Geld für das Führen eines Termingeld-Kontos). So versteht sich auch, dass viele Banken und Sparkassen von Bankprodukten sprechen und hier standardisierte Massenprodukte meinen. Das Involvement der Kunden ist bei solchen Bankprodukten niedrig. Im Gegensatz zu den oben beschriebenen persönlichen Dienstleistungen sind standardisierte Bankprodukte weitaus weniger dienstleistungstypisch und erfordern einen deutlich geringeren Integrationsgrad des Kunden. Im Zuge der immer stärkeren Digitalisierung solcher Bankprodukte gewinnt das Internet als Distributionskanal sehr stark an Bedeutung. So spezialisieren sich beispielsweise Direktbanken auf standardisierte Bankprodukte, die sich kostengünstig distribuieren und produzieren lassen, um ihre Strategie der Kostenführerschaft im Markt erfolgreich umzusetzen.

Die Bereitstellung und Vorhaltung von Leistungspotenzialen für den späteren Produktionsprozess führt für den Anbieter zu hohen Bereitschaftskosten. Diese Leistungspotenziale werden jedoch im Tages-, Wochen- und Monatsverlauf unterschiedlich stark von den Kunden in Anspruch genommen. Dies erschwert vielen Dienstleistern die Produktions- und Kapazitätsplanung mit der Folge, dass bereitgestellte Überkapazitäten Kosten verursachen, denen keine Umsätze gegenüberstehen. Andererseits führt die Bereitstellung knapp bemessener Leistungspotenziale möglicherweise zu Wartezeiten und damit zu einer Kundenunzufriedenheit. Neben den Bereitschaftskosten für Raum und Personal sind die Produktionskosten von Finanzdienstleistungen für Banken und Sparkassen ein wichtiger Kostenfaktor. Um diese zu reduzieren, überträgt der Dienstleister im Leistungsprozess bestimmte Teilprozesse der Produktion auf den Kunden. Der Kunde wird in die Wertschöpfungskette des Dienstleisters integriert. Eine solche *Externalisierung* bzw. Verlagerung von Teilleistungen findet man häufig in der Praxis, wenn dem Kunden Selbstbedienungsservices angeboten werden, die ohne weitere Hilfe von Mitarbeitern weitgehend selbständig vom Kunden erbracht werden können (zum Beispiel Abfrage des Kontostandes, Erstellung eines Überweisungsauftrages, Anlage eines neuen Dauerauftrages etc.). Solche technologiegestützten Möglichkeiten der Dienstleistungsproduktion (Meffert und Bruhn sprechen von Self-Service Technologien) ermöglichen die automatisierte Erstellung einer Dienstleistung. Diese Digitalisierung erschließt dem Dienstleister wiederum neue Distributionskanäle, die die Leistungspotenziale näher an die Nachfrage heranrücken.

Die aus der Potenzial- und Prozessphase abgeleiteten Merkmale machen Dienstleistungen zu Vertrauensgütern. Der Kunde kauft ein immaterielles Leistungsversprechen. Daraus erwachsen für den Kunden bestimmte Risiken. Dies trifft in besonderem Maße auch für Finanzdienstleistungen zu. In Anlehnung an Boksberger (2006, S. 30 f.) und Fließ (2009, S. 160) sind beispielhaft folgende Risiken zu nennen:

- Finanzielles Risiko: Dem Kunden kann ein finanzieller Schaden entstehen (zum Beispiel durch Falschberatung oder Falschausführung oder Fahrlässigkeit)
- Funktionales Risiko: Gefahr, dass die Dienstleistung nicht den individuellen Erwartungen des Kunden entspricht
- Psychologisches Risiko: Peinlichkeit, Verlust von Selbstachtung (zum Beispiel Offenlegung der Vermögensverhältnisse, Ablehnung eines Überziehungskredits)
- Zeitliches Risiko: Zeitverlust aufgrund unzureichend bereitgestellter Kapazitäten (zum Beispiel Wartezeiten in der Filiale am Monatsanfang)
- Bindungsrisiko: Viele Finanzdienstleistungen sind auf Dauer bzw. auf eine langfristige Geschäftsbeziehung angelegt. Ein Wechsel der Bankverbindung ist für den Kunden mit erheblichem Aufwand verbunden. Bankleistungen sind vielfach geprägt durch eine „mitgliedschaftsähnliche Beziehung" (Oevermann 1997, S. 33).

Der Dienstleister muss gerade in der Kundengewinnungsphase versuchen, das empfundene Kaufrisiko mit vertrauensbildenden Maßnahmen für den potenziellen Kunden zu reduzieren. Die Kommunikationspolitik bietet hierzu vielfältige Maßnahmen (zum Beispiel PR-Kampagnen, Werbung mit Zufriedenheits- und Geld-zurück-Garantien, Testimonialwerbung), die versprochene Leistung zu begründen und Vertrauen aufzubauen. Daneben sucht der Kunde aber auch aktiv nach leistungsbezeugenden Hinweisen, die auf die Qualität der später zu erbringenden Dienstleistung schließen lässt. Hier kann die Distributionspolitik wichtige Aufgaben erfüllen. Die bereitgestellten Distributionsorgane können als wichtige qualitätsbezeugende „Marketinginstrumente" genutzt werden.

Als konstitutive Merkmale von Dienstleistungen sind die Immaterialität und die Integration eines externen Faktors festzuhalten. Die fehlende Lager- und Transportfähigkeit sind davon abgeleitete Merkmale. Die Immaterialität und die Notwendigkeit des Zusammentreffens von Produktion und Konsumtion verhindern zwangsläufig Lagerung und Transport als klassische Distributionsfunktionen. Demgegenüber können Leistungsanrechte als verbriefte Anrechte vor der Dienstleistungserstellung distribuiert werden.

1.2.3 Ergebnisebene

Die Wirkungen der Potenzial- und Prozessphase münden in einem Dienstleistungsergebnis. Dienstleistungsergebnisse sind grundsätzlich immaterieller Art, auch wenn sie teilweise materielle Elemente enthalten (zum Beispiel ausgehändigtes Beratungsprotokoll, Zertifikat). Der Kundennutzen entsteht üblicherweise nach dem Dienstleistungsprozess (zum Beispiel Kunde erhält nach einem Beratungsgespräch eine Kreditzusage, Kunde erhält Bargeld). Nutzenstiftend kann jedoch nicht nur das Ergebnis sein, sondern auch die Art des Prozesses. Bedingt durch die Kundenintegration können im Produktionsprozess

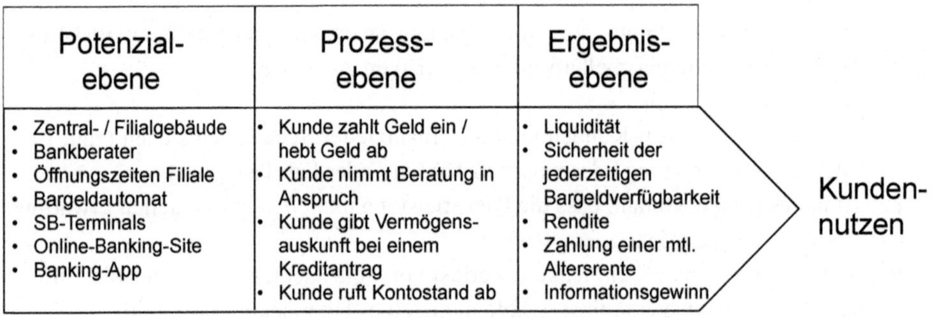

Potenzial- ebene	Prozess- ebene	Ergebnis- ebene	

• Zentral- / Filialgebäude
• Bankberater
• Öffnungszeiten Filiale
• Bargeldautomat
• SB-Terminals
• Online-Banking-Site
• Banking-App
	• Kunde zahlt Geld ein /
	  hebt Geld ab
	• Kunde nimmt Beratung in
	  Anspruch
	• Kunde gibt Vermögens-
	  auskunft bei einem
	  Kreditantrag
	• Kunde ruft Kontostand ab
		• Liquidität
		• Sicherheit der
		  jederzeitigen
		  Bargeldverfügbarkeit
		• Rendite
		• Zahlung einer mtl.
		  Altersrente
		• Informationsgewinn
			Kunden-
			nutzen

Abb. 1.2 Dienstleistungsebenen bei Banken und Sparkassen

kurze Wartezeiten, ein modernes Ambiente oder die Freundlichkeit und Kompetenz des Beraters dem Kunden einen Zusatznutzen stiften. Der Kunde kann aber auch aus den Potenzialleistungen einen Zusatznutzen ziehen. Ein Kreditinstitut mit einem nationalen und international flächendeckenden Geldautomatensystem gibt dem Kunden Sicherheit, im Notfall jederzeit und überall auf seinen Dienstleister zurückgreifen zu können. Das Dienstleistungsmarketing darf sich folglich nicht alleine mit dem Ergebnis eines Leistungserstellungsprozesses und der Vermarktung dieser Leistungen beschäftigen, sondern muss auch die wahrnehmbaren Elemente des Leistungspotenzials und des Leistungsprozesses im Zusammentreffen von Angebot und Nachfrage kundenorientiert gestalten.

Zusammenfassend sind Dienstleistungen in Anlehnung an Meffert und Bruhn (2012, S. 17) selbständige und marktfähige Leistungen, die mit der Bereitstellung und/oder dem Einsatz von Leistungsfähigkeiten (zum Beispiel ausgebildete Anlageberater) verbunden sind (*Potenzialorientierung*). Interne (zum Beispiel Geschäftsräume, Personal) und externe Faktoren (solche, die nicht im Einflussbereich des Dienstleisters liegen) werden im Rahmen des Erstellungsprozesses der Dienstleistung kombiniert (*Prozessorientierung*). Diese Faktorkombination hat das Ziel, an externen Faktoren (am Kunden selbst oder seinen Objekten) nutzenstiftende Wirkungen zu erzielen (*Ergebnisorientierung*). Abb. 1.2 verdeutlicht diese Phasenbetrachtung am Beispiel eines Kreditinstitutes.

1.3 Grundlegende Aspekte der Distributionspolitik bei Dienstleistungsbetrieben

1.3.1 Wesen und Aufgaben der Distribution

Es geht bei der Distribution um die grundlegende Aufgabe, dem Kunden die betrieblichen Leistungspotenziale am richtigen Ort, zur richtigen Zeit, im richtigen Umfang und in der gewünschten Qualität zur Verfügung zu stellen. Dazu stehen dem Dienstleister zahlreiche distributionspolitische Optionen zur Verfügung. Deren Auswahl muss sowohl unter Berücksichtigung der betrieblichen Ziele, dabei vor allem der Kostenziele, als auch unter Beachtung von Kundenanforderungen und Wettbewerbsbedingungen erfolgen. Die Distributionspolitik umfasst somit alle unternehmerischen Entscheidungen, die die artmäßige, zeitlich und räumlich abgestimmte Bereitstellung von Leistungspotenzialen umfasst (Meffert und Bruhn 2012, S. 33). Dabei unterscheidet sich die Distributionspolitik bei Dienstleistungen von der Distribution von Sachgütern insbesondere aufgrund der Immaterialität (Nichtlagerfähigkeit) und der erforderlichen Kundenbeteiligung im Leistungserstellungsprozess. Aufgrund der notwendigen Synchronität von Absatz und Produktion umfassen distributionspolitische Entscheidungen gleichzeitig auch Entscheidungen über den Produktionsort eines Dienstleisters.

Distributionspolitische Entscheidungen sind im Gegensatz zu anderen marketingpolitischen Entscheidungen, wie zum Beispiel Festlegung von Preisen und Auswahl von Werbemitteln, häufig langfristig-strategischer Natur und deshalb nur schwer und unter hohen Kosten revidierbar (vgl. Scharf und Schubert 2009, S. 438). Auch Modifikationen an bestehenden Distributionssystemen sind Strukturentscheidungen und haben nachhaltige Wirkungen auf den Erfolg eines Dienstleisters. So führte der langjährige Aufbau personal- und raumintensiver Filialsysteme bei Banken und Sparkassen zu heutigen Distributionsstrukturen, die kurzfristig kaum rückgängig gemacht werden können.

1.3.2 Ziele der Distribution

Distributionsziele müssen wie andere Instrumentalziele im Marketing einen Beitrag leisten, übergeordnete Marketing- und Unternehmensziele zu erreichen. So ist beispielsweise das Marketingziel „Marktanteilssteigerung" über das Unterziel „Erhöhung der Distributionsdichte" zu erreichen. Da Dienstleister keine Handelsbetriebe als Verkäufer bereits vorproduzierter Produkte einschalten können, ist das Absatzgebiet vieler Dienstleister begrenzt. Zur Zielerreichung benötigen Dienstleister dafür dezentral einsetzbare Distributionsorgane, um größere Absatzgebiete abdecken zu können. Über eine Multiplikation seiner Leistungspotenziale (zum Beispiel Räume, Maschinen, Mitarbeiter) versucht der Dienstleister näher an die Nachfrage heranzurücken. Auch die Automatisierung und Digitalisierung des Leistungsprozesses schafft Kundennähe. Die Realisierung solcher *versorgungsorientierten Distributionsziele* erhöht die Kontaktmöglichkeiten der Kunden zu ihrer Bank und Sparkasse. Dadurch wird die Verfügbarkeit der Dienstleistung erhöht, der Kundennutzen steigt und führt zu einer höheren Gesamtzufriedenheit des Kunden mit seinem Kreditinstitut.

Als *ökonomisch orientiertes Distributionsziel* könnte beispielsweise die „Reduzierung der Distributionskosten" angestrebt werden. Gerade die durch Filialsysteme verursachten hohen Potenzialkosten müssten dann bei Banken und Sparkassen auf den Prüfstand gestellt werden und ggf. durch kostengünstigere Distributionsorgane sukzessive ersetzt werden.

Schließlich können auch *psychologisch orientierte Distributionsziele* einen wichtigen Beitrag zur Realisierung übergeordneter Ziele liefern. So kann die Kundenzufriedenheit auch durch eine Verbesserung der Qualifikation der im Beratungs- und Verkaufsprozess

eingesetzten Mitarbeiter oder durch einen kundenfreundlichen Prozessablauf mit geringen Wartezeiten in angenehmer Atmosphäre gesteigert werden. Ebenso muss das Image
der eingeschalteten Distributionsorgane derart ausgeprägt sein, dass es zum Unterneh-
mensimage des Kreditinstituts passt. So ist es kaum vorstellbar, dass eine traditionsreiche
Privatbank im Segment der vermögenden Kunden das Telefon als Anbahnungs- und Bera-
tungsmedium in der Distribution einsetzt.

1.3.3 Entscheidungstatbestände

Distributionspoltische Entscheidungen beziehen sich einerseits auf den Verkauf von Leistungsversprechen bzw. -anrechten und anderseits auf die Distribution der eigentlichen
Dienstleistung. Im ersten Fall werden Leistungsanrechte verkauft (zum Beispiel fondsge-
bundene Rentenversicherung), die zu einem späteren Zeitpunkt (zum Beispiel bei Eintritt
in den Ruhestand) vom Kunden in Anspruch genommen werden können. Bei der Distribution der eigentlichen Dienstleistung müssen Banken und Sparkassen ihren Kunden
Zugangswege zur Leistungserstellung zur Verfügung stellen.

In beiden Fällen sind Entscheidungen über die Art und Anzahl der Distributionskanäle (wie kommen Dienstleister und Kunde zusammen?) und die Art und Anzahl der
hier eingeschalteten Distributionsorgane (wer übernimmt die Distributionsaufgaben?) zu
treffen. Diese Entscheidungen sind Teil der akquisitorischen Distribution. Unter Akquisition werden hier marketingpolitische Maßnahmen im Rahmen der Kundengewinnung
verstanden. Bei der *akquisitorischen Distribution* versucht man über die Ausgestaltung
der Distributionskanäle und der darin eingesetzten Organe akquisitorisch, also anziehend
auf den Kunden zu wirken und dadurch ein akquisitorisches Potenzial zu entfalten. Dabei
gehen sowohl vom Standort des Dienstleisters als auch von der Ausprägung der hier be-
reitgehaltenen Distributionsorgane (zum Beispiel Architektur der Filiale) akquisitorische
und vertrauensschaffende Signale auf den Kunden aus. Die besondere Ausgestaltung der
Distribution kann dem Kunden neben dem Nutzen aus dem eigentlichen Dienstleistungsergebnis einen Zusatznutzen verschaffen, wie zum Beispiel eine „anywhere and anytime-
Verfügbarkeit" der Dienstleistungspotenziale.

Zusammenfassend sind in der Dienstleistungsdistribution folgende Entscheidungen zu
treffen:

- Wo und durch wen werden Leistungsversprechen bzw. -anrechte verkauft?
- Wie wird das Zusammenkommen von Dienstleister und Kunde in der Leistungserstellung gestaltet? Hier sind Entscheidungen über die Orte, die Art und die Anzahl der eingeschalteten Distributionsorgane zu treffen, die der Kunde in Anspruch nehmen kann,
  um die eigentliche Dienstleistung zu erhalten. Hierzu zählen auch Entscheidungen über
  die zeitliche Verfügbarkeit der Leistungspotenziale.

Abschnitt 1.4 diskutiert dazu für Banken und Sparkassen aktuelle Gestaltungsmöglich-keiten. Entscheidungen über die Güterverteilung im Rahmen der *logistischen Distribution* entfallen bei immateriellen Gütern.

1.4 Besonderheiten distributionspolitischer Entscheidungen beim Absatz von Finanzdienstleistungen

1.4.1 Finanzdienstleistungen als Distributionsobjekte

In der Literatur findet man umfangreiche Typologien von Dienstleistungsarten, die die Unterschiedlichkeit von Dienstleistungen aufzeigen. Auch das Angebot von Finanzdienst-leistungen ist sehr heterogen. Kreditinstitute bieten eine breite Palette unterschiedlichster Dienstleistungen an, die sowohl an das Dienstleistungspotenzial als auch an den Prozess ganz unterschiedliche Anforderungen stellen. So können in der Distribution standardi-sierter Bankprodukte andere Distributionsorgane eingesetzt werden als bei individuellen und komplexen Finanzdienstleistungen. In Anlehnung an Engelhardt (Engelhardt et al. 1992, S. 417) gibt es Finanzdienstleistungen, die relativ autonom von den Banken und Sparkassen produziert werden und dabei auch materielle Anteile im Leistungsergebnis aufweisen (zum Beispiel gedruckter Kontoauszug, Bargeldabhebung am Automaten). Auf der anderen Seite erfordern viele komplexe Finanzdienstleistungen eine intensive und persönliche Integration des Kunden in den Leistungsprozess (zum Beispiel Analyse der Vermögensverhältnisse im Rahmen eines Abschlusses einer Anlage zur Altersvorsorge). Die hier stattfindende Interaktion erfordert in der Regel den Einsatz persönlicher Distri-butionsorgane. Solche Finanzdienstleistungen sind in Abb. 1.3 mit einem hohen Integra-tionsgrad im Prozess und einem hohen Immaterialitätsanteil am Dienstleistungsergebnis charakterisiert. Je höher diese Anteile sind, umso notwendiger ist der Einsatz persönlicher Distributionsorgane. Finanzdienstleistungen mit einem relativ autonomen Leistungspro-zess und hohen materiellen Anteilen am Dienstleistungsergebnis (vgl. Abb. 1.3 wurden als Bankprodukte bezeichnet, die ein hohes Digitalisierungspotenzial aufweisen und über unpersönliche Distributionsorgane verkauft werden können.

Eine weitere Systematisierung von Finanzdienstleistungen kann nach der Bedarfshäu-figkeit einer Dienstleistung vorgenommen werden. Es gibt Finanzdienstleistungen, die regelmäßig über ein bestehendes Vertragsverhältnis in Anspruch genommen werden (zum Beispiel Kontoführung). Schnelles und einfaches Bezahlen einer Rechnung, der Abruf des Kontostandes oder die Bargeldversorgung sind periodisch wiederkehrende Bedarfe. Der Kunde erwartet hier einen einfachen und schnellen Zugang zu den Distributionsorganen und eine möglichst autonome Verrichtung. Mit steigender Dichte an Distributionsorganen reduziert sich für den Kunden der Aufwand zur Kontaktaufnahme mit dem Dienstleister. Der Kunde kann diese Leistungen über verschiedene Distributionsorgane, wie zum Bei-spiel Filiale, Online-Banking, Banking-App oder Geldausgabeautomaten, in Anspruch

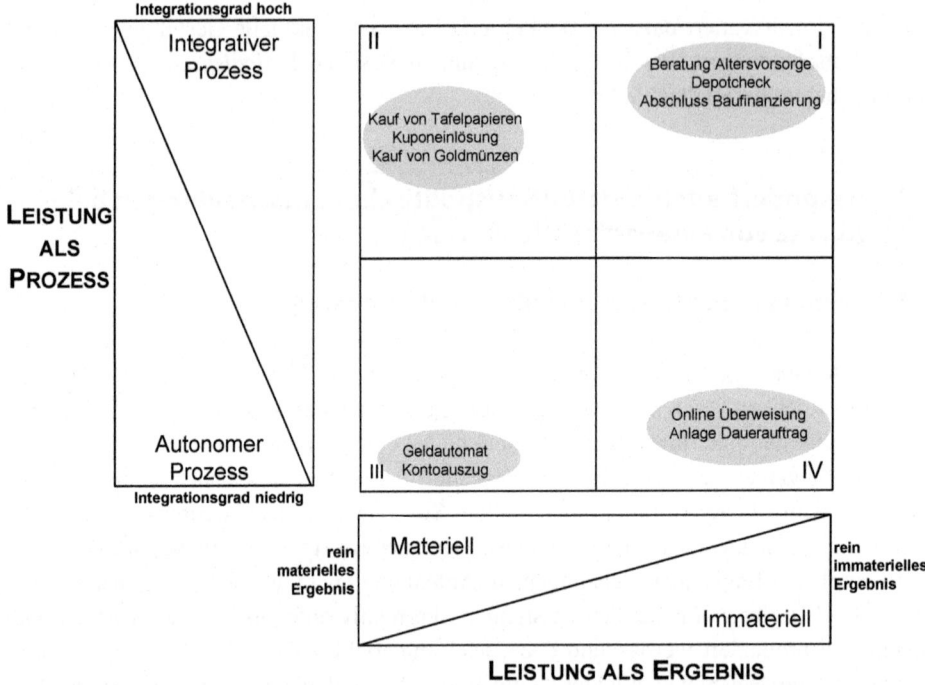

Abb. 1.3 Typologisierung von Finanzdienstleistungen (vgl. Engelhardt et al. 1992, S. 417)

nehmen. So nutzen heute schon 20% der Bankkunden täglich und 37% wöchentlich das Internet, um Bankprodukte in Anspruch zu nehmen (Ernst and Young 2012).

Daneben gibt es Dienstleistungen wie beispielsweise Baufinanzierungen, die selten in Anspruch genommen werden. Für die Nutzung solcher persönlicher Dienstleistungen ist der Kunde dann auch bereit, Aufwand und Zeit in den Besuch der Zentrale oder Filiale zu investieren. Dies zeigen auch die Ergebnisse einer aktuellen IPSOS Studie in Abb. 1.4, wonach das „Eingehen auf die persönliche Situation" und die örtliche „Nähe der Bank" zu den fünf wichtigsten Auswahlkriterien bei der Entscheidung für eine Bankverbindung gehören.

1.4.2 Distributionskanal – Optionen

Ein Distributionskanal (häufig auch als Absatz- oder Vertriebskanal bezeichnet) ist die Verbindung zwischen Anbieter und Nachfrager, über den die Dienstleistung angeboten und verrichtet wird. Distributionskanäle sind von den Kommunikationskanälen bzw. medialen Kanälen abzugrenzen, da diese vor allem in der werblichen Ansprache potenzieller Kunden eingesetzt werden.

Zunächst müssen Kreditinstitute festlegen, über welche Kanäle ihre Leistungsversprechen verkauft werden sollen. Hierbei lassen sich direkte und indirekte Distributionska-

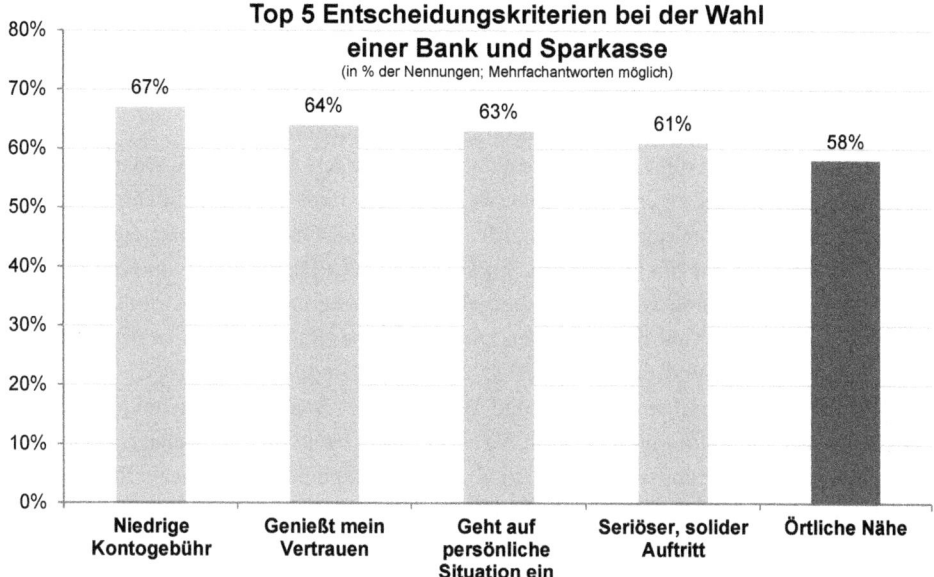

Abb. 1.4 Auswahlkriterien bei der Wahl einer Bank und Sparkasse (Statista 2014)

näle unterscheiden. Bei der *direkten Distribution* erfolgt die Abgabe des Leistungsversprechens direkt durch das Kreditinstitut. Bei der *indirekten Distribution* werden dagegen unternehmensfremde Absatzmittler eingesetzt, die nur im Absatz von Leistungsanrechten tätig sind. Die eigentliche Dienstleistung erstellen sie nicht. Diese wird zu einem anderen Zeitpunkt vom Kreditinstitut selber erbracht.

Beim direkten Absatz von Leistungsanrechten setzt das Kreditinstitut unternehmenseigene, unselbständige und damit weisungsgebundene Vertriebsorgane ein. Denkbar ist hier der Einsatz eigener Mitarbeiter in der Filiale oder beispielsweise am Telefon, die die Aufgabe haben, Abschlüsse anzubahnen. Dagegen werden beim indirekten Absatz wirtschaftlich selbständige Absatzmittler, in der Branche häufig auch als Vertriebspartner oder Agenturen bezeichnet, eingeschaltet. Sie vermitteln gegen Provision ein Anrecht (zum Beispiel Versicherungspolice) bzw. die Verpflichtung des Dienstleisters, eine mehr oder weniger genau definierte Leistung zu einem späteren Zeitpunkt zu erbringen (Meffert und Bruhn 2012, S. 348). Solche verbrieften Anrechte können indirekt vertrieben werden. Der Kunde erwirbt hierbei zwar nicht die eigentliche Dienstleistung, wohl aber ein Anrecht, das zu einem späteren Zeitpunkt vom Kunden eingelöst wird. Der Kunde erhält über diesen indirekten Distributionskanal eine doppelte Dienstleistung. Zunächst eine Beratungs- und Unterstützungsleistung durch den unternehmensfremden Mittler und später die Erstellung der eigentlichen Dienstleistung durch das Kreditinstitut. Für das Kreditinstitut übernehmen die Mittler damit wichtige Kommunikations-, Beratungs- und Verkaufsfunktionen. Außerdem überbrücken sie die räumliche Distanz zwischen Kreditinstitut und Kunde. Aus Sicht des Kreditinstituts ist beim Einsatz solcher Mittler auf eine abgestimmte Aufgabenerfüllung zwischen diesen beiden Dienstleistern zu achten. Eine Schlechterfüllung der

Beratungsleistung (zum Beispiel Falschinformation) beim Verkauf des Leistungsanrechts kann bei der späteren Erbringung der Dienstleistung durch das Kreditinstitut zu Problemen führen, wenn der Kunde mit einer falschen Erwartungshaltung die Dienstleistung in Anspruch nimmt und darum mit der Leistungserfüllung unzufrieden ist.

Während Sachgüter stets ohne Anwesenheit des Kunden produziert werden können, wird die Produktion der eigentlichen Dienstleistung erst durch das Zusammentreffen von Kunde und Dienstleister (uno-actu-Prinzip) möglich. Die Distribution der eigentlichen Dienstleistung kann nur direkt erfolgen. Im Gegensatz zur Distribution von Konsumgütern, wo die Einschaltung von Handelsbetrieben der vorherrschende Distributionskanal zum Endkunden ist, kommt der indirekten Distribution bei Banken und Sparkassen keine Bedeutung zu (Bruhn und Georgi 2006, S. 256). Das Kreditinstitut muss die Leistung direkt am Kunden verrichten. Meffert und Bruhn (2012, S. 344) unterscheiden hierbei zwischen einer *unmittelbaren* und *mittelbaren Direktdistribution*. Bei Ersterer stellt das Kreditinstitut sein Leistungspotenzial dem Kunden nur an einer zentralen Stelle zur Verfügung. Aufgrund der Notwendigkeit der Ausbreitung des Absatzraums und des räumlichen Heranrückens an den Kunden hat die mittelbare Direktdistribution eine stärkere Bedeutung, bei der Kreditinstitute ihre Leistungspotenziale multiplizieren, in dem sie ihren Kunden ein mehr oder weniger dichtes Filialnetz mit persönlichen Dienstleistungen oder unpersönliche bzw. digitalisierte Distributionssysteme anbieten. Die mittelbare Direktdistribution lässt sich bei Banken und Sparkassen durch eine kostengünstige Online-Distribution realisieren, wenn es sich um standardisierte Bankprodukte handelt und der Kunde die Übernahme von Teilfunktionen im Leistungsprozess akzeptiert. Bei komplexen und individualisierten Finanzdienstleistungen spielt die Zentrale oder die Bankfiliale als stationäre Vertriebsform mit persönlichem Service und kundenindividueller Beratung eine wichtige Rolle.

Insgesamt sind drei mögliche Orte der Dienstleistungserstellung zu unterscheiden:

- Ort des Anbieters (Zentrale/Filiale)
- Ort des Kunden (mobiler Finanzdienstleistungsabsatz)
- Dritter Ort (Internet/Bankautomaten und -terminals außerhalb der Bank)

Kreditinstitute können direkt auf persönlichem Wege mit dem Kunden in Kontakt treten und die Leistung am Standort der Bank oder Sparkasse erbringen. Dies impliziert jedoch, dass der Kunde das Kreditinstitut aufsuchen muss, sodass der Standort möglichst kundennah und gut erreichbar gewählt werden muss. Großer Vorteil dieses Kanals ist die persönliche Interaktion mit den Kunden und die Möglichkeit, dass der Kunde vor allem in der Anbahnungsphase die Qualität der Leistungspotenziale wahrnehmen und ggf. erfahren kann. Dies reduziert das Risiko des Kunden in seinem Entscheidungsprozess. Nachteilig für Banken und Sparkassen sind die hohen Bereitschaftskosten eines solchen Distributionskanals, wenn ein größeres Absatzgebiet mit kundennahen Standorten abgedeckt werden soll.

Beim mobilen Finanzdienstleistungsabsatz versuchen Banken und Sparkassen den Servicegrad für ihre bedeutenden Kunden, meistens A-Kunden, zu erhöhen, indem Bankberater diese Kunden in ihrem Umfeld aufsuchen. Der Kunde spart Zeit und Aufwand für den Besuch des Kreditinstituts vor Ort und erhält eine individuelle Leistung in seinem gewohnten Umfeld.

Die Erstellung der Dienstleistung kann auch an einem dritten Ort stattfinden. Besondere Bedeutung hat dieser Kanal immer dann, wenn Dienstleistungen automatisiert und ohne Beteiligung der Mitarbeiter erstellt werden können. So fungieren beispielsweise Standorte mit hoher Kundenfrequenz, wie zum Beispiel Shopping Center, Flughäfen oder große Einzelhandelsbetriebe, als Distributionsort bzw. Aufstellort für SB-Terminals und Geldautomaten, über die einfache Zahlungsverkehrstransaktionen vom Kunden abgewickelt werden können. Ein bedeutender dritter Ort ist das Internet, auf das Kunden und Anbieter im Rahmen der Akquisition und Leistungsverrichtung zugreifen können.

1.4.3   Distributionsorgan – Optionen

Als Distributionsorgane (häufig auch als Absatz- oder Vertriebsorgane bezeichnet) versteht man Personen, Institutionen und Systeme, die in der Kundenanbahnung bzw. -gewinnung, also in der Beratung, im Abschluss und auch in der späteren Leistungserstellung tätig sind. In Anlehnung an Raabe (2009) können Banken und Sparkassen neben persönlichen bzw. semi-persönlichen (Telefon) Distributionsorganen, die mit dem Kunden in Kontakt treten, auch Distributionsorgane einsetzen, die dies auf unpersönlichem Wege tun.

Persönliche Distributionsorgane

* Mitarbeiter in der Zentrale/Hauptsitz des Kreditinstituts
* Mitarbeiter in der stationären Filiale
* Mitarbeiter in der mobilen Filiale (zum Beispiel Sparkassenbus in ländlichen Gebieten)
* Mobiler Kundenberater im Außendienst
* Mitarbeiter im Telefonbanking-Callcenter

Unpersönliche Distributionsorgane

* SB-Terminals an eigenen Standorten
* SB-Terminals/Geldautomaten außerhalb der eigenen Standorte
* Website für Online-Banking
* Mobile Banking Plattformen

Distributionsorgane können auch nach immobilen und mobilen Distributionsorganen unterschieden werden. Bei *immobilen Distributionsorganen* ist die Produktion der Dienstleistung standortgebunden, sie kann nur am Ort des Kreditinstituts angeboten werden.

Dies ist jedoch nur bei wenigen Finanzdienstleistungen der Fall (zum Beispiel immobile Tresore für Verwahr- und Sicherungsleistungen). *Mobile Distributionsorgane* in Form von Bankberatern im Außendienst oder Banking-Apps für das Mobile Banking zeichnen sich dadurch aus, dass sie nicht ortsgebunden sind und die Dienstleistung überall verrichtet werden kann.

Der Einsatz von Mitarbeitern im persönlichen Kundenkontakt in der Zentrale und in der Filiale ist heute immer noch der bedeutendste Distributionsweg von Finanzdienstleistungen. Die Filiale bietet vielfach noch das gesamte Angebot an Finanzdienstleistungen mit persönlicher Beratung und Service. Bankmitarbeiter erfüllen im persönlichen Kundenkontakt wichtige Funktionen in der Anbahnungsphase und bei der Intensivierung der Geschäftsbeziehung. Allerdings sank in den letzten zehn Jahren die Zahl der Filialen inländischer Banken um über 11.000 auf aktuell rund 38.000 Bankfilialen (Bundesverband deutscher Banken 2014). Trotzdem besitzt Deutschland im europäischen Vergleich immer noch die höchste Filialdichte, weil Banken und Sparkassen in der Vergangenheit ihre Leistungspotenziale fast ausschließlich über eine Filialisierung multipliziert haben. In der Branche existieren verschiedene Filialkonzepte, die Banken und Sparkassen ihren Kunden anbieten. Diese reichen von der Vollservicefiliale, über die Erlebnisfiliale bis hin zur Selbstbedienungsfiliale (Müller 2011, S. 8 f.). Einige große Universalbanken testen derzeit die Kundenakzeptanz von Erlebnisfilialen, die im Shop-in-Shop-System betrieben werden. In solchen Filialen werden neben Finanzdienstleistungen auch bankfremde Produkte und Leistungen angeboten, wie zum Beispiel Tourismusleistungen, kommunale Services einer Stadt oder Gemeinde und gastronomische Angebote. Diese Angebotsvielfalt soll die Verweildauer der Kunden in der Filiale erhöhen und so die Chancen für Cross-Selling Gespräche und entsprechende Abschlüsse erhöhen (Müller 2011, S. 8). Andere bundesweit tätige Kreditinstitute bauen ihre Vollservicefilialen an stark frequentierten 1a-Standorten zu sog. Flagship-Filialen aus. Solche Flagship-Filialen unterscheiden sich von den herkömmlichen Filialen durch offenere Räume, eine Lounge, integrierte Selbstbedienungs-Terminals, ein breiteres technisches Angebot und verlängerte Öffnungszeiten; auf Schalter und Schreibtische wird bei solchen Filialen weitestgehend verzichtet (Commerzbank 2014).

Bei sehr individuellen Ansprüchen vermögender Kunden im Privat-Bankinggeschäft setzen Banken und Sparkassen in Ergänzung zum Filialvertrieb auch einen Bankaußendienst ein. Gerade bei sehr persönlichen und Diskretion erfordernden Beratungsgesprächen präferieren Kunden das Gespräch im eigenen Umfeld. Laut Müller (2011, S. 29) setzen bereits mehr als die Hälfte der deutschen Banken solche Außendienstmitarbeiter ein. Alleine für die Deutsche Bank in Deutschland sind mehr als 1.500 mobile Kundenberater im Außendienst im Ensatz (Meffert und Bruhn 2012, S. 361).

In der Vergangenheit hatten Banken und Sparkassen mit einem traditionell dichten Filialnetz durch ihre „persönliche" Kundennähe einen strategischen Wettbewerbsvorteil gegenüber neuen Wettbewerbern, insbesondere Direct Banking Wettbewerbern, die grundsätzlich ohne eigenes Filialnetz ihre Leistungen anbieten. Durch die schnelle Entwicklung der Informationstechnologien (Internet-Banking) und die stark zunehmende Akzeptanz dieser Systeme bzw. Absatzform durch die Kunden wird dieser Wettbewerbsvorteil der Filialbanken zunehmend schwächer. Heute sind Banken und Sparkassen gezwungen, ihre Distributionssysteme den geänderten Marktbedingungen anzupassen. So kompensierten Kreditinstitute die Verkleinerung ihres Filialnetzes durch den Einsatz neuer Distributionsorgane (zum Beispiel Telefonbanking, Online-Banking), die in der Regel parallel zu den klassischen Distributionsorganen in den Distributionskanal eingeschaltet wurden.

Großer Nachteil des Filialvertriebs ist, dass der Kunde die Filiale innerhalb begrenzter Öffnungszeiten aufsuchen muss, da die kostenintensiven Bereitschaftszeiten begrenzt sind. Begrenzte Öffnungszeiten mit durchschnittlich 35–40 h pro Woche werden von vielen Kunden heute jedoch nicht mehr akzeptiert. Beim Absatz standardisierter Bankprodukte setzen Kreditinstitute daher im direkten Kontakt zum Kunden zusätzlich Call Center für Telefon-Banking-Angebote ein. Damit können Dienstleistungen auch außerhalb der Filialöffnungszeiten über das Telefon angeboten und verrichtet werden, sodass die Leistungsbereitschaft der Bank und Sparkasse erhöht wird. Zudem werden dadurch Mitarbeiter von kostenintensiven Tätigkeiten im Zahlungsverkehr entlastet. Im Zuge der Digitalisierung vieler standardisierter Bankprodukte können immer mehr Kunden durch eine automatisierte Selbstbedienung Dienstleistungen räumlich und zeitlich unabhängig vom Kreditinstitut autonom verrichten. Für die Distribution derartiger Bankprodukte können Kreditinstitute SB-Bankingterminals sowohl am eigenen Standort als auch an fremden und meist branchenfremden Distributionsorten aufstellen. So sind Geldausgabestellen und Bankingterminals an Tankstellen, stark frequentierten öffentlichen Gebäuden oder auch in Einkaufszentren zu finden, die dem Kunden eine gewisse Ubiquität bieten. Gleichzeitig entlastet diese Externalisierung die Mitarbeiter von kostenintensiven und erlösarmen Routinetätigkeiten (zum Beispiel Geldausgabe).

Werden Bankdienstleistungen nicht durch Mitarbeiter im persönlichen Kundenkontakt (Mensch-Mensch Dienstleistung) erbracht, sondern ausschließlich elektronisch (Maschine-Mensch), spricht man in der Praxis vom sog. Direct Banking. Als Instrument der Distribution fungiert hier das Internet sowohl in der Anbahnung (Online Produktkonfigurator) als auch als Abschluss- und Abwicklungskanal. Das Internet kann sowohl als Kommunikationskanal (zum Beispiel Geldmarktkonto wird auf der Website werblich besonders herausgestellt), aber vor allem als Distributionskanal (zum Beispiel Abschluss eines Sparbriefes) genutzt werden. Experten schätzen, dass bereits heute in Deutschland 60 % der Finanztransaktionen vom Kunden online oder mobil erfolgten (Hüthig 2014, S. 13).

Kunden präferieren Online-Banking Angebote im Internet, weil dadurch die räumlichen und zeitlichen Grenzen der Dienstleistungsdistribution wegfallen und sie deshalb Zeit und Kosten sparen. In der Informations- und Akquisitionsphase hat das Internet für den Kunden auch eine wichtige Bedeutung bei der Recherche nach Finanzthemen. Über 60 % der Internetnutzer nutzen das Internet bei der Suche nach speziellen Finanzthemen; 20 % stellen sogar finanzrelevante Suchanfragen im Internet (Meyer, T. 2010). Die Mehrheit der deutschen Bankkunden nutzt eine Online-Recherche, um ihre Finanzentscheidung vorzubereiten. Während das Internet ein wichtiges Anbahnungsinstrument ist, erfolgt der Abschluss bzw. Kauf des Leistungsversprechens größtenteils noch über persönliche Dis-

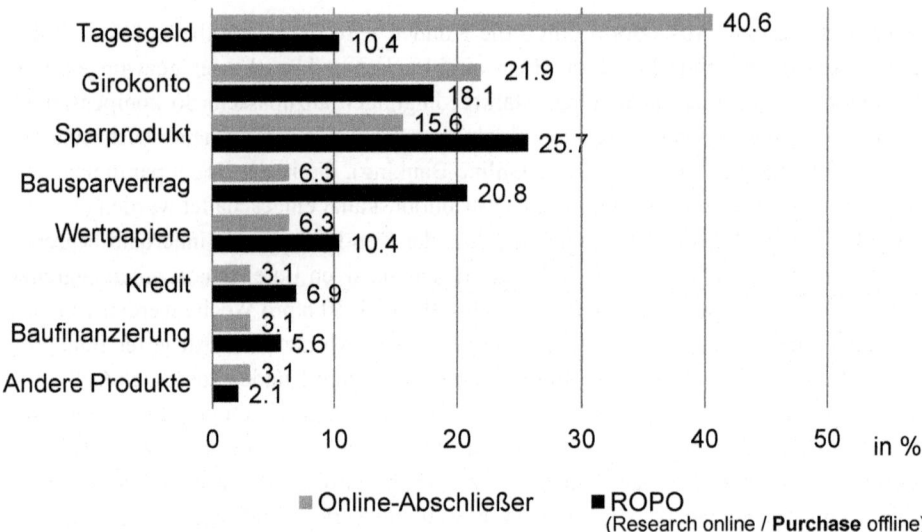

Abb. 1.5 Inanspruchnahme digitaler Distributionsorgane beim Kauf von Finanzdienstleistungen. (http://full-value-of-search.de/pdf/ROPO%20Case%20Study%20DB%20-%20Wie%20Bankkunden%20im%20Internet%20recherchieren.pdf?1297789776)

tributionsorgane (ebenda). Gerade bei komplexen Finanzdienstleistungen, wie zum Beispiel Baufinanzierungen, schätzen Kunden die persönliche Beratung und die Möglichkeit, ihre Einschätzungen im Beratungsgespräch zu validieren. Abb. 1.5 zeigt, dass der Mehrheit dieser Abschlüsse ein Online-Informationsprozess vorausgegangen ist.

Auch für ein Kreditinstitut bietet das Internet in der Distribution zahlreiche Vorteile. Banken und Sparkassen stehen unter einem hohen Kostendruck, sodass heute auch Distributionskanäle und Distributionsorgane unter Kostengesichtspunkten einen wichtigen Beitrag zur Effizienzsteigerung der Leistungserstellung leisten müssen. Bei einer digitalen Transformation bisher persönlich erbrachter Leistungen durch automatisierte Prozesse können immer mehr Teilleistungen auf den Kunden übertragen werden. Voraussetzung dafür ist die Bereitschaft des Kunden, bestimmte Teilleistungen im Dienstleistungsprozess selber zu verrichten. Diese Bereitschaft kann durch preisliche Kundenvorteile erhöht werden (zum Beispiel Reduzierung der Kontoführungsgebühren bei Nutzung von Online-Banking-Angeboten). Der Kunde muss aber auch die Fähigkeit besitzen, solche Teilleistungen verrichten zu können (zum Beispiel Unsicherheit und Angst älterer Menschen bei der Nutzung von SB-Terminals). Hier erhöht die Einfachheit, die Benutzerfreundlichkeit sowie die Sicherheit eingesetzter digitaler Distributionsorgane die Akzeptanz beim Kunden. Durch die Übertragung von Teilleistungen auf den Kunden (zum Beispiel Online-Überweisung) lassen sich auch Medienbrüche bzw. Doppeleingaben vermeiden und dadurch Fehlerquellen reduzieren. Insgesamt ist festzuhalten, dass durch die Digitalisierung und Verlagerung von Distributionsaufgaben auf das Internet Kreditinstituten nur ein

Bruchteil der Kosten entstehen, die bei einer persönlichen und ortsgebundenen Leistungs-erstellung anfallen (Schrick 2002, S. 36).

Neben solchen Effizienzgewinnen schafft das Internet auch Effektivitätsvorteile. So können beispielsweise neue und jüngere Zielgruppen, sog. Digital Natives, besser erreicht werden und Bedürfnisse in der Anbahnung und Inanspruchnahme von Finanzdienstleis-tungen besser befriedigt werden (Buhl et al., 2012 S 47 f.).

Grenzen der Online-Distribution liegen bei denjenigen Finanzdienstleistungen, die einen hohen Anteil an Vertrauenseigenschaften und ein hohes Kaufrisiko besitzen (zum Beispiel Abschluss einer Rentenversicherung mit einer 30jährigen Laufzeit). Solche kom-plexen und erklärungsbedürftigen Leistungen werden nach wie vor persönlich verkauft. Der persönlichen Interaktion kommt eine wichtige Rolle zu. Als weitere Grenze der On-line-Distribution seien die Vorbehalte mancher Kunden in Bezug auf die Vertraulichkeit und die Sicherheit ihrer persönlichen Daten genannt.

Schließlich bieten neben der Online-Distribution über das klassische Internet auch multifunktionale und leistungsstarke Mobiltelefone weitere innovative Distributionsfor-men auf dem Gebiet des mobilen Internets.

Bei der Distribution der eigentlichen Dienstleistung dominieren unternehmenseigene Distributionsorgane im direkten Kundenkontakt. Beim Verkauf von Leistungsanrechten können im indirekten Distributionskanal zum Kunden auch unternehmensfremde Distri-butionsorgane, wie beispielsweise Finanz- oder Versicherungsmakler, eingesetzt werden. Diese bieten ihren Kunden Leistungsversprechen verschiedenster Kreditinstitute an und vermitteln einen Vertragsabschluss. Makler prüfen für ihre Kunden die Angebote zahlrei-cher Anbieter in Hinblick auf ihren individuellen Kundenbedarf. Das heißt, sie erbringen neben dem Verkauf der Leistungsanrechte auch eine eigenständige Dienstleistung der Be-ratung, aus der der Kunde einen Nutzen zieht. Daneben gibt es auch Kooperationspartner, die neben ihrer eigentlichen Dienstleistung (zum Beispiel Immobilienvermittlung, Pkw-Verkauf) zusätzlich Finanzdienstleistungen vermitteln. Schließlich ist die Einschaltung von Einzelhändlern in der Konsumgüterfinanzierung (zum Beispiel Finanzierung von Pkw, brauner und weißer Ware) zu nennen, die beim Verkauf ihrer Produkte Konsumen-tenkredite vermitteln. Mit dem Einsatz solcher Dienstleistungsvermittler erhält das Kre-ditinstitut im Vertrieb seiner Leistungen eine größere Marktabdeckung. Der Steuerungs- und Kontrollaufwand dieser Absatzorgane ist jedoch sehr groß.

1.4.4 Distributionssystem-Entscheidungen

Finanzdienstleistungen sind sehr heterogen. Sie weisen unterschiedlich starke dienstleis-tungstypische Merkmale auf (vgl. Abb. 1.3. Jede Finanzdienstleistung hat ihre spezifischen Erfordernisse in der Distribution. Die Gesamtheit aller eingesetzten Distributionskanäle und -organe kennzeichnet das *Distributions- bzw. Vertriebssystems* eines Kreditinstituts. Banken und Sparkassen, die mit einem breiten (Vielzahl unterschiedlicher Finanzdienst-leistungen wie Zahlungsverkehr, Kredit- und Wertpapiergeschäft etc.) und tiefen (Vielzahl unterschiedlicher Kreditarten) Angebotsprogramm unterschiedlichste Zielgruppen ansprechen, müssen sich distributionspolitisch anders aufstellen als eine Bank, die sich auf eine Finanzdienstleistung spezialisiert hat (zum Beispiel Konsumentenkreditbank). Solche „Vollsortimenter" bieten auch Finanzdienstleistungen mit unterschiedlicher Bedarfshäufigkeit an. Bei periodisch nachgefragten Bankprodukten erwarten Kunden in der Regel eine hohe Distributionsdichte. Das Kreditinstitut hat die Aufgabe, dazu eine Vielzahl unterschiedlicher Kontaktorte anzubieten, um eine intensive Distribution zu realisieren. Das gleiche Institut verkauft aber auch beratungs- und betreuungsintensive Finanzdienstleistungen, die eine persönliche kundenindividuelle Beratung erfordern. Hier wird die Art der persönlichen Kundenintegration zu einem wichtigen Marketinginstrument. Hier wird man kaum auf die persönliche Integration des Kunden in den Leistungsprozess verzichten können. Daher bietet es sich für solche Kreditinstitute nicht an, lediglich nur einen Distributionsweg für den Kunden anzubieten. Vielmehr müssen Kreditinstitute mit einem breiten und heterogenen Dienstleistungsprogramm mehrere Distributionswege kombiniert einsetzen. Raabe (2009) weist in diesem Zusammenhang auf Akzeptanz- und Vertrauensprobleme von Kunden bei solchen Banken hin, die ausschließlich auf dem unpersönlichen Weg ihre Dienstleistung mit dem Kunden abwickeln. Nach wie vor ist vielen Kunden die Inanspruchnahme eines festen Ansprechpartners in der Bank oder Sparkasse wichtig, auf den er im Bedarfsfall zugreifen kann. Dies wird immer dann der Fall sein, wenn der Kunde im Rahmen der Leistungsverrichtung durch SB-Terminals oder im Online-Banking an seine Grenzen stößt und individuelle Probleme und Fragen ausschließlich über einen persönlichen Ansprechpartner lösen will. Auch die branchenübergreifende Benchmarking Studie „Kundenmonitor Deutschland" zeigt in diesem Zusammenhang deutlich, dass die Zufriedenheit von Direktbankkunden in Bezug auf Individualität der Leistung und Grad der Kundenbindung deutlich unter den Werten der klassischen Filialbanken mit persönlichen Dienstleistungen liegen (Servicebarometer AG, Loyalty 2009). Auch die Heterogenität der Kunden und deren Bereitschaft und Fähigkeit, Selbstbedienungsfunktionen zu übernehmen lässt es nicht zu, eine Finanzdienstleistung ausschließlich über einen Kanal zu distribuieren. Es wird immer Kundengruppen geben, die persönliche Dienstleistungen bei der Nutzung standardisierter Bankprodukte fordern und entsprechende Entgelte dafür bezahlen.

Die Ausgestaltung des Distributionssystems wird aber nicht nur durch die Leistungspalette eines Kreditinstituts bestimmt. Banken und Sparkassen agieren heute in sehr dynamischen Märkten, in denen sich das Verhalten von Kunden und die Bedingungen des Wettbewerbs schnell ändern. Veränderte Kundenansprüche treffen auf neue Wettbewerber, die in bestehenden Märkten mit neuen Angeboten, neuen Preismodellen (zum Beispiel Discountbroker) und neuen Absatzwegen (zum Beispiel reine Internetbank) Marktanteile gewinnen wollen. Auch neue Technologien in der Informations- und Kommunikationstechnologie ermöglichen eine immer stärkere Digitalisierung von Finanzdienstleistungen. Diese Entwicklungen zwingen die etablierten Kreditinstitute, ihre gewachsenen Distributionssysteme regelmäßig zu prüfen und den geänderten Marktbedingungen anzupassen.

Insbesondere die technologischen Entwicklungen haben in den letzten Jahren das Kaufverhalten der Kunden nachhaltig beeinflusst. Durch positive Erfahrungen mit neuen Online-Distributionskanälen im Handel erwartet der Kunde auch in der Finanzdienstleistungsbranche die ähnlichen Optionen bzw. Distributionsmöglichkeiten. Banken und Sparkassen können heute schon an dem Kaufverhalten der Kunden in Konsumgütermärkten erkennen, welchen Herausforderungen sie zukünftig gegenüberstehen. Wie der Einzelhandelskunde will der Bankkunde je nach Bedarf und Situation unterschiedliche Distributionskanäle nutzen können. Kunden wollen heute in jeder Situation auf bequeme und schnelle Weise Kontakt mit ihrer Bank und Sparkasse aufnehmen können, um die Dienstleistung in Anspruch zu nehmen. Für Standardleistungen würden die wenigsten Bankkunden einen weiten Weg zur Zentrale oder zur Filiale akzeptieren (Bruhn und Georgi 2006, S. 257).

Banken und Sparkassen stehen heute zunehmend multioptionalen Kunden gegenüber, die je nach Bedarf unterschiedliche Kanäle auswählen und diese dann nutzen. Kunden erwarten alternative Kontaktpunkte zu ihren Dienstleistern, die sie je nach Bedarfssituation zeitlich flexibel und ortungebunden in Anspruch nehmen können. Dies reicht über den ganzen Kundenkontaktprozess betrachtet von der ersten Informationsbeschaffung eines Neukunden und einem anschließenden Beratungsgespräch über den Abschluss bis hin zum Kontakt während der Leistungserstellung. Kunden informieren sich in einer Pre Sale-Phase in unpersönlichen Kommunikationskanälen über Art, Umfang und Konditionen des Leistungsangebotes und lassen sich danach ggf. persönlich beraten. Führt diese Beratung zu einem Abschluss und erwirbt der Kunde ein Leistungsanrecht (zum Beispiel Führung eines Girokontos), wird er im Laufe der Geschäftsbeziehung die Leistungspotenziale seiner Bank räumlich und zeitlich nach seinem individuellen Bedarf in Anspruch nehmen.

Neben einem veränderten Kundenverhalten beeinflusst auch das Verhalten des Wettbewerbs maßgeblich die Ausgestaltung des eigenen Distributionssystems. Banken bieten sehr ähnliche, zum Teil identische Finanzdienstleistungen, vor allem standardisierte Bankprodukte, an. Die Kerndienstleistungen bieten wenig Differenzierungspotenzial im Wettbewerb, viele Finanzdienstleistungen (zum Beispiel Bankprodukte im Zahlungsverkehr) sind austauschbar. Etablierte Kreditinstitute müssen sich daher immer stärker den Herausforderungen neuer Wettbewerber stellen, die mit innovativen Distributionssystemen und neuen Geschäftsmodellen ihren Kunden neue Zugangs- und Kontaktmöglichkeiten bieten. Branchenfremde und vor allem interneterfahrene Anbieter wie Google, Apple (zum Beispiel Zahlung mit Apple Pay) und Facebook werden zunehmend auch Finanzdienstleistungen anbieten und ihre bereits eingeführten Angebote (zum Beispiel Ebay mit Paypal) weiter ausbauen (Hüthig 2014, S. 14). Der Wettbewerbsdruck steigt. Auch die Bankenbranche wird ähnlich wie die Musikbranche, der Einzelhandel, die Immobilienmakler oder die Taxibranche (zum Beispiel Uber) von den Angriffen internetbasierter neuer Wettbewerber nicht verschont bleiben. Der Wettbewerbsvorteil der neuen Anbieter liegt in ihrer meist langjährigen Erfahrung mit dem digitalen Kontakt zum Kunden.

Um den Nutzen ihrer Kunden zu erhöhen und sich gleichzeitig vom Wettbewerb abzuheben, müssen Banken und Sparkassen innovative Zusatzleistungen anbieten. Leistungsinnovationen können sowohl an den Leistungspotenzialen als auch am Leistungsprozess eines Kreditinstituts ansetzen. So können neue Distributionsorgane (zum Beispiel Mobile Banking-Angebote) neue Kundengruppen erschließen und bestehenden Kunden weitere Zugangsmöglichkeiten zu den Dienstleistungsangeboten verschaffen und damit den Servicegrad erhöhen. In der Prozessphase können Kreditinstitute den Kundennutzen dadurch erhöhen, indem sie ihren Kunden die Mitwirkung im Prozess erleichtern (zum Beispiel schnelle und einfache Abwicklung des Zahlungsverkehr durch Mobile-Banking Angebote). Ein solcher offensiver Ausbau des eigenen Distributionssystems profiliert traditionelle Banken und Sparkassen als kunden- und serviceorientierte Anbieter. Standardisierte Bankprodukte werden ubiquitär angeboten, individualisierte und beratungsintensive Bankdienstleistungen werden nach wie vor durch eine persönliche Dienstleistung am Sitz der Bank oder am Wohnort des Kunden erbracht. Studien zeigen, dass die Abschlussrate bei komplexen Finanzdienstleistungen wie zum Beispiel bei Kreditverträgen, Versicherungen oder Bausparverträgen im Internet noch gering ist. Aktuell werden rund vier Prozent der Ratenkredite online abgewickelt, bei Bausparverträgen fällt dieser Anteil nach Forrester Research (2013) noch geringer aus. Ein Grund für die geringe Nutzung solcher Bankleistungen im Internet ist die vom Kunden empfundene Komplexität dieser Angebote und das damit verbundene größere Risiko ihrer Abschlussentscheidung. Außerdem werden solche Finanzdienstleistungen eher selten oder unregelmäßig in Anspruch genommen, was die Vertrautheit mit diesem Leistungsprozess stark reduziert (Evanschitzky 2003, S. 206).

Vor diesem Hintergrund versuchen Banken und Sparkassen seit mehreren Jahren die unterschiedlichen Kanäle und Organe im Sinne einer *Multichannel-Strategie* (Meffert und Bruhn 2012, S. 360) zu kombinieren. In Anlehnung an Heinemann (2011, S. VII) ist ein reiner Parallelvertrieb über mehrere Distributionsorgane, zum Beispiel Filiale, Telefon und mobile Hausbesuche, allerdings noch keine echte Multichannel Distribution. Diese liegt erst dann vor, wenn die traditionellen Offline-Kanäle mit elektronischen Online-Kanälen kombiniert werden (zum Beispiel Filiale und Online-Banking). Abb. 1.6 zeigt beispielhaft die Vielfalt distributionspolitischer Kombinationsmöglichkeiten, die Banken und Sparkassen ihren Kunden anbieten. Ein Kunde wird je nach Leistungsart und Bedarfssituation unterschiedliche Distributionsorgane für die Leistungserstellung auswählen. Diese Multichannel Distribution trägt damit nicht nur zur Steigerung der Effizienz bei der Dienstleistungserstellung bei, sondern schafft auch die Voraussetzungen für eine optimale und bedarfsgerechte Kundenintegration (o.V. 2014, S. 2 f.)

Der organisatorische Aufwand für die Umsetzung einer solchen Mulichannel Distribution ist allerdings hoch, da für jeden Distributionskanal die notwendigen Prozesse und Verantwortlichkeiten festgelegt werden müssen, jeder Kanal mit entsprechenden IT-System ausgestattet und darüber hinaus die Kanäle miteinander verbunden werden müssen (Müller 2011, S. 18).

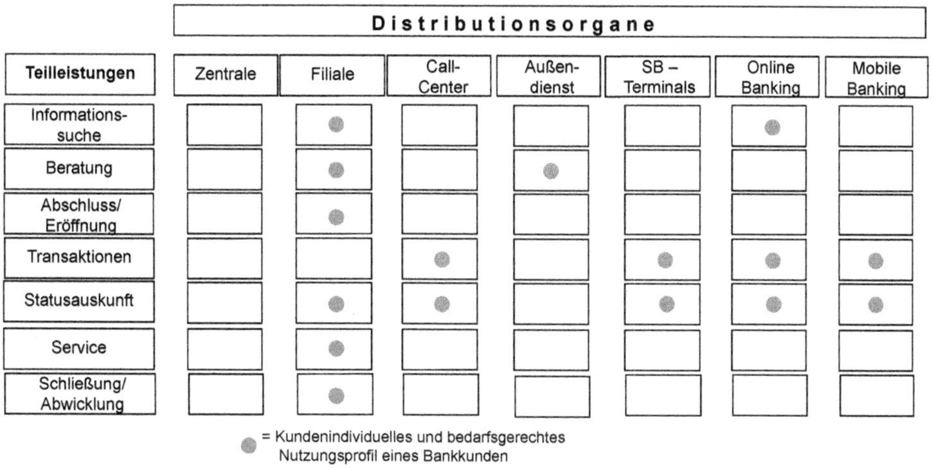

	Distributionsorgane						
Teilleistungen	Zentrale	Filiale	Call-Center	Außendienst	SB–Terminals	Online Banking	Mobile Banking
Informations-suche		●				●	
Beratung		●		●			
Abschluss/Eröffnung		●					
Transaktionen			●		●	●	●
Statusauskunft		●	●		●	●	●
Service		●					
Schließung/Abwicklung		●					

● = Kundenindividuelles und bedarfsgerechtes Nutzungsprofil eines Bankkunden

Abb. 1.6 Multichannel Optionen bei Banken und Sparkassen

1.5 Ausblick

Die zukünftige distributionspolitische Aufgabe von Banken und Sparkassen besteht in der Gestaltung einer ausgewogenen und effizienten Kombination unterschiedlicher Distributionskanäle und -organe sowie deren Verbindung zu einem integrierten Multichannel-System. Die Vernetzung der physischen Standorte mit digitalen Zugangsmöglichkeiten zum Dienstleistungspotenzial wird zu einem Erfolgsfaktor für Banken und Sparkassen.

Auch wenn die Steigerungsraten der Online- und Mobile-Distribution für einen weiter wachsenden Anteil dieser Distributionsorgane sprechen, so wird es nie zu einer völligen Aufgabe der persönlichen Leistungserstellung in Filialen kommen. Dazu sind die individuellen Ansprüche und Erwartungen der Kunden an Finanzdienstleistungen zu unterschiedlich, sodass eine ausschließliche Mensch-Maschine-Kommunikation in der Akquisition und in der Produktion unrealistisch erscheint (Schrick 2002, S. 36). Immer dort, wo digitalisierte Standardangebote enden, kommt dem Kundenberater als Problemlöser und Navigator durch die Distributionskanäle eine wichtige Aufgabe zu. Je komplexer eine Finanzdienstleistung ist und je weniger Leistungsbestandteile auf den Kunden zu übertragen sind, desto weniger wird das Internet als Distributionskanal zum Tragen kommen (Evanschitzky 2003, S. 2005). Es bleibt abzuwarten, inwieweit Kunden mit individuellem Beratungsbedarf den Einsatz von Videoberatung akzeptieren. Der Kunde entscheidet, welcher Distributionskanal für ihn am sinnvollsten ist.

Der Filialvertrieb darf in der Zukunft nicht nur als Kostentreiber bei der Produktion von Bankprodukten gesehen werden, sondern vielmehr als Wertschöpfungstreiber beim Verkauf beratungsintensiver Finanzdienstleistungen (Bruhn und Georgi 2006, S. 264). Die Digitalisierung wird zwar zu einem Abbau von Abwicklungsfilialen und damit auch zu einer Kostenentlastung bei Banken und Sparkassen führen. Auch wird es in Zukunft weniger und kleinere Filialen geben (vgl. Hüthig 2014, S. 18). Diese werden sich jedoch auf spezielle beratungsintensive Finanzdienstleistungen spezialisieren und ihre Bedeutung als Distributionsorgan bei beratungsintensiven Finanzdienstleistungen beibehalten. Damit bleibt auch zukünftig die Rolle der Filiale und ihrer Berater für die Vertrauensbildung in die Bank erhalten (Buhl et al. 2012, S. 48). Im stationären Vertrieb werden nach wie vor Anlageentscheidungen getroffen und Kredite vergeben (Müller 2011, S. 5). Offline und Online-Kanäle stehen nicht im Wettbewerb zueinander, sondern ergänzen sich in der Kombination der Kanäle.

Häufig wird in der Praxis die mangelnde Abstimmung und Koordination parallel eingesetzter Distributionskanäle von Banken und Sparkassen kritisiert. Solche getrennt nebeneinander existierende Kanäle genügen allerdings nicht den Anforderungen an ein Multichannel System. Vielfach sind Konflikte zwischen den Distributionskanälen zu beobachten. Es reicht nicht aus, in möglichst vielen Distributionskanälen präsent zu sein. Vielmehr ist es erforderlich, die diversen Distributionsorgane so miteinander zu vernetzen, dass sie bestmöglich voneinander profitieren und nicht gegenseitig in Konkurrenz zu einander stehen (Müller 2011, S. 25).

Bei einer „echten" Multichannel Distribution sollte der Kunde die Möglichkeit haben, zwischen den Kanälen beliebig wechseln zu können (Ahlert 2003, S. 12). Die Diversität der Distributionskanäle (Bruhn und Georgi 2006, S. 262) erfordert eine integrative, d. h. aufeinander abgestimmte Steuerung der verschiedenen Kanäle. Gelingt die lückenlose Vernetzung aller Kanäle, so ist von einem Omnichannel Ansatz zu sprechen. Hierbei hat der Kunde die freie Wahl des Distributionskanals, wobei jeder Kanal das ganze Leistungsprogramm einer Bank und Sparkasse abdeckt. Ebenso müssen Kunden in allen Kanälen eine gleichbleibende Dienstleistungsqualität erhalten (vgl. Hientsch und Bocken 2013, S. 3). Bei einem Omnichannel Angebot müssen beispielsweise mobile Devices (zum Beispiel Bank-App) die gleichen Funktionen und Informationen bereitstellen, die der Kunde in der Filiale oder über das Telefon erhält. Neben der angebotsspezifischen Gleichschaltung muss das Corporate Design des Kreditinstituts in allen Kanälen einheitlich sein, sodass der Kunde die unterschiedlichen Kanäle als eine Einheit wahrnimmt. Schließlich stärkt die Mehrgleisigkeit in der Distribution das Image der Bank oder Sparkasse als modernes und leistungsstarkes Kreditinstitut, das sich gegenüber neuen Wettbewerbern mit ausschließlich digitalen Distributionskanälen gut behaupten kann.

Eine kundenorientierte Multichannel Distribution schafft die Vernetzung zwischen Digitalisierung und Mensch.

Literatur

Ahlert, D. und Hesse, J. et al. (Hrsg.) (2003): Multikanalstrategien, Wiesbaden
Bieberstein, I. (2008): Distribution von Dienstleistungen, in: Pepels, W. (Hrsg.): Vertriebsleiterhandbuch, 2. Aufl., Düsseldorf, S. 277–310
Boksberger, Ph. (2006): Perceived Risk as a Determinant of Perceived Value of Services, Bamberg
Bruhn, M. und Georgi, D. (2006): Dienstleistungsmanagement in Banken, Frankfurt a. M.
Buhl, H. U. et al (2012): Die digitale (R)evolution, in: Die Bank, 6/2012, S. 47–51

Bundesverband deutscher Banken e. V. (Hrsg.) (2014): Zahlen, Daten, Fakten der Kreditwirtschaft, Frankfurt

Commerzbank AG (Hrsg.) (2014): Commerzbank eröffnet erste Flagship-Filiale in Berlin, in: www.commerzbank.de/de/hauptnavigation/presse/pressemitteilungen/archiv1/2014_1/2_quartal/presse_archiv_detail_14_02_41738.html

Engelhardt, W., Kleinaltenkamp, M. et al. (1992): Dienstleistungen als Absatzobjekt, in: Arbeitsbericht des Instituts für Unternehmensführung und Unternehmensforschung, Nr. 51, Bochum

Ernst & Young (Hrsg.) (2012): Global Consumer Banking Survey 2012, Stuttgart

Evanschitzky, H. und Gawlik, H. (2003): Banking im Aufbruch: Kundenbindung durch Multikanal-Management, in: Ahlert, H. et al.: Multikanalstrategien, Wiesbaden, S. 197–222

Fließ, S. (2009): Dienstleistungsmanagement. Kundenintegration gestalten und steuern, Wiesbaden

Haller, S. (2005): Dienstleistungsmanagement, 3. Aufl., Wiesbaden

Heinemann, G. (2011): Cross-Channel-Management, 3. Aufl. Wiesbaden

Hientsch, R., Bocken, R. (2013): Erfolgsfaktor Multi-Channel-Management, in: Die Bank, 11/2013, S. 1–4

Hilke, J. (1989): Grundprobleme und Entwicklungstendenzen im Dienstleistungsmarketing, in: Hilke, J. (Hrsg.): Dienstleistungsmarketing, Wiesbaden, S. 5–44

Hüthig, S. (2014): Digitalisierung – Viel mehr als ein Projekt, in: Bankmagazin, 10/2014, S. 12–21

Meffert, H. und Bruhn, M. (2012): Dienstleistungsmarketing, 7. Aufl., Wiesbaden

Meyer, T. (2010): Mehrheit der Bankkunden recherchiert online, in: Deutsche Bank Research, Frankfurt

Müller, D. (2011): Banken im Wandel des 21. Jahrhunderts – Erfolgsrezept Multikanalvertrieb, Norderstedt

Oevermann, D. (1997): Kundenbindungsmanagement bei Kreditinstituten, München

O.V. (2014): Nicht am Kundenerlebnis sparen, in: Bankmagazin Extra, Heft 11/2014, S. 2–3

Raabe, M. (2009): Innovatives Bankmarketing – Erfolgsstrategien im Direct Banking, Diss. Kassel

Scharf, A. und Schubert, S. (2009): Marketing, 4. Aufl., Stuttgart

Scheuch, F. (1998): Distributionspolitische Entscheidungen für Dienstleistungen, in: Meyer, A.: Handbuch Dienstleistungs-Marketing, Stuttgart, S. 941–954

Schrick, K., Walterspiel, M. et al. (2002): Management der Servicequalität im Communication Center der Advance Bank, in: Bruhn, M., Meffert, H.: Exzellenz im Dienstleistungsmarketing, Wiesbaden, S. 26–76

Servicebarometer AG (Hrsg.) (2009): Das Kundenbarometer 2009 zeigt eine geringe Kundenbindung bei Direktbanken, in: www.loyalty.de/1023/das-kundenbarometer-2009-zeigt-eine-geringe-kundenbindung-bei-direktbanken/

Prof. Dr. Ingo Bieberstein Ingo Bieberstein absolvierte zunächst eine Ausbildung zum Bankkaufmann bei der Deutschen Bank AG. Im Anschluss studierte er Betriebswirtschaftslehre an der Universität zu Köln (Diplom-Kaufmann). Nach seinem Studium war er Assistent am Seminar für Allgemeine Betriebswirtschaftslehre, Handel und Absatz der Universität zu Köln, wo er auch promovierte. Seine Dissertation wurde mit dem F.G. Contzen Förderpreis des Deutschen Einzelhandels ausgezeichnet. Im Anschluss arbeitete er als Vertriebsplaner bei der Henkel KGaA in Düsseldorf und als kaufmännischer Leiter der Cewe Color AG in Mönchengladbach. Ingo Bieberstein war zudem Lehrbeauftragter für Marketing an der Fachhochschule Köln und der FOM – Fachhochschule für Ökonomie und Management. Seit 1993 ist er Professor für Allgemeine Betriebswirtschaftslehre, insbesondere Marketing, an der Hochschule Niederrhein. Der Forschungsschwerpunkt liegt in der Zufriedenheitsforschung und dem Dienstleistungsmarketing.

Vom Mono- zum Multichannel-Management – Nur wer die Vergangenheit kennt, kann die Zukunft erfolgreich gestalten

Harald Brock

Zusammenfassung

Wie viel Vergangenheit verträgt die Zukunft? Der Beitrag zeigt auf wie sich die Rahmenbedingungen und die Vertriebs- und die Kommunikationsstrukturen von Kreditinstituten in der langen Frist entwickelt haben. Hierdurch sollen Pfadabhängigkeiten durchbrochen und aufgelöst werden. Denn nur wer die Vergangenheit kennt, kann die Zukunft im Multi- und Omnichannel-Zeitalter erfolgreich gestalten.

2.1 Einleitung

Es ist wirklich beeindruckend, wie langlebig das Filialbankenmodell doch ist. Selbst die visionärsten und klügsten Köpfe der letzten Dekaden namens Max Levchin, Larry Page, Sergey Brin, Jeff Bezos, Bill Gates, Pierre Omidyar oder Steve Jobs haben es nicht geschafft die zahlreichen deutschen Banken und Sparkassen in die Knie zu zwingen. Das Gleiche gilt für die Substitutionskonkurrenten aus dem Lager der Non-, Near- und Directbanks, die bereits vor vielen Jahren mit aller Kraft in den Bankenmarkt eingedrungen sind und die traditionellen Platzhirsche mit Kampfangeboten herausgefordert haben.

Nonbanks
Bezeichnung für bankfremde Anbieter im Markt für Finanzdienstleistungen, die aufgrund der von ihnen angebotenen Produktpalette im Finanzdienstleistungssektor als Substitutionskonkurrenten

H. Brock (✉)
Düsseldorf, Deutschland
E-Mail: harald.brock@think-bank.eu

© Springer Fachmedien Wiesbaden 2015
H. Brock, I. Bieberstein (Hrsg.), *Multi- und Omnichannel-Management in Banken und Sparkassen*, DOI 10.1007/978-3-658-06538-6_2

von Banken und Sparkassen auftreten, zum Beispiel Kauf- und Versandhäuser oder Automobilhersteller (vgl. Ziegler 1992, S. 113).

Nearbanks
Banknahe Institute, auch Quasibanken genannt; in der Bundesrepublik Deutschland Bezeichnung für Anbieter von Finanzdienstleistungen, die nach § 1 KWG nicht zu den Kreditinstituten zählen, jedoch aufgrund ihres Leistungsangebots auch als Substitutionskonkurrenten von Banken und Sparkassen gelten können, zum Beispiel Bausparkassen, Kreditkarten- und Vermögensverwaltungsgesellschaften (vgl. Ziegler 1992, S. 113).

Im Wettbewerb profitieren klassische Kreditinstitute davon, dass noch immer viele der ertragsstarken Finanzdienstleistungen abstrakt und erklärungsbedürftig sind und die Kaufentscheidung wesentlich von der Vertrauenswürdigkeit und der Kundennähe des Instituts abhängt.

Um im Markt zu bestehen haben sich zudem alle Institutsgruppen kontinuierlich an Veränderungen im Kundenverhalten angepasst. Eine wesentliche Marktanpassung spiegelt sich in der quantitativen und qualitativen Entwicklung der Filialnetze wider (Abb. 2.1).

Die bloße Straffung der Filialnetze reicht im gegenwärtigen Marktumfeld als Einzelmaßnahme allerdings nicht mehr aus, um wettbewerbsfähig zu bleiben.

Die Verbände, das Management und die Mitarbeiter müssen vielmehr die Digitalisierung der (Finanz-)Welt akzeptieren und die damit verbundenen Potenziale heben. Dies ist noch lange nicht bei allen Filialbanken in der nötigen Breite und Tiefe der Fall. Die

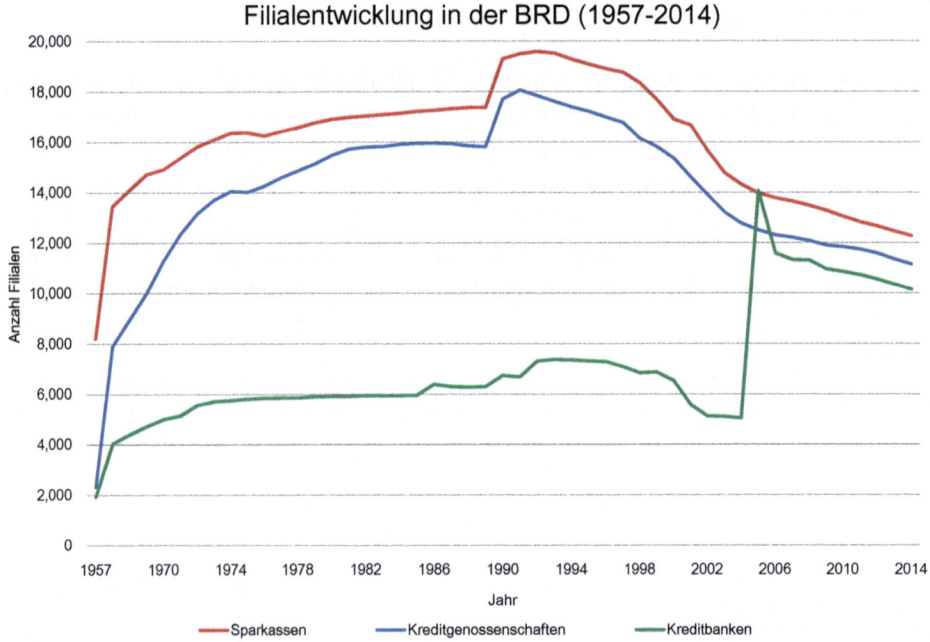

Abb. 2.1 Entwicklung des stationären Filialvertriebs (Deutsche Bundesbank)

Gründe sind so vielfältig wie die Bankenlandschaft: Manche Institute haben Angst vor einem Bedeutungsverlust der Filiale, einem monolithischen Wettbewerbsvorteil früherer Tage! Anderen fehlt das Bewusstsein und das Wissen in Verbindung mit geeigneten Organisationsstrukturen zur Ausgestaltung verzahnter Vertriebs- und Kommunikationswege, die multiplen Wettbewerbsvorteile der Zukunft! Nur die Entwicklung von Mono- zu Multikanalkompetenzen führt zum Erfolg. Oder welches Institut kann behaupten, dass es resistent gegen Schumpeters ‚Kraft der schöpferischen Zerstörung' ist?

Angesichts der Komplexität der Veränderungen und Fragestellungen, ist es äußerst diffizil die Zukunft exakt vorauszusagen und damit zu fixieren, wie das häufig apostrophierte End-Game-Szenario in der Finanzbranche aussehen wird (vgl. Faßbender 2000, S. 54). Ursächlich ist, dass die Ausgestaltung der Vertriebs- und Kommunikationswege bzw. Touchpoints ein nicht triviales Entscheidungsproblem darstellt, welches strategischen Charakter besitzt und im Kontext von instituts- und institutsgruppenspezifischen Rahmenbedingungen sowie historisch gewachsenen Strukturen und Überzeugungen thematisiert werden muss. Eine für alle Institute gültige Blaupause oder Musterlösung existiert somit nicht. Jede Bank bzw. Sparkasse muss individuell klären, wie viel Vergangenheit die Zukunft verträgt.

Umso wichtiger ist eine sorgfältige Analyse der Entwicklungslogik der Vertriebs- und Kommunikationsstrukturen von Banken und Sparkassen, die Entscheidungsträger zum weiteren Nachdenken anregen vor allem aber zu entschlossenem Handeln auffordern soll. Im vorliegenden Beitrag wird deshalb bewusst auf die Darstellung einer langen Frist von 1945 bis zur Gegenwart zurückgegriffen.

Diese retrospektive Betrachtung hat die wichtige Funktion, die Position der Gegenwart vor dem Hintergrund der Vergangenheit transparenter zu machen. Durch diesen Ansatz kann die Komplexität des Betrachtungsgegenstandes deutlich reduziert werden (vgl. Thomes 2012, S. 2). Eine weitere Funktion dieser Analyse liegt darin, durch die Sammlung von Fakten, durch Darstellung und Interpretation der Entwicklungslogiken, die historische Kontinuität zwischen Vergangenheit und Zukunft herzustellen (vgl. Mura 1995, S. 19 und Porter 1983, S. 124). Die so eröffnete Perspektive ist in der Lage, Pfadabhängigkeiten und Entscheidungsdefizite aufzudecken und zukunftsorientierte Entscheidungen herbeizuführen.

2.2 Eine quantitative und qualitative Entwicklungsanalyse der Vertriebs- und Kommunikationskanäle von Banken und Sparkassen

Das vorliegende Kapitel analysiert die quantitative und qualitative Entwicklung der Vertriebs- und Kommunikationswege von Banken und Sparkassen nach dem Zweiten Weltkrieg. Abgeleitet aus den Entwicklungsmustern ergibt sich eine Dreiteilung des Kapitels in:

1. Die Extensivierungsphase vom Ende des Zweiten Weltkrieg bis zu den siebziger Jahren
2. Die Intensivierungsphase in den siebziger und achtziger Jahren
3. Die Degenerationsphase von den neunziger Jahren bis zur Gegenwart

2.2.1 Die Extensivierungsphase vom Ende des Zweiten Weltkriegs bis zu den siebziger Jahren

Squeeze-out! Sparkassen und Genossenschaftsbanken verdrängen Kreditbanken durch Filial-expansion aus dem Privatkundengeschäft

2.2.1.1 Kontextfaktoren in der Extensivierungsphase

Alle drei Institutsgruppen litten im Schatten von politisch-rechtlichen Umbrüchen und Kriegszerstörungen unter der Ungewissheit, wie sich ihre Zukunft gestalten würde (vgl. Schulz 2005, S. 251 ff.). Erst die von den drei westlichen Alliierten initiierte Währungs-reform im Juni 1948 konnte einen geordneten Geschäftsverkehr in den Banken und Spar-kassen sicherstellen (vgl. Ashauer 1991, S. 261 f.). Bereits 1949 zeigten sich erste Ansätze einer Konsolidierung der Spareinlagen-Entwicklung (vgl. Thomes und Belvederesi 2007, S. 22). Dies war erstaunlich, als gerade in der Frühphase der BRD starke Preisschwankun-gen Anlass zu Zweifeln an der Geldwertstabilität gaben (vgl. Zinn 1992, S. 72). In dieser Zeit konnten die Sparkassen mit einem Anteil von 64 % ihre traditionelle Position als Hauptträger der Kapitalbildung wieder einnehmen (vgl. Mura 1995, S. 36). Anlass zu Produktinnovationen bestand dabei im Passivgeschäft kaum. Das Sparbuch blieb bis Ende der 1950er Jahre das dominierende Produkt in den Filialen.

Noch stärker als das Einlagengeschäft litt das Kreditgeschäft in der unmittelbaren Nachkriegszeit. Einen Meilenstein zur Normalisierung markierte auch hier die Währungs-reform, da sich mit den zufließenden Einlagen auch das Baufinanzierungs- und Hypo-thekarkreditgeschäft vertrieblich in den Filialen ausweiten ließ (vgl. Thomes 2008, S. 298 und Ashauer 1991, S. 279). Die Währungsreform gilt obendrein als Startpunkt des so-genannten deutschen „Wirtschaftswunders". Hierunter versteht man den dynamischen wirtschaftlichen Aufschwung, der, unterbrochen von einer Konjunkturdelle in den Jahren 1966 und 1967, bis zur Ölkrise im Jahr 1973 anhielt und somit fast die gesamte Extensi-vierungsphase abdeckte.

Die 1950er Jahre waren zudem stark durch den Wiederaufbau und durch gesellschaft-liche sowie ökonomische Modernisierungen geprägt (vgl. Sywottek 1998). Unreformiert blieb aber zunächst das interventionistische Kreditwesengesetz von 1934 (1939 novelliert) und damit das Wettbewerbsabkommen in Verbindung mit dem weitgehenden Werbeverbot für Kreditinstitute. Damit gehörte das Kreditwesen innerhalb der grundsätzlich markt-wirtschaftlichen Ordnung der Bundesrepublik Deutschland zu den Bereichen, die noch weitgehend reglementiert waren (vgl. Schulz 2001, S. 89 f.). Erst im Jahr 1967 wurden die staatliche Zinsbindung und die Sonderregelungen für die Werbung der Banken und Sparkassen aufgehoben.

Für die Entwicklung der Vertriebs- und Kommunikationswege war die Konzessionierung von Zweigstellen von ganz entscheidender historischer Bedeutung (vgl. Thomes 2010, S. 269 ff.). Unter dem Begriff Konzessionierung war zu verstehen, dass die für die Bankenaufsicht zuständigen Behörden auf der Grundlage des KWG überprüften, ob ein örtlicher Bedarf für einen Vertriebs- und Kommunikationskanal in Form einer Bank- bzw. Sparkassenfiliale bestand. Angesichts des übersetzten Bankwesens der Weimarer Republik und der großen strukturellen Probleme der Kreditwirtschaft war die staatliche Kontrolle der Zweigstellengründungen über viele Jahre durchaus sinnvoll (vgl. Schulz 2005, S. 302). Im Juni 1958 kam es unter dem Druck einer zunehmend liberalen Wirtschaftsordnung zu einer entscheidenden Wende. Das Bundesverfassungsgericht erklärte in einem Grundsatzurteil, dem sog. „Apothekenurteil", die Bedarfsprüfung in Zulassungsverfahren als unvereinbar mit dem Grundrecht der freien Berufswahl. Fortan konnte ein Vertriebs- und Kommunikationskanal nach rein betriebswirtschaftlichen Gesichtspunkten eröffnet werden (vgl. Thomes 2008, S. 314 und Büschgen 1983, S. 398). Hieraus resultierte eine zahlenmäßige „Explosion" der Filialen. Die mit dem Apothekenurteil verbundene starke Ausdehnung des Filialnetzes wurde von weiteren Faktoren begünstigt, die fast zeitgleich einsetzten. Zu denken sei beispielsweise exemplarisch an eine gestiegene „Bankfähigkeit" vieler Kunden. Zusätzlich begünstigte die Einführung der bargeldlosen Lohn- und Gehaltszahlung die Filialentwicklung ganz entscheidend (Abb. 2.2).

Die Ausweitung des Vertriebsnetzes erfolgte in der gesamten Bundesrepublik. Zwischen 1957 und 1967 nahm die Zahl der Zweigstellen bei den Kreditgenossenschaften um 5573, bei den Sparkassen um 5246 und bei den Privatbanken um 1316 zu.

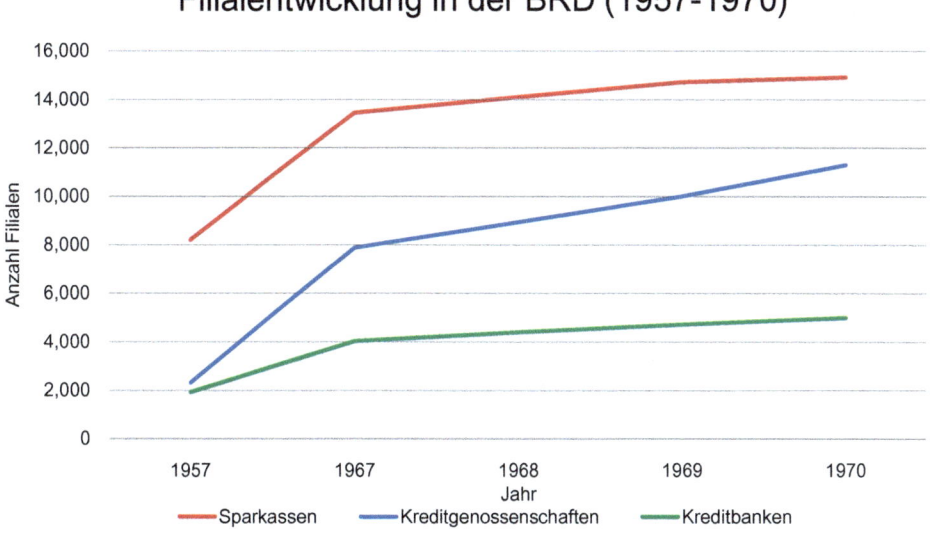

Abb. 2.2 Filialentwicklung in der Extensivierungsphase (Deutsche Bundesbank)

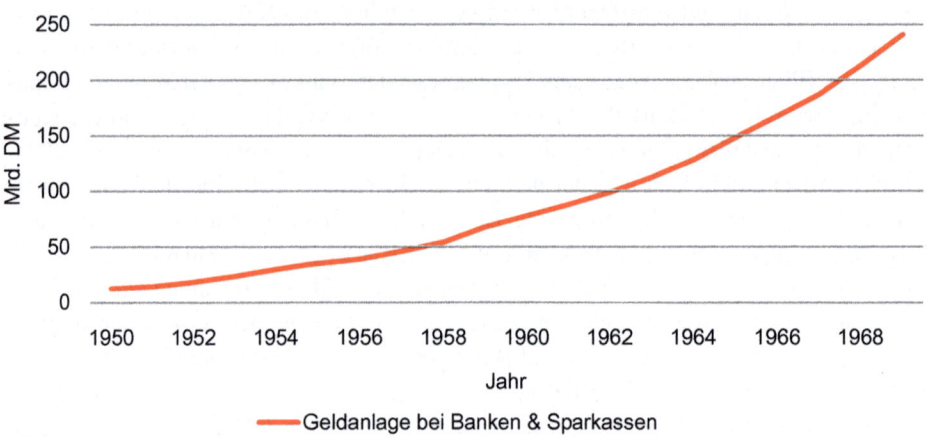

Abb. 2.3 Geldvermögen der privaten Haushalte in der Extensivierungsphase (vgl. Schulz 2005, S. 420)

Das letzte Jahrzehnt der Extensivierungsphase wurde sozioökonomisch durch steigende Einkommen und Geldvermögen der deutschen Bevölkerung geprägt. Ursächlich war die boomende Wirtschaftslage im Rahmen des Wirtschaftswunders (Abb. 2.3).

Hiervon profitierten insbesondere Regionalbanken wie Sparkassen und Genossenschaften, da gerade ihre Kundenklientel zunehmend in die „Bankfähigkeit" hineinwuchs (vgl. Schulz 2005, S. 300 f.).

Sozioökonomische Faktoren veränderten zusätzlich ab Mitte der 1950er die Konsumgewohnheiten. Die Bundesrepublik entwickelte sich allmählich zu einer Gesellschaft des Massenkonsums, wodurch sich auch die Konsummuster der Haushalte änderten. Sie schafften über den starren Bedarf (Nahrung, Kleidung, etc.) hinaus langlebige Konsumgüter (Haushaltstechnik, Automobile, Möbel etc.) an (vgl. Thomes 2008, S. 300 f.). Mit dem veränderten Nachfrageverhalten der Bevölkerung auf der Konsumebene musste sich das Angebotsspektrum im Filialvertrieb ändern. Der Konsumentenkredit gewann an Bedeutung.

Aus der politischen Umwelt wirkte ab dem Jahr 1965 die bundesweite Verwaltungs- und Gebietsreform auf Sparkassen ein. Die Auswirkungen der Gebietsreform betreffen im Wesentlichen die Intensivierungsphase des stationären Filialvertriebs. Wegen des zeitlichen Beginns der Verwaltungs- und Gebietsreform im Jahre 1965 werden die Auswirkungen auf den Filialvertrieb jedoch bewusst im Kontext der Extensivierungsphase beschrieben.

Die Reform hatte das primäre Ziel, die Leistungsfähigkeit der öffentlichen Verwaltung durch größere Verwaltungseinheiten zu erhöhen. Auswirkungen auf den Untersuchungs-

gegenstand wurden sekundär dadurch erzeugt, dass sich die Reform auf Regierungsbezir-
ke, Kreise und Gemeinden und damit die Träger der Sparkassen erstreckte (vgl. Thomes
2008, S. 325 ff., 2010, S. 276). Hieraus folgten erhebliche Auswirkungen auf die (den Ge-
bietskörperschaften durch Regionalprinzip und Gewährträgerhaftung eng verbundenen)
Sparkassen. Die Zahl der selbstständigen Gemeinden in der Bundesrepublik sank von
24.282 (1967) auf 8.518 (1978), die Zahl der Kreise ging im gleichen Zeitraum von 425
auf 235 zurück (vgl. Thieme 1987, S. 1035 f.). Für die Sparkassen entstanden vielerorts
Gemengelagen. In manchen reformierten Kreisen und Gemeinden arbeiteten nun Sparkassen unterschiedlicher Gewährträger nebeneinander, in anderen durchbrach das Geschäftsgebiet der Institute die neu geschaffenen Verwaltungsgrenzen (vgl. Schulz 2005, S. 343).
Zur Beseitigung dieser Problematik waren drei Handlungsalternativen üblich. Zum einen
schlossen sich Kommunen zu Sparkassenzweckverbänden zusammen. Der DSGV favori-
sierte diese Lösung, weil sie nach seiner Einschätzung den Bestand von Zweigstellen und
damit die Erhaltung des Kundengeschäfts am ehesten gewährleistete (vgl. Geiger 1974,
S. 158). Zum anderen fusionierten Sparkassen auf „herkömmliche" Weise, indem sich
Sparkassen zusammenschlossen bzw. die eine in der anderen aufging. Die dritte Möglichkeit war die Übertragung von Zweigstellen einer Sparkasse auf das Institut, in dessen
Gewährträgergebiet diese Stelle nach der Reform lag. Insgesamt verringerte sich die Zahl
der selbstständigen Sparkassen zwischen 1967 und 1981 von 862 auf 599 (vgl. Ambrosius
1998, S. 178) (Abb. 2.4).
   Der stark positive Entwicklungstrend der Zweigstellen blieb von den zahlreichen Spar-
kassenfusionen nahezu unberührt. Die fusionsbedingt gestiegene Betriebsgröße vieler Institute führte allerdings dazu, dass größere Kreditvolumina bewilligt und auch das Wert-

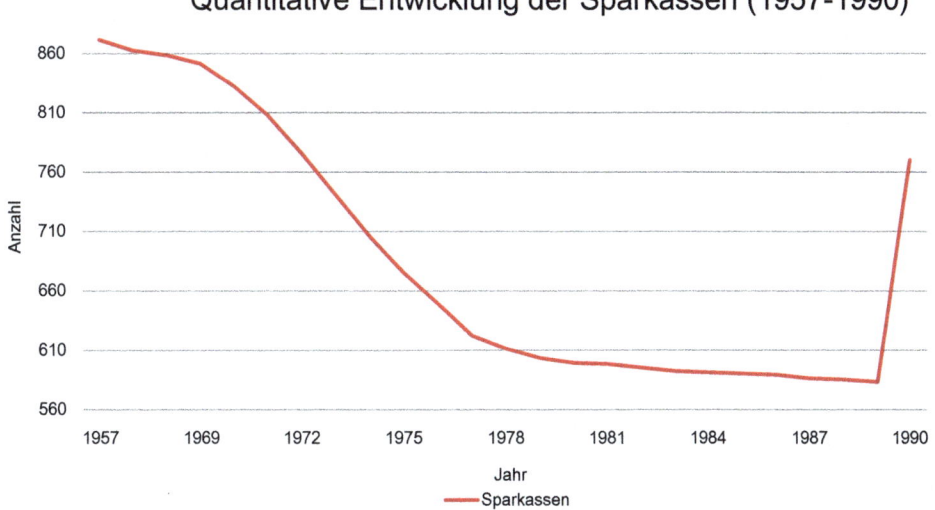

Abb. 2.4 Quantitative Entwicklung der Sparkassen (Deutsche Bundesbank)

papier- und Auslandsgeschäft in den Sparkassenfilialen allmählich aufgenommen werden konnte (vgl. Ashauer 1991, S. 304).

2.2.1.2 Kanalstrukturanalyse in der Extensivierungsphase

Implikationen durch Ergänzungsangebote und -technologien Zwischen 1945 und 1970 gab es kaum Alternativen und damit Substitutionsmöglichkeiten zum stationären Filialvertrieb (vgl. Weermann 2001, S. 11). Man kann deshalb in der Extensivierungsphase von einer Monokanalstruktur im Vertrieb und der Kommunikation von Banken und Sparkassen sprechen. Additiv nutzten die Institute lediglich vereinzelt in dünn besiedelten ländlichen Räumen Außendienstmitarbeiter, um entlegene Privathaushalte mit Bargeld und Kontoauszügen zu versorgen und Überweisungen oder Depositen entgegenzunehmen. Auch der Vertrieb und die Kommunikation mit dem Telefon bot damals noch keine Alternative. Das Netz war nicht dicht genug, die Technik war oft noch mangelhaft und die Kosten für Telefonate sehr hoch. Wirkliche Ergänzungsangebote des Filialvertriebs können deshalb in der Extensivierungsphase nicht identifiziert werden. Die Dominanz des stationären Filialvertriebs kann somit in der Betrachtungsphase auch auf einen Mangel an alternativen Vertriebs- und Kommunikationsmöglichkeiten zurückgeführt werden.

Es sollte jedoch an dieser Stelle darauf hingewiesen werden, dass seit der zweiten Hälfte der 1950er Jahre erstmals ein Zwang zur technischen Rationalisierung aufkam. Im Fokus dieser Anstrengungen stand die Automatisierung des Zahlungsverkehrs zum Beispiel durch Lochkartenmaschinen und Elektronenrechner (vgl. Thomes 2008, S. 311 und Thomes 2010, S. 262). Ein wesentlicher Grund für die Rationalisierungsbestrebungen war die mit der Einführung der bargeldlosen Lohn- und Gehaltszahlung verbundene „explodierende" Massenhaftigkeit der Geschäftsvorgänge in den Filialen.

Implikationen der Nachfrageseite Eine neue „historische" Dimension des stationären Filialvertriebs in der Kreditwirtschaft eröffnete ab ca. 1957 die Einführung der bargeldlosen Lohn- und Gehaltszahlung, die schon bald zum gesellschaftlichen Standard werden sollte (vgl. Milnik 1964, S. 5 f.). Bis zu dieser Zeit wurde die Gehaltszahlung vom Arbeitgeber in der sogenannten „Lohntüte" (in bar oder per Scheck) geleistet. Diese zunächst von der Industrie, später auch von anderen Wirtschaftszweigen durchgeführte Rationalisierungsmaßnahme, führte zu einer erheblichen Veränderung der kreditwirtschaftlichen Landschaft (vgl. Mura 1995, S. 219). Wie aus der folgenden Abbildung hervorgeht, hat sich zwischen 1960 und 1970 die Zahl der privaten Girokonten beispielsweise bei Sparkassen mehr als vervierfacht (Abb. 2.5).

Die gesellschaftliche Diffusion des Girokontos veränderte zudem die Zahlungsgewohnheiten der privaten Haushalte. Rechnungen wurden vielfach nicht mehr bar beglichen, sondern per Überweisung, Dauerauftrag oder Lastschriftverfahren. Die Konsequenz war, dass kaum ein privater Haushalt ohne ein Girokonto auskommen konnte (vgl. Weermann 2001, S. 10 f.). Durch den immer stärker werdenden gesellschaftlichen bzw. vom Arbeitgeber initiierten „Girokontenzwang" musste der Vertriebs- und Kommunikationsweg der Filiale kontaktiert werden. Man kann deshalb in der Extensivierungsphase des

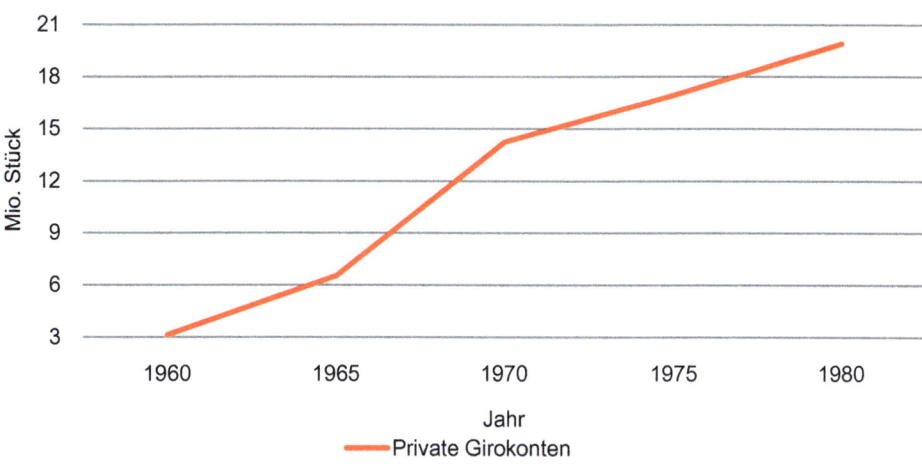

Abb. 2.5 Quantitative Entwicklung der privaten Girokonten in Sparkassen

stationären Vertriebs von einem Bringgeschäft sprechen. Wichtig ist darauf hinzuweisen, dass die Filialen nicht nur einmalig aufgesucht werden mussten. Vielmehr mussten die Filialmitarbeiter regelmäßig kontaktiert werden, um die Bargeldversorgung der Haushalte sicherzustellen und Kontoinformationen zu erhalten. Hieran konnte auch der zunehmend unbare Zahlungsverkehr nur wenig ändern.

Mit der Diffusion der bargeldlosen Lohn- und Gehaltszahlung und der fast zeitgleichen Abschaffung der Bedarfsprüfung mussten und konnten die Kreditinstitute ihr Filialnetz stark ausbauen. Zieht man die Gründungsursache als typenbildendes Kriterium der neuen Filialen heran, so handelt es sich zumeist um Offensivgründungen. D. h. mit den neu geschaffenen Filialen sollte eine bewusste Erweiterung des bisherigen Kundenpotenzials erreicht werden (Neukundengewinnung).

Des Weiteren wirkte sich die mangelnde Mobilität jener Zeit auf die Verhandlungsmacht der Nachfrageseite aus. Verschiedene Institute konnten vor allem in ländlichen Regionen nur aufwändig erreicht werden. Hieraus resultierte, dass es das Phänomen des vagabundierenden Kunden bis zum Ende der 1960er Jahre kaum gab. Erst die großflächige Ausweitung des Filialnetzes aller Institutsgruppen konnte die Verhandlungsmacht der Kunden allmählich verbessern.

Implikationen der Wettbewerbsstruktur Staatliche Regulierungen und die Konzentration auf die Wiederbelebung des Kerngeschäfts führten dazu, dass in den frühen 1950er Jahren kaum kreditwirtschaftlicher Wettbewerb in Deutschland herrschte. Die Großbanken sowie die Kreditgenossenschaften und die Sparkassen besetzten nach dem zweiten Weltkrieg meist die Märkte, in denen ihre spezifischen Stärken zum Tragen kamen und in denen sie bereits vor dem zweiten Weltkrieg tätig gewesen waren (vgl. Schulz 2005, S. 301 f.). Die Wettbewerbssituation wurde deshalb bis Mitte der 1950er Jahre auch treffend als „Burgfrieden der Institutsgruppen" bezeichnet (vgl. Ashauer 1991, S. 288).

In den 1950er Jahren wandelte sich die Wettbewerbssituation in der deutschen Finanzwirtschaft langsam aber stetig. Die Institutsgruppen mussten neue Teilmärkte erschließen, um ihre Marktstellung zu festigen oder gar auszubauen (vgl. Schulz 2005, S. 302). Die 1960er Jahre standen deshalb bei fast allen Banken und Sparkassen im Zeichen expansiver Strategien, was die Rivalität im stationären Vertrieb erhöhen sollte (vgl. Pohl 2000, S. 30 ff.). Die Dynamik des Wettbewerbs führt dazu, dass insbesondere kleinere private Aktien- und Privatbanken fusionierten, da sie nicht mehr wettbewerbsfähig waren. Dieser Konzentrationsdruck erfasste neben den Genossenschaftsbanken, die sich zu immer größeren Einheiten zusammenschlossen und ihren Finanzverbund strafften (vgl. Wandel 1998, S. 43 ff.), auch die Sparkassenorganisation. Wegen rechtlicher Hindernisse fusionierten in den 1960er Jahren aber zunächst nur wenige Sparkassen. Erst mit der Verwaltungs- und Gebietsreform kam es zu einer starken, politisch initiierten, aber betriebswirtschaftlich durchaus gewünschten Fusionsbewegung.

Mit Einführung der bargeldlosen Lohn- und Gehaltszahlung und der damit stark gestiegenen Kundennachfrage stieg endgültig das Interesse aller Institutsgruppen für das Retailbanking, das bis dato originär zum Kerngeschäft der Sparkassen und Genossenschaftsbanken zählte (vgl. Mura 1995, S. 219). Die Schwierigkeit für Sparkassen und Genossenschaftsbanken lag darin möglichst schnell zu reagieren und die personellen, organisatorischen aber vor allem die räumlichen Maßnahmen zu treffen, um auch weiterhin eine Vormachtstellung zu behalten (vgl. DSGV 1960, S. 60). Die Ausgangssituation war für Sparkassen besonders gut. Sie hatten im Markt- und Technologieumfeld der Extensivierungsphase entscheidende Wettbewerbsvorteile gegenüber den meisten Konkurrenten (vgl. Röper 1973, S. 117 f.). So wirkte sich beispielsweise die jahrelange Erfahrung der Sparkassen im Bereich der bargeldlosen Gehaltszahlung in der kommunalen Verwaltung positiv aus. Darüber hinaus wirkten der traditionell enge Bezug zum Retailbanking, die vorhandenen technischen Voraussetzungen und die langen Verbindungen zu breiten Bevölkerungskreisen ebenfalls positiv auf die Wettbewerbsfähigkeit im Monokanalvertrieb (vgl. DSGV 1960, S. 60).

Einen entscheidenden Wettbewerbsvorteil im Rivalitätsumfeld jener Zeit hatten im Wesentlichen die Kreditinstitute, die über ein möglichst dichtes Filialnetz verfügten. Zweigstellen mussten überall dort sein, wo die täglichen Einkäufe getätigt wurden, um den Kundenwünschen nach Bequemlichkeit gerecht zu werden. Zentralisierte Formen des Einzelhandels gab es in den 1960er Jahren (abgesehen von den größeren Kaufhausketten in den Großstädten) noch kaum. Es dominierten Bäcker, Metzger, kleine Lebensmittelgeschäfte und andere Läden des täglichen Bedarfs. Die innerstädtischen Fußgängerzonen mit hochkonzentriertem Einzelhandel kamen erst in den 1970er Jahren auf. Große Shopping-Center sind hingegen Geschöpfe der 1980er.

Folgt man der Annahme einer positiven Korrelation zwischen der Filialanzahl und dem Wettbewerbsvorteil eines Kreditinstitutes, so hatten die Sparkassen und Genossenschaftsbanken mit dem dichtesten und am stärksten wachsenden Filialnetz jener Zeit einen deutlichen Wettbewerbsvorteil gegenüber den Kredit- bzw. Privatbanken.

Dieser materielle Wettbewerbsvorteil wurde in der Extensivierungsphase durch einen weiteren immateriellen Vorteil gestärkt. Während die meisten Kredit- bzw. Privatbanken damals als elitäre „Geldhäuser für die Reichen" galten, waren die Sparkassen und Genossenschaftsbanken durch ihre Historie und die Architektur der Filialen als Einrichtung „für jedermann" deutlich erkennbar. Dieser Aspekt bekommt eine besondere Bedeutung, wenn man berücksichtigt, dass viele der in die Bankfähigkeit hineingewachsenen Kunden der unteren und mittleren gesellschaftlichen Gruppen noch kaum Kontakt zu Kreditinstituten hatten. Die unerfahrene Kundschaft konnte „auf Augenhöhe" mit den Filialangestellten kommunizieren. Persönliche Informationen über die Entwicklung in der jeweiligen räumlichen Gemeinschaft erleichterten darüber hinaus die Akquisition von Neukunden, da Informationen in persönlichen Gesprächen gewonnen werden konnten (vgl. Kasten et al. 1996, S. 17 f.). Trotzdem mussten sich insbesondere Sparkassen und Genossenschaftsbanken in der Extensivierungsphase als modernes Kreditinstitut profilieren und ihr bis dahin eher biederes, bürokratisches und provinzielles Image verbessern (vgl. Emmerich 1995, S. 151 ff.).

Neben der bargeldlosen Lohn- und Gehaltszahlung führten auch die veränderten Konsumgewohnheiten der Kunden zu einer Zäsur im Angebots- und Nachfragespektrum. Während sich die Kreditinstitute in den frühen 1950er Jahren bei der Vergabe von Konsumentenkrediten zurückhielten, änderte sich dies, als der Wettbewerb um den Privatkunden ab Mitte der 1950er Jahre im stationären Vertrieb verschärft wurde (vgl. Ashauer 1989, S. 68). Die anfängliche Zurückhaltung konnte auf eine mangelnde Nachfrage zurückgeführt werden (vgl. Thomes und Belvederesi 2007, S. 26). Bis zum Beginn der 1950er Jahre hieß die Prämisse vieler Konsumenten: „Erst sparen, dann kaufen" (vgl. Nitzsch et al. 2011, S. 63 f. und Abelshauser 1999). Die Forcierung des überwiegend als Personalkredit gewährten Konsumentenkredits bewirkte eine nachhaltige Veränderung in der kreditpolitischen Landschaft und des geschäftspolitischen Denkens im stationären Filialvertrieb (vgl. Thomes 2008, S. 300 f.). Im Vorfeld erheblicher sparkassenideologischer Irritationen infolge moralischer Bedenken gegenüber der Kreditfinanzierung des privaten Verbrauchs begann die Phase des standardisierten Konsumentenkredits als Mengengeschäft (vgl. Mura 1995, S. 34). Laut Schulz ist die Einführung bzw. Erweiterung von Konsumentenkrediten sogar ein deutlicher Ausdruck dafür, dass die Bedeutung der privaten Bankkundschaft in der gesamten Finanzbranche gestiegen war (vgl. Schulz 2005, S. 311). Die wirtschaftliche Entwicklung hatte nämlich den Großteil der bundesdeutschen Bevölkerung in die Lage versetzt, nicht nur Sparguthaben zu bilden, sondern darüber hinaus auch aus laufenden Einkünften Raten abzuzahlen. Zusätzlich verhalf die Scheckkarte im Jahr 1968 nicht nur dem bargeldlosen Zahlungsverkehr, sondern auch dem Dispokredit zum Durchbruch. Jeder Girokontobesitzer wurde damit zu einem potenziellen Kreditnehmer. Mit Einführung des Konsumentenkredits im Mengengeschäft machten die Sparkassen und Genossenschaftsbanken einen entscheidenden Schritt hin zur Universalbank (vgl.

Mura 1995, S. 34). Damit einhergehend machten auch viele Spezialzweigstellen einen Schritt hin zu Universalzweigstellen mit einem breiten Produktspektrum.

Im Wettbewerbsumfeld der damaligen Zeit gab es noch eine weitere Besonderheit. Bis zur Aufhebung der Zinsbindung im Jahr 1967 waren die Konditionen im dominanten Spargeschäft bei allen Institutsgruppen gleich. Der Preiswettbewerb zwischen den Filialen vor Ort war folglich niedrig (vgl. Körner 1997, S. 28). Auch nach der Freigabe der Zinsen entwickelte sich zunächst kaum ein nennenswerter Preiswettbewerb im Spargeschäft. Die Spitzenverbände einigten sich auch weiterhin auf eine weitgehend einheitliche Gestaltung der Zinssätze und gaben diese als Empfehlung an die Institute weiter. Zwar fehlte diesen Empfehlungen der Zwangscharakter, doch in den ersten Jahren nach der Freigabe waren die Absprachen wirksam und die Zinssätze divergierten nicht wesentlich.

Die Aufhebung des Wettbewerbsabkommens im Jahr 1967 kam insbesondere den Sparkassen und Genossenschaftsbanken zu Gute. Im Unterschied zu den Großbanken, die einen relativ exklusiven, homogenen und vor allem informierten Kundenkreis bedienten, mussten die Sparkassen ihre Hauptkundschaft viel stärker an die Kreditwirtschaft in den Filialen heranführen. Dies war aber erst flächendeckend möglich, als potenzielle Kunden auch umworben werden durften.

2.2.1.3   Zusammenfassung

Die Extensivierungsphase des Monokanalvertriebs wurde ganz entscheidend durch die Einführung der bargeldlosen Lohn- und Gehaltszahlung, durch den Wegfall der Bedarfsprüfung sowie durch eine starke Zunahme bankfähiger Bundesbürger geprägt. Die Wettbewerbssituation verschärfte sich durch den Eintritt der Großbanken in das von den Sparkassen und Genossenschaftsbanken dominierte Privatkundengeschäft. Um die Vormachtstellung im Retailbanking zu behalten und den Kundenanforderungen nach Bequemlichkeit gerecht zu werden, lag der wesentliche Erfolgsfaktor im Aufbau eines möglichst dichten Filialnetzes (vgl. Körner 1997, S. 31). In der Folge kam es zu einer explosionsartigen Ausdehnung der stationären Vertriebs- und Kommunikationskanäle.

2.2.2   Intensivierungsphase in den siebziger und achtziger Jahren

Opas Kreditinstitut ist tot.

2.2.2.1   Kontextfaktoren in der Intensivierungsphase

Die frühen 1970er Jahre waren, in Folge des Wirtschaftswunders, durch außergewöhnlich hohe Tarifabschlüsse gekennzeichnet, wodurch die Masseneinkommen in der Bundesrepublik weiter anstiegen. Im Vergleich zur Extensivierungsphase konnte hierdurch die allgemeine Spar- und Bankfähigkeit noch einmal verbessert werden. Die anschließenden weltwirtschaftlichen Verwerfungen in Folge der Ölpreiskrise von 1973/1974, strukturelle Probleme der westdeutschen Industrie, Arbeitslosigkeit sowie inflationäre Tendenzen schufen in den 1970er und frühen 1980er Jahren ein erhebliches Maß an Unsicherheit.

Der Boom der „goldenen Jahre" endete und mit ihm die Sicherheit, dass die Einkommen stetig stiegen. Trotz veränderter Umwelteinflüsse blieb die Sparfähigkeit und Sparwilligkeit weitgehend stabil. Allerdings waren die Volatilität und Kundenreaktionen stärker als in der Extensivierungsphase des Monokanalvertriebs. Dies gilt sowohl für die Quantität als auch für die Qualität. Im Rahmen einer qualitativen Betrachtung wird transparent, dass Filialkunden zum Beispiel im Verlauf des Jahres 1989 ihre Geldvermögen teilweise umschichteten, als die Zinsen stiegen. Sie hoben Geld von den Sparbüchern ab, um damit bspw. Wertpapiere oder Sparbriefe zu erwerben (vgl. DSGV 1989, S. 17). Die Spareinlagen verloren damit relativ an Bedeutung, während Wertpapiere in ihrer Gesamtheit, aber auch das Versicherungssparen im Filialvertrieb immer wichtiger wurden (vgl. Schulz 2005, S. 355). Zusätzlich wurde das generelle Anlageverhalten der Bevölkerung im Vergleich zur Extensivierungsphase individueller und renditeorientierter. Die Kreditinstitute erkannten auf breiter Front, dass man nicht nur spart, sondern dass man differenzierter spart. D. h. man sparte langfristiger und zinsbewusster. Banken und Sparkassen stellten deshalb ein zunehmend stärker differenziertes Angebots- und Beratungsspektrum im Monokanalvertrieb bereit.

2.2.2.2 Kanalstrukturanalyse in der Intensivierungsphase

Implikationen durch Ergänzungsangeboten und –technologien Identisch zur Extensivierungsphase kann auch in der Intensivierungsphase unverändert von einem Monokanalvertrieb bzw. einer Monokanalkommunikation gesprochen werden. Es gab noch immer keine echten Alternativen zur Filiale.

Ungeachtet einer wachsenden Bedeutung der Kundenberatung in Folge eines individuelleren Nachfrageverhaltens blieb zunächst der Aufgabenschwerpunkt in den Filialen die Service-, Verwaltungs- und Kassentätigkeit (vgl. Weermann 2001, S. 15). Um die Beratungs- und Vertriebstätigkeit in den Filialen weiter intensivieren zu können, mussten die Mitarbeiter durch moderne Technik noch stärker von Routineaufgaben entlastet werden (vgl. Mura 1995, S. 231). Denn zeitgenössische Studien bestätigten, dass Kunden zu mehr als 90 % die Filiale zur Erledigung von Standardvorgängen wie Geldabhebungen oder Kontostandabfragen aufsuchten (vgl. Schulz 2001, S. 359).

Zur weiteren Rationalisierung der Service-, Verwaltungs- und Kassentätigkeit in den Filialen wurde im Jahr 1975 der erste Kontoauszugsdrucker, 1978 der erste Geldautomat und 1981 die ersten ec-Geldautomaten installiert (vgl. Thomes 2008, S. 376 und Strohmayr 1995, S. 65). Mit den Geldautomaten und Kontoauszugsdruckern wurden Routinevorgänge in den Filialen mehr und mehr auf Selbstbedienung umgestellt. Die Einführung der Selbstbedienung war zweifellos einer der größten Veränderungen im stationären Filialvertrieb (vgl. Schulz 2001, S. 359). Spitzenreiter waren die Sparkassen. Im Jahr 1985 hatten sie, neben dem dichtesten Filialnetz, mit über 65 % den höchsten Marktanteil am Automatennetz des deutschen Kreditgewerbes (vgl. Strohmayr 1995, S. 65).

In der Intensivierungsphase zeigten sich zudem erste Ansätze einer Differenzierung der stationären Vertriebswege, indem etwa bei einigen Banken und Sparkassen die Baufinanzierung oder das Kreditgeschäft für Firmenkunden aus den Zweigstellen genommen und in Hauptstellen bzw. Gebietsdirektionen (Beratungscenter) angesiedelt wurden (vgl. Weermann 2001, S. 15).

Implikationen der Nachfrageseite Generell kann im Rahmen der bisherigen Ausführungen zur Intensivierungsphase festgehalten werden, dass sich die Verhandlungsmacht der Kunden im Vergleich zur Extensivierungsphase verbesserte. Hierfür können im Wesentlichen zwei Gründe identifiziert werden. Zum einen bauten alle Institutsgruppen ihre Präsenz und Beratungsleistungen weiter aus, wodurch das Angebot und damit die Verhandlungsmacht der Nachfrageseite stieg. Zum anderen wurden Bank- und Sparkassenkunden immer informierter. Sie gingen dazu über, einzelne Angebote verschiedener Kreditinstitute wahrzunehmen und zu vergleichen (vgl. Schöller 1979, S. 18 f.). Viele Bankkunden waren in der Folge nicht mehr, wie noch in der Extensivierungsphase, nur einem einzigen Kreditinstitut treu (vgl. Thomes 2012, S. 10). Seit den 1970er Jahren wurde deshalb in den Werbe- und Kommunikationsaktivitäten ein stärkeres Augenmerk auf die Kundengewinnung und -bindung gelegt (vgl. Emmerich 1995, S. 227).

Implikationen der Wettbewerbsstruktur Zu Beginn der siebziger Jahre trat eine gewisse Marktsättigung ein (vgl. Thomes 2010, S. 286). Zusätzliche Kunden waren bei vielen Banken und Sparkassen nur noch aus dem Kreis der Schulabgänger und neu zugezogenen Personen zu gewinnen. Die zunehmende Sättigung verringerte das bis dahin rasante quantitative Wachstum der Filialen, wie in der folgenden Abbildung zu sehen ist. Der Fokus lag stattdessen auf einer intensiveren Nutzung des bestehenden Netzes (Abb. 2.6).

Mit der zunehmenden Marktsättigung im Rivalitätsumfeld der Intensivierungsphase kam es zu einem Wandel der Gründungsursache. Während in der Extensivierungsphase meist Offensivgründungen vorlagen, waren es in der Intensivierungsphase zunehmend Defensivgründungen. D. h. mittels einer besseren Erreichbarkeit der Geschäftsstelle für den Kunden versuchten die Kreditinstitute, diesen enger zu binden und ihm Bequemlichkeitsvorteile zu verschaffen. Weiterhin lag der Fokus vieler Kreditinstitute nicht mehr nur auf der Errichtung neuer Standorte, wie noch in der Extensivierungsphase, sondern auf dem Aus- bzw. Umbau und der Modernisierung. Die Filialen erhielten ein neu entwickeltes Erscheinungsbild, geprägt durch getrennte Zonen für reine Zahlgeschäfte und Beratung. Geschäftsstellen wurden nicht nur modernisiert, sondern wechselten in diesem Zusammenhang auch vereinzelt ihre Standorte (vgl. Thomes 2010, S. 309).

Vor allem aber wurden in der Intensivierungsphase neue Kundenberater eingestellt, um den neuen Wettbewerbsstandards in Bezug auf qualifizierte und individuelle Beratungen gerecht zu werden (vgl. Weermann 2001, S. 14). Der Monokanal in Form von Filialen musste zunehmend mehr Dienstleistungen für alle Kunden jederzeit bereithalten, um konkurrenzfähig zu bleiben. In der hier betrachteten Entwicklungsphase setzten deshalb viele klassische Bankfilialen den Trend der Extensivierungsphase fort und entwickelten sich von Spezial- zu Universalzweigstellen (vgl. Körner 1997, S. 33).

Im Rivalitätsumfeld der Intensivierungsphase galt es für Sparkassen und Genossenschaftsbanken auch weiterhin das Negativimage des „Kleine-Leute-Instituts" durch ge-

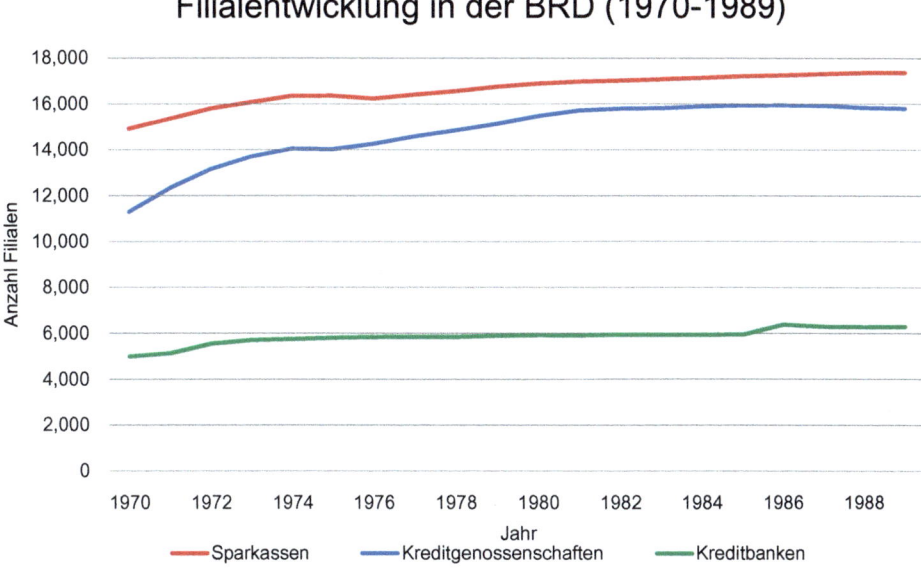

Abb. 2.6 Filialentwicklung in der Intensivierungsphase (Deutsche Bundesbank)

zielte Werbung abzustreifen, um sich im steigenden Wettbewerb behaupten zu können (vgl. Emmerich 1995, S. 163). Im Rahmen dieser Anstrengungen wurden die Filialmitarbeiter stärker in die Werbung eingebunden. Während der 1970er Jahre machte die Präsentation des Filialmitarbeiters als „Finanzberater" (vgl. Kobarg 1996, S. 73) einen großen Schritt weg vom biederen Angestellten bzw. Beamten früherer Tage (vgl. Schulz 2005, S. 376).

Während sich die Großbanken dem Mengengeschäft und den bislang typischen Kundengruppen der Sparkassen und Genossenschaftsbanken verstärkt zuwandten, gelang es den Sparkassen und Genossenschaftsbanken, nicht zuletzt infolge ihres eigenen Wachstums, zum Beispiel durch Fusionen, durch die Erweiterung ihrer Leistungspalette sowie durch gründliche Schulungen ihres Personals, in den bisherigen Kundenkreis der privaten Banken einzudringen.

Abschließend bleibt im Rahmen der Rivalitätsbetrachtung festzuhalten: Der Kunde rückte im stationären Monokanalvertrieb stärker in den Mittelpunkt, wurde mehr umworben und war nicht quasi „durch Geburt" an ein Kreditinstitut gebunden. Ins Gewicht fällt auch die grundlegende Anpassung der Philosophie im Zuge der Entwicklung zum Universalkreditinstitut. Die lokal-regional nahezu flächendeckende Präsenz ging mit geschäftspolitischer Diversität und Qualität im stationären Filialvertrieb erstmalig eine Verbindung ein.

2.2.2.3 Zusammenfassung

Zusammenfassend bleibt festzuhalten, dass die qualitative Fortentwicklung des stationären Monokanalvertriebs in der Intensivierungsphase sowohl in ihren Strukturen als auch auf den Feldern des Aktiv- und Passivgeschäfts durch eine schrittweise Modernisierung

und Erweiterung gekennzeichnet war. Ein sich stärker individualisierendes und rendite-
bewussteres Anlageverhalten sowie der wachsende Wettbewerb bedurften eines angemessenen Geschäftsrahmens der Filialen, der in der Extensivierungsphase in dieser Form
insbesondere bei Sparkassen und Genossenschaftsbanken noch nicht vorhanden war. Den
Anforderungen wurde durch Professionalisierung sowie Extensivierungen im Personal-
und Angebotsbereich im Filialvertrieb Rechnung getragen. Die großflächige Installation
von Geldausgabeautomaten und Kontoauszugsdruckern kann ferner als wesentliche technische Neuerung identifiziert werden. Unter quantitativen Gesichtspunkten hat sich die
Entwicklung der stationären Filialen im Vergleich zur Extensivierungsphase durch eine
Marktsättigung verlangsamt.

2.2.3 Degenerationsphase von den frühen neunziger Jahren bis zur Gegenwart

Die Zahl der Filialen nimmt ab – zu Recht!

2.2.3.1 Kontextfaktoren in der Degenerationsphase

Während die beiden bisher betrachteten Entwicklungsphasen durch Extensivierung (quan-
titatives Wachstum) und Intensivierung (qualitatives Wachstum) charakterisiert wurden,
kann anhand der folgenden Abbildung erstmalig ein quantitativer Schrumpfungsprozess
des stationären Filialvertriebs beobachtet werden (Abb. 2.7).

Für die zu Beginn der 1990er Jahre einsetzende quantitative Wende können eine Vielzahl von Veränderungen und Strukturbrüchen identifiziert werden (vgl. Thomes 2008,
S. 393). Gerade in einer oligopolistischen Bankenwelt, wie die deutsche mit der ihr eigenen Trägheit, warf dies erhebliche Probleme auf, wie sich in den folgenden Ausführungen
zeigen wird (vgl. Körner 1997, S. 36).

Auf politischer Ebene gehörten neben der deutschen Wiedervereinigung, die Fortschritte bei der politischen und wirtschaftlichen Integration Europas in den 1990er Jahren
sowie die Einführung des Euro im Jahr 2002 zu den Themen, die Banken und Sparkassen in der Degenerationsphase nachhaltig beschäftigten (vgl. Thomes 2012, S. 9). Die
deutsche Wiedervereinigung ließ zunächst ab 1990 die Zahl der Zweigstellen sprunghaft
ansteigen, bevor im Anschluss die Degeneration einsetzte.Nach dem „Mauerfall" gelang
es in den fünf neuen Bundesländern erstaunlich schnell ein leistungsfähiges Vertriebsnetz
aufzubauen. Zwischen 1990 und 1993 wurde das Allzeithoch des Filialvertriebs erreicht.
An dieser Stelle ist wichtig darauf hinzuweisen, dass es sich um einen einmaligen statistischen Sondereffekt handelte, der die eigentliche Entwicklung des stationären Filialvertriebs verzerrte. Ein weiterer statistischer Sondereffekt zeigt sich bei den Kreditbanken,
hier wurde Anfang der 2000er Jahre die Postbank erstmalig statistisch erfasst.

Neben der Extensivierungs- und Intensivierungsphase ist auch die Degenerationsphase sozioökonomisch durch einen zunehmenden Wohlstand gekennzeichnet, der zu weiter
wachsenden Kundenansprüchen beigetragen hat. Unterstützt wurde diese Entwicklung
durch die steigenden Vermögenszuflüsse der sog. „Generation der Erben".

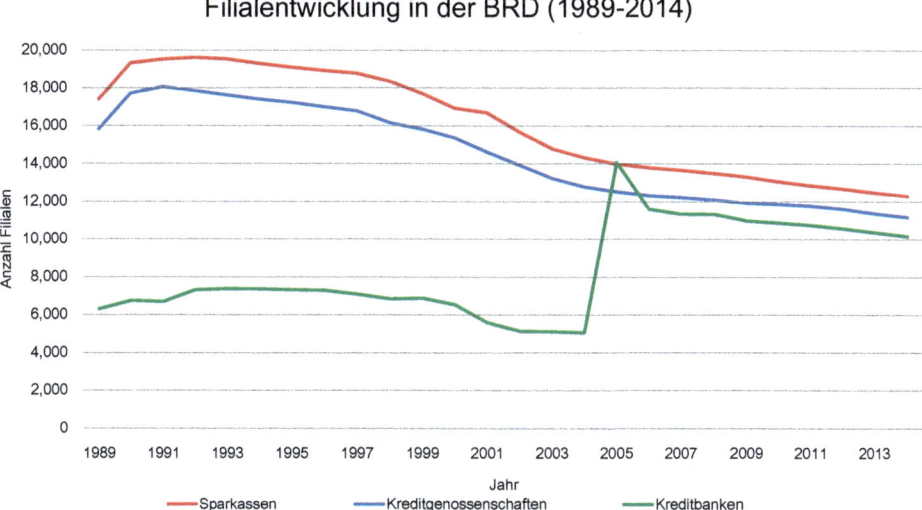

Abb. 2.7 Filialentwicklung in der Degenerationsphase (Deutsche Bundesbank)

Als soziodemografische Determinanten des stationären Vertriebs konnten in der Degenerationsphase die Verschiebung der Alterspyramide sowie eine Teilabwanderung der
Bevölkerung in Städte identifiziert werden. Die internationale Strategie- und Technologie-
beratung Booz Allen Hamilton geht in ihrer Untersuchung *„Germany's Changing Demographics Threaten Banking and Insurance Industry Revenues"* davon aus, dass Banken
und Sparkassen als Folge dieser Entwicklungen bis zu 25 % ihrer Erträge verloren haben. Sparkassen und Genossenschaftsbanken als regional verankerte Institute waren vom
Rückgang der Bevölkerung in Abwanderungs- und Entleerungsregionen bei gleichzeitiger
Überalterung besonders betroffen (vgl. Booz Allen Hamilton 2006). Zudem war zu beobachten, dass Bankgeschäfte vielfach nicht mehr am Wohnort, sondern am Arbeitsort
getätigt wurden.

2.2.3.2   Kanalstrukturanalyse in der Degenerationsphase

Implikationen durch Ergänzungsangebote und -technologien Bis zur Degenerationsphase
war die Filiale ein Monovertriebs- und Kommunikationskanal, wie sich in den Ausführungen zur Extensivierungs- und Intensivierungsphase gezeigt hat. Der wohl wichtigste
Faktor, der die Monokultur aufbrach, war die gesellschaftliche Diffusion der Informa-
tions- und Kommunikationstechnologie (vgl. Thomes 2008, S. 393). Insbesondere der
gesellschaftliche Siegeszug des Computers in Kombination mit dem Internet, begann die
stationäre Monokanalstruktur ab den 1990er Jahren zu revolutionieren. Eine Neuordnung
war erst durch den Umstand möglich, dass Finanzdienstleister von Änderungen in der
Verarbeitung, Speicherung und Weitergabe von Informationen und den damit verbunden
Kosten besonders konsterniert sind (vgl. Picot und Neuburger 2000, S. 30 ff.). Neben den
Geschäftsstellen als klassischem Ort des Kontaktes zwischen Bank und Kunde traten neue

mediale Vertriebs- und Kommunikationskanäle, zunächst das Telefon-, später das Online-
und Mobile-Banking auf. Auf Kundenseite entspricht diese Entwicklung dem stetigen
Wunsch nach einer 24/7-Erreichbarkeit bei gleichzeitiger Beratungs- und Betreuungs-
kompetenz in den Geschäftsstellen (vgl. Zanger und Klaus 2003, S. 30 f.). Das Fundament
für das Multichannel-Zeitalter wurde somit gelegt. Als zu Beginn der Degenerationsphase
stimmen laut wurden stationäre Anbieter müssten sich zum Multichannel Institut entwickeln, fand diese Forderung jedoch nur verhaltene Resonanz.

Es kam in der Folge zu einer langsamen Fusion der vertriebs- und kommunikations-
politischen Gestaltungsalternativen, die in den vorherigen Entwicklungsphasen undenkbar war. Im angelsächsischen Sprachraum wird diese Entwicklung mit der kurzen Formel
„banking is people and systems" beschrieben (vgl. Stubbe 1997, S. 112). Obwohl beide
Komponenten der Formel wichtig blieben, kam es zu einer zunehmenden Entpersonalisie-
rung bei Finanzdienstleistern (vgl. Peters und Niemeyer 2007, S. 15).

Weiterhin konnte in der Degenerationsphase Mobile-Banking als Ersatzprodukt der
klassischen Filiale identifiziert werden. Im Auslaufen des E-Commerce „Rausches" gab
es bereits die ersten Versuche, Handy-Banking anzubieten. Technische Weiterentwicklungen, sinkende Preise bei den Technik- und Telefonanbietern und das Aufkommen
von Smartphones haben jedoch erst den Durchbruch bewirken können. Einen besonders
großen Anteil an der gesellschaftlichen Diffusion hatte wohl die Markteinführung des
iPhones und die Verbreitung von Apps. Es waren die Sparkassen, die die zunehmende gesellschaftliche Bedeutung erkannten und als erster Finanzanbieter funktionierende Lösungen für Mobile-Banking erfolgreich im Markt platzieren konnten (vgl. Brinkmann 2012,
S. 228). Immer bedienerfreundlichere Apps erhöhten die Nutzungsmöglichkeit für den
Zahlungsverkehr, für Wertpapiertransaktionen oder für Informationsbeschaffungen. Banken und Sparkassen gelang es erstmalig mit Apps in den Langeweilebereich des Kunden
einzudringen, was sich an den hohen Zugriffszahlen widerspiegelt. D. h. immer dann,
wenn der Kunde Langeweile hat, beispielsweise in der Bahn oder an der Ampel, fragt er
den Kontostand oder seine Umsätze ab.

Die Präsenz von Finanzdienstleistern in sozialen Netzwerken wie Facebook, Twitter
oder Xing ergänzte zudem die klassische Kommunikation zwischen Kunde und Filialmitarbeiter (vgl. Singer und Drewianka 2011, S. 33). Ungeachtet aller technischen Neuerungen blieb jedoch die Filiale bei den meisten Banken und Sparkassen die wichtigste
Säule im Vertrieb und der Kommunikation. Die Nähe zum Berater war vor allem für den
Vertrieb von komplexen Finanzprodukten wichtig. Solche Produkte sind in der Regel sehr
beratungsintensiv und daher nicht durch andere Vertriebskanäle substituierbar. Aus diesem Grund verfügten Filialbanken vor allem beim Vertrieb dieser Produkte über einen
strategischen Vorteil gegenüber Direktbanken (vgl. Köhler und Lang 2008, S. 11).

Banken und Sparkassen reagierten auf die veränderten Vertriebs- und Kommunikationsmöglichkeiten nur verhalten. Der Hintergrund war, dass Bankdienstleistungen nun
(entsprechend den jeweiligen komparativen Vorteilen) in neuen Kombinationen und mit
neuen Akzenten angeboten werden mussten. Bei der Entwicklung der Konzepte standen
Kreditinstitute vor großen Herausforderungen. Einerseits mussten die Leistungsprofile in

der Filiale auf die Anforderungen der Kunden abgestimmt werden, andererseits mussten neue Wege der Kommunikation gefunden werden, damit Kunden zu den angebotenen Leistungen Vertrauen fassen konnten (vgl. Rudolph 2005, S. 471).

Des Weiteren wurde in der Filiale der Abkehr vom „Alles-für-alle-überall"-Prinzip in Universalzweigstellen weiter nachgegangen. Für Individuallösungen im Retailbanking waren nämlich immer häufiger Kompetenzen gefragt, die kleine und mittlere Filialen weder darstellen konnten noch vom anspruchsvollen Kunden dort erwartet wurden. Was mit einer systematischen Differenzierung des Zweigstellennetzes begann, führte bei vielen Kreditinstituten zu einer Fokussierung des stationären Vertriebs. Es entstanden Selbstbedienungsgeschäftsstellen, Finanzdienstleistungsfilialen, Vermögensanlage-, Private-Banking-, Immobilien- und Gewerbekunden-Zentren (vgl. Körner 1997, S. 47). Die Vertriebssysteme konnten damit die reine Produktorientierung der Extensivierungs- und Intensivierungsphase durch eine nach strategischen Geschäftseinheiten (SGE) aufgefächerte Kundengruppenorientierung überwinden. Weiterhin wurden sogenannte Shop-in-Shop-Konzepte realisiert. Hierbei wurden Filialen in Geschäftsstellen bankfremder Anbieter, beispielsweise in Supermärkten, platziert. Die Intention lag in der Nutzung von existierenden Kundenströmen. Anstatt bestehende Kundenströme zu suchen, verfolgten sog. CityCenter-Konzepte den Ansatz, Kundenströme selbst zu erzeugen. Gebäude der Kreditinstitute in City-Lage bildeten den Rahmen für den Aufbau eines ganzen Marktplatzes, in dem verschiedene Unternehmen angesiedelt wurden.

Filialen veränderten sich nicht nur, sie wurden auch abgebaut. Der Abbau von Filialen hat sich negativ auf die Bankstellendichte ausgewirkt. Die Bankstellendichte gibt Auskunft über die Anzahl der Einwohner pro Bankstelle. Hat sich die Zahl im Vergleich zu einem Referenzwert erhöht, bedeutet dies eine Verringerung der Filialdichte, da nun im Durchschnitt mehr Einwohner von einer Bankstelle betreut werden müssen.

Versorgte eine Filiale beispielsweise im Jahr 1998 noch rund 1.370 Einwohner, ist die Zahl im Jahr 2012 auf mehr als 2.000 Einwohner gestiegen, Tendenz weiter steigend. Trotz des Rückgangs in der Degenerationsphase war und ist die deutsche Bankstellendichte wesentlich höher als die der meisten anderen EU-Mitgliedsstaaten. Vor allem in den kleineren Mitgliedsstaaten der EU war sie aufgrund des hohen Konsolidierungsgrades der dortigen Bankenmärkte gering. In Dänemark und Belgien wurden beispielsweise im Jahr 2012 rund 2.600 bzw. 2.400 Einwohner von einer Filiale versorgt. Die Niederlande lag mit einer Dichte von mehr als 4.700 Einwohnern in Europa sogar an der Spitze. Mit dem erfolgten Abbau von häufig kleinen Filialen und der damit gesunkenen Bankstellendichte war aber nach herrschender Meinung generell kein Rückzug aus der Fläche verbunden (vgl. Bacher 2005, S. 127 und Völter 2000, S. 123). Kleine Filialen waren verstärkt von Schließungen betroffen, da ihre Kostenstrukturen im Vergleich zu großen Stellen besonders hoch waren. Hinzu kam, dass sich kleine Stellen vielfach an wenig frequentierten Orten befanden, die nicht die notwendigen Wertbeiträge im Sinne eines „Value Managements" liefern konnten.

Zusätzlich bleibt anzumerken, dass viele der geschlossenen Geschäftsstellen vorher bereits als Teilöffnungskonzepte betrieben wurden. Die praktische Umsetzung von Teilöffnungskonzepten war unterschiedlich. Teilweise wurden zwei Geschäftsstellen in einem 50:50-Prinzip in gleicher Weise durch Mitarbeiter betreut, die zwischen den Filialen wechselten (Koppelgeschäftsstellen). Die Öffnung erfolgte entweder in einem täglichen Wechsel oder in einem vormittags-nachmittags-Wechsel. Außerdem gab es Filialen, die lediglich stundenweise betreut wurden. Räumlich wurden die beiden genannten Modelle vor allem bei ländlich gelegenen bzw. dezentralen Filialen angewandt. Insbesondere Sparkassen und Genossenschaftsbanken versuchten mit diesen Konzepten die Präsenz in der Fläche aufrecht zu erhalten und gleichzeitig auf die geänderten demografischen und wirtschaftlichen Rahmenbedingungen zu reagieren.

Sparkassen und Genossenschaftsbanken blieben jedoch in der Regel auch nach der Straffung ihres Geschäftsstellennetzes in allen Landkreisen mehrfach vertreten. Bei Privatbanken war dies nicht unbedingt der Fall. Da die Mobilität und Flexibilität der Bevölkerung unvermindert zunahm und in anderen Branchen und Bereichen (medizinische Versorgung, Schulen, öffentliche Verwaltung, etc.) eine vergleichbare Konzentration seit langem allgemein üblich und anerkannt war, konnte ein öffentliches Verlangen an eine flächendeckende Geld- und Kreditversorgung bis in die kleinsten Orte hinein nicht begründet und eingefordert werden (vgl. Bacher 2005, S. 127). Des Weiteren stieg die Akzeptanz alternativer Vertriebswege reziprok zur quantitativen Entwicklung des stationären Vertriebs. Sparkassen nahmen zudem die Abwägungen zwischen betriebswirtschaftlich notwendigen Schließungen und dem öffentlichen Interesse auf Erhalt einer Zweigstelle in der Praxis sehr ernst. Vielerorts wurde versucht, auch unrentable Filialen so lange wie möglich vor der Schließung zu bewahren. Hierfür wurde wie bereits erwähnt auf Maßnahmen, wie die Anpassung der Öffnungszeiten, Teilöffnungskonzepte oder die Reduktion des Leistungsangebotes zurückgegriffen.

Ungeachtet davon, ob viele oder wenige Kunden eine Filiale aufsuchen, entstehen Fixkosten. Im Untersuchungszeitraum lag der Anteil der Personalkosten bei 53 % und der EDV-Kosten bei weiteren 15 % an den Gesamtkosten einer Filiale. Hinzu kamen weitere Fixkosten für Räumlichkeiten, Sicherheitsmaßnahmen und Automaten (vgl. Reifer 2004, S. 13). Auch wenn die Gründe für Filialschließungen vielfältig waren, wie die vorliegende Analyse zeigt, kann in den hohen Kosten bzw. im Kostensenkungsdruck ein Hauptgrund für Schließungen identifiziert werden (vgl. Köhler und Lang 2008, S. 4; DSGV 2002, S. 8 ff. und Reifer 2004, S. 13). Häufig konnten Kreditinstitute die hohen Fixkostenbelastungen nicht kompensieren, da Erosionen im zinsabhängigen Geschäft und im Provisionsgeschäft bei gleicher Aufwandsstruktur realisiert wurden (vgl. Engstler 2003, S. 3). Diese Problematik spiegelte sich im Cost-Income-Ratio (CIR) der Banken wider. Das CIR gilt allgemein als Gradmesser für Effizienz. In der Degenerationsphase ist beispielsweise bei den Sparkassen eine kontinuierliche Verschlechterung eingetreten. Vor allem „angreifende Spezialisten" wiesen eine deutlich bessere CIR auf und hatten deshalb bei der Marktumverteilung und im Konditionenwettbewerb oftmals den „längeren Atem" im Vergleich zu klassischen Filialbanken. Auf der anderen Seite konnte immer wieder nachgewiesen werden, dass Vertriebspotenziale in den Filialen nicht vollständig ausgeschöpft wurden (vgl. Mercer 2003).

Sparkassen und Genossenschaftsbanken mussten vereinzelt auch kleine Geschäftsstellen schließen, weil der bisherige Filialleiter in den Ruhestand gegangen war. Die Suche nach einem Nachfolger stellte einige Banken vor große Herausforderungen. Insbesondere für junge Mitarbeiter schien die Besetzung einer solchen Position im ländlichen Raum unattraktiv zu sein. Des Weiteren war der Ruhestand eines Filialleiters ein gern genutzter Anlass, um eine Geschäftsstelle auf ihre Entwicklungspotenziale zu prüfen und eine Netzoptimierung vorzunehmen.

Eine weitere, bisher häufig unterschätzte, Ursache für Filialschließungen hing unmittelbar mit den Geschäftsstellenimmobilien zusammen. Bei ca. 50 % der Sparkassen und Genossenschaftsbanken, die in der Vergangenheit Schließungen vorgenommen haben, lag der Auslöser im baulichen Zustand der Immobilie. Hierbei ging es zum einen um überalterte Räume, die in ihrer Erscheinung nicht mehr den qualitativen Anforderungen der Nachfrager entsprachen.

Implikationen der Nachfrageseite Durch die Verbreitung des Internets wuchs die Neigung zur eigenständigen Suche und Bewertung attraktiver Anlagemöglichkeiten, was zu veränderten Anforderungen in den Filialen führte. Die Kunden waren nicht mehr, wie noch in der Extensivierungsphase und teilweise in der Intensivierungsphase, aufgrund begrenzter Mobilität an eine Hausbank gebunden. Hierdurch ist die Bankloyalität, als Bereitschaft des Kunden dauerhaft die Leistung eines bestimmten Kreditinstitutes abzunehmen, zu Gunsten eines „deal-based-banking" gesunken . Der Begriff deal-based-banking beschreibt das Nachfrageverhalten von Bankkunden, bei denen vorwiegend oder ausschließlich nur die Konditionen des einzelnen Bankgeschäfts im Vordergrund stehen. Dennoch ist die deutsche Kundenloyalität im internationalen Vergleich relativ hoch.

Ferner ist die Qualitätsorientierung bei beratungsintensiven Produkten weiter gestiegen. Kunden konnten aus einem großen Pool von Anbietern, Produkten und Vertriebswegen wählen, wodurch sich das Angebot, die Transparenz und damit die Verhandlungsmacht der Abnehmer ganz entscheidend verbesserte (vgl. Hoppenstedt 2000, S. 21). Die Einführung des Euro im Jahr 2002 erlaubte es zudem, Preise und Konditionen europaweit miteinander zu vergleichen. Besonders emanzipatorische Filialkunden im mittleren Alter und Meinungsbildner haben in der Degenerationsphase mit einem nie dagewesenen „Abnabelungsprozess" begonnen (vgl. Ernst & Young 2003).

Implikationen der Wettbewerbsstruktur Lange Zeit waren Zweigstellen der entscheidende strategische Wachstumsfaktor, insbesondere für Regionalbanken. Nur wer zur rechten Zeit ein großes Filialnetz aufgebaut hatte, konnte am Wachstum, das sich im Retailbanking und teilweise im Firmenkundengeschäft viele Jahre abzeichnete, partizipieren und im Rivalitätsumfeld jener Zeit bestehen (vgl. Schneider a 1989, S. 19 f.). In der Degenerationsphase kehrte sich die Situation grundlegend um. Das lokale Rivalitätsumfeld förderte nicht mehr die Eröffnung neuer Standorte in Form von Offensiv- und Defensivgründungen. Stattdessen beeinflusste das Rivalitätsumfeld die Entscheidung, Standorte zu erhalten bzw. zu schließen. Das Vorhandensein von Wettbewerbern hatte auf der einen Seite in einigen Kreditinstituten dazu geführt, dass Geschäftsstellen erhalten wurden auch wenn sie unrentabel waren. Auf der anderen Seite wurden Filialschließungen von Mitbewerbern als Argument genutzt, um den eigenen Rückzug zu begründen. Die Historie zeigt, dass Sparkassen häufig die letzten waren, die „das Licht ausmachen". Ob dies eine positive Eigenschaft war bzw. in Zukunft ist, bleibt äußerst fraglich.

Weiterhin ist es in der Degenerationsphase für alle Institutsgruppen schwieriger geworden, dem Kunden individuelle Unterschiede der Leistungsmerkmale einer Bank bzw. Sparkasse transparent zu machen. Durch die schnellen und einfachen Vergleichsmöglichkeiten in den unterschiedlichen Kanälen wurden viele Kunden von attraktiven Konditionen oder anderen Leistungsmerkmalen der Mitbewerber angesprochen, was den Wettbewerb drastisch förderte (vgl. Engstler 2008, S. 24). Nach einer Studie des Fraunhofer-Institutes (IAO) lag daher die wichtigste Funktion des Vertriebsmanagements in der Festigung der Kundenbindung (vgl. Spath 2003). Ziel war es, dem Trend der zunehmend hybriden Kunden durch eine zielgerichtete und individuelle Ansprache sowie durch Mehrwerte im klassischen Sinne einer Hausbank zu begegnen. Dieser Aspekt war für Sparkassen und Genossenschaftsbanken von besonderer Bedeutung, aber auch Privatbanken sowie spezialisierte Banken versuchten durch eine höhere Kundenbindung und ein intensives Cross-Selling wirtschaftlich erfolgreich zu sein.

Um Kundenabflüsse zu kompensieren, die sich durch ein geändertes Kundenverhalten ergaben, waren alle Banken und Sparkassen um gezielte Neukundenakquisitionen bemüht. Im Mittelpunkt der Einstiegsleistungen standen bei Kreditbanken vorwiegend standardisierte Leistungen, die über attraktive Konditionen neue Kunden zum Kennenlernen einladen sollten. Über diese neue Art der Kundenansprache konkurrierten Regionalbanken mit teuren Vertriebswegen, jedenfalls bei einfachen Finanzdienstleistungen, oftmals aussichtslos mit Kredit- bzw. Internetbanken, bei denen die Neukundenakquisition zum Kernprozess gehörte.

Die Degenerationsphase weist somit allgemeine strukturelle Veränderungen auf, die dazu führten, dass klassische Banken und Sparkassen im Wettbewerb mit anderen finanziellen Mittlern aus dem In- und Ausland wie zum Beispiel Non- und Nearbanks und mit den Wertpapiermärkten im Kredit- und Einlagengeschäft tendenziell zurückgefallen sind und Ertragseinbußen hinnehmen mussten (vgl. Deutsche Bundesbank 1998, S. 33 und Picot und Neuburger 2000, S. 30 ff.).Sparkassen haben beispielsweise zwischen 2003 und 2010 3,9 Prozentpunkte Marktanteil, insbesondere an neue Marktteilnehmer, verloren. Die Kundenreichweite (Anteil der eigenen Kunden an der Gesamtheit der Einwohner) der Sparkassen im Privatkundengeschäft sank im Jahr 2007 erstmalig unter die 60 Prozentmarke. Zum Vergleich betrug die Reichweite im Jahr 2000 noch 63 %. Komparabel zur Kundenreichweite ist auch die wichtige Dimension des Hauptbank-Anteils zwischen den Jahren 2000 und 2007 um 1,5 Prozentpunkte auf 53,2 % zurückgegangen. Im Konsumentenkreditgeschäft haben die Sparkassen zwischen 2003 und 2010 ebenfalls 4,1 Prozentpunkte Marktanteil verloren.

Ein wesentlicher Einflussfaktor, der den allgemeinen Wettbewerb forcierte und neue Wettbewerber anlockte, war die Marktöffnung im Europäischen Binnenmarkt (vgl. Rudolph 2005, S. 438). Durch die Verwirklichung der Niederlassungs- und Dienstleistungs-freiheit wurde die Grundlage für den grenzüberschreitenden Wettbewerb geschaffen (vgl. Reichardt 2000, S. 23). Die Dienstleistungsfreiheit wurde durch die Einführung des Euro-papasses umgesetzt. Dieser ermöglichte es Finanzdienstleistern, die in einem Mitglieds-staat der EU zugelassen waren, ihre Geschäfte auch in allen anderen EU-Staaten aus-zuüben. Ausländische Kreditinstitute haben sich in diesem Zusammenhang vor allem in Ballungsräumen mit hoher Kundenfrequenz niedergelassen (vgl. Köhler und Lang 2008, S. 8).

Zusätzlich konnten gewaltige Fortschritte in der Informations- und Kommunika-tionstechnologie und die dadurch realisierbaren Transaktionskostensenkungen die Wett-bewerbsintensität stark erhöhen (vgl. Rudolph 2005, S. 432). Die geringen technischen Eintrittsbarrieren lockten zunehmend neue Marktteilnehmer an. Man musste in der Dege-nerationsphase erstmalig nicht unbedingt ein Kreditinstitut sein, um Finanzdienstleistun-gen anbieten zu können. Und zugleich musste man erstmalig nicht unbedingt im hiesigen Markt beheimatet sein, um den Endverbraucher erreichen zu können.

Für Direktbanken und Fintech Start-ups war es somit einfach, neue Märkte zu erschlie-ßen und Marktanteile zu gewinnen, weil sie ihre Leistungen ohne den Aufbau eines kos-tenintensiven Zweigstellennetzes anbieten konnten (vgl. Reichardt 2000, S. 27). Fintechs haben den Vorteil, dass sie sich nur auf spezifische Marktsegmente konzentrieren wie Transactions oder Peer-to-Peer Services.

Gleiches galt für die in den 1990er Jahren aufkommenden Segmentanbieter und rei-ne Vertriebsorganisationen. Sie brachen mit weit überdurchschnittlichem Wachstum in wichtige Geschäftsfelder klassischer Banken und Sparkassen ein (zum Beispiel Aka-demiker, Einlagengeschäft, Kfz-Finanzierung und Ratenkredite) und konnten zum Teil überraschende Erfolge verbuchen (vgl. Bacher 2005, S. 123). Beispielsweise gewann der Finanzdienstleiser MLP in den wichtigsten wirtschaftsrelevanten Studiengängen wie Me-dizin, Rechts-, Wirtschafts- und Ingenieurwissenschaften zu Beginn des 21. Jahrhunderts jeden dritten Hochschulabsolventen als Kunden. Die Hälfte der Kfz.-Anschaffungskredite wurden nicht mehr von klassischen Filialen abgewickelt, sondern von der Autobranche direkt am Point of Sale oder über das Internet. Zunehmend rückte auch der Verkauf von Versicherungen ins Blickfeld der Autobanken. Die Mercedes-Benz Bank bot beispielswei-se neben Kfz- auch Kranken- und Hausratversicherungen an (vgl. Reichardt 2000, S. 252). Gleiches galt für Konsumentenbanken, die als Töchter großer Warenhausunternehmen ihre Kunden aus der Absatzfinanzierung ihrer Konzernmütter akquirierten. Auch Kredit-kartengesellschaften gingen zunehmend dazu über, klassische Bankleistungen anzubieten. American Express beispielsweise bot seit dem Jahr 1999 unter dem Namen „Membership-Banking" Bankdienstleistungen via Internet an. Besonders auffällig war die Aktivität und Aggressivität mit der die neuen Marktteilnehmer versuchten Filialkunden von ihrer engen Hausbank-Beziehung zu lösen (vgl. Pape 1999, S. 50).

Zugleich stellten klassische Banken und Sparkassen fest, dass die bestehenden Mul-tikanalangebote oft nicht mit der Attraktivität der spezialisierten Konkurrenz mithalten konnten. Dies betraf zum Teil die Produktpalette, mehr aber noch die Abschlussfähigkeit einzelner Produkte (fallabschließender Produktverkauf) und die kommunikative Aufbereitung im Netz. Zudem bestanden große Verbesserungsmöglichkeiten im Zusammenspiel der unterschiedlichen Kanäle. So erfolgte das Zusammenspiel der Vertriebs- und Kommunikationskanäle Filiale, Online, Mobile und Social Media vielfach nicht optimal – bis heute. D. h. von der Multi- bzw. Omnichannel-Fähigkeit sind noch immer viele Institute weit entfernt.

Aufgrund der funktionellen und innovativen Defizite und Komplexitätshürden vieler Filialbanken konnten neue Konkurrenten, wie beispielsweise Fintech Start-ups, die Marktanteile im Massenkundengeschäft und im Zahlungsverkehr von Kreditinstituten einschneidend erodieren. Spannend bleibt zu sehen wie Banken und Sparkassen hierauf reagieren werden.

2.2.3.3 Zusammenfassung

Eine Vielzahl von Gründen, wie beispielsweise neue Wettbewerber aus dem In- und Ausland, neue und gestiegene Kundenanforderungen, hohe Fixkostenbelastungen in den Filialen sowie eine steigende Ertragsorientierung, stellen die Rationalität der hohen Zweigstellendichte in der Degenerationsphase zunehmend in Frage und forderten Reaktionen heraus. Filialen wurden in der Folge drastisch reduziert, differenziert und dediziert. Dieser Prozess hält bis heute an. Das ehemals monolithische Kanalmanagement der Extensivierungs- und Intensivierungsphase wurde bei vielen Instituten allerdings nur langsam zugunsten eines Multi- bzw. Omnikanalmanagements aufgebrochen. Hieran gilt es in Zukunft stärker zu arbeiten, damit Banken und Sparkassen den weiter wachsenden Kundenansprüchen und -bedürfnissen gerecht werden und Marktanteile sichern oder sogar steigern können.

2.3   Ausblick

Ungeachtet aller degenerativen Entwicklungen verfügen Filialbanken durch stationäre Vertriebs- und Kommunikationsstrukturen über entscheidende Alleinstellungsmerkmale. Um diese werden sie hinter vorgehaltener Hand von vielen Konkurrenten beneidet. Es zeigen sich nämlich Tendenzen, die darauf schließen lasen, dass sich der Bankenmarkt, so wie auch beispielsweise der Handel, zukünftig noch stärker in Richtung einer Konvergenz der Online- und Offlinewelten bewegen wird. D. h. traditionelle Banken und Sparkassen verstärken ihre Präsenz in allen zur Verfügung stehenden Vertriebs- und Kommunikationskanälen (Multichannel-Mix). Digitale Unternehmen streben hingegen in die Offlinewelt, auch im Finanzdienstleistungssektor.

Der Konvergenzprozess bei Kreditinstituten wird dabei von der Kundenseite angetrieben. Sie verlangen Kreditinstitute, die in allen Welten eine konsistente Customer Experience vorweisen können. Dies liegt daran, dass Bankkunden immer weniger in Online- und Offlinewelten denken. Es wird vielmehr immer der Kanal aufgesucht, der in der jeweiligen Lebenssituation bzw. bei einem konkreten Produktbedarf den geringsten

Widerstand bietet. Dies entspricht dem Wunsch der Menschen nach Convenience. Die Differenzierung zwischen Filial- und Onlinekunden wird daher immer weiter verschwinden. Umso wichtiger ist es, die persönliche und vertrauensvolle Komponente eines Kreditinstitutes bzw. eines Beraters, die seit jeher im Bankgeschäft eine exponierte Bedeutung einnimmt, in alle Kanäle zu integrieren.

Es gilt daher: **Die Zukunft des Bankings ist persodigital.**
Persodigital setzt sich zusammen aus den Begriffen:

- **persönlich**, d. h. die menschliche und vertrauensvolle Komponente in der Kunden-Bank Beziehung bzw. Interaktion ist entscheidend für den Erfolg von Kreditinstituten und muss sich in allen zur Verfügung stehenden Vertriebs- und Kommunikationskanälen wiederfinden (Beziehungsbanking)

- **personalisiert**, d. h. in allen Kanälen auf den konkreten Kunden ausgerichtet (personalisierte Ansprache und passgenaue, kontextbezogene Angebote durch Nutzung von Big Data)

- **digital**, d. h. alles, was digitalisiert werden kann, wird mit einer nie da gewesenen Geschwindigkeit und Innovationskraft digitalisiert werden.

Die beschriebenen Komponenten persönlich, personalisiert und digital werden im Bankenalltag immer weiter zusammenwachsen (müssen), was durch die Synthese im Begriff persodigital zum Ausdruck gebracht werden soll (Konvergenz).

Filialbanken sind daher gut beraten, wenn sie auch weiterhin die qualitative Relevanz der Filiale strategisch im Multi- bzw. Omnichannel-Management verankern. Das quantitative Ausmaß bzw. die physische Filialdichte muss hingegen auf den Prüfstand gestellt werden. Das gleiche gilt für die konsequente Verzahnung der Vertriebs- und Kommunikationskanäle.

Richtungshypothese 1: Die Filialen bleiben eine wichtige Säule im Multichannel-Mix.
Ungeachtet aller Relevanz wird der Filialvertrieb jedoch auch in Zukunft quantitativ degenerieren. Folgt man den Prognosen des Zentrums für Europäische Wirtschaftsforschung (ZEW), so werden die Sparkassenfilialen bis zum Jahr 2020 um ca. 13 % schrumpfen. Bei den Genossenschafts- und Kreditbanken wird mit einer Reduktion um ca. 16 % gerechnet.
Legt man die Kontinuität zwischen Vergangenheit und Zukunft zugrunde, werden insbesondere kleine, ländliche, schlecht frequentierte, unrentable und sich in einem schlechten baulichen Zustand befindliche Filialen von künftigen Schließungen betroffen sein.

Richtungshypothese 2: Die Zahl der Filialen wird sich, ungeachtet der geschäftspolitischen Relevanz und Konvergenzbestrebungen, weiter reduzieren (müssen).

Diese Richtungshypothese macht deutlich, dass die in der Extensivierungsphase vorhandene positive Korrelation zwischen Filialanzahl und Wettbewerbsvorteil in den letzten Dekaden gegen eine Orthogonalität konvergiert. Ungewiss bleibt, wann diese Entwicklung zum Stillstand kommt. Fest steht, dass zur Generierung von Erfolgen eine Vielzahl von Kanälen bzw. Touchpoints notwendig sind. Damit wird es für Banken und Sparkassen immer wichtiger das erodierende Alleinstellungsmerkmal der physischen Filialdichte durch die verstärkte Fokussierung eines Multi- bzw. Omnichannel-Managements zu ergänzen, das persodigital ausgerichtet ist. Des Weiteren müssen Filialen moderner, kommunikativer und innovativer werden. Nur so kann langfristig eine Degeneration zur Bedeutungslosigkeit der Filiale verhindert werden.

Richtungshypothese 3: *Kreditinstitute müssen ihr Multi- bzw. Omnichannel-Managemement konsequent persodigital ausbauen.*

Zum konsequenten Ausbau eines persodigitalen Multi- und Omnichannel-Managements in Kreditinstituten vereint und verzahnt das vorliegende Buch viele unterschiedliche Sicht- und Denkweisen und leitet zahlreiche Handlungsempfehlungen ab, von denen Banken und Sparkassen profitieren und lernen können.

Literatur

Abelshauser, W. (1999): Kriegswirtschaft und Wirtschaftswunder. Deutschlands wirtschaftliche Mobilisierung für den Zweiten Weltkrieg und die Folgen für die Nachkriegszeit, in: Vierteljahreshefte für Zeitgeschichte, 47. Jg. Heft 4, Buchheim.

Ambrosius, G. (1998): Intensives Wachstum (1958–1965), in: Pohl, H. (Hg.), Geschichte der deutschen Kreditwirtschaft seit 1945, Frankfurt am Main.

Ashauer, G. (1989): Die Entwicklung des Konsumentenkredites von den Anfängen bis zur Gegenwart, in: Mura J. (Bearb.), Entwicklungslinien im Personalkreditgeschäft der Sparkassen, Sparkassenhistorisches Symposium 1988 (Sparkassen in der Geschichte Abt. 1: Dokumentation 4), Stuttgart.

Ashauer, G. (1991): Von der Ersparungscasse zur Sparkassen-Finanzgruppe. Die deutsche Sparkassenorganisation in Geschichte und Gegenwart, Stuttgart.

Ashauer, G. (2002): Personalpolitische Trends der Sparkassen in den Phasen 1952-1977-2002, in: DSGV (Hg.), Betriebswirtschaftliche Blätter Nr. 51.

Ashauer, G./Mura, J. (1982): Geschichte der Sparkassen, in: Deutscher Sparkassenverlag (Hg.), Handwörterbuch der Sparkassen, Bd. 2, Stuttgart.

Bacher, U. (2005): Die Zahl der Sparkassenfilialen nimmt ab – zu recht!, in: Hochschule Pforzheim (Hg.), Interdisziplinäre Managementforschung, Pforzheim.

Booz Allen Hamilton (2006): Germany's Changing Demographics Threaten Banking and Insurance Industry Revenues, online verfügbar: www.boozallen.com: http://www.boozallen.com/consulting/industries_article/9413434, Zugriff am 06.03.2010.

Brinkmann, S. (2012): Mit „Sparkasse-App" zu individuellen Institutsauftritten, in: DSGV (Hg.), Betriebswirtschaftliche Blätter, 04.2012.

Büschgen, H. (1983): Zeitgeschichtliche Problemfelder des Bankwesens in der Bundesrepublik Deutschland, in: Institut für bankhistorische Forschung (Hg.), Deutsche Bankengeschichte, Bd. 3: Vom Ersten Weltkrieg bis zur Gegenwart, Frankfurt am Main.

Büschgen, H. (1998): Bankbetriebslehre: Bankgeschäfte und Bankmanagement, Wiesbaden.

Deutsche Bundesbank (1957–2011): Bankstellenstatistik, online verfügbar: http://www.bundes-bank.de/Redaktion/DE/Downloads/Veroeffentlichungen/Bericht_Studie/bankenaufsicht_bank-stellenbericht_2001.html?searchArchive=0&submit=Suchen&searchIssued=0&templateQuery String=bankstellen, Zugriff am 02.08.2011.

Deutsche Bundesbank (1998): Entwicklung des Bankensektors und Marktstellung der Kreditinsti-tutsgruppen seit Anfang der neunziger Jahre, in: Monatsbericht, März 1998.

Deutsche Bundesbank (2000): Electronic Banking aus bankenaufsichtlicher Perspektive, in: Mo-natsbericht der Deutschen Bundesbank, Dezember 2000.

Deutsche Bundesbank (2011): Entwicklung des Bankstellennetzes im Jahr 2010, Frankfurt am Main.

Dieter, E./Bäumer, S. (2012): Dialogfiliale garantiert starke Präsenz vor Ort, in: DSGV (Hg.), Be-triebswirtschaftliche Blätter, 05.2012.

DSGV: Multikanalmanagement in Sparkassen. Umsetzungsbaukasten. (Vertraulich).

DSGV (1960): Jahresbericht 1960.

DSGV (1989): Jahresbericht 1989.

DSGV (2002): Strategische Leitlinien und konkrete Handlungsfelder, Berlin.

Emmerich, H. (1995): Geschichte der deutschen Sparkassenwerbung 1750 bis 1995 (Sparkassen in der Geschichte, Abt. 3: Forschung 7), Stuttgart.

Engstler, M. (2003): Die Zukunft der Bankfilialen – Chancen und Herausforderungen der zuneh-menden Virtualisierung der Finanzwirtschaft, online Verfügbar: http://www.finanzdienstleister. iao.fhg.de/pdfs/WandelderFiliale-dlr-IAO.pdf, Zugriff am 01.09.2012.

Engstler, M. (2008): Wie sich Banken auf die Herausforderungen von morgen bereits heute vor-bereiten, Stuttgart.

Ernst & Young (2003): Darf es noch etwas sein? Chancen und Herausforderungen im Retail-Ban-king, Eschborn.

Faßbender, H. (2000): New Economy, New Banking: Das Entstehen der modularen Bank, in: Keese, J./Schörder, G./Simmert, D. (Hg.), Finanzdienstleistungsmärkte – Perspektiven der öffentlich-rechtlichen Institute, Stuttgart.

Geiger, H. (1974): Herausforderungen für Stabilität und Fortschritt, Stuttgart.

Hoppenstedt, D. (2000): Zukunftsfragen der Sparkassen-Finanzgruppe, in: Kesse, O./Schröder, G./ Simmert, D., Finanzdienstleistungsmärkte – Perspektiven der öffentlich-rechtlichen Institute, Stuttgart.

Kasten, L./Reents, B./Wilkening, H.-J. (1996): Filialpolitik – Rationalisierung und organisatorische Auswirkungen, Wiesbaden.

Kobarg, B. (1996): Die Sparkassenwerbung von 1945 bis zur Gegenwart, in: Die Sparkassenwer-bung. Historische Entwicklung und Zukunftsperspektiven. Sparkassenhistorisches Symposion 1995 (Sparkassen in der Geschichte, Abt. 1: Dokumentation 11), Stuttgart.

KöhlerM./LangG. (2008): Trends im Retail-Banking: Die Bankfiliale der Zukunft – Ergebnisse ei-ner Umfrage unter Finanzexperten. Mannheim, Zentrum für Europäische Wirtschaftsforschung GmbH, Dokumentation Nr. 08–01.

Körner, M. (1997): Stationäre Vertriebswege – Strukturwandel und Perspektiven, Stuttgart.

Mercer (2003): Deutsche Banken: Der Weg zurück in die Spitzenklasse, München.

Milnik, J. (1964): Die rechtlichen, besonders die arbeitsrechtlichen Probleme der bargeldlosen und monatlichen Lohn- und Gehaltszahlung, Würzburg.

Mura, J. (1987): Entwicklungslinien der deutschen Sparkassengeschichte I, Stuttgart.

MuraJ. (1995): Entwicklungslinien der deutschen Sparkassengeschichte II. Stuttgart.

Nitzsch von, R./Thomes, P./Müller, P. (2011): Wer spart wie? Der Mensch zwischen rationalem Individualisten und Kulturgeschöpf, in: Wehber, T (Bearb.), Wer spart wie? Sparverhalten und kulturelle Vielfalt. Sparkassenhistorisches Symposium 2009. Sparkassen in der Geschichte, Do-kumentation 32, Stuttgart.

Pape, C. (1999): Banking der Zukunft. Bankdienstleistungen erfolgreich verkaufen, in: Frankfurter Allgemeine Zeitung, Frankfurt/Main.

Peters, A./NiemeyerV. (2007): Filialkonzepte und Vertriebsqualifizierung im Retail Banking, Status quo und Trends, Regensburg.

Picot, A./Neuburger, R. (2000): Banken und das Firmenkundengeschäft im Internet-Zeitalter, Köln.

Pohl, H. (2000): Die Institute der Sparkassenorganisation als Wettbewerber im deutschen Bankensystem, in: Die Sparkasssenorganisation in Wirtschaft, Gesellschaft und Region – historische Aspekte und Zukunftsperspektiven. Sparkassenhistorisches Symposion 1999 (Sparkassen in der Geschichte, Abt. 1: Dokumentation 20), Stuttgart.

Porter, M. (1983): Wettbewerbsstrategie, Methode zur Analyse von Branchen und Konkurrenten, Frankfurt/Main.

Reichardt, C. (2000): One-to-One-Marketing im Internet. Erfolgreiche E-Business für Finanzdienstleister, Wiesbaden.

Reifer, U. (2004): Vertriebsstrategien von Banken und Sparkassen. Entwicklungstrends und Herausforderungen im Multi-Channel-Management, Göppingen.

Röper, B. (1973): Die Wettbewerbsfunktion der deutschen Sparkassen und das Subsidiaritätsprinzip. Eine wettbewerbspolitische Analyse, in: Volkswirtschaftliche Schriften, Heft 198, Berlin.

Rudolph, B. (2005): Die Sparkassen im wiedervereinigten Deutschland und in Europa, in: Pohl, H./Rudolph, B./Schulz, G. (Hg.), Wirtschafts- und Sozialgeschichte der deutschen Sparkassen im 20. Jahrhundert, Stuttgart.

Schneider, W. (1989a): Gedanken zur Geschäftspolitik und Geschäftsstellenführung aus der Sicht einer Sparkasse, in: Bank und Markt, Heft 10, Oktober 1989, Frankfurt.

Schöller, M. (1979): Wachsende Flexibilität in der Sparformwahl. Veränderungen im Anlageverhalten privater Haushalte, in: Sparkasse 1/1979.

Schulz, G. (2001): Die deutschen Sparkassen zwischen Staat und Markt, in: Wilsberg (Bearb.): Technik und Management in der Sparkassen-Finanzgruppe. Sparkassenhistorisches Symposium 2000 (Sparkassen in der Geschichte, Abt.: Dokumentation 22), Stuttgart.

Schulz, G. (2005): Die Sparkassen vom Ende des Zweiten Weltkriegs bis zur Wiedervereinigung, in: Pohl, H./Rudolph, B./Schulz, G. (Hg.), Wirtschafts- und Sozialgeschichte der deutschen Sparkassen im 20. Jahrhundert, Stuttgart.

Singer, J./Drewianka, B. (2011): Dunkle Wolken über der Filiale, in: Bank und Markt, Heft 7, Juli 2011, Frankfurt.

Spath, D. (2003): Zukunft von Filialbanken – von Filialen zu Dienstleistungszentren, Stuttgart.

Strohmayr, W. (1995): Sparkassenorganisation und Zahlungsverkehr von 1945 bis zur Gegenwart, in: Der Zahlungsverkehr in der Sparkassenorganisation. Historische Entwicklung und Zukunftsperspektiven, Sparkassenhistorisches Symposion 1994 (Sparkassen in der Geschichte, Abt. 1: Dokumentation 10), Stuttgart.

Stubbe, K.-H. (1997): Die Zweigstelle als Auslaufmodell? – Überlegungen zur Zweigstellenpolitik aus Sicht eines öffentlich-rechtlichen Kreditinstitutes, in: Baxmann, U. (Hg.), Vertrieb im Wandel, Frankfurt/Main.

Sywottek, A. (1998): Wege in die 50er, in: Schildt/Sywottek (Hg.), Modernisierung im Wiederaufbau. Die westdeutsche Gesellschaft der 50er Jahre, Bonn.

Thieme, W. (1987): Vorschläge und Maßnahmen zur Verwaltungsreform, in: Jeserich, K./Pohl, H./Unruh von, G. C. (Hg.), Deutsche Verwaltungsgeschichte, Bd. 5. Stuttgart.

Thomes, P. (2008): Da, wo Sie zu Hause sind. 150 Jahre Sparkasse Saarbrücken, Saarbrücken.

Thomes, P. (2010): 175 Jahre Sparkasse Aachen: Fair. Menschlich. Nah, Monschau.

Thomes, P. (2012): Zwei Geschäftsmodelle – ein Ziel? Kreditgenossenschaften und Sparkassen im historisch basierten Vergleich. Basierend auf einem Vortrag am 21. Juni 2012, Institut für Bankwirtschaft und Bankrecht an der Universität zu Köln e. V.

Thomes, P./Belvederesi, R. (2007): Gesellschaftlicher Wandel und das Privatkundengeschäft der Sparkassen seit 1945, in: Wissenschaftsförderung der Sparkassenfinanzgruppe (Hg.), Sparzwang oder Kaufrausch? Spar- und Konsumverhalten im Wandel, Stuttgart.

Völter, A. (1999): Der öffentliche Auftrag der kommunalen Sparkassen und das Aufrechterhalten eines flächendeckenden Zweigstellennetzes im Spannungsfeld mit dem Wandel am Markt, Tübingen.

Wandel, E. (1998): Banken und Versicherungen im 19. und 20. Jahrhundert, in: Enzyklopädie Deutscher Geschichte 45, München.

Weermann, W. (2001): Handbuch Finanzdienstleistungsfiliale, Stuttgart.

Zanger, C., Klaus, K. (2003): Erlebnisorientierte Filialgestaltung: Grundlagen – Analysen – Konzepte für Kreditinstitute, Stuttgart.

Zeltner, H. (2002): Dimensionierung des Filialnetzes der Grossbanken in der Schweiz: Eine räumlich differenzierte, empirische Untersuchung der Erreichbarkeit von Bankdienstleistungen.

Ziegler, M. (1992): Strategische Unternehmenspolitik von Versicherern als Allfinanzanbieter, Köln.

Zinn, K. G. (1992): Soziale Marktwirtschaft. Idee, Entwicklung und Politik der bundesdeutschen Wirtschaftsordnung, Mannheim.

Harald Brock Harald Brock studierte Betriebswirtschaftslehre an der RWTH Aachen mit Schwerpunkten Finanzierung, Finanzdienstleistungen und International Management. Im Rahmen seiner Promotion zum Thema „Shared-Value im Geschäftsmodell von Finanzdienstleistern" absolvierte er einen mehrmonatigen Forschungsaufenthalt an der Newcastle University (UK). Während seines Studiums war Harald Brock Mitglied der Deans List der RWTH sowie der Eberle-Butschkau-Stiftung. Zudem erhielt er ein Stipendium eines Kreditinstitutes. Sein Masterstudium schloss er als Bester seines Jahrgangs ab. Vor seinem Studium absolvierte er eine Ausbildung zum Bankkaufmann, die er als Landesbester beendete. Nach dem Studium arbeitete Harald Brock zunächst als wissenschaftlicher Mitarbeiter am Gründerzentrum der RWTH Aachen, wo seine Leidenschaft für innovative (FinTech) Start-ups entstand. Im Anschluss führte sein Weg zurück in die Finanzdienstleistungsbranche, wo er wichtige Führungsfunktionen übernommen hat. Mit ‚thinkbank' berät und unterstützt er Kreditinstitute im Bereich Multi- und Omnichannel-Management, Marketing, CSR und Shared-Value. Er verfügt mittlerweile über mehr als zehn Jahren Erfahrung in unterschiedlichen Bereichen der Kreditwirtschaft. Harald Brock veröffentlichte bereits zahlreiche Artikel und Beiträge in führenden Fachzeitschriften und in der Wirtschaftspresse (Bankmagazin, Handelsblatt et al.). Zudem ist er der Initiator des vorliegenden Buches „Multi- und Omnichannel-Management in Banken und Sparkassen".

Teil II

Herausforderungen und Defizite: Angriffe auf die Wertschöpfungskette von Banken und Sparkassen

Herausforderungen – Zukunftsorientierte Neuausrichtung des Vertriebs von Banken und Sparkassen

Alexander Henk und Jens-Uwe Holthaus

Zusammenfassung

Megatrends verändern die Vertriebs- und Kommunikationswege von Banken und Sparkassen. Es entsteht der Eindruck, dass kein Stein auf dem anderen bleibt. Eine komplette Branche befindet sich im Umbruch. Der vorliegende Artikel beschreibt die spezifischen Herausforderungen der drei deutschen Institutsgruppen und geht dabei auf die Anforderungen der Zukunft ein.

3.1 Aktuelles Umfeld und Herausforderungen für Banken und Sparkassen

„Banking is essential, banks are not" ist die vielzitierte Aussage von Bill Gates aus dem Jahr 1999 (Gates 1999), die das aktuelle Dilemma der meisten Banken sehr plakativ beschreibt. Fast ausnahmslos befassen sich die Institute mit der Zukunft ihrer Geschäftsmodelle und einer möglicher Neupositionierung ihrer Intermediationsfunktionen. Vor diesem Hintergrund werden als Basis für die zukunftsorientierte Neuausrichtung des Vertriebs

A. Henk (✉) · J.-U. Holthaus
Münster, Deutschland
E-Mail: ahenk@zeb.de

J.-U. Holthaus
E-Mail: jholthaus@zeb.de

© Springer Fachmedien Wiesbaden 2015
H. Brock, I. Bieberstein (Hrsg.), *Multi- und Omnichannel-Management in Banken und Sparkassen*, DOI 10.1007/978-3-658-06538-6_3

von Banken und Sparkassen zunächst die relevanten Megatrends und Rahmenbedingungen sowie deren Auswirkungen für den Vertrieb herausgearbeitet. Im Anschluss stehen die besonderen Herausforderungen für die einzelnen deutschen Institutsgruppen im Fokus, um abschließend die Anforderungen an ein zukunftsfähiges Vertriebsmodell für Banken und Sparkassen abzuleiten.

3.1.1 Branchenübergreifende Megatrends

Das aktuelle Umfeld von Banken und Sparkassen in Deutschland ist durch fünf branchenübergreifende Megatrends mit weitreichenden Auswirkungen auf viele Lebensbereiche geprägt: Digitalisierung, demografischer Wandel, Nachhaltigkeit, Globalisierung und Volatilität.

Die **Digitalisierung,** als zentraler Megatrend für Finanzdienstleister, dokumentiert sich in einer zunehmenden Vernetzung von Marktteilnehmern und deren Informationen sowie durch eine stetig wachsende, jederzeitige mobile Verfügbarkeit dieser Informationen durch die ansteigende Verbreitung von Smartphones bzw. Wearables. Durch die kontinuierliche Weiterentwicklung der zugrundeliegenden technischen Treiber, wie preiswerte, leistungsfähigere Chips, starke, umfassende Mobilnetze, Cloud Computing und günstige Sensoren, ist für die nächsten Jahre eine hohe Dynamik sichergestellt. Vereinfachend kann man die Entwicklung in der nächste Dekade mit dem Satz „Alles was digitalisiert/ vernetzt werden kann wird digitalisiert/vernetzt werden" zusammenfassen. Aus Kundensicht führt dies zu einer Vereinfachung und Beschleunigung in allen Lebensbereichen: mit zunehmender Dynamik durch die Informationsverknüpfung und -verfügbarkeit, die mit den Schlagworten „immer, einfach, alles, sofort und überall" zusammengefasst werden kann. Ein weiterer wesentlicher Aspekt ist die zunehmende Transparenz aller Aktivitäten im Netz. Gebühren, Provisionen und Margen zu verschleiern funktioniert in der digitalen Welt nicht mehr. Kundenfeedback wird sofort in der Breite öffentlich verbunden mit der Erwartung unmittelbarer, lösungsorientierter und professioneller Resonanz. Die Bedeutung für alle Branchen wird exemplarisch durch den Tweet *„My message to leaders at all levels: digital is a fact now. It's not a choice, it's a fact. And it is no longer acceptable to ignore it"* von Neelie Kroes pointiert adressiert (Kroes 2014).

Als Konsequenz hat sich (bei Konstanz der grundlegenden Kundenbedarfe in Bezug auf Finanzdienstleistungen) das Kundenverhalten entlang des Kundeninteraktionspfades jedoch erheblich verändert.

So ist u. a. festzustellen, dass Kunden

- sich online bzw. mobil über Finanzprodukte, Preise und Zinsen informieren (höhere Transparenz),
- unterschiedliche Kanäle im Kaufprozess nutzen und ggf. wechseln (ROPO-Effekt= Research Online – Purchase Offline),

- aufgrund von Erfahrungen aus anderen Branchen individualisierte Finanzangebote punktgenau entlang ihres Alltags erwarten (Convenience, alltagsrelevantes und kontextbasiertes Angebot),
- vielfach Finanzentscheidungen ohne Bankberatung treffen (ca. 40 bis 50 % Selbstentscheider).

In der Praxis erfolgen bereits heute nur noch ein bis zwei Prozent der Kundenkontakte in Filialen. Die sinkenden Eintrittsbarrieren ermöglichen es neuen digitalen Wettbewerbern (FinTechs) mit konsequenter Konzentration auf den Kunden und die bestmögliche, alltagsintegrierte Lösung eines Kundenproblems bestehende Anbieter zu verdrängen. Für Banken und Sparkassen erfordert die Digitalisierung das konsequente Hinterfragen des heutigen Vertriebsmodells ausgehend vom Kunden, die Besetzung der Kundenschnittstelle, den Aufbau digitaler Fähigkeiten und die Vorbereitung der Organisation auf die zu erwartende, hohe Adaptionsgeschwindigkeit der nächsten Jahre.

Durch den **demografischen Wandel** kommt es in Deutschland zu einer Alterung der Erwerbsbevölkerung bis 2020. So steigt zum Beispiel der Anteil der 50- bis 67-Jährigen von 36 auf 44 %. Dadurch sinkt ab 2020 die Anzahl der Erwerbstätigen von 52 auf 46 Mio. im Jahr 2040. Konsequenz ist ein bundesweit zunehmender Mangel an Fachkräften und Akademikern. Darüber hinaus sind Wanderungsbewegungen aus wirtschaftlich schwachen in starke Regionen erkennbar. Diese Entwicklung ist insbesondere im Retailvertrieb mit Auswirkungen auf Zielkunden (u. a. hohe Bedeutung von Kunden 65 +, steigender Wettbewerb um sinkenden Anteil junger Kunden und gut verdienende Akademiker), das Produktangebot (u. a. Bedarf an privater Altersvorsorge, Verrentung von Vermögen), die Vertriebskanäle (steigende Bedeutung Omnikanal-Angebot) und die Mitarbeiter (Wettbewerb um gute Mitarbeiterprofile, steigende Anforderungen an die Qualifikation und die Notwendigkeit der Bindung von Top-Mitarbeitern) verbunden.

Der fortschreitende Klimawandel und die Rohstoffknappheit rücken die **Nachhaltigkeit** sowie soziale und ethische Kriterien bei Investitions- und Konsumverhalten ins Bewusstsein der Verbraucher. Dieser Trend kollidiert allerdings mit dem erodierten Vertrauen in Banken als Konsequenz der Finanzmarktkrise. Vor diesem Hintergrund müssen Banken Reputation und Glaubwürdigkeit wieder aufbauen und das Thema Nachhaltigkeit im Produktportfolio und der Unternehmenskultur besetzen. Denn unverändert ist Vertrauen die wichtigste Währung in Finanzangelegenheiten.

Die **Globalisierung** von Wirtschaftsstrukturen mit zunehmender internationaler Arbeitsteilung bleibt ein Phänomen für die kommenden Dekaden. Deshalb werden ein steigender Anteil des Außenhandels an der nationalen Wertschöpfung, die weitere Umwandlung zu globalen Wertschöpfungsketten, verbunden mit Offshoring- und Outsourcing-Aktivitäten, der Anstieg grenzüberschreitender Finanzströme sowie zunehmende Zuwanderung erwartet. Diese Entwicklung ermöglicht einerseits Wohlfahrtsgewinne für die beteiligten Volkswirtschaften (zum Beispiel Deutschland), führt andererseits durch die engere, globale Vernetzung aber auch dazu, dass lokale Krisen global „ausstrahlen" (siehe aktuell Ukraine, Syrien). Im Privatkundengeschäft (PK) ist die Internationalisierung nur von mittelbarer Bedeutung, zum Beispiel als Anlagethema sowie ggf. bei der Kundensegmentierung. Durch die intensive Exporttätigkeit der deutschen Wirtschaft sind allerdings viele mittelständische Firmenkunden (FK) intensiv in globale Wertschöpfungsketten eingebunden. Dies ist mit Blick auf Kundensegmentierung, Betreuungsmodelle und Produktangebot von hoher Relevanz für den Vertrieb.

Die globale Finanz- und Wirtschaftkrise bildet eine Zäsur, insbesondere für die westlichen Wirtschaftsräume. Die weiteren Entwicklungen sind aktuell aufgrund der Vielzahl von Einflussfaktoren wenig prognostizierbar, allerdings sind die möglichen Risikofelder transparent: der Finanzmarkt (fragile Bankensysteme, („Falsch-")Regulierung von Banken/Versicherungen, fragwürdige Notenbankpolitik, unsichere Bonitäten von Anbietern); die hohe Verschuldung (Zahlungsunfähigkeit von Staaten, Konjunkturdämpfung durch Deleveraging (Private, Unternehmen, Staaten); das Währungssystem in Verbindung mit geopolitischen Entwicklungen (starke Währungsschwankungen; zunehmender Protektionismus) und die enge globale Vernetzung. Parallel schafft die zunehmende Flexibilisierung der Arbeitswelt individuelle Unsicherheit. Vor diesem Hintergrund wird künftig eine hohe **Volatilität** von Märkten und Umfeldfaktoren der Regelfall.

3.1.2 Branchenspezifische Rahmenbedingungen

Ergänzend sind die finanzdienstleistungsspezifischen Rahmenbedingungen zu berücksichtigen: stagnierende Ertragspotenziale, intensiver Wettbewerb, die historische Niedrigzinsphase in Verbindung mit der globalen Finanz- und Staatsschuldenkrise sowie ein hoher regulatorischer Druck.

Betrachtet man die Revenue-Pools (= maximales Ertragspotenzial; DB 1b, für alle Bank- und Versicherungsprodukte bei Neu- und Bestandsgeschäften) für PK- und FK-Märkte, so sind die Ausgangspunkte zu differenzieren. So zeigt die zeb.Privatkundenstudie 2014 einen Rückgang von ca. 64,1 Mrd. € im Jahr 2008 auf ca. 50,6 Mrd. € im Jahr 2012. Diese deutliche Verringerung ist durch die Margenreduzierung im Einlagengeschäft infolge der Niedrigzinsphase sowie die Zurückhaltung der Kunden im Wertpapiergeschäft bedingt, die nicht durch die höheren Erträge im Kreditgeschäft kompensiert werden konnten. Mittelfristig wird bei PK ein nicht bzw. kaum wachsender Revenue Pool erwartet. Die zeb.Firmenkundenstudie 2014 zeigt hingegen für die letzten Jahre eine deutlich positivere Entwicklung. Der Revenue-Pool (DB 1b, für alle Bank- und Versicherungsprodukte bei Neu- und Bestandsgeschäften) ist von ca. 18,3 Mrd. € (2008) auf ca. 24,7 Mrd. € (2012) gestiegen. Durch diese positive Entwicklung und den geringen Wertberichtigungsbedarf konnten viele Retailbanken in den vergangenen Jahren die rückläufigen Privatkundenerträge kompensieren. Für die nächsten Jahre wird auch für das FK-Segment ein stagnierendes Ertragspotenzial erwartet. Damit wird der deutsche Finanzdienstleistungsmarkt zukünftig durch bestenfalls stagnierende Revenue-Pools für PK und FK geprägt.

Das deutsche PK- und FK-Geschäft ist unverändert durch eine hohe **Wettbewerbsintensität** zwischen in- und ausländischen traditionellen Wettbewerbern sowie (insbesondere bei PK) durch Direktbanken und Vermittler gekennzeichnet. Eine Wettbewerbs-intensivierung durch den Kampf um margenstarke Assets mit hoher regulatorischer Eigen-kapitalrentabilität sowie das Auftreten neuer, digitaler Wettbewerber ist zu beobachten. Darum erscheint auch das von vielen Banken weiterhin geplante aggressive Wachstum im FK-Geschäft (bei bereits gestiegenem FK-Ergebnisanteil und trotz kaum zu erwartendem Marktwachstum) eher unrealistisch. Diese Entwicklung wird auch von der Bundesbank bereits kritisch beobachtet: „Hierzulande stürzen sich 2.000 Banken auf den Mittelstand, und ich frage mich, ob es dafür überhaupt genügend Mittelständler gibt", so Bundesbank-Vizepräsidentin Sabine Lautenschläger beim ZEW Wirtschaftsforum in Mannheim am 13.6.2014.

Durch die anhaltende globale **Finanz- und Staatsschuldenkrise** sowie die verlang-samende Konjunktur in der Eurozone bzw. in Deutschland ist damit zu rechnen, dass die Notenbanken auch mittelfristig die Leitzinsen niedrig halten, um eine konjunkturstimulie-rende Wirkung für die Real- und Finanzwirtschaft sowie die Entschuldung der EU-Staaten zu erreichen. Die daraus entstandene **Niedrigzinsphase** mit einem historisch niedrigerem Zinsniveau schränkt die Ertragsmöglichkeiten, insbesondere für stark vom Zinsergebnis abhängige Banken/Versicherungsunternehmen, deutlich ein.

Die Finanzdienstleistungsindustrie ist traditionell stark reguliert. Seit Ausbruch der Finanzkrise ist der **regulatorische Druck** durch den Gesetzgeber noch gestiegen, so-dass weitere Vorschriften für Bank- und Versicherungen umzusetzen sind (u. a. Basel III, MiFID II, PSD II, IMD II, BCBS 239). Unabhängig von den konkreten Ausprägungen der einzelnen Regulierungsvorhaben, lassen sich vereinfachend zwei Konsequenzen ab-leiten. Einerseits kommt es durch erhöhte Kapital- und risikogewichtete Aktiva (RWA) -Anforderungen zu einer deutlichen Reduzierung der Rentabilität auf Gesamtbankebene. Darüber hinaus entstehen im Vertrieb durch die gestiegenen Informations- und Dokumen-tationspflichten bedeutende Mehraufwände in Kundenbetreuung und Abwicklung. Dies ist verbunden mit gestiegenen Anforderungen an die Qualifikation der Mitarbeiter. Ge-genläufig zur Intention des Gesetzgebers (Verbraucherschutz) sind in der Praxis deshalb aktuell sogar Vermeidungstendenzen in Bezug auf Beratungen zum Beispiel bei Wertpa-pieren zu beobachten.

3.1.3 Konsequenzen für die Ergebnisse am Beispiel der deutschen Retailbanken

Exemplarisch hat die zeb.European Banking Studie 2014 die Ergebniseffekte von dauer-haften Niedrigzinsen und steigender Regulatorik für deutsche Retailbanken (Sparkassen und Volksbanken Raiffeisenbanken) analysiert (European Banking Study 2014). In der Studie wurden für die Top 50 der europäischen Banken (nach Bilanzsumme) detaillierte Simulationen[1] für Erfolgskennzahlen (ROE nach Steuern/CIR) sowie Basel III-Kennzah-

---

[1] Mit Planungstool „zeb.future-grip"; Baseline-Szenario 2018: Konstanz = Veränderung Zinsüber-schuss bis 2018 bei konstanten Niedrigzinsen unter c. p.-Annahmen

len bis 2018[2] – differenziert nach den Geschäftsmodellen Retail-, Wholesale- und Universal-Bank[3]– durchgeführt.

Bereits von 2008 bis 2012 konnten die Top-50 Banken ihre EK-Kosten im Durchschnitt nicht mehr verdienen. Die Retailbanken überstanden die fünf Krisenjahre mit der relativ größten Ergebnisstabilität und dem höchsten durchschnittlichen ROE nach Steuern von 5,3 % (zum Beispiel Sparkassen-FinanzGruppe) bzw. 7,7 % (zum Beispiel Unicredit). Dabei wirkt das Zinsergebnis bislang als stabilisierender Faktor, da über zwei Drittel der Erträge aller Retailbanken zinsabhängig sind. Insbesondere die deutschen Retailbanken sind durch die Niedrigzinsen besonders betroffen, da der Anteil des Zinsergebnisses an den Gesamterträgen auf ca. 79 % im Jahr 2012 gestiegen ist.

In einem Szenario mit konstanten Niedrigzinsen bis 2018 unter ceteris-paribus-Annahmen[4] kommt es für deutsche Retailbanken zu einem rund 20-prozentigen Einbruch des Zinsergebnisses. Dadurch steigt die CIR von 65 % im Jahr 2012 auf fast 80 % im Jahr 2018. Der Einbruch des Zinsergebnisses und eine „Normalisierung der Risikovorsorge" (auf den Durchschnittswert 2007 bis 2012) verzehren bis 2018 den Gewinn weitgehend, sodass die EKR nach Steuern von 9,4 % im Jahr 2012 auf 1,9 % im Jahr 2018 sinken könnte. Positiv ist allerdings festzuhalten, dass im Analysezeitraum die EK-Ausstattung (bei üblicher Thesaurierungsquote von 75 %), der Verschuldungsgrad (Leverage-Ratio) und die Liquiditätskennziffern auch nach Basel III-Anforderungen komfortabel bleiben. Diese Simulation verdeutlicht, wie die dauerhaften Niedrigzinsen mittelfristig die Ertragskraft der deutschen Retailbanken nachhaltig belasten. Somit werden, selbst bei konstanten Rahmenbedingungen, Betriebsergebnisse auf dem heutigen Niveau nicht ohne entsprechende institutsindividuelle strategische und operative Ertrags- und Kosten-Maßnahmen erreichbar sein.

Zusammenfassend lässt sich konstatieren, dass bereits durch die dargestellten Megatrends und Rahmenbedingungen das Umfeld für den Vertrieb von Banken und Sparkassen herausfordernd ist und „auf Sicht" auch bleiben wird.

3.2   Spezielle Herausforderungen der einzelnen Institutsgruppen

3.2.1   Großbanken

Viele der aufgezeigten aufsichtsrechtlichen Pflichtaufgaben der letzten Jahre haben die deutschen Großbanken weitestgehend abgearbeitet. Die Bereinigung der Bilanzen bzw.

---

[2] Darstellung der zukünftigen Effekte auf Bilanzstruktur, Kapital, Liquidität, Effizienz und Rentabilität

[3] Klassifizierung Retail- & Wholesale-Banken: zwei Drittel der Erträge oder zwei Drittel der RWA/ des EK im betreffendem Segment; Klassifizierung Universalbanken: Alle anderen Finanzinstitute bzw. in Grenzfällen gem. Einordnung durch Analysten/Ratingagenturen

[4] Konstante Bilanzsumme/-struktur; konstantes zinsunabhängiges Geschäft und konstante Kosten

der Risiken ist weit gediehen durch konsequentes De-Leveraging, Abbau von toxischen Altlasten sowie substantieller Stärkung des Eigenkapitals zur Erfüllung der Basel III-Anforderungen. Die im ersten Halbjahr 2014 von EBA und EZB bei 128 Instituten europaweit durchgeführten Asset Quality Reviews (AQR) und Stresstests haben gezeigt, dass die regulatorischen Anforderungen bei deutschen Kreditinstituten nahezu ausnahmslos erfüllt werden und die operative Betriebsfähigkeit grundsätzlich sichergestellt ist. Der finanzielle und administrative Aufwand sowie die Komplexität der Abbildung aller Anforderungen in den IT-Systemen waren und sind allerdings extrem hoch. Bereits Anfang November 2014 wurden vom globalen Finanzstabilitätsrat neue Vorschläge präsentiert, nach denen das Verluste absorbierende Kapital (TLAC) 16 bis 20 % der Risikoaktiva betragen soll. Dies wäre in etwa das Doppelte der ungewichteten EK-Quote von aktuell drei Prozent. Nach Berechnungen der schweizerischen UBS würde sich alleine für die Deutsche Bank eine Lücke von rund 20 Mrd. US-$ ergeben, die bis 2019 zu schließen ist (Börsen-Zeitung vom 15.11.2014).

Die eigentliche Belastungsprobe und Herausforderung besteht allerdings in der Entwicklung eines zukunftsfähigen Geschäftsmodells. Die Banken verdienen im Kerngeschäft zu wenig, leiden unter Überkapazitäten und leben zunehmend von ihrer Substanz. „Hier muss sich etwas drastisch ändern. So, wie es heute ist, kann es ganz einfach nicht weitergehen" konstatierte unlängst Jürgen Fitschen, Co-Chef der Deutsche Bank und Präsident des deutschen Privatbankenverbands BdB (Fitschen 2014). Auch Bundesbank-Vorstandsmitglied Andreas Dombret betont „Es ist an der Zeit, dass die deutschen Banken ihre Geschäftsmodelle noch einmal auf den Prüfstand stellen" (Dombret 2014).

Im privaten und gewerblichen Retailgeschäft führt nur das Loslassen von jahrzehntelang kultiviertem Habitus in der Kunde-Bank-Beziehung zu der längst überfälligen konsequenten Orientierung am Kundennutzen. Wie auch in anderen Branchen muss das Kundenerlebnis zum Produkt werden – und nicht umgekehrt. Das verlorene Vertrauen kann nur durch maximale Transparenz, Authentizität an der Kundenschnittstelle und Orientierung an den Kundenbedürfnissen wieder hergestellt werden. Umfangreiche Investitionsvorhaben der Großbanken zielen in ebendiese Richtung und erste Früchte konnten bereits geerntet werden. Auch steht das Thema Digitalisierung weit oben auf der Agenda, ist für die Institute aber ein langer und steiniger Weg, da (neben der erforderlichen kulturellen Transformation) ein erheblicher Umbau der noch nicht auf „Digital Fulfillment" ausgerichteten IT-Backendsysteme sowie Backofficeeinheiten erforderlich ist.

3.2.2 Sparkassen-Finanzgruppe

Ähnlich wie in der Genossenschaftlichen FinanzGruppe, befindet sich die SFG an einem wichtigen Wendepunkt im Spannungsfeld zwischen einerseits Bewahrung von Tradition, Stetigkeit des Geschäftsmodells, starker Marktstellung, regionaler Verankerung sowie erfolgreich praktizierter Governance-Strukturen. Andererseits erfordern die Dynamik des Marktes, die Regulierung, der Konsolidierungs-, Kosten- und Ergebnisdruck sowie die neuen Spielregeln der digitalen Transformation eine Modernisierung der Verbundsektoren in fast allen Dimensionen. Partikulare und berechtigte regionale Interessen sowie aufwändige Willensbildungs- und Entscheidungsprozesse über Gremienkaskaden sind der neuen Wirklichkeit in der Finanzdienstleistungsbranche anzupassen.

Auf der **Primärebene** ist die Konsolidierung im Sparkassensektor bereits relativ weit gediehen. Im Zeitraum von 2000 bis 2013 ist die Anzahl der Institute um rund 26 % (von 562 auf 417), die der Zweigstellen um 27 % (von 16.892 auf 12.323) sowie die der Mitarbeiter um 14 % (von 283.450 auf 244.000) zurückgegangen. Während bei Kundenkrediten der Marktanteil in diesem Zeitraum um 2,6 Prozentpunkte (von 19,1 % auf 21,8 %) ausgebaut wurde, ist bei Kundeneinlagen ein Rückgang um 1,7 Prozentpunkte (von 26,1 % auf 24,4 %) zu verzeichnen. Lag die Kundenreichweite ehedem bei komfortablen 55,7 %, so ist diese um 5,4 Prozentpunkte auf 50,3 % deutlich zurückgegangen. Die lebenslange Loyalität der Kunden bröckelt spürbar.

Die zunehmend, insbesonere mit Blick auf Omnikanalvertrieb und Digitalisierung, erfolgskritische Leistungsfähigkeit der IT-Dienstleister im Bankgeschäft wurde in der SFG durch vollständige Konsolidierung der **Rechenzentren** in der FinanzInformatik erreicht, die rund 125 Mio. Kundenkonten technisch führt. Die Hebung von Synergiepotenzialen in Form von Standortzusammenführung und Mitarbeiterabbau ist nahezu abgeschlossen.

Im Bereich der **Landesbausparkassen** ist hingegen eine Konsolidierung bislang ausgeblieben. Unverändert betreiben zehn Landesbausparkassen mit durchaus unterschiedlicher betriebswirtschaftlicher Stärke ihr Bauspargeschäft. Dabei steht das Geschäftsmodell durch die anhaltende Niedrigzinsphase erheblich unter Druck. Einzelne Institute haben jüngst bereits den Vorstoß gewagt, hochverzinsliche Verträge, die nicht in Darlehensabrufen gemündet sind, zu kündigen. Eine Senkung der Verwaltungskosten durch Operational Excellence (Prozessstandardisierung), Komplexitätsreduktion (Verringerung der Anzahl Tarife) sowie Zentralisierung von Marketing und IT würden Verbesserungen schaffen, es bleiben dennoch enorme Herausforderungen bei der Stärkung des Aktivgeschäftes und der Senkung des Einlagenzinssatzes.

Die Gruppe der **Landesbanken** hat sich in den vergangenen Jahren auf aktuell sieben Konzerne reduziert. Die Landesbank Berlin befindet sich aktuell in einem intensiven Umbauprozess hin zu einer konsequent kundenorientierten Hauptstadtsparkasse. Negative Schlagzeilen, Sanierungsprozesse (insbesondere West LB), regulatorische Herausforderungen und die Suche nach belastbaren Geschäftsmodellen beschäftigen die Landesbanken bis heute. In diesem Bereich lassen die kommenden Jahre noch weitere Umbau- und Veränderungsprozesse erwarten.

Bei den insgesamt elf **öffentlichen Versicherern** hat es verschiedene Konsolidierungsanläufe gegeben, die jedoch bislang noch zu keinen substantiellen Veränderungen geführt haben. Auch hier besteht erheblicher Druck mit Blick auf die sinkende Profitabilität. Rückläufige Garantiezinsen, Austauschbarkeit von Produkten aus Kundensicht, umfassende Transparenzpflichten und das Aufstreben innovativer Geschäftsmodelle sind ausgewählte Herausforderungen an der Kundenschnittstelle.

3.2.3 Genossenschaftliche FinanzGruppe Volksbanken Raiffeisenbanken

Die grundsätzlichen Herausforderungen in einem unverändert offline-dominierten Geschäftsmodell bestehen gleichermaßen für die Genossenschaftliche FinanzGruppe Volksbanken Raiffeisenbanken (GFG VBRB). Allerdings bearbeiten dort mit 1.078 eigenständigen Instituten (im Vergleich zur SFG) mehr als doppelt so viele Banken den Markt. Bei einer durchschnittlichen Betriebsgröße von rund 700 Mio. € Bilanzsumme (SFG: 2.666 Mio. €) und etwas weniger als 200 Instituten mit einer Bilanzsumme oberhalb von 1.000 Mio. € sowie rund 500 Banken unterhalb von 300 Mio. € zeigt sich die enorme Spreizung des Sektors. Bei aller derzeitigen wirtschaftlichen Stärke und regionaler Verwurzelung der kleineren Institute, fällt es zunehmend schwer, die regulatorischen Anforderungen qualitativ umzusetzen, Fachkräfte zu gewinnen und den vertrieblichen Herausforderungen über alle Kanäle gerecht zu werden. Dabei ist die Ausgangssituation sehr solide. Mit einem Ergebnis vor Steuern von rund 9,6 Mrd. € gibt es europaweit keine vergleichbar erfolgreiche Bankengruppe. Getragen von fast 18 Mio. Mitgliedern (Eigentümern) und basierend auf dem Grundsatz „Was einer alleine nicht schafft, das vermögen viele" bestehen im DNA-Kern beste Voraussetzungen, das genossenschaftliche Geschäftsmodell in eine dem Zeitgeist entsprechende netzwerkorientierte, kollaborative, partizipative und community-basierte Zukunft zu führen.

Die horizontale und vertikale Integration innerhalb der GFG VBRB ist dabei bereits weit fortgeschritten. Im Zeitraum von 2000 bis 2013 hat sich auf Ebene der Ortsbanken die Anzahl der Institute um ca. 40 % (von 1.794 auf 1.078), die der Bankstellen um 25 % (von 17.490 auf 13.056) und die Anzahl der Mitarbeiter um acht Prozent (von 180.400 auf 166.100) reduziert. Im Kundenkredit- und -einlagengeschäft konnten die Marktanteile ausgebaut und die Kundenreichweite von 22,6 % auf 23,8 % gestärkt werden.

Die **IT-Dienstleister** GAD eG und Fiducia IT AG haben Angang Dezember 2014 nach mehreren gescheiterten Anläufen den Zusammenschluss zur Fiducia & GAD IT AG mit Wirkung zum 1.1.2015 vollzogen. Mit der Migration auf ein bundesweit einheitliches Bankenverfahren agree 21 ist die Konsolidierung faktisch abgeschlossen.

Auch bei den **Zentralbanken** DZ BANK AG und WGZ BANK AG ist in absehbarer Zeit mit einem neuen Anlauf zur Integration zu rechnen. Vielfältige und sich laufend intensivierende Kooperationen auf der Arbeitsebene werden den Weg erleichtern. Entscheidender ist allerdings die in den letzten Jahren unter den Stichworten „Verbund first" (dem Subsidiaritätsprinzip folgend) konsequent betriebene Ausrichtung als verbundfokussierte Zentralbank/Allfinanzdienstleister. Zusammen mit den produktorientierten Verbundunternehmen der DZ BANK Gruppe (u. a. Bausparkasse Schwäbisch Hall, Union Investment, Team!Bank, VR-Leasing, DZ PRIVATBANK und DG Hyp), der WGZ BANK Gruppe (WL BANK) und der MünchenerHyp eG ist das Selbstverständnis als integrierte Wettbewerbseinheit deutlich gewachsen.

Den Ortsbanken der GFG VBRB (weitgehend analog gültig für die SFG) steht ein weitreichender Umbau des Vertriebsmodells bevor. Zur Erhaltung der Wettbewerbsfähigkeit ist die Kostenposition nachhaltig zu reduzieren. Deutliche Einschnitte im Filialnetz werden unvermeidlich sein, sind aber für sich genommen noch keine unternehmerische Zukunftslösung. Erst wenn es gelingt, die dezentrale physische Präsenz kompatibel mit den Kundenanforderungen zu gestalten, die heutigen Leerkosten des Offline-Vertriebs in kundenorientierte Investitionen für den Aufbau regionaler Netzwerke, den digitalen Vertrieb und Service, persönliche Beratungsqualität, die Verzahnung der Kanäle, den Aufbau einer Digitalkultur und ein nutzenorientiertes Kundenerlebnis zu lenken, entsteht ein weiterhin tragfähiges Geschäftsmodell. Dies wird allerdings nur in einem intelligenten und breit getragenen Zusammenspiel aller Beteiligten im Verbund gelingen. Die einzelnen Institute kommen dabei schnell an ihre Grenzen. Voraussetzungen dafür sind jedoch:

- Orientierung am Kundenerlebnis bzw. den Kundenbedarfen statt an den Produkten,
- eine Veränderung tradierter Willensbildungs- und Entscheidungsprozesse,
- schlagkräftige und reaktionsschnelle Governance-Strukuren,
- Bereitschaft, neue, agile und innovative Wege zu denken und zu gehen,
- Loslassen von überkommenem Hierarchie- und Machtdenken,
- Erhöhung der Umsetzungsgeschwindigkeit und -stringenz zentraler Konzepte sowie
- eine passionierte Besessenheit „die Besten" sein zu wollen

3.3 Konsequenzen und Anforderungen an den erfolgreichen Vertrieb der Zukunft

Aus den aufgezeigten Megatrends, Rahmenbedingungen und institutsgruppen-spezifischen Herausforderungen wird deutlich, dass sich das Verständnis von Bankgeschäft deutlich ändern wird und insbesondere der Vertrieb von nachhaltigen Veränderungen betroffen ist. Für den erfolgreichen Vertrieb der Zukunft lassen sich sechs zentrale Handlungsfelder ableiten.

3.3.1 Friktionsfreies Omnikanal-Angebot über alle Kundenkontaktpunkte

Kunden differenzieren bereits heute nicht (mehr) zwischen den einzelnen Vertriebskanälen einer Bank oder Sparkasse. Der Vertrieb der Zukunft stellt den Kunden in den Mittelpunkt, unabhängig von gewähltem Kontaktpunkt oder -zeitpunkt. Für ein positives Kundenerlebnis ist es erforderlich, dass die Vertriebskanäle vollständig integriert und synchronisiert sind, sodass bequem ein reibungsloser Kanalwechsel, in hoher Qualität, sicher, in Echtzeit und ohne Informationsverluste möglich ist. Ein hoher Wiedererkennungseffekt wird durch einheitliches "look and feel" in Bezug auf Produkte, Services, Funktionalitäten und Navigation über alle Kanäle hinweg sichergestellt. Als ein Bestandteil des Angebots ist auch ein „echter" digitaler Bankvertrieb über PC, Laptop, Smartphone oder

Tablet entlang der Erfolgsfaktoren von Best Practice-Online-Unternehmen, wie Amazon, Google, Apple und Facebook (AGFA), auszubauen. Mittel- bis langfristig werden Kundenprobleme statt durch einen Produktverkauf kontextbasiert auf der Primärbedarfsebene gelöst, das heißt, Finanzdienstleistungen werden in den Kundenalltag integriert, wie zum Beispiel das intuitive, kontaktlose Bezahlen von Waren beim Verlassen von Geschäften oder das automatische Angebot einer Baufinanzierung beim Vorbeifahren des Kunden an einer passenden, zum Verkauf stehenden Immobilie (siehe Beitrag von Oelling/Oelling/Brock im vorliegenden Buch).

3.3.2 Einheitliche, vertriebskanalübergreifende Verfügbarkeit und Nutzung der Kundendaten

Bei der Schaffung eines friktionsfreien und individuellen Kundenerlebnisses sind Daten zu Kundenverhalten, -wünschen und -problemen der wesentliche Erfolgsfaktor. Es gilt: „Daten sind das neue Öl". Vor diesem Hintergrund ist der Aufbau eines kanalübergreifenden Echtzeit-CRM und der damit verbundenen Datenanalyse-Fähigkeiten zwingend erforderlich. Auch, um neue kundenindividuelle Segmentierungen unter Berücksichtigung von aktueller Lebens-/Alltagssituation, Kanalaffinität/-nutzungsverhalten und Beratungsbedarf zur gezielten Steuerung der Kunden in die Vertriebskanäle zu nutzen und so die Profitabilität aller Kundensegmente sicherzustellen. Dabei steht die zielgerichtete Nutzung der vielfältigen, bereits heute in den Häusern vorhandenen Daten entlang des Kundeninteresses im Mittelpunkt.

3.3.3 Weiterentwicklung des stationären Vertriebs

Obwohl heute nur noch ein bis zwei Prozent der Kundenkontakte in der Filiale erfolgt, sind diese vielfach unverändert der Anker des Vertriebs in vielen Kundensegmenten. Die Wahrnehmung vieler Banken ist dabei insbesondere von den Kunden, die noch in die Filialen kommen, geprägt. Dabei sind oftmals aus Kundensicht die „Filialerlebnisse" u. a. durch wenig einladende Filialgestaltung, unpassende Öffnungszeiten und fehlende Beratungsqualität sowie aus Banksicht – aufgrund der hohen Kosten – wenig zufriedenstellend. Da die Filiale vorerst ein wichtiger Vertriebskanal bleibt, ist eine systematische Weiterentwicklung des stationären Vertriebs über bestehende Filialformate hinaus erforderlich. Dazu ist die Rolle der Filiale im Omnikanal-Vertrieb institutsspezifisch auf Basis der Stärken des Kanals (regionale Nähe, erlebbare Marke und Qualität, Kundenberater als „Gesicht" der Bank, „Ankerpunkt" für persönliche, komplexe Finanzthemen/-beratungen, „Sog-Wirkung" des Filialnetzwerks sowie Unterstützung und Ergänzung der digitalen Kundenerfahrung) klar zu definieren. Auf Basis regionaler Zielkundenpotenziale sind die Filialtypen zu differenzieren und ganzheitlich als Verbund zu steuern. Eine Reduzierung der Filialanzahl auf Basis von regionalem Kundenpotenzial und ökonomischen Überlegungen wird in vielen Häusern unvermeidbar sein. Die Filialgestaltung sollte durch

Emotionalisierung, Markenerlebbarkeit und Inszenierung ein differenzierendes, physisches Erlebnis schaffen.

Dabei wird es durch vielfältige Digitalisierungs-, Standardisierungs- und Kanalvernetzungsmöglichkeiten zu einer Verschmelzung der physischen und digitalen Welt kommen. Viele innovative Ideen für die Weiterentwicklung des stationären Vertriebs liefern Best Practice-Anbieter in anderen Retail-Branchen, so u. a. Apple, Burberry, Globetrotter, Nike, REWE und TESCO.

3.3.4 Standardisierung, Automatisierung und Digitalisierung

Zur Umsetzung des oben skizzierten Omnikanal-Vertriebsmodells sind die technologischen Voraussetzungen durch die kanalübergreifende Standardisierung, Automatisierung und Digitalisierung der Vertriebs-, Service- und Abwicklungsprozesse zu schaffen. Moderne, digitale Technologien ermöglichen dies, allerdings werden dem IT-Systeme und -Infrastrukturen in Banken und Sparkassen heute vielfach noch nicht gerecht und sind hoch komplex. Aufgrund der deshalb zu erwartenden langen Projektlaufzeiten sind diesbezügliche Überlegungen frühzeitig zu beginnen.

3.3.5 Change Management für Mitarbeiter und Führungskräfte

Im Vertrieb sind und bleiben vorerst die Mitarbeiter und Führungskräfte die wesentlichen Erfolgsfaktoren. Mit den aufgezeigten Veränderungen im Umfeld und im Vertriebsmodell wird sich auch der Arbeitsalltag im Vertrieb insbesondere in Bezug auf Rolle und Aufgaben, offene und schnelle Informationsverfügbarkeit, digitale Kontaktaufnahme durch Kunden, schnelleres Entscheidungsverhalten, neue Organisations-, Zusammenarbeits- und Arbeitszeitmodelle deutlich verändern. Ungeachtet davon bleiben Mitarbeiter und Führungskräfte für viele Kunden eine wichtige Bezugsperson. Deshalb ist ein dauerhaftes Veränderungsmanagement zu implementieren, um Mitarbeiter und Führungskräfte bei den weitreichenden, dauerhaften Veränderungen in der nächsten Dekade mitzunehmen und Akzeptanz für die erforderliche, schrittweise Transformation des Vertriebes zu schaffen.

3.3.6 Systematisches Innovationsmanagement

Der oben skizzierte Umbau des Vertriebs mit kontinuierlichen Prozess- und Produktinnovationen kann nur schrittweise und über einen längeren Zeitraum erfolgen. Vor diesem Hintergrund ist es erforderlich, dass Innovationen, insbesondere digitale, fortlaufend, dauerhaft und schnell in diesen Veränderungsprozess integriert werden. Dazu bedarf es systematischer, permanenter Innovationsprozesse, einer entsprechenden Unternehmenskultur, die Innovationen mit „trial-and-Error"-Mentalität ermöglicht sowie Führungskräfte und Mitarbeiter mit den erforderlichen Fähigkeiten und Denkweisen. Aktuell bei Finanzdienstleistern erkennbare Lösungsansätze sind vielfältig und beinhalten u. a. auch den Aufbau von dezidierten Innovations-Einheiten und -Laboren, die Gründung eigener Venture Capital Einheiten (zum Beispiel Main-Inkubator der Commerzbank), den Aufbau von Netzwerken mit FinTechs, die Kooperation mit externen Partnern, die sich auf die Kundenschnittstelle, innovative Produkte oder Prozesse spezialisiert haben (zum Beispiel compeon oder Check24) sowie die Komplettübernahme innovativer Anbieter (zum Beispiel simple in den USA durch die BBVA). Verfügbare Angebote und mögliche Partnerschaften sind systematisch unter Berücksichtigung der eigenen Vertriebsstrategie zu prüfen.

Fazit: Nur ein funktionierendes, friktionsfreies Omnikanal-Angebot entlang der Kundenkontaktpunkte sichert den Vertriebserfolg der Zukunft. Dieses Zielbild ist nicht ohne eine zeitnahe, schrittweise Adressierung der skizzierten Handlungsfelder erreichbar. Mit sehr unterschiedlichen Zielbildern zeigen u. a. die UMPQUA Bank in den USA, die Banco Bradesco in Brasilien, die BBVA in Spanien, die mBank in Polen oder Hana Financial in Süd-Korea sehr innovativ, dass dieser sukzessive Umbau des Vertriebs-Modells in der Praxis bereits heute möglich ist.

Literatur

Dombret, A. (2014): Diskussionsveranstaltung an der Ruhr-Universität Bochum im November 2014.
EUROPEAN BANKING STUDY (2014), DOUBLE TROUBLE – How depressed interest rates and regulation will drive change regarding banking business models in Europe, 7. Edition, Münster 2014.
Fitschen, J. (2014): Handelsblatt vom 11.11.2014.
Gates, B. (1999): Business@the Speed of Thought.
Kroes, N. (2014): EU-Kommissarin für die digitale Agenda; 22. Oktober 2014 über Twitter-Account @NeelieKroesEU

Dr. Alexander Henk studierte Betriebswirtschaftslehre an der RWTH Aachen ergänzt um den Aufbaustudiengang Ostasienwirtschaft an der Universität Duisburg Essen. Dort promovierte er bei den Professoren Heiduk und Rolfes zum Thema Strategisches Wechselkursrisikomanagement. Als Berater arbeitet er seit 1998 bei der größten auf die Finanzdienstleistungsindustrie spezialisierten Unternehmensberatung zeb. Seit Ende 2005 ist er als Partner verantwortlich für die Genossenschaftliche Finanzgruppe Volksbanken Raiffeisenbanken und berät in Strategie-, Vertriebs-, Fusions- und Prozessfragestellungen. Er ist Initiator der Plattform www.bankinghub.de und Teil der Practice Group Digital Financial Services.

Jens-Uwe Holthaus studierte nach einer Berufsausbildung als Bankkaufmann Wirtschaftswissenschaften an der Ruhr-Universität in Bochum. Als Berater arbeitet er seit 1996 für Unternehmen in der Finanzdienstleistungsindustrie, seit 2003 bei der größten auf die Finanzdienstleistungsindustrie spezialisierten Unternehmensberatung zeb. Als Senior Manager verantwortet er Großprojekte in Strategie-, Vertriebs-, und Fusionsfragestellungen, seit einigen Jahren mit Schwerpunkt auf Digitalisierungsthemen. Er ist Mitglied in der Practice Group Digital Financial Services.

Kundenemanzipation – Folgen für den Multikanalvertrieb von Regionalinstituten

4

Michael Dümmler und Volker Steinhoff

Zusammenfassung

Die Weiterentwicklung der Vertriebs- und Kommunikationswege ist so alt wie die Bankenbranche. Dennoch wird dieses Thema erneut intensiv diskutiert. Zurecht! Nie war die Veränderungsgeschwindigkeit so hoch wie heute. Der Beitrag zeigt die Gründe dazu auf und skizziert, mit welchen Konzepten die Institute darauf reagieren können.

4.1 Welche Entwicklungen fordern Regionalinstitute heraus?

Überlegungen zur Erweiterung der traditionell stationären Vertriebswege um weitere Kanäle sind nicht neu. So hat der Deutsche Sparkassen- und Giroverband (DSGV) bereits 2002 ein Projekt zu diesem Thema durchgeführt. Dennoch erleben wir in jüngster Zeit eine erneute intensive Diskussion darüber. Warum das so ist und wie die Institute damit umgehen sollten, darauf wollen wir in diesem Beitrag eingehen.

4.1.1 Technologische Entwicklung

Bankfilialen haben sich durch die technologische Entwicklung der letzten Jahrzehnte deutlich verändert: Bargeldtransaktionen wurden in den 80ern an verglasten Kassen

M. Dümmler (✉) · V. Steinhoff
Stuttgart, Deutschland
E-Mail: md@management-partner.de

V. Steinhoff
E-Mail: vs@management-partner.de

© Springer Fachmedien Wiesbaden 2015
H. Brock, I. Bieberstein (Hrsg.), *Multi- und Omnichannel-Management in Banken und Sparkassen*, DOI 10.1007/978-3-658-06538-6_4

vorgenommen, Geldautomaten waren zunächst nur an wenigen Stellen verfügbar. In den 90ern wurde die Selbstbedienung vorangetrieben: Kontoauszugsdrucker ergänzten die inzwischen verbreiteten Geldausgabeautomaten. Gleichzeitig entwickelten Banken erste Internetauftritte und boten interessierten Kunden Online-Banking vom heimischen PC an. Die Verbreitung von PC und Internetanschlüssen führte um den Jahrtausendwechsel zu neuen Anbietern im Bankgeschäft: Direktbanken drängten mit meist hoch verzinsten Geldmarktkonten in den Markt. Damit wurde der Abschluss von Bankgeschäften ohne Einschaltung eines Beraters aus dem eigenen Wohnzimmer heraus möglich und nach und nach zur Selbstverständlichkeit. Etwa zehn Jahre später etablierten sich Portale im Internet, mit denen zunächst einfache Versicherungsprodukte und dann zunehmend Bankprodukte auf komfortable Art und Weise vergleichbar gemacht wurden und auch dort abgeschlossen werden konnten. Dies betraf selbst die Immobilienfinanzierung, die aus Bankensicht wegen ihrer Komplexität zuvor meist als nicht online-fähig eingeschätzt wurde.

Ist das Online-Banking vom heimischen PC aus längst zur Routine geworden, so ist mit der massiven Verbreitung von Smartphones und den damit verbundenen Möglichkeiten die Bank in der Hosentasche zur Normalität geworden. Die Bargeldversorgung kann beim Wochenendeinkauf an der Supermarktkasse oder an der Tankstelle erfolgen, über die Handelsplattform ebay etabliert sich mit PayPal ein bankfremder Zahlungsverkehrsdienstleister, der in einer globalisierten Welt durch seinen Käuferschutz eine oft willkommene Absicherung bietet, die Banken vermissen lassen. Das berührungslose Zahlen per Handy ist derzeit in aller Munde. Selbst Beratungsgespräche mit Bankmitarbeitern können zunehmend mittels Videoberatung oder zumindest als Beraterchat geführt werden, ohne dass der Kunde die Bank betritt (Deutscher Sparkassen- und Giroverband 2014). Zusammenfassend lässt sich daher feststellen, dass sich die Inanspruchnahme von Bankleistungen durch die technologische Entwicklung zunehmend vom Ort der Bankfiliale gelöst hat.

4.1.2   Kundenverhalten

Anhand der vorherigen Ausführungen wird deutlich, dass die technologische Entwicklung zwar die Mittel zur Verfügung stellt, um Bankgeschäfte auf andere Art und Weise zu betreiben, dennoch wird nicht jede technologische Innovation vom Verbraucher angenommen. Tatsächlich hat das Kundenverhalten den größten Einfluss darauf, wie sich das Bankgeschäft in der Zukunft entwickeln wird. Haben wir vor einigen Jahren noch von den „Digital Natives" als einer eher jüngeren Bevölkerungsgruppe gesprochen, die sich (im Gegensatz zu anderen) durch einen selbstverständlichen und gar spielerischen Umgang mit moderner Technik auszeichnet, so ist der Besitz von Smartphones und Tablets in deutschen Haushalten allgemein in den letzten Jahren massiv gestiegen. Bemerkenswert dabei: Gerade ältere Bevölkerungsgruppen nutzen gerne das Tablet, weil es sich nahezu intuitiv und einfach bedienen lässt. Über die Verbreitung der Geräte ist für viele Menschen der „Always on"-Zustand zur Normalität geworden. Dies gilt auch für das tägliche Einkaufen: Per Smartphone rasch die Kundenbewertungen im Netz und den günstigsten Preis recherchieren ist jederzeit problemlos möglich und beeinflusst spürbar die Kaufentscheidung. Dies gilt umso mehr, wenn es sich um Produkte handelt, deren Eigenschaften leicht vergleichbar sind und bei denen die Emotionalität der Herstellermarke keine Relevanz hat, also auch für nahezu alle Bankprodukte. Im Zuge der Finanzmarktkrise hat zudem das Vertrauen in Banken massiv gelitten. Bei der Kaufentscheidung hat die Einschätzung aus sozialen Netzwerken einen hohen Stellenwert: Sie gilt als unabhängig und verlässlicher als die aus Kundensicht überwiegend von wirtschaftlichen Eigeninteressen geprägte Empfehlung der eigenen Bank. Gefördert durch die medialen Zugangsmöglichkeiten hat die Loyalität zur eigenen Bank Risse bekommen: Ein Kontowechsel zum Wettbewerber mit attraktiven Konditionen dauert oft nicht länger als eine Tasse Kaffee und wird von zuhause aus erledigt. Daraus ergibt sich eine Zunahme von Kunden mit Zweit- bzw. Multibankbeziehungen.

Fazit: Banken werden aus Kundensicht zunehmend zum austauschbaren Transaktionspartner für die persönlichen Finanzen. Preisattraktivität und jederzeitige einfache mediale Verfügbarkeit sind wichtiger als eine kurze Entfernung zur nächsten Geschäftsstelle oder der persönliche Kontakt zum Bankberater.

4.1.3 Kosten- und Ergebnisdruck

Banken sind bereits seit einigen Jahren einer Niedrigzinsphase ausgesetzt. Gegenwärtig wird angenommen, dass diese Situation zunächst weiter andauern wird. Dies führt in allen Instituten gegenüber Vorjahren zu geringeren Erträgen bei gleichzeitig steigenden Kosten für die Umsetzung regulatorischer Vorgaben und bestenfalls stabilen Aufwänden für Sach- und Personalkosten. Das Resultat ist eine spürbare Ergebnisbelastung gegenüber früheren Jahren von schätzungsweise rund 30 %. Mit Blick auf die Zukunft sollte auch nicht vernachlässigt werden, dass sich Deutschland gegenwärtig eher durch eine positive wirtschaftliche Entwicklung auszeichnet. Bei einer späteren konjunkturellen Eintrübung sind grundsätzlich zunehmende Abschreibungen zu erwarten, die das Ergebnis belasten.

4.1.4 Demografische Entwicklung

Bereits seit vielen Jahren sind in unserer Gesellschaft die demografische Entwicklung und deren Folgen Diskussionsthema. Jedem von uns ist die damit verbundene Debatte um unser Rentensystem und das Gesundheitswesen in Deutschland bekannt. Die Folgen der demografischen Entwicklung zeigen sich seit wenigen Jahren zunehmend deutlich in Banken, und zwar auf der Kundenseite genauso wie beim eigenen Personalbestand.

Dabei geht es einerseits um die Alterung, in vielen Regionen aber auch um den Bevölkerungsrückgang. So geht das Bundesinstitut für Bevölkerungsforschung nach den Berechnungen der Raumordnungsprognose bis 2030 davon aus, dass sich die Entwicklung der Bevölkerungszahlen regional stark unterscheidet. Während strukturschwache Gebiete mit Rückgängen bis um die 30 % konfrontiert sind, verzeichnen andere Regionen ein teilweise starkes Bevölkerungswachstum, meist unterstützt durch ein gutes Angebot an Arbeitsplätzen und Infrastruktur (Bundesinstitut 2014).

Das Geschäftsmodell von Regionalinstituten zeichnet sich per se dadurch aus, dass alle unternehmerischen Aktivitäten einen hohen Bezug zur eigenen Region aufweisen. Die Institute sind also ganz wesentlich von der regionalen Entwicklung abhängig. Sparkassen haben zudem per Gesetz einen öffentlichen Auftrag zu erfüllen, der sie verpflichtet, auch in strukturschwachen Regionen die Versorgung mit Finanzdienstleistungen sicherzustellen. Daraus folgt, dass die Veränderung der Bevölkerung in ihrer Anzahl und/oder Altersstruktur zwangsläufig immer auch seinen Niederschlag bei den eigenen Kunden findet. Daher hat beispielsweise der Sparkassenverband Westfalen-Lippe die aus der demografischen Veränderung zu erwartenden Folgen für seine Sparkassen in einem Projekt greifbar gemacht (SparkassenZeitung 2012).

Gleichzeitig ist die Belegschaft der Institute meist ein Spiegel der Entwicklung in der Region. In der Beratungspraxis trifft man nicht selten auf Institute, die in den kommenden zehn Jahren einem altersbedingten Ausscheiden von bis zu einem Drittel ihrer Mitarbeiter entgegensehen.

Die Institute müssen sich also in regelmäßigen Abständen mit der Frage auseinandersetzen, wie sie ihr Geschäftsmodell im Hinblick auf das veränderte Umfeld anpassen. Dabei spielen neben quantitativen Faktoren auch die mit den Bevölkerungsstrukturen verbundenen Gewohnheiten und Lebensumstände eine große Rolle. Wie geht also ein Regionalinstitut damit um, dass die Anzahl der Kunden abnimmt und deren Durchschnittsalter deutlich steigt? Welche Bankleistungen sind dann eher mehr, welche weniger gefragt? Welche Vertriebskanäle werden dann mit welchem Zuschnitt benötigt? Was bedeutet dies für den Einsatz der Mitarbeiter und ihre Qualifikationen? Und wie passt das alles am Ende auch so zusammen, dass es sich betriebswirtschaftlich rechnet, da weniger Kunden zunächst einmal auch weniger geschäftliche Möglichkeiten bedeuten?

4.1.5   Etablierte und neue Wettbewerber in klassischen Bankprodukten

Banken haben sich längst daran gewöhnt, dass die Autofinanzierung ihrer eigenen Kunden nur noch selten bei ihnen abgeschlossen wird. Meist wird diese früher klassische Bankleistung inzwischen direkt von den Tochterunternehmen der Hersteller übernommen und damit nahezu vollständig durch Wettbewerber ersetzt. Aber auch in anderen Bereichen machen neue Anbieter den etablierten Banken das Geschäft streitig: Finanzierung und Sparen unter Umgehung der Bank bieten diverse Internet-Plattformen an und neben Zahlungsverkehrsdienstleistungen durch PayPal und andere finden Wettbewerber mit meist kostenlosen Apps für das persönliche Finanzmanagement den Weg auf das Smartphone der Kunden. Damit behält der Kunde auch bei mehreren Bankverbindungen auf einfache Art den Überblick über die eigenen Finanzen, ohne die einzelnen Kontostände bei jedem Institut abfragen zu müssen. Auf Wunsch wird das eigene Ausgabe- und Sparverhalten automatisch analysiert und die App macht Vorschläge zur Optimierung der eigenen Finanzen. Fazit: Wettbewerber machen traditionellen Banken in klassischen Bankdienstleistungen zunehmend Konkurrenz (siehe Beitrag Burgmaier/Hüthig im vorliegenden Buch).

4.2 Welche Chancen und Risiken entstehen daraus für die Institute?

Die Ausführungen im ersten Kapitel verdeutlichen, dass die Veränderungen in ihrer Gesamtheit Regionalinstitute stärker herausfordern, als dass darauf nur mit einigen wenigen graduellen Anpassungen des eigenen Internetauftritts oder der Einrichtung einer Stabsabteilung für den medialen Vertrieb geantwortet werden sollte. Die beschriebenen Veränderungen zeichnen sich durch eine hohe Dynamik und spürbare Wechselwirkungen (zum Beispiel technologische Entwicklung und Kundenverhalten) aus. Daher sollten sich die Institute darauf einlassen, dass der Wunsch nach einem verlässlichen und stabilen endgültigen Zielbild von vornherein nicht erfüllt werden wird.

Gemeinhin gelten die meisten Institute nicht unbedingt als Innovationstreiber, sondern zeichnen sich durch hohe Konstanz und Stabilität ihres Geschäftsmodells aus. Dies hat sie auch in der Finanzmarktkrise vor ernstzunehmenden Schieflagen bewahrt und im Vergleich zu den großen Geschäftsbanken Sympathien eingebracht. Neben den Vorteilen birgt dies jedoch zugleich die Gefahr, zu spät auf die aufgezeigten Veränderungen zu reagieren und stattdessen darauf zu vertrauen, dass die Erfolgsrezepte vergangener Tage auch den Erfolg in der Zukunft sicherstellen. Das Schicksal großer Unternehmen wie Bertelsmann, Kodak oder Grundig zeigt, dass es für jedes Unternehmen wichtig ist, den als „Tipping Point" bezeichneten Zeitpunkt einer Entwicklung nicht zu verpassen.

Auch wenn die zuvor geschilderten Veränderungen meist als eine Bedrohung für Banken bewertet werden, so bestehen zugleich attraktive Chancen, um die eigene Unternehmensposition deutlich auszubauen.

4.2.1 Bestehende Kunden binden und neue gewinnen

Wenn durch die beschriebenen Veränderungen deutlich geworden ist, dass die Loyalität von Bankkunden gesunken ist, so bedeutet dies zugleich, dass erhöhte Chancen bestehen, neue Kunden für das Institut zu gewinnen, aber auch bestehende Kunden zu binden. Dazu müssen die Institute das eigene Leistungsprofil, die Prozesse, die Unternehmenssteuerung und den Außenauftritt auf die veränderten Rahmenbedingungen anpassen. Außerdem bedarf es aber auch einer veränderten Haltung der Berater, Führungskräfte und internen Mitarbeiter. Hierbei sind neue Wege zu gehen: Die Bereitschaft der Berater stärken, neue Medien mit den ihnen vertrauten Werkzeugen zu verbinden, neue Möglichkeiten der Kontaktanbahnung für sich im Bankgeschäft zur Emotionalisierung zu nutzen oder dass Führungskräfte neue Formen der Zusammenarbeit ausprobieren und fördern können, um den Austausch bereichsübergreifend inhaltlich ergiebiger zu gestalten. Die Ansätze zeigen, dass es nicht reicht, technische und organisatorische Veränderungen aufzugreifen, sondern sie sind auch mit kulturellen Verhaltensänderungen bei der Führung oder in der Wahrnehmung der Eigenverantwortung zu verbinden. Beide Seiten, Geschäftsmodell und persönliche Haltung der handelnden Personen zu betrachten, bilden die Basis für den Erfolg.

4.2.2 Entlastung von Routinearbeiten

Etwa zwei Drittel des Aufwandes in Banken entfallen auf Personalkosten. Wenn Kunden zunehmend selbstbestimmt und zumindest bei der Inanspruchnahme von Routinevorgängen der allzeit verfügbaren Technologie den Vorzug vor dem Gang zur nächsten Bankfiliale geben, dann ergibt sich daraus für Banken die Chance, hoch standardisiertes Routinegeschäft mit weniger Personaleinsatz zu erbringen als bislang. Wir werden also künftig eine stärkere Spreizung erleben: Einerseits hoch standardisiertes und weitgehend automatisiertes Transaktionsbanking und andererseits persönliches Beziehungsbanking mit hohen Ansprüchen an individuelle und qualitativ hochwertige Beratung.

Dies führt zu erheblichen Kosteneinsparungen durch reduzierte Produktionskosten und geringere Personal- und Sachkosten aufgrund eines reduzierten Filialnetzes bzw. die Abwicklung der Transaktionen über kostengünstigere Kanäle. Expertenschätzungen gehen dabei von Größenordnungen in Höhe von 20 bis 30 % aus (McKinsey & Company 2014; Capgemini & Company 2013). Aus eigenen Projekterfahrungen wissen wir, dass der DSGV das Potenzial für die Reduzierung der Standardstückkosten bei ausgewählten Produkten auf 55 bis 70 % schätzt.

Fazit: Die daraus resultierenden Entlastungen werden aber nur dann zählbar, wenn eine konsequente Umsetzung erfolgt. Ausnahmefälle häufig zuzulassen und die Organisation darauf einzustellen, behindert die Realisierung der Entlastungseffekte.

4.2.3 Kundenverbindung intensivieren

Offensichtlich legen Kunden zunehmend Wert auf Leichtigkeit und Komfort in der Abwicklung von Finanzangelegenheiten. Dies bedeutet, dass Institute, die es dem Kunden leicht machen, auch von einer höheren Kundendurchdringung profitieren, während andere Institute zusehen müssen, wie ihre Kunden bestimmte Transaktionen auf Wettbewerber verlagern, die aus Sicht der Kunden den Wünschen besser gerecht werden. Ein weiterer Aspekt ist noch zu ergänzen: Der Abschluss weiterer Bankprodukte ist übergreifend das Ergebnis einer vorherigen Beratung in der Bankfiliale. Wenn jedoch Kunden die Filiale im Durchschnitt nur noch etwa einmal im Jahr zur Beratung aufsuchen, aber stattdessen mehrfach wöchentlich über Smartphone oder Tablet ihren Finanzstatus überprüfen, dann liegt es nahe, diese hoch frequentierten Kontaktpunkte für gezielte Vertriebsimpulse zu nutzen, statt darauf zu hoffen, der Kunde möge doch wieder einmal ein Beratungsgespräch vereinbaren. Erste Erfolge belegen dies; so konnte die Sparkasse Hannover insbesondere den Abschluss von Kreditkarten und Girokonten über die Sparkassen-App ausbauen (Deutscher Sparkassen- und Giroverband 2013).

4.2.4 Mehr Qualität versus Datenüberflutung

Banken verfügen über eine Vielzahl personenbezogener Daten, über die grundsätzlich Informationen für vertriebliche Impulse generiert werden können. So reicht ein Blick in die Umsätze des Girokontos, um beispielsweise festzustellen, für welche Versicherungen die Prämien gezahlt werden, ob der Kunde in einer Mietwohnung (Mietzahlungen) lebt, Wohnungseigentum besitzt (Hausgeldzahlungen, Mieteinnahmen, Grundsteuerzahlungen), Kredit- oder Sparverträge bedient oder Tages- und Festgeldkonten bei Wettbewerbern unterhält. Von Amazon sind wir es bereits gewöhnt, Empfehlungen per e-mail zu erhalten, die zu unseren bisherigen Käufen oder auch nur Suchaktivitäten der letzten Monate passen. So wäre es durchaus vorstellbar, dass die Bank aufgrund der Kontoumsätze über eine Finanz-App oder per SMS folgende Nachricht schickt: „Lieber Kunde, Sie haben in den letzten Monaten Einiges in Haushaltselektronik investiert. Überprüfen Sie doch bei nächster Gelegenheit einmal, ob für Ihre Hausratversicherung eine Anpassung ratsam erscheint. Wir helfen Ihnen gerne dabei!" Vielleicht hat der Kunde aber auch das Exposé einer von der Bank zum Kauf angebotenen Immobilie angefordert und sich so der Bank als potenzieller Eigenheimnutzer oder Immobilieninvestor zu erkennen gegeben. An diesen beiden einfachen Beispielen wird Folgendes deutlich: Bei Banken verfügbare Kundendaten bieten zahlreiche Möglichkeiten durch eine automatisierte Analyse wertvolle Hinweise auf Bedürfnisse oder Interessen zu gewinnen. Die Umsetzung in eine Ansprache kann heutzutage ebenfalls weitgehend automatisch und somit kostengünstig und zugleich auch sehr persönlich erfolgen. Dennoch wirkt es vermutlich eher kontraproduktiv, wenn nach der gleichzeitigen Anforderung von fünf Exposés auch fünf mal mit dem gleichen Text zu einem Beratungsgespräch für eine Immobilienfinanzierung eingeladen wird. Die Kunst liegt demnach in der intelligenten Auswertung verfügbarer Daten und einer ausgefeilten Steuerung der daraus generierten Kundenkontakte. Einerseits um eine gute Ergebnisquote zum Beispiel in Form qualifizierter Beratungskontakte oder gar Produktabschlüsse zu erzielen und andererseits dadurch die Kunden Aufmerksamkeit und Wertschätzung unter Berücksichtigung ihrer persönlichen Bedürfnisse erleben zu lassen. Dies bedingt jedoch einen systematischen Auswertungs- und Lernprozess in der Bank, um die Qualität der Kundenkontakte möglichst hoch zu halten, ein angemessenes Maß an Kontakthäufigkeiten sicherzustellen und dafür zu sorgen, dass die sich daraus ergebende „Historie" bei jedem weiteren Folgekontakt zwischen Kunde und Bank transparent ist, egal auf welche Art und über welchen Kanal der Kontakt stattfindet. Fazit: Klasse statt Masse verbunden mit einer permanenten Weiterentwicklung ist das Maß der Dinge.

4.2.5   Bedeutung der technischen Dienstleister

Regionalbanken greifen in ihrer technischen Infrastruktur vernünftigerweise ganz überwiegend auf zentrale IT-Dienstleister zurück. Damit haben diese Dienstleister für die Institute eine quasi Monopolstellung, selbst wenn die Institute über entsprechende Gremien
direkt oder mittelbar die Entwicklung und Bereitstellung von IT-Anwendungen beeinflussen. Entgegen einer vielfach anzutreffenden Einschätzung vertreten wir nicht die Auffas-
sung, dass die zentralen IT-Dienstleister der Regionalinstitute in der Bereitstellung von
Lösungen für die zunehmende Digitalisierung der Entwicklung von Wettbewerbern hoffnungslos hinterherhinken. Natürlich kann man in Einzelfällen die Einschätzung Betroffe-
ner nachvollziehen, dass manche Lösung erst spät zur Verfügung steht. Dennoch haben
die Regionalinstitute im Rahmen ihres Willensbildungsprozesses unseres Erachtens ausreichend Möglichkeiten, die Prioritäten für die Entwicklung benötigter IT-Anwendungen
angemessen zu beeinflussen. Umso mehr erstaunt es dann jedoch, wenn in vielen Instituten die verfügbaren Möglichkeiten des zentralen IT-Dienstleisters nur teilweise genutzt
werden. Fazit: Die verfügbaren Lösungen der eigenen IT-Dienstleister stellen sich bei näherer Betrachtung nicht als der vielfach beklagte limitierende Faktor für eine zeitgemäße
Antwort auf veränderte Rahmenbedingungen dar. Stattdessen erscheint den Autoren eine
Mischung aus Unkenntnis, mangelnder Transparenz und nicht ausreichender Auseinandersetzung mit den Konsequenzen sehr viel entscheidender dafür zu sein, welchen Umsetzungsstand das einzelne Institut in der Nutzung technischer Möglichkeiten aufweist.

Zunächst ist es nicht erforderlich, zusätzlich zum laufenden Bedarf gewaltige Budgets
für technologische Investitionen zu schultern. Stattdessen können durch eine sukzessive Umwidmung bisheriger Budgets für Instandhaltung und Erneuerung im stationären
Vertriebsnetz Mittel freigesetzt werden, um diese in die Qualifizierung des Personals zu
investieren. Wie bereits erläutert, können über eine stärkere Digitalisierung des Bankver-
triebs erhebliche Kosteneinsparungspotenziale realisiert werden, die den Banken zunehmend einen Spielraum verschaffen, auch in Zeiten enger Margen profitables Bankgeschäft
zu betreiben.

4.2.6   Filialnetz anpassen

Traditionell wird bei Regionalinstituten das Vertriebsnetz von stationären Filialen dominiert, ergänzt um regionale Kompetenzzentren mit Beratungsspezialisten. Die inzwischen
alltäglich erscheinenden technischen Möglichkeiten in Verbindung mit einem veränderten
Kundenverhalten führen zunehmend dazu, dass die stationären Vertriebseinheiten nicht
mehr ihre ursprüngliche Rolle im Kontakt zwischen Bank und Kunde erfüllen. Die Erledigung alltäglicher Bankgeschäfte hat sich in den letzten Jahren zunehmend von der Filiale
als Transaktionsstandort entkoppelt. Dies bedeutet, dass die ursprüngliche Kernfunktion
der Filiale, den Zugang zum Kunden zu ermöglichen, verloren gegangen ist. Geblieben
sind den Banken allein die mit dem Filialnetz verbundenen Kosten. Zusätzlich verstärkt

durch eine kritische demografische Entwicklung im Geschäftsgebiet ist es daher höchste Zeit, die künftige Rolle der Filialen mit Blick auf die erwarteten Veränderungen in den kommenden zehn bis 15 Jahren zu klären.

Nur mit einem aus der Zukunftserwartung abgeleiteten Ansatz ist es möglich, frühzeitig ein Entwicklungsszenario für das Filialnetz zu erarbeiten und die für eine Umsetzung nötigen Weichen zu stellen. Anderenfalls droht eine lang andauernde Spirale von immer wiederkehrenden Diskussionen über Filialschließungen als Reaktion auf Kosten- und Ergebnisdruck. Letzteres führt einerseits zu Verunsicherung bei Kunden und Mitarbeitern und birgt andererseits die Gefahr, dass über ein zunehmend dünner werdendes Filialnetz allmählich der Kontakt zum Kunden verloren geht, weil die Reduzierung der Filialstandorte aus einer reinen Defensivhaltung heraus erfolgt, ohne in angemessenem Umfang alternative Wege zwischen Bank und Kunde auszubauen. Um an dieser Stelle nicht falsch verstanden zu werden: Wir glauben nicht, dass es in 20 Jahren keine Bankfilialen mehr geben wird. Aber diese werden zu diesem Zeitpunkt ein anderes Profil aufweisen, als es heute der Fall ist. Gerade für mit ihrer Region eng verbundene Institute sind Filialtypen vorstellbar, die beispielsweise den Charakter einer regionalen Plattform für lokale Netzwerke und persönliche Begegnungen mit einer gut frequentierten Infrastruktur für die Vor-Ort-Versorgung verbinden. Dies lässt sie für Kunden zugleich einzigartig werden, ist von Wettbewerbern kaum nachzuahmen und verschafft den Regionalinstituten damit ein unverwechselbares Profil. Fazit: Für die klassische Filiale ist eine zeitgemäße Neuinterpretation ihrer Rolle erforderlich.

4.2.7 Verändertes Rollenverständnis Kunde/Berater

Die mit der Digitalisierung einhergehende zunehmende Transparenz und Verfügbarkeit von Informationen zu Finanzdienstleistungen hat erhebliche Folgen für die Beziehung zwischen Kunde und Berater: War es bislang der Bankberater, der aufgrund seiner Ausbildung und Erfahrung als nahezu Einziger im aus Kundensicht undurchschaubaren Geflecht von Finanzdienstleistungen den Überblick hatte und aus dieser Position Empfehlungen für die in Frage kommenden Lösungen gab, so hat diese Position des Beraters empfindlich gelitten: Spätestens seit der Finanzmarktkrise ist das Verbrauchervertrauen in die Beratungsqualität erheblich gestört. Dies wird regelmäßig durch entsprechende Medienberichte zu mangelhafter und teilweise unseriöser Beratung in Anlage- wie Finanzierungsfragen, ungerechtfertigt hohe Dispozinsen, gerichtlich als unzulässig erkannte Bearbeitungsgebühren und ähnliches erschüttert. Der Umstand, dass sich daran trotz der seither erfolgten Verschärfungen im Verbraucherschutz sowie der Bankenregulierung und den erheblichen Investitionen der Kreditinstitute in die Qualität ihrer Prozesse nichts geändert hat, macht deutlich, wie tiefgreifend dieser Wandel ist. Inzwischen setzen Verbraucher bei ihren Entscheidungen in Finanzfragen auf das eigene Bauchgefühl, Einschätzungen aus dem familiären Umfeld und sozialen Netzwerken. Die Empfehlung des Bankberaters hat also längst nicht mehr den früheren Stellenwert.

Zunehmend entwickeln Wettbewerber Leistungsangebote, mit denen sie die Emanzipation des Verbrauchers vom Bankberater unterstützen: 2009 startete die Fidor Bank AG unter dem Motto „Banking mit Freunden" (Fidor Bank AG 2014) ihre Community, über die der Informationsaustausch zu Finanzprodukten transparent gemacht wird (siehe Beitrag von Eismann im vorliegenden Buch). Besonders aktive Nutzer profitieren dabei von einem Bonussystem. Angeboten werden standardisierte Lösungen vorwiegend für das Privatkundenmengengeschäft. Während die Fidor Bank als Kreditinstitut tätig ist, bietet moneymeets mit seinem „auf persönliche Ziele adaptierten social-trading-Ansatz" (Moneymeets community GmbH 2014) die Möglichkeit, institutsübergreifend Konten, Depots und Versicherungen abzubilden und deren Entwicklung mit den Anlagestrukturen anderer Nutzer mit ähnlicher Zielsetzung zu vergleichen. Aus dem Vergleich und Rückmeldungen anderer Nutzer entstehen kontinuierliche Impulse zur Optimierung der eigenen Vermögensbestände. Neben Vorteilen beim Ausgabeaufschlag bietet auch moneymeets besonders aktiven Nutzern ein finanzielles Anreizsystem durch teilweise Rückvergütung der durch die angeschlossenen Banken erhobenen Gebühren und Provisionen. Im Gegensatz zur Fidor Bank benötigt moneymeets keine Banklizenz, da die Abwicklung der Transaktionen unverändert bei den angeschlossenen Instituten verbleibt – moneymeets selbst stellt lediglich die technische Plattform für das Reporting und den Informationsaustausch zur Verfügung.

Daraus entsteht folgende Erkenntnis: Aus Kundensicht ersetzen technische Möglichkeiten des Informationsaustausches in Verbindung mit der „Intelligenz" sozialer Netzwerke zunehmend die Beratungsfunktion. Zudem erscheint sie den Verbrauchern meist vertrauenswürdiger als der Rat des institutsgebundenen Beraters und ist jederzeit, ganz überwiegend kostenlos und an jedem Ort verfügbar.

Daher muss sich auch der Bankberater in seinem Rollenverständnis anpassen: Anders als früher wird er zunehmend bei der Entscheidung zu weitgehend standardisierten Finanzdienstleistungen nicht mehr eingebunden. Hat der Kunde einen Bedarf, so wird er eher alltägliche Finanztransaktionen nach zuvor erfolgter Recherche im Netz dort abschließen, wo dies am einfachsten und günstigsten möglich ist. Die vorherige Beratung in der Filiale wird er dagegen als unnötige Zeitverschwendung einschätzen und vermeiden.

Dennoch verbleiben Lebenssituationen, in denen der Kundenwunsch nach persönlicher Beratung vor Ort überwiegen wird. Dies dürfte insbesondere Momente betreffen, in denen der Verbraucher aufgrund einer besonders komplexen Ausgangslage und/oder Zielsetzung gepaart mit erheblichen Beträgen grundlegende Weichenstellung in seinem finanziellen Rahmen vornimmt.

Fazit: Regionalinstitute werden daher auf Dauer nur erfolgreich sein, wenn es ihnen gelingt, ein Verständnis zu leben, dass einerseits davon geprägt ist, die Autonomie des Kunden in alltäglichen Finanzangelegenheiten zu akzeptieren und aktiv zu unterstützen und andererseits eine hochwertige Qualitätsberatung in entscheidenden Lebensphasen des Kunden sicherzustellen. Dabei sind dann auch Aspekte anzusprechen, die über Finanzfragen hinausgehen.

4.2.8 Kannibalisierungseffekt bei einfachen Produkten

Die zuvor dargestellten Veränderungen bewirken einen zunehmenden Preiswettbewerb bei einfachen Produkten. Vergleichsportale wie beispielsweise CHECK24 sind ursprünglich mit dem Vergleich von standardisierten Versicherungen gestartet und bieten seit einiger Zeit auch einen umfassenden Konditionenüberblick zu nahezu allen Finanzdienstleistungen im Privatkundenmengengeschäft. CHECK24 erhält bei Produktabschluss über sein Portal von dem jeweiligen Kreditinstitut im Gegenzug eine Abschlussprovision, gegenüber dem Kunden werden durch CHECK24 keine Kosten berechnet (Check24 Vergleichsportal GmbH2014). Ähnlich, aber auf Baufinanzierungen beschränkt, agiert die Interhyp AG, die nach eigenen Angaben „mit über 300 Darlehensgebern" zusammenarbeitet (Interhyp AG 2014). Auch Interhyp ist keine Bank, sondern als reiner Vermittler von Leistungen tätig. Aus unseren Beratungsprojekten wissen wir, dass beispielsweise Sparkassen ihr Finanzierungsvolumen bei einer Positionierung unter den günstigsten Anbietern über die Plattform der Interhyp klar ausbauen können, dies aber zugleich mit einem deutlichen Margenverlust einhergehen kann. Fazit: Die Konditionentransparenz von Finanzdienstleistungen wird weiter zunehmen und den Preiswettbewerb insbesondere bei eher standardisierten Produkten unter den Anbietern verschärfen.

4.2.9 Geschwindigkeit in der Bereitstellung von Funktionen im Wettlauf mit Wettbewerbern

Zwar wäre es übertrieben, von einer Neuerfindung des Bankgeschäftes zu sprechen, allerdings bietet die technologische Entwicklung zunehmend Unterstützung bei der Erledigung der alltäglichen Finanzangelegenheiten. Wie die Ausführungen zuvor zeigen, kommen dabei die Treiber für die Entwicklung und Verbreitung technologisch unterstützter Funktionalitäten rund um die persönlichen Finanzen meist nicht aus dem Bereich der Kreditinstitute. Stattdessen werden die etablierten Banken durch sogenannte „Fintechs", meist junge Unternehmen unter Druck gesetzt, indem diese mit hoher Geschwindigkeit zunächst Nischenlösungen entwickeln, Finanztransaktionen ohne sichtbare Einbindung der Bank durchzuführen (siehe Beitrag von Burgmaier/Hüthig in diesem Buch). Die in Deutschland tätigen Regionalinstitute haben die Entwicklung und Bereitstellung ihrer IT-Lösungen auf ihre jeweiligen Verbundrechenzentren ausgelagert. Daraus folgt, dass aus Kundensicht derjenige Anbieter deutliche Vorteile hat, der am schnellsten die Verfügbarkeit von als wichtig und zeitgemäß angesehenen Funktionalitäten ermöglicht. Mehr noch: Kunden wenden sich von einem Anbieter ab, wenn dieser für längere Zeit der technologischen Entwicklung von Funktionalitäten hinterher läuft.

4.2.10 Zugang zum Kunden

Nach Aussagen des Deutschen Sparkassen- und Giroverbandes greifen Nutzer von Online-Banking im Schnitt 7–10 mal im Monat über ihren Onlinezugang auf ihre Kontodaten
zu. Etwa doppelt so hoch ist die Anzahl der Kontozugriffe von Kunden über mobile Endgeräte. Dagegen werden die SB-Zonen von Geschäftsstellen im Schnitt lediglich zweimal
im Monat besucht und im Schnitt einmal jährlich kommt der Kunde zum Beratungsgespräch in die Geschäftsstelle. Damit wird deutlich, dass sich die Zugangswege in den
letzten Jahren deutlich zu Gunsten der medialen Kanäle verschoben haben. Zunehmend
finden institutsübergreifende technische Lösungen bankfremder Anbieter für das persönliche Finanzmanagement Verbreitung, die dem Kunden immer weitere Individualisierungen
bieten. Damit wächst für Kreditinstitute die Gefahr, dass deren Wahrnehmung durch den
Kunden immer stärker davon abhängt, ob und mit welcher Positionierung sie mit ihren
Daten und Leistungsangeboten auf diesen technischen Plattformen vertreten sind. Name
und Image der genutzten IT-Lösung könnten in der Folge dem Kunden zunehmend stärker
im Gedächtnis bleiben, als der Name der Bank, die im Hintergrund die jeweilige Transaktion abwickelt. Fazit: Der Zugang zum Kunden erfolgt zunehmend über mediale Kanäle,
wobei institutsübergreifende Lösungen ein zusätzliches Plus an Komfort bieten.

4.3 Welchen Ansprüchen müssen Regionalinstitute künftig im Vertrieb genügen?

4.3.1 Der Kunde entscheidet selbst, wann, wie und von wem er wozu beraten werden möchte

Durch die wachsende Autonomie des Kunden wird es für die Bank zunehmend schwieriger, die Beratungssituationen selbst vorzugeben. Schon jetzt wird daher in den Verbund-
organisationen darüber nachgedacht, die ganzheitliche und teilweise an Lebensphasen
orientierte Beratung mittels Sparkassen-Finanzkonzept bzw. VR-Finanzplan daraufhin
anzupassen. Dies wird aber nicht einfach damit zu beantworten sein, dass die persönliche
Beratungsleistung für die „Grundbedarfsprodukte" entfällt. Diese Produkte müssen auf
einfache Art und Weise (auch medial) für den Kunden zugänglich und in ihrer Konstruk-
tion möglichst einfach sein. Die persönliche Beratung vor Ort wird aber in komplexen
Fragestellungen unverändert erforderlich und mit hoher Qualität notwendig sein, damit
die Kundenbindung trotz medialer Allverfügbarkeit von Standardleistungen nicht verloren
geht. Im Vergleich zu klassischen Direktbanken können sich Regionalinstitute hierüber
entscheidend positionieren. Dennoch müssen sie in der finanziellen Grundversorgung vergleichbare Leistungen zu ihren Wettbewerbern bieten.

Im Gegensatz zu früheren Multikanalkonzepten liegt die Aufgabenstellung nun nicht
mehr darin, neben den traditionellen stationären Vertriebswegen alternative Kanäle anzubieten. Es geht vielmehr darum, diese intelligent miteinander zu verknüpfen, um bei

einem Kanalwechsel keine Brüche durch fehlende Datenverfügbarkeit oder ähnliches zu erleiden. Vergleichbares kennen wir von den Automobilherstellern: Der Kunde grenzt seine Fahrzeugsuche zunächst grob ein, stellt sich dann auf der Homepage des Herstellers sein Wunschmodell zusammen und wendet sich mit dem Ergebnis an seinen Vertragshändler vor Ort.

4.3.2 Transparenz über die customer-journey und daraus abgeleitetes intelligentes Datenmanagement

Um den Kunden über alle Kanäle an das Institut zu binden, ist es erforderlich sich die einzelnen Kontaktpunkte der Kunden kanalübergreifend zu vergegenwärtigen. Die Bindung des Kunden wird maßgeblich davon beeinflusst, wie er sein Kreditinstitut insgesamt erlebt. Dazu gehören also unter anderem persönliche Begegnungen mit Vertretern der Bank, Verfügbarkeit und Funktionalität von SB-Komponenten und Online-Banking, Erreichbarkeit und Kompetenz der telefonischen Services, Schriftwechsel mit dem Institut, Werbung, Medienberichte und Aktivitäten vor Ort. Es lohnt sich, diese Kontaktpunkte systematisch daraufhin zu prüfen, wie jeder Kontaktpunkt möglichst positiv und einzigartig gestaltet werden kann, um die emotionale Bindung zu stärken. Jeder Kontakt wiederum liefert Informationen, die grundsätzlich geeignet sind, individuelle Vorlieben und künftige Anknüpfungspunkte für eine Vertiefung der Geschäftsbeziehung erkennbar werden zu lassen. Unter der Bezeichnung Big Data ist inzwischen eine Industrie entstanden, die weltweit hohe Wachstumsraten aufweist und deren Ziel es ist, Daten aus unterschiedlichsten Quellen durch intelligente Verknüpfung maschinell so auszuwerten, dass daraus neue Erkenntnisse für Marktchancen, Einsparungspotenziale etc. entstehen.

4.3.3 Wunsch des Kunden nach Individualität und Standardisierung der Prozesse in Einklang bringen

Regionalinstitute zeichnen sich unter anderem dadurch aus, dass sie für alle Bevölkerungsgruppen ihres Geschäftsgebietes Leistungen in allen Finanzangelegenheiten erbringen. Damit unterscheiden sie sich klar von Nischenanbietern oder Spezialinstituten, die sich auf eine enge Auswahl an Zielgruppen und/oder Leistungen beschränken. Die Sparkassen unterliegen zudem einem öffentlichen Auftrag, der sie verpflichtet, die Bevölkerung in ihrem Geschäftsgebiet geld- und kreditwirtschaftlich zu versorgen. Um dies auf Dauer auch wirtschaftlich erfolgreich leisten zu können, ist es unumgänglich, einerseits hoch standardisierte Leistungen zu wettbewerbsfähigen Preisen und andererseits eine hohe individuelle Beratungsqualität in dafür geeigneten Feldern zu bieten (Abb. 4.1):

Abb. 4.1 Gleichzeitigkeit hochgradig standardisierte und individuelle Leistungen unter einem Dach unterstützt durch moderne Technik

4.3.4 Kundenverantwortung und Verfügbarkeit

Die Herausforderung besteht darin, dass traditionell die kundenverantwortlichen Bankberater in den Instituten einzelnen Vertriebswegen zugeordnet sind. Dabei dominiert der stationäre Vertrieb, während alternative Vertriebswege meist ergänzend aber ohne originäre Kundenverantwortung der in diesem Bereich tätigen Mitarbeiter organisiert sind. Dies behindert die verantwortliche Begleitung und den Ausbau der Kundenbeziehung über alle Kanäle erfahrungsgemäß mehr, als dass es unterstützt. Es ist daher eine Lösung zu empfehlen, die unabhängig von der Frequentierung der jeweiligen Kanäle eine eindeutige Zuordnung des Kunden mit entsprechender Verantwortung des Kundenergebnisses und der Kundenbeziehung über alle Kanäle ermöglicht. Nur damit kann erwartet werden, dass institutsinterne Diskussionen darüber, wem der Kunde „gehört" bald der Vergangenheit angehören und die Nutzung aller verfügbaren Kanäle von den eigenen Mitarbeitern unterstützt statt behindert wird.

Gleichzeitig erfordern die alternativen Vertriebskanäle eine höhere Verfügbarkeit von Mitarbeitern auch jenseits der gewohnten Schalteröffnungszeiten sowie an Wochenenden und Feiertagen. Dies stellt die Institute einerseits vor eine Herausforderung, andererseits bieten die technischen Möglichkeiten die Chance, diese Anforderungen mit individuellen Wünschen nach Teilzeitvereinbarungen beispielsweise für Mitarbeiter mit Kindern besser als bislang in Deckung zu bringen.

4.4 Wie machen sich die Institute auf den Weg in die Zukunft?

4.4.1 Standortbestimmung und Szenarioentwicklung

Die Auseinandersetzung mit den geschilderten Veränderungen bietet Antworten auf die zunehmende Digitalisierung und trägt somit zur Zukunftsfähigkeit des Institutes bei. Der Zeitpunkt, an dem sich entscheidet, ob das einzelne Institut im Meer der Anbieter bleibt, rückt näher. Ein längeres Zögern birgt die Gefahr, den richtigen Zeitpunkt zum „sich darauf Einlassen" zu verpassen. Die eine fachliche Lösung oder das Ideal-Zielbild für ein gemäß den neuen Anforderungen aufgestelltes Institut gibt es derzeit nicht. Manche Auswirkungen der digitalen Trends sind noch kaum greifbar. Es ist zudem unwahrscheinlich, dass es das finale stabile Bild überhaupt jemals geben wird, da Entwicklungen derzeit mit einer hohen Geschwindigkeit und Komplexität erfolgen. Umso wichtiger wird es daher sein, in möglichen Szenarien zu denken, um als Organisation auf neue Entwicklungen gut vorbereitet zu sein. Schon heute sind genügend Entwicklungen vollzogen und Trends erkennbar, dass eine intensive Auseinandersetzung mit den denkbaren Entwicklungsoptionen für das Institut Chefsache ist, um frühzeitig wichtige Weichenstellungen vorzunehmen.

Eine Standortbestimmung für das Institut, über die der aktuelle Entwicklungsstand im Hinblick auf die zuvor dargestellten Aspekte transparent gemacht wird, zeigt ein zeitnahes Bild für jede einzelne Filiale, die genutzten weiteren Vertriebskanäle und das Gesamtinstitut auf. Dazu sollten in einem ersten Schritt Vertriebsstrategie, Kundenstrukturen, Leistungsportfolio, Vertriebssteuerung, Filialnetz, alternative Vertriebswege, demografische Situation, Ressourceneinsatz etc. analysiert und bewertet werden. Ergänzend dazu wird die Entwicklung der Vertriebskanäle der letzten Jahre und bezogen auf die Kanäle die Verteilung der Geschäftsvorfälle, Art und Anzahl der Kundenkontakte, Altersgruppen, Produktnutzung, Fremdbanknutzung, etc. erhoben.

Die Ergebnisse sollten im nächsten Schritt mit den statistischen Prognosen zur demografischen Veränderung im jeweiligen Geschäftsgebiet zu unterschiedlichen Entwicklungsszenarien verarbeitet werden. Auf dieser Basis können dann die Auswirkungen für das Institut betrachtet werden.

4.4.2 Strategisches Zielbild beschreiben

Die Resultate aus der Standortbestimmung bilden die Grundlage für eine strategische Diskussion im Entscheiderkreis des Institutes. Erfahrungsgemäß tragen die Entwicklungsszenarien für einen Zeitraum von rund 10 bis 15 Jahren maßgeblich dazu bei, das Ausmaß der Veränderung auf längere Sicht deutlich zu machen. Dabei wird die gegenwärtige Positionierung diskutiert und mit Unterstützung der Szenarien der strategische Rahmen für die künftige Ausrichtung erarbeitet (Abb. 4.2):

Aus Abb. 4.2 wird zusammenfassend deutlich, dass dabei neben den klassischen Stellhebeln im Geschäftsmodell auch die Aspekte der Unternehmenskultur für ein erfolgreiches

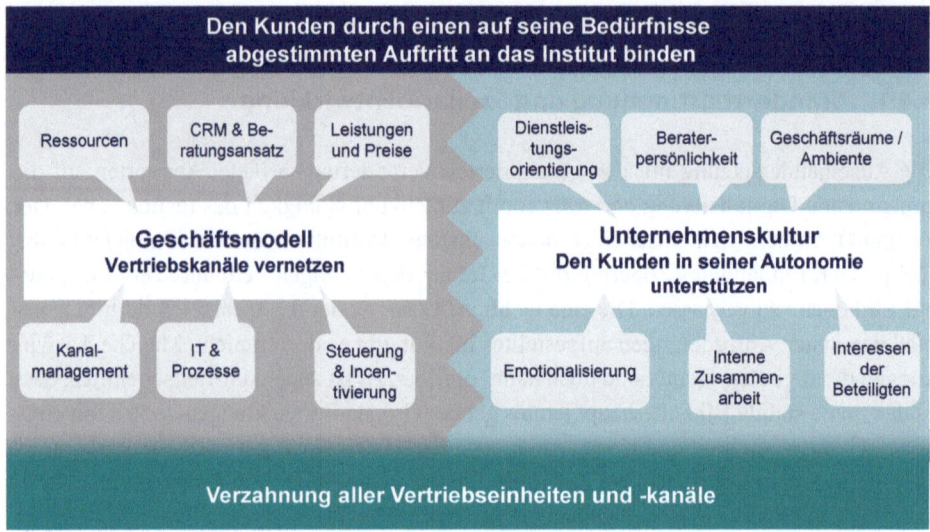

Den Kunden durch einen auf seine Bedürfnisse abgestimmten Auftritt an das Institut binden

Ressourcen | CRM & Beratungsansatz | Leistungen und Preise | Dienstleistungsorientierung | Beraterpersönlichkeit | Geschäftsräume / Ambiente

Geschäftsmodell
Vertriebskanäle vernetzen

Unternehmenskultur
Den Kunden in seiner Autonomie unterstützen

Kanalmanagement | IT & Prozesse | Steuerung & Incentivierung | Emotionalisierung | Interne Zusammenarbeit | Interessen der Beteiligten

Verzahnung aller Vertriebseinheiten und -kanäle

Abb. 4.2 Strategischer Rahmen für das Geschäftsmodell und die Unternehmskultur schaffen

Regionalinstitut im Zeitalter der Digitalisierung angemessen Berücksichtigung finden sollten. Dabei nehmen die Themen neue Beraterpersönlichkeit, Berücksichtigung der Interessen aller Beteiligten und die Emotionalisierung einen besonderen Stellenwert ein. Sowohl die Veränderungen im Geschäftsmodell als auch auf der kulturellen Seite beeinflussen sich gegenseitig und wirken erst in ihrer Vernetzung im gesamten Ausmaß. Da durch diese Vernetzung zum Teil tiefgreifende Veränderungen in den Regionalinstituten stattfinden, sollte der Zeithorizont, anders als in den sonst durchgeführten Projekten, für die Umsetzung des Entwicklungsrahmens auf eine längere Dauer angelegt sein.

4.4.3 Handlungsfelder für das Institut ableiten und Maßnahmen definieren

Auf Basis des strategischen Zielbildes werden die Handlungsfelder und spezifischen Maßnahmen abgeleitet, die in der nächsten Zeit zu bearbeiten sind. Aufgrund der Bedeutung und Wechselwirkung der einzelnen Aspekte empfehlen wir die Projektverantwortung an höchster Stelle im Unternehmen anzusiedeln und neben der Arbeit in den einzelnen Arbeitsteams regelmäßig für eine gute Vernetzung der Arbeitsstände und der sich daraus ergebenden Fragestellungen zu sorgen.

Die Aufgabenstellung ist insgesamt ein komplexes Thema, in der die Beteiligten in ihrer meist kaum geübten Fähigkeit zum vernetzten Denken und Arbeiten stark gefordert werden. Das hat zur Konsequenz, dass Teilnehmer primär aus ihren individuellen Perspektiven, Ebenen, Interessen, Betroffenheiten auf die zu lösende Fragestellung blicken. Vernetztes Arbeiten bedeutet, Wechselwirkungen zu betrachten und sich auf veränderte

Interaktion und Führung einzulassen. Das klingt leichter, als es tatsächlich ist: Spätestens wenn es um die Aufgabe der eigenen Autonomie oder um Kooperation geht, werden die Dinge rasch zum persönlichen „Politikum". Daher ist eine erfahrene Prozessmoderation erforderlich, die Beiträge gleichberechtigt strukturiert, relevante Gemeinsamkeiten wie Unterschiede auf der Ebene der Personen, der Teams und der Organisation verdeutlicht. Es ist von Beginn an darauf zu achten, dass unternehmerische Anliegen sowie die Rahmenbedingungen transparent gemacht werden. In der Diskussion wird deutlich formuliert, was klar und was weniger klar ist und wie damit verbindlich auf Ebene der Organisation umgegangen wird.

4.4.4   Umsetzung nachhalten und gemeinsam Lernen

Wie bereits zuvor erwähnt, sind die maßgeblichen Entwicklungen, die zum Handlungsbedarf führen, nicht an ihrem Ende angekommen. Daher legen wir den Projektverantwortlichen ans Herz sicherzustellen, dass nicht nur der Umsetzungsstand der beschlossenen Maßnahmen turnusmäßig überprüft und sich daraus ergebender Handlungsbedarf auch verfolgt wird. Zum anderen sollte regelmäßig Raum und Gelegenheit bestehen, die in der Veränderung gesammelten Erfahrungen als auch die Auswirkung neuer Entwicklungen für die Positionierung des Institutes systematisch aus möglichst unterschiedlichen Perspektiven zu reflektieren. Je stärker dabei eine breite Einbindung von Mitarbeitern erfolgt, desto besser gelingt es, die persönliche und organisationale Veränderungsfähigkeit über ein systematisches Lernen als wichtige Kernkompetenz im Unternehmen zu entwickeln und zu verankern.

Literatur

Bundesinstitut für Bevölkerungsforschung (2014): Regionale Bevölkerungsentwicklung bis 2030: Ballungsräume wachsen noch. http://www.demografie-portal.de/SharedDocs/Informieren/DE/Statistiken/Bevoelkerungswachstum_Kreise_bis2030.html. Zugegriffen: 17. September 2014

Capgemini Consulting (2013): The Future of Bank Branches. Coordinating Physical with Digital, 2013. S. 12.

CHECK24 Vergleichsportal GmbH (2014): Wir über uns. http://www.check24.de/unternehmen/ueber-uns/; zugegriffen: 5.11.20114

Deutscher Sparkassen- und Giroverband (2013): Die Banking-Apps der Sparkassen, 29.11.2013. Seite 28-31. https://www.sparkasse-dortmund.de/pdf/content/callcentertage/2013/2_1_Stand_u_Weiterentwicklung_Mobile_Apps_SBrinkmann.pdf. Zugegriffen: 17. September 2014

Deutscher Sparkassen- und Giroverband (2014): SparkassenZeitung, Ausgabe vom 15.08.2014: „Ins Web statt in die Filiale"

Fidor Bank AG (2014): Wir über uns. https://www.fidor.de/fidor-bank, zugegriffen: 5.11.2014

Interhyp AG (2014): Mehr Informationen. http://www.interhyp.de/mehr-informationen-zu-interhyp32.html; zugegriffen: 5.11.2014

McKinsey & Company (2014): The rise of the digital bank, Juli 2014, http://www.mckinsey.com/
   insights/business_technology/the_rise_of_the_digital_bank. Zugegriffen: 17. September 2014
moneymeets community GmbH (2014): http://blog.moneymeets.com/2014/08/moneymeets-die-
   kolner-finanzplattform-fur-private-kunden-hat-neue-funktionen-veroffentlicht/; zugegriffen:
   5.11.2014
SparkassenZeitung (2012): Demografie-Projekt in NRW. Das Geschäft verändert sich, 19.12.2012.
   https://www.sparkassenzeitung.de/das-geschaeft-veraendert-sich/150/147/27027/ Zugegriffen:
   17. September 2014

Michael Dümmler absolvierte nach Abitur und Wehrdienst eine Banklehre bei der Bayerischen
Vereinsbank AG und wurde anschließend im Rahmen eines zweijährigen Förderprogramms umfassend in allen Aspekten des Außenhandels- und Kreditgeschäftes ausgebildet. Zeitgleich erwarb er
über ein berufsbegleitendes Studium den Titel Bankfachwirt. Schon früh übernahm er Führungs-
aufgaben als Leiter einer Auslandsabteilung und engagierte sich ab 1990 vor Ort erfolgreich beim
Aufbau des Geschäftes in den neuen Bundesländern. Im Auftrag der Bank übte er mehrere Ehren-
ämter und Aufsichtsratsmandate aus. Nach 18 Jahren im Bankgeschäft wechselte er 2001 in die
Sparkassenorganisation und baute als Geschäftsführer einer Tochtergesellschaft die verbands-
eigene Beratung der Sparkassen auf. Zeitweise war er gleichzeitig als Interimsgeschäftsführer für
die Neuausrichtung einer weiteren Verbandstochter federführend verantwortlich. Seit 2007 ist er
bei Management Partner in der Beratung von Finanzdienstleistern tätig und begleitet diese in allen
relevanten Fragestellungen zu Strategie, Vertrieb und Organisation. Herr Dümmler ist Partner und
verantwortet die Entwicklung der Beziehung zu Klienten sowie die Leitung komplexer Projekte.

Dr. Volker Steinhoff hat nach Abitur und Wehrdienst zunächst in Dortmund und dann in Köln
Betriebswirtschaftslehre studiert. Nach dem Studium folgte die Mitarbeit am Lehrstuhl für Ange-
wandte Informatik und die Promotion zum Dr. rer.pol. Vier Jahre hat er danach die Organisations-
entwicklung in einem international tätigen Technologie-Unternehmen mit gestaltet und geleitet.
Schwerpunkte waren dabei die Entwicklung und der Einsatz neuer Technologien und neuer Software in unterschiedlichen Branchen. Seit 1994 ist er bei Management Partner tätig und leitet dort
vorwiegend Projekte bei Finanzdienstleistern. Dabei stehen aktuelle Themen der Strategie-Entwick-
lung, des Vertriebs und des Change Managements im Vordergrund und auch Fusionen. Als Gesellschafter verantwortet er den Bereich Wissensmanagement.

Digitale Medien – Wie das Internet Kundenkommunikation und künftige Marktumfelder verändert

5

Gerald Lembke

Zusammenfassung

Digitale Medien sind keine Modeerscheinung, die bald wieder verschwunden sind. Die Finanzdienstleistungsbranche unterliegt einer digitalen Transformation. Daher sind die Überarbeitung von Standards überlebensnotwendig und die Antizipation und Gestaltung von Kundenwünschen und -bedürfnissen außerordentlich wichtig. Die wichtigsten Erfolgsfaktoren für diesen Weg sind sowohl die Fähigkeiten als auch der Wille des Managements und der Mitarbeiter, diesen Wandel zu initiieren und nachhaltig in der Struktur, den Prozessen und der Kultur der Organisation zu etablieren. Dazu liefert der Beitrag interessante Aspekte.

5.1 Einführung

Finanzdienstleister müssen sich fragen, was ihre Kunden wollen. Das ist eine althergebrachte Fragestellung, die im strategischen wie operativen Denken den Käufer in den Mittelpunkt aller Betrachtungen zieht. Vor diesem Hintergrund werden immer wieder Innovationsideen entwickelt, Produkte angepasst, Prozesse auf den Kundenservice eingerichtet oder vorhandene Prozesse verbessert. Strukturen werden umgeworfen, einerseits für eine Präsenzbetreuung des Kunden, andererseits für eine distanzorientierte Betreuung über das Internet.

G. Lembke (✉)
Weinheim, Deutschland
E-Mail: geraldlembke@gmail.com

© Springer Fachmedien Wiesbaden 2015
H. Brock, I. Bieberstein (Hrsg.), *Multi- und Omnichannel-Management
in Banken und Sparkassen*, DOI 10.1007/978-3-658-06538-6_5

Doch wir wissen, der Kunde verändert sich in seinem Verhalten, im Besonderen seine Erwartungen an Produkte und Betreuung. Im digitalen Zeitalter verändern sich nicht nur Mediennutzungsverhalten des Kunden, sondern ganze Märkte. In der Finanzdienstleistungsbranche gilt dies besonders für die Nachfrageseite des Marktes. Auf der anderen Seite ändert sich die Angebotsseite eher schleppend. Kleinere Innovationsveränderungen bringen meist wenig Veränderungen, erzeugen hingegen einen erheblichen Aufwand.

Auf der Nachfrageseite zeigt der Kunde heute deutlich höhere Bereitschaft zum Wechsel seiner Hausbank. Er geht dorthin, wo er zufriedenstellenden oder innovativeren Service bekommt. Konsumenten fragen individualisierte Services nach und dies zu jedem Zeitpunkt, an jedem Ort, egal mit welchem Medium und Endgerät. Dies muss Banken nicht nur verändern, sondern zwingt sie unwillkürlich in eine digitale Transformation im digitalen Zeitalter.

Skinner (2014) sieht in der Transformation von Finanzdienstleistern vor allem den Prozess von einem physischen Distributor von Papier zu einem digitalen Distributor von Daten und Informationen. Dabei investieren traditionelle Banken viel Geld in die Platzierung von Produkten in Medienkanälen. Digitale Banken investieren hier deutlich weniger, dafür aber mehr in die Dialoge mit ihren Kunden in digitalen Communities.

In diesem Beitrag wird den beiden Fragen nachgegangen, wie das Internet (im Besonderen der Einsatz digitaler Medien) die Kommunikation in der Finanzdienstleistungsbranche verändern wird und welche Herausforderungen für die Gestaltung von Marktumfeldern aus strategischer Perspektive für Finanzdienstleister entstehen. Abschließend wird der Versuch unternommen, Handlungsempfehlungen zu formulieren.

5.2 Künftige Kunden im Omnikanalmanagement erreichen

Der Einsatz des Internets und der digitalen Medien verändert Geschäftsprozesse. Das ist heute kein Geheimnis mehr. Wie dies für die Dienstleistungsbranche aussieht, wird bei Everling und Lempka (2013) ausführlich dargestellt. Im Kern geht es um die Erfüllung von Kundenbedürfnissen. Die finden zwar immer noch in der stationären Filiale statt, doch auch immer stärker auf mobilen Endgeräten und am heimischen Computer. Das hat aber auch die Konsequenz, dass sich die eher schwachen Kundenbeziehungen durch die digitalen Medien verstärken (müssen). Und darin liegt die besondere Herausforderung für die Branche. Sie hat sich in den letzten Dekaden darauf spezialisiert, alte und neue Produkte mit Hilfe der klassischen Einwegkommunikation in den Markt zu drücken und darauf zu warten, dass Kunden diese in der Filiale kaufen.

Und wohl wahr: Banken spüren diese Veränderungen. Die durch Mediennutzungsverhalten revolutionierte Customer Journey fordert ein Weiterdenken. Finanzdienstleister müssen darauf reagieren. Aber anstatt zu reagieren, müssen sie vor allem agieren. Ihnen kommt eine nunmehr aktive Rolle in der Gestaltung von Kundenbeziehungen zu, vornehmlich in der Kundenkommunikation. Dass damit auch die tradierten Geschäftsmodelle in Frage gestellt werden, ist schließlich eine logische Konsequenz des gesamten Wandels.

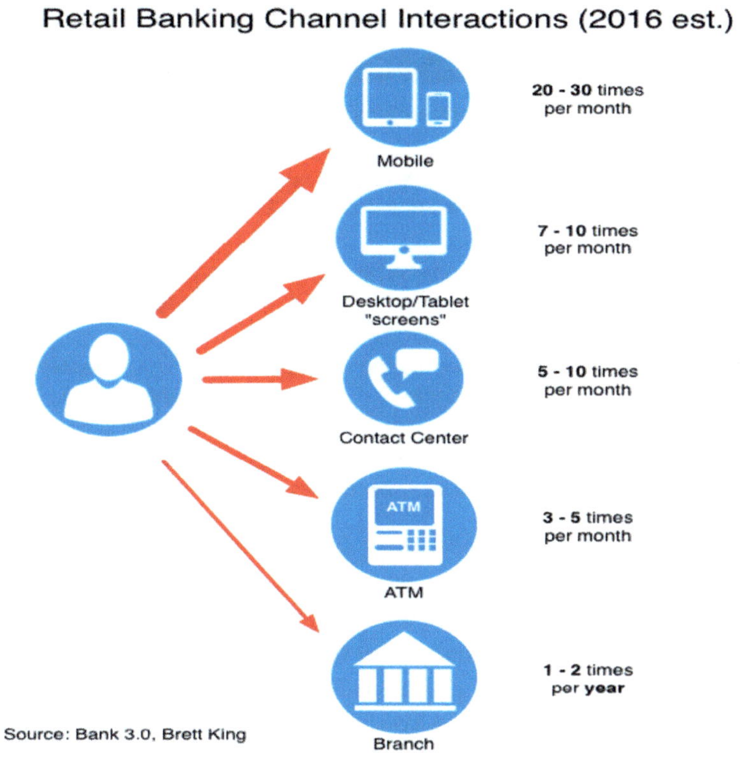

Retail Banking Channel Interactions (2016 est.)

Mobile — 20 - 30 times per month

Desktop/Tablet "screens" — 7 - 10 times per month

Contact Center — 5 - 10 times per month

ATM — 3 - 5 times per month

Branch — 1 - 2 times per year

Source: Bank 3.0, Brett King

Abb. 5.1 Kanalnutzung im Retail Banking: mobile Endgeräte werden dominieren. (Quelle: King 2012 p. 23)

Die Customer Journey bezeichnet die einzelnen Phasen, die ein Kunde in seinen Finanzdienstleistungsgeschäften durchläuft. Diese hat sich durch das Internet deutlich gewandelt. Das Internet wird im Besonderen als Informationsmedium genutzt. Darüber hinaus trägt es durch fremde Kundenbewertungen dazu bei, die Kaufentscheidung eines Produktes massiv zu beeinflussen. Die Customer Journey beschreibt daher alle Berührungspunkte eines Konsumenten mit einem Produkt, einer Dienstleistung, einem Unternehmen oder einer Marke. Es ist daher zu reflektieren, welche Inhalte (Produkte und Informationen) auf welchen Kanälen wann kommuniziert werden. In der heutigen Mehrkanalwelt (TV, Radio, Print, Internet) stellt im Besonderen das Internet nicht nur einen vierten Hauptkanal dar, sondern erzeugt durch seine Vielfalt an Kommunikationsmöglichkeiten hohe Unsicherheit bei der Auswahl und der aktiven Gestaltung (Abb. 5.1).

Omnichannel-Strategien sind für Banken daher von hoher strategischer Relevanz. Sie bieten eine 360-Grad-Sicht auf den Kunden und liefern ein Mehr an Informationen über die Interessenten und Kunden. Traditionell investieren Finanzdienstleister in die Organisation und Umsetzung von Transaktionen (Banktransaktionen, Verträge etc.). Sie vernachlässigen dabei den gesamten Kundenprozess (Customer Journey). Kunden sind durchschnittlich mehr als zwei Stunden mit mobilen Endgeräten beschäftigt. Sieben Stun-

Abb. 5.2 Omnichannel-Strategien verändern organisatorisch
die Sicht auf Kundenkommunikation. (Quelle: Tang und
Ofori-Boateng 2014, S. 4)

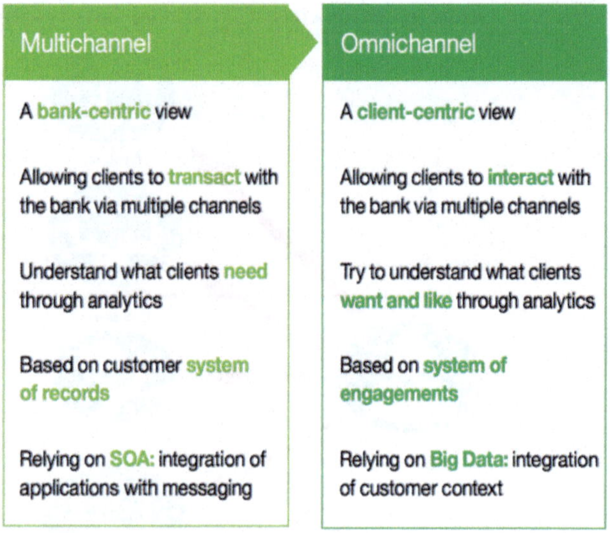

Multichannel	Omnichannel
A bank-centric view	A client-centric view
Allowing clients to transact with the bank via multiple channels	Allowing clients to interact with the bank via multiple channels
Understand what clients need through analytics	Try to understand what clients want and like through analytics
Based on customer system of records	Based on system of engagements
Relying on SOA: integration of applications with messaging	Relying on Big Data: integration of customer context

den arbeiten Menschen durchschnittlich mit Computermonitoren am Arbeitsplatz und zu Hause. Omnichannel ist mehr, als Kunden über verschiedene Medienkanäle über eine Einwegkommunikation zu erreichen und Transaktionen abzuwickeln. Während Multichannel-Strategien auf Transaktionen fokussiert sind, fokussieren Omnichannel-Strategien die vielfältigen Interaktionen in Dialogen (siehe ◌ Abb. 5.2).

Der Omnichannel-Ansatz lässt den bankzentrierten Ansatz hinter sich und fokussiert auf den kundenzentrierten Ansatz. Dieser Ansatz ist nicht wirklich neu, bekommt aber durch die Nutzung und den Einsatz digitaler Medien Dynamik und entwickelt für die Branche eine neue Dimension von Kundeninteraktion. Die Evolution vom Multichannel zum Omnichannel bedeutet einen Wechsel zu mehr Aufmerksamkeit auf alle Interaktionen mit den Kunden. Darüber hinaus müssen Finanzdienstleister ihren Fullservice weiter entwickeln im Hinblick auf das Antizipieren von Bedürfnissen und Wünschen, um den Kundenerwartungen gerecht werden zu können. Formulierte Kundenerwartungen sind häufig unzuverlässig, unstrukturiert sowie ungenau oder falsch. Daher sind klassische Marktforschungsaktivitäten in der digitalen Welt nur wenig sinnvoll. Folglich sind verschiedene Typen von Systemen notwendig, die auf einem System des Engagements basieren. Daten in solchen Systemen können hilfreiche Informationen und wertvolle Insights über Kunden liefern.

Doch die schnelle Suche nach Ursache-/Wirkungsbeziehungen kann auch eine Omnichannel-Strategie nicht allein leisten. Der dahinter notwendige Wechsel organisational mentalen Managementdenkens erfordert neben dem Hinterfragen von Kommunikationsstrategien auch das Hinterfragen von Einstellungen und Prozessen des eigenen Innovationsmanagements.

5.3   Innovation und Disruption

Innovationsmanagement zielt oft auf die Variationen von existierenden Produkten und Prozessen ab. Obwohl die Finanzdienstleistungsbranche mittlerweile Internettechnologien in bestimmten Organisations- und Geschäftsbereichen nutzt, sind die Potenziale noch nicht ausgeschöpft. Es stellt sich grundsätzlich die Frage, ob der Weg der kleinen (Innovations-)Schritte auch in Zukunft die Branche zu Stabilisierung und Wachstum führt. Schauen wir uns andere Branchen an, wie zum Beispiel das Transport- (Personenbeförderung mit Uber, MyTaxi u. a.) oder das Hotelgewerbe (airbnb u. a.), ist zu beobachten, dass diese stets mit Globalisierungsstrategien nicht nur einen regionalen Markt verändern, sondern das Geschäftsmodell des Gesamtmarktes (Perspektive International) auf den Kopf zu stellen vermögen. Diese Unternehmen haben disruptive Geschäftsmodelle entwickelt und betreiben sie konsequent.

In Zukunft wird eine ganze Reihe von disruptiven Anbietern die Branche beleben, die darauf spezialisiert sind, Bankgeschäfte digital und damit einfacher und schneller zu machen. Der Umgang mit Geld wird neu gedacht werden, zum Beispiel allein dadurch, dass er über das Smartphone abgewickelt werden wird. Es werden die Ubers und Airbnbs der Finanzwelt entstehen. Sie werden über Ländergrenzen hinweg benutzerfreundliche Dienstleistungen anbieten. Die Anzahl der Filialen wird in Zukunft abnehmen. Stationäre Geschäftsstellen werden nur noch dort ihre Berechtigung haben, wo digitale Prozesse versagen oder Geschäftsprozesse nicht nachhaltig digitalisiert werden konnten.

„Eine disruptive Innovation ist ein Prozess, der in einer kleinen, unscheinbaren Nische einer Branche beginnt" (Fleig 2013). Auf der Grundlage einer neuen Technologie oder eines neuartigen Geschäftsmodells werden Produkte oder Dienstleistungen entwickelt, die zu Beginn einen kleineren Teil der Kunden ansprechen. Disruptiv wird es, wenn das Angebot das Kapital bekommt und einen Markt so dominiert, dass etablierte Unternehmen und ihre Produkte verdrängt werden. Disruptive Innovationen sind als ein Prozess zu verstehen, der sich über einen bestimmten Zeitraum erstreckt. In manchen Fällen kommt es zu einer schnellen Verdrängung, in anderen Fällen kann es viele Jahre dauern.

Den disruptiven Geschäftsmodellen gehört in Nischen wie auch in der etablierten Finanzbranche die Zukunft. Es geht bei der Disruption um das Hinterfragen klassischer Prozessstufen. Ineffiziente Stufen müssen nach den Vorstellungen disruptiver Vordenker wie Marc Andreesen oder Clayton M. Christensen radikal ausgeschaltet werden. Das Innovationsvakuum etablierter Finanzdienstleister ist konstruktiv zu reflektieren, ggf. auszuschalten. Weil etablierte Unternehmen, sofern sie noch zu den Marktführern in ihrem Segment gehören, zu sehr auf die Bedürfnisse ihrer Stammkunden achten, fehlt ihnen der Blick für revolutionäre Neuerungen. Häufig überlassen sie dann das lukrative Geschäft Newcomern und Start-up-Unternehmen. „Führende Unternehmen fallen häufig einem der beliebtesten und meistgeschätzten Glaubenssätze zum Opfer: Sie kleben zu eng an ihren Kunden." (Bower und Christensen 2008).

5.4 Disruptive Marktumfelder

Das Marktumfeld für nationale und internationale Banktransaktionen steht vor einem Umbruch. Die großen Internetkonzerne Apple, Facebook, Google und Amazon arbeiten konkret an eigenen Finanzinstituten, über die sie die Transaktionen ihrer Kunden laufen lassen werden. Apple hat jüngst vom Staat Kaliforniern die Zulassung für das Betreiben eines eigenen Geldinstituts erhalten. Somit werden Finanzinstitute zwar nicht überflüssig, ihnen wird aber ein erhebliches Geschäft abhanden kommen, sobald Kunden die Bezahlsysteme der großen Internetkonzerne verstärkt nutzen werden. Die Sparkassen in Deutschland beispielsweise haben Apple bereits signalisiert, dass sie beim „Apple Pay"-System mitmachen möchten. Darüber hinaus werden nach dem Vorbild Apple Finanztransaktionen zunehmend digital abgebildet werden, um die hohen Skalierungseffekte digitaler Produkte ausnutzen zu können. Das Geschäft und die Potenziale mobiler Bezahlsystem können heute nicht quantifiziert werden. Der Erfolg dieses Modells hängt von der Nutzungsbereitschaft von Bestandskunden und von neuen Kunden sowie von der Kooperationsbereitschaft anderer Giro-Geldinstitute ab (siehe Beitrag von Burgmaier/Hüthig in diesem Buch).

Die Marktumfelder werden sich massiv verändern. Es wird in den nächsten Jahren keine weitere Konzentration des Bankensektors zu erwarten sein. Statt dessen werden neben den größeren Hausbanken der IT-Branche (Facebook, Apple, Amazon u. a.) viele kleine Start-ups entstehen, die in den ersten Jahren nicht auf Profitabilität, sondern auf Wachstum setzen werden. Hier können etablierte und klassische Banken nicht mitspielen, weil ihre Geschäftsmodelle in der Regel auf Profitabilität abgestellt sind.

Es bleibt zu befürchten, dass über eine Sicht von zehn bis 15 Jahren einige etablierte Banken verschwinden werden und neue disruptive Banken die Bedürfnisse der digital gewöhnten Generationen bedienen werden.

5.5 Empfehlungen

Die Empfehlungen für die Finanzdienstleistungsbranche stellen sich wie folgt dar. Einerseits betreffen sie die Art und Weise der Kommunikationsentwicklung. Andererseits basieren sie auf einer grundlegenden Entwicklung kultureller Werte, besonders im Hinblick auf das Reflektieren von etablierten und das Neudenken von neuen Geschäftsmodellen in bestimmten Sparten.

Die Finanzdienstleistungsbranche unterliegt dieser digitalen Transformation. Der Erfolg des Geschäftes ist in einem besonderen Maße auf das Vertrauen der Kunden angewiesen. Daher sind die Überarbeitung von Standards überlebensnotwendig und die Antizipation und Gestaltung von Kundenwünschen und -bedürfnissen außerordentlich wichtig. Die wichtigsten Erfolgsfaktoren für diesen Weg sind sowohl die Fähigkeiten als auch der Wille des Managements und der Mitarbeiter, diesen Wandel zu initiieren und nachhaltig in der Struktur, den Prozessen und der Kultur der Organisation zu etablieren.

Somit wird klar: Das Konzept des Bankendenkens verändert sich. Je mehr Menschen mit den neuen Technologien in ihrem privaten und beruflichen Alltag umzugehen lernen, umso mehr und bequemer werden sie mit ihren Finanzdienstleistern interagieren wollen. Dies bedeutet nicht, dass Banken digitale Technologien für die einseitige Kommunikation im Besonderen für das Sammeln von Nutzerdaten (zum Beispiel über Cookies) nutzen sollten. Statt dessen möchten sich Kunden als Individuen wichtig und wahrgenommen fühlen und eben als solche behandelt werden.

Mit Hilfe einer effektiven Omnichannel-Kommunikationsinfrastruktur könnten Kunden personalisierte Services (zum Beispiel über nutzerfreundliche Apps) an unterschiedlichen Orten nutzen. Damit ist ausdrücklich nicht der Kontoauszugsdrucker gemeint, der einerseits personalisierte Daten auswirft, aber keinen weiteren personalisierten Service in Geldfragen liefert. Je digitaler die Welt wird, umso mehr besteht die Chance, sich mit Hilfe einer Omnichannel-Strategie in den nächsten Jahren von Wettbewerbern abzuheben und so nicht nur den Kundenbestand zu sichern, sondern auch neue Kunden zu gewinnen.

Im Einzelnen lassen sich folgende Empfehlungen ableiten:

1. Entwicklung einer **Dialogkultur** für die gesamte Unternehmenskommunikation.
2. Konzeptionelle und **prozessintegrative Abstimmung** von Dialogen für die Kunden.
3. Identifizierung von **disruptiven Geschäftsinnovationen** in ausgewählten Produktbereichen.

Disruption muss keine Angst hervorrufen. Etablierte Geschäftsmodelle müssen nicht über Bord geworfen werden. Der Prozess kann nach dem Dominoprinzip in einem Geschäftsbereich gestartet werden. Das kann in einer kleinen, unscheinbaren Nische des Unternehmens für eine überschaubare Kundenklientel beginnen.

Literatur

Bower, J. L. und Christensen, C. M. (2008): Wie Sie die Chancen disruptiver Technologien nutzen. In: Harvard Business Manager 4/2008

Everling, O. und Lempka, R. (Hrsg.) (2013): Finanzdienstleister der nächsten Generation. Die neue digitale Macht der Kunden. Frankfurt: Frankfurt School Verlag.

Fleig, J. (2013): Die Regeln der Branche radikal verändern. Gefunden in: Business-Wissen.de http://www.business-wissen.de/artikel/disruptive-innovationen/ (8.12.2014)

King, B. (2012): Bank 3.0: How customer behaviour and technology will change the future of financial services. Marshall Cavendish Ltd.

Skinner, C. (2014): The difference between a digital bank and traditional bank. Gefunden: http://blogs.sap.com/banking/2014/10/29/the-difference-between-a-digital-bank-and-traditional-bank/ (8.12.2014)

Tang, D. und Ofori-Boateng, K. (2014): Omnichannel Banking. From transaction processing to optimized customer experience. IBM Whitepaper. Gefunden: http://public.dhe.ibm.com/common/ssi/ecm/en/gbw03233usen/GBW03233USEN.PDF (2.12.2014)

Prof. Dr. Gerald Lembke gilt als „... eine der wichtigsten Anlaufstellen in allen Fragen der Digitalität." (Wirtschaftswoche). Er ist Studiengangsleiter für Digitale Medien an der „Dualen Hochschule Baden-Württemberg" (DHBW) und Präsident des „Bundesverbandes für Medien und Marketing" (BVMM e. V.). Prof. Lembke ist gefragter Keynote-Speaker, er nimmt die digitale Welt kritisch und unterhaltsam auf's Korn. Erfolgreicher Autor diverser Fachpublikationen, u. a. der Bücher „Social Media Marketing", „Digitale Medien in Unternehmen" und „Zum Frühstück gibt's Apps".

Kampf oder Kooperation – Das Verhältnis von jungen Wilden und etablierten Geldinstituten

6

Stefanie Burgmaier und Stefanie Hüthig

Zusammenfassung

Es scheint so, dass nicht mehr das Nachbarinstitut der Konkurrent Nr. 1 ist. Kreditinstitute haben immer mehr Respekt vor Eindringlingen aus dem Start-up Lager – sogenannte FinTechs. Diese haben häufig nicht mal eine Banklizenz. Der Artikel beschreibt das Verhältnis zwischen etablierten Kreditinstituten und den jungen Wilden. Die Spanne reicht von Kampf bis Kooperation. Wer als Sieger hervorgeht bleibt offen.

Seit Beginn der Finanzkrise im Jahr 2008 waren Banken und Sparkassen vor allem mit sich selbst beschäftigt. Der Wettbewerb in der Geldbranche hat sich unterdessen weiter verschärft. Neben den großen Internetunternehmen entstehen immer mehr hochinnovative Start-ups. Einige der Gründer spezialisieren sich auf einen in ihren Augen lukrativen Teilbereich des Bankings. Erst nach und nach haben die traditionellen Geldhäuser die Gefahr erkannt. Sie haben die Qual der Wahl – entweder den Newcomern Paroli bieten oder mit ihnen zusammenarbeiten.

S. Burgmaier (✉) · S. Hüthig
Wiesbaden, Deutschland
E-Mail: stefanie.huethig@springer.com

S. Hüthig
E-Mail: stefanie.burgmaier@springer.com

© Springer Fachmedien Wiesbaden 2015
H. Brock, I. Bieberstein (Hrsg.), *Multi- und Omnichannel-Management in Banken und Sparkassen*, DOI 10.1007/978-3-658-06538-6_6

6.1 Neue Konkurrenten für Banken und Sparkassen

Diskutieren Banker und Sparkässler über ihre schärfsten Konkurrenten, fallen immer seltener die Namen der Nachbarinstitute, sondern immer öfter Amazon, Apple, Facebook, Google oder auch Paypal. Auf jedem Strategie-Kongress für die Finanzbranche kommt mindestens ein Referent aus einem Internetunternehmen zu Wort. Neben den etablierten Online-Riesen entstehen ständig neue hochinnovative kleine Wettbewerber.

Die Fintechs, wie die technologiegetriebenen Newcomer der Finanzbranche genannt werden, greifen in allen Bereichen an, die eine traditionelle Bank bietet. Die jungen Wilden picken sich meist nur einen kleinen Teil der Wertschöpfungskette heraus. Das hat Frank Schwab, Veranstalter des Fintech Forums DACH und Vorstand einer Banken-IT-Tochter, beobachtet. Die Konzentration der Start-ups auf ein Geschäftsfeld zahlt sich aus. „Sie sind in allen Dimensionen besser: im Kundenzugang, im Marketing, in der Abwicklung, der Automatisierung und der Technologie", sagt Schwab. In einer Studie, die Schwab anlässlich seiner Veranstaltung erstellt hat, zählte er allein 100 Fintechs im deutschsprachigen Raum (siehe Abb. 6.1).

Angreifer werden immer dann gefährlich, wenn die etablierten Geldhäuser zu lange tatenlos zusehen. Das war schon Mitte der 90er Jahre so. Damals entstanden mit der Direktanlagebank und Consors die ersten Discount-Broker in Deutschland. Heute vereinen nach einer Studie alle Direktbanken rund 17 Mio. Kunden auf sich. Bis 2020 sollen es gar 22 Mio. Kunden werden. Und nicht nur im Anlagebereich gibt es erfolgreiche Vorbilder für die Fintechs. Das Kreditgeschäft, insbesondere die Vermittlung von Baudarlehen, galt lange als rein regionales, personenabhängiges Geschäft. Damit hat die Interhyp aufgeräumt. 1999 gegründet, vermittelt das Unternehmen heute über das Internet Baudarlehen von mehr als 400 Darlehensgebern, das Baufinanzierungsvolumen betrug im vergangenen Jahr 8,9 Mrd. €.

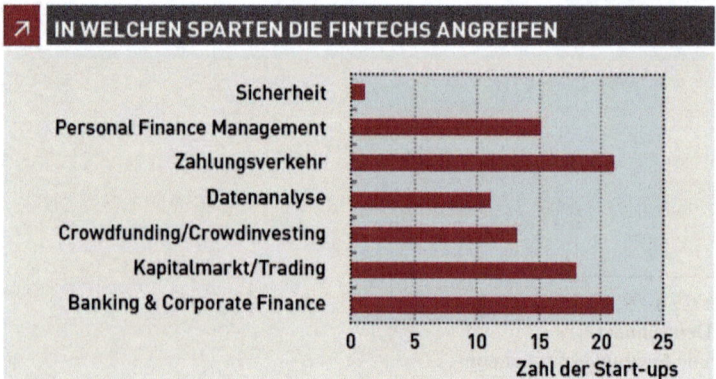

Abb. 6.1 BANKMAGAZIN 05/2014 auf Basis der Studie „Fintech Start-ups & Innovators in Germany, Austria and Switzerland", Februar 2014, Fintech Forum DACH

Auch der Online-Zahlungsabwickler Paypal hat einmal klein angefangen. „Irgendwann sind die Angreifer nicht mehr einzuholen", mahnt Fintech-Experte Schwab. Viele Banken verstünden nicht, dass die jungen Gründer gerade jetzt die Grundlagen legen würden, die das klassische Geschäft erodieren ließen. In zehn Jahren würde zum Beispiel eine Art Paypal der Mittelstandsfinanzierung entstanden sein. „Und dann werden Banken zurückschauen und fragen, wie konnte der nur so groß werden?", warnt Schwab. Gleichzeitig zeigt der Experte Verständnis für die abwartende Haltung vieler Bankvorstände. „Sie haben vor zehn Jahren während des Hypes im E-Commerce schon einmal viel Blutgeld bezahlt. Sie kämpfen nun mit ihrer Historie und den Altlasten."

6.2 Zahlungsverkehr ist beliebtes Angriffsziel

Der Zahlungsverkehr ist der Bankbereich, den sich laut Studie für das Fintech Forum die meisten Start-ups als Angriffsziel ausgesucht haben. Rund 20 junge Unternehmen existieren in dieser Sparte bereits in Deutschland, Österreich und der Schweiz. Nur im Geschäftsfeld „Banking und Corporate Finance" gibt es ähnlich viele Innovatoren.

Den „Online-Zahlungsverkehr auf Unternehmensebene neu definieren" will das Start-up Traxpay. Das 2009 gegründete Unternehmen wirbt mit Sicherheit, Überblick für den Nutzer sowie Finanztransaktionen in Echtzeit. Traypay unterhält Niederlassungen in Frankfurt am Main sowie in Kalifornien. Zu seinen Kunden zählen EOS, Flightright und Würth, zu seinen Partnern unter anderem die Beratungsgesellschaft Accenture, der Software-Riese SAP und die Net-M Privatbank 1891. Im Traxpay-System stoßen Unternehmen Zahlungen an und können dabei Anmerkungen einfügen und Dateien anhängen. „Nehmen wir an, Sie bezahlen eine Rechnung nicht, weil die erhaltenen Waren beschädigt waren. Dann können Sie das Problem in den Anmerkungen erklären und ein Foto der beschädigten Waren beifügen", beschreibt ein Unternehmensvideo.

Bereits in Deutschland etabliert hat sich neben Paypal auch die zur Otto-Gruppe gehörende Yapital-Lösung. Beide Unternehmen haben vieles gemeinsam. Selbst die Tools ähneln sich in ihren Funktionen stark. Und beide Bezahllösungen setzen auf den Einsatz des Smartphones, das aus den meisten Jacken- oder Handtaschen nicht mehr wegzudenken ist.

Im Zahlungsverkehr haben die Unternehmen, die nicht aus dem Bankenbereich stammen, schon einen gehörigen Marktanteil. Rund 41 % der Internetzahlungen laufen inzwischen nach Berechnungen der Targobank über Nicht-Banken. In den vergangenen zwei Jahren haben die traditionellen Finanzhäuser 15 Prozentpunkte Marktanteil verloren.

Folgerichtig bringen die Geldinstitute laut „Branchenkompass Banken" von Steria Mummert Consulting aus dem Jahr 2014 vor allem Zahlungssystemen im Web Misstrauen entgegen. Durch diese Player fühlen sich 80 % der Befragten bedroht, 2012 waren es erst 57 %. Damit ist der Argwohn deutlich stärker ausgeprägt als gegenüber Facebook, Google und Amazon. Angst vor diesen Internetunternehmen haben 69 %. Auf dem Vormarsch sehen 60 % Geldinstitute auch Zahlungssysteme im Mobilfunk, 2012 waren es 48 % der Befragten. Banken fürchteten um ihre Vorherrschaft im Zahlungsverkehr als Verbindung

zum Konto, das wiederum die Verbindung zum Kunden sei, interpretiert Stefan Lamprecht, Mitglied der Geschäftsleitung bei der Beratungsgesellschaft Steria Mummert, das
Ergebnis. Eine eigene Zahlungslösung der Kreditinstitute im Web scheitere nicht an fachlichen oder technischen Fragen. Die Branche sei sich auch darüber einig, dass sie einen
gemeinsamen Standard benötigt. Wie dieser aussehen soll, dazu gehen aber die Meinungen auseinander. Diese Uneinigkeit verlangsamt den Prozess.

Dennoch besteht noch Hoffnung für die Kreditinstitute. „Im Moment vertrauen die
Verbraucher eher Banken als anderen Anbietern. Darin liegt deren Chance", sagt Sascha
Breite, Head Future Payments bei Six Payment Services. Sie müssen sie allerdings auch
nutzen.

6.3 Fintechs tun sich im Kreditgeschäft schwer

Etwas Ernüchterung für die Fintechs gab es in Sachen Kreditgeschäft. Smava war ursprünglich als Plattform gestartet, auf der Privatpersonen anderen Verbrauchern Geld leihen. Seit
2012 lässt Smava auch Angebote von Banken zu – um die Erlössituation zu verbessern,
wie der Blog P2P-Kredite.com schreibt. Das Neukreditvolumen stagniert seit Mitte 2010.
Das kann die Samwer-Brüder, die Erfahrungen mit der Gründung von Webunternehmen
gesammelt haben, nicht abschrecken. Sie haben im Dezember 2013 Lendico gestartet,
wo Privatleute anderen Privatleuten Kredit vermitteln können. Anfang April 2014 folgte Zencap, worüber private Anleger Gelder für Mittelständler bereitstellen können (siehe
Beitrag von Grobe/Steinkühler in diesem Buch). Die Samwer-Brüder wagen diese Neugründungen, obwohl die Experten, die in der Studie „Digitalisierung in der Finanzdienstleistungsbranche" (siehe „Nicht alle Ideen der jungen Wilden gelingen") befragt wurden,
dem Peer-to-Peer-Kredit für die Zukunft keine große Bedeutung vorhersagen.

Nicht alle Ideen der jungen Wilden gelingen
An der Studie „Digitalisierung in der Finanzdienstleistungsbranche" haben insgesamt
92 Fachleute teilgenommen, darunter 79 aus Finanzdienstleistungsunternehmen.
Vorstandsvorsitzende, Vertriebsvorstände, Geschäftsführer und Senior-Experten
wurden um eine Einschätzung für die Bereiche Kunden, Produkte/Services, Vertriebskanäle und Strategie für die kommenden fünf bis zehn Jahre gebeten.
a. Veränderungen für Kunden
   a. Das Internet wird für die Kunde-Bank-Interaktion weiter an Bedeutung ge-
      winnen. Welche Rolle Finanz-Communities und Online-Communities spie-
      len, ist weniger sicher.
   b. Banken können technisch mithalten und dem Kunden eine ganzheitliche Sicht
      seiner Daten bieten. Weniger klar ist, ob der Kunde dies will und zulässt.
   c. Unter anderem durch höhere Transparenz bei Produkten und Preisen werden

Banken das Kundenvertrauen zurückgewinnen.

   d. Banken können die Kundenbindung trotz Digitalisierung steigern. Eine größere Bedeutung erlangen Werte, Image und Emotionen.

b. Veränderungen bei Produkten und Dienstleistungen

   a. Personal Finance Management (PFM) wird zu einem essenziellen Service. Kunden bevorzugen das PFM ihrer Bank. Allerdings werden viele Banken dabei eher hinterherhinken.

   b. Beim Kredit wird sich die Peer-to-Peer-Lösung, also der Kredit von privat an privat, nicht durchsetzen.

   c. Im Anlagebereich wird radikal standardisiert. Damit wird dem Kundenwunsch nach einfachen und leicht verständlichen Produkten entsprochen.

   d. Selbstbedienungs-Beratungs-Lösungen werden sich durchsetzen. Kunden von Filialbanken werden diese am wenigsten nutzen.

   e. Das Bezahlen über mobile Endgeräte wird kommen. Die konkrete Lösung bleibt noch offen. Branchenfremde Unternehmen werden aber eine große Rolle spielen.

   f. Die Preistransparenz wird deutlich zunehmen.

c. Veränderungen in den Vertriebskanälen

   a. Im mobilen Bereich werden dringend und flächendeckend Apps vom Kunden verlangt.

   b. Ob und wie der Online-Abschluss für Neukunden vereinfacht werden kann, etwa durch den elektronischen Personalausweis, ist unklar.

   c. Für Bestandskunden gibt es keine klare Alternative zum PIN/TAN-Verfahren.

   d. Für komplexe Fragen und margenstarke Produkte bleibt die persönliche Beratung auch in Zukunft ein wichtiger Baustein. Allerdings müssen die verschiedenen Kanäle nahtlos ineinandergreifen.

   e. Das Filialnetz wird um 30 bis 40 % schrumpfen.

d. Veränderungen bei der Strategie

   a. Die strategischen Positionen werden geschärft.

   b. Dabei ist eine starke Konsolidierung zu erwarten. Die Zusammenschlüsse gehen aber kaum über die Grenzen der Institutsgruppen hinweg.

   c. In den Geschäftsmodellen stellen sich die Banken breiter und differenzierter gegenüber den Kunden auf.

   d. Dagegen reduzieren sie in der Abwicklung die Wertschöpfungstiefe.

   e. Outsourcing heißt nicht Verlagerung in die Public Cloud. Vor allem Sicherheit und rechtliche Anforderungen stehen dem entgegen.

Quelle: Digitalisierung in der Finanzdienstleistungsbranche, Delphi-Studie von Plenum Management Consulting und Ibi Research

6.4 Start-ups punkten bei der Geldanlage mit hohem Technik-Einsatz

Neben dem Payment- und Kredit-Bereich lockt der Kapitalmarkt junge Gründer an. Die Discount-Broker haben gezeigt, dass innovative Start-ups im Wertpapiergeschäft Erfolg haben können. „Die Angreifer adressieren mit wenigen Leuten einen großen, ertragreichen, Erfolg versprechenden Markt", beschreibt Fintech-Experte Schwab die Aussichten. Besonders Unternehmen, die ihre Prozesse durch hohen Einsatz von Technologie automatisieren, könnten beeindruckende Skaleneffekte erzielen.

Viele Kapitalmarktgründungen wollen Privatanleger und Profiinvestoren zusammenführen. So wurde im April 2009 Ayondo gegründet. Das Unternehmen, das sich selbst als „Plattform für Social Trading" bezeichnet, verbindet zertifizierte Top-Trader mit aktiven Privatanlegern. Die Anleger können sich bis zu fünf Trader aussuchen, nach deren Aktivitäten dann die privaten Portfolios automatisch gesteuert werden.

Ebenfalls auf dem Social-Media-Gedanken baut das Finanzportal Sharewise auf, das im August 2007 gegründet wurde. Mehrere Zehntausend institutionelle und private Anleger haben mittlerweile auf dem Portal ihre Aktienempfehlungen hinterlegt. Diese werden täglich mit der erzielten Rendite verglichen. Der Anlageerfolg ist die Basis für ein Ranking der Analysten.

Bei Wikifolio kann sich seit 2012 jeder als Asset Manager versuchen. Kunden haben neuerdings zusätzlich die Möglichkeit, Strategien von Profi-Vermögensverwaltungen nachzubauen. Auf der Plattform können Anleger in ein Zertifikat ihrer Star-Trader – ob Profi oder nicht – investieren und so die Transaktionen nachbilden. Das Depot bleibt dabei bei der Bank des nachahmenden Anlegers. Unter anderem empfiehlt Wikifolio den S-Broker als Depotanbieter.

6.5 Digitalisierung ist die Zukunft des Finanzsektors

Wie wichtig die Digitalisierung in der Finanzwelt ist, zeigen viele Studien. Die Marketingberatung Prophet befragte Ende Juli 2014 je 1.000 Personen über 18 Jahren in Deutschland, Frankreich, Großbritannien und den USA. In keinem der Länder werden Banken als wirklich innovativ bezeichnet (siehe Abb. 6.2). In Deutschland beispielsweise glauben 66 % der Teilnehmer: „Banken handeln wenig innovativ. Die nützlichsten Innovationen kommen von anderen Unternehmen oder kleinen Start-ups." Außerdem erklären 69 % der Befragten, „keine teure Bankfiliale" mehr zu brauchen. Sie wickeln fast alle Bankgeschäfte online ab. Allerdings sind zugleich 66 % der Meinung, dass etablierte Banken mehr finanzielle Sicherheit bieten als die neuen Anbieter. Dennoch kann sich mehr als die Hälfte der hiesigen Befragten bekannte Unternehmen und Marken aus anderen Branchen als Alternative für tägliche Bankgeschäfte gut vorstellen (Abb. 6.2).

Wozu brauchen wir noch Banken?	Zustimmung (Top Box)			
	Deutschland	Frankreich	Großbritannien	USA
Ich benötige keine teure Bankfiliale mehr. Ich wickle fast alle meine Bank eschäfte online ab.	69 %	61 %	58 %	55 %
Banken sind nur auf ihren Vorteil bedacht und handeln kaum im Sinne ihrer Kunden.	74 %	85 %	76 %	63 %
Banken sind wenig innovativ. Die nützlichsten Innovationen kommen von anderen Unternehmen oder kleinen Startups.	66 %	79 %	68 %	59 %
Die etablierten Banken geben mir mehr finanzielle Sicherheit als die neuen Anbieter.	66 %	61 %	66 %	72 %
Bekannte Unternehmen und Marken aus anderen Branchen kann ich mir gut als Alternative für die täglichen Bankgeschäfte (etwa Bezahlen, Überweisungen) vorstellen.	56 %	59 %	73 %	72 %

Abb. 6.2 Viele Deutsche brauchen keine Bankfiliale mehr. (Quelle: Prophet 2014, Umfrage unter pro Land 1.000 Personen über 18 Jahren)

„Nicht alle Innovationen von Start-ups sind dazu geeignet, Banken komplett zu ersetzen", relativiert Felix Stöckle, Partner bei Prophet, die Bedrohung durch die jungen Wilden (siehe „Was Experten den Finanzinstituten raten"). Die Entwicklungen der Angreifer sind meist transaktionsgetrieben. Sie erleichtern Prozesse, die für die Kunden unangenehm sind. Ein typisches Beispiel für einen der so genannten Pain Points, einen Schmerzpunkt, ist eine Smartphone-Lösung, mit der Restaurantbesucher ihre Rechnung teilen können und sie nicht mehr mühsam auseinander rechnen müssen. „Oft bieten zehn Start-ups das Gleiche an. Viele werden die notwendige Auslese nicht überleben oder gar eine globale Rolle einnehmen. Wir stehen vor einem großen Bereinigungsprozess", meint Banken-Experte Stöckle. Alles drehe sich um die kritische Masse, also um die Frage, welches der jungen Unternehmen die Größe entwickeln kann, um langfristig zu bestehen. Stöckle glaubt an eine Mischung aus Alt und Neu: „Unter den Online-Händlern hat neben Amazon mit der Otto-Gruppe ein etablierter Anbieter überlebt, weil er sich der Herausforderung gestellt hat." Das könnte sich auch in der Finanzbranche wiederholen.

Neben der Prophet-Studie gestehen auch andere Untersuchungen den Start-ups, die sich mit einem Teil des Geldgeschäfts versuchen, nur geringe Chancen zu. Die fehlende Banklizenz sei eine enorme Hürde. Jedoch nicht für alle. Laut „Capital" beantragt der Schweizer Investor Centralway eine europäische Lizenz. Eigene Bankprodukte will Centralway, Eigentümer der Kontoführungs-App Numbrs, nicht anbieten. Gründer Martin Saidler vergleicht Banken mit Stromkonzernen und gesteht ihnen nur die Sicherstellung der Grundversorgung zu.

Was Experten den Finanzinstituten raten
Harald Brock, Multikanalexperte

▶   „Die Zukunft des Banking ist persodigital: Persönlich, personalisiert und
    digital. Verbände, das Management und Mitarbeiter müssen die Digitali-
    sierung akzeptieren und Potenziale heben. Dies ist noch lange nicht bei
    allen Instituten in der nötigen Breite und Tiefe der Fall. Die Gründe sind
    so vielfältig wie die Bankenlandschaft. Manche Kreditinstitute haben
    Angst vor einem Bedeutungsverlust der Filiale – einem monolithischen
    Wettbewerbsvorteil früherer Tage! Anderen fehlt das Bewusstsein und
    Wissen in Verbindung mit geeigneten Organisationsstrukturen und Bud-
    gets zur Gestaltung verzahnter Vertriebs- und Kommunikationswege –
    die multiplen Wettbewerbsvorteile der Zukunft! Nur die Entwicklung von
    Mono- zu Multikanalkompetenzen führt zum Erfolg. Welche Bank kann
    behaupten, dass sie resistent gegen Schumpeters ‚Kraft der schöpferi-
    schen Zerstörung' ist?"

Alfredo Rubina, Senior Director of Business Development bei Interactive Data
Managed Solutions

▶   „Banken und Sparkassen verstehen oft nicht, was Digitalisierung bedeu-
    tet. Sie ist als Transformation des ganzen Instituts zu verstehen und nicht
    als Maßnahme, dem Kostendruck zu begegnen. Wichtigste Vorausset-
    zung für den Erfolg in der digitalen Welt ist die Vernetzung aller Kanäle.
    Viele Vorgaben des Regulierers sind auch deshalb entstanden, weil die
    Systeme der Banken nicht integriert sind und es so zum Beispiel zu
    unpassenden Anlagevorschlägen kam. Die hauseigenen Informationssi-
    los bremsen auch so manches Institut, das seine Daten gerne an uns als
    Dienstleister übergeben würde. Das muss sich dringend ändern."

Felix Stöckle, Partner bei Prophet in Berlin

▶   „Alle großen Banken haben sich auf den Weg in die digitale Welt gemacht.
    Die Weiterentwicklung von Geschäftsmodell und Leistungsangebot wird
    aber zu oft von innen heraus gedacht. Verschiedenste Abteilungen sto-
    ßen Innovationen an, ohne über die tatsächlichen Bedürfnisse der Kun-
    den nachzudenken. Viele ahmen auch einfach Produkte anderer Anbieter
    nach. Das nimmt der Kunde aber nicht als Innovation wahr. Dieses Prob-
    lem haben die Banken mittlerweile erkannt. Gleichzeitig bedeutet echte
    Kundenorientierung für die Banken auch, ihre Kultur grundlegend zu ver-
    ändern. Die Frage ist: Wie können Geldinstitute ihr umfangreiches Wissen
    für den Kunden nutzbar machen?"

> **Matthias Weiß, auf Digitalisierung, neue Medien und Multikanalmanagement spezialisierter Partner bei Compentus**

▶   „Ein ‚Weiter wie bisher' wird es nicht geben. Die Finanzbranche steht vor einem Kulturwandel. Mit einem Projekt oder dem Abarbeiten einer Checkliste ist es nicht getan. Banken müssen zunächst erkennen, welchen Einfluss die Digitalisierung insgesamt auf ihre Strategie und ihren Vertrieb hat. Es ist wichtig, ein Zielbild mit 100 % Managementfokus zu haben. Und Know-how in der digitalen Welt allein reicht nicht! Die Mitarbeiter müssen auch lernen, ihr Wissen anzuwenden und den Kunden zum Maß aller Dinge zu machen. Da die Mitarbeiter den Kundenzugang organisieren, brauchen Banken Exzellenz an allen Verkaufspunkten und ein reibungsloses Zusammenspiel aller Kanäle. Ein Silodenken ‚Online/Offline' können sich die Institute nicht mehr leisten."

6.6   Banken müssen die Angriffe der Fintechs parieren

Es ist also längst nicht sicher, ob Banken gegen die Fintechs verlieren. Klar ist aber, dass sich das Kundeninteresse weiter in Richtung digitaler Kanäle verschiebt. Derzeit kann die Finanzindustrie technisch mit den Playern, die die Digitalisierung in ihrer DNA haben, nicht mithalten. Bisher haben Banken auf Veränderungen eher behäbig reagiert. Schließlich sind Kreditinstitute etablierte Unternehmen, die gar nicht so schnell, flexibel und so zerstörerisch veranlagt sein können wie ein Start-up. Gleichwohl haben Banken jetzt mehrere dringende To-dos: die Vernetzung der physischen und digitalen Kanäle sowie den Umbau ihres Filialnetzes. Außerdem müssen sie sich überlegen, ob sie mit den jungen Wilden konkurrieren oder lieber kooperieren wollen. Darüber sind sich die Geldhäuser ziemlich uneins. „Das ist ausgesprochen institutsabhängig", weiß Bankenexperte Lamprecht von Steria Mummert. Es gebe Institute, die sich intensiv mit jungen Playern auseinandersetzen. Sie seien „gut beraten". Andere Häuser ignorieren die Vorstöße der Fintechs noch immer. Damit laufen sie Gefahr, weiter ins Hintertreffen zu geraten.

Mit ihrer Neugründung Quirion pariert die selbst noch junge Quirin Bank den Angriff der Fintechs. Diese digitale Vermögensverwaltung startet bei 10.000 € und richtet sich an Privatkunden. Mit ein paar Klicks wählt der Nutzer Anlagesumme, sein Alter und seine Renditeerwartung aus. Anschließend kann er direkt ein Depot eröffnen. Quirion baut das Portfolio dann aus Exchange Traded Funds (ETFs) zusammen. Die Quirion-Website war anfangs in einer poppigen Pink-Grün-Kombination gehalten. Maskottchen war „Gordon der Gecko", der Kunde wurde konsequent geduzt. Das wollten die Kunden offenbar nicht, denn der Vermögensverwalter ist nun zum „Sie" gewechselt.

Selbst aktiv wurde auch die Commerzbank-Tochter Comdirect. Sie bietet ihren Kunden seit November 2013 eine Personal-Finance-Management-Lösung (PFM) an. Das Tool hat nicht die Comdirect selbst entwickelt, sondern vom isländischen Unternehmen Meniga übernommen. Meniga bietet seine PFM-Lösung als White-Label-Produkt an. Die Comdirect hat die PFM-Lösung auf Kunden-Feedback hin weiterentwickelt. Anfang 2014 plante das Geldinstitut nicht, die Software multibankfähig zu machen. Diese Multibankfähigkeit ist aber ein wichtiger Erfolgsfaktor, meint André M. Bajorat. Der Fintech-Unternehmer war unter anderem bei Giropay und Star Finanz tätig, bevor er CEO eines Technologie-Unternehmens wurde und später das Payment-Start-up Figo startete.

Deutlich umfassender und weniger mit punktuellen Eigenentwicklungen sind Targobank und Hypovereinsbank (HVB) unterwegs, wenngleich sich auch ihre Ansätze unterscheiden. Für die Targobank sind die Projekte Digitalisierung und Filiale gleich wichtig. Das Institut zeigt mit der Kampagne „So geht Bank heute" die Vorteile der Digitalisierung. Gleichzeitig baut das Geldhaus neue Filialen auf. Vorstandsvorsitzender Franz-Josef Nick glaubt an die Kombination von Online und Offline und daran, dass der Kunde entscheidet, welcher Kanal für ihn sinnvoll ist. Da Kunden „praktisch jederzeit zwischen den Kanälen wechseln und dabei den aktuellen Bearbeitungsstatus mitnehmen" wollen, hat sich die Targobank auf den Weg von der Multikanal- zur Omnikanalbank gemacht. „Wir sind schon sehr weit, aber es reicht noch nicht", sagt selbst Vorreiter Nick.

Anders als die Targobank baut die HVB in den kommenden Monaten keine Filialen auf, sondern legt knapp 240 der aktuell rund 580 Standorte zusammen oder schließt sie ganz. An 50 Standorten sollen Selbstbedienungszonen erhalten bleiben. Die Neuordnung des Filialnetzes ist Teil der Modernisierung des Privatkundengeschäfts. „Ziel ist es, bis Ende 2015 einen modernen Mix aus klassischen Filialen und alternativen Beratungs- und Servicewegen zu schaffen, der sich am Kundenverhalten und der Nachfrage orientiert und dem technischen Fortschritt durch die digitale Revolution Rechnung trägt", teilt die HVB mit. Dazu baut das Institut die verbleibenden Filialen optisch und technisch um, die Videoberatung „kräftig aus" und investiert in ein verbessertes Internet- und Mobile-Banking-Angebot. Komfortabler soll es werden, und „zusätzliche innovative Werkzeuge" sollen Kunden beim Finanzmanagement helfen.

Die Targobank hat laut Nick „personell auf der IT-Seite aufgestockt, weil wir ständig neue Dinge entwickeln". Auch die Deutsche Bank setzt auf Inhouse-Entwicklungen. Sie nutzt die „Design Thinking"-Methode, bei der Kunden in den Innovationsprozess einbezogen werden. Die Tochter Postbank wiederum lässt die Wissenschaft für sich arbeiten. Bei ihrem diesjährigen Hochschulpreis, dem elften Finance Award, suchte das Kreditinstitut Arbeiten zum Thema „Banking 3.0 – Zwischen Digitalisierung und Mensch". Das erstplatzierte Team bei dem mit 100.000 € dotierten Wettbewerb kam zu dem Ergebnis, dass Kreditinstitute innovative Ansätze in ihre Geschäftsmodelle integrieren müssen, sonst werde es für Retailbanken „langfristig nur einen Nachruf geben". Die Postbank will nach eigenen Angaben das Direktbankgeschäft weiter ausbauen und mit der Vor-Ort-Präsenz verbinden.

6.7 Wer mit den Start-ups kooperiert

Eine weitere Strategie der Banken ist, mit digitalen Unternehmen zusammenzuarbeiten oder sie gleich komplett zuzukaufen. Seit Mai können Kunden der Deutschen Kreditbank (DKB) ihre Paypal-Umsätze im Internet Banking sehen. Die Kooperation sei deutschlandweit einzigartig, meldete der Online-Bezahlriese.

Die Commerzbank hat das Tochterunternehmen „Main Incubator" gegründet. Ziel des Brutkastens ist es, Geschäftsideen von Start-ups zu fördern und umzusetzen. „Durch die Partnerschaft des Main Incubators und der Commerzbank kombinieren wir die Flexibilität eines agilen Inkubators mit der Stabilität einer Großbank", heißt es auf der Website der Neugründung. Junge Unternehmen können an Ausschreibungen des Incubators teilnehmen. Themenfelder sind die „Digitalisierung und Optimierung der Kundenidentifikation", „Risikoabsicherung von Unternehmen" und „Crowd Tech Banking". Daneben haben Start-ups die Möglichkeit, sich mit ihrer Idee zu bewerben. Das Motto: „Wir suchen auch visionäre Antworten im Banking, von denen wir heute noch gar nicht wissen, dass wir Fragen dazu haben."

Die Banco Bilbao Vizcaya Argentaria (BBVA) betreibt mit „BBVA Open Talent" einen Inkubator auf Wettbewerbsbasis. Der Award wurde 2014 zum sechsten Mal ausgeschrieben. Damit will das Institut die Entwicklung innovativer technologiebasierter Projekte weltweit unterstützen. Mehr als 870 Bewerbungen gingen ein. Unter den 60 Finalisten waren mit Cashboard.io und Lendstar nur zwei deutsche Unternehmen. Ausgelobt waren Preise im Wert von über 180.000 € und die Möglichkeit, das Projekt gemeinsam mit der BBVA aufzusetzen. Das spanische Institut hat erst im Februar das US-amerikanische Banking-Start-up Simple für 117 Mio. US-Dollar erworben.

Ob Inhouse-Entwicklung, Wettbewerbe, Kooperationen oder Einkaufstour: Jede dieser Strategien kostet Zeit und Geld. Bei Beteiligungen stellt sich außerdem die Frage, wie erfinderisch ein Start-up bleiben kann, das auf einmal Teil eines Großunternehmens ist und sich damit den Regeln der Mutter unterwerfen muss. Kritisch sei der Moment, an dem die Bank die Innovation in ihre Organisation implementiert, erklärt Marketing-Fachmann Stöckle. „Dann trifft die Idee auf Bedenkenträger und wird womöglich verwässert." Gleichwohl empfiehlt Stöckle Banken und Start-ups, schon ab Fertigstellung des Prototyps eng zusammenzuarbeiten, um die Lösung zu integrieren.

6.8 Sich auf Innovation einlassen

In jedem Fall muss ein Kulturwandel in Kreditinstituten stattfinden, damit die Häuser in der digitalen Welt bestehen können, sind sich Experten einig. Sich auf Lösungen von innovativen Start-ups einzulassen, sei Teil dieses Kulturwandels.

Auf Ideen von außen einlassen müssen sich auch Sparkassen und Genossenschaftsbanken, nämlich auf die ihres Verbundes. Dafür brauchen die einzelnen Institute nicht jede Lösung selbst zu entwickeln. Die Finanz Informatik, zentraler Dienstleister der Sparkassen, stellt Lösungspakete zur Verfügung. „Inwieweit die Sparkasse das jeweilige Online-Abschluss-Modul in ihren Webauftritt einbaut und aktiviert, entscheidet sie in eigener Verantwortung", sagt Georg Fahrenschon, Präsident des Deutschen Sparkassen- und Giroverbands (DSGV).

Bereits zu seiner Amtsübernahme im Mai 2012 hatte sich Fahrenschon die Digitalisierung auf die Fahnen geschrieben. In seiner Antrittsrede erklärte er: „Schutz für bewährte Geschäftsmodelle gibt es dabei nicht – nicht einmal dann, wenn sie auf eine 200-jährige Erfolgsgeschichte zurückblicken." Alles, was digital möglich ist, werde digital werden. In einer sich derartig beschleunigenden Welt sei es ausgeschlossen, dass Geschäftsmodell, Strukturen und Entscheidungswege der Sparkassen völlig unverändert bleiben können. Mit seinen klaren Worten hat sich der Sparkassen-Präsident nicht nur Freunde gemacht. Ein Marktbeobachter spricht von zwei Lagern: Der einen Partei ginge der Fortschritt nicht schnell genug. Die andere lehne neue Lösungen ab: „Wir brauchen keine Digitalisierung, wir sind Filialbank." Gründe für die Verweigerungshaltung seien zum einen mangelnde eigene Berührungspunkte mit neuen Technologien und damit Unkenntnis, erklärt ein weiterer Branchenkenner. Auch Angst um die Zukunft der Filialen dürfte eine Rolle spielen. Sparkassen und Genossenschaftsbanken können schon wegen ihres Selbstverständnisses nicht im großen Stil Geschäftsstellen schließen und Mitarbeiter entlassen. Doch Digitalisierung muss nicht automatisch Filialabbau bedeuten. Neue Ideen, meint ein Experte, könnten sogar helfen, Geschäftsstellen zu sichern.

„Es gibt zu Recht Kritik daran, Digitalisierung gegen Geschäftsstellen auszuspielen", betont Fahrenschon. Zwar würden reine Abwicklungsfilialen weniger werden. Aber die Sparkassen „werden auch in Zukunft das dichteste Netz haben". Wie Targobank-Chef Nick setzt der Sparkassen-Präsident auf eine Multikanalstrategie. Er will Geschäftsstellen und die unterschiedlichen Online-Angebote „zu einem einzigartigen, durch Menschen geprägten Sparkassenangebot verschmelzen". Die Digitalisierung der Sparkassen sei also nicht gestoppt, wie ein Beobachter das behauptet. Das Tempo würde sogar erhöht. „Die Finanz Informatik nimmt Millionenbeträge in die Hand." Fahrenschon begrüßt die unterschiedliche Herangehensweise der einzelnen Institute. Denn die Finanzgruppe kann so von guten und schlechten Erfahrungen profitieren. Als experimentierfreudig gelten die Kreissparkasse Köln und die Sparkasse Köln-Bonn. Beide haben laut Fahrenschon sehr gute Erfahrungen mit der Videoberatung gemacht.

Im Jahr 2013 verkündete Uwe Fröhlich, Präsident des Bundesverbands der Deutschen Volksbanken und Raiffeisenbanken (BVR), einen zweistelligen Millionenbetrag in die Entwicklung einer zukunftsfähigen Webstrategie zu investieren. Herausgekommen bei dem Projekt „Weberfolg" ist unter anderem ein frischeres Webdesign. Die VR-Banken arbeiten nun mit einer aufgeräumteren Optik. Großzügige Bilder mit kurzen Texten laden zum Klicken ein. Social-Media-Buttons finden sich auch auf der Startseite, sofern die Bank in den sozialen Netzwerken unterwegs ist.

Doch modernes Design allein genügt nicht, auch die Angebote müssen attraktiv sein, meint Matthias Weiß, Partner bei der Unternehmensberatung Compentus. Grundsätzlich sind die Genossenschaftsbanken mit dem Projekt „Weberfolg" einen Schritt in die richtige Richtung gegangen. „Aber ein Projekt reicht noch nicht aus. Die Digitalisierung wird nicht wieder verschwinden. Die Institute stehen am Anfang eines Weges", mahnt Weiß. Er glaubt, dass der Vorstoß die Digitalisierung bei vielen Genossenschaftsbanken ins Bewusstsein gerückt hat. Allerdings dürfe sich niemand zurücklehnen: „Es braucht ein klares Zielbild. Die Entscheider müssen die Auswirkungen und Chancen der Digitalisierung für jede neue Strategie, die sie erarbeiten, berücksichtigen." Ganz wichtig sei die Lust zur Veränderung, ebenso wie klare Verantwortlichkeiten. Der Nutzen sollte sich allen Beteiligten erschließen. Das macht einen dauerhafter Lern- und Entwicklungsprozess für alle Mitarbeiter vonnöten. Denn alle werden digitale Kanäle künftig in der Kundenkommunikation einsetzen müssen. Nicht das Produkt, meint Weiß, sondern der Zugang zum Kunden ist der zentrale Erfolgsfaktor.

„Mit einem kurzfristigen wirtschaftlichen Erfolg ist nicht zu rechnen", umreißt der Experte die Herausforderung. Trotzdem lohne es sich für die Genossenschaftsbanken, jetzt dranzubleiben, um bereits mittelfristig Erfolg zu haben, nämlich durch bessere Kundennähe und höhere Profitabilität, insbesondere durch Kostenreduktion. Laut Weiß ist der Druck noch nicht so hoch, dass der Durchschnitt der Institute im großen Stil über Filialschließungen und Personalabbau nachdenken müsste. Vielmehr werde der schrittweise, geordnete Rückbau der Kapazitäten weitergehen. „Der betriebswirtschaftliche Erfolg hängt maßgeblich vom richtigen Personaleinsatz ab. Das heißt, es werden für die digitale Kommunikation mehr Ressourcen gebraucht und für die stationäre weniger. Dabei kommt es auf eine effektive und effiziente Kapazitäten-Steuerung an", ergänzt der Berater.

6.9 Szenarien für die Zukunft

Weiß' Analyse für die Genossenschaftsbanken lässt sich auf die meisten Kreditinstitute übertragen. Viele haben begonnen, sich auf die digitale Welt einzulassen. Noch gibt es kein Fintech, das eine Bank vollständig ersetzen könnte. Doch reichen die Initiativen der Kreditwirtschaft, um die Erosion des Geschäftes aufzuhalten? Das ist nicht sicher. Fachleute haben bei einer Konferenz 2014 zwei Szenarien entwickelt. Im ersten Szenario geht es den Banken wie dem Handel. Die einstigen Branchen-Riesen kämpfen ums Überleben, nicht alle werden den Kampf erfolgreich bestehen. Im zweiten Szenario besinnen sich Banken auf ihr großes Asset. Sie nutzen ihre Kundendaten geschickt und schaffen so den Sprung in die digitale Welt. Auch von den Fintechs werden nicht alle überleben. „Zwei bis drei werden sich mit ihren Ideen, ihren Prozessen und ihrer Innovationskraft durchsetzen und den traditionellen Banken einen spürbaren Marktanteil abnehmen", glaubt Fintech-Experte Schwab. Die Banker und Sparkässler werden also neue Namen lernen müssen.[1]

---

[1] Dieser Beitrag basiert auf zwei Artikeln der ebenfalls bei Springer erscheinenden Fachzeitschrift BANKMAGAZIN: „Die jungen Wilden", BANKMAGAZIN 05/2014, und „Viel mehr als ein Projekt", BANKMAGAZIN 10/2014.

Stefanie Burgmaier ist Director Magazines und Events bei Springer Fachmedien Wiesbaden. Sie berichtet seit mehr als 20 Jahren über die Finanzbranche. die gelernte Bank- und studierte Diplom-Kauffrau ist Herausgeberin des BANKMAGAZINs Außerdem war die Absolventin der Georg-von-Holtzbrinck-Schule für Wirtschaftsjournalisten bei den Springer Fachmedien für die Wirtschaftsthemen auf dem Wissensportal Springer für Professionals sowie die Wirtschaftszeitschriften bis Ende September 2014 verantwortlich. Seit Oktober 2014 ist sie für alle Magazine der Springer Fachmedien Wiesbaden zuständig. Bereits seit 1994 lebt die gebürtige Essenerin am Finanzplatz Frankfurt. Erst schrieb sie für die „Wirtschaftswoche", dann wechselte sie ins Gründungsteam der „Financial Times Deutschland" und leitete dort das Finanzdienstleister-Team. Während des ersten Internetbooms baute sie das Onlineportal sharper.de, ein Joint Venture von Handelsblatt und Reuters, auf. Von August 2007 bis Januar 2013 war die leidenschaftliche Börsianerin Chefredakteurin des Anlegermagazins „Börse Online".

Stefanie Hüthig ist seit April 2015 Chefredakteurin des BANKMAGAZINs und der BANK-FACHKLASSE. Sie schreibt am liebsten über Innovationen, Strategie und IT in der Finanzbranche. Stefanie Hüthig arbeitet seit März 2005 bei Springer Fachmedien. Neben ihrer Tätigkeit für das BANKMAGAZIN und die BANKFACHKLASSE verfasst sie Beiträge für das Ressort Banken & FDL bei Springer für Professionals und ist Herausgeberin des Buchs „Banking 2.0". Zuvor war sie als Redakteurin Finanzdienstleistungen bei Springer Fachmedien tätig und hat in dieser Zeit neben dem Bankmagazin und der Bankfachklasse auch für das Versicherungsmagazin gearbeitet. Sie hat Betriebswirtschaftslehre Fachrichtung Bank an der Berufsakademie Mannheim, heute Duale Hochschule Baden-Württemberg Mannheim, studiert. Banking-Erfahrung sammelte sie in einer mehrjährigen Tätigkeit in der Sparkasse Vorderpfalz, in deren Geschäftsgebiet sie aufgewachsen ist.

Web 2.0 Banking – Was Kreditinstitute von der Fidor Bank lernen können

7

Florian Eismann

Zusammenfassung

Einer der populärsten und innovativsten neuen Marktteilnehmer im Bankenmarkt ist die Fidor Bank. Von ihr können klassische Kreditinstitute im vorliegenden Artikel eine Menge lernen. Nicht nur der geschaffene Community-Gedanke ist neu, sondern auch der dynamische Marktplatz und die Zahlungssysteme. Banking, Prozesse und Bankinfrastruktur wurden neu gedacht.

7.1 Warum sich Banking ändern muss!

Betrachtet man das Thema Multikanal aus dem Blickwinkel der Fidor Bank, gibt es hierzu eine technisch-produktseitige und eine kommunikative Ebene zu betrachten.

Eines der wichtigsten Elemente der Fidor Bank ist die Online Finanz-Community. Um die Wichtigkeit dieses Kanals zu verstehen, empfiehlt es sich, nur wenige Jahre zurückzublicken. Die letzte Finanzkrise, welche mit dem Zusammenbruch des Hypothekenmarktes begann, löste eine weltweite Krise aus. Damit verbunden war ein enormer Vertrauensverlust in der Bankenwelt. Zwar gab es in der Vergangenheit schon zahlreiche Zusammenbrüche der Finanzmärkte, die Empörung der Endkunden war in diesem Jahrzehnt jedoch deutlicher als jemals zuvor.

Ursache dafür ist unter anderem der technologische Wandel, der über die letzten Jahrzehnte hin stattgefunden hat. Insbesondere das Internet und die engere Verknüpfung der Menschen untereinander führten zu mehr Transparenz über die Ursachen dieser Krise.

F. Eismann (✉)
Leinburg, Deutschland
E-Mail: eismann@fidor.de

© Springer Fachmedien Wiesbaden 2015
H. Brock, I. Bieberstein (Hrsg.), *Multi- und Omnichannel-Management in Banken und Sparkassen*, DOI 10.1007/978-3-658-06538-6_7

Kunden fühlten sich mehr und mehr hintergangen. Insbesondere in Foren und auf sozialen Plattformen im Internet ließen Kunden ihrer Enttäuschung freien Lauf. Vor allem die schlechte Beratung durch den Bankberater wurde hierbei immer wieder hervorgehoben.

7.2 Online-Community – die bessere Filiale

7.2.1 Besondere Vorteile einer Bank-Community

Nicht zuletzt deshalb identifizierte die Fidor Bank bei ihrer Gründung den Kanal „Community" als den wichtigsten Kontaktpunkt zwischen Bank und Kunde. Um die Kundendaten entsprechend schützen zu können, entschied man sich eine eigene Community zu entwickeln und sich nicht nur auf bestehende Kanäle wie Facebook, Twitter & Co. zu verlassen.

Doch warum ist gerade eine online Community so wichtig? Vereinfacht lässt sich sagen, dass sie ein entscheidendes Maß an Kundenvertrauen zurückbringen kann. Die Basis hierfür ist die Glaubwürdigkeit der Informationsquelle. Nutzer unterscheiden hierbei bewusst zwischen Inhalt, den Unternehmen kreieren, und Inhalt, der von Nutzern erzeugt wird. Letztgenannter gilt für User als externe Prüfung des Wahrheitsgehaltes von getätigten Aussagen. Zudem gelten die Informationen als authentischer und zuverlässiger, weil sie durch mehrere unabhängige Personen überprüft werden.

Dies wiederum bildet die Basis für Kundentreue und die Möglichkeit, darüber Neukunden zu gewinnen (Bruhn et al. 2012). Unterstützt wird dies ebenfalls durch systemimmanente Eigenschaften einer Online Community, die sich über eine traditionelle Filiale so nicht abbilden lassen:

- In einer Community können Finanzfragen an alle Experten gleichzeitig gestellt werden. Dies ist in der Interaktion mit einem Bankberater nicht möglich.
- In einer Community können User Tag und Nacht Fragen stellen und Rat suchen. Es gibt keine Öffnungszeiten, die sie dabei beschränken.
- In einer Community können User unabhängige Meinungen Dritter einholen, ohne sich zu einem Kauf verpflichtet zu fühlen bzw. dazu gedrängt zu werden.
- In einer Community geht es nicht nur um die Produkte der eigenen Bank.
- In einer Community können Kunden ihr größtes Geldproblem anonym besprechen, in einer Filiale müssen sie einen Termin vereinbaren und dann erst einmal eine umfassende Selbstauskunft ausfüllen. Ob diese Bank dann auch für sie die passende Lösung hat, ist dabei noch lange nicht gesagt.
- In einer Community können User sich relativ sicher sein, dass unter mehreren Antworten eine falsche Antwort sehr schnell aus der Reihe fällt. Bei einer Antwort eines Bankmitarbeiters haben Kunden diese Kontrollmöglichkeit nicht.

- In einer Community können User ihre persönliche Finanzsituation mit anderen Nutzern vergleichen, analysieren sowie daraus Handlungsempfehlungen ableiten. Diese Vergleichbarkeit ist in einer Filiale nicht gegeben.
- In einer Community werden Kunden durch aktive Teilnahme selbst Finanzexperten, was ganz nebenbei geschieht.
- In einer Community haben User die Möglichkeit, dass Produkte und Berater einer Bank transparent bewertet werden.
- In einer Community können Kunden bei anderen Gesprächen „zuhören" bzw. mitlesen und somit von Erfahrungen anderer lernen.
- In einer Community können Kunden Produkte vorschlagen, die möglicherweise von der Bank umgesetzt werden. Kunden werden somit zum Gestalter ihrer eigenen Bank.

Darüber hinaus sprechen auch ganz nüchterne wirtschaftliche Gründe für die Einführung einer Community. So sind die Einflüsse der Kostenreduzierung nicht zu unterschätzen.

Grundlegend gilt zu verstehen, dass in Online-Communities das grundlegende Verständnis der Zusammenarbeit besteht. Aufgrund dieses Grundprinzips lassen sich gewisse Teilbereiche des Supports an die Kunden übertragen. Fragen, welche die User an die Community stellen, werden in kürzester Zeit durch andere User beantwortet. Durch die Vielzahl der unterschiedlichen Antworten erhält der Kunde ein besseres homogeneres Verständnis (vgl. Ang 2011).

Für die so gelösten Probleme werden keine Ressourcen im Kundenservice in Anspruch genommen. Dies bietet nicht nur einen Mehrwert für den Kunden, der schnell und transparent eine Antwort erhält, sondern minimiert auch den Aufwand für die Bank. Darüber hinaus müssen Banken und Sparkassen keine kostspieligen Marktanalysen in Auftrag geben, um zu verstehen, was die Kunden derzeit bewegt. Ein einfacher Blick in die Community zeigt offen die Bedürfnisse der Kunden. Idealerweise ist eine solche Community in verschiedene Themengruppen unterteilt, was es für den User einfacher macht, sich direkt an einer Online-Konversation zu beteiligen.

7.2.2 Wenn Kunden die Zinsen mitbestimmen

Die Fidor Bank hat beispielsweise eine Zins-Konsensus-Gruppe innerhalb der Community etabliert. In dieser Gruppe diskutieren Kunden gemeinsam mit dem Management der Bank über die zukünftige Entwicklung der Zinsen und wie diese im Einlagengeschäft gestaltet werden sollen. Entgegen vieler externer Erwartungen sind Kunden nicht darauf bedacht, stets die höchsten Zinsen zu fordern. Ganz im Gegenteil, der Konsens trifft sich zumeist bei nachhaltigen Marktzinsen, wovon letztendlich Kunde und Bank profitieren.

7.2.3   Was eine erfolgreiche Bank-Community ausmacht

Sicherlich stellen viele verantwortliche Manager die Frage, wie man eine derartige Community aufbauen kann? Bankseitig ist es hierbei zunächst wichtig, die richtigen Rahmenbedingungen zu schaffen. Es muss klar sein, dass eine Community nicht den Zweck erfüllt, Produkte der eigenen Bank durch Online-Berater vertreiben zu lassen. Eine Bankfiliale zu digitalisieren ist somit nicht der richtige Ansatzpunkt. Ganz im Gegenteil, die Finanz-Community muss die Möglichkeit haben, über alle Bankprodukte frei sprechen und diese auch transparent bewerten zu dürfen. Nur so kann echte Unabhängigkeit entstehen.

Darüber hinaus ist es wichtig, frühzeitig eine kritische Masse an Community Kunden aufzubauen. Dies ist auf die Logik des Netzwerkeffekts (Metacalfe's Law) zurückzuführen, basierend auf den Erkenntnissen des Ethernet-Erfinders Bob Metcalfe. Vereinfacht dargestellt kann man sagen, der Kundenmehrwert der Community steigt mit der Anzahl ihrer User.

7.2.4   Der Kunde als Sender und Empfänger

Ziel muss es somit sein, möglichst viele User für die Community zu begeistern. Das wohl effektivste und somit auch kostengünstigste Instrument ist hierbei Word-of-Mouth-Marketing (Samson 2006). Besonders der Zugriff auf die neuen Medien sowie deren Transparenz und Reichweite erfordern ein Umdenken, wie dieses Werbeinstrument zukünftig anzuwenden ist. Word-of-Mouth Marketing ist bei weitem kein neues Marketinginstrument, es hat sich jedoch von einer reinen „offline" hin zu einer „online" Marketingform entwickelt (Kozinets et al. 2010).

Historisch gesehen wurde Word-of-Mouth als Botschaft zwischen zwei Kunden gesehen. Die Grundmotivation ist es, andere Kunden mit dem eigenen Feedback zu inspirieren und sie gegebenenfalls vor schlechten Dienstleistungen oder Produkten zu bewahren. Die Kommunikationsstruktur läuft hierbei nicht linear ab, sondern exponentiell durch das weltweit verknüpfte Netzwerk. Es ist nicht länger nur ein Sender und viele Empfänger, es sind vielmehr viele Sender und viele Empfänger, die eine Botschaft verbreiten. Dies erfordert ein Umdenken in der Art, wie Kommunikation konzipiert werden muss. Gerade das Web 2.0 setzt auf das Aufmerksamkeitsprinzip. Will man im Internet Kunden ansprechen, reicht es nicht, umfangreiche Werbeeinblendungen zu schalten. Es gilt, das Interesse der Konsumenten zu wecken. Das Bankprodukt steht nicht zwangsläufig im Vordergrund, sondern mehr die Information, die mit der sozialen Gemeinschaft geteilt wird (Stuber 2010).

7.2.5   Der Kunde als Multiplikator

Um die Komplexität von Word-of-Mouth besser zu verstehen, ist es wichtig, Muster im Prozess des Kundenverhaltens zu erkennen. Zwar ähnelt Word-of-Mouth Marketing auf den ersten Blick sehr der Öffentlichkeitsarbeit oder Promotionaktivitäten, jedoch ist es

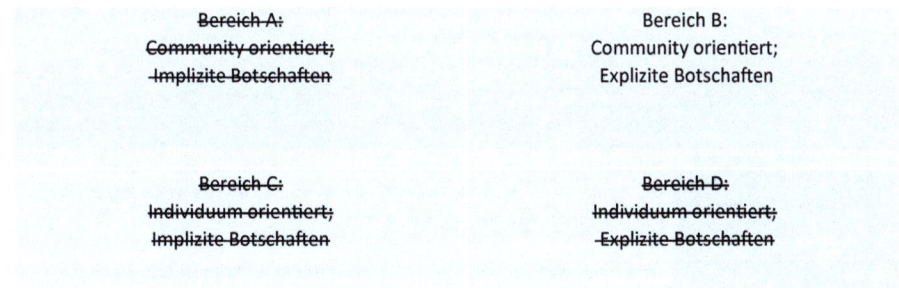

Abb. 7.1 Nutzertypen Community. (Quelle: eigene Darstellung)

weniger bekannt, weniger definiert und hat einen wesentlich komplexeren kulturellen Hintergrund.

Diesen gilt es für erfolgreiches Social Media Marketing zu analysieren; denn nur, wer die Nutzer online kennt und versteht, kann auch richtig mit ihnen umgehen. Die Kernfrage, die damit in Zusammenhang steht, ist: Welche Nutzerarten oder Kundenarten sind am meisten für die Verbreitung von Botschaften auf Social Media Kanälen verantwortlich?

Generell lassen sich in der Literatur zwei Dimensionen der Nutzer nach Kozinets et al. (2010) unterscheiden. Die erste kann als interpersonelle Sichtweise gesehen werden. Darunter ist zu verstehen, ob der Nutzer seine Nachrichten an die Community adressiert (zum Beispiel hausmütterliche Tipps zur Entfernung von Flecken) oder einfach seine eigene Sichtweise beschreibt (zum Beispiel ein Experte, der seine Erfahrungen zu einer gewissen Aktie darlegt).

Die zweite Ebene beschäftigt sich mit der Frage, ob der Nutzer seine Botschaften, implizit oder explizit, hinsichtlich des Unternehmens, äußert. Manche User berichten, dass sie explizit gebeten wurden, über die Dienstleistung oder das Produkt von Bank X zu schreiben und schildern sodann ihre Eindrücke. Andere User erwähnen dies wiederum nicht und bekräftigen, dass sie von sich aus zu dem Thema einen Bericht verfassen wollen, also implizit (Kozinets et al. 2010).

Wie die Ergebnisse von Kozinets et al. (2010) weiter zeigen, sind die Nutzer der Bereiche A, C, D nicht für die Verbreitung von Word-of-Mouth Botschaften geeignet (Abb. 7.1). Untersucht wurden die Reaktionen innerhalb der Community. So werden implizite Botschaften oftmals als nicht glaubwürdig aufgenommen, weil die Nutzer einen versteckten Unternehmenseinfluss sehen.

Wird hingegen offen über Zusammenhänge zum Unternehmen gesprochen, so sehen Nutzer dies als ehrliches Zeichen und diskutieren die positiven, wie auch negativen Punkte der Dienstleistung oder des Produktes in einem sachlichen Kontext. Dies geschieht aber nur, wenn der Informationsvermittler die Community vor Beginn eingebunden und zudem die Diskussion gezielt gefördert hat (Kozinets et al. 2010).

Die Fidor Bank ernennt diese Kundengruppe (Bereich B) zu Moderatoren mit besonderen Rechten. Wichtig ist, dass diese Rechte nicht die Befugnis beinhalten, den Inhalt anderer User zu verändern, sondern vielmehr dazu dienen, Diskussionen objektiv in die richtigen Bahnen zu lenken.

Höflich & Respektvoll	Grundlage ist ein offener, konstruktiver und freundschaftlicher Austausch. Kritik wird immer sachlich geäußert. Respektieren Sie die Persönlichkeit und die Meinung anderer Nutzer. Gehen Sie umsichtig mit Sarkasmus und Ironie vor, denken Sie daran, dass Mimik und Betonung online verloren gehen.
Der Weg ist das Ziel	Ziel und Ergebnis einer Community-Diskussion ist das Aufweisen verschiedenster Lösungsmöglichkeiten. „Viele Wege führen nach Rom" ist ein sehr weiser Satz aus der offline-Welt, der auch hier Anwendung findet.
No politics!	Keine Frage, die Politik spielt beim Geld immer eine Rolle. Politische Statements, die nichts mit Geld zu tun haben, bleiben jedoch außen vor.
Beim Thema bleiben	Bleiben Sie beim Thema der Diskussion. Sowohl bei Fragen als auch Antworten fokussieren Sie sich auf das Wesentliche. Diskutieren Sie über die Finanzfragen, jedoch nicht über die Personen.
Keine Rechthaberei	In der Fidor Smart Community geht es nicht darum, Recht zu haben. Das Thema Geld hat für jeden Nutzer und Kunden ganz unterschiedliche Facetten, Prioritäten, Blickwinkel.
Auf Rechtschreibung achten	Achten Sie auf die Rechtschreibung, überprüfen Sie Ihren Text vor dem Absenden. So sehr wir Verständnis dafür haben, dass nicht alle Bürger der Bundesrepublik Deutschland Deutsch als ihre Muttersprache haben, so sehr müssen wir doch darauf verweisen, dass die Beiträge für alle verständlich sein müssen. Verwenden Sie in Titel und Text nicht ausschließlich Großbuchstaben. Im Netz bedeutet das, dass Sie SCHREIEN.
Suchen & Finden	Verwenden Sie die Suchfunktion, bevor Sie eine Frage stellen. Vielleicht wurde diese Frage schon einmal gestellt und beantwortet.
Auf Urheberrechte achten	Kopieren Sie keine Texte anderer User und geben Sie nicht als Eigene aus. Gleiches gilt auch für Inhalte, die den Datenschutz Dritter verletzen. Zitate oder kopierte Sätze aus dem Internet sind mit einem Quellverweis zu hinterlegen! Dies trifft auch auf Short-Links zu, deren eigentliches Ziel für den Leser nicht erkenntlich ist.

Abb. 7.2 Community Richtlinien. (Quelle: Fidor Bank AG 2014a)

7.2.6 Digitales Miteinander

Neben der Bedeutung die richtigen Multiplikatoren zu identifizieren, ist es ebenfalls essenziell, Richtlinien für die Gemeinschaft der Community User aufzustellen. Diese sollten leicht verständlich sein und von allen akzeptiert werden. Abbildung 7.2 zeigt einen Auszug aus den Richtlinien der Fidor Bank.

Basierend auf diesen Grundlagen soll das digitale Miteinander möglichst ergebnisorientiert verlaufen.

7.2.7 Der Kunde als Co-Manager – Bonifizierung

Ein weiteres Instrument, das optional zur Kundengewinnung genutzt werden kann, ist die monetäre Bonifizierung von Beiträgen in der Community. Dies ist besonders hilfreich, um

Aktivitäten rund um Fidor Smart Girokonto & Community	Anzahl	Bonus je Aktivität	Maximum/Monat (€)
Geldfragen stellen	3 x	0,10 €	0,30
Spartipp anlegen	3 x	0,10 €	0,30
Geldexperte anlegen	1 x	0,10 €	0,10
Produkt bewerten	3 x	0,05 €	0,15
Produkt anlegen	3 x	0,10 €	0,30
Geldfragen beantworten	5 x	0,10 €	0,50
Geldexperte bewerten	3 x	0,05 €	0,15
Wunschprodukt anlegen	3 x	0,05 €	0,15
Retweet Bonus pro Retweet	5 x	0,10 €	0,50
Gehaltseingang in Höhe von min. 1.000,– €	1 x	1,00 €	1,00

Abb. 7.3 Auszug Bonusverzeichnis Fidor Bank. (Quelle: Fidor Bank AG (2014b))

gerade zu Beginn umfänglichen Inhalt und Bewertungen zu generieren. Der gezahlte Betrag pro Interaktion sollte hierbei nicht zu hoch ausfallen, um zu vermeiden, dass Kunden die Community ausschließlich zum Geldverdienen nutzen. Es muss mehr ein Anreiz für den veröffentlichten Inhalt sein.

Des Weiteren empfiehlt es sich, monatliche Obergrenzen zu setzen. Somit kann gewährleistet werden, dass nicht nur wenige viel leisten, sondern alle gleichmäßig partizipieren möchten. Als Referenzunternehmen strukturiert Fidor sein derzeitiges Bonusprogramm wie in Abb. 7.3 dargestellt.

Zusammengefasst lässt sich sagen, dass eine faire Bonifizierung, das Erstellen von Richtlinien sowie die Identifikation von Moderatoren die drei wichtigsten Erfolgskriterien für eine erfolgreiche Community darstellen. Ein derart innovativer und zeitgemäßer Kanal bietet darüber hinaus nicht nur die Möglichkeit, sich von anderen Banken abzusetzen, sondern kann vor allem Kundenvertrauen zurück gewinnen. Kunden fordern zu Recht nicht nur eine stabile Vertrauensbasis, sondern haben auch den Anspruch, dass sich ihre Bank in ihren Lifestyle integrieren lässt. Heutzutage ist dieser bei den meisten Nutzern stark digital geprägt.

7.3   Banking ist erforderlich, Banken sind es nicht

7.3.1   Technologieunternehmen mit Banklizenz

Die Eingliederung in die technologisch bestimmte Welt der Kunden ist ein absolutes Muss. Viele Banken und Sparkassen unterschätzen aber gerade diese Dimension, welche höchstwahrscheinlich langfristig darüber entscheiden wird, welche Banken wettbewerbsfähig bleiben können und welche nicht. Nicht zuletzt wird daher Bill Gates auch das Zitat nachgesagt: „Banking ist erforderlich, Banken sind es nicht". Daher verwundert es auch nicht, dass die aktuelle Revolution in der Finanzwelt nicht von bekannten Teilnehmern wie Deutsche Bank, Bank of America oder der HSBC ausgeht, nein, es sind Google, Facebook und Apple, die gefürchtet werden, weil sie mit disruptiven Technologien das Marktumfeld verändern.

Das erst kürzlich vorgestellte Apple Pay Konzept ist ein klarer Indikator dafür: Nicht die Bezahlmethode „Kreditkarte" lässt die Menschen in aller Welt aufhorchen, sondern der eine einfache Prozess dahinter in Kombination mit einer anonymen und sicheren Technologie. Die Auswirkungen auf die Finanzwelt sind derzeit noch nicht abzusehen.

7.3.2 Big Data – ein Potenzial im Dornröschenschlaf

Deutlich hingegen wird bereits jetzt, dass Transaktionsdaten in der Zukunft wesentlich wichtiger sein werden als Vermögensdaten. Ein Blick in den angelsächsischen Bereich zeigt, dass zahlreiche Internetunternehmen auf dieser Basis eine Millionenbewertung vorweisen können. Dies beruht auf der einfachen Tatsache, dass sie unzählige Kundendaten (Big Data) gesammelt und verdichtet haben. Google, Twitter und Facebook sind dabei nur die bekanntesten Beispiele. Ironischerweise liegen diese gesammelten Daten den Banken seit vielen Jahren vor. Der gigantische Datenschatz wurde aufgrund von fehlender Datenanalyse bisher jedoch noch nicht geborgen. Gemeint sind hierbei komplexe Datenrelationen aus unterschiedlichsten Bereichen. Verknüpft man diese Datenpunkte zu einer Struktur, lassen sich zahlreiche Verhaltensmerkmale und Bedürfnisse der Kunden ableiten. Diese vorab zu erkennen, bietet ein noch ungeahntes Potenzial für Finanzdienstleister.

7.3.3 Der Plattformansatz als Wettbewerbsvorteil

Was man ebenso von Google und Apple lernen kann: Beide Unternehmen haben verstanden, dass ein Schlüsselelement ihres Erfolgs darin besteht, Innovation auszulagern. Damit sparen sie Zeit und Kosten, was wiederum zu einem Höchstmaß an Skalierbarkeit und Profitabilität führt.

Das Herzstück dieser Unternehmen sind die Betriebssysteme „Android" und „iOS". Beide sind so konzipiert, dass sich Apps von Drittanbietern bzw. Softwarefirmen einfach auf dem jeweiligen Betriebssystem des Nutzers installieren lassen. Umsatzstarke Applikationen wie beispielsweise die Sport App „Runtastic" oder das beliebte Spiel „Angry Birds" wurden nicht von Apple oder Google entwickelt. Diese Apps erzeugen aber wichtige Einnahmen, weil die beiden US Konzerne als Eigentümer des Marktplatzes „App Store" am Vertrieb der Software deutlich mitverdienen. Die Kunden hingegen genießen den Vorteil, das gesamte Angebot über eine Plattform schnell und transparent beziehen zu können.

Zwar sind zwischenzeitlich viele Banken und Sparkassen in den diversen App Stores auf unterschiedlichen Plattformen vertreten, die Opportunität selbst zum profitablen Marktplatz werden zu können, erscheint vielen Finanzdienstleistern hingegen fremd.

Die Fidor Bank zeigt hingegen bereits heute, dass auch Banken diesen Weg nicht zu fürchten haben. Die Sorge vieler IT-Verantwortlicher, das bestehende und inflexible Kernbanksystem anpassen zu müssen, erweist sich als unbegründet. Unter einem Kernbanksystem ist der innerste technologische Softwarekern einer Bank zu verstehen. Er organisiert beispielsweise die Anlage von neuen Konten, die Durchführung von Transaktionen sowie die Zinsberechnung. Kernbankensysteme wurden jedoch niemals dafür ausgelegt, externe Software von Drittunternehmen zu integrieren. Vor dem Hintergrund der Sicherheit ist dies durchaus vertretbar. Die Kehrseite davon ist eine starke Limitation für Innovation, weil Anpassungen sehr kostspielig sind und teilweise von der Softwarearchitektur nicht unterstützt werden können.

7.3.4 Die neue Offenheit

Die Lösung kann daher nur eine Technologie sein, die das Kernbankensystem nicht ersetzt, sondern komplementär zu diesem arbeitet. Eine sogenannte „Middleware" erlaubt über eine sichere Schnittstelle die Kommunikation mit dem Kernbanksystem, indem sie beispielsweise Konten anlegt oder Transaktionsdaten austauscht.

Neben den klassischen Funktionalitäten liegt das Geheimnis der Middleware in offenen Schnittstellen, genannt APIs (englisch: application programming interface, wortwörtlich Anwendungsprogrammierschnittstelle). Aufgrund des hohen Standardisierungsgrades der APIs können sich verschiedene interne Applikationen untereinander austauschen und Daten übermitteln. Durch ein entsprechendes Rechte- und Rollenkonzept können sogar Drittanbieter von Software aus dem Nicht-Bankensektor auf bestimmte Datenquellen via APIs zugreifen.

Diese sogenannten „Third Party Apps" erhalten Leserechte auf vom Kunden freigegebene Daten innerhalb der Middleware. Ein Zugriff auf Informationen aus dem Kernbanksystem ist hingegen ausgeschlossen. Interaktionen zwischen Middleware und Kernbanksystem sind ausschließlich über eine sichere Schnittstelle innerhalb der Bank möglich (Abb. 7.4).

Wie in Abb. 7.4 ersichtlich, lässt sich diese Architektur am besten im einem Schichtenmodell darstellen. Das beschriebene Kernbanksystem bildet die unterste und geschützteste Ebene. Es lässt sich beliebig austauschen. Dies ist zumeist auch erforderlich, weil beispielsweise unterschiedliche Länder besondere Anforderungen an das Kernbanksystem stellen.

Die Ebene „Middleware" ist die wichtigste Ebene hinsichtlich der Digitalisierung, weil sie flexibel anpassbar ist und den Austausch von Informationen über externe Software ermöglicht. Bei der Fidor Bank wird dieser Bereich in Anknüpfung an die Logik von Apple

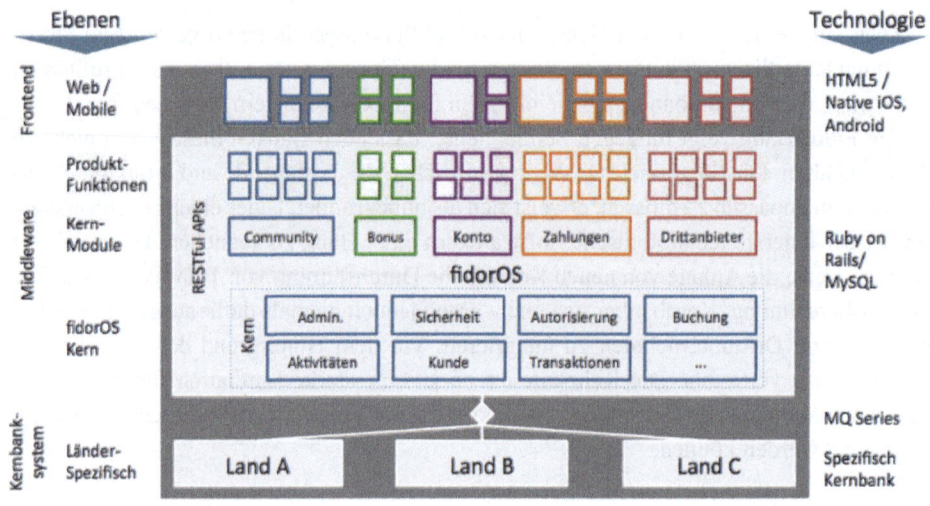

Abb. 7.4 Fidor TecS AG Architekturmodell

daher auch fidorOS genannt. Der Mehrwert dieser Softwareebene lässt sich am besten an einem Beispiel verdeutlichen.

Gegeben ist folgender Anwendungsfall: Eine deutsche Bank entschließt sich dazu, basierend auf den Erkenntnisse dieser Lektüre, eine Community zu eröffnen. Sie folgt ebenfalls dem Ratschlag, Kunden-Beiträge in der Community mit kleinen Eurobeträgen zu bonifizieren.

7.3.5 Schnittstellen – die Autobahnen des Internet-Zeitalters

Der Bonus soll in Echtzeit dem Kundenkonto gutgeschrieben werden. Die Bank geht noch einen Schritt weiter: Sie möchte besonders diejenigen Kunden belohnen, die in der Community sehr hochwertige Beiträge veröffentlichen. Sprich ein Qualitätsscoring soll zusätzlich Anreize schaffen. Um Zeit zu sparen, wird diese Software von einem externen Dienstleister entwickelt, der sich auf Datenanalyse spezialisiert hat. Selbstverständlich muss auch dieser Geschäftsvorfall im Kernbanksystem verbucht werden, da der Kunde Zinsen auf seinen Bonus erhalten soll.

Für eine klassische Bankarchitektur ist dieses Szenario ein Alptraum, da diese nicht über die konfigurierbaren Schnittstellen verfügt. Dies nachzurüsten würde einen enormen Aufwand hinsichtlich Zeit und Kosten verursachen.

Eine Middelware wie beispielsweise fidorOS kann hingegen diese Prozesse in Echtzeit abbilden. Die Module Community, Bonus, Konto, Zahlungen und Drittanbieter tauschen auf Basis ihrer vorab definierten Berechtigungen kontinuierlich Datenpakete miteinander aus. Ergänzt wird dieser Prozess um Applikationen, die beispielsweise die Sicherheit regeln, Buchungslogiken verwalten und die Kommunikation mit dem Kernbanksystem ermöglichen.

7.3.6   Frontend – der frei wählbare Dresscode

Die oberste noch nicht beschriebene Ebene bildet das sogenannte „Frontend". Es existiert unabhängig von der Middleware und ist entsprechend flexibel einsetzbar. Diese Ebene regelt, in welcher Bedienoberfläche der Kunde die Bankdienstleistungen abrufen kann. Klassischerweise erfolgt der Austausch über den Browser des Kunden.

Eine Vielzahl von Kunden bevorzugt den Abruf der Bankdaten über ein mobiles Endgerät wie Smartphone oder Tablet. Dank der beschriebenen API Logik herrscht komplette Freiheit im Hinblick auf das Fontend: Egal ob Web, Native, Google Glass, Desktop, TV oder physikalisches Device. Selbst die Darstellung über ein Plastikschwein, das klingelt, wenn es per API Geld erhält und über ein Display verfügt, ist möglich. Der Kunde hat die Möglichkeit, frei darüber zu entscheiden, über welchen Weg er interne oder externe Finanzdienstleistungen konsumieren möchte.

Das Produktangebot, das eine Bank somit mittels API-gestützter Systemarchitektur ihren Kunden anbieten kann, ist exorbitant. Kombiniert man interne Produkte mit externen Dienstleistungen von Partnern, so können Kunden in Zukunft zwischen Hunderten Bankprodukten auf einer Plattform wählen. Im nächsten Abschnitt soll es genau um diese möglichen Partnerschaften gehen. Als Beispiel dient erneut die Fidor Bank.

7.3.7   Das Fidor Finanz-Ecosystem

Da jeder Kunde unterschiedliche Bedürfnisse je nach Lebenssituation hat, ist es notwendig, ein möglichst breites Spektrum an Partnerprodukten anbieten zu können. Wie bereits beschrieben, kann es dank der beschriebenen API-Schnittstellen für die Bank zweitrangig sein, ob für Kunden traditionelle Bankprodukte im Vordergrund stehen oder innovativere Produkte in Kooperation mit einem externen Partner. Beispielsweise kann es der Fall sein, dass ein Kunde aufgrund des internen Scorings keinen Kredit bei der Bank erhält und sich nun auf einem anderen Weg Liquidität beschaffen muss.

Die Fidor Bank hat die unterschiedlichen Bedürfnisse erkannt und nach diesem Modell das Fidor Smart Konto konzipiert. Damit bietet sie ihren B2B-Partnern eine Plattform zur gemeinsamen Nutzung an, über welche Kunden auch externe Dienstleistungen wie beispielsweise Kredite von Privatleuten beziehen können. Für jedes Kundenbedürfnis gibt es innerhalb des Fidor Smart Girokontos eine eigene Sparte: Diese reichen von Peer-to-Peer Lending, Crowdfinance, Edelmetalle, Fremdwährungen bis hin zu Social Trading.

7.3.8   Der Kunde entscheidet – die Plattform bedient

Die Fidor Bank hat verstanden, dass sie ihren Kunden nicht nur Authentizität und Transparenz, sondern auch Produktfreiheit bieten muss. Damit ist die Freiheit gemeint, sich Geld von der Bank zu leihen oder von anderen Privatpersonen. Um diese Vision technisch realisieren zu können, hat die Fidor Bank 2011 smava ins Boot geholt. Auf der Peer-to-

Peer Lending-Plattform werden Kreditsuchende und Kreditgeber zusammengeführt. Alle Themen hinsichtlich Zahlungsdiensteaufsichtsgesetz (ZAG) werden im Hintergrund von Fidor über APIs abgewickelt. So können sich die Plattformbetreiber auf ihr Kerngeschäft konzentrieren: die Vermittlung von Krediten. Wenn sich Privatpersonen untereinander Geld leihen, ist beispielsweise nicht zwingend eine Bank erforderlich. Der Kreditgeber hingegen erhält bei einem Peer-to-Peer Kredit in der Regel eine höhere Rendite als würde er ein traditionelles Sparprodukt abschließen.

Der technische Prozess ist wie folgt geregelt. Der Kreditnehmer muss zuerst ein Konto auf smava.de eröffnen. Bei dem Konto handelt es sich um ein White-Label-Konto der Fidor Bank in den Firmenfarben von smava. Im Anschluss an die Kontoeröffnung erfolgt die Legitimation via PostIdent sowie die Ausschreibung für das Kreditgesuch. Um als Privatperson ein Kreditgesuch unterstützen zu können, muss man zuerst einen Account auf smava.de eröffnen und diesen im Anschluss mit seinem bestehenden Fidor Smart Konto verknüpfen. Dies erfolgt ebenfalls über fOS.

Für Kreditnehmer lässt sich der Ablauf wie folgt beschreiben. Um sich von Privatpersonen Geld leihen zu können, muss der Kreditnehmer ebenfalls einen Smava-Account eröffnen. Und auch hier kommt wieder das Geschäftsmodell der Fidor Bank zum Tragen. Bei den Konten handelt es sich um White-Label Fidor Konten im Design des Partners smava. Sobald sich der Kreditgeber für einen Kreditnehmer entschieden hat, kann er den Wunschbetrag überweisen. Die Summe wird auf einem Treuhandkonto der Fidor Bank gesichert. Sobald die komplette Verleihsumme erreicht wird, wird diese an den entsprechenden Kreditnehmer ausbezahlt.

Auch wenn es um das Thema Trading geht, ist fOS der Schlüssel zum Kunden. In der finanzaffinen Fidor Community haben sich viele User als Trader „geoutet". Die Fidor Bank hat 2013 kundenzentriert auf dieses Bedürfnis reagiert und mit der Sparte „Social Trading" entsprechende Third-Party Apps ins Konto integriert. Je nach Bedarf, Qualifizierung und Ausgangslage stehen dem Kunden unterschiedliche Third-Party Trading Apps zur Verfügung: die fidor-eigene Börsenplattform Brokertain oder die externe Social Trading Pattform ayondo.

Auf der Social Trading Plattform ayondo können Privatanleger den Trades von Top-Tradern folgen und mit kleinen Beträgen ein Gespür für die Börse entwickeln. Während Kunden bis vor kurzer Zeit nur auf Fundamentaldaten zurückgreifen oder auf die Meinung des Bankberaters angewiesen waren, bietet ayondo mit seiner Networkausrichtung an Top-Tradern, denen man nach dem Twitter-Prinzip „folgen" kann, eine ganz neue Form der Wertpapieranalyse an. Was hat der Fidor Bank-Kunde davon? Sobald beide Konten miteinander verknüpft sind, ayondo und Fidor Smart Girokonto, wird der ayondo-Kontostand, die aktuelle Gewinn/Verlust-Bilanz sowie das Limit in Echtzeit im Fidor Smart Girokonto dank der Schnittstelle angezeigt. So hat der Endkunde die volle Kontrolle über seine Tradingaktivität.

Ein weiteres spannendes Thema, welches über ein Partnerangebot abgedeckt werden kann, ist Crowdfinance. Viele kreative Projekte, Start-ups und selbst kommunale Programme werden über Schwarmfinanzierung ermöglicht. Auch hier zeigt sich die Fidor

Bank offen und bietet über die Sparte „Crowdfinance" zahlreiche Drittanbieter-Apps im Konto an: Fundsters, United Equity, bankless24, LeihDeinerStadtGeld, Startnext und Finmar. Der Start wurde 2011 mit Startnext gelegt, der neuen deutschen Crowdfunding Community Plattform. Hier werden kreative oder visionäre Projekte von vielen Menschen gemeinsam durch kleine Beträge von einem bis 1.000 € finanziert.

Die Rolle der Fidor Bank sieht in diesem Kontext wie folgt aus. Jeder, der ein Finanzierungsprojekt auf startnext einstellen möchte, muss beim Kooperationspartner Fidor ein kostenloses Konto eröffnen. Bis das Finanzierungsziel erreicht wird, werden alle Zahlungsströme über eine API zwischen startnext und der Fidor Bank organisiert. Die Mikrozahlungen können dabei nicht nur über PayPal, sondern auch über die günstige Alternative FidorPay abgewickelt werden.

Welche Innovationskraft hinter diesem Modell steckt, wird mehr und mehr ersichtlich: Alle Drittanbieter, ob ayondo, startnext oder smava, sind nicht nur über die jeweilige Website zu erreichen, sondern darüber hinaus über den gemeinsamen Marktplatz der Fidor Bank: das Fidor Smart Girokonto dient als Ecosystem für verschiedenste Finanzdienstleistungen. Diese Kooperationsmöglichkeiten erstrecken sich aber nicht nur auf Produkte, sondern auch auf den Zahlungsverkehr.

7.3.9   Bitcoin & Ripple als disruptives Zahlungsmittel

Das Fidor Smart Girokonto dient als Seismograph. Das beweist wiederum die Kooperation mit bitcoin.de. In diesem Fall stellt die Fidor Bank das Haftungsdach für den Bitcoin-Handel zur Verfügung und ermöglicht zudem einen einfacheren und schnelleren Handel mit Bitcoins. Dies ist in mehrfacher Sicht interessant für alle Banken.

Der Bitcoin ist der erste Vertreter einer neuen Ära in der Finanzwelt. Es handelt sich dabei um die erste Währung, die nicht durch Staaten, Banken oder andere Behörden gesteuert wird. Ganz im Gegenteil, beim Bitcoin handelt es sich um ein autonomes System, das größtenteils unabhängig von derartigen Einflüssen ist. Der zugrunde liegende Algorithmus, welcher die Geldmenge steuert, ist transparent veröffentlicht (Open Source). Hierdurch wird der Bitcoin nicht nur zu einer internationalen Währung ohne Grenzen, sondern auch zu einem wettbewerbsfähigen Zahlungsmittel. Der Vorteil, keine Organisationen unterhalten zu müssen, äußert sich in sehr günstigen Transaktionsgebühren für den Kunden.

Das im Silicon Valley ansässige Unternehmen Ripple Labs hat diesen Trend frühzeitig erkannt und ein kommerzielles Zahlungssystem entwickelt. Dieses basiert ähnlich wie der Bitcoin auf einem Open-Source Internet-Protokoll, welches Ripple Labs ermöglicht, sichere und internationale Transaktionen in Echtzeit auszuführen. Es unterstützt jede staatliche Währung (wie zum Beispiel Euro und US-Dollar), virtuelle Währungen (wie zum Beispiel Bitcoins, Litecoin) oder andere Werteinheiten (wie zum Beispiel Vielfliegermeilen, Mobilminuten). Um eine einheitliche Basis zu schaffen, werden alle Einheiten vor der eigentlichen Transaktion innerhalb des Ripple-Netzwerkes in die netzwerkeigene Währung XRP konvertiert.

Alle Konten und Transaktionen sind kryptographisch gesichert und algorithmisch verifiziert. Zahlungen können nur vom Kontoinhaber autorisiert werden und alle Zahlungen werden automatisch, ohne Dritte oder Vermittler, verarbeitet. Ripple validiert Konten und Guthaben sofort zur Zahlung, die Übertragung erfolgt innerhalb weniger Sekunden. Die Zahlungen sind irreversibel und es gibt keine Rückbuchungen. Um Teil dieses Zahlungsnetzwerks zu werden, müssen Banken ein Gateway in das Ripple-Netzwerk schaffen. Dank der bestehenden Technologie ist es der Fidor Bank möglich, auch hier Vorreiter zu sein. Erste internationale Transaktionen werden bereits heute über Fidor und Ripple abgewickelt.

Zusammenfassend lässt sich sagen, Multi-Channel-Banking geschieht bei der Fidor Bank nicht nur über die Community, sondern auch über den eigenen Marktplatz und die Zahlungssysteme. Hier werden unterschiedlichste Bedürfnisse bedient. Der Kunde ist König. Sobald sich ein neuer Trend abzeichnet, werden Marktplatz und Zahlungssysteme um eine zusätzliche Sparte erweitert. Nachfrage und Angebot werden vom Kunden bestimmt. Die „Logistik" hinsichtlich der Finanzdienstleistungen wird über Schnittstellen (APIs) gewährleistet. Sie sind die Güterzüge der digitalen Welt.

Literatur

Ang, L. (2011). Community relationship management and Social Media. Journal of Database Marketing & Customer Strategy Management, 18(1), 31–38.

Bruhn, M., Schoenmueller, V., & Schäfer, D. B. (2012). Are Social Media replacing traditional media in terms of brand equity creation? Management Research Review, 35(9), 770–790.

Fidor Bank AG (2014a). Community Richtlinien. https://www.fidor.de/produkte/community/richtlinien. Zugegriffen: 11. Oktober 2014.

Fidor Bank AG (2014b). Auszug Bonusverzeichnis Fidor Bank. https://www.fidor.de/produkte/community/bonus. Zugegriffen: 19. Oktober 2014.

Kozinets, R., de Valck, K., Wojnicki, A., & Wilner, S. (2010). Networked narratives. Understanding word-of-mouth marketing in online communities. Journal of Marketing, 74(2), 71–89.

Samson, A. (2006). Understanding the buzz that matters. Negative vs positive word of mouth. International Journal of Market Research, 48(6), 647–657.

Stuber, R. (2010). Erfolgreiches Social Media. Marketing mit Facebook, Twitter, XING & Co (4. überarb. Aufl.). Düsseldorf: Data Becker.

Florian Eismann ist Manager Product & Business Development bei der Fidor Bank Gruppe. Diese ist spezialisiert auf internationale API-basierte White Label Software für Großbanken sowie Internet-basierten Vertrieb von Finanzdienstleistungen für das breit gestreute Privat- und Geschäftskundengeschäft. Die umfassenden Möglichkeiten des Internets werden sowohl im b-to-b als auch im b-to-b-to-c Bereich genutzt. Eismann selbst ist Master of Science in Entrepreneurship und zuständig sowohl für internationale b-to-b Kunden sowie für die Entwicklung neuer standardisierter Bankprodukte. Eismann machte Abitur in Nürnberg, studierte anschließend in Köln, New York und Vaduz mit Spezialisierung auf Finanzdienstleistungen und Entrepreneurship. Er absolvierte vorab eine Banklehre, war Associate bei PricewaterhouseCoopers AG und arbeitete nach seinem Studium bei der Banken-Beratung zeb.rolfes.schierenbeck.associates GmbH.

P2P- und P2B-Plattformen – Wie Start-ups Marketing- und Sales-Kanäle revolutionieren

Christian Grobe und Dominik Steinkühler

Zusammenfassung

Klassische Finanzintermediäre werden durch Kreditmarktplätze überflüssig! Hiervon sind Crowdlending-Plattformen wie Lendico und Zencap überzeugt. Der Beitrag zeigt die Funktionen und Vorteile von P2P und P2B Plattformen auf. Als Nebeneffekt bekommt der Leser spannende Einblicke in die Denk- und Handlungsweise der Berliner Startup Szene. Hiervon können klassische Kreditinstitute im Multi- und Omnichannel-Kontext eine Menge lernen.

8.1 Neuer Trend im Kreditmarkt: Crowdlending

Das Kreditgeschäft der deutschen Banken hat sich bis zuletzt unbeeindruckt gezeigt von Veränderungen und Möglichkeiten, die das Internet bietet. Bankhäuser haben grundsätzlich das Internet als ein zusätzliches Marketinginstrument entdeckt, unterließen es aber Kreditprodukte wie auch Prozesse bei der Kreditvergabe entsprechend dem technischen Fortschritt zu entwickeln. Der digitale Wandel bietet jedoch mehr als nur einen zusätzlichen Vertriebskanal.

C. Grobe (✉) · D. Steinkühler
Berlin, Deutschland
E-Mail: christian.grobe@zencap.de

D. Steinkühler
E-Mail: info@lendico.de

© Springer Fachmedien Wiesbaden 2015
H. Brock, I. Bieberstein (Hrsg.), *Multi- und Omnichannel-Management in Banken und Sparkassen*, DOI 10.1007/978-3-658-06538-6_8

Mit dem Crowdlending ist eine völlig neue Art der Kreditvergabe geschaffen worden. Die Neuerungen erschöpfen sich nicht in der Kommunikation der Produkte, sondern greifen tief in die Unternehmensstruktur und -kultur hinein.

Kreditmarktplätze wie Lendico oder Zencap haben eine echte digitale Alternative zu Banken geschaffen. Sie treten nicht als Kreditgeber auf, sondern bringen Kapitalgeber und Kreditnehmer online zusammen, ohne den Umweg über Bankschalter und Bankberater.

Durch die Konzentration auf ein einziges Produkt, die Schaffung ideal auf das Geschäftsmodell abgestimmter IT-Systeme und eine vollkommen neue Sichtweise auf Finanzprodukte, bieten Kreditmarktplätze Anlegern wie Kreditnehmern ein neues Erlebnis. Durch Emotionalisierung und Entbürokratisierung der Kreditvergabe wird das Angebot der Kreditmarktplätze von vielen Kunden als alternativlos empfunden.

Gerade die jüngere Generation bewertet Crowdlending als die Demokratisierung der Finanzwelt und entscheidet sich bewusst ebenso aus rationalen wie emotionalen Gründen für die Services. Die Emotionalisierung des Produktes erlaubt eine ebenso klare wie positiv belegte Abgrenzung von bisherigen Finanzprodukten. Der USP ist damit im Geschäftsmodell verankert und kann von Banken nicht einfach kopiert werden.

Banken werden durch Kreditmarktplätze als Finanzintermediäre überflüssig gemacht. Die Distanz zwischen Anlegern und Kreditnehmern wird verringert, indem den Investoren umfangreiche Informationen über Kreditnehmer, die geplanten Kreditprojekte und das Risikoprofil zur Verfügung gestellt werden.

Die neue Anlageklasse hebt sich durch Standardisierung und Transparenz hervor. Banken haben in der Vergangenheit ihren Kunden gern versucht zu suggerieren, dass die Finanzwelt eine sehr komplizierte ist und nur Banker entsprechende Probleme lösen können. Um diese Behauptung zu belegen, hat man zum einen Finanzprodukte stetig verkompliziert und zum anderen die Intransparenz gefördert.

Beide Punkte sind für Kreditmarktplätze ideal, um sich von Banken abzugrenzen, denn sie bieten ein einfaches Finanzprodukt an. Der Anleger sieht alle für seine Entscheidung erforderlichen Informationen auf einen Blick und kann eine eigenständige Entscheidung treffen. Mit der Transparenz, die jedem einzelnen Investor geboten wird (sei es hinsichtlich anfallender Gebühren oder der Performance aller Investments auf Zencap und Lendico) wird auch Vertrauen gegenüber der neuen Anlageklasse aufgebaut.

Gleichzeitig setzen Plattformen wie Lendico und Zencap höchste Standards bei der Anlagequalität. Jedes Kreditprojekt durchläuft einen Auswahlprozess, bevor es bewilligt und für Anleger auf den Online-Marktplätzen freigeschaltet wird. Kreditnehmer müssen ihre Identität und finanzielle Situation nachweisen. Kreditsachbearbeiter prüfen unter anderem anhand der vom Kreditnehmer eingereichten Dokumente, ob sie in der Lage sind, die monatlichen Zahlungen zu bewältigen, damit Anleger zuverlässig ihr Geld erhalten. Anträge von Kreditnehmern mit einem unzureichenden Bonitätsprofil werden nicht zugelassen. Eine Finanzierung ist nur dann erfolgreich, wenn Anleger die vollständige Summe des Kreditbetrags erbringen.

Monatlich werden die Zins- und Tilgungszahlungen des Kreditnehmers direkt auf das Bankkonto der Anleger überwiesen. Die maximalen Renditechancen hängen sowohl von der Risikoklasse des Kreditprojektes als auch von der Laufzeit des Kredits ab.

Die ersten Kreditmarktplätze sind 2005 in England entstanden. Der größte Markt ist heute in den USA, wo im Jahr 2013 Crowdlending-Marktplätze Kredite über 2,4 Mrd. US-Dollar ausgezahlt haben. Nahezu alle bedeutenden Marktteilnehmer weisen hohe Wachstumszahlen aus. Eine von der University of Cambridge und Nesta (2014) veröffentlichte Studie geht davon aus, dass in England das Volumen der durch Kreditmarktplätze vermittelten Kredite in den nächsten Jahren auf das zehn- bis 30-fache wachsen wird. Experten rechnen damit, dass allein in den beiden größten Märkten (USA und England) im Jahr 2016 das jährliche Kreditvolumen die 40 Mrd. US-Dollar-Marke übersteigen wird.

Lendico und Zencap waren die ersten Anbieter auf dem deutschen Markt, die mit einem Algorithmus den jeweils dem Kreditrisiko angemessenen Zinssatz bestimmten und das nicht etwa den Kreditnehmern oder Anlegern überlassen haben. Ein wichtiges Alleinstellungsmerkmal. Kreditnehmer oder Anleger den angemessenen Jahreszins für einen Kredit bestimmen zu lassen, war vor Markteintritt der beiden in Deutschland die übliche Praxis.

Lendico und Zencap sprechen Kreditnehmer an, die einen günstigen und unkomplizierten Kredit suchen und nicht diejenigen, die eine letzte Chance auf schnelles Geld brauchen. Dies impliziert für die Anleger, dass sie weniger Finanzabenteurern als vielmehr dem typischen deutschen Sparer gleichen. Für viele Anleger bieten Kreditmarktplätze eine einfache wie transparente Anlageform, die ohne hohe finanzielle Einstiegshürden (Investments ab 25 €) auch risikoaversen Anlegern hohe Renditechancen bietet. Als Alternative zur Bankanlage bringen Kreditmarktplätze den Sparern die Zinsen zurück.

Lendico und Zencap sind keine Banken, sondern digitale Kreditmarktplätze, bei denen Anleger schon ab 25 € investieren können. Anleger stellen ihr eigenes Portfolio zusammen und haben Renditechancen von etwa drei bis 15 % p. a., je nach individueller Risikopräferenz und Investmentverhalten.

Dabei basiert das Modell beider Unternehmen auf einer einfachen Erkenntnis: Banken verzinsen regelmäßig Sparguthaben für weniger als zwei Prozent, verleihen das Geld der Sparer aber oft für Zinssätze über zehn Prozent. Dazwischen ist viel Platz. Lendico und Zencap nutzen diesen Platz effizient, schneiden die Bank als Mittelsmann aus dem Prozess heraus und geben die Ersparnisse direkt an Kreditnehmer und Anleger weiter.

Neben den strukturellen Effizienzen (wie zum Beispiel dem Wegfall des Filialennetzes oder niedrigen IT und Personalkosten) haben Kreditmarktplätze auch wesentliche systemimmanente Preisvorteile gegenüber Banken. Als Vermittler einer Dienstleistung müssen die Kreditbeträge nicht mit Eigenkapital unterlegt und Liquiditätsanforderungen nach Basel III nicht angewandt werden. Die Kreditrisiken liegen breit verteilt unter direkter Beziehung von Kreditnehmern und Anlegern und nicht unter Einsatz von Leverage und Fristentransformationen gebündelt auf der Bankbilanz.

Die offensichtlichen Vorteile für Anleger und Kreditnehmer sind ein Grund für den Erfolg von Lendico und Zencap. Zehn Monate nach Launch konnte Lendico über 140.000 Nutzer in sechs Ländern und auf zwei Kontinenten ausweisen. Das angefragte Kreditvolumen lag bei über 500 Mio. €. Zencap hatte nach nur einem halben Jahr um die fünf Millionen Euro erfolgreich vermittelt, Tendenz stark steigend.

Hintergrundinformation: Aufsichtsrechtlich müssen Kreditmarktplätze in Deutschland eine Bank zwischenschalten. Zwischen Kapitalgebern und Kreditnehmern liegen ökonomisch jedoch keine Intermediäre, die eine Risikotransformation betreiben.

8.2 Performance is everything – Wie durch Digitalisierung Kosten gesenkt und Vernetzung verbessert werden kann

▶ Das Aufkommen von Crowdlending-Plattformen ist verbunden mit einem globalen Trend, der zunehmend mehr Banken vor Herausforderungen stellt: Fintech-Start-ups, also jungen Unternehmen, die Finance und Technologie kombinieren und die Banken dort herausfordern, wo diese am schwächsten aufgestellt sind: in der IT.

Während bei einigen internationalen Großbanken noch Software der 80er Jahre für die Kundenverwaltung oder das Zahlungsprozedere am Werk ist, starten die jungen Herausforderer bei Null, was in diesem Fall ein Vorteil ist: Schlanke Lösungen, genau angepasst an heutigen Herausforderungen und zum Teil selbsterneuernd durch Open Source-Ansätze machen Fintech-Start-ups agiler als die "Dickschiffe" aus den Bankentürmen. Dass zusätzlich auch noch das Personal die Seiten wechselt, weil etliche Top-Manager aus dem Finanzsektor erkannt haben, welche Goldgräber-Stimmung derzeit in den Start-up-Hochburgen San Francisco, London oder Berlin herrscht, macht den Großbanken zusätzlich zu schaffen. Was also kann man von den rasch wachsenden Start-ups lernen?

Die Start-up-Kultur bringt es zum einen mit sich, dass jeder Mitarbeiter mit einem ganz anderen Gefühl Teil des Unternehmenserfolgs wird: Da die Teams noch klein und die Entscheidungswege kurz sind, arbeiten die Teams der Fintechs mit dem Wissen, dass seine Auswirkung auf den Erfolg des Unternehmens direkt messbar und zum Teil sogar sofort öffentlich ersichtlich ist. Dies fördert die intrinsische Motivation erheblich und auch die extrinsische Anreizsetzung durch KPI-getriebene Entlohnung wirkt besser. In jedem Crowdlending-Start-up hat jedes Teammitglied klar definierte und zählbare Indikatoren, an denen sich sein Erfolg messen lässt. Durch die transparente Performance des Gesamtunternehmens auf Tagesbasis weiß jeder, was etwa die Werbekampagne am Tag zuvor einbrachte oder welche Vertriebsaktivität den Umsatz erhöhte. Jeder Mitarbeiter spürt, welchen Einfluss er auf den Erfolg und Misserfolg des Unternehmens hat. Auf der anderen Seite ergibt sich daraus für die Personalabteilung der Bedarf an Mitarbeitern, die das Entrepreneurship-Gen auch in sich tragen, obwohl sie selbst keine unmittelbare Führungsverantwortung übernehmen müssen. Hier gilt es, Teammitglieder zu finden, die sich der KPI-getriebenen Unternehmenskultur zum einen, aber der gemeinsamen Begeisterung für die Revolution der Finanzbranche zum anderen anschließen wollen. Ein Start-up mit dynamischen Wachstumsplänen kann nur nachhaltigen Erfolg haben, wenn auch das Personal überdurchschnittlich (oder sogar besser als der etablierte Wettbewerb) arbeitet.

Der Personal- und Unternehmenskulturaspekt ist jedoch nur ein kleiner, nicht zu unterschätzender Teil des Erfolgs der jungen Fintech-Plattformen. Der Fokus liegt hier vor allem

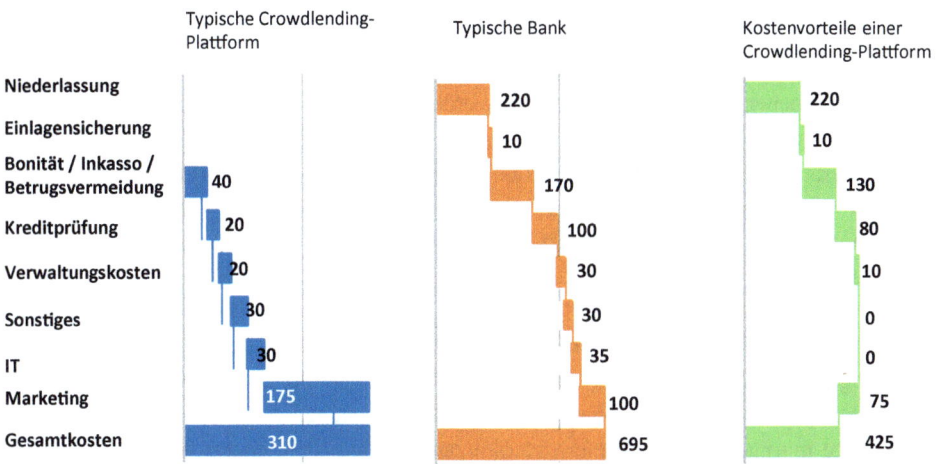

Abb. 8.1 Lendingclub, Federal Reserve. (Quelle: Federal Reserve Bank of St. Louis 2014)

bei einem Merkmal, das den Kern der Anbieter definiert. Die wahre Schlagkraft der vermeintlich Kleinen erwächst aus ihrer technologischen Grundlage: dem Internet. Alle P2P-bzw. P2B-Crowdlending-Plattformen sind in ihrem Kern digital, das heißt, das gesamte Geschäftsmodell von Marketing, Vertrieb, Risikoprüfung, Produktleistung bzw. Service-Durchführung findet auf bzw. hinter einem digitalen Marktplatz statt. Der Point-of-Sale ist damit nicht mehr die Bankfiliale um die Ecke, sondern die heimische Couch oder das Büro des Kunden. Filialen sind nicht mehr nötig, das Geschäft wird maximal zentralisiert.

Durch die durchgehende Digitalisierung und Vernetzung aller Unternehmensteile werden Fixkosten gesenkt, was am Ende einen Kostenvorteil gegenüber der Konkurrenz ermöglicht. Die Digitalisierung des Kreditgeschäfts verändert das Nutzererlebnis und den Prozess sowohl auf Investoren- als auch auf Kreditnehmerseite maßgeblich. Im Folgenden soll Schritt für Schritt an verschiedenen Aspekten des Geschäftsmodells dargestellt werden, welche Rolle die digitale Verknüpfung aller Prozesse und Aufgaben mit sich bringt (Abb. 8.1).

Crowdlending-Plattformen haben die Chance, ihr Angebot auf Datenbasis tagesaktuell steuern zu können, denn alle Einheiten arbeiten auf einem System und können die Performance des Gesamtunternehmens in Sekundenschnelle in Dashboards überblicken. Die besondere Herausforderung, gleichzeitig Angebot und Nachfrage auf einem Marktplatz zu steuern, wird somit überschau- und steuerbar. Die digitale Plattform im Hintergrund macht es allen Beteiligten, nämlich Mitarbeitern aus Marketing, Kommunikation und Vertrieb möglich, Zielvorgaben und Zielerfüllung jederzeit im Blick zu behalten.

Beispiel

Zencap startete im Sommer 2014 eine TV-Kampagne, die sowohl potenzielle Kreditnehmer, als auch Investoren ansprach. Für die Kampagne wurden für alle Abteilungen KPI-Ziele vorgegeben, die es zu erreichen galt. Schon nach dem ersten ausgestrahlten Werbespot konnte im Marketing bzw. der Produktabteilung, die wie bei Web-Anbietern üblich die Website-Funktion und -Weiterentwicklung verantwortet, anhand von Bewegungsanalysen, Klickstrecken und Conversion-Rate-Überprüfungen ein Bild der angesprochenen Zielgruppe gezeichnet werden. Worin unterscheidet sich der über den Kanal TV gewonnene Kunde gegenüber der organisch gewonnenen Zielgruppe, die man zum Beispiel aus Medienberichterstattung oder Weiterempfehlungen gewonnen hat? In der Folge wurden noch am selben Tag Teile der Website optimiert und Inhalte neu angeordnet. Schon beim nächsten Spot konnte anhand von KPI eine deutliche Verbesserung und damit letztendlich ein besserer ROI erreicht werden.

Insbesondere für die Kreditnehmer ist das Angebot von Lendico oder Zencap bisweilen noch ungewohnt. Zwar wird der komplette Bewerbungs-, Funding-, Auszahlungs- und Rückzahlungsprozess online abgewickelt, dennoch entstehen auch bei der besten User Experience mitunter Fragen. Daher unterstützen Lendico wie Zencap gezielt diejenigen Kreditnehmer, die im Prozess an bestimmten Stellen länger als zuvor als Zielwert definiert verbleiben, mit einer intensiven und persönlichen telefonischen Betreuung durch Vertriebsmitarbeiter. Auch hier ist der Prozess im Hintergrund aber durch Systemintegration und Digitalisierung so effizient wie möglich gestaltet: Die Plattform meldet, dass ein Kreditnehmer an Punkt X hängengeblieben ist und schon kurz darauf wird dem zuständigen Vertriebsmitarbeiter der Kontakt im CRM-System vorgelegt. Dadurch wird die Gesamtzeit von der Bewerbung bis zur Auszahlung eines Kredits auf ein Minimum verkürzt. Selbstredend werden alle Vertriebsmitarbeiter nicht am KPI „Kreditvolumen auf der Plattform", sondern durch die Gesamtperformance der betreuten Kreditprojekte incentiviert: Wer solche Kreditprojekte betreut, die durch die Investoren besonders nachgefragt und daher schnell vollfinanziert sind, erhält höhere Boni.

Anhand von Echtzeitanalysen und regelmäßigen Reportings sind Crowdlending-Plattformen in der Lage, das Kundeninteresse der Vergangenheit als Vorhersage für die Zukunft zu verwenden und damit nicht nur die Vertriebsmitarbeiter über ihre Performance zu informieren. Je größer der Datensatz einer Plattform wird, welcher Nutzer zu welchem Zeitpunkt Interesse an welchem Kreditprojekt hatte, desto besser kann man die Nachfrage für vergleichbare Produkte in der Zukunft prognostizieren und im Vertrieb und Marketing Anpassungen vornehmen. Zeigt sich zum Beispiel ein gestiegenes Interesse an Kreditprojekten bestimmter Risikoklassen oder Kreditarten, versucht die Plattform, das Angebot mehr in diese Richtung zu verschieben.

Daten spielen auch bei der Kreditprüfung eine existenzielle Rolle. Selbstredend ist diese bei allen großen Crowdlending-Plattformen ins System integriert, sodass die Kreditprüfer sowohl einen Überblick über die aktuelle Pipeline als auch über die für ein Kreditprojekt relevanten Daten und Fakten an einem Ort finden und bearbeiten. Zusätzlich zu einer manuellen Prüfung durch Kreditexperten mit langjähriger Bankenerfahrung werden zusätzliche Daten von renommierten Auskunfteien wie Schufa oder Creditreform hinzugezogen und automatisch in die Kalkulation von Ausfallrisiko und Zins eingerechnet. Dies senkt die Fehleranfälligkeit. In der Kreditprüfung wird über den langfristigen Erfolg einer Crowdlending-Plattform entschieden und hier muss sich zeigen, ob die jungen Herausforderer etablierten Banken den Rang ablaufen können, oder ob die Platzhirsche mit ihrer jahrelangen Erfahrung in der Bewertung und Bepreisung von Risiken einen nicht ein-holbaren Vorsprung aufgebaut haben. Sollten die Systeme der Crowdlending-Plattformen nicht fähig sein, Risiken gegen Zins im richtigen Verhältnis aufzuwiegen, wäre am Ende der Zins womöglich zu niedrig und Investoren würden schlimmstenfalls mit Verlusten der Plattform den Rücken kehren.

Auch die externe Kommunikation, insbesondere die Definition der eigenen Value Pro-position gegenüber den Kunden, ist geprägt durch die vollkommene Digitalisierung der Crowdlending-Plattformen. Wie wir nach dem bisherigen „Blick unter die Motorhaube" zusammenfassen können, ist das Ziel, durch die Digitalisierung folgende Mehrwerte zu kreieren, die gleichermaßen als Kundenversprechen eingesetzt werden:

Für Kreditnehmer
- Unabhängig von Banköffnungszeiten kann bei einer Crowdlending-Plattform online ein Kredit beantragt und bereits mit den notwendigen Dokumenten ver-sehen werden. Die komplette Transaktion wird auf einer Plattform abgewickelt.
- Hohe Effizienz mit damit einhergehend höherer Prozessgeschwindigkeit: Zencap und Lendico etwa versprechen die Prüfung jedes Kreditantrags innerhalb von nur 48 h. Damit haben Kreditnehmer Planbarkeit.
- Persönliche Beratung zu jedem Zeitpunkt, um gemeinsam mit dem Kreditneh-mer eine maßgeschneiderte Finanzierungslösung zu finden.
- Der Kostenvorteil wird auch im Pricing fortgesetzt: Versteckte Gebühren, wie für die Rückzahlung des Kredits vor Laufzeitende oder die Stellung dinglicher Sicherheiten, gehören der Vergangenheit an. Viele Crowdlending-Plattformen entlasten Verbraucher und Unternehmer zudem von ausuferndem Reporting-Aufwand und komplizierten Kreditklauseln.

Für Investoren
- Reines Online-Investment ohne Offline-Aufwand und Papierkram. Investoren können innerhalb von fünf Minuten ihr erstes Investment tätigen.
- Kreditprüfung wie bei der Bank: Durch die strenge und auf Bankenniveau durch-geführte Kreditprüfung jedes Kreditnehmers wird das Investmentrisiko zum einen minimiert, indem schlechte Bewerber von vornherein aussortiert werden. Zum anderen wird das Risiko und das Renditepotenzial durch eine Einordnung der Kreditnehmer in Risikoklassen und Bepreisen mit einem individuellen Zins-satz transparenter und besser einschätzbar. Die meisten Crowdlending-Plattfor-men sind von ihrer Kreditprüfung so überzeugt, dass sie Kosten auf Seiten des Investors nur dann erheben, wenn auch dieser Rendite erwirtschaftet.
- Individuelle Auswahl und Portfolioaufbau: Die Transaktionskosten für den Investor (und die Plattform selbst) sowie für jedes weitere Investment sind Null.

- Ein weiterer Punkt, nämlich das Anlageprodukt selbst, unterscheidet sich zusätzlich und so maßgeblich, dass wir diesem Aspekt ein gesondertes Kapitel widmen wollen: Anders als bei der Bank investiert man nicht in Investmentfonds X, sondern kann sich genau aussuchen, wem man sein Kapital zur Verfügung stellt und was damit geschehen soll. Wir nennen das „Emotionalisierung des Bankenwesens".

8.3 Emotionalisierung des Bankenwesens

▶ „Was einer alleine nicht schafft, das schaffen viele zusammen." Mit diesem Grundsatz wurden Wilhelm Raiffeisen und Hermann Schulze-Delitzsch einst zu Pionieren des Genossenschaftsgedankens und schufen damit ein Erfolgsprinzip, das heute dank Web 2.0 seine Renaissance feiert: Crowdfinance als genossenschaftliches Prinzip oder auch: die Emotionalisierung des Bankenwesens.

Wer würde sein Erspartes nicht lieber dem Nachbarn oder örtlichen Maschinenbauer leihen, bevor es in der Anonymität seines Sparkontos oder in einem anonymen Indexfonds verschwindet? Einem Mittelständler unter die Arme greifen oder der Bank die Entscheidung darüber überlassen, was mit dem eigenen Geld passiert? Was nach längst vergessener Solidaritätsromantik klingt, hat Konjunktur. Der Grund: In den vergangenen Jahren haben schwierige Finanzierungsbedingungen auf der einen und niedrige Anlagezinsen auf der anderen Seite den Boden für eben solche Geschäftsmodelle bereitet, die genau eines tun: Kreditnehmer und Kreditgeber zusammenzubringen. Einfach und direkt. Durch die Nutzung digitaler Plattformen.

Die Grundidee ist nicht neu, im Gegenteil: Ende des 19. Jahrhunderts verkündete Friedrich Wilhelm Raiffeisen: „Indem wir die Selbsthilfe [...] als Wirtschaftsprinzip proklamieren, stehen wir mitten in der Gesamtheit für die großen Aufgaben unserer Zeit". Was daraus entstand, war der Einzug des Genossenschaftswesens in das Bankenwesen in Zeiten von Industrialisierung und sich ausbreitendem Kapitalismus. Große Schichten der Bevölkerung waren verarmt. Kreditaufnahme bei „normalen" Banken wurde für viele Kleinunternehmen oder Privatpersonen fast unmöglich (Zimmer 2007). Die bedeutendsten deutschen Vertreter der Genossenschaftsbewegung Hermann Schultze-Delitzsch (1808–1883) und Friedrich-Wilhelm Raiffeisen (1818–1888) propagierten daher die „Hilfe zur Selbsthilfe" als Ausweg aus der Misere. Sie gründeten Kreditvereine, durch die ihre Mitglieder auf einen gemeinsamen Kapitalstock zurückgreifen konnten. Schultze-Delitzsch und Raiffeisen ging es dabei vor allem um den Aufbau eines selbsttragenden wirtschaftlichen und gesellschaftlichen Fundaments, unabhängig, in Eigeninitiative und selbstbestimmt.

8.3.1   Crowdlending als moderne Version des Genossenschaftsgedankens

Das moderne „Crowdfinancing" ist eine Anwendung dieses Prinzips. Es ist Teil einer neuen Tendenz in Wirtschaft und Gesellschaft: Firmen oder Privatpersonen setzen auf die kollektive Kraft der Masse, um Lösungen zu finden. Das können Antworten auf Forschungsfragen ebenso sein wie neue Marketingkonzepte oder eben die Bereitstellung von Kapital, unabhängig von international tätigen Großbanken. Auch beim „Crowdfinancing" schließen sich Menschen zusammen, die dadurch für sich selbst ein passendes Angebot schaffen wollen. Über digitale Marktplätze wie Zencap oder Lendico finden sich in Deutschland Privatpersonen und Unternehmen, die entweder Kapital aufnehmen oder anlegen möchten. Bereits jetzt werden auf diesem Wege monatlich in Deutschland mehrere Millionen Euro verliehen. Und dies funktioniert, neben der Dividende, vor allem wegen einem: der emotionalen Teilhabe an der Entscheidung „Was passiert mit meinem Geld?"

Über Plattformen wie Zencap und Lendico haben Anleger volle Transparenz über den Zweck und das Risiko ihrer Anlage. Sie können genau bestimmen, wer mit ihrem Geld was macht und welche Unternehmung sie mit ihrem Ersparten unterstützen möchten. Dass diese Entscheidungen komplett selbst getroffen werden können, bedeutet somit nichts Geringeres als die „Demokratisierung" des Kreditwesens (Brylewski 2012). Gleichzeitig entsteht eine emotionale Bindung zwischen Anleger und Anlage. Im Mittelpunkt stehen Verantwortung, Solidarität und das Erreichen gemeinsamer Ziele. Der Kreditnehmer selbst weiß: Ich mache mich unabhängig, verlasse mich auf meine Mitbürger anstatt auf einen anonymen Bankenapparat. Das Prinzip trifft also genau den Zahn der Web-2.0-Zeit: Zusammenarbeit statt elitärem Top-down-Denken. Durch Crowdfinancing erfahren Bankkunden eine Fülle an Macht, die seit jeher undenkbar war: Käufer werden zu Anbietern, Davids werden zu Goliaths (Fraser und Dutta 2009).

8.3.2   „Massenabfertigung" führt zu emotionaler Vernachlässigung im Bankwesen

Bei aller Sentimentalität wird dadurch ein Faktor grundsätzlich in Frage gestellt, der für Dekaden Grundstein des Kreditwesens war: Das Vertrauensverhältnis zwischen Kunde und Bank. Nicht zuletzt durch die Finanzmarktkrise wurde es massiv erschüttert. Gleichzeitig haben Kreditinstitute im vergangenen Jahrzehnt durchgehend auf Automatisierung gesetzt. Produkte und Abläufe wurden immer weiter standardisiert und individuell auf Kundenbedürfnisse zugeschnittene Angebote mehr und mehr zur Seltenheit (Blatter 2008). Intensiver Konditionenwettbewerb führte zu immer größerem Margendruck und Zwang zum Kostensparen. Der Fokus rückte also immer weiter weg vom Kunden (msgGillardon 2010). Viele Institute haben mittlerweile dieses Problem erkannt (immerhin rund 50 % der Kreditinstitute laut Marktforscher msgGillardon) und arbeiten mit Hochdruck an Wegen, den Kundenkontakt „emotionaler zu gestalten" (Blatter 2008). Dies erfordert allerdings weit tiefgreifendere Maßnahmen als Wohlfühlelemente wie eine Kaffeebar in der lokalen Filiale. Eine Emotionalisierung von Bankprodukten kann nur auf Augenhöhe mit dem Kunden gelingen (Bottom-up statt Top-down). Es geht außerdem darum, zu verstehen, wie sich die Nähe zu den Kunden in die virtuelle Welt übertragen lässt.

Diese emotionale Vernachlässigung haben sich die Banken selbst auferlegt. Während die Servicegestaltung im Finanzsektor primär auf rationale Faktoren wie beispielsweise Zinsen und Gebühren ausgelegt ist, zeigt sich bei den Kundenentscheidungen ein anderes Bild: Emotionen spielen dort die entscheidende Rolle. Die Finanzwelt wird komplexer und speziell private, international tätige Großinstitute kämpfen mit nachhaltigen Glaubwürdigkeitsproblemen. Kunden erwarten heute zu Recht Schnelligkeit, Flexibilität, günstige Konditionen und eine individuelle Beratung. Gleichzeitig sehnen sie sich nach Fairness, Transparenz und Unabhängigkeit. Der Bedarf nach Plattformen, welche Kreditnehmer und Kreditgeber auf einfache, verständliche Weise zusammenbringen, ist daher enorm. Ganz im Sinne von Schulze-Delitzsch und Raiffeisen zählen beim Crowdfinance nicht nur das Streben nach Dividende, sondern der Ausdruck von Solidarität und die Teilnahme des Einzelnen an Entscheidungsprozessen.

Betrachten wir diese These an einem Beispiel aus der Praxis: Die Kommunikation von Lendico basiert auf der Erkenntnis, die dem Modell zugrundeliegt und sich im Claim manifestiert: „Geld braucht keine Bank." Grundsätzlich werden mit Lendico Banken in ihrer klassischen Rolle als Intermediär ersetzt, sie sind nur noch Teilnehmer im Ökosystem „Kreditwesen", anstatt wie bisher der zentrale Akteur. Die aktive Rolle überlässt Lendico auch kommunikativ den Kreditnehmern und Anlegern. Erstmalig gibt es eine ernsthafte Alternative zum Bankkredit: Eine neue Anlageklasse für Anleger und einen neuen Weg zu günstigen Krediten für Kapitalsuchende.

Verständlicher und direkter waren Kredite noch nie möglich: Es werden persönliche Projekte, die man versteht, vorgestellt. Lendico garantiert den vollständigen Austausch der Informationen zwischen Anlegern und Kreditnehmern. Anlegern wird keine Information vorenthalten. Alle Parteien erhalten identische und für die Investition erforderliche Informationen in verständlicher Form geliefert. Gleichzeitig können Kreditnehmer sich auf einen aus dem Kreditwesen bisher unbekannten Grad an Anonymität verlassen. Sie offenbaren zwar ihre Einkommensverhältnisse, jedoch nicht ihre Identität gegenüber den Entscheidern. Es ist eine Begegnung auf Augenhöhe.

Auch liegen die Risiken nicht mit enormem Leverage in Bilanzen von Kreditmarktplätzen wie bei den Banken, vielmehr verteilen sie sich 1:1 im gesamten System. Darin liegt ein großer Vorteil aller Crowdlendingplattformen. Kreditnehmer erhalten direkt von mehreren Anlegern Geld.

Zudem eröffnet das Geschäftsmodell von Lendico den Markt für Konsumentenkredite in einigen Ländern gerade erst wieder, so beispielsweise in Spanien, wo selbst gute Kreditnehmer derzeit von Banken kaum noch Kredite bekommen. Damit wird für Kreditnehmer und Investoren ein Mehrwert geschaffen, den nur eine echte Alternative zu Banken bieten kann. Gleichzeitig fordern Lendico und Zencap erhöhte Aufsicht in gewissen Märkten, um eine hohe Qualität der Kreditmärkte für Anleger und Kreditnehmer zu gewährleisten.

Teilweise arbeitet das Management eng mit dem Gesetzgeber zusammen, um hohe Industriestandards zu etablieren.

Es ist die Summe dieser Maßnahmen wie auch die Haltung hinter der Gründung von Lendico, die für Nutzer ein neues Erlebnis garantiert. Lendico und Zencap zielen auf ein sich veränderndes menschliches Verhalten. Es herrscht Skepsis gegenüber vielen Anlagemethoden wie auch Institutionen des Finanzwesens.

Fazit: Digitalisierung ermöglicht Emotionalisierung und Kostenvorteile gleichermaßen

Dank des digitalen Wandels ist Crowdlending zu einem neuen Weg bei der Kreditvergabe geworden. Wie bereits in anderen Segmenten sind es nicht die Banken selbst, sondern Angreifer, die die Innovation in den Markt führen. Disruptiv ist nicht nur die Kommunikation des Produkts, sondern vor allem Organisationsstruktur, Arbeitsabläufe und Unternehmenskultur, begründet durch die vollkommene Digitalisierung des Geschäftsmodells.

Kreditmarktplätze sind die digitale Alternative zu Banken bei der Kreditvergabe geworden, weil sie durch den Fokus auf ein Produkt ihren Kunden eine neue Produkterfahrung bieten: passgenau auf das Geschäftsmodell geschaffene IT-Lösungen und eine revolutionäre Herangehensweise sowie innovative Unternehmenskultur. Durch die modellimmanenten Effizienzen können Kreditmarktplätze langfristig weiten Kundengruppen ein günstigeres und vorteilhafteres Endprodukt anbieten.

Durch die Emotionalisierung des Angebotes verfügen Kreditmarktplätze über ein Alleinstellungsmerkmal, das den Banken vorenthalten bleiben wird. Die positive Wahrnehmung kann nicht mit reinen Marketingmaßnahmen erreicht werden. Zusätzlich gelingt es Kreditmarktplätzen durch die dargestellten Maßnahmen noch weiter zu emotionalisieren und die Vorteilskommunikation zielgruppengenau auszuliefern.

Ein weiteres wichtiges Merkmal stellt die Transparenz dar. Anders als oft Banken, betonen Kreditmarktplätze die Einfachheit und Klarheit ihres Produktes, indem sie Anlegern eine große Vielfalt an Informationen zur Verfügung stellen. Der Anleger erhält alle für seine Entscheidung erforderlichen Informationen.

Dass der deutsche Markt die Volumina der amerikanischen und britischen Vorreiter erreichen wird, gilt unter Branchenexperten als sicher. Die Geschwindigkeit des Wachstums wird jedoch auch von regulatorischen Bedingungen geprägt sein. Gesetzliche Rahmenbedingungen in England sind zum Beispiel bereits an die Anforderungen der innovativen Finanzlösungen angepasst worden. Die britische Regierung ist als Investor auf Kreditmarktplätzen aktiv und unterstützt so heimische Unternehmer. In Deutschland muss noch eine zeitgemäße regulatorische Lösung gefunden werden. Dadurch gestützt werden Kreditmarktplätze das faktische Monopol der Banken bei der Kreditvergabe und Kreditanlage aufbrechen und sich gewaltige Marktanteile von Banken erkämpfen.

Literatur

Blatter, P. (2008): „Emotionalisierung sichert langfristigen Erfolg", Innovationen und Konzepte für die Bank der Zukunft, pp 189–197.

Brylewski, S. (2012): „Demokratisierung der Finanzbranche", Finanzdienstleister der nächsten Generation: Die neue digitale Macht der Kunden.

Fraser, M./Dutta, S. (2009): „Throwing Sheep in the Boardroom. How Online Social Networking Will Transform Your Life, Work and World", Chichester.

msgGillardon (2010): „Emotional Banking Studie: Vertrauen aufbauen".

Zimmer, A. (2007): „Vereine – Zivilgesellschaft konkret", Grundwissen Politik, Bd 16.

Dr. Christian Grobe ist gemeinsam mit Dr. Matthias Knecht Gründer und Geschäftsführer von Zencap, dem digitalen Kreditmarktplatz für innovative Mittelstandsfinanzierung. Er verantwortet den Vertrieb und das Marketing sowie die Themen Finanzen und HR. Vor seiner Zeit bei Zencap war er sechs Jahre Berater bei McKinsey & Company – zuletzt als Projektleiter. Christian Grobe hat an der Universität Heidelberg und der Princeton University, USA, Volkswirtschaftslehre studiert. Als Diplom-Volkswirt promovierteer an der FU Berlin in Politologe. Die Sorgen von kleinen und mittelständischen Unternehmen (KMU) kennt er aus zahlreichen Wahlkämpfen während seiner Studienzeit. Seither hat er sich zum Ziel gesetzt, seine persönliche Leidenschaft – Politik und Ökonomie – mit einer Geschäftsidee zu verbinden, die den Zugang zu Finanzierung für KMU verbessert.

Dr. Dominik Steinkühler hat gemeinsam mit Dr. Clemens Paschke, Philipp Petrescu und Dr. Christoph Samwer Lendico, einen Marktplatz für Kredite von Mensch zu Mensch gegründet. Das Team wird durch den weltweit erfolgreichsten Internet-Inkubator Rocket Internet unterstützt. Zuvor war Dominik Steinkühler Projektleiter bei der Boston Consulting Group mit Schwerpunkt auf Industriegüter und Finanzdienstleistungen und bei der Investmentbank Rothschild. Er promovierte an der RWTH Aachen und hält einen Doktortitel in Wirtschaftswissenschaften.

Digital Services und Commerce der Zukunft – Was können Finanzdienstleistungsunternehmen vom Handel von Morgen lernen?

9

Gerrit Heinemann, Mathias Gehrckens und Roland Adams

Zusammenfassung

Finanzdienstleistungsunternehmen weisen in Hinblick auf die Digitalisierung erhebliche Defizite im Vergleich zu anderen Branchen auf. Das Internetgeschäft deutscher Banken, Sparkassen und Versicherungen mit den Privatkunden ist reaktiv - noch! Der vorliegende Beitrag zeigt, was Finanzdienstleister vom fortgeschrittenen Online-Einzelhandel lernen können.

9.1 Digitale Revolution – Kaufverhalten und Wertschöpfung im Umbruch

Wohl keine technische Erfindung hat Wirtschaft und Gesellschaft in so kurzer Zeit so stark verändert wie das Internet. Die Web-Technologie betrifft nicht nur den ungehinderten Zugang zu nahezu sämtlichen Informationen auf der Welt, sondern auch die Möglichkeit, Transaktionen effizienter und schneller abwickeln zu können. Mittlerweile nutzen fast alle Unternehmen aller Unternehmensformen, Größenklassen und Branchen diese technische Möglichkeit der Transaktionskostensenkung. Zugleich entstehen innovative

G. Heinemann (✉)
Möchengladbach, Deutschland
E-Mail: heinemann502547@t-online.de

M. Gehrckens · R. Adams
Düsseldorf, Deutschland
E-Mail: mail@d-group.com

R. Adams
E-Mail: adams@radams.de

© Springer Fachmedien Wiesbaden 2015   141
H. Brock, I. Bieberstein (Hrsg.), *Multi- und Omnichannel-Management
in Banken und Sparkassen,* DOI 10.1007/978-3-658-06538-6_9

Geschäftsmodelle auf Basis der sich ständig weiterentwickelnden Internet-Technologie, auch in Sektoren wie dem Handel, die bisher eher als „untechnisch" galten (Gehrckens und Boersma 2013). Die sich abzeichnende Entwicklung hin zum mobilen Internet und zu mobilen Endgeräten wie Smartphones und Tablet-PCs beflügeln diesen Trend zusätzlich (Bruce 2011). Selbst Neugründungen und kleine Firmen können in kurzer Zeit weltweit bekannt werden, ihre Produkte online verkaufen und relativ schnell durch den Zugang zum „World Wide Web" zu globalen Anbietern heranwachsen. Dementsprechend ist der Begriff „Born Global" untrennbar mit der Entstehung derartiger Internetunternehmen verbunden. Als typische Beispiele gelten Amazon und eBay, die bereits 15 Jahre nach ihrer Gründung jeweils deutlich mehr als 80 Mrd. US-Dollar Handelsvolumen drehen. Amazon Deutschland hat im Jahr 2013 die 7,8 Mrd. € Umsatzschwelle überschritten und mit rund 10,2 Mrd. € Umsatzvolumen seine Marktführerposition im deutschen Online-Handel weiter ausbauen können. Damit geben vor allem US-amerikanische Einzelhändler den Ton im deutschen E-Commerce an. Dieses deutet auch daraufhin, dass der deutsche Einzelhandel zunehmend mit internationalen Online-Anbietern in Wettbewerb treten wird.

9.1.1 Digitales Universum

Weltweit nutzen über 2,6 Mrd. Menschen das Netz, davon über 65 Mio. User in Deutschland (Internet World Stats 2013) und davon wiederum 53 Mio. über 14 Jahren. Damit liegt Deutschland im internationalen Vergleich auf den vordersten Plätzen und belegt innerhalb der 27 EU-Staaten Rang vier hinter Großbritannien (82 %), Dänemark und den Niederlanden (Internet World Stats 2013). Bereits mehr als 65 % der deutschsprachigen Wohnbevölkerung über 14 Jahren nutzen regelmäßig internetfähige Mobiles für den Zugang ins World Wide Web (vgl. Abb. 9.1).

Sie gebrauchen ihr Gerät nicht mehr nur zum Telefonieren, E-Mail-Schreiben oder Chatten, sondern zunehmend auch zur Suche nach Produktinformationen oder zum unmittelbaren Online-Kauf (kaufDA 2014; AGOF 2013). Auch stationäre Käufer beginnen mittlerweile ihren Einkaufsprozess mit der Recherche im mobilen Netz und nutzen dafür verstärkt lokale Dienste. Zwar nutzen Smartphone-Besitzer dazu auch andere Gerätetypen, also Desktop, Mobile oder Tablet. Gestartet wird die Informationsrecherche aber überwiegend mit dem Smartphone. Diese erfolgt dabei häufig in Leerzeiten wie zum Beispiel im Stau, in der Schlange oder im Wartezimmer. Aber nicht nur in Leerzeiten, auch parallel zum Fernsehen wird immer mehr im mobilen Internet gesurft, entweder per Mobile oder per Tablet (Google 2012). Dabei treffen Kunden immer häufiger bereits Kaufentscheidungen, die zum Teil im Online-Shop oder am nächsten Tag in einem stationären Geschäft zum Vollzug kommen (Google und Ipsos OTX MediaCT 2012). Wo aber liegen die Grenzen der Smartphone-Nutzung? Die Frage kann nur aus Sicht der User beantwortet werden, denn diese treiben die Entwicklung. Die Kunden wollen es so (PBS-Business 2013). Die Nutzung der Internet- und Mobile-Technologie steht aktuellen Studien zur Folge vor allem in Deutschland erst am Anfang (kaufDA 2014). Einige harte Wachs-

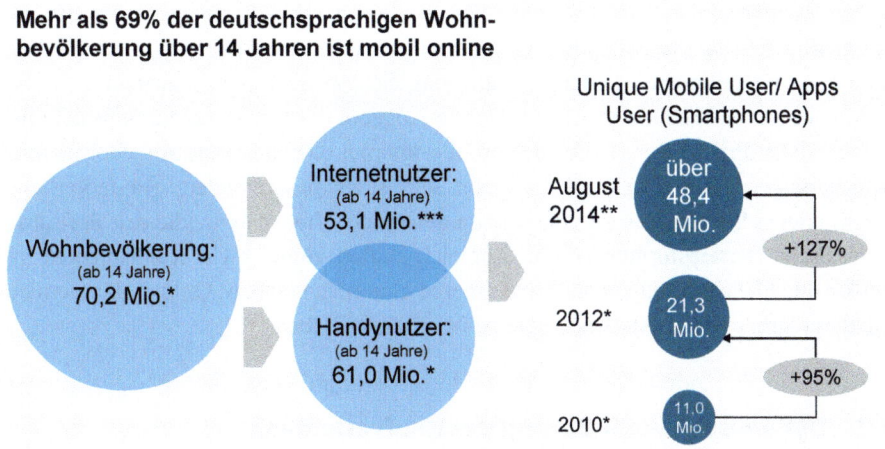

**Mehr als 69% der deutschsprachigen Wohn-
bevölkerung über 14 Jahren ist mobil online**

* Quelle: AGOF internet facts 2012-10, Basis: 112.283 Fälle (deutschsprachige Wohnbevölkerung in Deutschland ab 14 Jahren)
** Per 30.8.2013 bereits 43% von 70 Mio. = 30,1 Mio. (vgl. Aquino/Radwanick 2012; eWeb Research Center 2013)
*** Quelle: Heinemann 2014; kaufDA 2014

Abb. 9.1 Digitales Universum in Deutschland 2014. (Quelle: Heinemann 2014b; kaufDA 2014;
eWeb Research Center 2014 in Anlehnung an AGOF 2013)

tumsfaktoren werden erst noch wirksam, wie unter anderem die allmähliche Verbesserung der immer noch schlechten und sich erst langsam aufbauenden Connectivity und
Netzinfrastruktur in Deutschland. Hinzu kommt das sich erst noch entwickelnde Angebot
stationärer Händler im Netz oder aber die allmählich auf den deutschen Markt kommende
internationale Online-Konkurrenz, die zukünftig verstärkt aus den asiatischen Ländern
kommen wird. Die nächsten Amazons und Googles werden wahrscheinlich aus China
kommen, das digital enorm aufrüstet. Sie werden ein strategisches Fenster nutzen können,
denn die meisten deutschen Online- und vor allem Mobile-Anbieter aller Branchen hinken
dem Stand ausländischer Anbieter hinterher und werden sich in den nächsten Jahren erst
noch professionalisieren müssen. Dieses werden vor allem die auf die Märkte drängen-
den „Digital Natives" oder besser „Smart Natives" einfordern. Insbesondere die „Smart
Natives". Diese „Smartphone-Intensivnutzer" sind noch jung und in den meisten Fällen
noch nicht geschäftsfähig. Mit ihrem Eintritt als Kunden in die Handelslandschaft wird
sich das Online- und Mobile-Wachstum in den nächsten Jahre noch beschleunigen und
sich damit die disruptive Entwicklung der letzten Jahre weiter fortsetzen. Im Zuge dieser
Entwicklung wachsen derzeit die direkt über Smartphones realisierten Mobile-Commer-
ce-Umsätze progressiv an, und zwar mindestens doppelt so stark wie die des „normalen
Online-Handels" (Heinemann 2014b). Denn die Kunden wollen im Rahmen ihres Kaufprozesses das Internet nutzen. Sie recherchieren im Netz zunehmend, um auch ihre stationären Käufe vorzubereiten. Dieses betrifft sowohl die Suche nach Produktinformationen
als auch Preisvergleiche. Dabei werden Preise nicht mehr sequenziell verglichen, indem
der Kunde mehrere stationäre Ladengeschäfte nacheinander abläuft. Durch das Internet

und Preissuchmaschinen findet mittlerweile eher ein paralleler Preisvergleich statt, der durch einen Click die Produkte und Preise sämtlicher Händler offenlegt. Befindet sich der Kunde dann im stationären Ladengeschäft, vergleicht er über sein Smartphone den angegebenen Preis des Händlers mit dem Online-Angebot der Konkurrenz und bestellt dort gegebenenfalls direkt vor Ort über das mobile Internet das günstigste Angebot im Web. Der technologische Fortschritt auf der einen Seite sowie das veränderte Käuferverhalten auf der anderen Seite führen zu einer nie da gewesenen Transparenz, die den Preisdruck für klassische Betriebsformen erhöht. Zugleich kaufen immer mehr Konsumenten ihre Produkte und Dienstleistungen bei E-Commerce-Unternehmen bzw. Online-Händlern ein, die dadurch große Marktanteilsgewinne zu verzeichnen haben.

9.1.2 Dynamische Veränderung des Kaufverhaltens

Zentrales Interesse eines jeden Kunden ist es, in seinem Kaufprozess ein Produkt zu finden, das seine Bedürfnisse optimal befriedigt (Gehrckens und Boersma 2013). Hilft ein traditioneller Händler dem Kunden dabei und bietet er diesem dazu noch einen akzeptablen Preis, dann hat dieser Händler gewöhnlich eine hohe Relevanz für den Kunden. Daraus leitete sich bisher die primäre Rolle des Handels für die Konsumenten ab. Im besten Fall war es ihm auch gelungen, damit den Nutzen seiner Kunden zu optimieren. Dabei erfolgte die gesamte Wertschöpfung des Kaufentscheidungsprozesses bei ihm. Beschaffung, Vorauswahl und Beratung etc. wurden ihm dementsprechend honoriert. Der Handel musste sich die Erlöse mit niemandem teilen (Gehrckens und Boersma 2013). Der im stationären Handel gelernte klassische Kaufprozess sieht gewöhnlich vor, dass der Kunde sich zuerst einen Anbieter auswählt. Am Point of Sale entscheidet er sich dann für das Produkt, das seinen Bedürfnissen entspricht. Hierzu verschafft er sich einen Überblick über die Produkte im Sortiment des Händlers, vergleicht die Produkte anhand von Produktinformationen und trifft schließlich eine Produktauswahl mit anschließendem Kauf. Somit hat der Kunde sich zuerst für einen oder mehrere Anbieter entschieden und sich dann vor Ort auf ein Produkt festgelegt. Charakteristisch für den klassischen Kaufprozess, der in Abb. 9.2 dargestellt ist, war die Übereinstimmung von „Point of Decision" und „Point of Sale" (Gehrckens und Boersma 2013).

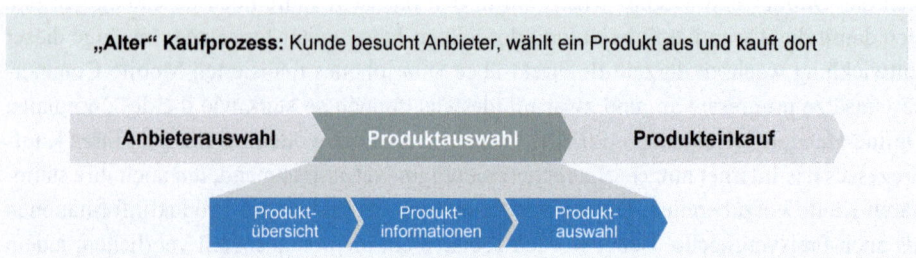

Abb. 9.2 Klassischer Kaufprozess. (Quelle: dgroup 2012)

Die bisherige Ordnung des Kaufentscheidungsprozesses ist durch das Internet stark verändert worden. Zudem wurden die Wettbewerbsverhältnisse neu definiert. Einerseits ermöglicht das Internet dem Kunden, dass er sich beinahe jedes weltweit verfügbare Produkt relativ schnell und einfach beschaffen kann. Andererseits findet er im „World Wide Web" umfassende Informationen, die ihn bei der Suche nach dem richtigen Produkt unterstützen. Dabei wird der Entscheidungsprozess aufgrund detaillierter Produktinformationen, zusätzlicher Testberichte sowie dargestellter Produktbewertungen von anderen Kunden viel besser unterstützt, als bei der traditionellen Beratung durch einen Händler (Gehrckens und Boersma 2013).

Nicht nur in rationaler Hinsicht, auch im Hinblick auf emotionale Kaufmotive kann sich der Kunde im Internet orientieren. So findet er innerhalb seiner Peer Group in sozialen Netzen stets auch Informationen über die Akzeptanz und Beliebtheit von Produkten. Dadurch erhält er Sicherheit bei der Kaufentscheidung. Zudem kann er mit dem Kauf eines Produkts Gruppenzugehörigkeit signalisieren und Social-Media-Instrumente zur Entscheidungsfindung nutzen. Dementsprechend entkoppelt sich der Kaufentscheidungsprozess durch das Internet, was analog zur Entkoppelung der Wertschöpfungsketten im Handel stattfindet. Dabei werden die Erlöse auf die einzelnen Wertschöpfungsstufen verteilt und nicht mehr in Gänze vom Händler vereinnahmt. Als Bedrohung für den Handel stellt sich heraus, dass das Internet die einzelnen Phasen im Kaufentscheidungsprozess verschiebt und sich damit der Point of Decision vom Point of Sale loslöst (Gehrckens und Boersma 2013). Dabei stellt sich der neue (Online-) Kaufprozess so dar, dass der Kunde im Internet zuallererst ein Produkt auswählt, das seinen Bedürfnissen entspricht. Mit Hilfe von Preissuchmaschinen, Onlinemarktplätzen, Social-Shopping-Diensten oder Communities verschafft er sich dazu einen Produktüberblick über interessante Produkte. Danach vergleicht er die Produkte anhand von Produktinformationen zum Beispiel mit Hilfe von Herstellerseiten, Testberichten, Meinungsportalen oder sozialen Netzwerken und trifft dann eine Produktauswahl. Erst zum Schluss wählt der Kunde den aus seiner Sicht optimalen Anbieter aus, bei dem er kauft. Dabei entscheidet er meist preisorientiert und relativ losgelöst von Online- oder Offline-Kanälen. Dadurch verliert der einzelne Händler massiv an Bedeutung für die Kunden. Er wird im Extremfall nur noch als „Point of Sale" wahrgenommen. Das liegt auch daran, dass im Internet die benötigten Informationen zur Produktauswahl in viel größerem Umfang vorhanden sind. So gewinnt der „Point of Decision" stark an Bedeutung. Für den Kunden bietet das Auffinden der richtigen Information den größten Nutzen und wird damit zum wertvollsten Teil der Wertschöpfungskette (Gehrckens und Boersma 2013; Stracke 2005, S. 24 ff.). Dieser neue Kaufprozess ist in Abb. 9.3 dargestellt. Selbst wenn das Produkt nicht in einem Online-Shop gekauft wird, ist das Internet für die meisten seiner Nutzer das glaubwürdigste Medium im Zusammenhang mit Kaufentscheidungen. Untersuchungen zeigen, dass 97 % aller deutschen Haushalte mit Internetanschluss zunächst im Web recherchieren, bevor sie eine Kaufentscheidung treffen (Schneller 2008, S. 28). Dabei stellt gut die Hälfte der Internetnutzer Preisvergleiche an, informiert sich auf Herstellerseiten, liest Testberichte im Internet oder berücksichtigt Kommentare und Diskussionsbeiträge anderer Nutzer (Schneller 2008, S. 28). Mit der zunehmenden Verlagerung der Kommunikation ins Netz verschiebt sich auch die Relevanz

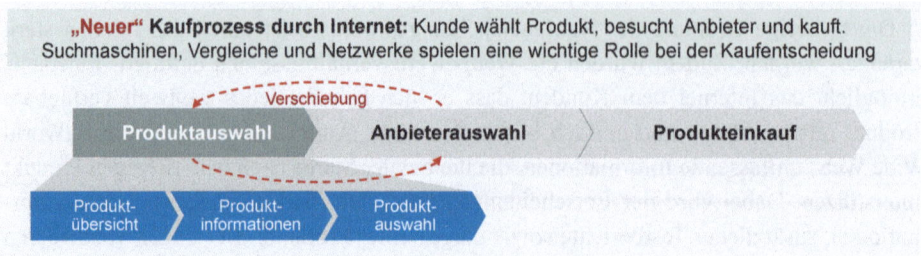

Abb. 9.3 Neuer Kaufprozess. (Quelle: dgroup 2012)

einzelner Informationsquellen für den Internetnutzer: Mittlerweile zählen Bewertungen anderer Internetnutzer zu den vertrauenswürdigsten Quellen. Diese spielen insbesondere bei der Vorbereitung von Käufen eine große Rolle. Die Orientierung an der letzten Handlung des Kunden vor dem Einstieg in den Kaufprozess (in der Regel Googeln) darf insofern die sogenannte Customer Journey nicht ausblenden, die im Rahmen der Kundeninteraktion noch einmal aufgegriffen wird (IWB 2011, Heft 10/11, S. 16; Heinemann 2014b).

9.1.3 Wertschöpfung im radikalen Wandel

Durch die Entkopplung der Wertschöpfungskette haben Handelsunternehmen wesentliche wertschöpfende Aktivitäten in allen Funktionen, insbesondere in den Kernfunktionen des Sortiments- und Informationsmanagements, verloren:

- Infomediäre haben häufig höhere Sortimentskompetenz.
- Makler bieten über Longtail unendlich große Auswahl.
- Empfehlungs-Engines liefern individuelle 1:1-Empfehlungen.
- Preis- und Produktsuchmaschinen bieten Beratung.
- Soziale Netzwerke bündeln Meinungen und Empfehlungen.

Damit hat der Handel seine dominierende Rolle und seine Alleinstellungsmerkmale ebenfalls verloren. Durch diese stark reduzierte Rolle des Handels verliert dieser für den Kunden an Relevanz und die Kundenbindung geht zurück. Folglich reduziert sich auch die Zahlungsbereitschaft des Kunden. Für eine nicht mehr wahrgenommene Wertschöpfung ist dieser nicht mehr bereit zu zahlen. Falls hierfür trotzdem Aufwände in die Preiskalkulation einfließen, wird der klassische Handel den Pure-Online-Anbietern im Wettbewerb deutlich unterlegen sein und weiterhin Marktanteile verlieren.

Die Erträge des Handels resultierten aus einer ursprünglich integrierten Wertschöpfungskette, welche für den Kunden in jeder einzelnen Stufe relevant war. Sie schuf somit einen Nutzen, für den der Kunde zu zahlen bereit war. Verteilt sich diese Wertschöpfung online auf unterschiedliche Akteure, dann verteilen sich auch die damit verbundenen Profite. Damit nehmen die Wertschöpfungstiefe des Handels sowie auch die durchsetzbaren Margen ab. Aber auch Markteintrittsbarrieren sinken. Der Markteintritt wird für kleine

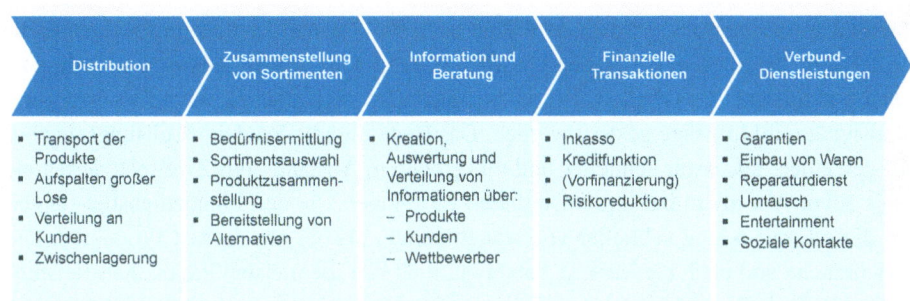

Abb. 9.4 Wertschöpfungskette des Handels. (Quelle: In Anlehnung an Peters et al. 2008)

oder branchenfremde Wettbewerber deutlich erleichtert. Dieser Wandel betrifft zwangsläufig und irreversibel den stationären Handel gleichermaßen. Bisher scheint noch nicht
klar, auf welchen Stufen der Wertschöpfungskette sich der traditionelle Handel in Zukunft
profitabel bewegen kann (vgl. Abb. 9.4).

Es ist kein Geheimnis, dass das Kerngeschäft der Banken rückläufig ist und bestenfalls
stagniert. Wie im Einzelhandel auch, gewinnen die Online-Kanäle überproportional und
verlieren die Offline-Kanäle stark. Auch der Bankkunde ist mehrheitlich Internetnutzer
und zu 69 % sogar im mobilen Internet unterwegs. Dementsprechend steigt auch die Zahl
der Überweisungen vom heimischen PC und sogar Smartphone aus stetig, da sie bequem
und schnell sind. Wie aus Abb. 9.5 zu entnehmen ist, liegt die Online-Quote bei Girokonten bereits bei deutlich über 52 % mit 50 Mio. Online-Girokonten (Statista 2014). Mit diesen Zahlen kann es keinen deutlicheren Hinweis darauf geben, dass die Kunden von den
Finanzinstituten professionell im Netz bedient werden wollen. Wie schon im Handel seit

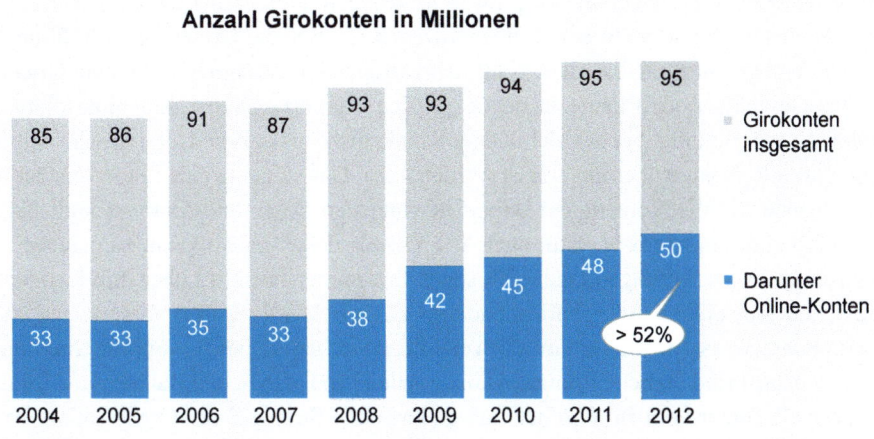

Abb. 9.5 Online-Girokonten in Deutschland. (Quelle: In Anlehnung an statista 2014)

Jahren zu beobachten ist, wird es deswegen auch bei Finanzdienstleistungen nicht mehr möglich sein, bei denselben Kunden künstliche Grenzen zwischen Online- und Offline zu ziehen und aufrecht zu erhalten. Bestandsschutz wird neu gesehen werden müssen und Exklusivität wird in Frage gestellt werden. Das beste digitale Produkt-/Leistungsangebot wird gewinnen, und zwar schneller und mit größerem Abstand zum Zweitplatzierten als jemals zuvor. Vor allem bei digitalisierbaren Leistungen wie den Finanzdienstleistungen wird diese Entwicklung schneller von statten gehen, als bei physischen Produkten. Die Musikbranche und auch die Verlage haben (ähnlich wie die meisten Finanzdienstleistungen heute) diese Entwicklung lange Zeit ignoriert und sich damit in eine existenzbedrohende Lage gebracht. Ein maßgeblicher Faktor wird aus Sicht des Internet-Nutzers das Online-Angebot sein. Und dieser Internet-Nutzer ist mehrheitlich auch der Bankkunde, der mittlerweile völlig andere Erwartungen hat als noch vor wenigen Jahren. Vor allem die explodierende Smartphone-Penetration verändert derzeit die „digitale Erwartungshaltung der Kunden" radikal. Diese verlangen schnellstmögliche und fehlerfreie „Rundumbehandlung" und damit automatisierte und digitalisierte Prozesse. Während es nunmehr seit 20 Jahren den Online-Handel gibt (gegründet 1995 durch Amazon) befassen sich in dieser Zeit Finanzdienstleistungsunternehmen gerade erst mit der Optimierung ihrer Prozesse, allerdings vornehmlich aus Kostengründen und nicht aufgrund einer geänderten Kundenorientierung. Insofern hinken die Finanzdienstleister schon bei der „nichtdigitalen Prozessoptimierung" den produzierenden Unternehmen sowie der Handels- und Logistikbranche Jahrzehnte hinterher. Das gleiche gilt für die Arbeit in Teamstrukturen und flachen Hierarchien, sieht man einmal ab von wenigen hoch spezialisierten Investmentbankern. Natürlich haben Finanzdienstleistungsunternehmen im Laufe der Zeit geschäftliche oder funktional verantwortliche Einheiten für alle erforderlichen Aufgaben geschaffen. Ein Beispiel hierfür ist die Trennung eines unabhängigen Risikomanagements von allen übrigen geschäftlichen Aktivitäten, die mit dem Eingehen von Markt-, Kredit oder Kontrahenten-Risiken verbunden sind. Geht es jedoch um die Bewältigung einer der erkennbar größten Herausforderungen der Gegenwart im Kundengeschäft, der Digitalisierung, wirkt ihre arbeitsteilige und nicht am Kundenprozess ausgerichtete Organisation hoffnungslos veraltet und geradezu überfordert. Natürlich verfügen Unternehmen mit einem modernen Online-Geschäftsmodell heute in der Regel über hervorragende Kundeninformationen. Kaum eine Bestellung, bei der sich König Kunde nicht bis auf die Unterwäsche entblößt, damit alles Relevante über ihn erfasst werden kann. Das ist heute eine Selbstverständlichkeit, ebenso wie die Nutzung der daraus gewonnenen Daten und Analysemöglichkeiten („wer X kauft, braucht bzw. kauft auch Y"). Gerade deswegen ist kaum zu glauben, dass Banken und Versicherungen eigentlich schon fast immer fast alles über ihre Kunden gewusst und auch dokumentiert haben, und dass sie sich diesen riesigen Vorsprung nicht nur haben nehmen lassen, sondern mittlerweile im Branchenvergleich weit hinterherhinken. Nicht umsonst sind branchenfremde Anbieter wie Paypal dabei, den Banken im Zahlungsverkehr die Butter vom Brot zu nehmen. Selbst ohne Strategie und Organisation für das Online-Geschäft drängen sich einige Themen zur schnellen und pragmatischen Nutzbarmachung für das Kundengeschäft geradezu auf. Kunden brauchen Information und Hilfe bei Such-, Kauf- und Entscheidungsprozessen. Die Erfüllung von Kundenwünschen ist ein Treiber für jeden Geschäftserfolg. Wenn Kunden in die Bank-Filialen kommen sollen, müssen sie einen guten Grund hierfür haben. Solche Themen liegen auf der Hand und können selbst mit einfachsten Online-Angeboten und -Mitteln bedient werden. Aber auch hier, bei pragmatisch zu vereinfachenden und zu verbessernden Kundenbelangen gilt ein altes Restaurantmotto: Draußen gibt's nur Kännchen.

9.2 Status der Digitalisierung in der Finanzdienstleistungsbranche

Es ist offensichtlich, dass Finanzdienstleistungsunternehmen in Hinblick auf die Digitalisierung erhebliche Defizite im Vergleich zu anderen Branchen aufweisen. Das Internetgeschäft deutscher Sparkassen, Banken und Versicherungen mit den Privatkunden ist reaktiv. Kunden erhalten Auskünfte, wenn sie auf den Webseiten suchen. Das gilt vor allem für Produkte, Preise und Gebühren, Serviceleistungen, Spezialangebote wie Immobilienangebote oder ähnliches. Kunden müssen wissen, was sie wollen und wonach sie suchen müssen, um Informationen zu erhalten. Ausgesprochen weit entwickelte Anbieter bieten zwar ein reichhaltiges Informations- und Transaktionsangebot. Weniger weit entwickelte Anbieter zeigen jedoch nur das Nötigste auf ihren Seiten. Dafür mag es viele Gründe geben wie u. a. die folgenden:

- Finanzdienstleistungsprodukte sind wenig attraktiv („Low Interest" Produkte)
- Geldgeschäfte sind vertraulich, macht man diskret/im Verborgenen
- Bankaufsicht/Verbraucherschützer sind streng und beinahe omnipräsent
- Risikobewusstsein bestimmt Anbieterverhalten (nicht Chancenorientierung)
- Produkte und Leistungen sind abstrakt, wenig greifbar

9.2.1 Deutsche Finanzdienstleister verbummeln digitalen Wandel

Angesichts der fortschreitenden digitalen Revolution werden vor dem eben skizzierten Hintergrund die folgenden Fragen akut: Was tun Finanzdienstleistungsunternehmen eigentlich, um auf sich aufmerksam zu machen? Wie finden Kunden den Weg zu ihnen? Wie bringen sie Kunden in ihre Filialen? Wie nutzen sie ihre Informationen, um gezielte und bessere Angebote für ihre Kunden machen zu können? Wie heben sie sich vom Wettbewerb ab? Nutzen sie Informationen über Kunden so, dass diese besser beraten und betreut werden? Machen Finanzdienstleistungsunternehmen nicht alles richtig, so wie sie im und mit dem Internet agieren?

In den Finanzdienstleistungsunternehmen sitzen doch eigentlich intelligente Menschen, die sich etwas dabei denken, so die breite Meinung! Offensichtlich jedoch nicht, denn folgende niederschmetternden Tatsachen lassen starke Zweifel aufkommen. Sie sind Ergebnis einer empirischen Untersuchung der dgroup, Wie lassen sich die vielen offenen

Fragen beantworten? Der Drang nach Antworten war Anlass für die Benchmarkingstudie „DiSCo – Digital Services and Commerce", die von der dgroup in Zusammenarbeit mit dem eWeb Research Center der Hochschule Niederrhein und dem Top-Management-Berater Roland Adams zusammen durchgeführt wurde. Gegenstand war ein Vergleich des für die Kunden im Internet erlebbaren Angebots. Die Kernfragen lauteten, was Finanzdienstleistungsunternehmen heute im Online-Geschäft machen und wer Online aus Kunden- bzw. Nutzersicht am besten auftritt und warum. Gleichzeitig wurden die Manager führender Finanzdienstleistungsunternehmen zu Strategien, Organisation und Steuerung im Online-Geschäft befragt. Folgende Kernfragen standen hier im Fokus:

- Welche Online-Strategien und -Ziele verfolgen Sie für Ihr Unternehmen?
- Wie organisieren Sie Ihr Online-Geschäft?
- Wie steuern und messen Sie Ihren Online-Geschäftserfolg?

Die Antworten waren eindeutig: Die deutschen Finanzdienstleister verbummeln den digitalen Wandel:

1. Der am schnellsten wachsende Vertriebskanal, das Internet, wird ignoriert. Nur knapp zwei Drittel der Unternehmen mit Online-Geschäft messen den Online-Vertriebserfolg. Mehr als die Hälfte der befragten Unternehmen steuert ihr Online-Geschäft überhaupt nicht.
2. Am Online-Kundenverhalten sind die Wenigsten interessiert. Mehr als die Hälfte der befragten Unternehmen erfasst und nutzt das Online-Kundenverhalten nicht oder nur sporadisch.
3. Die intelligente Nutzung von Kundendaten für das Geschäft ist die Ausnahme. Social Media Networks und SEO werden am meisten genutzt, insgesamt aber nicht einmal von der Hälfte der befragten Unternehmen. Nur was gemessen wird, wird auch getan. Für das Online-Geschäft scheint dieser Satz besonders zutreffend zu sein. In Kenntnis der Untersuchungsergebnisse könnte man noch eins drauflegen: Finanzdienstleistungsunternehmen könnten messen, aber sie tun es nicht.

9.2.2 Digital Services und Commerce – Finanzdienstleister im Quervergleich

Das Ausgangsszenario Finanzdienstleistungsunternehmen sieht so aus, dass das Kerngeschäft rückläufig ist oder bestenfalls stagniert. Die Kunden kommen immer seltener zu ihnen in die Filialen. Filialschließungen sind absehbar, zumal die Kunden heute schon ein gutes Fünftel ihres Geschäfts über andere Wege tätigen. Dieses stellen auch manche Finanzdienstleister selbst fest, denn Online hat hier in den letzten zwei Jahren um 50 % zugelegt. Das ist wiederum eine sehr gute Nachricht. Eine Riesenchance, um die man sich kümmern müsste, die allerdings nicht genutzt wird, wie die Ergebnisse der DiSCo-Studie („Digital Services and Commerce") zeigen (DiSCo 2013):

- Das Online-Geschäft ist aus der Sicht der Befragten nicht so wichtig. Für fast 70 % der Befragten spielt es nur eine ergänzende Nebenrolle oder ist auf den Marketingeinsatz beschränkt.
- Der Geschäftserfolg im Online-Geschäft erscheint zweitrangig (trotz enormer Steigerungsraten). Die wichtigsten Ziele sind eher konservativer Natur: Kundenbindung, Bereitstellung von Services und Werbung/allgemeines Marketing.
- Im Mittelpunkt steht standardisiertes Transaktionsgeschäft, vor allem einfache, wenig erklärungsbedürftige Produkte und Leistungen für Privatkunden.
- Der Umsatz im Online-Geschäft ist für ein Drittel der befragten Unternehmen eine Blackbox. Sie können nicht/kaum ermitteln, wie viel Geschäft Online vs. Offline gemacht wird und nur gut die Hälfte aller Unternehmen mit Online-Geschäft kennt ihr Geschäftsvolumen Online zu Offline aus den letzten zwei Jahren.
- Die Mobile Commerce Zukunft wird von der Mehrheit verschlafen, es spielt für gut zwei Drittel keine oder nur eine geringe Rolle.

Dieser Befund ist aus Besonderheiten, die für Finanzdienstleistungsunternehmen gelten mögen, nicht erklärbar. Weder ein überdurchschnittliches Risikobewusstsein noch die Diskretion im Geschäft mit Low-Interest-Produkten oder andere Faktoren bieten dafür nachvollziehbare Interpretationshilfen. Ganz offensichtlich wird die strategische Bedeutung des Online-Geschäfts nicht gesehen, ignoriert und damit vernachlässigt. Ein Erklärungsansatz mag darin liegen, dass Finanzdienstleistungs-unternehmen sich heute zwar schon sehr stark mit dem Thema befassen, häufig jedoch von Mitarbeitern getrieben, die nicht zum Top Management zählen und/oder mehr technisch als geschäftlich ausgebildet sind. Viele Vorstandsmitglieder zählen einfach nicht zur Internetgeneration. Aber das allein wird als Grund nicht ausreichen, denn diese Voraussetzungen sind im Handel nicht anders.

9.2.3 Multi- bzw. Omni-Channeling als ultimative Vertriebsherausforderung für Finanzdienstleister

Neben der buchstäblichen Ahnungslosigkeit einiger Protagonisten stellen die für Online-Geschäfte unzweckmäßigen Organisationen der Unternehmen die wahrscheinlich größte Barriere dar. Im Vergleich zu den aktuellen digitalen Anforderungen wirken diese hoffnungslos veraltet und geradezu überfordert:

1. Es fehlen die Online-Häuptlinge: Digital Commerce Themen sind nur in der Hälfte der befragten Unternehmen eindeutig einem Vorstands-/GF-Ressort zugeordnet.
2. Zu viele machen zu viel: Zuständigkeiten für verschiedene Digital Commerce Themen sind unterschiedlich verteilt, vielfach gibt es Mehrfachzuständigkeiten, in einigen wenigen Unternehmen ist sogar keine Zuständigkeit adressiert.

3. Nur knapp ein Drittel aller linken Hände weiß, was die rechte tut: Ein dauerhaft koordiniertes Vertriebsmanagement aus einer Hand über Offline- und Online-Kanäle hinweg ist bei knapp einem Drittel der Fall.

Online- und Offline Kanäle sind bei zwei Dritteln der Unternehmen nicht oder nur in geringem Umfang miteinander verbunden. Wie sollen aus solchen, über lange Zeit gewachsenen Strukturen auch mit einem Mal neue und für Online-Geschäfte geeignete Strukturen entstehen können, wenn in der Breite der Entscheidungsträger schlicht das Verständnis für das Geschäft nicht oder kaum vorhanden ist und auch keine geeigneten Organisationsmodelle bekannt sind? Unternehmen aus der Finanzdienstleistungsbranche sind in ihrer Risikoscheu naturgemäß wenig bis gar nicht experimentierfreudig in ihren tradierten „Law and Order-Organisationen". Eine von Zahlen und Formeln lebende und durchdrungene Branche sollte, auch wenn sie für ein mögliches zukünftiges Geschäft noch keine Strategie und auch noch keine Organisation gefunden hat, sich doch wenigstens mit der quantitativen Analyse dessen befassen, was sich da am Horizont zusammenbraut und in ihrem eigenen Geschäft zu regen beginnt. Könnte man meinen, ist aber falsch. Aber auch hier, bei pragmatisch zu vereinfachenden und zu verbessernden Kundenbelangen gilt ein altes Restaurantmotto: Draußen gibt´s nur Kännchen.

- Die Online-Kunden sollen anscheinend bleiben wo sie sind. Nur etwa ein Drittel der Unternehmen nutzt das Online-Geschäft aktiv um Kunden in die Filialen zu bringen.
- Die Kundenbedürfnisse kommen in der Online-Kaufprozessunterstützung zu kurz. Die Online-Kaufprozessunterstützung wird nur von einer Minderheit als hoch eingestuft und hierbei auch nur selektiv. Sie ist vor allem fokussiert auf Produkte, Transaktionen und Service. Die Kundenperspektive (Kundenbedarf, Such- und Vergleichsverhalten sowie eine objektive Beratung des Kunden) ist in der Online-Kaufprozessunterstützung weit geringer entwickelt.
- Das tun, was die Kunden wünschen, könnte das Geschäft fördern – aber leider kommen die Kundenwünsche zu kurz. Aus der Sicht der Befragten fördern vor allem Kundenwünsche (nach dem besten Produkt, nach Beratung und Service) sowie das Vertrauen der Kunden das Online-Geschäft. Zieht man einen Strich unter die Untersuchungsergebnisse, kommt man zu dem Schluss, dass Finanzdienstleistungs unternehmen verglichen mit Unternehmen aus anderen Branchen im Online-Geschäft erhebliche Optimierungspotenziale haben.

9.2.4 Zwischenfazit: Was Finanzdienstleister vom Handel lernen können

Das, was sich derzeit in der Finanzdienstleistungsbranche abspielt, erinnert 1:1 an die Entwicklungen im Einzelhandel vor 15 Jahren. Im Einzelhandel haben die Unternehmen mittlerweile allerdings von den Pionieren gelernt, die Finanzdienstleistungsunternehmen fangen jedoch erst noch damit an. Das Problem ist nur, dass es in beiden Branchen um dieselben Kunden geht, von denen mehr als 53 Mio. bereits das Internet nutzen, und dass die Zeit wegläuft. Die Kunden übertragen ihre Erwartungen, die sie von den Amazons dieser Welt exzellent erfüllt bekommen, zunehmend auf die Finanzdienstleistungsbranche. Diese Entwicklung wird zusätzlich getrieben durch die fast explosionsartige Penetrationsgeschwindigkeit von Smartphones. Diesbezüglich ist vielen Unternehmen nicht klar, inwiefern das mobile Internet die Handys vom Kommunikations- hin zum Interaktionsmedium transformieren und es zum Lebensmittelpunkt des „digitalen Lifestyles" machen (Go-Smart-Studie 2012, S. 18). Hinzu kommt, dass Online-Angebote jederzeit verfügbar sind. Für die „Smart Natives" verschwindet damit immer mehr der Unterschied zwischen mobilem und stationärem Internet. Die neue „digitale Realität" wird gelebt, wo auch immer sich ihre Intensivnutzer gerade bewegen. Die situative Nutzbarkeit macht in hohem Maße den mobilen Mehrwert für seine Nutzer aus und verändert gleichzeitig deren Ansprüche und Nutzungsgewohnheiten. Auf Basis der neuen Technologien und Tools entstehen dabei diverse Möglichkeiten der Kommunikation. Diesbezüglich machen Menschen zwar das, was sie immer schon gemacht haben, allerdings mit anderen Mitteln: Facebook-Liken ist diesbezüglich wohl das am meisten genutzte Tool. Aber auch Bewerten, Bookmarken, Kommentieren sowie Diskutieren sind beliebt. Hinzu kommt das Hochladen eigener Inhalte, Status-updates sowie das Teilen oder Fragen, um nur einige der gängigen Social-Media-Aktivitäten zu nennen. Bei dem Teilen oder auch Sharing erzählen Menschen von dem, was sie machen und interessiert. Sei es über Hobbys, Urlaubsfotos, lustige und skurrile Geschichten oder Partnerschaftserlebnisse. Das Bewerten steht in der Beliebtheitsskala immer noch ganz oben. Entscheidungen werden zunehmend auf der Meinungsbasis Anderer getroffen. Alles und jeder wird bewertet, seien es Ärzte, Spielplätze, Arbeitgeber, Restaurants oder sogar Toiletten. Fragen werden in die Community hineingegeben und dort beantwortet. Blogger und Community-Mitglieder beantworten sogar Serviceanfragen zunehmend untereinander selbst. (Ich-sag-mal 2011). Zugleich unterscheidet der Kunde immer weniger zwischen den Kanälen eines Anbieters. Dieses ist Ergebnis einer aktuellen eBay-Studie zum Thema „Handel der Zukunft" (eBay 2014a). Durch die Nutzung des mobilen Internet im stationären Laden ist bei vielen Käufern auch nicht mehr auseinanderzuhalten, ob der Einkauf online oder offline erfolgt ist. Beispiele aus anderen Ländern zeigen zum Beispiel, dass der Einkauf über QR-Codes bereits heute schon von überall aus möglich ist. Tesco in Südkorea hat in U-Bahn-Stationen beispielsweise Bilder von Lebensmittelregalen aufgebaut, die das Sortiment des Supermarktes zeigen. Für den Einkauf müssen die Kunden dort nur die QR-Codes auf den Bildern einscannen. Oder Magalogues, eine Kombination aus Magazin und Kauffunktionen über Augmented-Reality-Funktionen auf dem Smartphone, ermöglichen eine neue Art des „QR-Kaufs". Schon deutsche Händler hinken in diesen Entwicklungen bereits weit hinter den englischsprachigen Ländern her. Während die Kunden bei Best Buy zum Preisvergleich mit dem Smartphone aufgefordert werden, wird das in Deutschland nicht selten verboten oder es werden Störsender in die Läden eingebaut, damit die Kunden keinen Empfang auf ihrem Handy haben. Diesbezüglich liegen Welten zwischen Deutschland und USA und vor allem Japan. Aber auch Verbote werden erfahrungsgemäß die Entwicklung der Smartphone-Nutzung nicht aufhalten können, denn diese bietet zu viele Vorteile für die Kunden. Sie werden auch nicht verhindern können, dass die Kunden durch Nutzung des mobilen Internet so informiert sind wie nie zuvor. Dabei wird es immer schwieriger für das Verkaufspersonal, mit den emanzipierten und informierten Konsumenten mithalten zu können. Insofern wird sich auch die Rolle der Verkäufer stark verändern. Da die verschiedenen Kanäle verschwimmen, wird der Drang zum Abschluss größer werden. Kunden, die sich im Laden noch nicht zum Kauf entschließen können, müssen nicht zurückkehren, wenn sie zu Hause ihre Meinung ändern. Sie können das Produkt dann auch einfach von der Wohnzimmercouch aus über das Internet kaufen und zwar nicht unbedingt beim selben Händler, sondern beim besten Anbieter. Der reine stationäre Händler ohne Online-Aktivitäten wird auf der Strecke bleiben. So verfügt schon heute der deutsche Einzelhandel über die mit Abstand größte Ladenfläche pro Kopf und erwirtschaftet zugleich den geringsten Umsatz pro Quadratmeter in Europa (Koller 2012, S. 1). Die Studie ‚Key European retail data 2011 review and 2012 forecast' in Deutschland zeigt, dass mit 1,45 Quadratmetern pro Kopf die meisten Einzelhandelsflächen existieren, hinter den Niederlanden mit 1,66 Quadratmetern pro Kopf. Wenn also Einzelhändler in Deutschland überhaupt noch wachsen können, dann nicht über Flächenwachstum. Weitere Expansionsmöglichkeiten bestehen entweder nur in der Eröffnung von Ladenflächen im Ausland oder aber in der Forcierung der Internet-Verkäufe. Und exakt die gleiche Entwicklung gilt für die stationären Flächen der Finanzdienstleister. Es ist kein Geheimnis, dass auch in den Banken die Frequenz immer weiter zurückgeht und viele der Bankfilialen schon heute überflüssig geworden sind. Wie im stationären Einzelhandel geht es darum, die Bankfilialen und ihre Rolle für den Kunden neu zu erfinden und die Verkaufskanäle zu No-Line-Systemen auszurichten. Diese allerdings – wie in der Q100-Filiale der Deutschen Bank in Berlin an der Friedrichstraße – mit stationären Einzelhandelskonzepten aus der alten Welt zu füllen, dürfte der falsche Weg sein. Der Schlüssel liegt in der Digitalisierung und dabei auch im „digital-in-store". Hier müssen die Finanzdienstleister sich an modernen Handelsformaten orientieren wie den No-Line-Systemen und nicht an den aussterbenden Dinosauriern im traditionellen Offline-Handel.

9.3 Lernen vom No-Line-Handel

9.3.1 No-Line-Handel als Verkaufsform der Zukunft

No-Line-Systeme gelten als die höchste Evolutionsstufe im Multi-Channel-Handel (Heinemann 2013a). Vielfach wird diskutiert, was der genaue Unterschied zwischen No-Line-System und Multi-Channel-Handel sei (ohne tüte 2012, S. 1 ff.). Diesbezüglich wird auch der Begriff des Cross-Channel-Managements beansprucht. Zusätzlich kommen neue Bezeichnungen auf, die synonym gebraucht werden und nicht selten zu begrifflichen Konfusionen führen. So kreierte die Münchner Software-Firma hybris, die im Bereich Multi-Channel Commerce agiert, vor kurzem den neuen Begriff Omni-Channeling. Allen Begriffen ist gemeinsam, dass sie sich auf die Kombination verschiedener Verkaufs-formen beziehen. Dabei ist die Nutzung unterschiedlicher Absatzkanäle eigentlich kein neues Phänomen. Vielmehr gibt es schon lange Unternehmen, die neben dem Einkauf in ihren Ladengeschäften, ihren Kunden auch noch die Bestellung über einen Katalog ermöglichen. „Mehrkanal-Handel" ist so alt wie Sears, Montgomery Ward und viele an-dere Traditionsunternehmen im Handel, die ihre Sortimente über den Katalog parallel zum stationären Geschäft bereits im vorletzten Jahrhundert verkauft haben. Entwicklung und Bedeutung von Multi-Channel-Systemen sind aber eindeutig der Einführung und Eta-blierung der Internet-Technologie als neuem Vertriebsweg zuzuschreiben. Die Begriffe lassen sich wie folgt abgrenzen. Multi-Channel-Handel liegt vor, wenn unter derselben Markierung eine Kombination von Absatzkanälen vorliegt, die ein Kunde wahlweise nut-zen kann, um Leistungen eines Anbieters nachzufragen. Im Gegensatz zu traditionellen Mehrkanalsystemen muss dabei mindestens ein Kanal des Handelsunternehmens den stationären Handel und ein zweiter Kanal desselben Unternehmens (und nicht bloß der Firmengruppe) den Internet-Handel repräsentieren. Multi-Channel-Handel bezeichnet folglich ausschließlich die Verknüpfung von stationärem Geschäft und Internet-Handel plus möglicherweise einen zusätzlichen Absatzkanal wie zum Beispiel Katalogversand oder Tele-Shopping. Dabei müssen die Kanäle Bestellung und damit Nachfrage zulassen. Ein Kaufabschluss muss in den betrachteten Kanälen möglich sein, sodass Kanäle recht-lich gesehen die verbindliche Spezifizierung der Güterübertragung hinsichtlich Menge, Preis, Zahlungsbedingungen, Lieferung, Garantieleistungen etc. darstellen. Am häufigsten anzutreffen ist die Umwandlung vom Brick&Mortar-Anbieter (stationärer Handel) zum „Click&Mortar-Händler" in E-Retailingform. Durch Multi-Channel-Systeme stehen dem Kunden – in der Regel mit dem stationären Handel und dem Online-Kanal – insofern mindestens zwei Vertriebswege für die Beschaffung seines Produktes zur Verfügung. Ver-sandhändler, die neben dem Kataloggeschäft auch Online-Handel betreiben, stellen keine Form des Multi-Channel-Handels dar, sondern betreiben als Distanzhändler „hybriden Internet-Handel". Sie nutzen zusammengenommen denselben Distanzhandelskanal (Hei-nemann 2013a). No-Line-Systeme ergeben sich aus dem Cross-Channel-Management, wenn alle Absatzkanäle maximal vernetzt und integriert sind. Bedingung ist aber das Vor-handensein eines Mobile-Commerce-Kanals, den die Konsumenten parallel zum stationä-ren Einkauf nutzen können. Während zum Beispiel ein No-Line-Händler seinen Kunden den Preisvergleich durch Anscannen des EAN-Codes ermöglicht und ihm das maximal mögliche Spektrum an Multi-Channel-Leistungen auch über den Mobile-Shop anbietet, kann ein Multi-Channel-Händler demgegenüber auch durchaus auf den Mobile-Commer-ce und das Angebot mobiler Dienste verzichten (Heinemann 2013a).

Welche Konsequenzen die Verschmelzung von Online- und Offline-Kanälen für den stationären Handel hat, ist nicht ohne weiteres zu beantworten. Zunächst einmal stoßen damit zwei Welten aufeinander. Der traditionelle bzw. stationäre Handel war bisher eher untechnisch und auch immer in erster Linie lokal orientiert. Durch das Internet und die Erwartungshaltung der Kunden wird der Handel nun mit dem technologischen Fortschritt konfrontiert. Es wird spannend zu sehen, wie beispielsweise Einkaufscenter-Betreiber da-

mit umgehen werden, wenn auf bestehender Fläche im Jahr 2020 zwischen zehn und 20 %
weniger Umsatz gemacht wird als heute. Wahrscheinlich werden Ladenformate kleiner
werden oder Showrooms werden bisherige Geschäfte ablösen. Läden, wie wir sie derzeit
kennen, mit einem angeschlossenen Lager, wird es in Zukunft wahrscheinlich schon aus
Kostengründen nicht mehr so geben können, wie diese sich heute darstellen. Es ist nicht
davon auszugehen, dass der stationäre Handel verschwinden wird, ganz im Gegenteil.
Zwar wird der Online-Handel in Zukunft noch wichtiger werden. In manchen Bereichen
wird er den stationären Handel vielleicht auch überholen. Gerade im Buchhandel und
bei Consumer Electronics zeichnet sich das derzeit ab. Die meisten Produkte wird der
Kunde aber auch in Zukunft noch vor dem Kauf anschauen, anfassen und testen wollen.
Deswegen wird es weiterhin stationäre Läden geben. Aber die Kanäle werden zunehmend
verschwimmen: Immer mehr Kunden werden sich im Laden per Smartphone über ein
Produkt informieren, Preise vergleichen und dann im Geschäft auch online kaufen. Das
bestätigt die Einschätzung, dass das große Zukunftsthema „No-Line-Handel" heißt, bei
dem die Grenzen zwischen den Kanälen verschwimmen, wofür eigentlich der stationäre
Handel die besseren Voraussetzungen mitbringt. Für den Kunden wird der Einkauf durch
die zunehmende Verflechtung von Online- und Offline-Kanälen grundsätzlich einfacher
und unkomplizierter (Heinemann 2013a).

9.3.1.1 Externe Strategiedimensionen und Erfolgsfaktoren im No-Line-Handel

Diese schon beinahe explosive Mischung aus den neuen Marktteilnehmern im Wettbewerb um die Kunden kombiniert mit dem zunehmenden Druck auf die Handelsmargen
wirft die Frage nach den potenziellen Gewinnern des laufenden Transformationsprozesses
und der zukünftigen Daseinsberechtigung des Handels auf. Durch Positionierung in den
ersten Kaufphasen sind Gate-Keeper entstanden. Professionelle Onliner aus allen Wertschöpfungsstufen haben bereits auf die Veränderungen des Kaufverhaltens reagiert und
sich konsequent vertikal entlang der Wertschöpfungskette weiterentwickelt. Zu nennen
sind Markenartikler wie Apple, Zugangsanbieter wie Google und Onlinehändler wie Amazon. Sie haben viele relevante Funktionalitäten der jeweils anderen Spezies in ihr An-
gebotsrepertoire mit aufgenommen. Alle drei weisen inzwischen eine starke Präsenz in
den ersten Kaufphasen auf und können damit eine entscheidende Gate-Keeper-Funktion
für den E-Commerce übernehmen. Sie befriedigen die zentralen Bedürfnisse des Kunden
beim Einkauf, indem sie Nutzer bei der Auswahl des am besten zu ihren Bedürfnissen passenden Produkts sowie bei der Auswahl des geeigneten Händlers unterstützen. Amazon
ist hier sicher die absolute Benchmark im Handel. In den USA zeigen erste Studien, dass
Amazon bei der Online-Produktsuche im Internet Google bereits in 30 % der Fälle von
Platz 1 verdrängt hat. Somit hat Amazon als einer der wenigen Online-Händler selbst die
Gate-Keeper-Funktion übernommen und damit Google sowie auch viele der digitalen Absatzmittler auf die Plätze verwiesen (Forrester 2012). Eine erfolgreiche Positionierung für
Händler im Wettbewerb kann nur noch über absolute Kundenrelevanz erfolgen. Wie sich
in den vorherigen Kapiteln gezeigt hat, ist im Handel eine enorme, grenzüberschreitende

Wettbewerbsdynamik entstanden, die sich derzeit insbesondere im Online-Handel manifestiert. Auch in diesem extrem schwierigen Wettbewerb ist eine erfolgreiche Positionierung durch einen rigorosen Kundenfokus möglich. Dem Händler muss es gelingen, sich in
einer für den Kunden relevanten Dimension mit einem klaren Mehrwert zu positionieren.
Diese für den Kunden relevanten Dimensionen stellen zugleich die bedeutsamen strategischen Ebenen im Kampf um Marktanteile dar. Diese Dimensionen/Ebenen werden im
Folgenden unterschieden: Zielgruppe/Geschäftsmodell, Sortiment, Kundenerlebnis, Multi-Channel und Kommunikation/Kundeninteraktion. Erfolgreiche Online-Shops differenzieren sich bereits heute dadurch, dass sie nicht einen USP, sondern mehrere USPs innerhalb dieser strategischen Ebenen einnehmen. Nur die Händler werden langfristig überleben und wachsen, deren Alleinstellungsmerkmal darin besteht, dass sie dem Kunden
in mehreren Dimensionen ein einzigartiges Nutzenversprechen präsentieren und erfüllen.

Die disruptive Digitalisierung wird grundlegende Veränderungen von Technologien,
gesellschaftlichen Paradigmen und der gesamten Wirtschaft nach sich ziehen. Revolutionäre, digitale Innovationen haben bereits eine Vielzahl kundenorientierter Branchen verändert: Downloads haben die westliche Buch- und Musik-Industrie innerhalb von wenigen
Jahren umgekrempelt. Kolossale Veränderungen kennzeichnen die Reise-Industrie: vom
Reisebüro zu direct-to-customer Online-Buchungs-Plattformen. In vielen Branchen transformieren digitale Entwicklungen den Markt – während Kodak, Quelle und Nokia strau-
cheln oder gar stürzen, entwickeln sich Instagram, Amazon oder Apple zu neuen Marktführern oder gar zum wertvollsten Unternehmen der Welt. Im Rahmen der Industrialisierung wurde die Herstellung von Waren in vielen Bereichen standardisiert, sodass diese
effektiver und produktiver als im traditionellen Handwerk erfolgen konnte. Gleichzeitig
war durch diese Standardisierung eine weitverbreitete Grundlage geschaffen, die durch
Spezialisierung und Professionalisierung weiter konsequent optimiert werden konnte und
somit einen völlig neuartigen Wettbewerb für traditionelle Handwerker bedeutete. Eine
ähnlich schwerwiegende und weitreichende Bedeutung, wie sie die Industrialisierung für
das traditionelle Handwerk hatte, haben das Internet im Allgemeinen und der Online-Handel im Besonderen für den traditionellen Handel. Während insbesondere der stationäre
(Non-Food-)Handel seit Jahrhunderten ähnlich tickt und funktioniert, führt die disruptive
Kraft des E-Commerce zu einer Transformation des Handels. In den mittlerweile fast 20
Jahren ist im E-Commerce (analog zur Industrialisierung) eine hohe Professionalisierung
sowie Spezialisierung entstanden. Damit ist der reine Online-Shop heute zur Commodity
geworden. Erst durch die konsequente Weiterentwicklung und Professionalisierung aller
Funktionen, Prozesse und Systeme lässt sich heute Web-Exzellenz erreichen und ein USP
innerhalb der einzelnen Strategieebenen umsetzen. Gleichzeitig verändern sich durch die
hohe Transparenz und Vergleichbarkeit im Online-Handel die Kundenerwartungen – sie
wachsen viel schneller: Was gestern noch begeistert hat, kann oftmals heute nur noch
Kundenzufriedenheit erzeugen. Es ist ein Trugschluss, wenn Händler glauben, dass sie
in diesem Wettbewerb durch Standard-Online-Shops und Multi-Channel-Lösungen bestehen können. Mittel- und langfristig werden sich nur die Händler durchsetzen, die unabhängig vom Vertriebskanal, die digitalen Anforderungen an ihre Strategie annehmen

Strategieebene	Erfolgsfaktoren
Zielgruppe/Geschäftsmodell	▪ Zielgruppenfokus ▪ Geschäftsmodelloptionen
Sortiment	▪ Sortimentsbreite-/tiefe ▪ Marken ▪ Aktualität ▪ Preis
Kundenerlebnis	▪ Front-End/Online-Shop ▪ Kundeneinbindung ▪ Service
Multi-Channel	▪ Multi-Channel-Integration ▪ Mobile
Kommunikation	▪ Branding ▪ On-Site-Marketing ▪ Off-Site-Marketing/Social Media
Zielgruppe/Geschäftsmodell	▪ Zielgruppenfokus ▪ Geschäftsmodelloptionen

Abb. 9.6 Externe Strategieebenen und Erfolgsfaktoren. (Quelle: dgroup 2012)

und beherrschen (Gehrckens und Boersma 2013). Zudem müssen sie extern mehrere vom Kunden wahrgenommene einzigartige Nutzenversprechen bieten, welche intern exzellent umgesetzt werden. Nur wer sowohl die externen als auch die internen Erfolgsfaktoren des neuen, transformierten Handels meistert, kann zukünftig weiter wachsen und Erfolg haben, kann in Zukunft noch handeln. Auf jeder der zuvor beschriebenen strategischen Ebenen lassen sich verschiedene Erfolgsfaktoren identifizieren (vgl. Abb. 9.6).

Im Folgenden wird anhand von ausgewählten Beispielen aufgezeigt, wie sich innerhalb der einzelnen Strategieebenen aus Kundensicht relevante Positionierungen erzielen lassen.

9.3.1.2 Zielgruppen/Geschäftsmodelle

In der Dimension Zielgruppe/Geschäftsmodell ist es entscheidend, dass das Handelsunternehmen explizite Entscheidungen trifft, welche Zielgruppe primär angesprochen werden soll und welches Geschäftsmodell damit verbunden ist. In der Vergangenheit war für viele Händler eine genaue Auswahl sowie eine exakte Adressierung und Ansprache einer konkreten Zielgruppe gar nicht notwendig oder möglich. Insbesondere stationär erfolgte durch den lokalen Standort sowie durch die Ladengestaltung und die Sortimentsauswahl etc. in den meisten Fällen eine eher implizite Zielgruppenauswahl. Heute hingegen lassen sich im Internet ganz gezielt einzelne Zielgruppen adressieren. Wodurch die Frage in den Vordergrund tritt, welche Segmentierung der potenziellen Käufer eigentlich heute zu einer erfolgreichen Zielgruppendefinition führt. Lebensentwürfe, Werte und Ziele der einzelnen Individuen sind heute so vielfältig, dass soziodemografische Zielgruppenbetrachtungen und eindimensionale Zielgruppenmodelle in der Regel nicht mehr ausreichen, das Kundenverhalten zu verstehen. Stattdessen ist ein übergeordnetes System grundlegender und

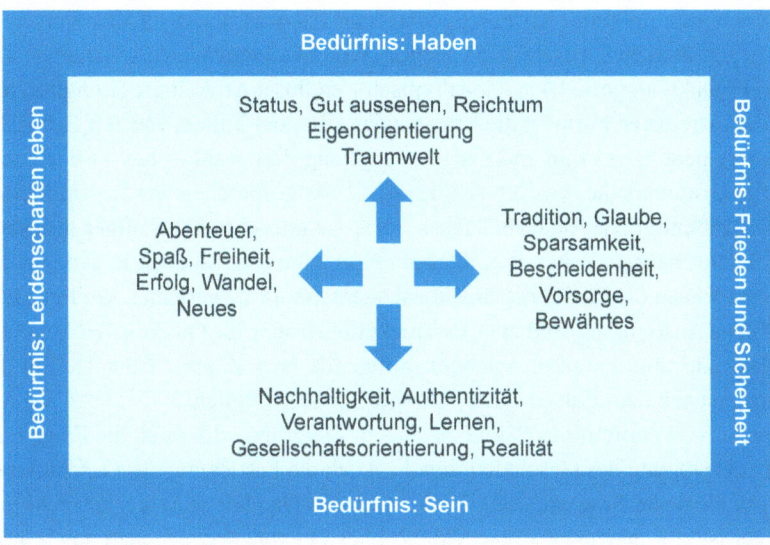

Abb. 9.7 Beispiel Wertorientierungen und Konsumtreiber bei GfK Consumer Styles. (Quelle: in Anlehnung an Peichl 2009)

konsumrelevanter Wertorientierungen, in dem sich Bevölkerungsgruppen mit jeweils spezifischen Weltanschauungen, Überzeugungen, Kaufgewohnheiten und Kommunikationsverhalten zu charakteristischen Lebensstilen verdichten, hilfreich, um überhaupt eine Zielgruppe definieren zu können (Peichl 2009). Im Bereich Fashion sind hier bspw. die Consumer Styles der GfK oder das Zielgruppensystem der HML Modemarketing nützlich (vgl. Abb. 9.7).

Sobald der Händler ein Modell gefunden hat, das es erlaubt, eine entsprechende Zielgruppendefinition vorzunehmen, gilt es im Anschluss die entsprechenden Marktpotenziale zu ermitteln und in den nachgelagerten Strategieebenen relevante zielgruppenspezifische Mehrwerte zu identifizieren. Eine aus Kundensicht relevante Positionierung kann im Wesentlichen zwei unterschiedliche Ausprägungen haben:

Special Shop: Das Special Shop Konzept setzt den Fokus als Zielgruppenspezialist, der Marktsegmente mit spitzen und entsprechend sehr passfähigen Konzepten adressiert. Ein gutes Beispiel für einen Special Shop im Bereich Fashion/Lifestyle ist der britische Online-Händler Asos, der international überaus erfolgreich wächst und dabei ganz klar auf eine Zielgruppe fokussiert ist. Die Zielgruppe von Asos lässt sich nach Modegrad/Anspruchsniveau eindeutig als Trendy/Mainstream identifizieren. Wesentlicher USP bei Special Shop Konzepten ist die richtige Vorauswahl des Sortiments, das ideal zu den Bedürfnissen der (Online-)Zielgruppe passen muss. Eine Extremform des Special Shops ist das Curated Shopping, hierbei bietet der Händler eine handverlesene Auswahl an Produkten an, welche sich an Geschmack und Bedürfnissen des einzelnen Kunden orientieren.

Category Killer: Im Vergleich zum Special Shop hat das Category Killer Konzept einen komplett gegensätzlichen Ansatz. Ein Category Killer verkauft Waren/Leistungen in einer/ (wenigen) Produktkategorie(n) in – idealtypisch – endloser Artikeltiefe (Longtail) je Kategorie. In der extremsten Form ist die Vision eines Category Killers von Jeff Bezos: „Build a place where people can find and discover anything they want to buy online and endeavor to offer customers the lowest possible prices". Angesprochen werden Online-Käufer, welche die größtmögliche Auswahl suchen. Dieses Konzept bietet weniger Inspirationen, sondern zielt auf bedarfsdeckende Käufer ab. Normalerweise ist auch in den nachfolgenden Strategieebenen die Positionierung konsequent hieran ausgerichtet. Weitere Beispiele für eine solche Ausrichtung sind zum Beispiel Globetrotter für Outdoor-Artikel, Fahrrad. de für alles rund ums Fahrrad, notebooksbilliger.de oder Zappos/Zalando. Ein solches Konzept ist erst seit dem Entstehen des Online-Handels möglich.

Untrennbar verknüpft mit der Frage nach dem Zielgruppenfokus ist die Frage nach der konkreten Ausprägung des Geschäftsmodells. Auch die Festlegung des Geschäftsmodells ist eine grundlegende Fragestellung, in der sich ein Händler ganz gezielt positionieren kann. Dabei ist eine bewusste Entscheidung über Leistungsversprechen sowie über das Wertschöpfungs- und Ertragsmodell zu treffen. Allein für den Handel lassen sich online bis zu 20 verschiedene relevante Geschäftsmodelle unterscheiden, welche alle ihre eigene, spezifische Ausrichtung haben (vgl. Abb. 9.8). So differenzieren sich Private Shopping Modelle wie Vente Privée deutlich von Live Shopping Anbietern wie zum Beispiel Woot!. Oder Re-Commerce Modelle à la gazelle.com unterscheiden sich von Shopping Abo Modellen wie jewelmint.com oder von Rental Services wie renttherunway.com. Auch hier

Transaktion	Advertising	Subscription	Community
• Shopping Portal • Category Killer • Special Shop • Private Shopping • Live Shopping • Mass Customization • Re-Commerce • Shppoing Abos • Social Shopping • Rental Services • Bit Vendor • Auction Broker • Virtueller Marktplatz • Classifieds • Internet Shopping Enabler • Shopsystem SaaS	• Suche • Portal • Affiliate Networks • Search Engine Optimization (SEO) • Content/News • Social Bookmarking • Preisvergleiche/ Reviews • Advertising Networks • Incentive Marketing • Mobile Marketing • Behavioural Marketing	• Abo Services • Peer-to-Peer Services • Service Provider	• Social Networking Services • Empfehlungs-/ Wissensportale • Media Sharing • Open Source/ Open Content
			Andere
			• z.B. Gaming

Abb. 9.8 Übersicht Online-Geschäftsfelder und Geschäftsmodelle. (Quelle: dgroup 2012)

zeigt sich die Professionalisierung des Handels dadurch, dass in dem vorhandenen Optionenraum eine gezielte Entscheidung getroffen wird, welche hinsichtlich ihrer Auswirkungen auf alle anderen strategischen Dimensionen orchestriert ist.

9.3.1.3 Marketingmix und digitales Kundenerlebnis

Die nächste wichtige strategische Dimension, in der ein Händler heute einen klaren Mehrwert aus Kundensicht bieten muss, um erfolgreich zu sein, ist das Sortiment. Der Fokus auf eine Zielgruppe muss hier konsequent den Rahmen vorgeben, nach dem die Positionierung erfolgt.

Im Sortiment brauchen zum Beispiel Special Shops genau die Marken und Styles sowie das Aktualitäts- und Preisniveau, das den Bedürfnissen der Zielgruppe entspricht. Dagegen braucht ein Category Killer tatsächlich in seiner Kategorie oder für seine Zielgruppe das umfangreichste Sortiment. Mindestanforderung ist es für den Händler, seinen USP für den Kunden in den Bereichen Sortimentsbreite/-tiefe, Markenauswahl, Aktualität und Preis zu definieren. Für Sortimentsbreite/-tiefe zum Beispiel ist abzuleiten, welche Warengruppen das Kernsortiment ausmachen und in welchen Warengruppen die Sortimentsauswahl und -kompetenz besser und höher als bei den Wettbewerbern sein soll. Bei der Markenauswahl erwarten die Kunden von spitzen und breitabdeckenden Konzepten jeweils die relevanten oder gar alle internationalen Marken als Auswahl. Gerade Markenprodukte werden als Anker zur Orientierung in der Angebotsvielfalt immer wichtiger. In sehr vielen Sortimentsbereichen – insbesondere bei Fashion, Consumer Electronics oder Medien – konkurriert jeder Händler mit internationalen Online-Shops, die oftmals weltweit ausliefern und natürlich auch ein weltweit interessantes Sortiment anbieten. Der Kunde ist durch seine Online-Erfahrung in Foren, Blogs, sozialen Netzwerken, Special-Interest-Seiten oder Online-Shops oftmals vielmehr Up-To-Date, was die aktuellsten Trends und Entwicklungen in dem für ihn interessanten Sortiment angeht, als viele stationäre Händler. Das hat zur Folge, dass der Einkäufer als Category Manager ganz anders agieren muss. So verändern sich Datenquellen für die Sortimentsplanung und -steuerung, Tools sowie Schwerpunkte der täglichen Arbeit usw. signifikant. Ähnlich sieht es hinsichtlich der Aktualität des Sortiments aus. In Zeiten von extrem beschleunigten Sortimentszyklen (zum Beispiel durch Vertikalisierung mit integrierten flexiblen Prozessen in Entwicklung, Produktion und Vertrieb) erwartet der Online-Käufer auch stationär täglich eine neue Welt. Vor allem, wenn neue Produkte auf den Markt kommen, dann hat der Händler die Nase vorne, der diese Produkte gleich zum Marktstart anbieten kann. Dies erfordert exzellente Prozesse, die es zum Beispiel ermöglichen, Produkte, sobald sie im Lager eingehen, in den Content-Produktionsprozess einzuschleusen und somit sicherzustellen, dass diese Artikel innerhalb von wenigen Stunden online sind.

Eine ähnlich starke Veränderung beeinflusst die Preispositionierung des Händlers im heutigen Wettbewerb. Insbesondere der große Erfolg von Privat Shopping oder Couponing Anbietern beeinflusst die Erwartungen preissensitiver Kunden. Nur die regelmäßige Wettbewerbsbeobachtung aller relevanten Online-Händler, welche die gleichen Kernsortimente oder Marken anbieten, ermöglicht eine bewusste Preispositionierung bzgl. Sale-

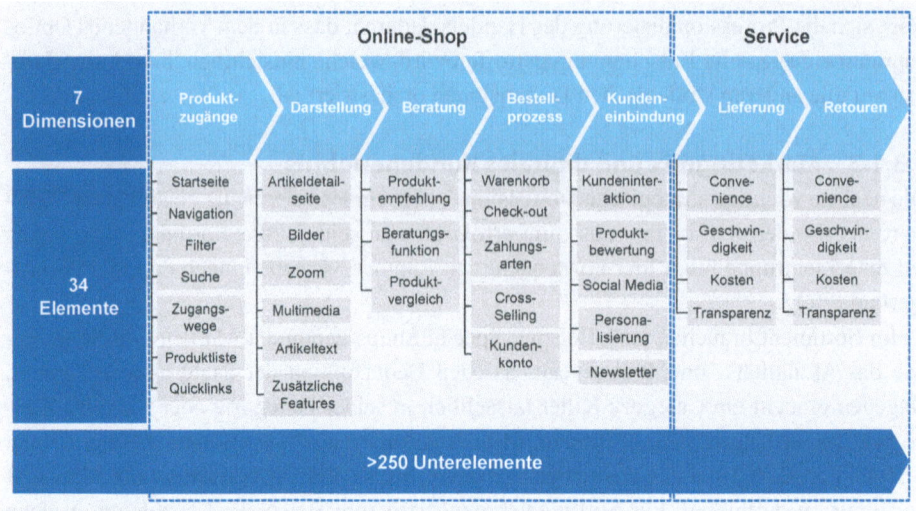

Abb. 9.9 dgroup Framework – Kundenerlebnis. (Quelle: dgroup 2012)

Preisen, Einstiegspreislagen etc. für stationäre Anbieter. Wenn ein Anbieter wie Amazon bei jedem neuen Prospekt von Media Markt die Preise angleicht und auch sonst völlig dynamisch und fast in Real-Time sein Pricing an den Wettbewerb anpasst, dann wird die Wettbewerbsposition des lokalen Anbieters entschieden geschwächt.

Das Kundenerlebnis ist eine weitere sehr wichtige Säule, um sich im Wettbewerb zu positionieren. Das Kundenerlebnis umfasst grob betrachtet Angebotspräsentation, Beratung, Kundeneinbindung und Service. Bezogen auf das Kundenerlebnis in einem Online-Shop lassen sich zahlreiche Dimensionen und Elemente unterscheiden, die in Abb. 9.9 dargestellt sind. Diese können auch als Basis für regelmäßige Benchmarkings herangezogen werden, wonach dann jede der 280 Kriterien mit einer Bewertung im Vergleich zu relevanten Wettbewerbern vorgenommen werden kann. Hinsichtlich jeder Dimension und jedem Element in der Abb. 9.9 gilt es eine Soll-Positionierung festzulegen, die gleichzeitig geeignet ist, den Kunden zu begeistern und auf Anforderungen aus Zielgruppe, Geschäftsmodell und Sortiment einzugehen. Folgende Beispiele zeigen, wie Händler relevanten Kundennutzen im Kundenerlebnis schaffen können.

9.3.1.4 Kanalmix und Multi-Channeling

Auch in der Verknüpfung der unterschiedlichen Kanäle eines Händlers kann normalerweise ein großer Mehrwert für den Kunden geschaffen werden. Neben den Möglichkeiten zur Vorbereitung des stationären Ladenbesuchs, zum Beispiel in Form von Verfügbarkeitsabfragen, kann auch durch innovative Wege der Multi-Channel-Integration zusätzlicher Nutzen für den Kunden geschaffen werden. Selbst im stationären Handel werden die Empfehlungsprozesse von Facebook integriert. So nutzt Diesel bereits eine interaktive Umkleidekabine im lokalen Shop (FullSIX 2011). Auch Adidas testet in einem Geschäft ein interaktives Schaufenster als virtuelle Einkaufsmöglichkeit. Beim digitalen Window-Shopping mit in Originalgröße abgebildeten Produkten, die via Mobiltelefon gekauft werden können, wird das stationäre Schaufenster mit der digitalen Welt verknüpft. Um ein Produkt zu kaufen, muss der Kunde eine URL über das Smartphone aufrufen. Nach einmaliger Eingabe eines PINs wird er mit dem Warenkorb aus dem interaktiven Schaufenster verbunden. Dort lässt sich der Kauf entweder sofort abschließen oder er kann sich über Social Media und E-Mail mit Freunden darüber austauschen (Adidas 2012). Gerade für Händler, deren Zielgruppe und Geschäftsmodell einen USP bei Kundeneinbindung und Kundeninteraktion erfordern, bieten sich in der innovativen Verknüpfung der verschiedenen Kanäle Chancen, für den Kunden einen relevanten Mehrwert zu schaffen. Die exzellente Multi-Channel-Integration ist auch für Händler mit anderen Alleinstellungsmerkmalen ein wichtiger Verstärker. Best-In-Class-Unternehmen geben online und mobil Auskunft über den Warenbestand im Ladengeschäft und ermöglichen das Abholen oder die Rückgabe einer Bestellung im Stationärhandel. Noch einen Schritt weiter gehen zum Beispiel Tesco und Conrad, welche die Filialen auch als dezentrale Lager für den Online-Shop nutzen und – wenige Stunden nach der Bestellung – direkt von hier an den Kunden liefern. Aber auch im Bereich Multi-Channel ist heute nicht mehr der Händler führend, der möglichst viele oder innovative Lösungen anbietet. Vielmehr geht es darum mit aufeinander abgestimmten Features die Bedürfnisse der Zielgruppe zu treffen und dieser ein einzigartiges Nutzenversprechen zu geben. Eine Studie des eWeb-Research-Centers der Hochschule Niederrhein und des Dienstleisters Accenture (Accenture 2012, S. 1 f.) hat ergeben, dass Verbraucher sogar bereit sind, höhere Preise für so genannte „Multi-Channel-Leistungen" zu zahlen, wenn sie über das Internet ihren Einkauf im stationären Laden vorbereiten können. So kann der Kunde nicht nur vorher überprüfen, ob der Artikel noch vorrätig ist und ihn online reservieren bzw. nur noch abholen. Er kann auch eine Spezialberatung buchen. Andersherum geht auch vielen Käufen im Internet ein Besuch im Laden voraus. Solange die einzelnen Kanäle harmonisieren, erleichtern sie dem Kunden den Einkauf. Im englischsprachigen Raum gelten als übliche Maßnahmen bereits das Click & Collect und Return-to-Retail etc. Schwierig wird es allerdings, wenn sich das Angebot im Internet vom Offline-Angebot maßgeblich unterscheidet, also unter gleichem Markennamen völlig andere Produkte oder nur ein Teil des Sortiments angeboten werden. Auf der anderen Seite muss ein Online-Kanal die größtmögliche Auswahl bieten und alle Register der modernen Online-Vermarktung ziehen.

9.3.2   Kommunikation und Customer Touchpoints

Die bisher beschriebenen strategischen Dimensionen Zielgruppe/Geschäftsmodell, Sortiment, Kundenerlebnis und Multi-Channel sind voneinander abhängig. Die Ausgestaltung der strategischen Ausrichtung folgt in der Regel dem hierarchischen Prinzip. D. h. Defizite auf einer Ebene können z. T. durch eine Steigerung des Aufwands auf der jeweils nächsten Ebene kompensiert werden. Allerdings ist diese Kompensation endlich: zu große Defizite können nur über Erhöhung des Marketing-Aufwands ausgeglichen werden. Dieses betrifft sowohl die Traffic-Generierung durch Branding und Off-Site-Marketing/Social Media, als auch Traffic-Verteilung durch On-Site-Marketing. Sowohl im neuen Kaufprozess als auch in der Customer Journey zum Kaufprozess findet in der Mehrzahl aller Fälle eine Nutzung verschiedener Einkaufs- und/oder Kommunikationskanäle für denselben Einkauf statt. Diese erfolgt entweder sequentiell oder parallel. Typisch für die sequentielle Nutzung ist das Channel-Hopping. Dabei kann zum Beispiel ein Konsument in einem gedruckten Katalog auf ein Produkt aufmerksam werden und beschafft sich dann über das Internet weitere Informationen. Es ist auch denkbar, dass er anschließend ein Geschäft aufsucht, um sich das ausgewählte Produkt genauer anzuschauen und dieses danach zu bestellen. Statt zwischen den Kanälen „sequentiell" hin- und herzuspringen nutzen allerdings immer mehr Kunden verschiedene Kanäle parallel (ohne tüte 2012, S. 1). Diese so genannte Omni-Channel-Nutzung ist vor allem im Zuge der Smartphone-Nutzung zu beobachten, wenn zum Beispiel Kunden über QR-Codes, die an Werbeplakaten angebracht sind, kaufen. Auch Showrooms, die wie im eBay-Kaufraum Ende 2012 Artikel mit QR-Codes zum Kauf ausstellen, sind Ausdruck dieser parallelen Kanal- bzw. Mediennutzung. Für Pure-Online-Händler ist es normal, dass der Online-Kanal dabei der „Lead-Channel" bleibt und die Markenhoheit über alle anderen Kanäle hinweg innehält, die sich dann dem Online-Kanal unterordnen und diesen arrondieren. Dabei kann dann der Internet-Kanal als Lead-Channel dominieren und den anderen Kanälen bzw. Medien eher eine Support-funktion für das Online-Geschäft zukommen.

Unter der Voraussetzung gegebener finanzieller Mittel und entsprechender Kunden- und Produktstruktur lässt sich generell davon ausgehen, dass eine durchgängige Präsenz auf möglichst vielen Kanälen bzw. in Customer Touchpoints am vorteilhaftesten ist. Auch wenn vordergründig Kosten und Komplexität steigen, sollte ein Unternehmen sich heute für möglichst viele Kanäle entscheiden, da die Kunden mittlerweile eine ubiquitäre Erreichbarkeit und damit durchgängige Präsenz des Unternehmens erwarten. Damit verbunden ist eine einheitliche und konsistente Erfahrbarkeit des Leistungsversprechens für die Kunden über alle für ihn relevanten Kanäle und Kontaktpunkte hinweg. Die Optimierung der Customer-Touchpoints muss berücksichtigen, dass die betriebenen Absatzkanäle selbst Customer-Touchpoints darstellen. Es gilt, sowohl die nutzbaren Touchpoints zu erkennen und zu priorisieren, als auch die Kontaktpunkte im Gesamtzusammenhang erfolgsorientiert auszurichten. Dabei hilft die Unterscheidung zwischen den Customer-Information-Points, den Customer-Points-of-Sale und den Customer-Service-Points (Wirtz 2013). Diese Abgrenzung entspricht den primären Funktionen entlang des Absatzprozesses, und zwar Pre-Sales, Verkauf bzw. Sales sowie After-Sales. Den Customer-Information-Points kommt die Aufgabe zu, für den Kunden die kaufrelevanten Informationen bereitzustellen. In den Customer-Points, den Absatzkanälen, werden dann die Produkte verkauft, während in den Service-Points die Pre-Sales- und After-Sales-Leistungen erbracht werden. Darüber hinaus gibt es noch die Customer-to-Customer-Reference-Points (CCRP), die sich auf die Interaktionen zwischen den Kunden beziehen und im Zuge der sozialen Vernetzung in den letzten Jahren an Bedeutung gewonnen haben. Obwohl diese nicht direkt durch das Unternehmen beeinflusst werden können, sind die CCRPs gerade für die Imagebildung extrem wichtig (Wirtz 2013). Durch sie werden vor allem Werturteile über Unternehmensleistungen transferiert, wobei die Mund-zu-Mund-Propaganda eine herausragende Bedeutung besitzt. Bei optimaler Koordination der Customer-Touchpoints erhalten die Kunden die Möglichkeit, diverse Kundenschnittstellen in unterschiedlichen Phasen des Kaufprozesses in Anspruch zu nehmen. Typisch hierfür ist die kaufvorbereitende Informationssuche stationärer Käufer im Netz. Immer mehr Verbraucher informieren sich vor ihrem Kauf im Internet über die gewünschten Produkte. Aber auch Online-Käufer beanspruchen unterschiedliche Customer-Touchpoints vor ihrem Kauf. So informieren sich 68 % von ihnen vor dem Online-Kauf im nächstgelegenen Ladengeschäft über das gewünschte Produkt. Demnach geht es nicht länger um „online" versus „offline", sondern um No-Line-Kommunikation versus Mehrweg-Dialog. Insofern sollte ein Marketingbudget auch als integriertes Ganzes geführt werden, um über alle Customer-Touchpoints für bestmögliche und abgestimmte Informationsqualität sorgen zu können (Heinemann 2013a).

9.3.3 Key-Enabler und interne Erfolgsfaktoren – Elemente für den Wandel

Neben einer vom Top-Management getriebenen USP-profilierten Strategie ist es für ein Online- oder Multi-Channel-basiertes Geschäftsmodell unabdingbar, dass die vier internen Elemente Prozesse, Systemlandschaft, Steuerung sowie Organisation und Unternehmenskultur konsequent auf das Online- oder Multi-Channel-Geschäftskonzept abgestimmt sind (vgl. Abb. 9.10).

Die Gestaltung der Prozesse richtet sich am strategisch abgeleiteten USP aus. Aufgrund der schnellen Veränderungsgeschwindigkeiten im Online-Geschäft geht es dabei allerdings nicht mehr um starre, sondern um flexibel auf Änderungen des Markt- und Wettbewerbsumfeldes anpassbare Prozessmodelle. Dabei sind für jeden einzelnen Prozess die folgenden Fragen zu beantworten:

Dimensionen	Erfolgsfaktoren
Prozesse	• Flexibilität auf Marktänderungen • Schnelle Kommissionierung • Anpassen des Seiteninhalts
Systemlandschaft	• Schnelle Einbindung neuer Systeme • Realtime-Schnittstellen • Übergreifendes Produkt-Information-Management • Kosten-/Nutzenrelationen
Steuerung	• USP-Positionierung • Execution • Gesamterfolg
Organisation & Unternehmenskultur	• Qualifikation der Mitarbeiter • Struktureller Aufbau • Verteilung der Verantwortung

Abb. 9.10 Key Enabler und interne Erfolgsfaktoren. (Quelle: dgroup 2012)

- Welches sind die USP-relevanten Prozessausprägungen?
- Was sind die Erfolgsfaktoren zur Umsetzung des angestrebten USPs?
- Welches sind die tatsächlichen Wert- und Kostentreiber des Prozesses?
- Welche Ressourcen und Kompetenzanforderungen sind auf dieser Basis erforderlich?
- Ist der jeweilige Prozess aufgrund seiner strategischen Bedeutung und/oder der vorhandenen bzw. nicht vorhandenen, internen Fähigkeiten abzubilden oder gibt es externe Dienstleister, die diesen Prozess effektiver und effizienter abwickeln können?

Zeit spielt bei Online-Prozessen fast immer eine bedeutende Rolle. Hierbei geht es nicht nur um elementare Dinge, wie den Echtzeitwarenverfügbarkeitsabgleich zwischen Lager und Shop und die schnelle Kommissionierung von Waren im Lager für die zeitnahe Warenauslieferung, sondern auch um das Anpassen des Seiteninhalts (Sortiment, Werbung, Empfehlungen etc.) anhand der Herkunft und des Klickverhaltens des individuellen Kunden oder die schnelle Warenübernahme von neuen Sortimenten inklusive Content Produktion in schnelllebigen Zeiten mit vielen und häufigen Sortimentswechseln. Die Prozessanforderungen definieren in der Regel die Herausforderungen an die Systemlandschaft und die Systemschnittstellen. Dieses betrifft USP-Support, Flexibilität, Kosten und Zeit. Parallel wachsen diese Herausforderungen durch neue technologische Entwicklungen zum Beispiel in den Bereichen Mobile-Commerce, E-Katalog und Tablets sowie durch die Kanalvernetzungs anforderungen im Multi-Channel-Handel. Die aktuelle Diskussion in diesem Zusammenhang dreht sich daher um die Frage, in wieweit traditionelle IT-Ziel-Infrastrukturen überhaupt noch eine Relevanz haben, weil sie zu starren, langsamen und kostspieligen Denk- und Vorgehensweisen führen. Wichtige Aspekte für die Gestaltung der heutigen Systemlandschaft sind:

- Agilität und Flexibilität für Skalierbarkeit und schnelle Einbindung neuer Systeme
- Realtime-Schnittstellen zwischen Systemlayern zur effizienten und effektiven Prozessunterstützung und für schnelle Reaktionsgeschwindigkeit
- Systemneutrale Schnittstellen für flexible Einbindung bzw. Austausch von Drittsystemen
- Einbindungsmöglichkeiten von State-of-the-Art Standard Online Modulen zur kontinuierlichen Front-End Optimierung
- Übergreifendes Produkt-Information-Management zur effizienten Content-Bereitstellung für alle relevanten technologischen Plattformen und Kanäle
- Kosten-/Nutzenrelation und vor allem Geschwindigkeit der Implementierung, der Datenverarbeitung und der späteren Systemanpassung

Im Bereich der Steuerung gibt es als relevante Steuerungsfelder die USP-Positionierung (Sortiment, Kundenerlebnis, Marketing), die Execution (Prozesse, Systeme, Strukturen, Menschen/Qualifikation, Kultur) sowie den Gesamterfolg.

Neben der Diskussion um die richtigen Key Performance Indicators in den jeweiligen Steuerungsbereichen gibt es noch ein viel spannenderes Thema, das aktuell im Zusam-

menhang mit der Steuerung von Online- und Multi-Channel-Unternehmen viel besprochen wird, nämlich Big Data. Als Big Data werden hier die besonders großen Datenmengen bezeichnet, welche im Bereich des Online- und Multi-Channel-Handels und dem
Nutzungsverhalten der Kunden in den unterschiedlichen Kanälen sowie verschiedenen
Kunden-Touchpoints anfallen. Diese können nicht oder häufig nur notdürftig mit Hilfe
von Standard-Datenbanken und Daten-Management-Tools verarbeitet werden. Schwierig sind dabei insbesondere die Erfassung, Speicherung, Suche, Verteilung, Analyse und
visuelle Aufbereitung von großen Datenmengen und die damit verbundenen Kosten und
Zeitanforderungen. Um die Diskussion um Big Data herum sind auch die Schlagworte
Business Intelligence und Apache Hadoop sowie Splunk brandaktuell. Während sich das
Thema Business Intelligence insbesondere mit der Frage beschäftigt, mit welchen Prozessen und Verfahren und in welcher Organisationsform den Daten Herr geworden werden
kann und welche Entscheidungen auf ihrer Basis zu treffen sind, können Hadoop und
Splunk als Schlüsseltechnologien zur Lösung des Datenerfassungs- und Auswertungspro-
blems angesehen werden. Hadoop ist ein freies, in Java geschriebenes Framework für
skalierbare und verteilt arbeitende Software. Es basiert auf dem bekannten MapReduce-
Algorithmus von Google sowie auf Vorschlägen des Google-Dateisystems. Es ermöglicht,
komplexe Erfassungs-, Auswertungs- und Speicherungsprozesse mit großen Datenmengen (im Petabyte-Bereich) auf Computerclustern durchzuführen. Hadoop macht es also
möglich, mit einfacher Standardhardware schnell und vor allem auch kostengünstig, die
gigantischen Datenmengen intelligent zu verarbeiten. Splunk hingegen ist eine Engine
für Computerdaten, welche physisch, virtuell oder in der Cloud generierte Daten erfasst,
indiziert, analysiert und in Berichten darstellt. Die digital/online getriebenen neuen Anforderungen an Prozess- und Systemlandschaften und die Möglichkeiten im Bereich der
Steuerung führen zu völlig veränderten Anforderungen an die Organisation und die Unternehmenskultur, also insbesondere an Mitarbeiter und deren Qualifikation, den strukturellen
Aufbau eines Unternehmens und die Verteilung von Verantwortung. Während die Markt-
position und die Handelsmarge von traditionellen Handelsunternehmen insbesondere durch
Einkaufs-, Vertriebs- und Marketingexperten und durch kontinuierliche Prozessoptimierung in relativ starren Strukturen definiert wurden, gibt es im Bereich der Online- und Multi-Channel-Unternehmen einen erheblichen Paradigmenwechsel. Technologie ist einer
der Hauptreiber der Positionierung und des Unternehmenserfolgs. Einkäufer, Verkäufer
und Marketingstäbe müssen „Technologen und Zahlenmenschen" weichen und werden
in Teilen durch intelligente Algorithmensteuerung ersetzt. Während in traditionellen Sta-
tionär- bzw. Versandhandelskonzepten aufgrund ihres hohen Reifegrades in der Regel
„Fehlervermeidungs- und Rillenoptimierungskulturen" mit langwierigen und komplexen
Entscheidungsprozessen vorherrschten, brauchen Online-Konzepte in ihrem sich ständig
und schnell wandelnden Umfeld Flexibilität und Geschwindigkeit sowie eine „Try often
and fail fast" Mentalität. Man sucht im ersten Schritt nicht immer nach der perfekten
und alles umfassenden Lösung, sondern bedient sich lieber schneller wiederkehrender

Optimierungszyklen. Häufig wird mit Hypothesen getriebenen Testanordnungen und A-B Testings gearbeitet, deren Ergebnisse werden gemessen und dann werden auf Basis dieser Testergebnisse Entscheidungen getroffen. Langjährige funktionale Erfahrung macht aktueller Technologieexpertise und Datenfokussierung Platz, und da fast alles messbar geworden ist und große Teile der klassischen Beratungs- und Servicetätigkeiten im Online-Handel von Systemen ausgeführt werden, sinkt die Abhängigkeit von Herrschaftswissen einzelner Mitarbeiter in vielen Bereichen. Die Geschwindigkeitsanforderungen und die hohe Innovationsrate in der digitalen Wertschöpfungskette führen im Vergleich zum traditionellen Handel zu höherer Arbeitsteilung, zu mehr Outsourcing von Leistungen an externe Experten sowie zu flacheren Hierarchien und stellen dadurch erhebliche Anforderungen hinsichtlich der Qualifikation der Mitarbeiter, an die Kommunikation und die bereichs- und unternehmensübergreifende Zusammenarbeit. Insgesamt gesehen ist es eine absolute Notwendigkeit, dass in bestehenden traditionellen Handelsorganisationen ein Transformationsprozess und ein kulturelles Change Programm in Richtung einer online-adäquaten Organisation und Unternehmenskultur eingeleitet wird. Während der Aufbau einer effektiven und effizienten Organisation für ein neues Online-Geschäftsmodell auf der grünen Wiese schon eine echte Aufgabe ist, steigen die Herausforderungen um ein Vielfaches, wenn ein Transformationsprozess in einem bereits etablierten, traditionellen Handelsunternehmen mit bestehenden Prozessen, Systemen, Mitarbeitern und Verantwortungsstrukturen eingeleitet werden muss.

9.3.4 Exemplarisches Vorgehensmodell

Zur genauen Festlegung der Soll-Positionierung und zur Standortbestimmung der aktuellen Positionierung im Wettbewerbsvergleich ist eine systematische Vorgehensweise unerlässlich. Die Standortbestimmung erfolgt entweder gegen Kernwettbewerber oder gegen strategische Soll-Positionierung. Für eine Standortbestimmung wird in der Beratungspraxis eine Benchmarking-Methodik verwendet, die aus mehreren Stufen besteht:

- Auswahl relevanter Wettbewerber zum Benchmark
- Definition Framework (Definition, Verifizierung und Gewichtung der Kriterien)
- Analyse aller Kriterien (Anwendung der Frameworks und ggf. Re-Adjustierung der Kriterien)
- Detailanalyse und -bewertung der Benchmark-Unternehmen anhand aller Kriterien
- Darstellung Status quo (Marktstatus und BIC-Beispiele im relevanten Markt werden identifiziert und verdichtet)
- Ableitung USP (Soll-Positionierung und USPs werden systematisch abgeleitet)

Nur mit einem derart systematischen Vorgehen lässt sich sicherstellen, dass eine konsistente, themenübergreifende Positionierung gefunden wird, die dem Kunden tatsächlich einen Mehrwert im Vergleich zum Wettbewerb liefert (vgl. Abb. 9.11).

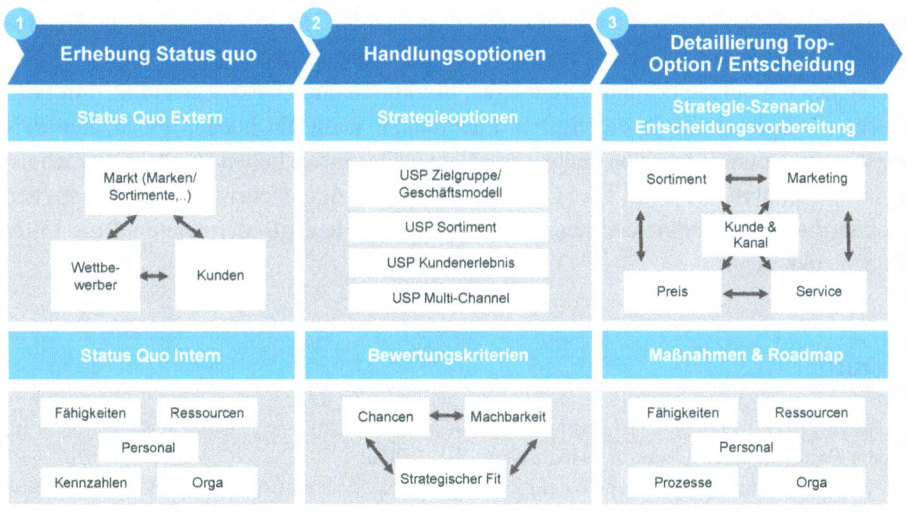

Abb. 9.11 Übersicht Vorgehensmodell. (Quelle: dgroup 2012)

9.4 Auswirkungen auf die Zukunft der Finanzdienstleistungsbranche antizipieren

Die Finanzdienstleistungsbranche hat zwei große Herausforderungen zu meistern. Zum einen müssen die Privatbanken die Abwanderung der Kunden ins Internet kompensieren und zum anderen sind sie gezwungen, ihre Kostenstrukturen an die stetig sinkenden Erträge anpassen. Insbesondere im Vergleich zum Einzelhandel haben Finanzdienstleistungsunternehmen im Online-Geschäft noch erhebliche Optimierungspotenziale. Finanzdienstleistungsunternehmen müssen lernen, auf allen Kanälen zu verkaufen. Der Kunde entscheidet, welchen Kanal er nutzt. Es ist nicht mehr möglich, künstliche Grenzen aufrecht zu erhalten. Bestandsschutz wird neu gesehen werden müssen. Exklusivität wird in Frage gestellt werden. Das beste Produkt-/Leistungsangebot wird gewinnen, und zwar schneller und mit größerem Abstand zum Zweitplatzierten als jemals zuvor. Ein maßgeblicher Faktor wird das Online-Angebot sein. Worin genau besteht diese ultimative Vertriebsheraus forderung? Sie besteht nach den Ergebnissen aus mindestens drei Aspekten mit fundamentalem Charakter:

1. Entwicklung eines neuen Geschäftsmodells (Online-Geschäftsmodelle sind etwas anderes als nur eine einfache Weiterentwicklung bestehender Geschäftsmodelle).
2. Integration aller bestehenden Vertriebswege (weg von einem Multikanal-Ansatz und hin zu einem Omnikanal-Modell).
3. In Frage stellen und Rückbau überkommener Vertriebsstrukturen (mit weitreichenden organisatorischen und personellen Veränderungen).

Das besonders Schwierige daran wird sein, dass sich die Betroffenen selbst an den Haaren aus einem Sumpf ziehen müssen. Vertriebsführungskräfte und Vertriebsmitarbeiter müssen jahrzehntelang bewährte Strategien, Strukturen und Denkweisen radikal in Frage stellen, am Ende vielleicht die eigenen Funktionen. Vielleicht können Finanzdienstleistungsunternehmen einiges von heute wesentlich weiter entwickelten Handelsunternehmen lernen. Sicher lässt sich nicht alles Gelernte übertragen. Aber sicher ist auch, dass aus dem Blick in die Handelsbranche erkennbar wird, welche Herausforderungen auf die Unternehmen zukommen.

Literatur

Accenture (2012): Preisbereitschaften für Multi-Channel-Leistungen, Studie in Kooperation mit dem eWeb-Research-Center der Hochschule Niederrhein.

Adidas (2012): adidas' Tests New Window Shopping Experience of the Future at Nürnberg NEO Store, 01.12.2012. [Online] Verfügbar unter: http://news.adidas.com/GLOBAL/adidas-tests-the-new-window-shopping-experience-of-the-future-at-nrnberg-neo-store/s/245172e1-8fb4-49d2-8f43-fc61326a4e48, (Zugriff am 14.11.2012).

AGOF (2013): Dem mobilen User auf der Spur, Zahlen, Daten, Fakten, Vortrag von Stefan Brax auf dem Mobile-Gipfel 2013 am 28.05.2013 in Berlin.

Bruce, A. (2011): Multi-Channeling der Zukunft – Multi-Channel-Erfolgsfaktoren im wachsenden Markt aus Sicht von Google, in: Heinemann, G.; Schleusener, M.; Zaharia, S. (Hrsg.)(2011): Modernes Multi-Channeling im Fashion-Handel, Deutscher Fachverlag, Frankfurt.

dgroup (2012): Die disruptive Kraft des E-Commerce – Transformation des Handels, Vortrag im Rahmen des E-Commerce Leader Panel am 24.5.2012 in Zürich, dgroup Hamburg

DiSCo (2013): Benchmarkingstudie „DiSCo – Digital Services and Commerce", durchgeführt von der dgroup in Zusammenarbeit mit dem eWeb Research Center der Hochschule Niederrhein und dem Top-Management-Berater Roland Adams, Düsseldorf

eBay (2014a): Zukunft des Handels – über das Projekt, [Online] verfügbar unter: http://www.zukunftdeshandels.de/ergebnisse (Zugriff am 26.08.2014)

eWeb Research Center (2014a):Always-on – die neue Kundenorientierung im Digital Commerce, Vortrag von Prof. Dr. Gerrit Heinemann auf dem Deutschen Online-Handels-Kongress 2014 am 22.1.2014 in Bonn.

Forrester Research, Inc. (2012): WHY AMAZON MATTERS NOW MORE THAN EVER; Mulpuru, S.; Walker, B. –[Online] Verfügbar unter: http://www.forrester.com/Amazon+Friend+Or+Foe+For+Retailers/-/E-PRE3864#/go?objectid=RES76262, (Zugriff am 11.11.2012).

Full SIX (2011): Case Study FullSIX Spain – Diesel CAM [Online] Verfügbar unter: http://de.slideshare.net/FullSIX/case-study-fullsix-spain-diesel-cam#btnNext, (Zugriff am 14.11.2012).

Gehrckens, M.; Boersma, T. (2013): Zukunftsvision Retail – Hat der Handel eine Daseinsberechtigung? in: Heinemann, G.; Gehrckens, M.; Haug, K.; dgroup (Hrsg.) (2013): Digitalisierung des Handels mit ePace – Innovative E-Commerce-Geschäftsmodelle unter Timing-Aspekten, Gabler-Springer, Wiesbaden, S. 51–76.

Google (2012): The New Multi-screen World: Understanding Cross-platform Consumer Behaviour, August 2012

Google; Ipsos OTX MediaCT (2012): Unser mobiler Planet: Deutschland. In: services.google.com [Online] verfügbar unter: http://services.google.com/fh/files/blogs/our_mobile_planet_germany_de.pdf (Zugriff am 2.1.2013)

Go-Smart-Studie (2012):Allways-In-Touch, Studiezur Smartphone-Nutzung 2012, Google, Otto Group, TNS-Infratest, Trendbüro.

Heinemann, G. (2013a):No-Line-Handel – höchste Evolutionsstufe im Multi-Channeling, Springer-Gabler, Wiesbaden

Heinemann, G. (2014b): Der neue Online-Handel, Erfolgsfaktoren und Best Practices, 5. Auflage, Springer-Gabler, Wiesbaden

Ich-sag-mal (2011): E-Christmas und helfende Kunden – Fallbeispiel LG Electronics, Blog, [Online] Verfügbar unter: http://gunnarsohn.wordpress.com/tag/einzelhandel/ (Zugriff am 01.03.2011).

IWB Internet World Business (2011): Auf die Touchpoints achten, Heft 10/11 vom 16. Mai 2011, S. 16–17.

Internet World Stats (2013): Internet Usage Statitics – The Internet Big Picture – World Internet Users and Population Stats, [Online] Verfügbar unter: http://internet-worldstats.com/stats.htm (Zugriff am 15.02.2013).

kaufDA (2014): Studie zum Thema „Zukunft und Potenziale von Location-based Services für den stationären Handel – Zeitreihenanalyse im Vergleich zu 2013", Mönchengladbach.

Koller, A. (2012): Flucht in das Multi-Channel, Blog vom 22. Juni 2012

ohne tüte (2012): Bist Du noch Multi- oder schon Omni-Channel?, [Online] Verfügbar unter: http://ohnetuete.wordpress.com/vom 22.4.2012 (Zugriff am 12.08.2012).

PBS (2013): „Die Kunden wollen es so", Top-Story, Interview mit Gerrit Heinemann in der PBS-Business.de, Heft 01- 2013 vom 13-06-2013, [Online] verfügbar unter: http://www.pbs-business.de/inhalt/11970-Das_Einkaufen_von_morgen_-_Die_Kunden_wollen_es_so/ (Zugriff am 25.06.2013)

Peichl, T. (2009): Lebensstile und Zielgruppenmarketing (im Zeitalter der Krise), Vortrag im Rahmen des Marketingclub Dresden, GfK AG, Lebensstilforschung, S. 69–80.

Peters, K., Albers, S., Schäfers, B. (2008): Die Wertschöpfungskette des Handels im Zeitalter des Electronic Commerce: Was eingetreten ist und was dem Handel noch bevorsteht, in: Arbeitspapiere des Lehrstuhls für Innovation, Neue Medien und Marketing der Christian-Albrechts-Universität Kiel. [Online] Verfügbar unter: http://hdl.handle.net/10419/27677, (Zugriff am 14.11.2012).

Schneller, D. (2008): Die Meinung der Anderen, in: Statista.com am 17.10.2008, [Online] verfügbar unter: http://de.statista.com/statistik/daten/studie/2051/umfrage/produktrecherche-im-internet-in-deutschland-in-2008/, (Zugriff am 14.10.2009).

Statista (2014): Anzahl der Online-Girokonten in Deutschland, in: Statista 2014, [Online] verfügbar unter: http://de.statista.com/statistik/daten/studie/168809/umfrage/anzahl-online–und-offline-spieler-computerspiele/ (Zugriff am 24.08.2014)

Stracke, T. (2005): Profilieren statt ignorieren: Internet-Nutzer zwingen Hersteller zum Umdenken, in: Direkt Marketing 11/2005, S. 24–27. [Online] verfügbar unter: http://www.pangora.com/versions/de/assets/mentasys_in_der_Direktmarketing-0511.pdf, (Zugriff am 14.10.2009).

Wirtz, B. W. (2013): Multi-Channel-Marketing, Grundlagen – Instrumente – Prozesse, 2. Auflage, Gabler-Springer, Wiesbaden.

Prof. Dr. Gerrit Heinemann studierte BWL mit Schwerpunkt Marketing und Handel an der Universität in Münster und promovierte als wissenschaftlicher Mitarbeiter bei Prof. Dr. Dr. hc. mult. Heribert Meffert. Danach begann der seine außeruniversitäre Laufbahn als Assistent und später Zentralbereichsleiter Marketing des Vorstandsvorsitzenden der Douglas Holding AG, bevor er ein Traineeprogramm bei der Kaufhof Warenhaus AG nachholte und dann Warenhausgeschäftsführer war. 1995 kehrte er zurück zur Douglas-Gruppe, wo er als Zentralgeschäftsführer der Drospa Holding tätig wurde und danach als Leiter „Competence Center Handel und Konsumgüter" zur internationalen Unternehmensberatung Droege&Comp. wechselte. Dort war er auch in zahlreichen Interims-funktionen tätig, u. a. als Leiter der E-Plus-Shops und als CEO der Kettner-Gruppe. 2004 begann er seine wissenschaftliche Laufbahn und erhielt 2005 einen Ruf zum Professor für BWL, Management und Handel an die Hochschule Niederrhein. Hier war er 2010 Gründungsmitglied des fachbereichs-übergreifenden eWeb Research Centers, das er mit leitet. Neben mehr als 100 Fachbeiträgen zu aktuellen Themen des Handels ist er Autor bzw. Herausgeber der Fachbuch-Bestseller „Multi-Chan-nel-Handel", „Der neue Online-Handel" – mittlerweile auch in englischer und chinesischer Sprache erschienen – sowie „Web-Exzellenz im E-Commerce", „Cross-Channel-Management" und „Der neue Mobile-Commerce" und „No-Line-Handel". Im Februar 2014 ist sein neues Buch „SoLoMo – Always-on im Handel" bei Springer Gabler erschienen.

Mathias Gehrckens machte seinen Abschluss als Schifffahrtskaufmann und Wirtschaftsassistent in Hamburg im Rahmen des Hamburger Modells und studierte anschließend Betriebswirtschaft an der Friedrich-Alexander Universität Erlangen-Nürnberg, wo er auch seinen Abschluss als Diplom-Kaufmann machte. Danach begann er seinen beruflichen Werdegang bei Gruber, Titze & Partner als Unternehmensberater. 1992 wechselte er zu Booz Allen & Hamilton. Zuletzt war er dort als Princi-pal und Mitglied der Geschäftsleitung tätig. Anschließend wechselte er in die Geschäftsführung der Döhler Gruppe und fungierte als Mitglied des Executive Boards für Marketing und Vertrieb. 2000 begann er sich als Unternehmer an E-Commerce-Start-ups zu beteiligen und gründete 2004 gemein-sam mit Kollegen den Nukleus der heutigen dgroup GmbH.

Roland Adams ist Inhaber der Roland Adams Top Management Consulting in Düsseldorf. Er ist Diplom-Psychologe und arbeitet seit 1989 als Berater mit Schwerpunkt im Bereich Banken und Finanzdienstleistungen, davor bei Unilever in Deutschland für internationale Konsumgütermar-ken. In seiner Beraterlaufbahn hat er unter anderem das Competence Center Financial Services der Droege & Comp. Internationale Unternehmerberatung aufgebaut und bis zum Jahr 2005 als verant-wortlicher Senior Partner geleitet

Teil III

Neuorientierung: Strategie und Changeprozesse in Banken und Sparkassen

Claudia Maria Fürst und Dirk A. Kochan

Zusammenfassung

Die Neuausrichtung eines Kreditinstitutes geht zwangsläufig mit richtungsweisenden Entscheidungen und tiefgreifenden Veränderungen einher. Hierzu müssen professionelle Entscheidungsprozesse im Unternehmen verankert sein. Aber woran liegt es, dass gerade bei der Neugestaltung der Vertriebs- und Kommunikationsstrukturen strategische Herausforderungen zwar bekannt sind, oftmals bestimmte Ist-Zustände beklagt werden und es trotz aller Analysen selten zu zufriedenstellenden Umsetzungen des Neuen kommt? Hierzu werden im Artikel Antworten gegeben und Mut dafür gemacht, dass strategisch-strukturelle Veränderungen in jedem Kreditinstitut möglich sind.

Dieser Artikel nimmt Ergebnisse auf, die in einer Arbeit von Christoph Jacob, Dirk Kochan und Volker Steinhoff im Rahmen des Pentaeder® Instituts entstanden sind. Da es um Erfahrungswissen geht, wird in diesem Artikel weitgehend auf Verweise zu den theoretischen Leitmodellen verzichtet. Explizit und stellvertretend seien hier die Systemtheorie nach Niklas Luhmann, die Arbeiten zur Lernenden Organisation von Peter Senge und das Pentaeder® Institut genannt. Das Lernen, das sich auf das Entwickeln von organisationaler Urteils- und Entscheidungsfähigkeit fokussiert, birgt das Potenzial, ein pragmatischer direkter Nachfolger des Konzeptes der Lernenden Organisation aus dem Jahr 1990 zu sein. Das Pentaeder® Institut seinerseits ist das Netzwerk in Deutschland, das sich mit

C. M. Fürst (✉) · D. A. Kochan
Stuttgart, Deutschland
E-Mail: cmf@management-partner.de

D. A. Kochan
E-Mail: dk@management-partner.de

© Springer Fachmedien Wiesbaden 2015
H. Brock, I. Bieberstein (Hrsg.), *Multi- und Omnichannel-Management in Banken und Sparkassen*, DOI 10.1007/978-3-658-06538-6_10

professionellem Entscheiden in Unternehmen befasst und in dem Management Partner Gründungsmitglied ist (siehe www.pentaeder-institut.de).

10.1 Einleitung

Die Digitalisierung verändert das Geschäftsmodell der Banken und Sparkassen grundlegend. Das betrifft in besonderem Maße die Verzahnung der Vertriebskanäle von stationär bis digital. Einerseits gibt es klare Vorstellungen über strategische Stoßrichtungen und andererseits ist das digitale Zielbild in den meisten Unternehmen noch nicht geschärft. Deshalb befinden sich die Entscheider in Banken und Sparkassen im Abwägen von Optionen und damit in fortwährenden Entscheidungsprozessen. Die Digitalisierung ist dabei aktuell der Metaentscheidungsprozess in der Finanzdienstleistungsbranche. Folgerichtig wird in diesem Artikel auf das Professionalisieren von Entscheidungsprozessen fokussiert und Erfahrungswissen skizziert: Woran liegt es, dass strategische Herausforderungen zwar bekannt sind, oftmals bestimmte Ist-Zustände beklagt werden und es trotz aller Analysen selten zu zufriedenstellenden Umsetzungen des Neuen kommt? Hier werden Antworten gegeben und Mut dafür gemacht, dass strategisch-strukturelle Veränderungen möglich sind.

10.2 Die Frage nach den Vertriebswegen in der Finanzdienstleistungsindustrie

Das Verbraucherverhalten der Kunden von Banken und Sparkassen ändert sich nicht erst seit der Finanzmarktkrise sehr deutlich. Der Digitalisierungtrend eröffnet und erfordert neue Antworten auf die Verzahnung der Vertriebskanäle. Die anhaltende Niedrigzinsphase und die Regulierung drücken das Ergebnis. Kurzum: Die Banken und Sparkassen sind im Umbruch: Neue Banking-Geschäftsmodelle und Finanzplattformen zeigen sich. Das „Gespenst" von Marktteilnehmern, die ganz anders wirtschaften als sich das Banken und Sparkassen vorstellen, geht seit langem um. Szenarien, die ein großes Filialsterben beschreiben und Fusionswellen zeichnen, kennen wir ebenfalls seit vielen Jahren. Dass dies im großen Stil so bisher nicht stattgefunden hat, bedeutet keineswegs, dass dies in Zukunft ausbleiben wird. Das zeugt eher von der Opferbereitschaft von Banken und Sparkassen auf Erträge zu verzichten, um an altbewährten Geschäftsmodellen festhalten zu können. Strategien, wie dem zu begegnen ist, sind ausgearbeitet.

Gleichzeitig unterliegen die Banken und Sparkassen nie dagewesenen Gesetzes- und Reglementierungsanforderungen aller möglichen Institutionen, die Innovationsfreude im Keim ersticken. Im Falle der Sparkassen und Volks- und Raiffeisenbanken spielen zudem die Verbände und Gremien eine so gewichtige Rolle, dass einzelne Häuser ihre Entscheidungen innerhalb des bereits empfohlenen normativ-strategischen Rahmens treffen.

So bleibt der Eindruck, dass die Branche zwar will, aber vermeintlich nicht wirklich kann. Deutlich wird das besonders beim Thema des Multikanalmanagements.

10.3   Das Vorausgeschickte – die Entscheidungsprämissen

Woran liegt es also, wenn die Sache eigentlich klar ist und trotzdem zu wenige Lösungen sichtbar werden? Wir geben eine ungewöhnliche Antwort. Es liegt nicht am Unvermögen der Verantwortlichen oder am Unwillen derer, die umsetzen sollen. Es liegt nicht an fehlender Kompetenz in der Branche. Es liegt daran, dass die gewohnten Entscheidungsprozesse bei Banken und Sparkassen das Denken so bahnen, dass nichts wirklich Neues entstehen kann. „Wenn sich eine Tür schließt, so öffnet sich eine andere, aber allzu oft blicken wir so lange voller Bedauern auf die verschlossene Tür, dass wir die, die sich uns geöffnet hat, gar nicht erst bemerken.", so Graham Bell, der Unternehmer und Erfinder, der das Telefonieren verbreitet hat. Anders ausgedrückt: Der Blick auf das Vergangene verstellt den Blick auf die Möglichkeiten.

10.3.1   Grundlegende Bedeutung von Entscheidungsprozessen

Wenn wir hinter die Kulissen schauen, um was es im Kern in Unternehmen geht, dann zeigt sich, dass es darum geht, welche Entscheidungen ein Unternehmen trifft. Alles, und wirklich alles, was in Unternehmungen geschieht, geschieht aufgrund von Entscheidungen des Unternehmens. Je nach Standpunkt mag das eine hoffnungsfrohe oder bittere Erkenntnis sein. Das Hoffnungsfrohe ist, dass wir alles in der Hand haben. Das Bittere ist, dass wir für alles verantwortlich sind.

Was sind also Entscheidungen? Entscheidungen sind immer in einen Prozess eingebettet, selbst wenn die eigentliche Entscheidung in Sekundenschnelle gefällt wird. Es gibt einen Grund, eine Notwendigkeit für eine Entscheidung. Es geht ein Vordenken voraus und meist folgt eine Handlung der Entscheidung. Deshalb sprechen wir lieber von „dem Entscheiden" als von „der Entscheidung" (Abb. 10.1).

Der Prozess des Entscheidens läuft typischerweise in fünf Phasen ab:

1. Phase: Es gibt einen Grund, eine Notwendigkeit, etwas zu entscheiden. Welche Not gibt es beispielsweise beim Multikanalmanagement zu wenden? Hier geht es manchmal um leise Signale, um Intuition und um „Face reality". Es geht um Notwendigkeit und/oder die attraktive Vision. In der Prozesslandkarte DECISIO® wird dies „Das Quellgebiet" genannt.
2. Phase: In dieser Phase wird der Kern des Problems beschrieben, verschiedene Perspektiven eingenommen und mehrere Optionen geprüft. Es wird nach möglichen Lösungen gesucht. In der Metapher der Landkarte gesprochen, ist das „Das Land der Suche".

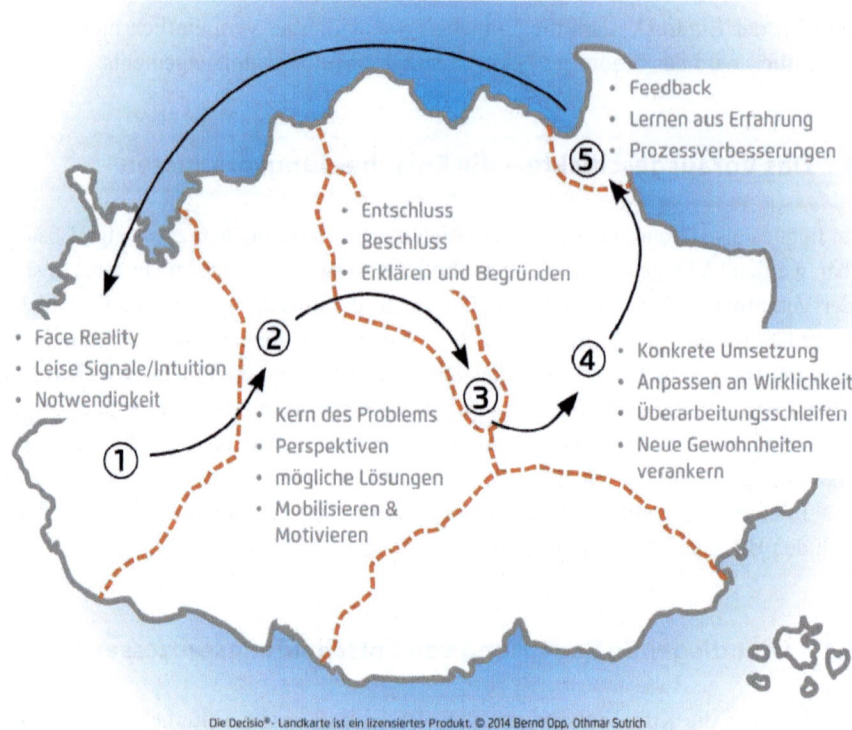

Abb. 10.1 Prozess des Entscheidens in fünf Phasen

3. Phase: Der Entschluss, der Beschluss wird gefasst. Die Entscheidung wird erklärt und begründet, der „Pass der Entscheidung" ist erklommen.
4. Phase: Jetzt geht es um die konkrete Umsetzung, um Überarbeitungsschleifen und darum, neue Gewohnheiten zu etablieren. Hier zeigt sich der Meister der Wirklichkeit: „Lässt sich das, was wir beschlossen haben, realisieren?" Das ist das „Land der Umsetzung".
5. Phase: Welche Lehren werden aus den Erfahrungen in diesem Entscheidungsprozess gezogen? Welches Feedback geben wir uns? Welche Prozessverbesserungen werden in Angriff genommen? Das ist die Phase des „Feedback und Lessons learnt".

Diesen Prozess bewusst und reflektiert zu durchlaufen, lohnt sich bei allen wichtigen, grundlegenden Entscheidungen. In Unternehmen herrschen jedoch bestimmte Entscheidungsmuster vor. Und leider ist ein Kennzeichen dieser Entscheidungsmuster, dass sie eben nicht bewusst sind, sondern es „läuft halt so, wie es immer läuft". Bis hin zur Vorstandsvorlage und dem beständigen Beklagen, dass die Umsetzung nicht so läuft wie gewünscht. Nebenbei gesagt, ist eine Entscheidung ohne Umsetzung keine Entscheidung, sondern eine bloße Absichtserklärung.

Ist der bewusste und reflektierte Prozess schon bei „normalen" gewichtigen Entscheidungen der geeignete Optimierungsansatz, so tritt dies noch viel deutlicher zu Tage, wenn es sich um ungewohntes Terrain, um Neues handelt. In diesem Falle ist es eine Notwendigkeit, den Entscheidungsprozess bewusst zu durchlaufen. Warum?

Wenn es sich um neue Felder handelt, in denen es noch wenig oder keine Erfahrungswerte gibt, nützt das Wissen aus dem „business as usual" nicht viel, dann ist das die Tür, die sich geschlossen hat. Im Falle des Multikanalmanagements ist das so. Die Banken und Sparkassen haben zwar mehr oder weniger Erfahrungen in den einzelnen Vertriebskanälen, aber noch keine Erfahrungen in der vernetzten Struktur und in den Wechselwirkungen der Kanäle. Und Innovationen sind nicht in Sicht. Das Handelsblatt (R. Berschens, J. Hofer, J. Koenen, M. Wocher: Europa vs. Silicon Valley, in: Handelsblatt Nr. 199, 16.10.2014, S. 3) konstatiert dem gesamten europäischen Bankwesen Ideenlosigkeit in Bezug auf das mobile Bezahlen.

10.3.2 Erste Begrenzung: Entscheidungsprämissen

Wenn Banken und Sparkassen über Innovationen, über Multikanalmanagement nachdenken, dann findet dieses Nachdenken in einem sehr begrenzten Rahmen statt. Es gibt so viele Entscheidungsprämissen, die als Korsett erlebt werden, dass es alles andere als ein Wunder ist, dass die Gedanken in den gewohnten Bahnen bleiben.

Was sind Entscheidungsprämissen? Und welche Entscheidungsprämissen liegen diesem Denken zugrunde?

Entscheidungsprämissen sind Entscheidungen, die Voraussetzungen für nachfolgende Entscheidungen schaffen. Manche dieser Entscheidungsprämissen können ihrerseits selbst entschieden werden, die Unternehmenskultur dagegen ist eine „unentscheidbare Entscheidungsprämisse". Sie kann zwar beeinflusst, jedoch nicht direkt entschieden werden. Zu den entscheidbaren Entscheidungsprämissen gehören die Entscheidungen zu den Programmen (damit sind die Regelwerke und Abläufe gemeint), die Kommunikationswege, also wer mit wem wann kommuniziert, und die Personen, die Entscheidungen nach Zuständigkeiten und Kompetenz treffen. Viele dieser Entscheidungsprämissen wirken sehr mächtig in Unternehmen, sind jedoch vielfach nicht bewusst. Sie werden als Rahmenbedingung hingenommen. Gleichzeitig dienen sie auch häufig zur Erklärung, warum etwas nicht geht.

Welche entscheidbaren Entscheidungsprämissen kann man bei der Verzahnung der Vertriebskanäle identifizieren? In diesem Buch werden die Strömungen, die Begründungen und die Zukunftsaussichten der Banken und Sparkassen zu diesem Thema breit dargelegt. Diese seien an dieser Stelle nicht wiederholt. Was zeigt der Blick dahinter? Um welche Entscheidungsprämissen geht es?

- Die kulturell-strukturelle Entscheidungsprämisse bei Banken und Sparkassen ist, auf die Gefahrenseite zu schauen und diese abzusichern. Die Versuche der Banken und

Sparkassen, auf die Chancenseite zu schauen, ist in ihrer Übertreibung fulminant ge-
scheitert: Die Finanzmarktkrise kann interpretiert werden als Überhöhung der Chan-
cenwahrnehmung bei Risikopapieren.

- Eine Entscheidungsprämisse ist, Filialen zu haben (so sie keine Direktbanken sind).
  Eine Schlussfolgerung ist, möglichst wenige Filialen schließen zu müssen.
- Eine Entscheidungsprämisse ist, den Kunden möglichst an das Haus „zu binden", ihm
  also die Wahlmöglichkeit möglichst zu nehmen. Die sinkende Loyalität der Kunden
  wird in der Folge oft beklagt.
- Entscheidungsprämissen zur Steuerung: Wird die Bank tendenziell eher ihre Kunden
  steuern wollen oder lässt sie sich auf eine kundenindizierte Steuerungslogik ein?
- Entscheidungsprämissen zu Data-Mining: Wie gelingt die Balance aus Data-Mining
  und Datenschutz?

In wieweit die Regulatorik und die Gesetzgebung, an die sich verantwortungsvolle Banken und Sparkassen halten, eine entscheidbare Entscheidungsprämisse ist, darüber lässt
sich trefflich streiten. Dass sich hinter ihrer Einhaltung dennoch ein implizites Risikokalkül verbirgt, soll nicht unerwähnt bleiben.

In einem ersten Schritt sollten die Banken und Sparkassen ihre Entscheidungsprämissen überdenken. Wie begrenzend wirken die Entscheidungsprämissen? Gäbe es Öffnun-
gen, weitere Alternativen? Wären andere Denkansätze denkbar?

10.3.3 Wichtigste Entscheidung im Unternehmen: In welchem Spiel sind wir?

Es lässt sich regelmäßig sowohl in der Finanzdienstleistungsbranche als auch in anderen
Branchen erleben, dass das „business as usual" ausgerufen wird oder aber davon gesprochen wird, dass sich alles ändern muss. „Business as usual" sind Haltungen und Meinungen, in denen zum Ausdruck gebracht wird, dass „man" es irgendwie schon schaffen wird,
da „man" es ja meist schon seit Jahrzehnten oder Jahrhunderten geschafft hat. Haben
wir nicht schon ganz andere Krisen überstanden? Die „Alles-muss-sich-ändern"-Haltung
zeigt sich darin, dass Bedrohungen gewaltigen Ausmaßes an die Wand gemalt werden mit
der Mahnung, auf diese grundlegend zu reagieren. Meist sind diese beiden Strömungen
mit Hunderten von Zwischenstufen in den Unternehmen identifizierbar. Und beides ist
genau so richtig, wie es falsch ist. Warum? Weil der Kontext nicht mittransportiert wird!
Denn: Mal ist das eine „richtig" – wir sagen lieber „funktional" – mal das andere.

Wann was? Dafür bieten wir eine Sortierhilfe an (s. Abb. 10.2).

Die erste Frage, die sich stellt, ist die Frage nach dem Risiko: es gibt Chancen und Gefahren, in allem, was wir entscheiden. Selbst wenn die Chance die Gefahr zum Zeitpunkt
der Entscheidung deutlich übertrifft, zeigt erst die Zukunft, ob die Entscheidung „gut"
war. Vielfach stehen sich Gefahr und Chance aber nicht eindeutig gegenüber. Gibt es für
beide Seiten der Medaille gute Gründe, dann fallen uns die Entscheidungen schwerer.
Auch hier gilt: zeigen wird das erst die Zukunft. Ein „Aussitzen" hilft nichts.

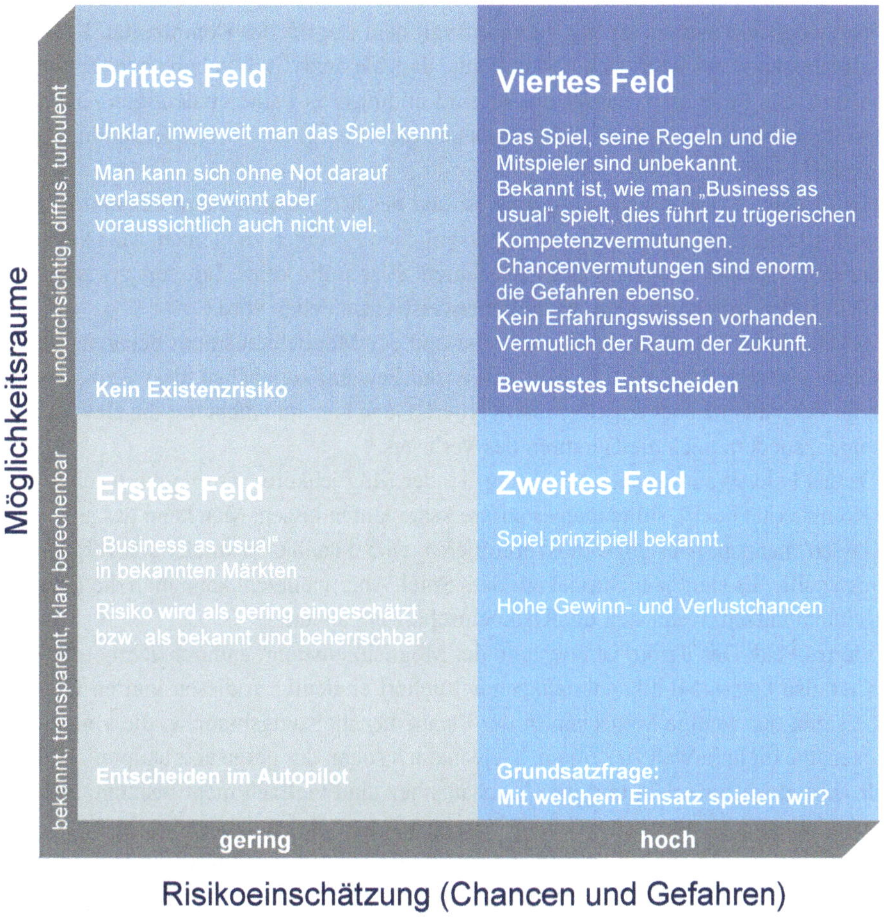

Risikoeinschätzung (Chancen und Gefahren)

Abb. 10.2 Sortierhilfe: In welchem Spiel sind wir? (C) Pentaeder Institut

In diesem Artikel wird der Risikobegriff bewusst anders verwendet, als es üblich ist. Meist wird Risiko einseitig mit Gefahren verbunden und nicht mit Chancen. Die Betrachtung der Gefahrenseite ist gerade in Banken und Sparkassen bestens geübt und fest verankert. Von daher wird hier ein optischer Erinnerungspunkt gesetzt: Jedes Mal, wenn hier ab jetzt das Wort „Risiko" verwendet wird, ist dahinter dieses Zeichen gesetzt, für die Sonnen- und die Schattenseite des Risikos.

Die erste Entscheidung, die es zu treffen gilt, ist die, in welcher Risikokategorie sich der Sachverhalt, den es zu entscheiden gilt, einsortieren lässt. Sind die Risiken ◪, also die Chancen und Gefahren, für das Unternehmen gering oder hoch?

Die zweite Dimension ist die des Möglichkeitsraumes. Dieser Begriff kommt aus der Theorie des Entscheidens und meint, dass Entscheiden per se einen unbegrenzten Möglichkeitsraum begrenzt. Damit, dass entschieden wird, werden andere Möglichkeiten eingegrenzt. Es ist wichtig, sich klar zu machen, ob man diesen Raum der Möglichkeiten kennt oder eben nicht. Sind die Mechanismen dieses Raumes bekannt oder unbekannt?

Der Möglichkeitsraum ist eng verknüpft mit dem Begriff der Komplexität. Komplexe Zusammenhänge zeichnen sich dadurch aus, dass sie analytisch unberechenbar sind, die Probleme, die sie bergen, häufig unklar sind und dass es keine eindeutigen Antworten, bekannte und auch unbekannte Wissenslücken gibt. Lediglich gewisse Grundmuster sind erkennbar.

Erstes Feld: Wenn das Risiko gering ist und der Möglichkeitsraum bekannt (also die Komplexität gering), gilt es, bei seinen persönlichen Routinen zu bleiben. Man kann dann in der Regel gut mit „business as usual" fahren. Hier sollte keine Zeit verschwendet werden, um anders zu entscheiden, als üblicherweise entschieden wird.

Zweites Feld: Wenn das Risiko hoch ist und der Möglichkeitsraum bekannt, ist auch das Spiel prinzipiell bekannt. Es gilt, sich es nur bewusst zu machen, dass dem so ist und sich für den Fall abzusichern, dass man verliert. Denn hier sind nicht nur die Gewinnchancen hoch, sondern auch die Gefahren des Verlustes.

Drittes Feld: Wenn das Risiko gering ist, der Möglichkeitsraum undurchsichtig (also die Komplexität hoch), sollte man es aufmerksam laufen lassen. Man kann das auch „driften lassen" nennen. Dies gilt es auszuprobieren, wobei dann eher spielerisch vorgegangen werden sollte. Es steht ja nicht viel auf dem Spiel. Aber vielleicht kann man die Erfahrungen einmal nutzen, wenn sich die Risikoeinschätzung ändert.

Viertes Feld: Das Risiko ist hoch und der Möglichkeitsraum undurchsichtig (die Komplexität also hoch). Multikanalmanagement gehört eindeutig in diesen vierten Quadranten. Es gibt nur wenige Menschen in der Finanzdienstleistungsbranche, die von sich behaupten, die digitale Welt zu kennen. Viele meinen sogar, das ginge überhaupt nicht. Diese Welt wird als diffus erlebt und ihre Mechanismen sind vielfach nicht bekannt. Jeder hat eine Meinung dazu, aber echte Kenntnis ist eher selten. Wenn dem so ist, ist die Antwort des Unternehmens nicht, selbst zum Internetspezialisten zu werden (außer man entscheidet sich, das zum Zweck des Unternehmens zu machen), sondern mit dem Diffusen umzugehen. Das heißt, es gilt, sich seine Entscheidungsprozesse bewusst machen! Die Aufgabe ist es dann, in den Gremien, Teams und Netzwerken dafür zu sorgen, dass der Prozess des Entscheidens transparent und bewusst wird. Das ist der Königsweg aus diesem Dilemma.

Damit ist das größte Risiko, das Risiko falsch einzuschätzen. Man muss sich dessen bewusst sein und weiter entscheiden. Doch wenn der geringste Zweifel aufkommt, das Risiko an sich eventuell falsch einzuschätzen, gilt es innezuhalten, diesen Punkt zu überdenken und sich bewusst für die Risikoeinschätzung zu entscheiden. Mehr kann man nicht tun – und weniger darf man nicht tun.

Wer ist die Zielgruppe? All jene Leser, die Entscheidungen darüber treffen können, welche Sachverhalte für das Unternehmen welches Risiko in sich bergen. Das sind meist Führungskräfte der ersten zwei bis drei Ebenen und vielfach Menschen, die Projekte verantworten. Mitarbeitern ist es oft gar nicht erlaubt, sich mit „abseitigen" Dingen zu beschäftigen; sie sind meist angehalten, sich innerhalb des „business as usual" zu bewegen. Auf Ebene des einzelnen Menschen ist es jedoch so, dass Sachverhalte Risiken bergen können, die zwar den Einzelnen als Person betreffen, aber bei weitem nicht das Unternehmen. Das Gleiche gilt für Teams und Netzwerke. Dazu nachher mehr.

10.4 Einen Schritt tiefer: Der Entscheidungsprozess und seine Denkmodelle

10.4.1 Fünf Elemente von Entscheidungen

Im Kern geht es beim Entscheiden um das Abwägen von Risiken. Zunächst geht es um das Risiko in der Sache: Wie erwirtschaftet man mit Multikanalmanagement profitable Erträge? Die Sache, um die es geht, ist meist bewusst. Das Risikokalkül dahinter weniger. Wie werden die Risiken in der Sache eingeschätzt? Worin werden die Chancen und die Gefahren gesehen? Hier sind sich Banken und Sparkassen meist der Gefahren deutlicher bewusst als der Chancen.

Ein weiteres Risiko ist das Risiko im Prozess. Dieses Risiko wird meist nicht explizit erörtert. Der Ruf nach „die Umsetzung muss aber klappen" ist meist recht laut, die Gefahren und Chancen des Prozesses, warum es dann im „Land der Umsetzung" eben funktioniert oder auch nicht, werden selten systematisch erfasst. Das größte Prozessrisiko in Bezug auf Multikanal liegt darin, dass der vielbeschworene Ansatz konsequent vom Kunden her zu agieren (siehe Beitrag von Auge-Dickhut et al. in diesem Buch) intern nicht durchgehalten wird. Die tangierten Geschäftsbereiche agieren oftmals jeweils aus ihren Interessen und Aufgaben heraus und weniger aus den Interessen der Kunden. Dies zeigt sich darin, dass Multikanalansätze oftmals eher technik- und IT-getriebene „Projekte" sind und weniger als Entscheidungsprozesse verstanden und konzipiert werden, die das ganze Unternehmen mit nahezu allen Betroffenen (mit ihren jeweils ganz eigenen Risikoeinschätzungen) angehen.

Dann sehen die Personen in ihren Funktionen und Rollen Risiken. Diese werden oft tabuisiert, gerade wenn es um Karrieren oder um einen drohenden Verlust des Arbeitsplatzes geht. Auch die Teams und Netzwerke tragen Risiken. Diese sind meist weniger deutlich als die der Personen, wiegen jedoch beispielsweise bei Veränderungen der Strukturen sehr wesentlich auf den Umsetzungserfolg. Und die Organisation als Ganzes trägt ein Risiko. Wir machen die Erfahrung, dass diese Risikoeinschätzung kaum gemacht wird. Die wenigsten sehen sich überhaupt in der Lage, das Risiko für die Organisation abzuschätzen. Und wenn sie es tun, ist es oft mit der Brille der eigenen Funktion und Rolle oder der eigenen Abteilung oder des Bereiches. Hier liegt das größte Potenzial, um zu qualitativ hochwertigeren Entscheidungen zu kommen, wenn die vier wichtigen Dimensionen der Struktur, Strategie, Geschäftsprozesse und der Kultur gesamthaft in die Betrachtung einfließen.

Für diese fünf Dimensionen eignet sich hervorragend ein neues Modell, das sogenannte Pentaeder®-Modell. Dieses wurde von Bernd Opp und Othmar Sutrich in vielen Jahren erarbeitet und wird heute im Pentaeder® Institut gepflegt, weiterentwickelt und von den Institutsmitgliedern im eigenen Unternehmen und bei Kunden zum Einsatz gebracht.

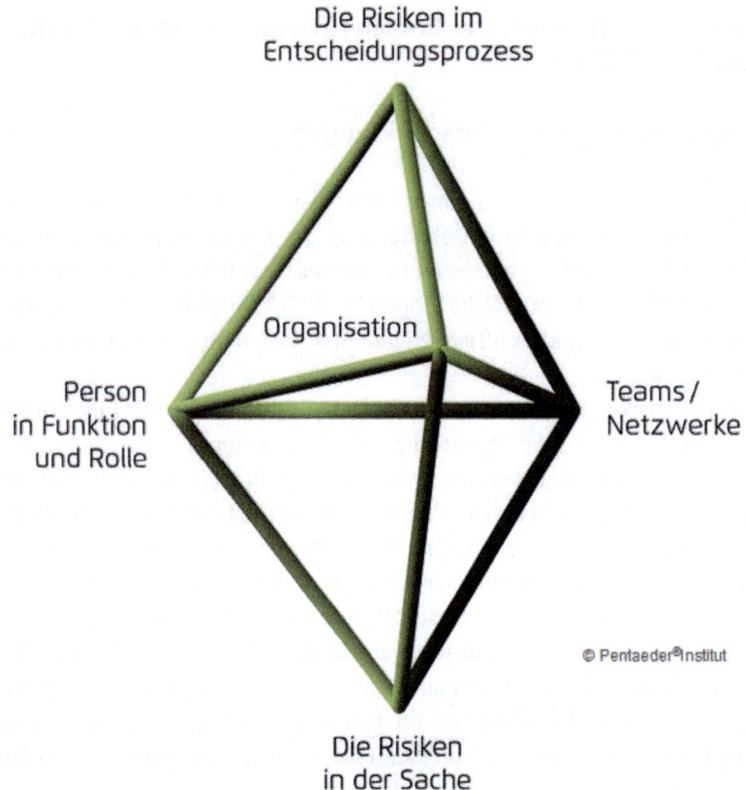

Abb. 10.3 Fünf Dimensionen des Pentaeder®-Modells (C) Pentaeder Institut

Der Punkt ist also nicht, dass es viele Dimensionen sind, an die man denken müsste. Der Punkt ist, dass uns unsere eigenen Denk- und Fühlgewohnheiten begrenzen. Etwas anders ausgedrückt: die Begrenzungen liegen weniger in der kognitiven Intelligenz an sich als in den emotionalen Verarbeitungsmöglichkeiten. Dazu im nächsten Kapitel mehr (Abb. 10.3).

10.4.2   Zweite Begrenzung: Denkmodelle

Wie mit den Risiken umgegangen wird, hängt sehr stark von den Denkmodellen derjenigen Menschen ab, die Entscheidungen treffen. Hier liegt wiederum die Krux für neue Themen, die zwar bekannt, aber noch nicht erfahren sind: Die Denkmodelle sind Erinnerungen an die Vergangenheit. Sie haben sich im Laufe der Jahre herausgebildet. Sie sind Erfahrungsschätze. Und gleichzeitig begrenzen sie unser Denken. Dazu später mehr.

Denkmodelle sind (ähnlich wie die Entscheidungsprämissen) von grundlegender Art, meist nicht bewusst und steuern gleichzeitig unser Entscheidungsverhalten. Welche einengenden Denkmodelle existieren in Bezug auf Multikanalmanagement?

- Wir brauchen unsere Filialen, sonst verlieren wir den Kontakt zu unseren Kunden.
- Der Kunde kauft nur bei uns, wenn wir auf seine individuellen Wünsche eingehen.
- Die Kunden wollen nur Rosinen picken.
- Ich, der Berater des Kunden, habe die Beraterhoheit für diesen Kunden.
- Wenn wir Multikanal ausbauen, müssen wir Mitarbeiter im Vertrieb abbauen.
- Die digitale Kommunikation ist minderwertiger als die „echte" face-to-face-Kommunikation.
- Wir als „digital immigrants" können und wollen nicht in die digitale Welt eintauchen.
- Wir haben den digitalen Entwicklungen auf der Seite der Innovation nichts entgegenzusetzen.
- Uns Banken und Sparkassen wird es immer geben – Digitalisierung hin oder her.

Für die praktische Ausprägung des Geschäftsmodells Multikanalmanagement finden sich im Folgenden Denkmodelle in den Dimensionen Geschäftsprozesse Multikanal, Risiko, Organisation, Teams, Personen und zur Beziehung zwischen den Beratern und den Kunden (der „Koppelung"). Um was geht es? Woher kommen die Banken und Sparkassen und wo geht es hin? (Abb. 10.4)

Unseren Denkmodellen auf der Spur
Die Denkmodelle im Unternehmen bewusst und transparent zu machen, sie zu identifizieren und damit besprechbar zu machen, ist der Kern dafür, neue Herausforderungen systematisch durchdenken zu können. Dies erfolgt (wie in der Tabelle ersichtlich) auf allen drei Ebenen, also auf der der Person in Funktion und Rolle, der Teams und Netzwerke und der Organisation. Wenn dies erfolgt, können die erläuterten Entscheidungsprämissen meist leichter überdacht werden.

Ein Denkmodell ist ja das verbreitete Denkmodell: Als Entscheider muss ich alles können! Wesentlich ist hier aber die Erkenntnis, dass komplexe Themen wie beispielsweise Multikanalmanagement nur als Teamleistungen bewältigt werden können. Das ist ein Abschied von der Hybris des genialen Einzelmenschen. Der kann sehr erfolgreichen Menschen weh tun. Damit sind wir bei den Fühlgewohnheiten.

10.4.2.1 Dritte Begrenzung: Fühlgewohnheiten
Über Denkgewohnheiten im unternehmerischen Zusammenhang zu sprechen, ist fast schon „business as usual" geworden. Zumindest sind die Hürden, darüber zu sprechen, sehr niedrig. Die meisten Menschen lassen sich gerne und mit Freude darauf ein und ziehen einen unmittelbaren Mehrwert für sich, für ihre Teams und Netzwerke und für ihr Unternehmen daraus. Über Fühlgewohnheiten zu sprechen, ist ungewohnter. Warum betrachtet man Fühlgewohnheiten, wenn es darum geht, Entscheidungen zu professionalisieren? Weil es um die Erhöhung der Intelligenz geht – und zwar auf allen drei systemi-

Geschäftsmodell Multikanalmanagement – Dimensionen

Dimension	Heute	In Zukunft
Geschäftsprozess Multikanal	Heute entscheidet das Vertriebsmanagement, welche Produkte angeboten werden können. Der Berater muss diese Produkte verkaufen.	• Standardprodukte sind ohne Berater verfügbar und können über alle Kanäle gekauft werden. • Der neue Prozess ist auf ein Lebensprojekt ausgerichtet. Dieser beinhaltet mehrere Produkte und zusätzliche ggf. nicht bankspezifische Informationen. Der Lebensprojekt-Berater entwickelt mit dem Kunden, welche Produkte relevant in seiner jetzigen Situation sind. Somit erfolgt in der Beratung ein hoher Bezug zur Umsetzung. Die Projekte werden unter dem Gesichtspunkt des Lebensprojekts angeboten. • Der Entscheidungsprozess umfasst nicht nur die angebotenen Produkte, sondern geht auch auf die Auswirkungen auf das Lebensprojekt ein. Somit werden in den Banken und Sparkassen neue Entscheidungsprozesse etabliert werden, die die Interessen aller beteiligten Stakeholder gleichzeitig und vernetzt (nicht mehr sequentiell!) berücksichtigt. Der Interessenausgleich wird eine wesentliche Rolle spielen.
Risiko	Die Gefahr liegt darin, dass ein umfängliches, auf Markttrends ausgerichtetes Produktangebot im Markt angeboten wird. Die Chance ist, dass dieses Geschäft bekannt ist und in die heutigen Abläufe passt.	Multikanalvertrieb umzusetzen, birgt Chancen und Gefahren. Die Chance ist, sich auf neue Felder (z. B. Lebensprojekte) zu konzentrieren. Die Chance ist, Finanzgeschäften einen anderen, positiven Wert zu geben, wieder als wichtiger Begleiter und Berater von Menschen gesehen zu werden. Die Chance ist, den evolutionären Zweck, warum es Banken und Sparkassen gibt, in die digitale Welt zu transformieren. Die Gefahr liegt genau darin, neue Wege zu beschreiten, die nicht direkt verstanden werden. (Frei nach Henry Ford: „Hätte ich meine Cowboys gefragt, ob sie lieber ein schnelleres Pferd oder ein Auto haben möchten, hätten sie das Pferd gewählt.") Darüber hinaus existiert die Gefahr, dass die Lebensprojekte nicht umfänglich beraten werden können (mit allen Chancen und Gefahren). Eine weitere Gefahr liegt in dem passenden Produktangebot.
Organisation	Entscheidungen werden häufig auf die einzelnen Organisationseinheiten bezogen. Die Vernetzung wird selten gesehen. Beispielhaft sei das Zusammenspiel von Vertriebssteuerung und Vertrieb Retail und Firmenkundengeschäft erwähnt.	• Die Organisation stellt die Kanäle so bereit, dass die von den Beratern „erklärten" Lebensprojekte vom Kunden selbstständig abgeschlossen werden können. • Das heißt, die Entscheidung, Cross Channel umzusetzen, bedingt, dass Informationen transparent sind und eine Durchgängigkeit bei den Kanälen vorhanden ist.

Abb. 10.4 Dimensionen

Die Veränderungen geschehen auf drei systemischen Ebenen. Es geht immer um Intelligenz.

Individuelle Intelligenz

...gelangt über
Bewusstsein
in die Welt

kognitiv, emotional,
intuitiv, unbewusst,
körperlich, räumlich,
spirituell

Team-Intelligenz

...gelangt über
Kommunikation
individueller Intelli-
genzen in die Welt

übersummativ:
Das Ganze ist mehr
als die Summe seiner
Teile

Organisations-Intelligenz

...gelangt über
Vernetzungs-
entscheidungen
in die Welt

Zeigt sich in
überlegenen
Entscheidungen und
Entscheidungs-
prozessen

Abb. 10.5 Drei systemische Ebenen der Lernenden Organisation

schen Ebenen des Entscheidungsmodells: Auf Ebene der Person in Funktion und Rolle, auf Ebene der Teams und Netzwerke und auf Ebene der Organisation.

Wie geht das? Wie zeigen sich Intelligenzen auf den drei Ebenen und wie sind diese beschreibbar (Abb. 10.5)?

Der gesamte Artikel handelt vom Thema „Entscheidungen professionalisieren". Jetzt wird es nochmals deutlich, dass das das Mittel der Wahl ist, um das Intelligenzniveau von Organisationen zu heben. Dass dies notwendig ist, beschreibt gerade die Herausforderung des Multikanalmanagements und damit die weiteren Artikel in diesem Buch.

Auf Ebene der Menschen geht es also darum, alle Formen der Intelligenz zu nutzen, nicht nur die kognitive Intelligenz. Die kognitive Intelligenz ist bei den meisten Menschen, die in der Finanzdienstleistungsbranche arbeiten, gut genug ausgebildet. Es stellt sich ja meist eher die Frage, warum intelligente Menschen sich vielfach nicht sehr funktional verhalten. Und hier kommt die emotionale Intelligenz ins Spiel. Es gilt, sich in diesem weiten Feld auf die Fühlgewohnheiten zu konzentrieren und sich diese bewusst zu machen. Das reicht meist schon aus. Auch hier gilt: Es geht in einem ersten Schritt nicht darum, dass die Menschen sich ändern (das ist ein hilfreiches Paradox, dies als Veränderungsberater zu behaupten!), sondern, dass sie ihre Fühlgewohnheiten erst einmal erkennen und akzeptieren. Dann kann es weitergehen.

Abb. 10.6 (Selbst-)Reflexion

Das reiche Repertoire, das in der Umsetzungsberatung angewendet wird, lässt sich auf einen Punkt bringen: Das Mittel der Wahl ist (Selbst-)Reflexion. (Abb. 10.6).

10.4.3   Vierte Begrenzung: Gewohnheiten der Interaktion

Die wenigsten Menschen arbeiten allein vor sich hin und entscheiden ganz autonom. Die meisten Menschen arbeiten mit anderen zusammen und spätestens, wenn Kunden ins Spiel kommen, sind andere Menschen da, deren Interaktionsverhalten wirkt. Auch aus diesem weiten Gebiet kann hier lediglich angerissen werden, was die Essenz ist:

Es gilt nicht, danach zu suchen, was Menschen „sind". Das mag eine relevante Frage für viele Formen von therapeutischen Ansätzen sein, die aber hier weniger interessiert. Interessanter ist, wie Menschen lernen können, sich situativ und kontextbezogen flexibel zu verhalten. Wo steht denn beispielsweise geschrieben, dass die höchste Führungskraft im Raum das Meeting eröffnen muss? Warum gehen hohe Führungskräfte so gerne „in den move"? Eins der elegantesten Modelle zu diesem Thema ist das dynamische Interaktionsmodell nach David Kantor (Abb. 10.7).

Der Mehrwert dieses Modells liegt darin, dass es Interaktionsarchetypen beschreibt, die beobachtbar sind, beispielsweise:

Move – oppose – move – oppose – move – oppose …: Eine Interaktionskette, die zur Blockade führt und in deren Verlauf nicht mehr erkennbar ist, wer in welcher Rolle ist.

Move – follow – move – follow – move – follow …: Eine Interaktionskette, die zur unkritischen Gefolgschaft führt.

Bystand – bystand – bystand – bystand …: Eine (selbstgefällige) Interaktionskette der jeweiligen Rolle ohne interaktionelle Resonanz der anderen Gruppenmitglieder.

Die vier Formen der Gesprächshandlung	Die einzelnen Handlungen	Angestrebter Zweck
Bewegen (*Move*)	Eine Handlungsabfolge initiieren	Richtung
Opponieren (*Oppose*)	Eine Handlung ablehnen	Korrektur
Folgen (*Follow*)	Eine Handlung unterstützen	Abschluss
Zuschauen (*Bystand*)	Beobachten, Fragen stellen und Kommentare abgeben	Perspektive

Abbildung von Management Partner auf Basis des Modells nach David Kantor

Abb. 10.7 Gewohnheiten der Interaktion

Move – verdecktes oppose, indem follow oder bystand signalisiert wird: Eine Interaktionskette, in dem der Mover im irrtümlichen Glauben gelassen wird, die Ruhe oder die Duldung wäre Unterstützung.

Bestenfalls diskutiert ein Team ein inhaltliches Thema und über Reflexion wird deutlich, wie das Interaktionsverhalten abläuft. Häufig sind dies beispielsweise in Vorstandsteams fast schon Rituale. Das eine Mitglied weiß sehr genau, wie ein anderes Mitglied auf etwas reagieren wird. Immer dann, wenn die Sitzung zäh läuft, zu lange dauert, Energie zieht oder als zeitraubend und damit überflüssig bewertet wird, ist das schlicht und einfach ein Signal, dass etwas in der Interaktion nicht stimmt. Wichtig ist hier auf die gesamte Interaktion zu achten, statt etwa ein Teammitglied zum Schuldigen zu erklären – damit kommt man deutlich weiter.

Leise Signale In diesem Artikel wurde die Grundstruktur des bewussten Entscheidens beschrieben. Welche Signale gibt es nun, die ein Umsteigen auf bewusstes Entscheiden anzeigen, die generell und nicht nur für das Multikanalmanagement gelten? Basis ist hier im Folgenden eine unveröffentlichte Seminarunterlage von Othmar Sutrich aus dem Jahre 2008, die ihrerseits Ergebnis langjähriger Forschung und Erfahrung ist.

Es lohnt, die Entscheidungsprozesse im Unternehmen zu beobachten. Wenn ein „Driften" wahrzunehmen ist, gilt es, genauer hinzuschauen. Ist das Driften Ergebnis von unklaren Risikobilanzen? Oder von fehlenden (attraktiven) Optionen? Ist das Driften begleitet von intensiven Gefühlen oder auch Widersprüchen? Herrscht beim Driften Unsicherheit, Undurchsichtigkeit und/oder Angst? Zeigen sich unklare Verantwortungen? Gibt es viel zu gewinnen und zu verlieren? Zeigt sich eher Realitätsverleugnung als „Face Reality"? Dann lohnt es sich unbedingt, auf bewusstes Entscheiden umzuschalten und nicht beim „business as usual" zu bleiben.

Auf Ebene der Personen in Funktion und Rolle zeigen sich diese leisen Signale in Phänomenen wie diffusem Unbehagen oder Unschlüssigkeit. Ebenfalls in intensiven Gefühlen wie Über- bzw. Unterforderung, Ohnmacht, Ärger, Furcht oder Angst. Signale sind

Geltungs- und/oder Herrschsucht. Oder auch Irritationen, innere Kündigung, Krankheit. Rollenkonfusionen und ungenutzte Potenziale sind ebenfalls Signale, dass „business as usual" zu kurz greift. Die Signale zeigen sich dann häufig in Wünschen, die eigenen Spielräume zu vergrößern, mehr Verantwortung zu übernehmen oder in Wünschen nach genereller Veränderung der eigenen Position und/oder Aufgabe.

Auf Ebene der Teams und Netzwerke zeigen sich diese leisen Signale in unklaren oder nicht erledigten gemeinsamen Aufgaben in einem aus der Balance geratenen Engagement: einige Teammitglieder tun viel, andere „nassauern". In fehlender attraktiver noch herausfordernder Mitgliedschaft im Team und in fehlender Klarheit im Team darüber, was es als Team verantwortet. Beobachtbar ist dann, dass die Perspektivenvielfalt und Andersartigkeit, die Unterschiede in Erfahrungen und Interessen im Team weder genützt noch honoriert werden. Und es zeigt sich in wiederkehrenden Themen auf der Agenda ohne Lösungen: in der berühmten „Schallplatte mit Sprung".

Auf Ebene der Organisation zeigen sich die leisen Signale darin, dass Wettbewerber schneller, fokussierter und konsequenter sind. In nicht zufriedenstellenden Kundenbindungen. In einer wenig attraktiven Orientierung gebenden Strategie und in nicht belohntem Mut wie nicht wertgeschätzter Risikobereitschaft. Beobachtbar ist eine Misstrauens-, Kontroll- und Fehlervermeidungskultur, welche die Geschäftsprozesse komplex, langsam und unzuverlässig macht. Konzepte werden gegenüber der Umsetzung überbetont. Und es zeigt sich in vorwiegend „sauren" Organisationsgeschichten, das heißt Erfolgswille und Zuversicht spielen nur eine untergeordnete Rolle.

Sollten solche Signale zu beobachten sein, wäre es ratsam, sich bewusst um die Entscheidungsprozesse zu kümmern. Zum Abschluss noch einen wesentlichen Gedanken, den man sich sowohl als Unternehmen als auch als Beratungshaus, das andere berät, immer wieder auf die Fahnen schreiben sollte:

Die IPO-Regel: Input – Process – Output

Der Output kann nur so gut werden, wie dies der Prozess erlaubt. Wenn der Output ungenügend ist, ist es zeitintensiv und mühsam, am Output selbst zu schrauben. Und oftmals ist dann zwar Output A in Ordnung, jedoch passiert bei Output B wieder etwas und Output B ist wiederum nicht in Ordnung. Wenn mehrmals der Output nicht dem definierten Ziel entspricht, ist etwas im Prozess schief gegangen! Und damit sind wir wieder beim Entscheidungsprozess angelangt. Der Kreis schließt sich.

10.5   Elegantes Entscheiden und der Möglichkeitsraum

Die Rahmenbedingungen der Finanzdienstleistungsindustrie sind, wie sie sind. Die Herausforderungen sind enorm. Worauf kommt es beim Multikanalmanagement also an?

1. Anerkennen, dass man in einem anderen Spiel als dem bisherigen Spiel ist. „Business as usual" führt hier nicht weiter. Das bedeutet konkret, dass alle fünf Phasen des Entscheidungsprozesses sorgsam und strukturiert durchlaufen werden sollten. Wichtig ist, sich dafür Zeit zu nehmen! Diese wird hinterher um ein Vielfaches wieder eingespart.

2. Das Projekt Multikanalmanagement als Entscheidungsprozess der ganzen Organisation gestalten. Das ist kein bloßes IT-Projekt. Alle Stakeholder haben ungewöhnlich hilfreiche Risikoeinschätzungen und Lösungskompetenzen.

3. Mit den Beteiligten auf allen drei Ebenen die Risiken ⊠ durchdeklinieren: Personen in Funktion und Rolle, Teams und Netzwerke und auf der Ebene des Unternehmens. Auf der Gefahrenseite bitte ohne jede Beschönigung. Es gilt, auf der Chancenseite sehr genau zu suchen. Die Chancen werden in der Banken- und Sparkassenwelt leicht übersehen. Das ist der Kern: Die Erweiterung des Möglichkeitsraums! Von den Begrenzungen sollte man sich nicht das Denken verbieten lassen.

4. Von besonderer Bedeutung für die Organisation sind die Risikoüberlegungen, die die Auswirkungen des Multikanalmanagements auf die Struktur, Kultur, Geschäftsprozesse und auf die Strategie zum Gegenstand haben.

5. Dann alle Optionen abwägen und die notwendigen Entscheidungen treffen.

6. Im „Land der Umsetzung" die Wirklichkeit den Meister sein lassen: Was für die Kunden funktioniert, weitermachen. Was nicht funktioniert, schnell wieder beenden. Auf alle Begründungen verzichten, warum man eigentlich doch recht hatte und nur die Kunden das nicht verstehen.

7. Strukturiert kleinräumige, schnelle Feedbackschleifen und Lernprozesse etablieren, die sich gezielt auch mit den Denkmodellen und Fühlgewohnheiten der Beteiligten beschäftigen.

Claudia Maria Fürst studierte Diplompsychologie in Mannheim und Heidelberg. Während der Studienzeit war sie Wissenschaftliche Hilfskraft an der Psychologischen Beratungsstelle der Universität Heidelberg. Danach folgte die Mitarbeit am Forschungsprojekt „Die Ursache und Entwicklung von Psychosen". Die Ergebnisse dieser Forschungsarbeit zeigten deutlich die Bedeutung der klassischen Arbeitswelt auf. So zog es Frau Fürst zum renommierten Automobilhersteller Honda. Über neun Jahre lang arbeitete sie sich tiefer und tiefer in die Materie. Über die Stationen Marktforschung und Händlernetzentwicklung wurde sie schließlich Manager Sales Operation Motorrad. Vier weitere Jahre blieb sie in der Automobilindustrie und war Prokuristin und Bereichsleiterin Organisation, Kommunikation, Recht und Mergers & Acquisitions bei der Emil Frey Gruppe Deutschland. Als Partnerin bei Management Partner kann Frau Fürst beide Stränge, die des Managements und die der Psychologie, verbinden. Sie verantwortet großangelegte Changeprozesse aller Branchen und leitet die 2012 neugegründete Management Partner Akademie. Diese hat sich das Thema „Professionalisierung von Entscheidungsprozessen in Organisationen" zum Schwerpunkt gewählt.

Dirk A. Kochan studierte Betriebswirtschaftslehre mit dem Schwerpunkt Banken und Versicherungen an der Universität Mannheim. Vor seinem Studium konnte er erste Berufserfahrungen als Bankkaufmann und Kundenbetreuer in der Dresdner Bank AG sammeln. Als Referent für Konzernfinanzierung der Schering AG betreute Herr Kochan Tochtergesellschaften in Europa und Lateinamerika. Hier rundete er seine Expertise im internationalen Finanzmanagement ab, führte Cashmanagement-Studien durch und war früh in die Vorbereitung von Vorstandsentscheidungen eingebunden. Als Berater und Gesellschafter von Management Partner begleitet Herr Kochan Unternehmen und Vorstandsgremien wie Managementteams in ihren strategischen Entscheidungssowie Veränderungsprozessen. Dabei verzahnt er die strategisch-betriebswirtschaftliche Seite mit der Werte- und Verhaltensebene. Langjährige systemische Weiterbildungen und die kontinuierliche eigene Persönlichkeitsentwicklung machen dies möglich.

Multichanneling als Kernelement zukunftsfähiger Geschäftsmodelle – Das ‚Zürcher Modell der kundenzentrierten Bankarchitektur'

Stefanie Auge-Dickhut, Bernhard Koye und Axel Liebetrau

Zusammenfassung

Kundenzentrierung ist von allen Banken auf der strategischen Agenda platziert. Die Digitalisierung und ein entsprechendes adäquates Multichannel-Konzept als notwendige Determinante für zukunftsfähige Geschäftsmodelle ebenfalls. Zukünftig erfolgreiche Banken werden nicht nur einzelne neue Bausteine in ihre Modelle integrieren, sondern darüber hinaus eine integrative Transformation auf den Ebenen Strategie, Struktur/Prozesse und Unternehmenskultur von innen heraus anstreben. Die Multichannel-Konzeption und -umsetzung hat daher nur in Kombination mit den beiden anderen Themen das Potenzial zum entscheidenden Differenzierungsfaktor.

Dieser Artikel zeigt anhand des „Zürcher Modells der kundenzentrierten Bankarchitektur" auf, wie diese Differenzierung gelingen kann. Das Modell bietet den aggregierten Orientierungsrahmen für die kundenzentrierte Umgestaltung der Geschäftsmodelle und der Multichanneling-Konzeption.

S. Auge-Dickhut (✉) · B. Koye
Zürich, Schweiz
E-Mail: Stefanie.Auge-Dickhut@kalaidos-fh.ch

B. Koye
E-Mail: Bernhard.Koye@kalaidos-fh.ch

A. Liebetrau
Stuttgart, Deutschland
E-Mail: a.liebetrau@bankinginnovationgroup.de

© Springer Fachmedien Wiesbaden 2015
H. Brock, I. Bieberstein (Hrsg.), *Multi- und Omnichannel-Management in Banken und Sparkassen*, DOI 10.1007/978-3-658-06538-6_11

11.1 Kundenbedürfnisse, Wettbewerber und Technologie als Veränderungstreiber

Konsumprodukte wie Bücher oder Reisen können internetbasiert zu jeder Zeit an jedem Ort und über einen beliebigen Vertriebskanal konsumiert bzw. bestellt werden. Die „Mobilmachung" durch Smartphones und Tablets revolutioniert den Vertrieb vieler Branchen (Setteler 2014). Auch Bankkunden sind im digitalen Zeitalter nicht länger bereit, auf diese modernen Value Propositions bei den „klassischen" Bankprodukten zu verzichten. Die klar beobachtbare Unzufriedenheit der Kunden mit ihrer Bank ist zu einem bedeutsamen Teil durch diese veränderten Ansprüche begründet (Bain 2013). Die Kunden sind immer stärker vernetzt. Sie wünschen sich vor allem digitale Vernetzung, einfach nutzbare Applikationen (wie sie bereits von vielen FinTechs angeboten werden) und die Individualisierung ihrer Bedürfniserfüllung (Ernst und Young 2012).

Kernelemente von Lösungen, die diese Bedürfnisse abdecken, sind die intuitive Steuerung mit eleganten Oberflächen, die Individualität bei der Lösungszusammenstellung und ein Beratungsprozess, der die Möglichkeiten der digitalen Kommunikation optimal nutzt. Die Partizipation des Kunden soll u. a. durch die Beteiligung bei der Maßschneiderung seiner individuellen Lösung ermöglicht werden. Diese Kundenbedürfnisse sind grundsätzlich unabhängig davon, ob es sich um einen Kunden aus dem UHNW- (Ultra High Net Worth), HNWI- (High Net Worth Individuals), Affluent- oder Retail-Segment handelt. Hier dürfte über einen zeitlich abnehmenden Rahmen lediglich noch das Alter der Nutzer eine Rolle spielen.

Die „Newcomer", die bereits gekonnt die Bedürfnisse der Digital Natives befriedigen, sind Wettbewerber mit und ohne Banklizenz (siehe Beitrag von Burgmaier/Hüthig in diesem Buch). Newcomer ohne Banklizenz decken dabei bisher nur einen Teil der Wertschöpfungskette ab. Häufig ist dies der komplette Vertriebsprozess. Dieser wird medial ohne die Einbindung eines Kundenberaters durchlaufen. In Beratungssituationen, in denen standardisierbare Produkte den Kern der Lösung bilden, beraten sich Kunden selbst und tätigen auch den Abschluss online ohne Einbezug einer Bank als Berater. Bei Problemen helfen Online-Foren oder private Ratschläge von Peers.

Newcomer mit Banklizenz, wie zum Beispiel etablierte Direktbanken und digitale Vollbanken, nutzen den Vertriebskanal Internet für ein ansonsten klassisches Angebot und richten dieses konsequent auf die Verhaltens- und Nutzermuster der digitalen Generation aus. Digitale Vollbanken nutzen dabei Social Media deutlich konsequenter als die Direktbanken und bieten sich als Plattform an, beispielsweise für Peer-to-Peer-Kredite oder Crowdfunding. Diese Direktbanken weisen bereits heute eine deutlich höhere Kundenzufriedenheit auf als klassische Banken (Bain 2013). Einige positionieren sich bereits heute unter Nutzung der modernen Kommunikationsplattformen als reiner Plattformanbieter für verschiedene Finanztransaktionen, auf denen die Kunden sich selbst beraten und direkt investieren und finanzieren können (Fidor 2014) (siehe Beitrag von Eismann in diesem Buch).

Es ist wahrscheinlich, dass im Sinne eines Pull-Effekts die Kundenbasis der angestammten Anbieter noch deutlicher ausgehöhlt wird und somit die Deckungsbeiträge der angestammten Geschäftsformen noch weiter sinken werden, wenn es den Banken nicht gelingt, diese Kundenbedürfnisse des digitalen Zeitalters in ihre Value Propositions und Geschäftsmodelle zu integrieren. Eine erfolgversprechende Value Proposition bedingt zum einen die Gewinnung von Informationen über die Bedürfnisse und das Userverhalten der Kunden aus allen On- und Offline-Kanälen. Diese Informationen sind heute meist umfangreich vorhandenen und können über die sozialen Netzwerke oder die Kreditkartendaten sehr detailliert erhoben werden (Capellmann et al. 2012).Darüber hinaus ist die Bereitschaft, diese Informationen wirklich als Determinanten der Lösungsgestaltung zu nutzen, unabdingbar. Dies bedingt eine radikale Abkehr von der bisher meist vorherrschenden einseitigen Informationsübermittlung hin zur verzahnten Zwei-Wege-Kommunikation auf allen Kanälen.

11.2 Win-Win-Cycle von Kunde und Bank

Kernelement digitalisierbarer Value Propositions von Banken ist die kundenseitige Wahrnehmung von echtem Mehrwert aus der Partnerschaft mit der Bank auf Augenhöhe. Kundenzentrierung im digitalen Kontext bedingt aufgrund der weiter oben dargelegten Unzufriedenheit und Erwartungshaltung der Kunden daher, dass eine Win-Win-Situation zwischen beiden Partnern mit fairer und angemessener Erfolgswahrnehmung entwickelt wird. Wenn die an einer Verhandlung beteiligten Parteien ein Ergebnis vereinbaren, durch das sie mehr Nutzen erzielen als wenn sie keine Übereinkunft getroffen hätten, dann spricht man von einer „Win-Win-Situation" (Projektmagazin 2013).

„Der Kundennutzen muss stärker in den Vordergrund rücken, ein fairer Ausgleich der Interessen zwischen Kunden und Bank muss gewährleistet sein." (Walter 2012, S. 23). Die Art des Interessenausgleiches ist abhängig von den Zielsetzungen von Kunden und Bank und kann nicht in absoluten Zahlen vordefiniert werden. Ob eine Win-Win-Situation erreicht worden ist, kann auch heute noch auf Basis von Indikatoren wie Kundenzufriedenheit oder Weiterempfehlungsraten eruiert werden. Voraussetzung für den Erfolg der Bank und damit auch der Shareholder im digitalen Zeitalter ist somit, dass für die Kunden ein aus ihrer Sicht nachhaltiger Erfolg erzielt wird (Abb. 11.1).

Diese Anforderung kann mit dem Win-Win-Cycle visualisiert werden. Die Ausrichtung der Geschäftsmodelle auf den Kundennutzen im digitalen Zeitalter unter Beachtung des Win-Win-Cycles trägt dabei langfristig nicht nur zum Kunden- und Bankerfolg bei, sondern letztlich auch dazu, dass die Ansprüche der Risikokapitalgeber befriedigt werden können. Gewinn kann daher auch als Testgröße für ein effektives und effizientes Wirtschaften interpretiert werden (Aufgabe des Unternehmens kann es nicht sein, isoliert Werte für den Shareholder, Gewinn oder Optionen für das Management zu schaffen; Malik 2005, S. 26 ff.). Diese Shareholder stellen die (zumindest in der Vergangenheit) meist knappe Ressource Kapital zur Verfügung und erwarten eine angemessene Entschädigung für das Risikokapital. Die Deutsche Bank postuliert beispielsweise seit einiger Zeit das

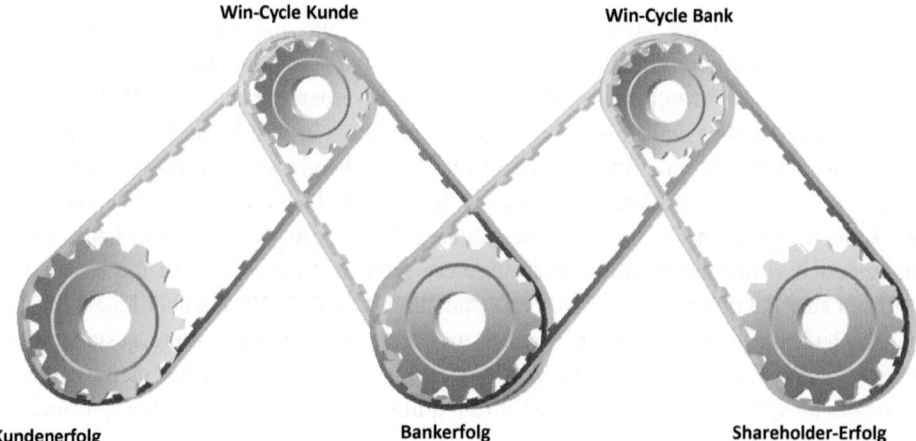

Abb. 11.1 Win-Win Cycles – Mechanik des Erfolgs. (Quelle: Auge-Dickhut et al. 2014, S. 118)

„Fair Share"-Prinzip und weist darauf hin, dass sie aus ihrer Sicht langfristig nur dann erfolgreich sein wird, wenn sie in gleichem Maße Nutzen für Kunden und Aktionäre schafft (Deutsche Bank 2013). Die Erkenntnisse dieses Abschnitts zeigen, dass die Integration des Multichannel-Konzepts für diese Überlegungen ein entscheidender Faktor ist, um das zentrale Bedürfnis der digitalen Vernetzung als Voraussetzung für Win-Win zu erfüllen.

11.3 Kundenbedürfnisse verstehen

Wie kann nun diese Ausrichtung auf die Kundenbedürfnisse im digitalen Zeitalter angegangen werden? Dass Menschen Bedürfnisse unterschiedlicher Dimensionen haben, ist hinlänglich bekannt. Die Maslow'sche Bedürfnisanalyse (Maslow 2013) kann auch auf Finanzprodukte übertragen werden (Abb. 11.2).

Traditionelle Bankprodukte erfüllen zweckmäßig gewisse „Grundbedürfnisse". Analog zum Konsum von Lebensmitteln zur Aufrechterhaltung der körperlichen Grundfunktionen wurden Basisbedürfnisse wie Zahlungsverkehr oder Kontoführung abgedeckt. Zur Bedürfnisebene „Sicherheit" gehören die Anlage von finanziellen Mitteln oder die Finanzierung von Immobilien. Zunehmend haben aber die Kunden auch bei Finanzprodukten Ansprüche im Hinblick auf die Erfüllung von Bedürfnissen auf den oberen drei Ebenen. Die Bedürfnisebene der sozialen Einbindung äußert sich im Wunsch nach vernetzter Kommunikation und Partizipation. Dies kann über den Austausch zwischen Kunden oder über Einbindung bei der Entwicklung von Problemlösungen oder von neuen Produkten erfüllt werden.

Die Ebene der „Individualbedürfnisse" zeichnet sich dadurch aus, dass individualisierte Lösungen passgenau und womöglich im persönlich ausgewählten Design und über den personifizierten Vertriebskanalmix (Convenience) verfügbar sind. Zu der Ausgestaltung

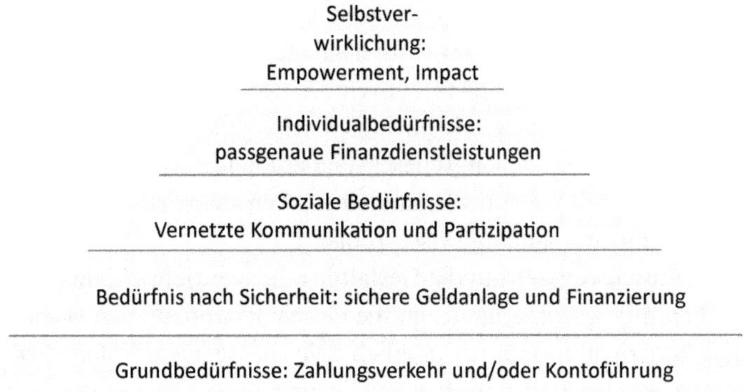

Selbstver-
wirklichung:
Empowerment, Impact

Individualbedürfnisse:
passgenaue Finanzdienstleistungen

Soziale Bedürfnisse:
Vernetzte Kommunikation und Partizipation

Bedürfnis nach Sicherheit: sichere Geldanlage und Finanzierung

Grundbedürfnisse: Zahlungsverkehr und/oder Kontoführung

Abb. 11.2 Finanzbedürfnispyramide. (Quelle: Auge-Dickhut et al. 2014, S. 138)

der Produkte und des Vertriebskanalmixes kann bspw. der gesamte Bereich des e-banking, aber auch das individuelle Design von Kreditkarten durch die Kunden zählen. Die Ebene der „Selbstverwirklichung" berührt den Wunsch der Kunden, ihre eigenen Fähigkeiten und damit ihre Autonomie weiter zu entwickeln (Empowerment) und das Gelernte anzuwenden. Diesem Bedürfnis können Banken nachkommen, indem sie Kunden die Möglichkeit eröffnen (natürlich nur bei Bedarf), sich Finanzwissen selbst anzueignen und es auch anzuwenden. Dies wird gerade von den innovativen Banken wie der Fidor Bank (Fidor 2014) und anderen Banken durch die Einrichtung von Foren gefördert, in denen sich die Bankkunden auch untereinander bei Fragen weiterhelfen. Hier besteht auch die Möglichkeit, Empowerment und Partizipation zu mischen.

Ein ebenfalls auf der obersten Ebene der Bedürfnispyramide anzusiedelnder Wunsch ist sicherlich das Thema Impact, das heißt den Wunsch des Kunden zu berücksichtigen, welchen Einfluss ein Bankprodukt bzw. -dienstleistung und die Erstellung auf die Umwelt hat. Die Anlage von finanziellen Mitteln hat gesellschaftliche und wirtschaftliche Effekte. Durch die Wahl nachhaltiger Fonds kann der Anleger gezielt darauf Einfluss nehmen, dass seine finanziellen Mittel beispielsweise nicht in die Rüstungs- oder Tabakindustrie investiert werden (Auge-Dickhut et al. 2012).

Die Berücksichtigung der Bedürfnisse der Bankkunden (insbesondere auf den obersten Ebenen der Bedürfnispyramide) ist ein wesentlicher Gestaltungsfaktor zukünftiger Geschäftsmodelle von Banken. Implizit wirkt sich dies dann auch auf die Produkte und die Wahl der Vertriebskanäle aus. Denn nur, wenn die Kunden ebenengerecht in ihren Bedürfnissen abgeholt werden, nehmen sie einen entsprechenden Mehrwert wahr. So bietet beispielsweise Globalance ihren nachhaltig orientierten Kunden an, einen ökologischen Fußabdruck ihrer Portfolios zu erstellen (Globalance 2013). Selbst wenn zukünftig nicht jede/r Kunde/in auf den obersten Ebenen im Handling mit Finanzprodukten Selbstverwirklichung anstreben wird, so wird zumindest eine Mehrheit der Kunden auf der Ebene

„Individualbedürfnisse" eine für sie passgenaue Verfügbarkeit der Finanzdienstleistung und eine jederzeitige und kanalunabhängige Kommunikation wünschen.

Die heute noch für eine kleine und exklusive Kundengruppe wichtige Ebene der Selbstverwirklichung wird jedoch in den nächsten zehn Jahren schrittweise zu einer Commodity werden. Denn die Digital Natives können sich selbst alle notwendigen Informationen beschaffen und sich selbst in weiten Teilen (Standardbedürfnisse) beraten. Sie erwarten daher die Zurverfügungstellung von verständlichen, sich selbst erklärenden Produktinformationen und Unterstützung durch gewisse Tools.

Die genannten Entwicklungen auf die Gestaltung der Vertriebskanäle bzw. die Ansprüche an diese ziehen drei Anforderungen an die Geschäftsmodelle von Banken nach sich: Vernetzung und Partizipation müssen möglich sein, passgenaue Finanzdienstleistungen müssen angeboten werden und Selbstverwirklichung über Themen wie Empowerment und Impact muss möglich sein.

Kundenzentrierung geht daher Hand in Hand mit einer präzisen Kundensegmentierung entlang dieser Bedürfnispyramide. Die Banken müssen in einem ersten Schritt aus ihrer Strategie ableiten, welche Kundensegmente bearbeitet werden sollen. Für diese Kunden sind die Rahmenparameter des Leistungsspektrums zu bestimmen und immer wieder im Zeitablauf, als Konsequenz der veränderten Kundenbedürfnisse und -wünsche, anzupassen und zu verfeinern. Kundenzentrierung bedeutet nicht automatisch, dass komplette, beratungsintensive Lösungen angeboten werden müssen, sondern dass die angebotene Dienstleistung sich am jeweiligen Bedürfnis der Kunden orientiert. „Selbstständige" Kunden können beispielsweise im Rahmen einer standardisierten Hypothekenfinanzierung oder bei der Prolongation von bereits bestehenden Hypotheken eine Baufinanzierung via Internet angeboten werden, wo eindeutig der Fokus auf einem günstigen Zinssatz und hoch standardisierten Leistungen liegt.

Andere Kunden haben im Rahmen dieser typischen „Once-in-a-Lifetime Decision" das Bedürfnis nach einer umfassenden Beratung und Problemlösung. Eine Möglichkeit der Kundenzentrierung kann es daher sein, den gesamten Prozess, den die Kunden zur Befriedigung ihrer Bedürfnisse durchlaufen, zu unterstützen bzw. zu übernehmen. Der Fokus kann dabei auf einer lebenszyklusorientierte Gesamtfinanzberatung liegen. Beispiele für diese integrierten Ansätze finden sich in der Praxis immer mehr. Eine der ersten Branchen, die im Hinblick auf Finanzierungsaspekte diesen Weg gegangen sind, waren die Automobilhersteller. Sie bieten ihren Kunden auf Wunsch ein Mobilitätspaket an, das neben dem Hersteller die jeweiligen Automobilbanken, die zugehörigen Versicherungen und Händler integriert. Dort wird das Bedürfnis der Kunden nach Mobilität durch ein Gesamtpaket aus Autokauf, -finanzierung, -versicherung und laufender Wartung bzw. Reparatur bei Unfällen sowie einem möglichen Zugriff auf Carsharing befriedigt. Ein möglicher Ansatz wäre für Banken beispielsweise beim Hauskauf eine integriertes Paket von der Hausvermittlung, -finanzierung, -versicherung sowie Umzugsservice (Relocation Service: Umzug, An- bzw. Ummeldung bei allen relevanten Stellen von Energieversorger bis zur Schule etc.) anzubieten.

Zentrale Frage ist daher, welche Problemlösungen bzw. Bedürfnisse der Kunden Banken grundsätzlich erfüllen wollen und können. Kunden haben keinen Bedarf an der

Durchführung von Überweisungen, relevant ist für sie, beim Einkauf von Waren die notwendige Bezahlung ohne größeren Aufwand zu erledigen. Eventuell kann auch ergänzend kann noch ein Statusbedürfnis bei der Art der Kreditkarte abgedeckt werden. Die Lösung vom Fokus auf einzelne Produkte hin zur gesamten Lebenssituation der Kunden bzw. zu bestimmten Problemstellungen kann neue Produktbündel aufdecken. Will die Bank den Kunden Devisen verkaufen oder möchte sie ihren Kunden einen entspannten Urlaub ermöglichen? Dann könnte ein integrierter Service darin liegen, die Daten des jeweiligen Kunden zu analysieren. Sind Reisezahlungen wie beispielsweise Flugbuchungen angefallen? Dem Kunden kann dann auf Initiative der Bank die Versorgung mit den notwendigen Zahlungsmitteln, ggf. ergänzt um einen entsprechenden Versicherungsschutz, angeboten werden. Wenn dies automatisiert erfolgt, könnte kostengünstig durch diesen Service ein positiver Einfluss auf die Kundenzufriedenheit genommen werden.

Dabei gilt es zu beachten, dass das direkte Touchpoint-Management wesentlich für die wahrgenommene Qualität der Dienstleistung der Bank durch die Kunden ist. Jede dieser Schnittstellen muss im Rahmen einer kundenzentrierten Bankarchitektur integriert agieren. Weiterhin essenziell an dieser Schnittstelle ist der transparente Umgang mit Informationen sowohl durch die Kunden (Bereitschaft, finanzielle Verhältnisse und Bedürfnisse offenzulegen) als auch durch die Bank (Produkteigenschaften, Konditionen etc.). Über all den genannten Themenbereichen liegt ein übergeordnetes Bedürfnis nach Einfachheit. Produkte und Dienstleistungen sollen klar strukturiert und verständlich sein, gleiches gilt für die Sprache, mit der sie dargestellt werden und in der mit den Kunden kommuniziert wird. Kunden müssen vielleicht nicht alle technischen Einzelheiten eines Finanzproduktes verstehen, aber sie sollten zumindest in der Lage sein, das Rendite-Risikoprofil nachvollziehen zu können.

11.4 Modernes Multichanneling

11.4.1 Point- of-Sale

Wenn nun die Kundenbedürfnisse im digitalen Zeitalter entlang der Bedürfnispyramide zu einem modularen Segmentierungsbaukasten geführt haben, so gilt es nun, den Kunden die entsprechende Bedürfniserfüllung über die jeweiligen Produkte und Dienstleistungen sowie den passgenauen digitalen und analogen Kanalmix zu ermöglichen. Zukünftige Verkaufsprozesse finden dort statt, wo der Kunde seinen Alltag verbringt; im Wechselspiel zwischen physischer und virtueller Welt, im Büro oder Zuhause und im Web oder in den Social Communities. Diese Vielzahl an möglichen Touchpoints, Points of Sale (POS) und Prozessen zwischen on- und offline zu verknüpfen und Kundennutzen, Wirtschaftlichkeit und Regularien in eine Balance zu bringen, ist das Ziel jedes digitalen Multichannel-Vertriebskonzepts (Schüller 2012).

11.4.2 „Geschäfte sind Mittelalter" und Cross-Channel ist State of the Art

„Geschäfte sind Mittelalter. Sie wurden nur gebaut, weil es kein Internet gab" mit diesen deutlichen Worten macht Oliver Samwer, der Gründer von Zalando, seinen Standpunkt klar. *„Wer heute mit dem Handel neu anfängt, braucht keine Läden"* legt er nach. Schnell kommt man zu der Ansicht, dass die Zukunft des Verkaufs im Internet liegt. *„Wer die Zukunft kennenlernen wolle, müsse 15-Jährige fragen, die alles per Smartphone erledigen"*, postuliert Samwer (Handelsblatt 2014b). Trotz klarer Umsatzzuwächse im eCommerce und Firmenpleiten bei Warenhäusern gibt es auch erfolgreiche Vertriebsbeispiele mit traditionellen Filialen. Im Textilhandel beispielsweise gibt es erfolgreiche Filialkonzepte von dem irischen Discounter Primark, über die sogenannten „Pseudo-Discounter" wie H&M bis hin zum hochpreisigen Filialisten mit Türsteher wie Abercrombie & Fitch (Liebetrau 2015).

Eine klare Zuordnung des Kaufprozesses zu Internet oder Filiale ist immer weniger möglich. Sie sind weder reine Filial- noch Internet-Händler. Dieser Ansatz wird Cross-Channel (deutsch Kreuzkanalität) genannt, wenn mindestens zwei unterschiedliche Kanäle bei der Leistungserstellung oder Vermarktung genutzt werden. Die Kunden bedienen sich situativ und immer wieder wechselnd sowohl der Filiale als auch des Online-Shops des Händlers (Liebetrau 2015).

Die neuen Medien und Informationstechnologien haben zu einer deutlichen Zunahme an Touchpoints geführt. Touchpoints wie Blogs, Vergleichsportale oder Twitter sind erst in den letzten Jahren entstanden und haben in kurzer Zeit eine enorme Bedeutung bei der Kaufentscheidung gewonnen. Mit zunehmender Anzahl und Relevanz an Digital Natives werden die Herausforderungen an das Steuern der Touchpoints für Unternehmen und Marken zunehmen. Die neuen Technologien eröffnen den Kunden nicht nur mehr Möglichkeiten zur Nutzung verschiedener Informations- und Vertriebskanäle, sondern nun auch zur gleichzeitigen oder nachgelagerten Nutzung in einem Kaufprozess. Die Vielzahl an Touchpoints (on- und offline) zu verknüpfen sowie in Balance zwischen Kunden- und Unternehmensnutzen zu bringen, ist das angestrebte Ziel eines modernen Touchpoint-Managements (Schüller 2012).

Es geht nicht mehr um die optimale Ordnung der Vertriebskanäle, sondern um einen radikalen Perspektivenwechsel in Richtung der Parallelität und zeitlichen Vor- und Nachlagerung. Die Kernfrage ist: „Wo kommt der Kunde in Kontakt mit der Bank?"

11.4.3 Triangulation zwischen Ort, Situation und Kanalmix

In der Vergangenheit lag der POS mit wenigen Ausnahmen im stationären Vertrieb. Ein Bankkunde informierte sich eventuell in der Fachpresse oder durch ein Gespräch mit seinem Berater. Heute und in Zukunft sieht der Informations- und Verkaufsprozess jedoch anders aus. Der heutige Kunde informiert sich zunehmend in verschiedenen Medien, bevor er seinen Berater kontaktiert. Er lässt sich nicht mehr einem Vertriebskanal (stationär oder virtuell) eindeutig zuordnen. Die modulare Kombinationsfähigkeit von aktuellem Standort und aktueller Situation des Kunden sowie der digitalen Kanalmix-Optionen zum Kontakt mit dem Berater determiniert den künftigen Vertriebserfolg. Nicht ein einzelner Faktor ist entscheidend, sondern das Zusammenspiel und der Zusammenhang der drei Faktoren werden relevant. Es gilt also, die Faktoren einzeln zu analysieren und die Triangulation der Faktoren zu betrachten (Liebetrau 2015).

Der Standort des Kunden nimmt künftig eine zentrale Rolle ein. Ein Kunde, welcher sich eine gewisse Zeit in einem Autohaus aufhält, kann über sein Handy als potenzieller Autokäufer identifiziert werden (Faktor Ort). Informationen wie beispielsweise vom Kunden besuchte Internetseiten von Automarken oder Daten von Finanzdienstleistern über auslaufende Leasingverträge, offenbaren die derzeitige Situation des Kunden (Faktor Situation) und können ergänzt werden. Ergänzt mit Kenntnissen oder Einschätzungen über das Verhalten, die Einstellungen und die Vorlieben des Kunden (Faktor Bedürfnis) ergibt sich daraus ein bisher nicht bekanntes Gesamtbild des Kunden (Triangulation).

11.4.3.1 Faktor Ort

Die Agora war in der Antike der Marktplatz und zugleich der zentrale Versammlungsplatz in der Stadt. Die Agora vereinte Kaufen und Verkaufen, Ausübung der Religion, politische Zusammenkunft und Unterhaltung für die Massen an einem Ort. Der Basar (persisch für Markt) war bereits eine Weiterentwicklung. Ein Merkmal ist die Aneinanderreihung von Geschäften, welche die gleichen Produkte verkaufen (Branchensortierung). Zwischen Groß- und Einzelhandel wurde nicht unterschieden. Teilweise ist der Basar auch Werkstatt und Produktionsort (Scharabi 1985). Bis zur Erfindung moderner Kommunikationsmedien war ein physisches Treffen zur gleichen Zeit und am gleichen Ort notwendig. Der Markt wurde als Ort definiert, an dem sich Angebot und Nachfrage treffen. Telefon und Internet haben diese klare Ordnung durcheinandergebracht. Der Ort muss nun kein physischer Ort mehr sein, es kann sich auch um einen virtuellen Ort handeln.

Schnell kann man zu dem Trugschluss kommen, dass der Ort, ob physisch oder virtuell, in Zeiten der Digitalisierung keine Relevanz mehr hat. Dies ist nicht so. Der Ort ist weiterhin ein wichtiger Faktor im Gesamtzusammenhang des Vertriebs. Nicht nur bei Produkten wie Kleidung, welche vom Kunden gern „in Augenschein" genommen wird, oder zu kühlende Lebensmittel, welche aus logistischen Gründen einfacher persönlich gekauft werden, spielt der physische Ort weiterhin eine wichtige Rolle. Spannend ist zum Beispiel das Projekt „ebay now", welches aktuell in ausgewählten Städten in den Vereinigten Staaten getestet wird. Die bei ebay gekauften Artikel werden nicht an die „Lieferadresse" gesendet, sondern an den aktuellen Standort des Käufers. Durch das Handy wird der Käufer geortet und per Kurznachricht ebenfalls auf sein Handy über eine anstehende Lieferung zum aktuellen Standort oder einem vereinbarten Ort informiert. Das Prinzip ist vergleichbar mit einer Taxibestellung per App. Der Standort wird ermittelt und freie Taxis (bei ebay die Händler mit entsprechend verfügbarer Ware) in der Nähe werden angezeigt. Das Taxi (die Ware) macht sich direkt auf den Weg zum Kunden. Während für Drohnen der Ort nur eine GPS-Koordinate ist, nimmt der Ort bei Menschen in der Dramaturgie des Verkaufens eine zentrale Rolle ein. Deutlich erkennt man dies bei Nespresso. Der „Kaffeehändler" setzt mit über 200 Filialen (Nespresso Boutiquen genannt) auf außergewöhnliche „Marken-Inszenierung" und auf einen vordefinierten Ablauf des Kaufs. Der Kunde wird in der Filiale klar gelenkt und an das Produkt gesteuert. Ähnlich wie in einem Theaterstück oder einem Film wird der Protagonist zum Finale, dem Kaufabschluss, hingeführt. Nespresso hat in den vergangenen Jahren intensiv in die stationären Vertriebswege investiert und den (wahrscheinlich) im Vergleich zum Internetverkauf deutlich teureren Vertriebsweg ausgebaut. Die Investition ist gut durchdacht, die Standorte sind wohl gewählt und das Filialkonzept ist ausnahmslos hochwertig.

„Klasse statt Masse" ist die Devise. Denn die Filiale dient dazu, den Kunden zu gewinnen und langfristig zu binden. Begeisterung für Marken und Produkte kann in der physischen Welt einfacher als in der virtuellen entwickelt werden. Kunden lassen sich leichter „verführen" und suchen teilweise selbst die „Verführung". Test- und Spontankäufe entstehen und bauen schrittweise die Kundenbindung auf. Bei gefestigter Kundenbeziehung wird der Kunde langsam und schrittweise an einen (Wieder)Kauf, nun im Internet, herangeführt. Das Prinzip kann vereinfacht als „investiere in Filialen, um im Internet Geschäfte zu machen" bezeichnet werden. Selbst Zalando, welche Filialen als „mittelalterlich" bezeichnen, haben einige ausgewählte „Outlets" eröffnet, um ebenfalls den Kunden an den Internetkauf heranzuführen und die bestehende Kundenbeziehung durch filialbasierende „Kauferlebnisse" weiter zu festigen (Liebetrau 2015). Bezogen auf Finanzdienstleistungen kann dies bedeuten, dass der Faktor Ort im Zusammenhang mit anderen Daten (zum Beispiel Besuch auf einer Immobilienwebsite) einen Hinweis auf eine Wohnungs- oder Hausbesichtigung gibt. Bedürfnisse wie Mietkautionen oder aber Hausfinanzierungen sind möglicherweise damit verbunden und könnten entsprechend abgeholt werden. Gleiche Überlegungen können auch in Kontext von Konsumkrediten gemacht werden.

11.4.3.2 Faktor Situation

Die aktuelle Situation eines Kunden ist der zweite wichtige Faktor in der Kaufentscheidung (siehe Beitrag Oelling/Oelling/Brock in diesem Buch). Altbekannt ist das Beispiel der Cola, für welche im Supermarkt ein Discountpreis angeboten wird, wohingegen auf der Reise im Zug oder auf der Autobahnraststätte ein Vielfaches bezahlt wird. Sicherlich könnte man den erhöhten Preis mit dem Faktor Ort erklären, allerdings nur teilweise. Der gleiche Kunde kann im Supermarkt preisorientiert und auf der Reise zeitreduziert eingestellt sein. Im Urlaub, in Begleitung von Freunden, an sonnigen Tagen, etc. zeigt der gleiche Kunde teilweise unterschiedliches Verhalten und andere Kaufentscheidungen im Vergleich zu alltäglichen (Normal-)Situationen.

Der Ökonom George Taylor stellte bereits in den 1920er Jahren einen Kontext zwischen der Konjunktur und der Länge von Damenröcken her (vgl. Handelsblatt 2014a). Je besser die Konjunktur verläuft, desto kürzer werden die Röcke. Das Phänomen des „Lipstick Faktor" zeigt, dass Frauen in wirtschaftlich schwierigen Zeiten sparen und bestimmte Güter nicht oder weniger konsumieren. Als Ausgleich werden kleine „Investitionen" wie Lippenstifte als kleine Freude und Belohnung für das Sparen gekauft. Gerade der „Lipstick Faktor" zeigt deutlich das Zusammenspiel von der volkswirtschaftlichen (durch Marketing nicht beeinflussbare) und der persönlichen (durch Marketing beeinflussbare) Situation. Die Autoren verstehen unter „Situation" recht kurzfristig andauernde (Tages) Situationen wie „unterwegs auf der Reise" wie auch längerfristige (Lebens-)Situationen.

Situative Faktoren (Lebensphasen) können heute die Art, wie wir leben, wie wir arbeiten, und folglich auch unsere Kaufentscheidungen verändern. Der Berufseinstieg nach dem Studium, die Geburt eines Kindes, Trennungen ebenso wie neue Bekanntschaften, chronischer Zeitmangel oder umgekehrt neu gewonnene Zeitautonomie in der „Empty-Nest-Phase", hohe geistige und körperliche Fitness auch im fortgeschrittenen Alter sind Beispiele für mehr oder weniger zufällige Situationen, die Menschen zu Veränderungen in ihrer Lebensführung veranlassen können (Dziemba et al. 2012).

Der Faktor Situation scheint sich im Kontext der Bankdienstleistung in den verschiedenen Lebensphasen und den sich damit wandelnden Bedürfnissen widerzuspiegeln. Aber auch hier sind der Phantasie keine Grenzen gesetzt, beispielsweise im Hinblick auf die kurzfristigere Modifikation von Produkteigenschaften wie zum Beispiel das individuelle Design von Karten mit eigenen Fotos vom letzten Urlaub oder der Geburt des Kindes. Allerdings ist in Zeiten von eWallet fraglich, wie lange dies als Abgrenzungskriterium noch relevant ist.

11.4.3.3 Faktor Bedürfnisse

Auch die Art und Weise, wie ein Kunde seine Bedürfnisse befriedigen möchte und wie er Produkte nachfragt und nutzt, haben sich deutlich verändert. Verständlich wird dies an dem simplen Beispiel „Bargeldversorgung". Heutige Kunden nutzen den Bargeldservice vieler Einzelhändler, wie zum Beispiel Rewe. Direkt an der Ladenkasse beim Einkauf wird Bargeld bezogen. In vergangenen Zeiten hat die Bargeldversorgung über Geldautomaten ausgereicht, heute möchte der Kunde keine Zeit oder zusätzliche Wege investieren.

Neben der Entwicklung „weg von reinen Produkten, hin zur Problemlösung" (Kunde will keine Devisen, sondern einen entspannten Urlaub) ist als weiterer Faktor auch die individuelle Bedürfnisstruktur der Kunden relevant. Nicht jeder Kunde, aber doch eine steigende Masse, vor allem der Digital Natives, erwartet mehr als nur einfache Bedürfnisbefriedigung. Die Spannweite kann von Empowerment (dem Erlernen von Know-how rund um das Produkt und dessen Nutzung, zum Beispiel vom Weintrinker zum Sommelier) bis hin zur Frage nach dem Impact (der gesellschaftlichen oder ökologischen Effekte des Produkts, zum Beispiel ökologischer Fußabdruck) gehen.

Die Veränderung rund um den Ort, die Situation und die Bedürfnisse können am Beispiel eines Autokaufs verdeutlicht werden. Der Trend beim Ort geht vom großflächigen Autohaus und vorher besuchter Websites hin zum interaktiven Schauraum und integrierter Mobilanwendung. Die Situation verändert sich von nacheinander gereihten Besuchen von Autohändlern mit passiver Beratung hin zum gut vorbereiteten Schauraumbesuch mit einem hohen Anteil an aktiver Selbstberatung. Beim eigentlichen Bedürfnis, das früher rein auf die Mobilität ausgerichtet war, kommen neu spielerische Elemente (die Gamification) hinzu, weil der Kunde das Auto vermehrt als „Gadget‟ betrachtet und selbst bei der Zusammenstellung mitwirken möchte.

11.5 Das Zürcher Modell der kundenzentrierten Bankarchitektur als Orientierungsrahmen

Im digitalen Zeitalter gelten andere Gesetzmäßigkeiten als früher in Bezug auf die Auswirkungen von bahnbrechenden Entwicklungen auf die Märkte. Sobald 13 % der potenziellen User ein neuartiges Angebot nachfragen oder erwarten, werden durch die sozialen Netzwerke in rasantem Tempo immer mehr User das Angebot auch nachfragen oder sogar als „dominantes Design" erwarten. Der gegenteilige Effekt droht Angeboten, die diesen Effekt nicht mehr schaffen. Sie verlieren radikal schnell Marktanteile bis hin zum Verschwinden. Diese Entwicklung konnte in anderen Branchen bei vermeintlich bekannten Namen vielfach beobachtet werden. Dieser Scheidepunkt der Diffusionsentwicklung führt zu einer S-förmigen Kurve hinsichtlich der Grenzerträge. Sie nehmen nicht mehr ab, sondern zu. Dies ist ein strategisch sehr bedeutsames Phänomen im Netzwerkzeitalter, dem noch nicht genügend Beachtung bei den „klassischen Geschäftsmodellen" geschenkt wird. Moderne Anbieter wie zum Beispiel soziale Netzwerke erarbeiten sich hingegen zunächst diese kritische Masse an Usern, bevor die Kommerzialisierung beginnt. Auch Google hat vor mehr als 20 Jahren so begonnen und ist heute das „Dominant Design" bei Suchmaschinen (vgl. Koye 2005, S. 33–44).

Wollen die Banken diesen Entwicklungen erfolgreich begegnen, so bleibt nur eine Option: Die von den Banken angebotenen Preis-/Leistungskonfigurationen müssen zukünftig konsequent vom Kunden aus gedacht und die Geschäftsmodelle unter dieser Prämisse sequenziell und dennoch konsequent umgestaltet werden. Die Herausforderung dabei ist nun, dass eine isolierte Weiterentwicklung der Vertriebskanalkonzeption die notwendige Vernetzung weder prozessoral noch kulturell nach sich ziehen kann und somit die Kernbedürfnisse der Kunden mittelfristig auch nicht erfüllt werden. Dies ist der Kernknackpunkt für alle Banken, die aktuell an der Umsetzung der strategischen Leitplanken zur Digitalisierung arbeiten. Wichtig ist daher die vernetzte Sicht von Strategie, Struktur/Prozesse und Kultur als Dreieck. Eine Anpassung bei einer der drei „Stellschrauben" hat einen Einfluss auf die beiden anderen Parameter.

Nur wenn die erfolgte strategische Analyse nun auch prozessoral und kulturell in die Banken hineingetragen werden kann und die Betroffenen zu Beteiligten gemacht werden, wird die Umsetzung von innen heraus auch gelingen. Eine isolierte ‚Patchwork'-Sicht wird zu viel Aktivität in den Banken führen, aber zu deutlich weniger Wirkung. Diejenigen Anbieter, die die Agilität und Verzahnung nicht nur als Schlagwort sehen, sondern das eigene Geschäftsmodell, dessen Steuerung und die Firmenkultur auch in diese Richtung entwickeln, werden einen klaren Wettbewerbsvorteil aufbauen können. Die prozessorale Sicht der Wertschöpfungskette ist zudem die Voraussetzung für die Beantwortung der Frage, welche Komponenten der Wertschöpfung selbst erbracht und welche extern eingekauft werden. Im Banking gibt es dabei drei Kernprozessschritte: die Kundenberatung, die Pro-

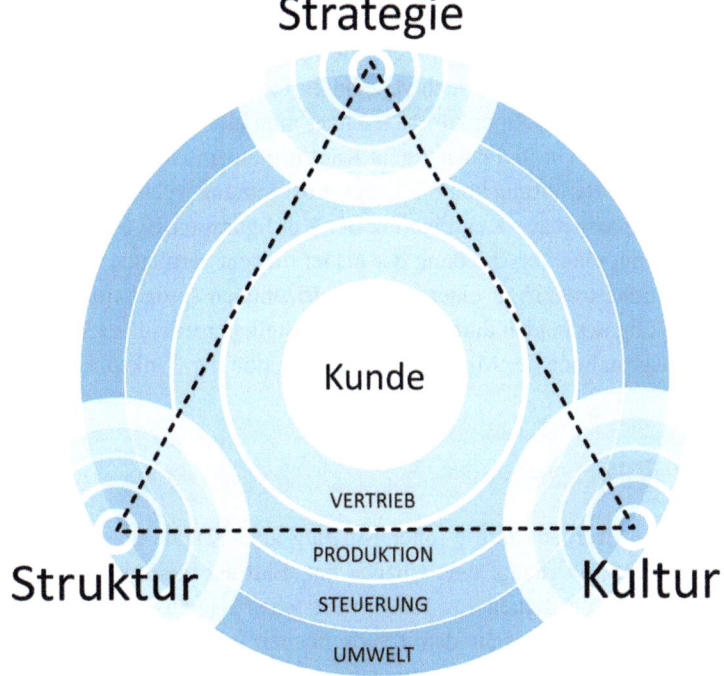

Abb. 11.3 Das Zürcher Modell der kundenzentrierten Bankarchitektur. (Quelle: Auge-Dickhut et al. 2014, S. 118)

duktallokation zur Erfüllung des Kundenbedürfnisses und die Transaktionsabwicklung. Banking unterscheidet sich hier in den Grundsätzen nicht von anderen Branchen, sodass die Analyse der Preis-/Leistungskonfiguration auch in jeder Bank nach gängigen Standards stattfinden und so zu erhöhter Wettbewerbsfähigkeit beitragen kann.

Das „Zürcher Modell" bietet nun den betriebswirtschaftlichen Orientierungsrahmen für diese Umgestaltung in Richtung der notwendigen Agilität und Verzahnung zur Erzielung der Win-Win-Wahrnehmung bei den Kunden (Abb. 11.3).

Der Kern des Modells ist die konsequente Positionierung des Kunden in der Mitte als Ausgangspunkt und gedanklicher Leitrahmen für alle strategischen, strukturellen und auch kulturellen Maßnahmen zur Ausrichtung des Geschäftsmodells auf das digitale Zeitalter und somit auch zur Entwicklung eines passgenauen Multichannel-Ansatzes. Die Analyse der Kernaktivitäten einer Bank (der „Vertrieb" inklusive Multichanelling-Konzeption und Kundensegmentierung, die „Produktion" von Lösungskomponenten für die passgenaue Aggregation aus dem Kontakt zwischen Kunden und Beratungspartnern und nicht zuletzt auch die „Steuerung" via Incentivierung zur Verzahnung aller Aktivitäten) müssen in einem ersten Schritt aus Sicht des Kunden im digitalen Zeitalter durchdacht und in einem zweiten Schritt in der Konfiguration neu gestaltet und untereinander agil verzahnt werden. Diese Analyse zeigt die notwendigen Anpassungen auf prozessoraler, technologischer und auch auf der Steuerungsebene der Geschäftsmodelle auf.

Diese Neuausrichtung muss zuerst inhaltlich erfolgen und durch die Steuerungsmo-
delle intensiviert und durch eine entsprechende Ressourcenallokation begleitet werden.
Kundenzentrierung bedeutet dabei auch verzahntes Touchpoint-Management. Als Touchpoints (deutsch Kundenkontaktpunkte) bezeichnet man alle Situationen und Schnittstellen, in denen ein Kunde vor und nach einem Kauf mit einem Unternehmen, einer Marke
oder einer Leistung in Berührung kommt. Deren Abstimmung ist ein entscheidender Wett-
bewerbsfaktor; die passgenaue Kombination der Konfiguration ist ein Differenzierungsmerkmal. Sie bedingt eine Verschiebung der bisher oft rein vertikalen Sicht (Silodenken)
auf die Organisationsstruktur zu einer primär horizontalen (prozessfokussierten) Optik
und eine Verzahnung der beiden durch Rollen- und Stellenprofile. Dies ist der Leitgedan-
ke für die Neuausgestaltung der Multichannel-Konzeption der Banken.

11.6 Erkenntnis

Kaufentscheidungen werden künftig unter Nutzung aller Kanäle getroffen, lange bevor
klassisches Marketing überhaupt eine Chance hat, Einfluss auszuüben (Winters 2014).
Zukunftsfähige Erfolgspositionen von Banken entstehen also aus der Fähigkeit, die neu-
en digitalen Möglichkeiten und die damit verbundenen Innovationspotenziale frühzeitig
zu erkennen, den Kontext zu begreifen und schneller als die Konkurrenz durch Transformation der Geschäftsmodelle von innen heraus in Richtung modularisierter Bausteine
umzusetzen. Banken, denen es gelingt, unter Einbezug der Kunden für sie passgenaue
und situationsadäquate Lösungen zu entwickeln, und ihnen den Zugang zu diesen über
den individuell optimierten Kanalmix zu ermöglichen, werden ihren Marktanteil deutlich
ausbauen.

Das Zürcher Modell der kundenzentrierten Bankarchitektur ist dabei der Analyserah-
men zur verzahnten Veränderung der Geschäftsmodelle von innen heraus. Nur diejenigen, die sich agil auf die prozessoralen und strategischen Chancen des digitalen Zeitalters
ausrichten und dabei die virtuelle Welt mit der realen so verschmelzen, dass der Kunde
passgenaue Angebote in beiden Welten wahrnimmt, werden eine zukunftsfähige Value
Proposition erreichen. Zentrale Erfolgskompetenzen sind dabei die Netzwerkfähigkeits-;
Virtualitäts- und Transformationskompetenz von Unternehmen und Individuen. Die
Transformationskompetenz einer Bank von innen heraus entscheidet dabei schlussendlich über den Erfolg und Misserfolg ihrer Geschäftsmodelltransformation, denn die hier
beschriebenen Wandelungsprozesse müssen von innen her getragen werden, um auch in
der Realität zu greifen. Der Aufbau und die Weiterentwicklung der passgenauen, agilen
und prozessoral verzahnten Multichannel-Architektur als „Backbone" zukunftsfähiger
Geschäftsmodelle ist dabei die entscheidende „Pflichtkomponente", ohne die die Wettbewerbsfähigkeit zukünftig zerbröckeln wird.

Literatur

Audi City (2014): www.audi-city.com

Auge, S./Koye, B./Liebetrau, A. (2014): Client Value Generation – das Zürcher Modell der kunden-zentrierten Bankarchitektur, Wiesbaden.

Auge-Dickhut, S./Baumast, A./Fichter C./Koye, B. (2012): Nachhaltigkeit bei Bankgeschäften in der Schweiz, Zürich.

Bain (2013): Customer Loyalty in Retail Banking, http://www.bain.de/Images/BAIN_REPORT_Loyalty_in_Retail_Banking_2013.pdf, abgerufen am 1.2.2014.

Capellmann, W./Peverelli, R./de Feniks, R. (2012): Wie sich die Finanzbranche neu erfindet – Was Kunden von Finanzdienstleistern wirklich erwarten, München.

Deutsche Bank (2013): Bank der Zukunft, https://www.deutsche-bank.de/medien/de/down-loads/2013-02-26_Rede_RN_Bank_der_Zukunft.pdf, abgerufen am 12. August 2013.

Dziemba, A./Pock, Benny/Steinle, A. (2012): Lebensstile 2020 – Eine Typologie für Gesellschaft, Konsum und Marketing, Kelkheim.

Ebay now (2014): www.ebaynow.com.

Ernst & Young/Universität St. Gallen (2012): Retail Banking 2020, www2.eycom.ch/publications/items/banking/2012_retail_banking_2020/2012_EY_Retail_Banking_2020_d.pdf. Abgerufen am 29. September 2013.

Fidor (2014), https://www.fidor.de/, abgerufen am 1.11.2014.

Geyer, G. (2009): Das Beratungs- und Verkaufsgespräch in Banken: Mehr Erfolg durch Aktiven Verkauf, Heidelberg.

Globalance (2013), vgl. http://www.globalance-bank.com/, abgerufen am 18.11.2013.

Handelsblatt (2014a): Kurze Röcke, heisse Phase, http://www.handelsblatt.com/finanzen/boerse-maerkte/anlagestrategie/boersenweisheit-kurze-roecke-heisse-kurse/6892348.html. Abgerufen am 30.11.2014.

Handelsblatt (2014b): Sie sind zu alt, um das zu verstehen, http://www.handelsblatt.com/unterneh-men/handel-dienstleister/oliver-samwer-sie-sind-zu-alt-um-das-zu-verstehen/10069902.html. Abgerufen am 10.11.2014.

Koye B (2005): Private Banking im Informationszeitalter, Bern.

Liebetrau, A. (2015): „Future Sales – ein exploratives und visionäres Zukunftsbild des Vertrieb von morgen" in: „Marktplätze in Umbruch", Grahl, A., Linnhoff-Popien, C. und Zaddach, M. (Hrsg.), Wiesbaden

Malik, F. (2005): Management, Frankfurt/New York.

Maslow, A. (2013): Bedürfnispyramide. http://www.abraham-maslow.de/beduerfnispyramide.shtml, abgerufen am 22. November 2013.

Projektmagazin (2013): Win-win Situation, http://www.projektmagazin.de/glossarterm/Win-win-situation, abgerufen am 26. Januar 2013.

Saheb, A. (2014): Alter Wein in neuen Schläuchen, http://www.bankingundfinance.ch/geschaefts-modelle-und-management/alter-wein-in-neuen-schlaeuchen/, abgerufen am 11.11.2014

Scharabi, M. (1985): Der Basar. Das traditionelle Stadtzentrum im Nahen Osten und seine Handels-einrichtungen, Tübingen.

Schüller, A. (2012): Touchpoints: Auf Tuchfühlung mit dem Kunden von heute. Managementstrate-gien für unsere neue Businesswelt, Offenbach.

Settele, C. (2014): Private Mobilmachung erobert die Büros, http://news.jobs.nzz.ch/2014/09/29/arbeitswelt-private-mobilmachung-erobert-das-buero/, abgerufen am 11.11.2014.

Walter, H. (2012): Gelingt der Neuanfang? aus: Capellmann, W./Peverelli, R./de Feniks, R. (2012): Wie sich die Finanzbranche neu erfindet – Was Kunden von Finanzdienstleistern wirklich erwar-ten, München. S. 22–23.

Winters, P. (2014): Customer Strategy – Aus Kundensicht denken und handeln, Freiburg.

Prof. Dr. Stefanie Auge-Dickhut (CVA) ist geschäftsführende Partnerin von Koye & Partner Consulting mit Schwerpunkt Begleitung bei Transformationsprozessen (Geschäftsmodelle, Innovation, Changemanagement). Sie ist Leiterin der angewandten Forschung des Schweizerischen Instituts für Finanzausbildung der Kalaidos Fachhochschule in Zürich und Studiengangs Leiterin des MAS Finanzmanagement. Nach Banklehre, Studium der Wirtschaftswissenschaft und mehrfach prämierter Dissertation war sie über zehn Jahre erfolgreich als Consultant bei Ernst & Young und der UniCreditgroup im Corporate Finance Sektor mit leitenden Positionen (Fokus M&A, Unternehmensbewertung, Due Diligence, Nachfolge) tätig. Als Grenzgängerin zwischen Management und angewandter Forschung ist sie eine gefragte Referentin an Management Einrichtungen und Universitäten. Sie veröffentlicht regelmäßig Artikel in Finance-/Bankzeitschriften.

Prof. Dr. Bernhard Koye ist geschäftsführender Partner von Koye & Partner Consulting mit Schwerpunkt Geschäftsmodell-transformation und organisationales Veränderungs-management. Er ist Gründer und Institutsleiter am Schweizerischen Institut für Finanzausbildung der Kalaidos Fachhochschule in Zürich. Sein Forschungs- und Lehrschwerpunkt liegt in der ‚wertschöpfungsorientierten Digitalisierung & Industrialisierung'. Er startete mit einer Bankausbildung bei der SBG Winterthur und sammelte danach Erfahrungen in seiner Tätigkeit als Kundenberater. Er absolvierte sein Studium an der Universität Zürich und promovierte während seiner Zeit als Programmdirektor des Swiss Finance Instituts berufsbegleitend zum Thema ‚Banking im Informationszeitalter' (erschienenen im Verlag Paul Haupt; wurde u.a. durch NZZ vorgestellt als wegweisende Arbeit zur Analyse der Konsequenzen des Informationszeitalters auf die Geschäftsmodelle der Banken). Nachfolgend hatte er eine leitende Funktion im Bereich „Market Strategy & Development' in einer Schweizer Großbank inne. Er ist Netzwerkpartner bei Königswieser & Network. Während des Studiums agierte er zudem als regionaler Headcoach von Swiss Tennis.

Axel Liebetrau ist Gründer der Banking Innovation Group in Stuttgart und gilt als Deutschlands einflussreichster Experte für Innovationen und Trends in Banking und Insurance. Nach seiner Laufbahn als Banker arbeitete er zuerst in verschiedenen Beratungsfirmen für Banken und danach in den führenden Zukunftsforschungsinstituten. Er studierte Bankbetriebslehre in Deutschland und International Management Consulting in England. Seit 2005 ist er als Unternehmer in der Innovationsberatung sowie als Keynote Speaker zu Innovation, Zukunft und Trends tätig. Er lehrt Innovationsmanagement in verschiedenen Business Schools in der Schweiz und Deutschland.

Multikanalstrategie – Optimierung des Multikanalvertriebs in mittelständischen Finanzinstituten

12

Claudia Stalla

Zusammenfassung

Die Neuausrichtung und Optimierung der Vertriebs- und Kommunikationsstrukturen benötigt eine klare differenzierende Strategie. Der vorliegende Beitrag zeigt aus der Perspektive einer Unternehmensberatung den Weg dahin auf.

12.1 Einleitung

Im vorliegenden Beitrag wird die optimale Verknüpfung der Kanäle diskutiert und die daraus folgende sinnvolle Einordnung in die Gesamtstrategie. Dabei wird der Schwerpunkt der Betrachtung insbesondere auf mittelständische Finanzinstitute gelegt.

Die Ausführungen im Folgenden beruhen auf Projekterfahrungen aus der Praxis zum Vorgehen im Rahmen von Optimierungsprojekten zum Multikanalvertrieb in Sparkassen sowie Volks- und Raiffeisenbanken. Dabei wird gezeigt, welche Fragestellungen zur Strategiefindung, zur Vertriebssteuerung und zur Maßnahmenplanung sowie deren Umsetzung zu berücksichtigen sind.

C. Stalla (✉)
München, Deutschland
E-Mail: claudia.stalla@steria-mummert.de

© Springer Fachmedien Wiesbaden 2015
H. Brock, I. Bieberstein (Hrsg.), *Multi- und Omnichannel-Management in Banken und Sparkassen,* DOI 10.1007/978-3-658-06538-6_12

12.2 Zentrale Fragestellungen zur Definition einer Multikanalstrategie in mittelständischen Banken

Noch vor einigen Jahren konnte die generelle Verfolgung einer Multikanalstrategie als innovativ angesehen werden. Seit Anfang des neuen Jahrtausends gilt die Internetpräsenz eines Kreditinstituts als fester Bestandteil in den Vertriebswegen. Das umfangreichste Angebot im Onlinebanking wurde zu Beginn von Direktbanken dargestellt. Klassische Kreditinstitute mit Filialnetz nutzten diesen Vertriebsweg lange Zeit lediglich als Informationsmedium mit der zusätzlichen Option für den Kunden, seine Zahlungsverkehrsgeschäfte online zu tätigen. Multikanal aufgestellt waren sie dennoch, beispielsweise durch das Angebot eines Kunden-Service-Centers, über das ebenfalls Aufträge entgegen genommen wurden.

Der klassische Filialkunde galt in den Augen der Vertriebsmanager der Banken lange Zeit als nicht internetaffin, sodass ein breites Angebot insbesondere über Online-Kanäle nicht vonnöten war. Doch die Kundenstruktur ändert sich. Insbesondere der Anteil der Kunden, die mit den Neuen Medien aufgewachsen sind, wird immer größer. Auch kennen die sogenannten „Digital Natives" den Weg zur Filiale nicht mehr, da sie es gewohnt sind, dass sämtliche zu erledigende Dinge online zu bewältigen sind. Und selbst ältere Menschen sind zunehmend online. Insbesondere durch die Erfindung der Tablets wird die Nutzung des Internets immer einfacher. Heutige Endgeräte sind selbsterklärend und auch bisherige Kritiker trauen sich mehr zu.

12.2.1 Auswirkungen des Kundenverhaltens auf die Multikanalstrategie am Beispiel von ausgesuchten Kundengruppen

Unabhängig von der Überlegung zur Multikanalstrategie muss sich jedes Finanzinstitut Gedanken über seine aktuelle und zukünftige Kundenstruktur machen. Kommt der Aspekt des Multikanalansatzes jedoch hinzu, so lassen sich folgende Thesen aufstellen:

- Die Altersstruktur ändert sich. Immer mehr alte Menschen sind – auch bankseitig – zu betreuen. Es gibt jedoch keine typischen Nutzer von Online-Angeboten mehr. Immer mehr ältere Menschen nutzen die Neuen Medien.
- Klassische Akquise-Elemente – zum Beispiel das erste Sparbuch zur Geburt – verlieren bei jungen Kunden an Bedeutung.
- Der Kunde ist informierter. Durch das Internet besteht die Möglichkeit, sich zu jeder Tages- und Nachtzeit über Angebote zu informieren und zu vergleichen.

Für eine umfassende Multikanalstrategie ist es erforderlich, die vorhandenen Kundengruppen bestmöglich zu kennen.

Bereits 8,3 Mio. Menschen können in Deutschland als Digital Natives bezeichnet werden – das heißt, sie sind mit digitalen Instrumenten aufgewachsen. Damit zählt Deutschland zu den zehn Staaten mit dem größten Anteil an Digital Natives (www.itu.int 2014).

Doch auch für Digital Natives ist die Bank nicht nur online. Eine Studie der Universität Hohenheim zeigt, dass sich auch diese jungen Kunden eine Kombination aus Online-Bank und Filial-Bank wünschen. Mit dem Online-Banking wird vor allem eine gute Erreichbarkeit verbunden, mit dem Bankgeschäft in der Filiale insbesondere Sicherheit und Verständlichkeit. Von daher wird der Gang in die Filiale nach wie vor bei komplexeren Bankgeschäften mit einer längerfristigen Auswirkung für den Kunden getätigt. Unabhängig vom Kanal wünschen sich zudem auch Digital Natives eine Konstanz beim Ansprechpartner – egal ob persönlich, per Video-Chat oder telefonisch (Brettschneider 2013, S. 2).

Neben den Digital Natives ist eine weitere Zielgruppe hinsichtlich ihres Nutzerverhaltens genauer zu betrachten – die „Best Ager". Gemäß Statistischem Bundesamt umfasst die Zielgruppe der Best-Ager-Personen im Alter zwischen 50 und 70 Jahren. Darüber wird nach wie vor von Senioren gesprochen. Bereits seit einigen Jahren wird den Menschen 50+ bzw. 60+ eine besondere Bedeutung zugewiesen, da

- über 30 Mio. Deutsche über 50 Jahre alt sind und die Zielgruppe somit sehr groß ist.
- Deutschland insgesamt eine immer älter werdende Gesellschaft darstellt – womit die Zielgruppe verhältnismäßig immer größer wird.
- kaum eine andere Zielgruppe mittlerweile als so heterogen gilt, wie die Best Ager.
- eine hohe Kaufkraft vorhanden ist.

Zudem galt der ältere Kunde noch vor ein paar Jahren als typischer Filialkunde. Schaut man sich jedoch die Beliebtheit von Online-Konten in den unterschiedlichen Altersgruppen an, so ist dies nicht mehr haltbar. Die höchsten Zuwachsraten sind bei Kunden im Alter 60+ zu verzeichnen. Während im Jahr 2011 erst 21 % der Personen im Alter 60+ ein Online-Konto unterhielten sind es 2014 bereits 33 %. Das entspricht einem Zuwachs von über 57 %. Über alle Altersklassen hinweg konnte ein Zuwachs in den letzten drei Jahren von ca. 25 % vermerkt werden (Bundesverband deutscher Banken e. V. 2014)

Insbesondere durch den Einsatz neuer digitaler Endgeräte wird die Zugangshürde für das Onlinebanking kleiner. In der Gruppe der Menschen im Alter 50+ stieg die Anzahl der Tablet-Nutzer innerhalb der letzten zwei Jahre am deutlichsten an. Insgesamt nimmt diese Gruppe nun einen Anteil von 23 % der Gesamtnutzer ein (Haufe 2013).

Neben diesen beiden extremen Kundenausprägungen existieren in der mittleren Altersgruppe meist Berufstätige, die oft aus zeitlichen Gründen den Weg in die Filiale nicht finden. Häufig sind sie zudem viel unterwegs – ein Grund, warum diesen Kunden alternative Kontakt- und Beratungsmöglichkeiten außerhalb der Filialöffnungszeiten angeboten werden müssen.

Entsprechend der Altersstruktur kann zumeist auch die Einteilung in Online-Kunden, hybride Kunden und Filialkunden vorgenommen werden. Derzeit ist der Anteil der Filialkunden bei mittelständischen und regionalen Instituten noch hoch, jedoch rückläufig.

Mittel- und langfristig sollte sich auf hybride Kunden – also diejenigen, die sich sowohl Online als auch Offline bewegen – konzentriert werden.

Neben der Kanalnutzung kann ebenso die Preissensibilität als Einordnungskriterium der Kunden herangezogen werden. So gelten Online-Kunden und hybride Kunden meist als preissensibel während der Filialkunde eher preisindifferent ist bzw. den Preis nicht als wichtigstes Kriterium bei der Produktwahl ansieht.

Zusammenfassend kann damit festgehalten werden, dass die Zielgruppendefinition immer zum Ergebnis führen wird, dass Kunden sowie Interessenten online sind und sich auf mehreren Kanälen bewegen. Von daher ist die Entscheidung nicht, ob ein Kreditinstitut unterschiedliche Kanäle anbietet, sondern nur, in welcher Art und Weise. Dies kann zielgruppengerecht angepasst werden. Vor allem aber muss es zum Institut passen.

12.2.2 Wofür steht unser Kreditinstitut?

Eine Sparkasse ist eine Sparkasse. Eine Volksbank eine Volksbank. Und damit weder Direkt- noch Großbank. Das eine ist weder besser noch schlechter als das andere. Nur anders.

Durch eine Multikanalstrategie sollte sich nicht das komplette Gesicht einer Bank verändern. Die Stärken des Instituts müssen lediglich in weitere Kanäle transportiert werden. Dies bedeutet jedoch nicht, dass jedes Institut omnipräsent sein muss. Viel wichtiger ist es, die angebotenen Kanäle optimal zu gestalten.

Insbesondere für mittelständische Kreditinstitute mit einer breiten Filialstruktur stellt eine Multikanalstrategie eine große Herausforderung dar. Zum einen darf durch das Angebot weiterer Kanäle das bereits vorhandene Sterben der Filialen nicht verstärkt werden, zum anderen erwartet der Kunde, dass er über diverse Kanäle mit seinem Kreditinstitut Kontakt aufnehmen kann. Ein kompletter Rückzug aus dem Filialgeschäft stellt für Regionalbanken somit keine realistische, strategische Option dar und würde den Bedürfnissen der Kunden nicht gerecht werden. Vielmehr geht es darum, den optimierten Mix aus Kanälen anzubieten, in denen der Kunde – je nach Präferenz – seine Bankgeschäfte erledigen kann. Gerade in Regionalbanken gehört hierzu auch eine Anpassung des Geschäftsstellennetzes an die Bedürfnisse des Kunden (Abb. 12.1).

Die komplette Umstrukturierung und eine vollständige Ausrichtung auf Online-Kanäle kann somit nicht die Lösung sein. Bis dato hat eine Sparkasse durchschnittlich ca. 3800 Kunden pro Filiale, eine Genossenschaftsbank ca. 2300 Kunden. Bei einer Filialschließung wandern bis zu zwölf Prozent der Kunden ab (Mihm 2012). Damit muss die Filiale integraler Bestandteil einer Multikanalstrategie bleiben.

Die Volksbank Mittelhessen beispielsweise bietet ihren Kunden einen ganzen Strauß möglicher Kontaktwege an: Persönlich in der Filiale oder per Telefon, über die Internetpräsenz, mittels E-Banking, durch Nutzung der SB-Geräte, per Smartphone-App oder per Live-Chat auf der Homepage. Weiterhin ist der Dialog über Social-Media-Kanäle wie Twitter und über zwei Unternehmensblogs möglich. Zusätzlich ist die Bank auf Xing,

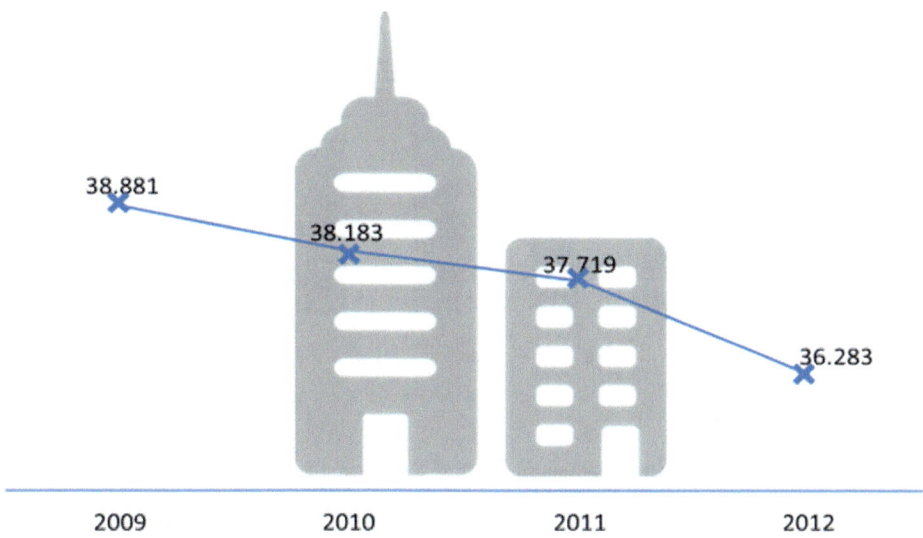

Abb. 12.1 Entwicklung der Bankfilialen in Deutschland (Deutsche Bundesbank 2014)

Google + und YouTube zu finden. Auf eine Facebook-Präsenz hat das Unternehmen verzichtet (Volksbank 2012).

In jedem mittelständischem Finanzinstitut muss die Frage danach gestellt werden, ob ein Medium zum Institut passt oder nicht. Dabei existieren mittlerweile „must have" Kanäle, wie zum Beispiel eine Internetpräsenz. Bei weiteren muss geklärt werden, ob es sich auch um Kanäle handelt, die durchgängig bedient werden können. Immer im Hinblick darauf, dass die Regionalität im Vordergrund steht. Durch die gezielte Nutzung des regionalen Vorteils verliert sich teilweise auch die Vergleichbarkeit mit einer Direktbank.

Der Spagat besteht somit darin, eine regionale, persönlich und medial erlebbare Multikanal-Bank zu werden.

12.2.3 Welche Produkte eignen sich für eine Multikanalstrategie?

Es wurde bereits festgehalten, dass heutzutage nicht mehr nur bestimmte Kundengruppen online sind bzw. über weitere Kanäle mit ihrer Bank in Kontakt treten möchten. Somit müssen alle Altersgruppen bei der Ansprache berücksichtigt werden.

Anders verhält es sich mit den Produkten. Nicht alle Produkte eignen sich gleichermaßen für einen Abschluss außerhalb der Filiale. Insbesondere bei erklärungsbedürftigen Finanzlösungen verlangt auch der sonst online-affine Kunde nach Beratung.

Bei Produkten, die jedoch leicht zu erläutern und zu vergleichen sind und sich bei jedem Institut ähneln, ist ein hohes Wachstum im Online-Neugeschäft zu verzeichnen (Abb. 12.2).

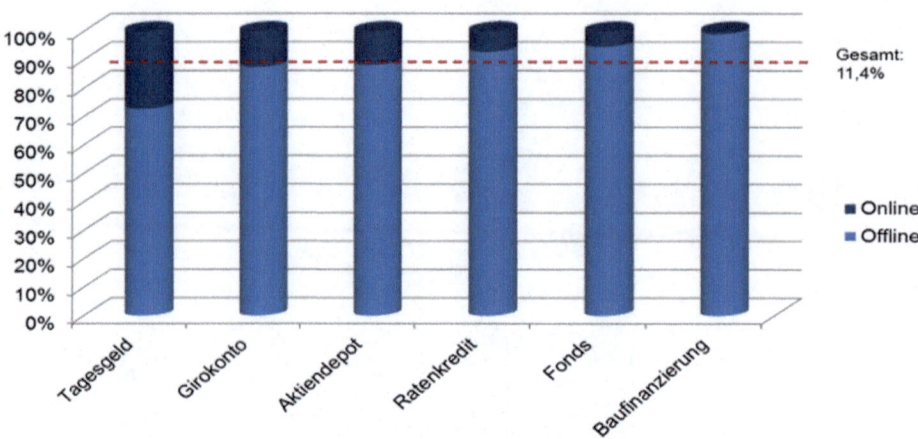

Abb. 12.2 Neugeschäfte 2010: Anteil Online/Offline Kanal (Statista 2014)

Letztendlich darf jedoch nicht nur der Produktabschluss im Vordergrund einer Multika-nal-Strategie stehen. Es muss ebenfalls das Informationsbedürfnis des Kunden befriedigt werden. Damit kann zudem der ROPO-Effekt (Research online – Purchase offline) unter-stützt werden. Viele Kunden informieren sich vorab online, je nach Produkt wird aber der Abschluss offline vorgezogen (Abb. 12.3).

Ob der ROPO-Effekt auch zukünftig eine Rechtfertigung des Filialgeschäfts darstellt, hängt gemäß einer Studie der Deutschen Bank von der Entwicklung folgender Trends ab (Meyer 2010, S. 79):

- Abschlussmöglichkeiten: Der Online-Abschluss wird einfacher. Durch vielfältige In-formationsmöglichkeiten und neue Möglichkeiten der Legitimation und Identifikation wird der Offline-Kanal zunehmend an Bedeutung verlieren.
- Kohorteneffekt: Es ist bekannt, dass der ROPO-Effekt vor allem bei Kunden im Alter 60+ auftritt. Durch das Nachwachsen sogenannter Digital Natives werden sich weitere Teile der Offline-Abschlüsse vermehrt zum Online-Abschluss verlagern.
- Beratungsbedarf: Dem entgegen wirkt dennoch ein Beratungsbedarf bei erklärungs-bedürftigen Produkten. Diese Beratung wird nicht zu 100 % in Online-Kanäle verlagert werden können.

Hinsichtlich der Produkte ist somit festzuhalten, dass auch solche Produkte in zusätzliche Kommunikationskanäle gehören, die am ehesten im direkten Beratungsgespräch vis-à-vis geschlossen werden.

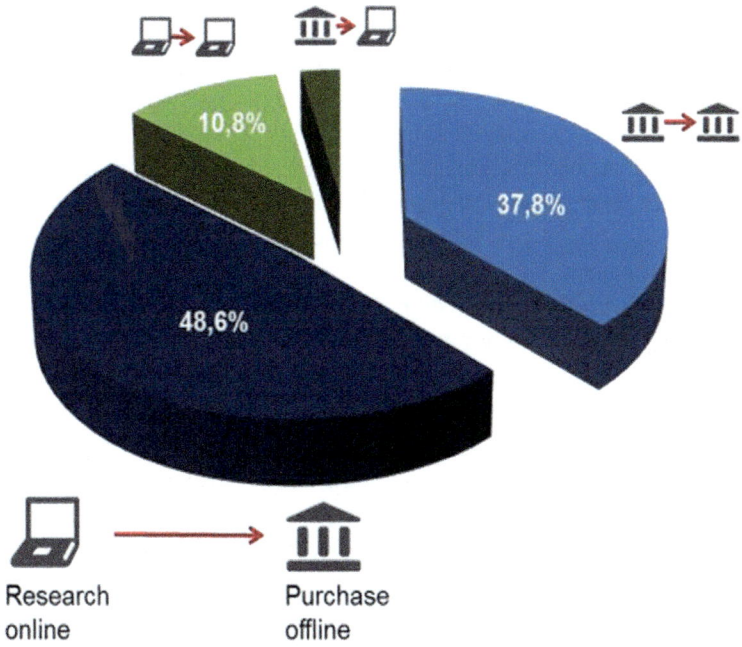

Abb. 12.3 ROPO Effekt: Online informieren, Offline abschließen (db Research 2014)

12.2.4 Die Kür: Aus Multikanal wird Omnikanal

Dass Unternehmen auf multiplen Kanälen unterwegs sind, ist nicht wirklich neu. Schon seit langem bieten Finanzdienstleister ihren Kunden unterschiedliche Kommunikations- wege an. Neben der Filiale wird meist auch ein Kunden-Service-Center mit entsprechend längeren Öffnungszeiten als die der Filiale zur Verfügung gestellt. Ebenso ist das Angebot an Self-Service-Geräten schon viele Jahre am Markt. Neben dem klassischen Online-Ban- king erhöht sich auch die Präsenz von Kanälen, die unter Social Media zu subsumieren sind.

Oft werden die Begriffe Multikanal und Omnikanal vermischt. Tatsächlich bezeichnet ein Omnikanal-Ansatz die notwendige Erweiterung eines Multikanal-Ansatzes.

Beim Multikanal-Ansatz wird jeder Kontaktkanal siloartig für sich betrachtet. Kampa- gnen werden auf den Kanal optimiert. Dadurch besteht die Gefahr, dass für den Kunden die Durchgängigkeit der Markenerfahrung verloren geht.

Beim Omnikanal-Ansatz soll der Kunde die Kampagne und damit auch die Kontakt- aufnahme als Ganzes begreifen. Weiterhin muss eine Durchgängigkeit der Informationen über alle Kanäle hinweg gewährleistet sein. Damit sind ebenfalls die Anforderungen des „Cross-Channel" gegeben, bei der der Kunde im Fokus steht. Alle Kanäle sind mitein- ander vernetzt mit dem Ziel, die Kundenbedürfnisse zu befriedigen. Zudem darf der Ort bzw. Kanal des Abschlusses keine Rolle mehr spielen. Der Kundenbetreuer spricht seinen Kunden explizit auf die Nutzung weiterer Kanäle an – zum Beispiel werden Gesprächsergebnisse dem Kunden im Anschluss online zur Verfügung gestellt.

Aufgrund der Allgegenwart sozialer, mobiler und traditioneller Technologie kann der Omnikanal-Käufer jederzeit in allen Kanälen stöbern und Kontakt aufnehmen bzw. angesprochen werden. Insbesondere die Tatsache, dass immer mehr Kunden crossmedial unterwegs sind, zeigt, dass die Angebote meist nicht nur für einen Kanal angeboten und optimiert werden können.

Das bedeutet jedoch, dass das Kreditinstitut jederzeit für eine Kontaktaufnahme bereit sein muss. Andernfalls führt das Angebot eines Kanals zur Verärgerung des Kunden, zum Beispiel wenn ein Chat-Angebot existiert, aber kein Ansprechpartner dafür verfügbar ist. Zur Kundenzufriedenheit wiederum wird ein Angebot beitragen, das die Möglichkeit bietet, einen begonnenen Informations- oder Beratungsprozess ohne Informationsverlust in einem anderen Kanal fortzusetzen. So kann der Kunde beispielsweise eine Anfrage im Online-Kanal starten, und zu einem späteren Zeitpunkt im Call-Center (siehe Beitrag von Brock/Matthies in diesem Buch) oder in der Filiale fortsetzen, ohne erneut alle Anfragedaten nennen zu müssen.

12.3 Vorgehensweise zur Strategiefindung im Multikanalmanagement – insbesondere bei mittelständischen Banken und Sparkassen

Es hat sich bereits gezeigt, dass bei der Multikanalstrategie und deren Optimierung die Frage nicht nach dem ob, sondern nach dem wie lautet. Jede Kundengruppe ist online und auf mehreren Kanälen unterwegs. Jedes Kreditinstitut hat Produkte im Portfolio, die über mehrere Kanäle beworben werden können. Den Fokus lediglich auf die Filiale zu legen bringt mittelfristig einen Kundenverlust mit sich.

Die Optimierung einer Multikanalstrategie muss langfristig angelegt sein und darf keine einmalige Aktion im Unternehmen darstellen. Die einzelnen Kanäle und die dazu gehörenden Trends sind schnelllebig. Eine wiederkehrende Überprüfung der Strategie ist somit notwendig.

12.3.1 Aufnahme der Ist-Situation, inkl. Identifizierung der Gesamtstrategie

Zu Beginn der Optimierung wird eine umfangreiche Ist-Aufnahme durchgeführt. Hierbei sind vom Institut umfangreiche Fragestellungen zu beantworten:

- Wie ist die Kundenstruktur des Instituts?
- Welche Kanäle werden dem Kunden aktuell angeboten?
- Wie ist die Verfügbarkeit der einzelnen Kanäle?
- Welche Kanäle werden vom Kunden in welcher Form genutzt? Besteht Kenntnis darüber, inwiefern ein ROPO-Effekt auftritt?
- Welche Kanäle sind aktuell wie miteinander verknüpft?
- Auf welche Daten kann der Kunde/der Mitarbeiter in den einzelnen Kanälen zugreifen?
- Welche Technologien werden eingesetzt?
- Welche Auswertungen existieren aktuell?
- Gibt es reine Informationskanäle (ohne Möglichkeit zum Abschluss)? Welche qualitativen Ziele (Imageverbesserung, Preisdifferenzierung) und welche quantitativen (Neukundengewinnung, Produktabschlüsse) werden mit dem jeweiligen Kanal verfolgt?
- Wie gliedert sich die Multikanalstrategie in die Marketingstrategie und die Gesamtstrategie des Unternehmens ein?
- Wo wird das Multikanalmanagement aktuell angesiedelt? Handelt es sich um ein Marketing- und/oder IT-Thema?

In diesem Schritt werden insbesondere interne Daten des Kreditinstituts hinzugezogen. An dieser Stelle wird zum ersten Mal deutlich, welchen Stellenwert das Multikanalmanagement im Institut einnimmt. Dabei ist es wichtig, zu erkennen, wie die sogenannte „Customer Journey" des Kunden ist. Wie bewegt er sich zwischen den Kanälen hin und her? (Abb. 12.4).

Für die Zielbildfindung ist zu diskutieren, ob in Zukunft die Filiale oder der Kunde im Mittelpunkt stehen soll. Insbesondere in regionalen und mittelständischen Instituten wurde bisher ein filialorientiertes Multikanalmanagement verfolgt. Das heißt bei sämtlichen

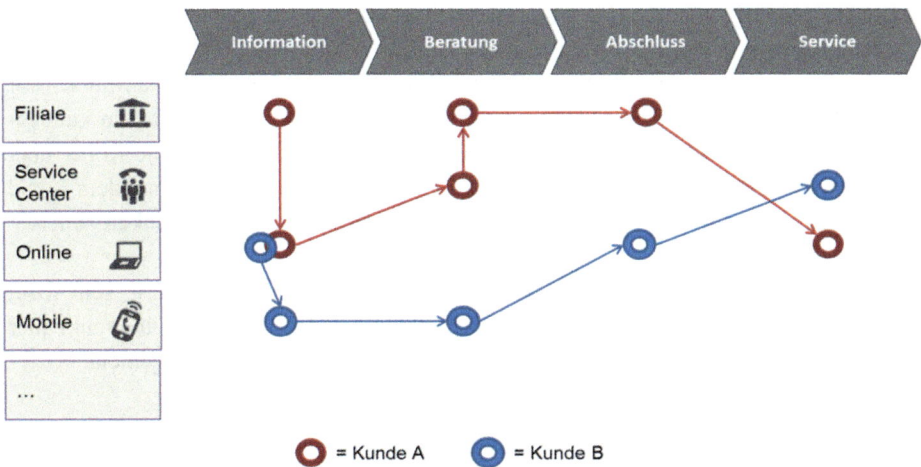

Abb. 12.4 Kundenbewegung über mehrere Kanäle

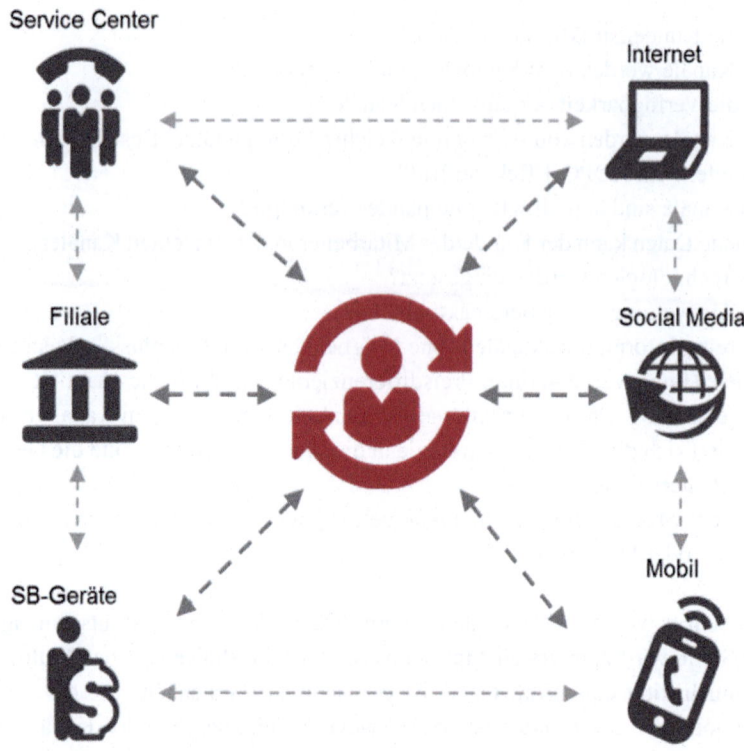

Abb. 12.5 Kundenzentriertes Multikanalmanagement

Kontaktpunkten mit dem Kunden wurden auf den Besuch und den Produktabschluss in der Filiale hingearbeitet.

Die bereits aufgeführten Erkenntnisse zur Veränderung des Kundenverhaltens, der Kundenerwartungen sowie der wahrscheinlichen Entwicklung des ROPO-Effekts zeigen, dass die Durchsetzung eines filialorientierten Multikanalmanagements zukünftig schwer zu halten sein wird. Aus diesem Grund streben immer mehr Kreditinstitute ein kundenzentriertes Multikanalmanagement an. Somit spielt es immer weniger eine Rolle, über welchen Kanal die Kontaktaufnahme mit dem Kunden erfolgt. Es liegen in jedem Kanal die gleichen Informationen vor und es besteht über jeden Kanal die Möglichkeit zum Abschluss (Abb. 12.5).

Da langfristig der reine Filialkunde in seiner Anzahl deutlich rückläufig sein wird, muss die Konzentration auf den hybriden Kunden fallen. Dieser steht im Mittelpunkt aller Kanäle und verlangt somit nach einem kundenzentrierten Multikanalmanagement.

12.3.2   Marktanalyse

Die Marktanalyse beginnt bei der Identifikation der relevanten Konkurrenzunternehmen. Dabei sollte ein Fokus auf solche Institute gelegt werden, die im gleichen Kundenumfeld unterwegs sind, aber auch auf diejenigen, die beim eigenen Kunden zur Abwanderung in Frage kommen. Insbesondere bei jüngeren Kunden gewinnen somit Angebote von Direktbanken an Bedeutung.

In die Marktanalyse sind ebenfalls Best-Practice-Ansätze zu integrieren. Es ist zu bewerten, inwiefern die Stärken und Schwächen anderer Institute für das eigene Unternehmen genutzt werden können.

Nach Beendigung der Marktanalyse kann eine erste Einschätzung darüber gegeben werden, wie sich das Kreditinstitut hinsichtlich seiner Multikanalstrategie aufstellen möchte. Hierbei ist zu beantworten

- Welche Besonderheit kann im Vergleich zum Markt in den Vordergrund gestellt werden (Regionalität nutzen!)?
- Besteht eine Produkt- oder Preisführerschaft, die ausgebaut werden kann?
- Besteht ein besonders gutes Service-Versprechen im Vergleich zum Markt?

Die Ergebnisse sind in einer SWOT-Analyse festzuhalten und für die Strategiefindung zu interpretieren.

12.3.3   Strategiefindung Multikanal und Eingliederung in die Gesamtstrategie

Nach Aufzeigen der Stärken und Schwächen des Instituts sowie der Chancen und Risiken am Markt kann die Strategie für den Multikanalvertrieb definiert werden. Dabei sind die Bereiche Kunden, Kanäle und Produkte zu definieren.

Diese Festlegung muss jeweils in Kombination zueinander getroffen werden. Es ist festzuhalten, dass die Ausklammerung einer Kundengruppe, eines Produktes oder eines gängigen Kanals nicht sinnvoll ist. Vielmehr muss das Maß definiert werden, mit dem ein Produkt in die unterschiedlichen Kanäle gebracht werden soll und ob die Möglichkeit gegeben werden soll, einen Produktabschluss zu tätigen.

Hinsichtlich der Kanäle müssen Kanalbesonderheiten beachtet werden. Nicht jede Darstellung eignet sich etwa für die Darstellung auf einem Smartphone. Zudem ist auch nicht jedes Produkt über eine Telefon-Hotline zu erläutern. Und auch die x-te Bank-App muss nicht zielführend sein. Es ist somit immer kritisch, die Frage nach dem Mehrwert für den Kunden zu stellen.

Unter dem Punkt Produkte bedeutet die Ausweitung des stationären Handels auf Online-Kanäle meist auch ein Zuwachs an Produkten. Dieser Effekt kann bei Kreditinstituten nicht immer erreicht werden. Insbesondere bei erklärungsbedürftigen Produkten sollten Kanäle ohne direkten Kontakt zum Berater gut durchdacht sein. Einige Finanzprodukte bieten sich ohne zusätzliches Beratungsgespräch schlichtweg nicht an. Hier kommt der absolute Vorteil der mittelständischen und regionalen Banken zum Tragen. Der Gang zum Berater ist meist kurz. Einzig die Öffnungszeiten sind in der heutigen Zeit flexibel zu gestalten.

Auch eine Preisdifferenzierung innerhalb der Kanäle kann erforderlich sein. Günstige Produkte, die kaum Marge bieten und noch dazu wenig erklärungsbedürftig sind, können beispielsweise online für den Kunden bessere Konditionen bieten. Die Kunst ist dabei, dem Kunden immer wieder die Möglichkeit zur Offline-Kontaktaufnahme zu geben und zu erfahren, wann der Kunde für ein weiteres – vielleicht rentableres – Produkt ansprechbar ist. Beispielsweise sollte die Auswertung von Informationsseiten bzw. Online-Rechner vom Kreditinstitut genutzt werden. Ein Kunde, der sich mehrfach eine Anlagemöglichkeit oder eine Baufinanzierung durchrechnen lässt, sollte aktiv auf eine solche angesprochen werden.

Zudem scheuen viele Institute die Vergleichbarkeit mit anderen. Dabei wird vergessen, dass der Kunde informiert ist – egal ob das Institut ihm dazu die Möglichkeit gibt, oder ob er sie sich selbst beschaffen muss. Warum also nicht so forsch sein und selbst die Konditionen der Konkurrenz mitteilen?

Generell können Kreditinstitute sich einiges vom Handel abschauen (siehe Beitrag von Heinemann et al. in diesem Buch). Ein typisches Amazon-Beispiel: „Kunden, die x kauften, kauften auch y". Auch in Kreditinstituten gibt es Komplementärprodukte, die dem Kunden nach Produktabschluss offeriert werden können. Hierbei kann ebenfalls die Überlegung angestellt werden, ob dies sofort über den soeben genutzten Kanal erfolgen soll oder mit einem kurzen zeitlichen Versatz und gegebenenfalls mit einen Kanalwechsel, um dem Kunden nochmals seinen zuvor getätigten Abschluss zu bestätigen und ihm weitere Optionen anzubieten. Dies zeigt dem Kunden auch, dass das Institut über alle Wege mit ihm in Verbindung treten kann und will. Dem Kunden sollte ein Wechsel zwischen den Kanälen auch aktiv angeboten werden: zum Beispiel nach einem Gespräch die Ergebnisse per E-Mail senden oder auf die Möglichkeit eines Online-Abschlusses verweisen.

Die Entscheidungen über die jeweilige Kombination Kunde, Kanal und Produkt können in einer dreidimensionalen Matrix festgehalten werden (Abb. 12.6).

Insgesamt bildet die Strategie des Gesamtunternehmens, insbesondere im Bereich Kommunikation, die Grundlage für einen Multikanalansatz. Dieser kann im Extremfall die gesamte bisherige Kommunikationsstrategie umwälzen, da es nun vor allem wichtig wird, die Ansprachen der einzelnen Kanäle inhaltlich und zeitlich miteinander in Einklang zu bringen.

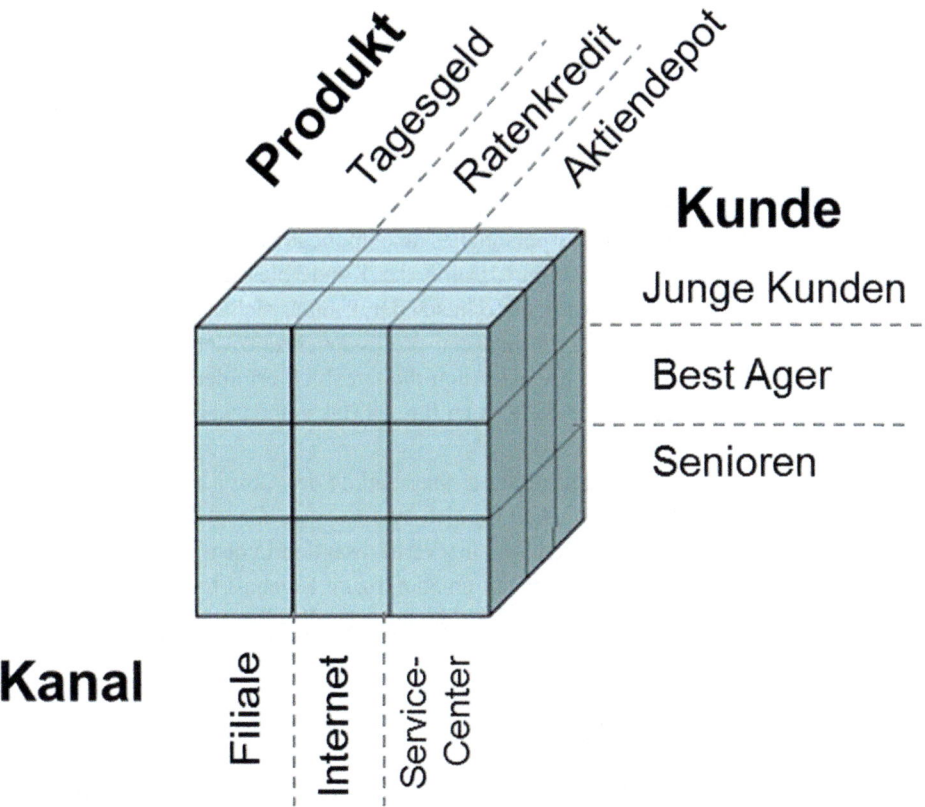

Abb. 12.6 Kombination Produkt/Kanal/Kunde

12.4   (Miss-)Erfolgsfaktoren für eine Multikanalstrategie

Unterschätzte Komplexität Zusätzlich zum Filialgeschäft eine „bunte Webseite" einzu-richten reicht nicht aus. Für jedes Produkt ist zu klären, in welcher Form der Online-Kanal dienen soll und wie sich dieser in weitere Kanäle eingliedert. Zudem müssen Fragestel-lungen rund um die Datenbereitstellung, den Daten- und Informationsfluss, die Daten-sicherheit und die Stabilität der Kanäle geklärt sein, um ein tatsächliches Erlebnis für den Kunden zu bieten.

Doch nicht nur der Kunde ist Zielperson einer Multikanalstrategie. Auch die Mitarbei-ter müssen abgeholt, Fragen beantwortet und Nutzungsängste abgebaut werden.

Klärung von Verantwortlichkeiten Für den Einbezug mehrerer Kanäle kann weder eine rein marketingorientierte Zuordnung noch eine rein IT-getriebene Zuordnung erfolgen. Die Verfolgung einer Multikanalstrategie erfordert auch ein Bekenntnis des Managements und im weiteren Verlauf müssen bei strategischen Entscheidungen des Gesamtunternehmens deren Auswirkungen auf das Vorgehen in allen genutzten Kanälen durchdacht werden.

Langfristige Planung und Messbarkeit Durch den Einbezug in die strategische Planung zeigt sich bereits, dass multikanal auch eine Langfristigkeit beinhaltet. Jeder Kanal, der bespielt werden soll, erfordert ein personelles und monetäres Budget. Das einmalige Aufsetzen eines Kanals reicht nicht aus. Damit der Kunde diesen nutzt, muss für entsprechenden Inhalt gesorgt werden. Unter Umständen kann es sich sogar anbieten, einen Kanal nicht zu nutzen, anstatt diesen nur semi-professionell umzusetzen (zum Beispiel Facebook-Präsenz oder YouTube Kanal). Auch die eventuell erforderliche Anschaffung von Hardware und Software sowie die Kosten für das Bekanntmachen eines Kanals sind zu berücksichtigen.

Eine besondere Herausforderung stellt die Messbarkeit der Aktivitäten in den Kanälen dar. Zwar gelingt es häufig, jeden Kanal für sich auszuwerten, die tatsächliche Reise des Kunden zu verfolgen und zu eruieren, ob eine Vertriebsaktion in dem einen Kanal gegebenenfalls einen Abschluss in einem weiteren Kanal zum Ergebnis hatte, kann lediglich durch Mithilfe des Kunden (zum Beispiel Befragung oder die Übermittlung von Aktionscodes) erfolgen.

Authentizität Bei allem, was ein Kreditinstitut im Multikanalmanagement festlegt, sollte auf die eigene gewachsene Identität geachtet werden. Ein Institut wird sich nicht komplett neu erfinden, sondern muss die Erweiterung auf zusätzliche Kanäle auch als zusätzliche Chance sehen, seine Vorzüge darzustellen. Bei mittelständischen Instituten sollte daher auch auf die Nähe zum Kunden und auf die persönliche Ansprache durch einen Berater geachtet sowie auf dessen Beratungskompetenz hingewiesen werden. Eine qualifizierte Beratung gibt dem Kunden ein Gefühl von Sicherheit und schafft Vertrauen. Dies wird auch auf die virtuellen Kanäle ausstrahlen. Virtuell und zum Beispiel an der Kunden-Hotline kann eine Ausweitung der Erreichbarkeit wiederum als positiver Aspekt in den Vordergrund gestellt werden – ohne, dass ein mittelständisches Institut mit einer Direktbank gleichziehen will.

12.5   Zusammenfassung

Neue Medien verändern das Nutzungsverhalten und damit auch die Service-Erwartungen der Kunden gegenüber mittelständischen Finanzinstituten. Viele Menschen möchten heute ihre Finanzgeschäfte flexibel, schnell und kostengünstig online erledigen. Wenn es aber kompliziert wird, erwarten sie die persönliche Beratung ihrer Bank. An diese Entwicklung müssen sich die Institute anpassen. Allerdings verändert eine optimierte Multikanalstrategie bzw. Omnikanalstrategie das Bild einer Bank nicht grundsätzlich, sondern überträgt die bereits existierenden Stärken des Instituts auf weitere Kanäle. Daher kann die Entwicklung einer Multikanalstrategie nur im Einklang mit der gesamten Unternehmensstrategie zum Erfolg führen.

Literatur

Brettschneider, F. (2013): Die „Bank der Zukunft" aus der Sicht der Digital Natives. https://www.uni-hohenheim.de/uploads/media/2013-10-10_Bank_der_Zukunft.pdf, abgerufen am 13. Februar 2015.

Bundesverband deutscher Banken e. V. (2010): Zahlen, Daten, Fakten der Kreditwirtschaft, S. 14, Berlin.

db Research (2014), http://dbresearch.de/PROD/DBR_INTERNET_DE-PROD/261864/Mehrheit+der+Bankkunden+recherchiert+online%3A+Ergebnisse+einer+Clickstream-Analyse.pdf, abgerufen am 03. Dezember 2014.

Deutsche Bundesbank (2014), http://www.bundesbank.de/Redaktion/DE/Downloads/Veroeffentlichungen/Bericht_Studie/bankstellenstatistik_2008.pdf?__blob=publicationFile, abgerufen am 13. November 2014.

Haufe (2013): Best Ager sind die größte Tablet Nutzer-Gruppe, http://www.haufe.de/marketing-vertrieb/online-marketing/mobile-best-ager-sind-die-groesste-tablet-nutzergruppe_132_196130.html, abgerufen am 07. November 2014.

Meyer, T. (2010): Mehrheit der Bankkunden recherchiert online, Deutsche Bank AG, DB Research Studie.

Mihm, O. (2012): Der Kunde entscheidet, https://www.sparkassenzeitung.de/der-kunde-entscheidet/150/152/24781/, abgerufen am 07. November 2014.

Statista (2014): Anteil des Online-Kanals am Neugeschäft im Bankensektor nach Produktgruppen im Jahr 2010, http://de.statista.com/statistik/daten/studie/164339/umfrage/anteil-des-online-kanals-am-neugeschaeft-im-Banksektor-nach-produkten/PROD0000000000, abgerufen am 13. November 2014.

Volksbank (2012): Volksbank Mittelhessen macht Multi-Kanal-Banking erlebbar, https://www.vb-mittelhessen.de/wir-fuer-sie/presse-center/pressearchiv/presse-archiv-2012/volksbank-mittelhessen-macht-multi-kanal-banking-erlebbar.html, abgerufen am 07. November 2014.

Claudia Stalla studierte nach ihrer Ausbildung zur Bankkauffrau bei der Deutschen Bank AG Betriebswirtschaft an der Georg-August-Universität in Göttingen. Nach dem Studium arbeitete sie im neu gegründeten E-Commerce der Schwab Versand GmbH, ein Unternehmen der Otto Group, als Zielgruppenmanagerin Internet. Die darauf folgenden Stationen (Marketingreferentin zum Aufbau des Online Brokerage einer spanischen Direktbank sowie im Marketing einer schweizerischen Versicherungsgesellschaft) waren stets geprägt durch Pionierarbeit im Online Vertrieb des jeweiligen Unternehmens. Claudia Stalla arbeitet seit 2007 als Senior Consultant bei der Steria Mummert GmbH und berät insbesondere Finanzdienstleistungsunternehmen bei der Entwicklung und Einführung von Multi-Channel-Strategien.

Teil IV

Inside Tomorrow's Retail Bank: Die reibungslose Verzahnung von Filiale, Online, Mobile und Social Media

Kundenzentrierung – Kundenmanagement im Kontext eines innovativen Multikanalvertriebs

13

Holger J. Kern

Zusammenfassung

Die Kundenzentrierung muss im Kontext eines innovativen Multikanalvertriebs stärker in den Fokus von Kreditinstituten rücken. Der Artikel geht auf die damit verbundenen Handlungsfelder ein. Zur Veranschaulichung wird auf spannende nationale und internationale Best-Practice Beispiele eingegangen, die dem Leser neue Perspektiven eröffnen, wie eine Kundenzentrierung im Multikanalumfeld aussehen kann.

13.1 Der Kunde im dynamischen Umfeld des Retail Bankings

▶ Neue Technologien verändern die Interaktion des Kunden mit seiner Bank. Immer mehr Wettbewerber drängen auf den Retail Markt. Branchenfremde Unternehmen revolutionieren bestehende Strukturen und machen die Etablierung neuer Services und Geschäftsmodelle notwendig. Noch reagieren deutsche Banken verhalten – doch wenn sie nicht auf das neue Marktumfeld reagieren, verpassen sie den Zug ins digitale Zeitalter.

Das klassische Bild des Kunden verliert mehr und mehr an Bedeutung Die Digitalisierung setzt neue Maßstäbe. Neue Medien ermöglichen Kunden nicht nur die Interaktion mit Freunden und Familie unabhängig von Zeit und Ort, auch alltägliche Erledigungen werden vermehrt online abgewickelt. Die Erwartungshaltung der Kunden gegenüber der Hausbank wird hiervon mehr und mehr geprägt und verändert das allgemeine Verhält-

H. J. Kern (✉)
München, Deutschland
E-Mail: holger.kern@de.pwc.com

© Springer Fachmedien Wiesbaden 2015
H. Brock, I. Bieberstein (Hrsg.), *Multi- und Omnichannel-Management in Banken und Sparkassen*, DOI 10.1007/978-3-658-06538-6_13

nis zwischen Bank und Kunde. Über Länder und Altersgrenzen hinweg sind Menschen über soziale Medien vernetzt. Sie teilen Erfahrungen und Informationen miteinander und beeinflussen so auch die Kaufentscheidungen anderer (PwC 2014, S. 14). Zusätzlich ist das Vertrauensverhältnis zwischen Kunden und Banken nach der Finanzmarktkrise noch immer gestört. Es gilt, das Vertrauen der Kunden zurückzugewinnen und gestärkte Kundenbeziehungen aufzubauen.

Die Kundenbedürfnisse müssen heute mehr denn je in den Mittelpunkt der Betrachtung gestellt werden. Dafür gilt es, die neue digitale Kundenmentalität und die Lasten der Vergangenheit zu berücksichtigen. Schaffen Banken dies nicht, straft der Kunde sie durch einen Wechsel der Bank ab. Konkret heißt das für Banken, dass die Ansprache mit einzelnen Standardproduktvorschlägen und standardisierten Services nicht mehr ausreicht. Kunden möchten mit Lösungen angesprochen werden, die zu ihrer jeweiligen Lebenssituation passen und die durch abgestimmte Produkte und Services alle Aspekte eines konkreten Bedürfnisses berücksichtigen. Hierzu gehört auch die Bereitstellung einer Vielzahl an Kommunikationskanälen, über welche die Kunden mit ihrer Bank in Kontakt treten können.

PwC hat in der Studie „Retail Banking 2020 – Evolution or Revolution?" internationale Großbanken sowie lokale Retailbanken in mehr als 550 Experteninterviews die Frage gestellt, welche Maßnahmen sie ergreifen, um auf Marktentwicklungen zu reagieren und schon jetzt für die Zukunft gerüstet zu sein. Während mehr als 60 % der befragten Banken ein kundenzentriertes Geschäftsmodell als besonders wichtig erachten und hier den größten Investitionsbedarf sehen, sind es jedoch weniger als 20 % der Befragten, die sich in diesem Bereich bereits heute „fit für die Zukunft" fühlen (PwC 2014, S. 22).

Die ausgehende Gefahr von branchenfremden Wettbewerbern ist nicht zu unterschätzen Neue Wettbewerber im Retail Banking adressieren bereits heute das veränderte Kundenverhalten und treten mit innovativen Geschäftsmodellen in den Markt, die den Kunden in den Mittelpunkt stellen. Die neuen Wettbewerber gewinnen damit mehr und mehr Marktanteile und drängen die Banken aus den klassischen Absatzmärkten. Insbesondere sind es die neuen Technologien, die es branchenfremden Wettbewerbern ermöglichen, näher am Kunden zu agieren als klassische Banken. Viele Wettbewerber aus dem Technologie bereich (wie zum Beispiel PayPal, Google) oder aus der Industrie (wie bspw. Automobilhersteller), haben das Potenzial des Retail Banking Marktes erkannt und gewinnen mit ihren Konzepten zunehmend den Zahlungsverkehr sowie das Einlagen- und Kreditgeschäft für sich.

Das Ebay-Tochterunternehmen PayPal ist ein gutes Beispiel branchenfremder Unternehmen im Retail Banking Markt. PayPal's Online-Bezahlsystem digitalisiert die Treuhänderfunktion, die klassischerweise Banken innehaben. Heutzutage ist PayPal in fast allen Onlineshops als Standardzahlungsmittel hinterlegt und wickelte im Jahr 2012 ein Transaktionsvolumen von über 14 Mrd. US-Dollar ab (PwC 2014, S. 22). Hätten Banken den Trend der Digitalisierung rechtzeitig erkannt, könnten sie heute dieses Volumen abwickeln. Das Beispiel PayPal zeigt, dass deutsche Banken die neuen Wettbewerber am Markt ernst nehmen müssen und von ihnen lernen können.

Die digitale Revolution ist kein Trend mehr, sondern eine fundamentale Umwälzung." Theodor Weimer, Sprecher des Vorstands der HypoVereinsbank (D'Inka, W. et al. 2014).

Retailbanken müssen das veränderte Kundenverhalten verstehen, flexibel am Markt agieren und sich von der strikten Trennung zwischen Direkt- und Filialbank lösen. Der Trend geht zur Multi-Kanal-Bank, wie es sie in vielen Ländern bereits gibt. Diese bietet ihren Kunden die Möglichkeit über verschiedene Kommunikationswege bzw. Kanäle den Kontakt zu ihrer Bank aufzunehmen.

Wir wollen überall dort erreichbar und präsent sein, wo unsere Kunden uns erwarten: in der Bank, im Internet und per Telefon, oder auch zu Hause." Franz Josef Nick, Vorstandsvorsitzender der Targobank (Nick 2013, S. 10)

Den Kunden zielgerichtet erreichen Das veränderte Kundenverhalten und die Vielzahl an Kanälen bieten Banken die Chance vom Kunden zu lernen. Neben traditionellen Informationswegen, zum Beispiel Schufa-Auskunft und Kundenumfragen, ermöglicht es die Auswertung von Kundeninteraktionen und externen Daten (Big Data) ein Verständnis bezüglich des Kundenverhaltens zu schaffen und in der Folge passgenaue Lösungen zu kreieren.

So sehen 57 % der Banken datenanalytische Fähigkeiten und die damit verbundene Ableitung umsetzbarer Erkenntnisse als wichtig für die Zukunft an. Allerdings fühlen sich bislang wenige in diesem Gebiet gut vorbereitet (Nick 2013, S. 10).

Insbesondere die Nutzung von Datenanalysen bietet Banken hierbei einen Lösungsansatz und die einzigartige Möglichkeit, den Vertrieb zielgerichtet auf Kundenbedürfnisse auszurichten.

Deutsche Retailbanken wollen lernen Die dargestellten Beispiele und viele weitere zeigen, dass Retailbanken lernen wollen – sei es von branchenübergreifenden Unternehmen oder innovativen Finanzintermediären. Die Antworten auf die neuen Kundenmanagementanforderungen liegen in **vier Handlungsfeldern**, die als Bausteine für ein zukunftsorientiertes Kundenmanagement identifiziert wurden. Aufgrund bestehender Marktentwicklungen sind die Handlungsfelder nicht voneinander zu trennen, sondern bedingen sich abhängig von Art und Umfang der konkreten Umsetzungsmaßnahmen gegenseitig:

1. Kundenzentriertes Geschäftsmodell
2. Vereinfachung des Geschäftsmodells
3. Optimierung der Distributionswege
4. Informationsvorsprung nutzen

Praxisnahe Umsetzungsbeispiele in den jeweiligen Handlungsfeldern werden im Kontext eines innovativen Multikanalvertriebs nachfolgend dargestellt.

13.2 Handlungsfelder – In welchen Bereichen müssen deutsche Retailbanken aktiv werden?

13.2.1 Handlungsfeld 1: Kundenzentriertes Geschäftsmodell

▶ Nachhaltige Reputationsschäden bedürfen einer aktiven Imagearbeit der Banken, um wieder als vertrauenswürdiger Partner wahrgenommen zu werden. Neben dem mangelnden Vertrauen, führen eine gesunkene Loyalität des Kunden und seine gestiegene Wechselbereitschaft zu einer Machtverschiebung von der Bank zum Kunden. Der Kunde von heute tritt selbstbewusster auf, er ist informierter, kritischer und fordert Angebote und Services, die seinen persönlichen Bedürfnissen entsprechen. Insbesondere negative Erlebnisse und Unzufriedenheit werden von den Kunden selbstbestimmt über unterschiedliche Kommunikationskanäle geäußert und mit anderen geteilt.

Weniger als 20 % der befragten Banken fühlen sich befähigt, bestehende Kundenbedürfnisse richtig zu analysieren und mit adäquaten Lösungen zu bedienen. Doch die Wichtigkeit ist klar. 60 % der Banken sehen das kundenzentrierte Banking als eines der wichtigsten Themen der Zukunft, 75 % tätigen bereits Investments in diesem Bereich (Nick 2013, S. 10).

Zur Sicherung zukünftiger Wettbewerbsvorteile ist es erforderlich, den Kunden ganzheitlich zu verstehen und ihn in den Mittelpunkt des Bankgeschäfts zu stellen. Banken, die die Erwartungen ihrer Kunden kennen und adressatengerecht über präferierte Kanäle des Kunden kommunizieren, erzielen eine höhere Kundenloyalität und damit verbunden auch eine höhere Kundendurchdringung.

Die Banken müssen den Kunden in das Zentrum des Bankgeschäfts stellen. Aus Kundensicht bedeutet dies:

Zugänglicher Vertrieb	*„Die Bank bietet mir verschiedene Möglichkeiten, meine Bankgeschäfte überall und zu jeder Zeit zu tätigen"*
Transparente Lösungen	*„Die Bank weiß, was ich brauche, und bietet mir Lösungen, die zu meinem Leben passen"*
Personalisiertes Angebot	*„Die Bankmitarbeiter hören mir zu. Ich bekomme stets die Beratung, die ich für das Erreichen meiner Ziele brauche"*

Die Banken sehen den Weg in Richtung Kunden über die Auswertung von Daten sowie über ein stetiges Monitoring der Kundenbedürfnisse. Die Vereinfachung und Schaffung eines flexiblen kundensegmentorientierten Produktportfolios geht für die Banken einher und steht bei den Bankmanagern bis 2020 auf der Agenda. Auf Kundenbedürfnisse zugeschnittene Lösungen sollen so verstärkt über multiple Vertriebswege angeboten werden und Flexibilität ermöglichen. Die Einbindung digitaler und sozialer Medien ermöglicht es dabei der Bank, sich nahtlos in den Alltag der Kunden zu integrieren. Neue Formen der Kommunikation zwischen Bank und Kunden lassen so räumliche und zeitliche Grenzen verschwinden.

Wieder Spaß an dem Bankgeschäft vermitteln Die Auflösung der durch den Kunden wahrgenommenen Grenze zwischen der alltäglichen Kommunikation und der Interaktion mit der Bank wird durch die Ausweitung des Bankgeschäfts auf soziale Netzwerke ermöglicht. Einem kundenorientierten Banking folgend hat eine US-Bank eine Allianz mit einer Onlineplattform geschlossen, um internetaffine Kunden segmentspezifisch über Social Media Plattformen zu integrieren.

Die Plattform bietet ihren Kunden die einzigartige Möglichkeit, über soziale Netzwerke und Online Medien persönliche Sparziele zu verfolgen. Unter Berücksichtigung psychologischer Incentivierungsmechanismen werden Familie und Freunde über soziale Medien in das Sparen eingebunden und können bei der Erreichung eines Sparziels finanziell unterstützen – Sparen wird somit zu einem sozialen Event.

Durch die Allianz mit der Onlineplattform hat die Bank die Möglichkeit, den Zugang zu neuen Kundengruppen wie der Generation Y auszubauen und ihre Reichweite am Markt zu erhöhen. Die gesammelten Kundendaten ermöglichen es, aus den definierten Sparzielen Bedürfnisse der Kundengruppe abzuleiten und zukünftig Kunden spezifischer mit weiteren Produkten an sich zu binden. Der Erfolg dieses Modells steht für sich. Die Bank konnte durch die Plattform auch bei einem niedrigen Zinsniveau eine hohe Anzahl an Spareinlagen akquirieren.

Kunden zu Beteiligten machen Auch eine französische Bank hat die Kundenzentrierung als maßgeblichen Erfolgsfaktor der Zukunft erkannt und eine neue Marke gegründet, unter der sie ein rein online- und mobile-basiertes Bankangebot betreibt. Grundlage für die neuen Produkte und Services waren intensive Kunden-Workshops, welche bereits vor Markteintritt durchgeführt wurden. Ziel war es, von spezifischen Kundengruppen zu lernen und zu verstehen, welche Services und Produkte sich der Kunde von seiner Bank wünscht. Die so gewonnen Erkenntnisse wurden unter weiterer Einbindung der Kundengruppen realisiert. So bietet die Bank Überweisungen zwischen Mobiltelefonen, kostenlose Dispositionskredite bis zu einem bestimmten Überziehungsbetrag und die Verlinkung des Online-Bankings mit dem Facebook-Account. Auch nach dem offiziellen Launch der Marke stehen dem Kunden verschiedene Kanäle zur Verfügung, um sich an der Weiterentwicklung des Angebots und der Services zu beteiligen.

Die Neuausrichtung der Banken hat bereits begonnen

Die Beispiele zeigen, dass Banken, die in ein kundenzentriertes Banking investieren, eine verbesserte Imagepositionierung am Markt erreichen konnten. Höhere Kundenzufriedenheit verbunden mit einer Reduzierung der Abwanderungsquote sind wertvolle Ergebnisse, insbesondere im Hinblick auf Wettbewerber im direkten Marktumfeld.

Um für die Zukunft gerüstet zu sein gilt es, Verständnis für den Kunden zu entwickeln und innovative Vertriebskanäle verstärkt zu implementieren.

13.2.2   Handlungsfeld 2: Vereinfachung des Geschäftsmodells

▶   Die traditionellen Geschäftsmodelle der Banken sind sehr komplex. Vielfach sind für einzelne Produkte separate Abläufe, Technologien und Risikomanagementprozesse eingerichtet. Die Komplexität führt zu erhöhten Kosten und operationellen Risiken. Die Komplexität macht sich auch auf Kundenseite bemerkbar und trifft auf Unverständnis. Die mangelnde Transparenz über Funktionsweisen von Produkten und Konditionen verunsichert den Kunden und führt zu Unzufriedenheit.

Die Banken sind nicht zuletzt aufgrund des hohen Wettbewerbsdrucks und der neuen Regularien gefordert zu reagieren. Die Vereinfachung der Geschäftsmodelle und der Produkte kann hierbei als entscheidender Wettbewerbsvorteil dienen.

Die Zahlen sprechen für sich. 53 % der Banken haben angegeben, dass Vereinfachungen besonders wichtig sind und 70 % sehen entsprechende Investitionen in diesem Bereich als unumgänglich (PwC 2014, S. 28).

Produkte, Kanäle, Preise/Raten, Technologien, Prozesse und Back Office Aktivitäten bieten laut den Befragten Ansatzpunkte für Vereinfachungsmaßnahmen (PwC 2014, S. 28):

* Verbesserung des Services (69 %)
* Verbesserung der Profitabilität (59 %)
* Reduzierung von Kosten (58 %)
* Steigerung der Kundenbasis (46 %)
* Verbesserung der Produkteinführungszeit (42 %)

Um dies zu erreichen, ist ein strategisches Re-Design des Geschäftsmodells zur Vereinfachung und Automatisierung des Geschäfts erforderlich. Maßnahmen wie die Anpassungen von Produkten, Shared Service Center-/Outsourcing-Initiativen, Neuausrichtung und Integrierung des Vertriebs, Risikomanagement auf Kunden- anstatt Produktebene und Standardisierung von Compliance-Prozessen gehen hiermit einher. Doch auch hier fühlt sich nur ein Bruchteil der Befragten mit 17 % vorbereitet.

Im Vorfeld konkreter Maßnahmen müssen Banken verstehen, welche Erwartungshaltung der Kunde gegenüber der Bank hat, um das Geschäftsmodell im Anschluss konsequent darauf ausrichten zu können. Banken sollten heute damit beginnen.

Transparenz durch Vereinfachung Die Maßnahmen zur Vereinfachung können nachhaltig als Wettbewerbsvorteil genutzt werden, wenn sie beim Kunden sichtbar werden. So bietet eine niederländische Direktbank ihren Kunden ein zentrales intuitives Tool, mit dem Finanzen selbstständig online verwaltet, analysiert und gesteuert werden können. Dem Kunden steht dabei eine personalisierte Übersicht zur Verfügung, die ihm einen vollständigen Überblick über alle Bankkonten (auch bei Drittbanken) und die damit verbundenen Vorgänge erlaubt. Sie erhalten ein besseres Verständnis über ihre individuelle finanzielle Situation und können selbstständig verschiedene Zukunftsszenarien analysieren, ohne dabei auf eine Beratung durch die Bank zurückgreifen zu müssen. Sollte der Kunde jedoch trotzdem eine Beratung in Anspruch nehmen wollen, steht ihm ein Netzwerk unabhängiger Berater zur Verfügung. Aus diesem kann er einen passenden Berater auswählen. Die Bank kann hierdurch auf einen eigenen Beraterstamm verzichten.

Darüber hinaus bezieht die niederländische Bank ihre Kunden bei der Produktentwicklung und -optimierung aktiv ein. Über ein Forum können Kunden Ideen und Anregungen zur Verbesserung des Angebots aktiv einbringen und damit auch für Transparenz im Produktangebot sorgen. Zusätzlich können sich die Kunden in einem internen Bereich austauschen und gegenseitig helfen. Die Bank wiederum spart durch das Angebot einen Teil der Produktentwicklungskosten sowie Kosten des Service Centers ein.

Transparenz wird darüber hinaus auch durch die Preisgestaltung geschaffen. Der Kunde zahlt eine fixe monatliche Gebühr im zweistelligen Bereich, die alle Kosten in Verbindung mit Bankdienstleistungen pauschal inkludiert (mit Ausnahme der speziellen Services im Asset Management). Dem Kunden wird so eine einfache und übersichtliche Kostentransparenz ermöglicht. Die Angst vor versteckten Kosten wird eliminiert.

Kundenkomfort durch Vereinfachung Bei der Anpassung der Organisationsstruktur und interner Prozesse spielt die Kanalintegration eine wichtige Rolle. Kunden empfinden Prozesse als komfortabel, wenn diese ohne Medienbruch durchlaufen werden können. Das klassische Beispiel hierfür ist die Eröffnung eines Girokontos über das Internet. In fast allen Fällen muss der Kunde den Online-Kanal verlassen, einen papierhaften Antrag unterschreiben und versenden sowie eine Legitimation im PostIdent-Verfahren durchführen. Eine Bank in Polen hat diesen Medienbruch als störenden Faktor in der Neukundengewinnung erkannt und eine Lösung entwickelt. So ist es bei dieser Bank möglich, die Legitimation online per Überweisung von einem bestehenden Konto bei einer anderen Bank durchzuführen. Die Legitimationsdauer konnte somit auf maximal einen Werktag, bei Online-Überweisung sogar auf fünf Minuten reduziert werden.

Eine weitere Maßnahme der Bank ist der Log-in freie Zugriff über die Banking-App auf Funktionen wie zum Beispiel Anzeige der nächsten Filialen und Geldautomaten, Kreditkartenauslastung und Kontostand (jeweils verschlüsselt in Prozent). Ebenso wird der Kunde ohne Log-in auf Informationen zu Bankprodukten aber auch zu Rabatten in seiner Nähe hingewiesen. Die Bank agiert mit ihren Prozessen vollständig unter der Prämisse schneller und komfortabler Dienstleistungen. So ermöglicht die Bank auch eine Kreditvergabe innerhalb von 30 Sekunden über das Mobiltelefon für Privatpersonen (bis zu einer bestimmten Kredithöhe). Die Prüfung erfolgt automatisiert im Backend. Der Kunde wird unmittelbar über sein Mobiltelefon über die Entscheidung benachrichtigt und der gewünschte Betrag auf das Konto des Kunden übertragen. Der Service für den Kunden wurde durch die Minimierung der Wartezeiten und Vereinfachung des Prozesses deutlich verbessert.

Neben den gezeigten Marktbeispielen können in naher Zukunft auch verstärkt Outsourcing-Aktivitäten zur Vereinfachung der Geschäftsmodelle und zur Nutzung von Skaleneffekten erwartet werden.

Banken müssen sich verändern – Simple is better

Es zeigt sich, dass es für das Kundenmanagement von morgen besonders wichtig ist, Geschäftsmodelle zielgerichtet zu verändern. Die Reduktion der Komplexität und flexiblere Zugangskanäle stehen dabei u. a. im Fokus. Die zielgerichtete Ausgestaltung ist essentiell, um im Wettbewerb Kunden zu gewinnen aber auch Bestandskunden zu halten. Auch Transparenz in der Produkt- und Preisgestaltung trägt dazu bei, das Kundenvertrauen zurückzugewinnen und so Wettbewerbsvorteile zu erzielen.

Deutsche Banken müssen sich über ihre strategischen Optionen im Klaren sein und evaluieren, wie sie ihren Kunden Komfort und Transparenz bieten können, um sie nachhaltig für sich zu gewinnen.

13.2.3 Handlungsfeld 3: Optimierung der Distributionswege

► In der Schnelligkeit des Alltags finden die Bankkunden häufig nicht mehr die Zeit, eine Bankfiliale zu festen Öffnungszeiten zu besuchen, um ihre Bankgeschäfte zu tätigen. Die Forderung nach mehr Flexibilität und alternativen Kommunikationswegen wird immer größer. Kunden erwarten sowohl alternative Zugangswege zu Services und Produkten als auch zusätzliche Kanäle zur Kommunikation mit dem persönlichen Bankberater.

Banken sollten ihren Vertrieb konsequent auf verschiedene Kanäle ausweiten und technologische Innovationen als Chance verstehen.

Wie können Banken ihre Kunden noch besser erreichen? Über die letzten Jahre haben Banken ihr Online-Angebot kontinuierlich ausgebaut. Die Anzahl der Online-Konten lag im Jahr 2013 bei 54,3 Mio. Ein Großteil der Kunden nutzt das Online Banking mehrmals pro Woche (PwC 2014, S. 28). Dabei handelt es sich bei den Nutzern des Online Bankings nicht nur um die Generation der sog. „Digital Natives". 60 % der Kunden zwischen 40 und 49 Jahren nutzen inzwischen die digitalen Angebote (PwC 2014, S. 28).

Online Banking ist zum Standard geworden" Rudolf Geyer, Sprecher der Geschäftsführung Ebase (Geyer 2014, S. 5)

Neben dem Online-Angebot wurde in den letzten Jahren auch in mobile Anwendungen, die sich jedoch stark in ihrem Funktionsumfang unterscheiden, investiert (siehe Beitrag von Brinkmann in diesem Buch). Eine Bank aus Österreich hat hier Pionierarbeit geleistet. Services wie die Überprüfung des Kontostands, Benachrichtigungen einstellen und sich über Ein- und Ausgänge informieren sowie die Nachverfolgung verliehenen Geldes, sind für Kunden bequem per Smartphone möglich. Eine weitere App zeigt den Kunden in anschaulichen Grafiken, wie sich Einnahmen und Ausgaben entwickeln. Giro- und Kreditkonten werden nach Zahlungsströmen analysiert und Kundenausgaben automatisch passenden Kategorien zugeordnet. Der Kunde kann über die App Limits einstellen und seine Ausgabenpolitik eigenständig überwachen. Soll eine Überweisung getätigt werden, kann er per App den Zahlbeleg mit der Smartphone-Kamera scannen und mittels TAN-Freigabe die Überweisung anstoßen. Ergänzend dazu bietet die Bank ihren Kunden Apps zu den Themen Investment, Fremdwährungen und Sparen an.

Mit den Investitionen in online und mobile Angebote geht die rückläufige Anzahl von Filialen einher (Deutsche Bundesbank 2014, S. 104). Auch 48 % der befragten Banken gaben an, dass sie eine signifikante Änderung des Filialgeschäft bis 2020 erwarten (PwC 2014, S. 25). Es gilt, die richtige Balance zwischen Offline- und Online-Kanälen zu finden und Angebote konsequent auf diese Kanäle auszurichten.

Mulitkanalvertrieb – Symbiose aus physischem und virtuellem Vertrieb Eine spanische Bank hat ihre physischen und digitalen Vertriebskanäle über eine einzigartige kundenzentrierte Front- und Back-End-Plattform miteinander verknüpft. Diese ist sowohl für Mitarbeiter als auch für Kunden über zahlreiche Kontaktpunkte zugänglich. Die Bank hat die Kanalpräferenzen ihrer Kunden analysiert und ein vollständig integriertes und kontextspezifisches Kundenerlebnis entwickelt.

Die Bank hat mit der Plattform einen zugänglichen und anwenderfreundlichen Vertrieb in Verbindung mit persönlichem Kontakt zur Bank über eine innovative Filialstruktur geschaffen. Verkaufs- und kundenorientiertes Personal sorgt in den modern designten Filialen unter Einbindung von Tablets für eine angenehme Atmosphäre. Bei verlängerten Öffnungszeiten haben Kunden die Möglichkeit, neben der persönlichen Beratung auch moderne Geräte, wie Geldautomaten und Selbstbedienungsautomaten mit Touchscreenfunktion zu nutzen.

Neben den Filialen bietet die Bank auch eine Beratung per Videokonferenz an, um den gestiegenen Anforderungen an die Flexibilität Rechnung zu tragen. Das Online-Banking wird durch eine virtuelle Assistenz unterstützt. Diese nach dem „Siri-Prinzip" designte Assistenz kann den Kontext in via Tastatur oder Mikrofon gestellten Fragen erkennen und Unterhaltungen zielgerichtet steuern.

Auf Grund der übergreifenden Vertriebsplattform ist es dem Kunden möglich, seine Aktivitäten in jedem beliebigen Kanal wieder aufzugreifen und fortzuführen. Die Vertriebskanäle greifen effizient ineinander, Prozessbrüche werden vermieden und die Kundenzufriedenheit konnte stark erhöht werden.

Abgestimmte Vertriebskanäle – Grundlage für eine erfolgreiche Multikanalstrategie

Um das gesamte Kundenportfolio zu erreichen, bieten sich sowohl offline wie auch online eine Vielzahl an Kontaktpunkten. Mit dem Aufbau verschiedener Kanäle ist es jedoch unabdingbar, die Kanäle miteinander zu verknüpfen. Die richtige Balance zwischen den Kanälen muss jede Bank für sich selbst definieren – entscheidend ist hierbei, welche Präferenzen die eigenen Kunden haben. Es ist jedoch schon heute sicher, dass ein Online-Angebot nicht mehr wegzudenken ist. Bis spätestens 2020 kann davon ausgegangen werden, dass jede Bank auch ein Online-Angebot haben wird.

13.2.4 Handlungsfeld 4: Informationsvorsprünge nutzen

▶ Mit zunehmender Digitalisierung hinterlassen Kunden immer mehr digitale Fußabdrücke. Insbesondere Banken verfügen über ein großes Datenvolumen an Kundeninformationen wie zum Beispiel Einnahme- und Ausgabeverhalten, eingesetzte Zahlungsmittel und Konsumpräferenzen. Die Datenmengen bieten Banken die einzigartige Chance, ihre Kunden und deren Präferenzen zu analysieren, um so individualisierte Produkte und Services anbieten zu können.

Big Data Analytics ermöglichen eine zielgerichtete Steuerung des Produktangebots und der Kundenansprache. Auch lassen sich durch die Datenanalysen Reputationsrisiken rechtzeitig erkennen und mitigierende Maßnahmen einleiten.

Ganze 57 % der Banken sehen die Nutzung und Auswertung bestehender Daten als wichtig an. Bereits Dreiviertel der Institutionen nehmen Investitionen in diesem Bereich vor, was die Wichtigkeit weiter verdeutlicht (PwC 2014, S. 32).

Die Datenflut meistern Im Zuge des digitalen Wandels werden Unternehmen zunehmend mit komplexen Datenmengen konfrontiert. Diese heißt es nun effektiv zu nutzen. Dabei müssen Daten sinnvoll verknüpft und ausgewertet werden, um nützliche Erkenntnisse gewinnen zu können. Eine Herausforderung stellt dabei die strukturierte Ordnung der Datenmengen aus einer vielfältigen Anzahl von Quellen dar.

Durch den Einsatz neuer Technologien und die Nutzung entsprechender Dienstleister kann diese Problematik gelöst und Wettbewerbsvorteile können realisiert werden. So bietet ein australisches Unternehmen eine Art Marktplatz für die logische Strukturierung von Datensätzen durch Algorithmen an. Das Unternehmen hat ein Netzwerk aus Experten zusammengestellt, die konkrete Aufgabestellungen und Auswertungsanforderungen technisch umsetzen. Banken können konkrete Fragestellungen auf Basis ihrer Datenmengen (zum Beispiel zur Demographie) anfragen – das Netzwerk von ca. 100.000 Daten-Wissenschaftlern aus über 100 verschiedenen Ländern (Stand: 2013) steht im Wettbewerb und bietet der Bank individuelle Lösungsansätze. Die Bank wählt im Anschluss das für die Anforderungen passende Lösungsmodell und vergibt den Auftrag. So kann eine Bank letztlich nützliche Aussagen ableiten und Ihr Geschäftsmodell entsprechend erfolgreich auf den Bedarf ihrer Kunden ausrichten.

Kundenerlebnisse schaffen Eine amerikanische Großbank hat ein eigenes Gutschein-System ins Leben gerufen. Hierfür wertet die Bank die Transaktionsdaten der Kunden aus und bietet entsprechende Cash-Backs oder Gutscheine für zukünftige Einkäufe und Zahlungen an. Um die Cash-Backs und Gutscheine zu realisieren, hat die Bank ein breites Händler-Netzwerk aufgebaut, welches sowohl Einzelhändler als auch Restaurants und andere Unternehmen umfasst.

Sobald in den Transaktionsdaten ein Partner-Unternehmen auftaucht, stellt die Bank über das Online-Banking entweder einen Cash-Back Gutschein zur Verfügung oder einen Gutschein für zukünftige Transaktionen bei diesem Partner (welcher mit der nächsten Transaktion verrechnet wird). Kunden können sowohl die zur Verfügung gestellten Cash-Backs als auch die Gutscheine selbst über das Online-Banking aktivieren. Wenn diese nicht aktiviert werden, erfolgt keine Verrechnung. Kunden können sich per SMS oder Mail über neue Cash-Backs oder Gutscheine informieren lassen.

Das Angebot stellt sowohl für den Kunden als auch für die Bank eine Win-Win-Situation dar. Der Kunde bekommt die Cash-Backs und Gutscheine, während bei der Bank das Transaktionsvolumen enorm steigt – da alle Kunden mit den Karten dieser Bank zahlen, um entsprechende Aktionen in Anspruch nehmen zu können.

Digitale Fußabdrücke effizient nutzen

Die Zukunft liegt in der zielgenauen Analyse und Nutzung der zur Verfügung stehenden Datenmengen. Wer diese zu nutzen weiß, wird in der Lage sein, den individuellen Bedürfnissen der Kunden gerecht zu werden. Insbesondere branchenfremde Unternehmen haben dies bereits erkannt und bieten Services, welche im klassischen Bankensektor noch undenkbar sind.

Der Investitionsbedarf ist hoch, ermöglicht jedoch Echtzeit-Services und individuelle Lösungen welche in der heutigen Bankenlandschaft klare Wettbewerbsvorteile schaffen können.

13.3   Den Zug in das digitale Zeitalter nicht verpassen

Die aufgezeigten Trends verändern den Finanzmarkt und fordern radikale Erneuerungen der Banken. Nur wer jetzt handelt und die Veränderungen des Marktes zu seinem Vorteil nutzt, kann in Zukunft erfolgreich am Markt agieren. Immer weitere Wettbewerber drängen auf den Markt. Branchenfremde Unternehmen revolutionieren dabei bestehende Strukturen und machen die Etablierung neuer Services und Geschäftsmodelle notwendig. Neue Technologien und ein verändertes Kundenverhalten beeinflussen die Interaktion des

Kunden mit seiner Bank und machen sie von einer kostenintensiven Herausforderung zum notwendigen Differenzierungsmerkmal.

Jede Bank muss hinsichtlich des neuen Marktumfelds selbst entscheiden, in welchem Umfang sie reagiert. Dabei ist es wichtig, nicht ausschließlich das Geschäftsmodell anzupassen, sondern dem neuen dynamischen Umfeld mit Innovationskraft und Zukunftsperspektive entgegen zu treten und eine klare Kundenstrategie zu verfolgen. Die zielgerichtete Nutzung von Informationsvorsprüngen sowie die Optimierung und Integration bestehender Prozesse, Produkte und Vertriebskanäle sind dabei die Stellhebel des Erfolgs von Morgen. Dabei lohnt sich der Blick über den Tellerrand – globale Erfolgsbeispiele zeigen, dass Vorreiter im Markt bereits heute Kunden erfolgreich über innovative Vertriebskanäle managen.

Literatur

Deutsche Bundesbank (Hrsg.) (2014) Bankenstatistik. Frankfurt am Main.

D'Inka, W. et al (Hrsg.) (2014) „Es wird furchtbar" Internetfirmen drängen ins Bankgeschäft. Frankfurter Allgemeine Zeitung. http://www.faz.net/aktuell/finanzen/es-wird-furchtbar-internetfirmen-draengen-ins-bankgeschaeft-12996958.html Zugegriffen: 08. Oktober 2014

Geyer, R. (2014) Zukunftsfähig durch Kooperationen. In: Börsen-Zeitung, Nr. 174 vom 11.09.2014, S. 5.

Nick, F.J. (2013) Die Multikanalbank ist das Privatkundeninstitut der Zukunft. In Börsenzeitung, Nr. 16, vom 24.01.2013, S. 10.

PwC (Hrsg.) (2014) Retail Banking 2020 – Evolution or Revolution?

Dr. Holger J. Kern studierte Volkswirtschaftslehre an der Universität Regensburg, wo er anschließend auch promovierte. Nach einer dreijährigen Tätigkeit bei der Bayerischen Hypotheken- und Wechselbank AG im Strategieteam für Osteuropa, wechselte Herr Dr. Kern 1995 in die Beratungsbranche. Dort hat er in den letzten 20 Jahren regionale und globale Leadership-Rollen bei Roland Berger, Monitor, Deloitte Consulting, Management Engineers und PwC begleitet. Seit nunmehr über drei Jahren ist er bei PwC verantwortlich für den Bereich Strategy & Operations.

Interaktive Finanzberatung – Filiale, Online & Co. im Multikanal

14

Simon Oberle

Zusammenfassung

Die Filiale hat nicht ausgedient! Sie muss sich allerdings drastisch verändern. Das Beratungserlebnis muss besser werden. In vielen Banken und Sparkassen ist hierfür sowohl technisch als auch in den Beratungsansätzen ein deutlicher Wandel notwendig. Der Artikel zeigt auf, wie die Individualität, die Kunden-Bank Interaktion und die Visualisierung durch neue Beratungsanwendungen und -ansätze verbessert werden können.

14.1 Die persönliche Kundenberatung im Multikanal-Banking

Große Teile der Bankdienstleistungen befinden sich aktuell in einem grundlegenden Wandel. Dieses Buch zeigt, dass das Multikanal-Banking ein Topthema in der aktuellen Bankenlandschaft ist. Die HypoVereinsbank kündigte im Jahr 2014 an, gut die Hälfte ihrer Geschäftsstellen zu schließen. Begründet wird diese Entscheidung mit dem veränderten Kundenverhalten und somit dem Rückgang der Kontaktfrequenzen in den Filialen (Maier 2014). Andere Kreditinstitute führen den Umbau zu einer Multikanal-Bank ebenfalls durch – wenn auch größtenteils mit weniger drastischen strukturellen Maßnahmen.

Multikanal bedeutet jedoch nicht nur den Ausbau der medialen Vertriebswege, sondern auch die gezielte Positionierung der persönlichen Beratung. Der Kontakt zu einem bekannten Ansprechpartner genießt bei vielen Kunden, trotz der vermehrten Nutzung von Onlinekanälen, einen hohen Stellenwert (Besser und Schilling 2011, S. 4) und muss durch

S. Oberle (✉)
Aschaffenburg, Deutschland
E-Mail: simon.oberle@steria-mummert.de

© Springer Fachmedien Wiesbaden 2015
H. Brock, I. Bieberstein (Hrsg.), *Multi- und Omnichannel-Management in Banken und Sparkassen*, DOI 10.1007/978-3-658-06538-6_14

Universalbanken als entscheidender Mehrwert gegenüber reinen Onlinebanken sowie Non- und Nearbanks platziert werden. Gerade bei komplexeren Finanzberatungen mit längerfristiger Bindung für die Kunden, wie beispielsweise der Baufinanzierung oder der Altersvorsorge, ist für die meisten Kunden auch in Zukunft das persönliche Gespräch vor einem Vertragsabschluss wichtig (Vater 2012, S. 12 ff.).

Die Entwicklungen in jüngeren Vertriebskanälen wie dem Online- und dem Mobilebanking strahlen jedoch auch auf die Anforderungen an die stationäre Beratung der Filiale aus. Die Vernetzung der Kanäle, das „Look-and-feel" von App-basierten Self-Service-Lösungen und das Angebot von Videoberatungslösungen lassen auch die Erwartungen an die Beratung in der Filiale steigen.

Im Branchenvergleich zeigt der Net-Promoter-Score, dass alle Bankengruppen eine vergleichsweise geringe Weiterempfehlungsrate aufweisen (Universität Bamberg 2013, S. 17). In der Zufriedenheit der Kunden mit den Kanälen hat das Internetbanking bereits das Banking in der Filiale überholt. Der aktuelle Fokus der Kreditinstitute, große Investitionen in neue Vertriebswege zu tätigen (Besser 2011, S. 15), ist zwar nachvollziehbar und richtig, es sollte jedoch nicht versäumt werden, auch die traditionellen Vertriebswege wie den Filialvertrieb auf die geänderten Anforderungen der Kunden anzupassen.

14.2 Kundenanforderungen und Herausforderungen an eine interaktive Beratung

Die Anforderungen an die Beratung der Banken und Sparkassen waren bereits in der Vergangenheit hoch. Rechtliche Anforderungen haben den Fokus der Veränderungsprozesse in der Beratung der letzten Jahre primär auf die Dokumentation von Beratungsergebnissen und die Vermeidung von Risiken in der Beratung gelegt. Durch diesen Fokus sind die gestiegenen Anforderungen der Kunden an das Beratungserlebnis häufig nicht in das Blickfeld der Kreditinstitute geraten. Die Ausweitung der zur Verfügung stehenden Kanäle steigert die Komplexität und die Zahl der Betrachtungsebenen in der Kundenberatung.

Diese Komplexität gilt es zu bewältigen und sowohl die Kommunikations- als auch die Vertriebskanäle gezielt auf die Anforderungen und Verhaltensweisen der Kunden auszurichten. Entscheidend bei der Weiterentwicklung der Beratungssysteme ist also die Frage: Was erwartet der Kunde von der Finanzberatung der Zukunft und wie können wir eine kundenorientierte Finanzberatung einfach und übersichtlich im Multikanal aufbauen?

14.2.1 Vernetzung der Kanäle

Die Weiterentwicklung des Multikanal-Ansatzes wird als Omnichannel bezeichnet. Hiermit wird die Vernetzung der verschiedenen Vertriebskanäle sowie die kanalübergreifende Verfügbarkeit und Integration von Daten beschrieben. Die Kanäle sind also nicht mehr als autarke Silos zu betrachten, über die der Kunde Informationen sammeln oder Abschlüsse tätigen kann, sondern als vernetztes Angebot an Bankdienstleistungen mit verschiedenen

Touchpoints für den Kunden. Welchen Touchpoint der Kunde wählt, ist ihm je nach persönlicher Neigung und aktueller Situation freigestellt. Informationen, die in einem Vertriebskanal gesammelt wurden, sollten auch in anderen Kanälen für die weitere Nutzung zur Verfügung stehen. So kann zum Beispiel die Baufinanzierungsberechnung, die durch den Kunden im Internet eingegeben worden ist, durch den Kundenberater im persönlichen Gespräch wieder aufgerufen und detailliert mit dem Kunden besprochen werden.

Die Frage, mit der sich die Banken und Sparkassen beschäftigen müssen, wandelt sich zunehmend von der Überlegung, ob eine Leistung in einem Kanal angeboten werden soll, hin zu der Konzeption, wie die Kanäle zu einem ganzheitlichen Beratungsangebot für den Kunden werden können. Mehr als jeder dritte Kunde war in der Vergangenheit bereits mit einem Kanalwechsel unzufrieden. Er musste beispielsweise die im Internet erfassten Daten erneut eingeben oder konnte die im Internet angebotenen Produkte oder Konditionen nicht im stationären Vertrieb abschließen (Besser und Schilling 2011, S. 9).

Diese Anforderungen stellen die IT-Architektur der Kreditinstitute vor große Herausforderungen. Eine organisch gewachsene Anwendungslandschaft mit unterschiedlichen Strukturen lässt einen einfachen Austausch von Daten häufig nicht zu. Nahezu alle Kreditinstitute haben in den letzten Jahren für jeden Zugangskanal eigene Anwendungen implementiert. Hier sind für die Umsetzung des Omnichannel-Ansatzes erhebliche Konsolidierungs- und Integrationsaufwände wahrscheinlich. Die Anwendungs-Silos haben in der Regel redundante Implementierungen von Fachlichkeit, eigene Zugangs- und Berechtigungsverfahren sowie eine separate Infrastruktur. Für all dies sind geeignete fachliche Services zu definieren und Architekturen zu entwerfen. Diese sollten in taktische Bebauungspläne überführt werden. Um dabei effizient vorzugehen, sind eine übergreifende Betrachtung aller Kanäle in der Konzeptphase und der Einsatz von Frameworks und Migrationswerkzeugen in der Implementierung angeraten.

Die zukünftige Gestaltung der Anwendungslandschaft darf sich nicht nur mit der Lösung eines Problems beschäftigen. Die Herausforderung ist, wie die Vernetzung der Anwendungen so gelingt, dass die fachlichen Anforderungen, die an eine Omnichannel-Architektur gestellt werden, auch erfüllt werden können. Ein Produktabschluss im Onlinekanal sollte somit nicht als autarke Lösung implementiert, sondern immer im Kontext des Kundenerlebnisses über verschiedene Touchpoints hinweg betrachtet werden.

Der Einfluss fachlicher Anforderungen an die IT-Architektur wird sich durch die kanalübergreifende Denkweise deutlich verstärken. Dieses Themengebiet ist bisher in den Kreditinstituten in der Regel ein abgeschottetes Aufgabenspektrum, das alleine bei IT-Experten angesiedelt ist.

14.2.2   Individualität der Beratung

Die Forderung nach einer hohen Individualität in der Beratung existiert bereits deutlich länger als die erste Multikanalstrategie in einem Kreditinstitut. Mit der steigenden Verbreitung von Data-Mining-Analysen sowie von regelbasierten Workflow-Steuerungen wird die Möglichkeit geschaffen, diese Forderung effizient und kostengünstig in der Beratung zu erfüllen.

Der Kunde erwartet sowohl inhaltlich als auch technisch eine Beratung, die auf seine Bedürfnisse zugeschnitten ist. Die Beratungsmodelle der Banken und Sparkassen beginnen häufig mit einer umfangreichen Erhebung von Bedürfnissen und Zielen des Kunden, um individuelle Angebote für den Kunden unterbreiten zu können. Die Möglichkeiten, die die Technik hierbei als Unterstützung liefern kann, werden häufig noch nicht ausreichend in die Prozesse integriert. Ein Blick über den Tellerrand macht Erfolgsbeispiele für eine standardisierte Anpassung des Angebotes an den Kundenbedarf schnell transparent. Einer der wohl bekanntesten Ansätze im Handel ist das Next-best-offer-System von Amazon. Getreu dem Motto: „Andere Kunden, die dieses Produkt gekauft haben, interessierten sich auch für folgendes Produkt" werden Profile von Kunden erstellt, um anhand der individuellen Bedarfsstruktur des Kunden Angebote unterbreiten zu können (Blum 2014, S. 189). Ein weiteres, beindruckendes Beispiel aus dem Handel liefert Macy`s, der mit knapp 800 Filialen größte Warenhausbetreiber der USA. Macy`s individualisiert seine Kataloge anhand vorliegender Informationen zu den Kunden. Der Kunde erhält somit nicht einfach eine Sammlung aller Angebote, sondern einen personalisierten Katalog, der nur das anbietet, was für den Kunden wirklich interessant ist. Mit diesem System verschickt Macy`s über 500.000 verschiedene Versionen seines Print-Kataloges (Schwerdt 2012).

Die Zeiten, in denen alle Kunden mit einheitlichen Angeboten in der Beratung zufrieden waren, sind vorbei. Über 60 % der Kunden schätzen es beispielsweise, wenn bereits bei der ersten Anbahnung eines Immobilienkaufs entsprechende Initiativvorschläge von dem Kreditinstitut unterbreitet werden (Besser und Schilling 2011, S. 11). Die Beratung muss sich schnell an die Bedürfnisse des Kunden anpassen können. Erste Ansätze finden auch in der deutschen Finanzwirtschaft ihre Anwendung. So ermittelt beispielsweise die Kundenbindungsanalyse der Finanz Informatik (des Rechenzentrums der Sparkassen Finanzgruppe) über die Auswertung von Kundenaktivitäten die Loyalität der einzelnen Kunden (Lohoff 2013, S. 31). Dies ermöglicht Sparkassen, gezielt individuelle Ansprachen dieser Kunden durchzuführen, um teure Kundenverluste zu vermeiden. Weitere Ansatzpunkte können, in Anlehnung an das beschriebene Next-best-offer-System, bereits Analysen im Vorfeld sein, für welche Produkte der Kunde affin ist. Einen großen Schatz an Informationen bieten Zahlungsverkehrsdaten der Girokonten. Hier kann erkannt werden, welche Bankdienstleistungen bei anderen Finanzdienstleistern in Anspruch genommen wurden.

In der Kundenberatung ist es über regelbasierte Workflows möglich, die Beratungsinhalte an die Kundensituation anzupassen. Hierbei ist je nach Ausbaustufe die Anpassung von Fragen an die jeweilige Zielgruppe bis hin zu abweichenden optischen Gestaltungen der Masken denkbar. So können für verschiedene Altersgruppen durch abweichende Bilder im Prozess unterschiedliche Emotionen ausgelöst werden.

Basis für die Individualisierung in der Kundenberatung sind integrierte Customer-Relationship-Management-Systeme, die kontinuierlich analysiert werden. Die teilweise in Banken und Sparkassen vorzufindende Datenanalyse über manuell zusammengefügte

Exel-Listen reicht für diese Anforderungen nicht mehr aus (Besser und Schilling 2011, S. 12).

Eine große Hürde in der Nutzung der Daten (wie beispielsweise Zahlungsverkehrs-informationen) stellen in den Kreditinstituten die Bedenken zum Datenschutz dar. Diese sind je nach Anwendungsszenario und Imagewirkung der einzelnen Aktivität zu über-prüfen und auf ihr Risiko zu bewerten. Gegebenenfalls ist für die Nutzung einzelner Daten die Zustimmung des Kunden einzuholen (Rossa und Holland 2014, S. 23 ff.). Wichtig ist hierbei, dass der Kunde bereit ist, seine Daten preiszugeben, wenn er dadurch einen ge-zielten Mehrwert spürt. Dieser Trend ist zu vermuten, da trotz Attacken auf die Daten bei Plattformen wie Facebook, iCloud oder PlayStation Network die Nutzerzahlen nach wie vor sehr hoch sind. Die Kunden sind also trotz datenschutzrechtlicher Bedenken nicht bereit, auf den Mehrwert der Plattformen zu verzichten. Wichtig ist somit, dass der Kunde den Mehrwert der Datennutzung eines Kreditinstituts spürbar erlebt.

14.2.3 Interaktion mit spürbarem Einfluss auf das Beratungsergebnis

Banken und Sparkassen haben nach der Finanzkrise mit einem erheblichen Vertrauens-verlust zu kämpfen. Kritik kommt von Seiten der Verbraucherschützer und der Kunden primär daran auf, dass die Kundenberater mehr Verkäufer als Berater sind. Jeder vierte Kunde vertraut seinem Berater nicht oder nur sehr wenig (Besser und Schilling 2011, S. 4). Nach Ansicht der Kunden wird nicht auf die individuellen Bedürfnisse der Kunden eingegangen, sondern die Produkte mit dem meisten Ertrag für das Kreditinstitut vertrie-ben.

Die Beratungsanwendungen müssen daher so konzipiert sein, dass dem Kunden im Gespräch bewusst wird, dass die Beratungsergebnisse die Folge seiner Antworten und Bedürfnisse sind. Dieser Effekt ist beispielsweise mit der Integration von Simulationen und angepassten Empfehlungen in Realtime zu erreichen. Denkbar ist beispielsweise eine Maske in der Anlageberatung, auf der die Präferenzen des Kunden bezüglich Risiko, An-lagedauer usw. geändert werden können, woraufhin sich die Produktempfehlungen sofort auf der Beratungsoberfläche anpassen. Der Kunde erkennt also, dass die empfohlenen Produkte nicht nach Ertrag für das Kreditinsitut, sondern nach seinen eigenen Präferenzen ausgewählt werden.

Eine weitere Ausbaustufe zur Interaktion mit dem Kunden im Gespräch ist es, sowohl dem Kunden als auch dem Berater die Möglichkeit zu geben, Eingaben im selben System durchführen zu können. Durch Eingaben, die der Kunde selbst im System durchführt, wird erreicht, dass der Kunde auch haptisch Einfluss auf das Beratungsgespräch nehmen kann. Grundvoraussetzung einer solchen Interaktion ist, dass die Anforderungen unter 2.4. einfache und nachvollziehbare Beratungsinhalte sowie unter 2.5 Visualisierung durch die Beratungsanwendung erfüllt sind.

Diese intensive Form der Interaktion mit dem Kunden stellt den Berater vor die Her-ausforderung, dass der Kunde den Ablauf des Gespräches deutlich stärker als bisher beeinflussen kann. Dies erfordert eine besondere Routine und Souveränität. Der Berater sollte in der Gesprächsführung mit der Integration von technischen Medien geschult werden, sodass diese sowohl die Inhalte als auch die Gesprächsatmosphäre zwischen Kunde und Berater verstärken.

14.2.4 Einfache und nachvollziehbare Beratungsinhalte

Durch die flächendeckende Verbreitung von selbsterklärenden Programmen im Rahmen von Apps ist der Kunde es gewohnt, dass Anwendungen so gestaltet sind, dass sie ohne weitere Erläuterungen anwendbar sind.

Die Realität der Beratungsanwendungen – vor allem im stationären Vertrieb – sieht aktuell noch ganz anders aus. Sowohl die Begrifflichkeiten als auch die Abfolge von Masken sind häufig eher auf die Sachbearbeitung durch Spezialisten als auf die Anwendung im Kundengespräch ausgelegt.

Begrifflichkeiten wie Zinsprolongationen, Forward-Darlehen, Disagio, Real- und Personaldarlehen machen es erforderlich, dass sich der Berater vor den Bedürfnissen des Kunden damit beschäftigt, einen „Sprachkurs" über Fachbegriffe durchzuführen. Um eine interaktive, beidseitige Eingabe zu ermöglichen, müssen die Begriffe einfach und in ihrer Bedeutung für den Kunden sofort verständlich sein. Kennt der Kunde die Bedeutung verwendeter Begrifflichkeiten nicht, ist eine Interaktion unmöglich oder kontraproduktiv.

Zudem sind viele Bankanwendungen in der visuellen Gestaltung der Oberflächen für einen Experten passend, ein Kunde wird mit dem Überfluss an Feldern überfordert. Die Anwendungen sind Teil des Beratungserlebnisses, das der Kunde wahrnimmt. Durch die Assoziation einer komplexen Anwendung empfindet der Kunde die Bankdienstleistung auch als zunehmend komplex und als schwer nachvollziehbar. Undurchsichtige Abfolgen von Masken machen eine intuitive Bedienung unmöglich. Der Kunde kann die Eingaben des Beraters in der Regel nur schwer nachverfolgen. Dies führt in der Folge zu Misstrauen des Kunden in das Beratungsergebnis. Die Eingaben, die eine direkte Auswirkung auf das Beratungsergebnis haben, sollten somit optisch übersichtlich angeordnet und auch für den Kunden selbsterklärend gestaltet sein. Eingabemöglichkeiten, die nur in Ausnahmefällen vorkommen oder nur technisch, zum Beispiel für die Kontoanlage, notwendig sind, sollten in den Hintergrund in gesonderte Masken verschoben werden.

Der Ablauf der Masken und die Inhalte der Beratung müssen für den Kunden logisch und nachvollziehbar sein. Ein erfolgreicher Ansatz ist beispielsweise das Balance-Produkt-Konzept, das bei der Gestaltung von Bedienfeldern von Kopierern angewandt wird. Bedienelemente sind dabei auf den ersten Blick verständlich und repräsentieren sofort ihre Wirkung. Die Balance bedeutet hierbei, dass der Anwender eine hohe kognitive Sicherheit bei der Bedienung der Anwendung hat (Häusel 2005, S. 164). Dies ermöglicht sowohl eine deutlich verbesserte Interaktion mit dem Kunden als auch eine Reduzierung von Bearbeitungszeiten durch sinkende Fehlbedienungsraten auf der Seite des Beraters.

Abb. 14.1 Emotionalisierung bei einer Volksbank

14.2.5   Visualisierung

„Ein Bild sagt mehr als 1000 Worte." Dieses Sprichwort beschreibt bereits einen Großteil der Anforderungen an die Beratungsoberfläche der Zukunft. Die optische Gestaltung
der Oberflächen muss die Anforderung erfüllen, sofort deren Inhalte und Bedeutung für
den Anwender transparent zu machen. Bilder, Filme und Symbole sind hierbei die bedeutendste Gestaltungsoption, da sie häufig direkt als Botschaft aufgenommen werden können und keine große Dekodierung von Text erforderlich ist (Häusel 2005, S. 206). Dies
kann dazu führen, dass die Aufmerksamkeit des Kunden länger erhalten bleibt.

Workflows in der Bankberatung sollten zudem eine Geschichte erzählen und sich das
Prinzip der positiven wie negativen Assoziation zunutze machen. Bei der Beratung zur
Altersvorsorge muss über Bilder oder Filme deutlich gemacht werden, dass mit der Unterstützung des Kreditinstituts das Alter sorgenfreier und positiver erreicht werden kann. Solche Assoziationen werden in nahezu allen Werbefeldern genutzt. In der Automobilbranche
wird beispielsweise bei Oberklassefahrzeugen häufig das Gefühl von Macht und Erfolg
transportiert. Die positive Assoziation sollte nicht nur in der Werbung, sondern auch bei
der eigentlichen Beratung mit Hilfe der Beratungstechnik ihre Anwendung finden. Positive
Emotionen lassen den Kunden mit einem positiven Gefühl aus der Beratung gehen. Der
Kunde wird diese Emotionen im Gedächtnis behalten und wird vermutlich bei der nächsten
Beratung wieder diese Bank oder Sparkasse wählen. Als Beispiel zur Emotionalisierung
kann hier die Generationenberatung der Volksbanken in Abb. 14.1 herangezogen werden.

14.3   Besondere Herausforderungen für Beratungsanwendungen in der Zukunft anhand verschiedener Kanäle im Banking

14.3.1   Beratungsanwendungen im stationären Vertrieb

In nahezu allen Bankengruppen findet eine ganzheitliche Beratungssystematik ihre Anwendung. Hierbei wird die aktuelle finanzielle und persönliche Situation des Kunden

strukturiert aufgenommen und die Ziele und Wünsche des Kunden erfasst. Bei den Inhalten dieser Beratungssystematiken ähneln sich die Kreditinstitute relativ stark. Für die Banken und Sparkassen ist ein entscheidender Faktor bei dem Erfolg ganzheitlicher Beratungsansätze die konsequente Nutzung von gesammelten Informationen. Besprochene Ziele und Wünsche des Kunden müssen automatisiert in qualitativ hochwertige Vertriebsimpulse für den Berater münden, die auch bei der Ansprache des Kunden zu einem Mehrwert für Kunde und Kreditinstitut führen.

Diese Anforderungen nach der durchgängigen Nutzungen von Beratungsinhalten führten häufig dazu, die vorher auf Papier durchgeführten Gesprächsdokumentationen direkt im Kundengespräch in die IT-Systeme einzugeben. Die teilweise praktizierte nachträgliche Erfassung von Gesprächsinhalten führt zu hohen Effizienzverlusten und ist daher langfristig kein zielführender Weg. Der Berater verliert im Gespräch häufig den Kontakt zu dem Kunden, da er mehr mit der Bedienung der Beratungsanwendung beschäftigt ist als mit den Bedürfnissen des Kunden. Einige Kreditinstitute haben immer noch mit diesem Veränderungsprozess zu kämpfen.

Um die IT-gestützte Kundenberatung erfolgreich zu gestalten, sind zunächst einige Anforderungen an die Hardware und die räumliche Gestaltung der Beratungsplätze zu stellen. Ein nichteinsehbarer Desktoparbeitsplatz, an den sich der Berater für die Eingabe in das System zurückzieht, während der Kunde wartet, führt zu dem beschriebenen Kontaktverlust. Ein wichtiger Erfolgsfaktor ist, dass dem Kunden erklärt werden kann, was gerade im Beratungsprozess geschieht. Dies kann nur erfolgen, wenn der Kunde Einblick in das System hat. Der Herausforderung der räumlichen Gestaltung der Beratungsplätze wird bisher mit verschiedenen Hardwarelösungen begegnet.

Den Einblick in den Desktoparbeitsplatz des Beraters zu verschaffen, ist ein erster Schritt in die richtige Richtung, eine Interaktion mit dem Kunden durch dessen Eingaben ist jedoch nicht möglich. Dies ist beispielsweise an interaktiven Beratungstischen möglich. Hierbei können Anwendungen auf großen Tischen durch den Berater und den Kunden gemeinsam bedient werden. Zudem kann ein solcher touchfähiger Beratungstisch als Pen Pad-Ersatz für Kundenunterschriften, für die Dokumentendarstellung und für die Zuschaltung von Experten in der Videoberatung genutzt werden. Die Einführung dieser technischen Lösung scheitert jedoch häufig unter anderem an den hohen Investitionskosten für Hardware und eigens zu gestaltende Softwarelösungen. Als Beispiel kann das Microsofts Touch-Screen-Tisch Surface in Abb. 14.2 dienen, der bereits 2010 auf der CeBIT vorgestellt wurde.

Viele Kreditinstitute gehen daher den Weg, die Beratung mit dem Kunden auf Tablets durchzuführen. Dies ermöglicht auf App-basierten Darstellungsformen gute Visualisierungsmöglichkeiten und die intuitive Gestaltung von Beratungsoberflächen mit Touchfunktionen. Der Nachteil bei handelsüblichen Tablets mit einer Bildschirmgröße von zehn-zwölf Zoll ist, dass zur gemeinsamen Bedienung und Betrachtung mit dem Kunden eine hohe körperliche Nähe notwendig ist. Dies kann sowohl für den Berater als auch für den Kunden unangenehm sein. Im Allgemeinen wird für ein persönliches Gespräch ein Abstand auf Basis der persönlichen Distanzzone mit einem halben bis eineinhalb Metern

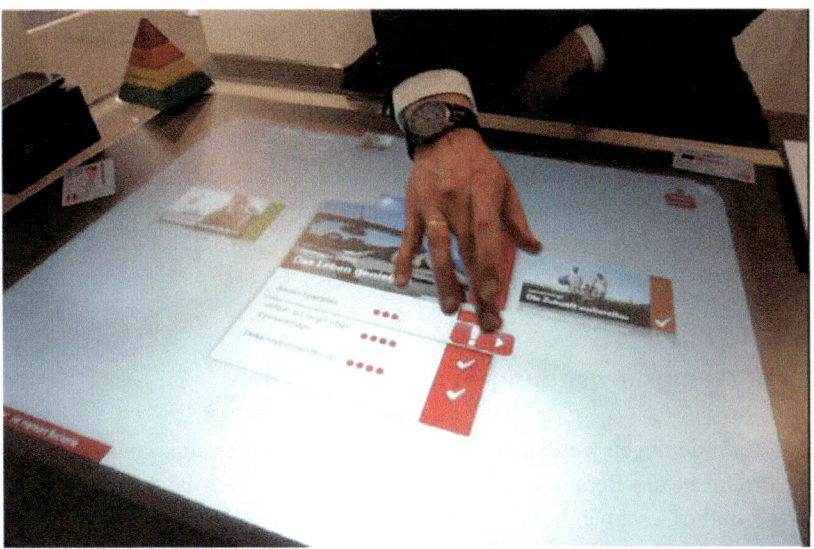

Abb. 14.2 Beratung in einer Sparkasse auf dem Windows Touch-Screen-Tisch

empfohlen, um einen Kunden nicht zu bedrängen (Preußner 2009, S. 29). Dies ist bei der Bedienung eines einzigen Tablets nicht möglich.

Um diese Herausforderungen zur körperlichen Distanz zu lösen, können sogenannte Second-Screen-Technologien zum Einsatz kommen. Hierbei werden die Inhalte des Tablets des Beraters auf einem eigenen Tablet des Kunden gespiegelt. Dies ermöglicht die Integration in die Beratungstische mit einem geringeren Investitionsaufwand im Vergleich zu Tischen mit kompletter medialer Oberfläche. Um die Interaktion auch in der Bedienung der Anwendung zu ermöglichen, werden die beiden Tablets mit einer rückkanalfähigen Technologie ausgestattet. Der Kunde und der Berater können somit auf zwei persönlichen Tablets dieselbe Beratungsanwendung interaktiv bedienen. Second-Screen-Technologien können zudem auf verschiedene Hardwarekomponenten angepasst werden. So ist es beispielsweise möglich, die Inhalte auf großen Flatscreens darzustellen, um erarbeitete Beratungsergebnisse mit dem Kunden plakativ zu besprechen.

Um die persönliche Beratung in eine Omnichannel-Strategie der Bank oder Sparkasse einzubetten, müssen die Voraussetzungen für einen reibungslosen Wechsel der Kanäle erfüllt sein. Der Berater sollte beispielsweise im persönlichen Gespräch auf den Erfassungen, die ein Kunde bereits vorab im Onlinebanking getätigt hat, aufsetzen können. Dies dürfte bei Baufinanzierungsberatungen sogar der Regelfall sein. Ebenso ist eine Möglichkeit zur Rücküberleitung an andere Vertriebskanäle notwendig. Kann sich der Kunde im Gespräch nicht direkt für einen Vertragsabschluss entscheiden, kann entweder die Möglichkeit geschaffen werden, das Produktangebot aus dem persönlichen Gespräch zum Abschluss im Onlinebanking anzubieten oder die erstellten Verträge zum Vertragsabschluss in das Postfach des Kunden einzustellen.

Diese Vernetzung der Kanäle stellt für den Kunden ein ganzheitliches Omnichannel-Erlebnis dar, das zudem Impulse geben kann, um die Kontaktquote im stationären Vertrieb zu steigern. Bei einer ganzheitlichen Bedarfsanalyse werden dem Kunden verschiedene offene Wünsche, Ziele und Beratungsansätze aufgezeigt. Diese Übersicht an offenen Bedürfnissen zu Finanzdienstleistungen sollte für den Kunden transparent und präsent im Onlinebanking vorgehalten werden. Der Kunde sollte sie im Onlinebanking aufrufen können um zu den einzelnen Themen ein Beratungsgespräch mit seinem Kundenberater zu vereinbaren.

14.3.2   Beratungsanwendung im mobilen Vertrieb

Besondere Anforderungen werden im Rahmen des mobilen Beratungsangebotes bei dem Kunden vor Ort an die Beratungsanwendung gestellt. In vielen ländlichen Gebieten in Deutschland ist die Geschwindigkeit der drahtlosen Internetverbindung nicht ausreichend, um Beratungsanwendungen online betreiben zu können. Es werden somit Beratungsanwendungen benötigt, die erforderliche Daten im Onlinebetrieb am Arbeitsplatz des Beraters in die Beratungsanwendung für den Offlinebetrieb kopieren und später wieder in den Onlinebestand zurückschreiben. Dies stellt vor allem erhöhte Anforderungen an die IT-Security bei Verlust oder Diebstahl der Geräte.

Eine zusätzliche Hürde im mobilen Vertrieb ist, dass großflächige Visualisierungsmöglichkeiten, wie zum Beispiel ein Flatscreen, nicht wie am Arbeitsplatz des Beraters einheitlich zur Verfügung stehen. Als Alternative ist jedoch die Nutzung von Geräten des Kunden als Second-Screen möglich. Die Daten werden hierbei beispielsweise auf den Smart-TV des Kunden gespiegelt. Hierdurch wird ein besonders interaktives Beratungserlebnis erzeugt, da die dem Kunden bekannte Umwelt interaktiv in die Beratung einbezogen wird.

14.3.3   Videoberatung

Die Beratung über Videoübertragungen zwischen dem Berater und dem Kunden ist in den letzten Jahren verstärkt aufgekommen. 2012 startete beispielsweise die HypoVereinsbank ihre große Werbekampagne zur Videoberatung. Der Ansatz der Videoberatung versucht, die rückläufige Kontaktfrequenz in der Filiale mit dem Wunsch der Kunden nach persönlichem Kontakt zu vereinbaren. Der Kunde muss somit für den persönlichen Kontakt nicht mehr in die Filiale kommen.

Die Videoberatung wird in der aktuellen Form bei den meisten Banken und Sparkassen als Ergänzung zum bestehenden Beratungsangebot in der Filiale gesehen. In der Regel wird die Videoberatung durch ein eigenes Team im Kreditinstitut besetzt und als Weiterentwicklung des telefonischen Kundenservicecenters verstanden. Diese Vorgehensweise widerspricht dem Ansatz, den persönlichen Kontakt zum Kunden über eine langfristige

Kundenbeziehung zu dem jeweiligen persönlichen Berater herzustellen. Dies wird zu einem weiteren Abbau der Kundenloyalität führen. Eine Alternativlösung ist, dem persönlichen Kundenberater direkt die Möglichkeit zu geben, mit einer Videoberatung Kontakt zu seinem Kunden aufzunehmen. Ein zusätzlicher Vorteil dieser Lösung ist, dass der Berater zunehmend als Multikanal-Coach auftreten kann, alternative Beratungskanäle präsent hat und diese somit öfter in seine Kundenberatung einbezieht. Fragen des Kunden im Internetbanking können schnell gelöst werden, und sogar komplexere Onlineberatungen sind gemeinsam mit dem Berater möglich. Eine wichtige Anforderung ist hierbei, dass das sowohl der Berater als auch der Kunde einen gemeinsamen Blick auf die jeweiligen Bildschirme durch Screensharing haben. Die deutlich rückläufige Kontaktquote zwischen dem Kunden und seinem zugeordneten Berater kann durch die Integration von Videoberatungslösungen revitalisiert werden. Dieser Effekt wird noch einmal verstärkt, wenn die Beratungszeiten der Videoberatung auch außerhalb der Öffnungszeiten angeboten werden und somit dem Wunsch des Kunden nach einem zeitlich flexiblen Beratungsangebot gefolgt wird.

Videodienste finden in Banken und Sparkassen auch in anderen Konstellationen Anwendung. So kann bei komplexen Beratungssituationen beispielsweise bei der Wertpapierberatung ein Spezialist aus einer zentralen Stelle zugeschaltet werden. Dies bietet mehrere Vorteile im Beratungsgespräch. Der Kunde muss keinen Nachfolgetermin mit dem Spezialisten vereinbaren, der Spezialist bindet seine Kapazitäten nicht mit langwierigen Fahrten und der Kunde erhält eine kompetente und hochwertige Beratung.

Ein anderes Anwendungsszenario testet aktuell die Commerzbank. Um einen persönlichen Kontakt mit dem Kunden herzustellen, wird die sogenannte Videokasse pilotiert. Es wird der Ansatz verfolgt, den Kunden dann persönlich anzusprechen, wenn er in der Filiale ist. Dies ist dann der Fall, wenn der Kunde an Selbstbedienungsgeräten wie dem Geldautomaten steht. Neben den klassischen Serviceleistungen ist es nun möglich, auch persönlich weitere Hilfestellungen und Angebote zu unterbreiten (Sachse 2014, S. 15).

Eine Hürde stellen bei der Videoberatung neben der Überzeugungsarbeit, die sowohl bei den Beratern als auch bei den Kunden notwendig ist, die Bandbreiten bei ländlich angesiedelten Geschäftsstellen dar. Häufig erlauben hier schwächere Anbindungen keine störungsfreie, flüssige Videoübertragung.

14.3.4   Mobile- und Internetbanking

Die Self-Service-Beratung im Onlinebanking existiert schon länger. Bei Direktbanken ist dieser Vertriebskanal der Nucleus des Geschäftsmodells. Speziell die Punkte Visualisierung und einfache, selbsterklärende Beratung spielen hierbei eine entscheidende Rolle, da in der Regel kein Berater zur Verfügung steht, der die Themen mit dem Kunden bespricht. Die Beurteilung, ob ein Kunde eine Seite ansprechend findet oder nicht, wird in nur wenigen Sekunden getroffen. Eine selbsterklärende und klar verständliche Oberfläche ist eines der entscheidenden Kriterien. So scheitern ca. 50 % der Abschlüsse daran, dass Kunden die notwendigen Informationen über das Produkt nicht finden oder diese nicht vorliegen (Fernandez 2012). Der Visualisierung kommt neben einem erklärenden Charakter auch noch die herausragende Bedeutung zu, dass nahezu die komplette Emotionalisierung der Bankdienstleistung auf ihr lastet, da im Gegensatz zum stationären Vertrieb kein Berater diese Funktion übernehmen kann. Dies wird im Mobile- und Internetbanking häufig durch Erklär- und Imagevideos unterstützt, die die Leistungen des Kreditinstituts auf einfache Weise transparent machen.

Um den Anspruch eines Omnichannel-Angebotes über die verschiedenen Touchpoints des Kunden hinweg zu erfüllen, ist neben der Integration der verschiedenen Kanäle in die IT-Architektur auch das Design auf ein einheitliches Kundenerlebnis anzupassen. Der Kunde muss beispielsweise bei einem Kanalübergang vom Mobile- oder Internetbanking in den stationären Vertrieb einen hohen Wiedererkennungswert vorfinden, um sich nicht komplett neu in die Beratungsoberfläche eindenken zu müssen.

Das Schlagwort für die Gestaltung der Oberflächen im Mobile- und Internetbanking heißt responsives Design. Hiermit wird beschrieben, dass der Content sowie die Darstellung der Banking Inhalte auf die Oberfläche des wiedergebenden Gerätes anzupassen sind (Zillgens 2013, S. 15). Eine Bankinganwendung auf einem Smartphone ist weniger dafür geeignet, komplexe Altersvorsorgeberatungen durchzuführen. Es ist eine klare Zielsetzung zu definieren welchen Nutzen der Kunde mit dem jeweiligen Kanal erreichen soll und durch welche Use-Cases dies erreicht wird. Hierbei kann grob zwischen der Abfrage von Informationen, den Beratungs- und Abschlussmöglichkeiten sowie Serviceprozessen unterschieden werden.

Dass die Unterscheidung der angebotenen Dienste sinnvoll und auch für den Kunden zielführend ist, wird an einem weiteren Trendthema deutlich: dem Internet der Dinge (siehe Beitrag von Oelling und Brock in diesem Buch). Wenn wir diese Gruppe der technischen Hardware anhand der Wearables wie Uhren, Armbänder und Brillen beleuchten, wird relativ schnell klar, dass auf diesen Oberflächen eine umfangreiche Beratung im Self-Service kaum möglich ist. Die Anzeigeoberfläche sowie die Bedienfunktionalitäten sind schlichtweg nicht für diesen Use-Case ausgelegt. Diese technischen Möglichkeiten sollten jedoch auch im Banking nicht vernachlässigt werden. Die Anwendungsszenarien werden sich primär auf standardisierte Informationsabfragen beziehen sowie neue Möglichkeiten in der Machine-to-Machine (M2M)-Kommunikation eröffnen. Durch die M2M-Kommunikation wird es beispielsweise möglich sein, dem Kunden in verschiedenen Lebenssituationen Impulse für Bankdienstleistungen zu geben und somit Vertriebserfolge und die Servicequalität zu steigern.

Die organisatorischen Gestaltungen in den Banken und Sparkassen spielen zudem eine große Rolle dahin gehend, wie die Dienstleistung in den verschiedenen Vertriebskanälen durch die Berater angeboten und durch die Kunden wahrgenommen wird. Gibt es beispielsweise Unterschiede in der Preisgestaltung zwischen den Kanälen, führt dies zu einer Konkurrenzsituation zwischen dem stationären und dem Onlinevertrieb. Der Kunde wird bei der nächsten Nutzung einer Bankdienstleistung ausschließlich den für ihn günstigeren Kanal wählen.

Ein weiteres Beispiel für die Auswirkungen von internen Regelungen ist die Anrechnung von Vertriebserfolgen. Werden Abschlüsse, die online getätigt worden sind, nicht dem Kundenberater zugerechnet, wird es nie dazu kommen, dass der Berater als Mulitkanal-Coach für den Kunden fungiert und die Möglichkeiten im Onlinekanal in seiner Beratung aufnimmt. Diese Beispiele machen deutlich, dass eine echte Ausrichtung als Omnichannel-Bank auch von den internen Vorgaben abhängig ist.

14.4 Empfehlungen zur Entwicklung von interaktiven Technologien

Die Entwicklung zukunftsfähiger Beratungsanwendungen stellt andere Anforderungen, als diese bisher in der Programmentwicklung üblich waren. Die Priorität in der Anwendungsentwicklung verschiebt sich. Die Konzeption der Software stellt zu Beginn die Identifikation der Anforderungen voran, die Berater, aber auch Kunden an die Beratung stellen. Diese werden direkt in der ersten Projektphase in Workshops in die Gestaltung der Masken überführt. Zunächst werden diese Ideen in sogenannten Mockups skizziert und anschließend in Designstudien und klickbare Programmprototypen überführt.

Mockups stellen skizzierte Vorschläge zur Maskengestaltung dar, mit deren Hilfe ein erster Eindruck der Benutzeroberfläche vermittelt werden soll.

Die technische Umsetzung des definierten optischen und fachlichen Zielbildes erfolgt erst im Anschluss. Das Design sowie das Erlebnis in der Kundenberatung stehen somit deutlich stärker im Fokus.

Auf diese Anforderungen reagieren agile Projektmanagementmethoden wie beispielsweise Scrum. Der Grundgedanke von Scrum ist, als Resultat kurzer Entwicklungszyklen mit einer Maximallaufzeit von vier Wochen bereits anwendbare Programmbestandteile zu liefern. Diese Entwicklung geschieht in Teams, die ständig miteinander kommunizieren und so beispielsweise täglich ihren Stand der einzelnen Arbeitspakete miteinander austauschen. Diese Vorgehensweise ermöglicht es, die Anforderungen, die Kunden und Berater an eine Anwendungsoberfläche und -funktionalität stellen, bereits in einem frühen Entwicklungsstadium zu überprüfen und auch regelmäßig zu hinterfragen. Die gesamte Anwendung muss somit nicht komplett fertig gestellt sein, um durch die Anwender in der Praxis testen zu lassen, ob die definierten Anforderungen erfüllt sind.

Die Interaktion mit dem Kunden wird zunehmend bereits in der Produktentwicklung betrieben. Um Kundenerwartungen und Trends frühzeitig abgreifen zu können und diese mit den entscheidenden Personen – den Kunden – zu diskutieren, werden in einigen Bankengruppen institutionalisierte Vorgehensweisen etabliert. Die Sparkassen in Österreich haben hierzu beispielsweise das sogenannte s-lab gegründet (Sparkasse Austria 2014). In einer Open Innovation Community werden Ideen und Wünsche mit den Kunden sowohl auf Onlineplattformen als auch in Offline-workshops diskutiert und Lösungen erarbeitet. Ähnliche Ansätze verfolgt das Angebot der Cortal Consors in Zukunft und beschreibt dies sogar mit großem Marketingaufwand mit: „Am 08.12. wird Cortal Consors eine andere Bank" (Cortalconsors 2014). In solchen Communitys ist es möglich, die erarbeiteten

Designvorlagen und Prototypen gemeinsam durch den Kunden und die Berater testen zu lassen und bereits vor dem Rollout früh zu optimieren.

Einen anderen Ansatz der Ideenevaluierung fährt die Deutsche Bank mit ihrer Filiale „Q110 – Die Deutsche Bank der Zukunft" in Berlin. In dieser Filiale sollen neue Konzepte und Gestaltungsmöglichkeiten für eine Filiale der Zukunft im Praxiseinsatz getestet werden. Hierbei wird besonderer Wert auf die Atmosphäre in der Filiale sowie das Erlebnis in der Bankberatung gelegt. Dabei werden auch technische Prototypen in der Finanzberatung angewandt (Deutsche Bank 2014).

14.5   Beispiel interaktiver Finanzberatung anhand der Technologiestudie Interactive Advisory (INA)

Der von Steria Mummert und jambit entwickelte Design Prototyp INA setzt die beschriebenen Anforderungen an eine Benutzeroberfläche um. Er soll einen Eindruck dazu vermitteln, wie die Beratungsoberfläche der Zukunft gestaltet sein könnte.

Abbildung 14.3 zeigt die Abfrage der Einkommenssituation und der beruflichen Stellung in der Kundenanalyse einer Beratung. Folgende der zuvor beschriebenen Anforderungen an die interaktive Finanzberatung wurden in der Maske berücksichtigt:

- Die übersichtliche optische Gestaltung der Maske bietet einen klaren Überblick über die berufliche Situation und beschränkt sich auf das Wesentliche.

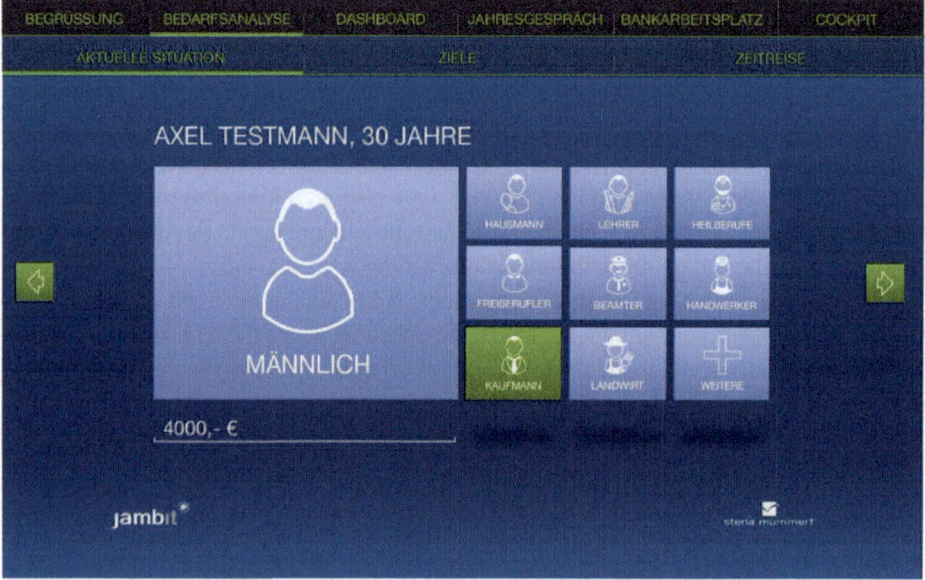

Abb. 14.3 Analysemaske berufliche Stellung INA

- Durch die Visualisierung der Buttons kann man sofort erkennen, welche Funktionen die einzelnen Schaltflächen haben. Die Bedienung ist somit einfach und intuitiv gestaltet.
- Die Navigation zwischen den Masken des Workflows ist einfach und nachvollziehbar durch Wischen in einer App-Version oder die Navigation auf die nächste Seite mit den Pfeilen an den Rändern der Maske.
- Durch die gesamte farbliche Gestaltung der Maske kann das Corporate Design der jeweiligen Bank oder Sparkasse berücksichtigt werden. Für Sparkassen sollte diese Maske beispielsweise Elemente in Rot, für die Postbank Elemente in Gelb enthalten.
- Die Schaltflächen sind aufgrund ihrer Größe einfach zu bedienen und für die Anwendung in einer App touchfähig gestaltet.

Abbildung 14.4 zeigt beispielhaft den oben beschriebenen Ansatz, offene Bedarfsfelder und Impulse transparent im stationären Vertrieb und im Onlinebanking des Kunden darzustellen. Das sogenannte Dashboard bildet auf ganz einfache und unkomplizierte Weise mittels einer Post-it-Systematik offene Wünsche und Bedürfnisse des Kunden ab, um diese bei dem Kunden ständig präsent zu halten. Beim Klick im Onlinebanking auf die jeweiligen Bedarfsfelder kann ein Kundentermin mit dem Berater vereinbart werden. Dieser Ansatz kann zur Revitalisierung der Kontaktintensitäten in der Filiale führen.

Das technische Framework in Abb. 14.5 bildet das Fundament für die beschriebenen Anforderungen an eine interaktive Beratung. Folgende Anforderungen bildet das Framework ab:

Abb. 14.4 Dashboard Übersicht INA

INA-Technologie-Framework

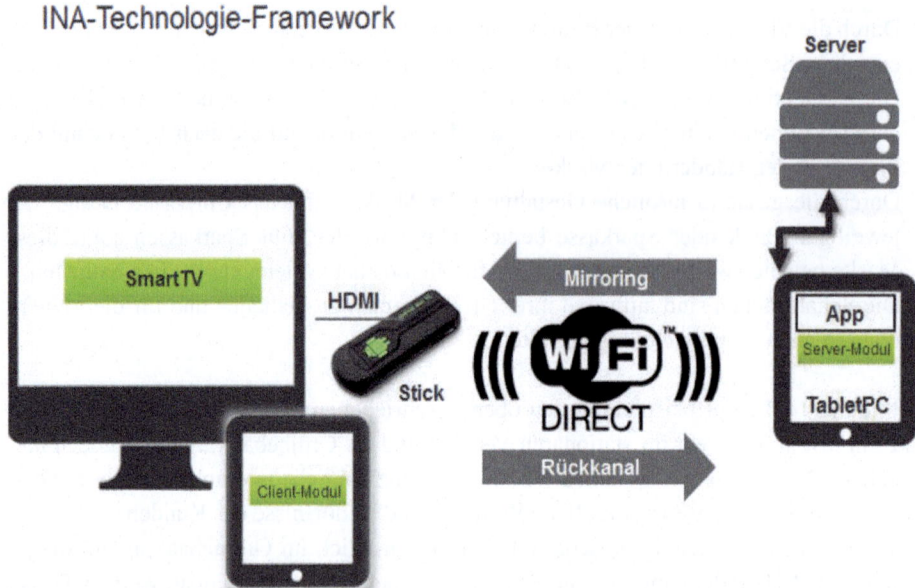

Abb. 14.5 INA-Technologie-Framework

- Nutzung der Second-Screen-Technologie über eine Direct-WiFi Verbindung. Die Beratungsanwendung kann somit auf zwei Endgeräten gleichzeitig angezeigt werden. Dies ist sowohl auf zwei Tablet-PCs aber auch Flatscreens möglich.
- Durch die Direct-WiFi Verbindung werden Geräte direkt miteinander vernetzt. Durch diese Verbindungen können die Beratungsinhalte auch ganz einfach ohne Datenspeicherung auf die Geräte des Kunden im mobilen Vertrieb gespiegelt werden. Die Nutzung des WLANs des Kunden ist nicht erforderlich.
- Die Kunden- und Vertragsdaten werden auf dem Tablet-PC für den mobilen Vertrieb bei Bedarf vorübergehend offline gespeichert und bei der nächsten konstanten Online-Verbindung wieder in das Backend-System übertragen und auf dem Endgerät gelöscht.

14.6 Fazit

Um das Beratungserlebnis in Bankenfilialen deutlich zu verbessern, sind Beratungsanwendungen im Multikanal konsequent an den beschriebenen Anforderungen der Kunden auszurichten. Die Investitionen sind hierbei nicht nur auf mobile Vertriebskanäle zu beschränken, vielmehr ist der Mehrwert der persönlichen Beratung in Kombination mit dem Omnichannel-Ansatz herauszustellen. In vielen Banken und Sparkassen ist hierfür sowohl technisch als auch in den Beratungsansätzen ein deutlicher Wandel notwendig, um die Anforderungen des Kunden zu erfüllen.

Die konzeptionellen und technischen Maßnahmen sind stringent an der strategischen Zielrichtung im Omnichannel-Vertrieb auszurichten. Wenn der stationäre Vertrieb als ein entscheidender Vertriebsweg mit einer Drehscheibenfunktion für andere Vertriebswege gesehen wird, sind die in diesem Artikel beschriebenen Weiterentwicklungen in der Interaktion mit dem Kunden konsequent zu nutzen. Nur so wird die persönliche Beratung langfristig einen entscheidenden Mehrwert für den Kunden darstellen, der auch transparent und greifbar ist.

Literatur

Besser P., Schilling, K. (2011): Wege zum Kunden, Steria Mummert Studie 2015.

Blum, G. (2014): Customer Relationship Management (CRM), in: Holland, H. (Hrsg.) Digitales Dialogmarketing – Grundlagen, Strategien, Instrumente, Wiesbaden.

Contalconsors (2014), https://wissen.cortalconsors.de/t5/Blog/Am-8-12-wird-Cortal-Consors-eine-andere-Bank/ba-p/18187#tab-navigation, abgerufen am 28. November 2014.

Deutsche Bank (2014), https://www.q110.de/de/index.html, abgerufen am 28. November 2014.

Fernandez, C. (2012): How crappy usability is costing you sales, http://www.biquitous.com/how-crappy-usability-is-costing-you-sales, abgerufen am 28. Novemebr 2014.

Häusel, H.G. (2005): Think Limbic, München.

Initiative Finanzmarktwächter der Verbraucherzentralen und des Verbraucherzentralen Bundesverbandes (2013): Erhalten Verbraucher Bedarfsgerechte Anlageprodukte? Eine Auswertung von Fällen aus der Beratungspraxis der Verbraucherzentralen, Berlin.

Lohoff, A. (2013): Wissen statt Vermuten, Finanz Informatik ITmagazin 2013.

Maier, C. (2014): Bestätigt Hypovereinsbank schließt 300 Filialen, http://www.merkur-online.de/aktuelles/wirtschaft/hypovereinsbank-schliesst-filialen-3412627.html, abgerufen am 27. November 2014.

Otto-Friedrichs Freie Universität Bamberg (2013): Net Promoter Score, http://www.uni-bamberg.de/fileadmin/uni/fakultaeten/sowi_lehrstuehle/absatzwirtschaft/Download/20130418_Eigenstudie_Net_Promoter_Score_2013.pdf, abgerufen am 25. November 2014.

Preußner, D. (2009): Sicher auftreten im Technischen Vertrieb – so überzeugen Sie Ihre Kunden, Wiesbaden.

Rossa P., Holland H. (2014): Big-Data-Marketing – Chancen und Herausforderungen für Unternehmen, in: Holland, H. (Hrsg.) Digitales Dialogmarketing – Grundlagen, Strategien, Instrumente, S. 249–302, Wiesbaden.

Sachse, S. (2014): http://banking-innovation.org/index.php/2011-06-05-21-12-47/item/490-commerzbank-videokasse, abgerufen am 28. November 2014.

Schwerdt, Y. (2012): Macy's macht Multichannel, http://schwerdtblog.absatzwirtschaft.de/2012/11/13/macys-macht-multichannel/, abgerufen am 28. November 2014.

Sparkasse Austria (2014), https://s-lab.sparkasse.at/start.php, abgerufen am 28. November 2014

Vater, D., Cho, Y., Sidebottom, P. (2012): Bain & Company Retail Banking – Die digitale Herausforderung, München.

Zillgens, C. (2013): Responsives Webdesign – Reaktionsfähige Websites gestalten und umsetzen,
München.

Simon Oberle studierte Betriebswirtschaft in Göttingen. Er arbeitet als Unternehmensberater und
Business Developer bei Steria Mummert Consulting im Bereich Channel Integration. Sowohl als
Projekt- und Prozessmanager in einer Bank als auch als externer Unternehmensberater arbeitete er
daran Prozesse und Strukturen konsequent an den Kundenbedürfnissen auszurichten. Für Banken
sieht er es als große Herausforderung an, mit den immer kürzer werdenden technischen Entwicklungszyklen und den daraus resultierenden Kundenerwartungen Schritt zu halten. Zu seinen Bera-
tungsschwerpunkten gehört neben der Implementierung und Optimierung von Multikanalprozessen
auch die Entwicklung neuer Beratungsansätze mit neuen Medien in Banken.

Digital Signage – Effizienter Vertriebskanal oder lediglich „bunte Bilder in der Filiale"?

15

Sebastian Groppe

Zusammenfassung

Banken und Sparkassen sind auf der Suche nach innovativen Möglichkeiten, wie sie mit Kunden interagieren können. Eine Lösung heißt Digital Signage. Der Beitrag zeigt, das Digital Signage seine positive Wirkung im Bankenmarkt dann entfalten kann, wenn Hard- und Software professionell in das Multikanal-Management von Kreditinstituten eingebunden werden.

15.1 Einleitung

Die Durchdringung des Bankensektors mit Digital Signage-Lösungen hat in den letzten fünf Jahren signifikant zugenommen. Einige Banken und Sparkassen haben schon unterschiedliche Systeme pilotiert und flächendeckend implementiert. Gleichwohl ist die Renditefähigkeit derartiger Investments zu Recht noch umstritten. Denn oftmals fungieren die angebotenen Lösungen lediglich als digitaler Ersatz von bisherigen Print-Plakaten und bieten nur begrenzte Interaktionsmöglichkeiten. Oder aber es handelt sich um aufwändig-technikverliebte Großinstallationen, die einen bestenfalls imagestärkenden Effekt besitzen. Die Gründe hierfür sind vielschichtig und liegen oftmals in einer zu starken Technik-Fokussierung bei gleichzeitiger Vernachlässigung der Notwendigkeit relevanten und intelligenten Content auszusteuern. Zudem fehlt zumeist insbesondere die Betrachtung von Digital Signage als eigenständiger Kanal in der institutsspezifischen Multikanalstrategie.

S. Groppe (✉)
Bremen, Deutschland
E-Mail: sebastian.groppe@engram.de

15.2 Defizite im Umgang mit Digital Signage-Lösungen

Es war im Juni 2009, als die US-amerikanische Bank Marketing Association konstatierte, dass Digital Signage im Bankenumfeld endlich auch Europa erreicht hatte „Digital Signage Also Pops Up in European Bank Lobbies" (ABA Bank Marketing 2009, S. 1). Seitdem ist spürbar Bewegung in den Markt gekommen[1] und wenn man sich in Frankfurt im sogenannten „Banken-Bermudadreieck" bewegt, also rund um die MyZeil, so kann man nicht nur die ersten, sondern auch die zweiten und dritten „Gehversuche" deutscher und internationaler Großbanken wie Commerzbank, Deutsche Bank, Frankfurter Sparkasse und MoneyGram im Digital Signage-Umfeld betrachten. Auffällig dabei ist, dass sich neben der Qualität der Hardwareinstallationen zwar auch die Usability der Content Management Systeme (CMS) entscheidend verbessert hat (auf Frontend- wie auf Backend-Seite), aber selbst durch die Ausstrahlung hochwertig produzierten Contents, wie beispielsweise der Branchenresearcher invidis bei der Frankfurter Sparkasse (invidis 2014, S. 1), bleibt ein Aspekt unverändert bestehen: Die Art der Kundenansprache ist statisch und emotional wenig ansprechend.

Dies hängt im Wesentlichen mit der Art und Weise zusammen, wie Digital Signage in der deutschen Banken- und Sparkassenlandschaft genutzt wird. Denn wie das American Banker Magazine plakativ aufführt, liegen die Gründe für die Einführung von Digital Signage-Lösungen im Bankenumfeld primär in der sich hierdurch ergebenden Kostenersparnis aufgrund der Skalierfähigkeit für die Content-Aktualisierung und der Möglichkeit der Headquarter-bezogenen Kontrolle über den jeweils angezeigten Content (American Banker Magazine 2013, S. 36 f.). Was jedoch den konkret ausgesteuerten Inhalt betrifft, handelt es sich hier weiterhin überwiegend um eine reine Informationsvermittlung auf Produktebene. Zwar werden mittlerweile fast überall QR-Codes in Kampagnen eingebunden, aber eine wirkliche Interaktion mit dem Kunden kommt hierdurch zumeist nicht zustande. Denn in der Mehrzahl der Fälle führen diese lediglich auf die Start-Homepage des Instituts oder bestenfalls auf eine mal mehr, mal weniger für die mobile Nutzung optimierte Produktinformations-Landingpage. Es verwundert daher nicht, dass angesichts der damals erwarteten, aber zwischenzeitlich nicht eingetretenen Umsatzsteigerung Ernüchterung auftritt. Die Gründe sind schnell gefunden: Digital Signage ist zwar „ganz nett und schön", aber „vertrieblich nicht sonderlich wirksam". Fazit: „Lasst uns die alten Printplakate wieder aufhängen – die haben die gleiche Wirkung". Wie kann also ein Finanzinstitut Digital Signage wirklich gewinnbringend einsetzen? Und zwar nicht nur im Sinne einer bloßen Imageverbesserung („Meine Bank ist modern"), sondern im Sinne einer vertriebsseitigen Unterstützung der gesamten Multikanalstrategie? Die Antwort hierauf lautet: Digital Signage muss als gänzlich eigener Kundenkommunikationskanal ver-

---

[1] Nach Umfragen des auf Finanzdienstleister spezialisierten US-amerikanischen Digital Signage-Anbieters John Ryan testeten und/oder implementierten per Stand 2013 bereits rd. 60% der an der Befragung teilgenommenen Bankinstituten den Einsatz von Digital Signage-Lösungen (John Ryan 2013, S. 15).

standen und behandelt werden. Mit allen Vorteilen, Nachteilen, Eigenheiten, Potenzialen und Restriktionen.

15.3 Digital Sigange richtig im Multichannel-Mix einsetzen

Zum jetzigen Zeitpunkt findet die Digital Signage-Betrachtung branchenübergreifend oftmals noch zu stark technikgetrieben statt. Snyder schreibt hierzu: „Among the biggest misconceptions about purchasing digital signage is that it's primarily a technology decision. Of course, your system must have advanced capabilities and be highly reliable, but as far as your customers are concerned, the technology couldn't matter less. Just like you, when they see a TV, all they really care about is that there's something worth watching" (Snyder 2014, S. 46). Digital Signage wird zwar von Banken und Sparkassen mittlerweile als „notwendiges bzw. sinnvolles Element" einer Filialverjüngung angesehen, jedoch bleibt in vielen Fällen der Zweifel bestehen, ob dieser positive Imageeffekt allein die Kosten deckt.[2] Eben jene sind hardwareseitig (Player-PC wie Display) zwar durch besagte Technik-Fokussierung in den letzten Jahren trotz steigender Qualität stark gesunken und hierdurch ist der Einsatz von Digital Signage nun wesentlich massenkompatibler und auch für kleine Kreditinstitute wirtschaftlich realisierbar geworden.

---

[2] Dass Digital Signage im Retail-Bereich insgesamt einen signifikant positiven Einfluss auf den Gesamteindruck beispielsweise einer Filiale und damit zusammenhängend auch auf die Kaufbereitschaft bestimmter Kundensegmente hat, stellen Dennis et al. in ihren wissenschaftlichen Experimenten/Untersuchungen fest. („Digital signage is thus an important tool for retail atmospherics" (Dennis et al. 2012, S. 455) sowie „digital signage [functions] in the retail atmospheric toolbox as a stimulus with substantial effect" (Dennis et al. 2010, S. 213). Den positiven Effekt von „retail atmospherics" auf das Kaufverhalten wiederum hat u. a. Puccinelli wissenschaftlich untersucht: „[People] who are in a good mood [...] are willing to pay more for the products" (Puccinelli 2006, S. 161)). Allerdings muss in Bezug nicht nur auf die Studie von Dennis et al., sondern auch auf die wenigen weiteren wissenschaftlichen Studien zur Beziehung von Käuferverhalten und Digital Signage-Elementen, festgehalten werden, dass sich zwar die singuläre positive Wirkung von Digital Signage auf den Gesamteindruck einer Filiale wahrscheinlich auch mehr oder minder auf Banken und Sparkassen übertragen lässt, die damit zusammenhängenden weiteren Implikationen jedoch nicht ohne weitere Forschungen auf die Bankenbranche transferiert werden sollten. Im Fall von Dennis et al. ist das Untersuchungsobjekt zum Beispiel eine Shoppingmall-Situation und die signifikant stärksten verkaufsfördernden Resultate von Digital Signage wurden bei berufstätigen Personen mit wenig verfügbarer Zeit für Kaufentscheidungen beobachtet: „The stimulus of digital signage indicates that it significantly enhances the perception of the mall environment and approach behavior among income-earning busy shoppers, who are generally in a hurry to complete their shopping. For these shoppers, digital signage may facilitate their tasks and inform them about product offerings and promotions. On the other hand, digital signage is not highly evaluated by retired and non-working patrons who are already spending time in the Malls" (Dennis et al. 2012, S. 463). Inwiefern diese Voraussetzungen auf den Vertrieb beliebiger Bankprodukte und -dienstleistungen übertragbar sind, ist zu diskutieren.

15.3.1 Die Usability und die User Experience muss verbessert werden

Aber die besagte Konzentration auf die Imageverbesserung einer Filiale war auch eine willkommene Ausrede, warum man sich über die sinnvolle Verknüpfung des Digital Signage Kanals in eine Gesamtkommunikationsstrategie keine Gedanken machen wollte bzw. musste. Dies zeigt sich nicht zuletzt daran, dass neben der bereits erwähnten Verbesserung der Usability die User Experience eher stagnierte. So zwingen Content Management Anbieter auch heute noch Banken und Sparkassen das dem jeweiligen CMS innewohnende Frontend-Design auf. Die Layout Anpassung ist zumeist beschränkt auf das Einfärben des Hintergrunds in das jeweilige CI und das Einfügen des Institutslogos. Für den Bankkunden ist die User Experience dadurch jedoch ernüchternd, muss er sich doch auf fast jedem Kanal mit andersgearteten Oberflächen in unterschiedlichen Designs und variierenden Prozessschritten auseinandersetzen. Dieser Umstand ist für einen erfolgreichen Einsatz von Digital Signage-Lösungen unbedingt zu ändern, da der Kunde auf allen Kanälen mit zwar kanalseitig angepasster, jedoch in den elementaren Aspekten identischer Usability angesprochen werden muss (siehe hierzu auch die Ausführungen von Chati: „a good UX [i.e User Experience] design will feature the following: Consistency and cohesiveness in content and branding across all channels – to achieve this. UX designers need to research, analyze, and understand experiences across all channels even if they are designing for a single one" (Chati 2014, S. 7)).

Einige Banken gehen diesen Missstand mittlerweile an, so beispielsweise die S-Finanzgruppe mit dem von ihrem zentralen Rechenzentrumsdienstleister Finanz Informatik (FI) aufgesetzten Projekt ‚OSPlus_neo' als Bestandteil der sparkassenweiten ‚Vertriebsstrategie der Zukunft'(DSGV-Modell). Hier geht es u. a. darum, die kanalübergreifende Nutzung von bankfachlichen Prozessen „transparenter" und „intuitiver" (FI 2014, S. 15 und S. 17) zu gestalten und „eine Lösung für alle Endgeräte" (FI 2014, S. 8) anzubieten. Zudem wird es für Kunden zukünftig möglich sein, bereits angefangene Prozesse kanalübergreifend zu einem späteren Zeitpunkt fortzusetzen bzw. abzuschließen. Spannend ist in diesem konkreten Projekt zudem auch der Aspekt, dass der Multikanalgedanke nicht nur auf den Kunden beschränkt, sondern auch um die Beratersicht ergänzt wird. Denn dieser soll zukünftig die gleichen intuitiven Oberflächen nutzen wie sein Kunde. Andererseits zeigt das Projekt auch plakativ auf, dass das Verständnis von Digital Signage als ein Bestandteil eines Banken-Multikanalvertriebs weiterhin (zumindest von der FI) nicht erkannt wird. Der Kanal Digital Signage existiert im Projekt OSPlus_neo bisher nicht und bleibt unverständlicherweise isoliert außen vor.

15.3.2 Der Content muss verbessert werden

Dass neben der einheitlichen und ansprechenden Darstellung insbesondere die Relevanz des Contents einer der wichtigsten Erfolgsfaktoren für Digital Signage im Bankenumfeld darstellt, ist unbestritten. So führt Burke in seinen Untersuchungen aus, dass die Faktoren „Inhalt", „Qualität des Inhalts und seiner Darstellung" sowie „Kontext/Situation, in der der Inhalt vermittelt wird" entscheidend sind für den jeweiligen Wirkungsgrad: „An analysis of academic and commercial experiments reveals that in-store advertising effectiveness depends on both the content of the message […] and the context and quality of exposure […]" (Burke 2009, S. 180). Damit zusammenhängend wird mittlerweile von den meisten Finanzdienstleistern verstanden, dass innerhalb der Filiale in unterschiedlichen Zonen (zum Beispiel Schaufenster, SB-Bereich, Orientierungs- und Beratungsbereich, Lounge-Area) eine differenzierte Kundenansprache mittels differenziertem Content erfolgen muss. So sollte ein längerer Imagefilm über das Institut nicht zwingend am Schaufenster laufen, sondern eher im Lounge-Bereich, da der Kunde hier überhaupt Gelegenheit hat, sich diesen in Ruhe anzusehen. Am Schaufenster und im SB-Bereich sind wiederum eher kurze und prägnante Informationen von Bedeutung, die eine Teaserfunktion übernehmen und den Kunden und Nicht-Kunden in eine der nachgelagerten Zonen ziehen können. Darüber hinaus sind sowohl bei der Verortung der Systeme wie auch bei der örtlichen Entscheidung des auszuspielenden Contents einerseits Kundenströme und kundenspezifisches Verhalten in der Filiale und andererseits die Intimität der Informationen zu berücksichtigen. So wird der Kunde teilweise aufgefordert, an interaktiven Terminals vertrauliche Informationen wie Kontaktdaten oder (am Beispiel Immobilienterminal) beispielsweise Angaben zum verfügbaren Eigenkapital und der gewünschten Kreditsumme etc. anzugeben. In einem solchen Fall kommt der Vertraulichkeit der Daten eine sehr hohe Bedeutung zu. Dies gilt nicht nur für die konkrete Lokation des Touchpoints, sondern selbstverständlich auch für die dahinterstehende IT-Infrastruktur, die gleichermaßen verlässlich und abgesichert sein muss. Unter Berücksichtigung der spezifischen Besonderheiten der Bankenlandschaft im Allgemeinen sollte daher jegliche Digital Signage-Lösung perspektivisch rechenzentrumsseitig betrieben oder zumindest unterstützt werden. Dies gilt insbesondere dann, wenn neben passiven Displays und interaktiven Terminals auch die bestehende SB-Geräte-Infrastruktur mit eingebunden wird.

15.3.3   Intelligenter Content ist der Königsweg

Um die Kundenansprache noch effizienter zu gestalten, müssen Digital Signage-Lösungen eine intelligente Content-Aussteuerung beinhalten. Schlussendlich sollen beim Kunden positive Emotionen aktiviert und hervorgerufen werden, was durch den bestenfalls zeit- und ortsabhängigen Playlist-Charakter der meisten aktuellen Content Management Systeme (CMS) nicht gelingen kann. Ein gutes CMS wiederum ist an dieser Stelle vollständig an bestehende CDM/CRM- sowie Kernbanksysteme angeschlossen und kann so bei einer stattgefundenen Identifikation des Kunden eine situationsbedingte und emotional ansprechende Kampagne präsentieren. Dies ist der erste Schritt in eine beidseitige Interaktion und kann aktuell durch die Identifikation mit der Kundenkarte relativ problemlos an den SB-Geräten in der Filiale und teilweise auch schon in Wartesituationen/Lounge-Bereichen (wenn der Kunde vorher seinen Besuch angemeldet hat) gelingen.

Das Rechenzentrum der Volks- und Raiffeisenbanken in Norddeutschland, die GAD eG, ist hier als positives Beispiel für integriertes Multikanalmanagement im Bereich Digital Signage zu benennen: Im Rahmen des Projektes „SB-Werbung" ist bereits jetzt rechenzentrumsseitig ein leistungsfähiges externes Digital Signage-CMS im Einsatz, welches die Daten aus dem Kernbanksystem zur zielgruppengerechten und emotional-passgenauen Kundenansprache an den SB-Geräten nutzt (inkl. Feedback-Funktionen) (GAD 2012, S. 1 f.). Zudem nutzen einige Pilotbanken bereits jetzt die Möglichkeit, zusätzlich zu allen SB-Geräten auch beliebige weitere Digital Signage-Elemente (E-Plakate, interaktive Terminals, Multitouch-Beratungstische etc.) über besagtes CMS zentral mit Content zu versorgen. Als daran anschließender Ausbauschritt wird zudem gerade die Nutzung der intelligenten Content-Aussteuerung dieses CMS für die zentralen Internet-Auftritte aller Volks- und Raiffeisenbanken in Deutschland (Web-Center) geprüft (GAD 2014, S. 1). In Summe entsteht so für die Genossenschaftsgruppe die Möglichkeit, mit einer einzigen Anwendung unter Ausnutzung aller verfügbaren Daten (CDM/CRM- und Kernbanksysteme) beliebige digitale Kanäle mit Werbebotschaften/Content zu versorgen.

Zukünftig wird durch Lösungen wie Near Field Communication (NFC) und in Teilen auch Beacons voraussichtlich an fast allen Stellen in- und außerhalb der Filiale eine personalisierte Kundenansprache möglich sein (siehe Beitrag von Oelling und Brock im vorliegenden Buch). Dies stellt für Banken und Sparkassen ein riesiges Potenzial dar – insbesondere, wenn sie es schaffen, weiterführende Informationen zu ihren Kunden zu erhalten.

Dass dabei eben nicht nur auf die bisher in den internen Bank-Systemen vorliegenden Daten wie zum Beispiel Familienstand, Einkommenssituation, bisherige in Anspruch genommene Dienstleistungen und Produkte, Risikoaffinität, Scores u.v.m. Rückgriff genommen wird, sondern auch jegliche weitere datenseitig auswertbare Informationen und Einflüsse in die Kundenansprache mit einfließen, ist der nächste Schritt in die richtige Richtung. So sind bereits jetzt am Markt Lösungen verfügbar (zum Beispiel in Teilen von Intel (Intel 2014) oder in Gänze von der Bremer engram GmbH (engram 2014)), die beispielsweise die aktuellen Wetterdaten am PoS oder die aktuelle Börsensituation (insgesamt oder bezogen auf das jeweilige Depot des Kunden) mit in die Kundenansprache einbeziehen. Derartige „Events" können zudem selbstverständlich auch unterstützend hinzugezogen werden, wenn es um die Ansprache von Nicht-Kunden oder nicht identifizierten Kunden geht, die ergänzend ebenfalls über sogenannte Alters- und Geschlechtserkennungs-Lösungen kundenseitig segmentiert und differenziert angesprochen werden können. Den Möglichkeiten sind hier kaum Grenzen gesetzt – mit Ausnahme der jeweils zu überprüfenden Relevanz für die Kundenansprache und der institutsseitig noch händelbaren Komplexität. Bereits jetzt sind Kampagnen abhängig von zum Beispiel dem aktuellen Pollenflug, dem Migränewetter, den Ergebnissen bestimmter Sportereignisse und -vereine u.v.m. definierbar. Für die Institute ist hier für die Zukunft jedoch sicherlich die Bereitstellung einer individuellen und einfachen konfigurierbaren „Recommendation Engine" interessant, um die Aufwände für Content-Pflegeprozesse etc. gering zu halten. Zum jetzigen Zeitpunkt existiert hier aber noch kein sonderlich erfolgsversprechendes System zur Unterstützung der Kampagnenauswahl.

15.3.4 Der emotional Point of Sale ist das Ziel

Wichtig ist zudem bei einer stattgefundenen Identifikation, dass das dabei vom Kunden ggf. via Eingabe auf einem interaktivem Digital Signage-Gerät oder aber auf einem anderen Kanal (zum Beispiel mobile) gegebene Feedback (Produkt/Leistunge gefällt mir/ gefällt mit nicht) wieder in die entsprechenden Systeme zurückgespielt wird und so das jeweilige Kundenprofil mit weiteren Informationen versorgt. [3] In Summe entsteht so sukzessive der oftmals genannte ‚emotional Point of Sale'[4], welcher auch aus Sicht des Fraunhofer IAO die „kundenindividuelle" und „bedürfnisorientierte" Ansprache „durch Einholung neuer Informationen über die Interessen der Kunden zur Profilerweiterung" (Fraunhofer IAO 2014, S. 89) erfordert.

Wie wichtig es ist, „Produkte emotional aufzuladen [und] neue Formen der Aufmerksamkeit und Ansprache aus[zu]loten" betonen auch Rohrmeier und Döring-Katerkamp (Rohrmeier und Döring-Katerkamp 2014, S. 12). Digital Signage ist dabei ideal geeignet, um genau dieses zu erreichen und kann zudem auch mit weiteren innovativen Emotionalisierungsmethoden verknüpft werden, beispielsweise mit spielerischen Elementen wie Augmented Reality. In letzter Zeit gab es hier mehrere interessante Digital Signage- bzw. Digital out of Home (DooH)-Kampagnen, die Augmented Reality-Elemente (AR) integrierten[5], doch auch wenn Intel diese für Banken als unerlässlich ansieht („Add an element of fun […] using augmented reality" (Intel 2012, S. 3)) so ist der Transfer derartiger Lösungen in die Bankenwelt aktuell noch eher gering ausgeprägt. Existierende Beispiele sind u. a. die auf AR-Technik basierende Immobilien-App der australischen Commonwealth Bank (Commonwealth Bank 2014, S. 1), die AR-Kreditkarten der Münchner Bank

---

[3] Walter und Lechner beschreiben hierzu die Notwendigkeit integrierter Backend-Systeme: „Einen Schritt weiter gehen vollständig integrierte Lösungen, die es erlauben, CDM/CRM-System und Kernbanksystem im Rahmen einer konsolidierten Umgebung zu nutzen. Dort werden beispielsweise die Tasks, Notizen, Termine und weitere Informationen aus beiden Systemen konsolidiert [und ermöglichen dem Institut so jederzeit] die 360°-Sicht auf den Kunden – unabhängig davon, ob die Informationen ursprünglich im CDM/CRM-System oder im Kernbanksystem abgespeichert wurden" (Walter und Lechner 2014, S. 45).

[4] Wenngleich unter diesem Begriff auch Konzepte verstanden werden, die hierüber hinausgehen und auch beliebige weitere Instrumente zur Beeinflussung neurobiologischer Prozesse in Betracht ziehen (wie beispielsweise die Ideen der Frankurter neuromerchandising group GmbH & Co. KG, (Neuromerchandising 2014, S. 1).

[5] Siehe beispielsweise die Kampagnen von Sky Österreich zur fünften Staffel von „Walking Dead" (Sky Österreich 2014, S. 1) oder von Roadshow Films zur Promotion des Katastrophenfilms „Into the Storm" (Roadshow Films 2014, S. 1).

(GI 2012, S. 1) sowie AR-Anwendungen im Bereich Filial- & Geldautomatenfinder der niederländischen ING (Derksen 2009, S. 1) und der spanischen Bankinter (McGee 2009, S. 1). Pranatharthy et al. sehen zudem ergänzend Möglichkeiten AR-Lösungen auf Kundenseite für lokations- und eventbasierte Angebote zu nutzen (zum Beispiel Reiseversicherungen am Flughafen, Autoversicherungen beim Autokauf) und parallel auf Institutsseite Kundenbewegungen und -aufenthalte zu verfolgen, um so Kundenbesuche u. ä. effizienter zu gestalten (Pranatharthy et al. 2013, S. 5 f.).

15.3.5 Kreditinstitute müssen den richtigen Umgang mit Digital Signage-Lösungen lernen, um Filialen zu stärken

Was unbestritten für den effizienten Einsatz von Digital Signage notwendig bleibt, ist die Förderung einer „Lernkurve" und die Implementierung eines kampagnenseitig kontinuierlichen Überprüfungs- und Anpassungsprozesses. Burke schreibt hierzu: „It would be beneficial to continuously monitor the effectiveness of messages and adjust the schedule of programming accordingly" (Burke 2009, S. 184). Die Quintessenz hieraus lautet, dass mit der Installation von Digital Signage-Lösungen die (zumindest konzeptionelle) Pflegearbeit eigentlich erst anfängt. Sinnvollerweise unterstützt man diesen Lernprozess sodann auch mithilfe valider Markt- und Kundendaten, wie zum Beispiel Snyder ausführt: "Creating an effective digital signage content solution is a science and, just as banks use market analysis to determine the products they'll bring to market, a strategically oriented digital signage company will employ specialized research and audience segmentation data from companies like Nielsen and others to refine their content offerings for maximum viewership, product awareness and inquiry "(Snyder 2014, S. 46).

Dass die Filiale im Retailbanking auch in Zukunft eine hohe Bedeutung einnehmen wird, belegen u. a. diverse Studien. So erwarten laut Institut ibi research der Universität Regensburg rd. 95 % der befragten Experten, dass für komplexe Themen wie Immobilienfinanzierung und Kreditberatung auch zukünftig eine persönliche Betreuung in Anspruch genommen werden wird (ibi research 2014, S. 22). Und auch das Fraunhofer IAO erläutert in seiner Trendstudie „Bank & Zukunft 2014", dass trotz der unstrittig notwendigen Digitalisierung der Vertriebskanäle der stationäre Vertrieb weiterhin eine tragende Säule im Vertriebsmanagement von Retailbanken darstellen wird. Und dies gilt nicht nur für regional agierende Institute: „Nach wie vor ist [...] das Zusammenspiel der unterschiedlichen Vertriebskanäle der Schlüssel zum Erfolg, um den Kunden dauerhaft zu gewinnen" (Fraunhofer IAO 2014, S. 41). Vor diesem Hintergrund ist es nicht verwunderlich, dass mehr als zwei Drittel der befragten Institute kurzfristig (i.e. innerhalb von vier Jahren) eine Modernisierung ihrer bestehenden Filialen planen (Fraunhofer IAO 2014, S. 39 f.). Doch diese Filialen sollten sich nicht nur hinsichtlich Design und „Wohlfühlfaktor/Erlebnisfaktor" von den bisherigen Geschäftsstellen unterscheiden, sondern müssen sich in die übergreifende Multikanalstrategie integrieren. Dies stellt für den Kanal Digital Signage am PoS eine große Chance dar, denn wie Quitt und Schmoll ausführen, brauchen Kunden sowohl „einwandfreie Selbstbedienungsgeräte und komfortable digitale Lösungen sowie Menschen, die in Filialen qualifizierte Beratung anbieten" (Quitt und Schmoll 2014, S. 50). Dies bedeutet, dass es bei Digital Signage-Lösungen eben weg von der reinen Informationsvermittlung hin zum Angebot von an interaktiven Terminals durchführbaren Service-Prozessen gehen sollte. Und diese wiederum sind im Idealfall verknüpft mit fallabschließender Automatisierung im Backend, sodass es eben nicht nur darum geht, Selbstbedienungsmöglichkeiten zu offerieren, sondern wirtschaftliche Potenziale auf Kosten- wie Ertragsseite zu heben. Denn laut Ibi research sind knapp 80 % der befragten Experten davon überzeugt, dass Banken und Sparkassen zukünftig vermehrt Selbstberatungslösungen anbieten und dass Kunden diese auch nutzen werden (ibi research 2014, S. 13). Und auch das Fraunhofer IAO konstatiert, dass die „Erhöhung des Automatisierungsgrads bei Standardprozessen" die für die Zukunft bedeutendste Maßnahme im Geschäftsprozessmanagement sein wird (rd. 85 % der Befragten ordnen diesem Aspekt eine hohe bis sehr hohe Relevanz für die zukünftige Wettbewerbsfähigkeit zu) (Fraunhofer IAO 2014, S. 73). So kann ein Institut durch die Anbindung derartiger Service-Touchpoints an die dahinterliegenden Backend-Lösungen einerseits ertrags- und margenschwache Kunden vollständig automatisiert bedienen und andererseits margenstarke und potenzialkräftige Kunden kanalseitig überleiten in das persönliche Gespräch – sofern gewünscht.[6] Denn in der Filiale können „dank modernster und interaktiver Technik […] alle Kanäle, egal, ob mobil, online oder stationär, zusammengeführt und den Kunden zur Verfügung gestellt werden" (invidis 2011, S. 5). Und so kann beispielsweise der eine Kunde seinen Freistellungsauftrag an einem interaktiven Touch-Point in der Filiale erteilen und sich dabei revisionssicher identifizieren und ein anderer Kunde wird beim Geldabheben am SB-Gerät darauf hingewiesen, dass sein Limit überschritten wurde, er dieses jedoch schnell und unkompliziert an dem daneben stehenden Service-Touchpoint fallabschließend temporär erhöhen kann. Durch die sinnvolle Verknüpfung von derartigen Digital Signage-Lösungen können zudem gezielt bestimmte Kunden in Beratungsprozesse überführt und geleitet werden, was den stationären Vertrieb eines Bankinstituts signifikant unterstützt. Im Ergebnis wirkt Digital Signage in einem solchen Szenario nämlich einerseits kostenreduzierend (u. a. durch die grundsätzliche Skalierfähigkeit bei der Content-Pflege und der Möglichkeit bestimmte Kundensegmente mit automatisierten Service-Prozessen zu bedienen) und andererseits vertriebsstärkend (u. a. durch zielgruppengerechte und emotional-passende Kundenansprache im personalisierten und nicht-personalisierten Bereich sowie die Unterstützung beliebiger Kanalwechsel durch Einbindung in das gesamte Multikanalvertriebsmanagement).

---

[6] Diese Möglichkeiten harmonieren ebenfalls mit den Studienergebnissen des Instituts ibi research in denen sich über 60 % der Experten dafür aussprachen, dass Bankberatung in der heutigen Form zukünftig nur noch für margenstarke Produkte stattfinden kann, wohingegen margenschwache Produkte automatisiert und mittels Systemunterstützung vermittelt/abgehandelt werden sollen (ibi research 2013, S. 16).

15.4 Zusammenfassung und Ausblick

Seine volle Wirkung kann Digital Signage im Bankenmarkt nur dann entfalten, wenn es als eigener und selbstständiger Kanal in der Kundenkommunikation verstanden und entsprechend in die Multikanalstrategie eingebunden wird. Hierfür reichen weder Lippenbekenntnisse noch das simple Ersetzen von Print-Plakaten durch digitale Screens aus, sondern es müssen institutsbezogen Marketingkonzepte entworfen werden, welche auf profunden wissenschaftlichen Daten basieren (zum Beispiel Markforschungsergebnisse, Kundenstrukturanalysen etc.). Darüber hinaus sollte sich die Digital Signage-Branche insgesamt von ihrer starken Technik-Fokussierung lösen und in ihrer Kundenberatung verinnerlichen, dass nur das Zusammenspiel aus anzeigender Technik, relevantem Content und intelligenter Steuerung der Inhaltsaussendung den Gesamterfolg für die jeweilige Bank und/oder Sparkasse ausmacht. Dass Digital Signage-Lösungen grundsätzlich die geforderten Mehrwerte für den Bankkunden erbringen können und sich außerdem durch die Verknüpfung mit fallabschließenden Backend-Prozessen zur optimalen (auch wirtschaftlich vorteilhaften) Serviceansprache unterschiedlicher Kundensegmente eignen, steht außer Frage. Dabei wird neben der Skalier- und Rechenzentrumstauglichkeit der Software die Auswahl der je nach Kundensegment passenden Serviceangebote, die Integration und Verknüpfung der Lösungen in bzw. mit bestehende(n) Infrastrukturen (CDM/CRM- sowie Kernbanksysteme) und die Einbeziehung beliebiger Informationen (auch über oben genannte Systeme hinaus) zur umfänglichen und emotional begeisternden Ansprache der Kunden für den Erfolg entscheidend sein. Sofern in einem weiteren Schritt die für eine erfolgreiche Multikanalvertriebsstrategie insgesamt erforderlichen Faktoren – wie beispielsweise die effiziente Führung der Kunden durch die verschiedene Kanäle oder die Einheitlichkeit der Prozesse und der für den Kunden relevanten Benutzer-Usability – berücksichtigt werden, werden Digital Signage-Lösungen auch im Bankenumfeld die geforderte Rendite erwirtschaften und den stationären Vertrieb des jeweiligen Instituts signifikant und nachhaltig stärken und unterstützen.

Literatur

ABA Bank Marketing (2009), Digital Signage Also Pops Up in European Bank Lobbies, ABA Bank Marketing, Jun2009, Vol. 41 Issue 5, p 5.

American Banker Magazine (2013), 15 Reasons to use Digital Signage, American Banker Magazine, Nov2013, Vol. 123 Issue 11, p 36–37.

brand eins (2014), Alles unter Kontrolle – Schwerpunkt Vertrauen, Ausgabe 10/2014, brand eins Verlag GmbH & Co. oHG, Hamburg.

Burke, R. R. (2009), Behavioral Effects of Digital Signage, Journal of Advertising Research, Jun2009, Vol. 49 Issue 2, p 180–186.

Chati, A., (2014), Multi-channel banking – A user experience (UX) perspective, FINsights Journal Infosys Ltd., Vol. 1 Issue 10, http://www.infosys.com/FINsights/Documents/pdf/issue10/ux-perspective.pdf, zuletzt aufgerufen am 04.12.2014.

Commonwealth Bank (2014), The CommBank Property Guide App, Commonwealth Bank of Australia, https://www.commbank.com.au/personal/home-loans/commbank-property-guide-app.html, zuletzt aufgerufen am 04.12.2014.

Dennis, C., Newman, A., Michon, R., Brakus, J. J. und Wright, L. T. (2010), The mediating effects of perception and emotion: Digital signage in mall atmospherics, Journal of Retailing and Consumer Services, May2010, Vol. 17 Issue 3, p 205–215.

Dennis, C., Michon, R., Brakus, J. J., Newman, A. und Alamanos, E. (2012), New insights into the impact of digital signage as a retail atmospheric tool, Journal of Consumer Behaviour, Nov/Dec2012, Vol. 11 Issue 6, p 454–466.

Derksen, M., (2009), ING introduceert ATM Locator met Augmented Reality, Marketingfacts – platform voor interactive marketing, http://www.marketingfacts.nl/berichten/20090130_ing_introduceert_atm_locator_met_augmented_reality, zuletzt aufgerufen am 04.12.2014.

engram, (2014), Ihr Weg zu Digital Signage in der Vertriebsunterstützung – Die multimediale Bankfiliale als Kundenerlebnis, engram GmbH, http://www.ikor-engram.de/files/ikorengram/documents/Flyer_engram/digital%20signage_neutral_web.pdf, zuletzt aufgerufen am 04.12.2014.

FI (2014), OSPlus_neo: Multikanalunterstützung intuitiv und standardisiert, Finanz Informatik GmbH & Co. KG, Fachvortrag/Präsentation auf dem FI-Forum 2014.

Fraunhofer IAO (2014), Trendstudie „Bank & Zukunft 2014": Transformation der Banken – Neue Wege zu Innovation und Wachstum, Fraunhofer-Institut für Arbeitswirtschaft und Organisation IAO (Wilhelm Bauer (Hrsg.) und Claus-Peter Praeg), Fraunhofer Verlag, Stuttgart.

GAD (2012), Manuskript GAD Podcast „Wortlaut" Ausgabe 36 „SB-Werbung", GAD eG, http://www.gad.de/content/dam/g1001-0/podcast/podcast-audio/episode_36_-_sb-werbung/podcast_36-sb-werbung.pdf, zuletzt aufgerufen am 04.12.2014.

GAD (2014), Planungsprotokolle zwischen der GAD eG und der engram GmbH, engram GmbH.

GI (2012), Münchner Bank veredelt Bank- und Kundenkarten, GI geldinstitute/av-news GmbH, http://www.av-finance.com/geldinstitute/newsdetails-gi/seite/4/artikel/250/muenchner-bank-veredelt-bank-und-kundenkarten/, zuletzt aufgerufen am 04.12.2014.

ibi research (2013), Digitalisierung in der Finanzdienstleistungsbranche – Ausgewählte Ergebnisse einer gemeinsamen Delphi-Studie der plenum Management Conulting GmbH und der ibi research GmbH, ibi research an der Universität Regensburg.

ibi research, (2014), Digitalisierung in der Finanzdienstleistungsbranche – Chance für eine neue Form der Kundenbeziehung, ibi research an der Universität Regensburg, Fachvortrag/Präsentation auf dem FI-Forum 2014.

Intel, (2012), Engaging Bank Customers with Interactive Digital Signage – Deepen customer relationships with interactive displays and measurable performance, Intel Corporation, http://www.intel.com/content/dam/www/public/us/en/documents/solution-briefs/engaging-bank-customers-with-interactive-digital-signage-brief.pdf, zuletzt aufgerufen am 04.12.2014.

Intel (2014), Intel AIM Suite, Intel Corporation, https://aimsuite.intel.com/, zuletzt aufgerufen am 04.12.2014.

invidis, (2011), Digital Signage in Banken, invidis professional – Digital Signage & Digital out of Home, Ausgabe 14, invidis consulting GmbH.

invidis (2014), Digital Signage Projekte: Highlights aus dem invidis Explorer – heute Frankfurter Sparkasse, invidis consulting GmbH, http://invidis.de/2014/10/digital-signage-projekte-highlights-aus-dem-invidis-explorer-heute-frankfurter-sparkasse/, zuletzt aufgerufen am 04.12.2014.

John Ryan 2013, 2013 Digital Signage in Retail Financial Services – A Survey of Leading European and North American Banks, John Ryan Inc., http://www.johnryan.com/wp-content/uploads/2013-Ryan-Report_reduced1.pdf, zuletzt aufgerufen am 04.12.2014.

McGee, B. (2009), Bankinter is first Spanish bank to develop application using augmented reality, http://www.bmcgee.com/2009/12/bankinter-is-first-spanish-bank-to.html, zuletzt aufgerufen am 04.12.2014.

Neuromerchandising group (2014), Search for emotional POS, http://neuromerchandisinggroup. com/?s=emotional+POS, zuletzt aufgerufen am 04.12.2014.

Pranatharthy, A. C., Jaipuriar, A. K. und Chintalapudi, N., (2013), Augmented Reality in Financial Services – Moving from science fiction to commercial opportunities, White Paper Infosys Ltd., http://www.infosys.com/industries/financial-services/white-papers/Documents/augmented-reality-financial-services.pdf, zuletzt aufgerufen am 04.12.2014.

Puccinelli, N. M., (2006), Putting Your Best Face Forward: The Impact of Customer Mood on Salesperson Evaluation, Journal of Consumer Psychology, Vol. 16 Issue 2, p 156–162.

Quitt, B. und Schmoll, A. (2014), Die Filiale 2015+, diebank, Ausgabe 12.2014, p50-53, Bank-Verlag GmbH, Köln.

Roadshow Films, (2014), Into The Storm – Crazy Augmented Reality Outdoor, Youtube-Channel von Roadshow Films, https://www.youtube.com/watch?v=NnuUzYcUNvE, zuletzt aufgerufen am 04.12.2014.

Rohrmeier, D. und Döring-Katerkamp, U., (2014), „Mein Giro habe ich jetzt bei Apple" – Ergebnisse der Studie „Lebenswelt 2020", Hochschule der Sparkassen-Finanzgruppe und Institut für angewandtes Wissen e. V., Präsentation der Studienergebnisse auf dem FI-Forum 2014.

Sky Österreich (2014), Sky Scary Shelter: Zombie-Attacke auf Bim-Station – The Walking Dead Staffel 5 auf FOX – #SkyTWD, Youtube-Channel von Sky Österreich, https://www.youtube. com/watch?v=B7FzWUhgqck, zuletzt aufgerufen am 04.12.2014.

Snyder, D. (2014), Digital Signage: What Makes It Work for Your Customers, ABA Bank Marketing & Sales, Nov2014, Vol. 46 Issue 9, p 46.

Walter, T. und Lechner, U., (2014), Kundenmanagement- und Kernbanksysteme, diebank, Ausgabe 11.2014, p 42–46, Bank-Verlag GmbH, Köln.

Sebastian Groppe ist Prokurist und Mitglied der Geschäftsleitung der engram GmbH – einem auf innovative Multikanal-Softwarelösungen für Finanzdienstleister spezialisierten IT-Unternehmen. Als Bereichsleiter „Strategische Projekte & New Business" verantwortet er seit 2011 neben dem Produktgeschäft im Bereich Retail-Marketing u. a. die langjährige enge Zusammenarbeit mit verschiedenen Finanzdienstleistern, speziell den Rechenzentren der Sparkassen und VR-Banken. In seiner bisherigen beruflichen Laufbahn war Herr Groppe bereits im Finanzdienstleistungsbereich tätig, konkret für die Treuhandgesellschaft eines Fondsemissionshauses. Nach Abschluss seiner kaufmännischen Ausbildung studierte Herr Groppe Internationale Betriebswirtschaftslehre im European Business Programme der Fachhochschule Münster mit Abschluss an der University of Hull in England. Schwerpunkte des Studiums lagen in den Bereichen Strategic Management und International Financial Management. Aktuell absolviert Herr Groppe ein berufsbegleitendes Masterstudium zum M.A. Innovationsmanagement an der Universität Oldenburg. Herr Groppe ist verheiratet und hat zwei Kinder.

Mobile und Social Media – Digitalisierung im Multikanalvertrieb

16

Dirk Neuhaus

Zusammenfassung

Trotz der kontinuierlichen Entwicklung des technischen Fortschritts bleibt der stationäre Vertrieb vorerst der wichtigste Vertriebsweg für die Retailbanken. Es ist jedoch unverzichtbar, den Online-Vertriebskanal durch die Integration von Mobile und Social Media in den Multikanalvertrieb weiter auszubauen. Der Beitrag zeigt vielfältige Möglichkeiten dazu auf.

16.1 Einführung

Verändertes Kundenverhalten, Technik, Wettbewerbsintensivierung, Regulierung und demografische Auswirkungen, ändern wesentlich in den nächsten Jahren die Rahmenbedingungen im Retailgeschäft. Eine große Herausforderung ist die Zunahme des Online-/ Multikanalgeschäftes, das mit einer wachsenden Transparenz bei Produkten und Preisen einhergeht. Dabei steigt der Anteil der Privatkunden, die Bankgeschäfte online betreiben, stetig. In diesem Kontext erfahren Internet, Mobile Banking und Social Media eine entscheidende Rolle. So dienen die neuen Medien nicht nur als Basis für den institutsübergreifenden Konditions- und Angebotsvergleich, sondern zunehmend auch zum Online-Produktabschluss. Die hieraus entstehende Markttransparenz und zunehmender Kostendruck führen einerseits zu einem Verdrängungswettbewerb der Kreditinstitute, andererseits eröffnen geeignete Social Media Plattformen neue Möglichkeiten um Diskussionen

D. Neuhaus (✉)
Bonn, Deutschland
E-Mail: dirk.neuhaus@dsgv.de

© Springer Fachmedien Wiesbaden 2015
H. Brock, I. Bieberstein (Hrsg.), *Multi- und Omnichannel-Management in Banken und Sparkassen,* DOI 10.1007/978-3-658-06538-6_16

mit den Kunden anzuregen, Empfehlungsmanagement in Bezug auf die eigenen Produkte zu betreiben und Produkte zu vertreiben.

16.2 Wandel im Finanzdienstleistungsbereich

16.2.1 Zielgruppen im Web 2.0

Der digitale Strukturwandel, initiiert und angetrieben durch innovative Technologien, Geräte und Anwendungen, führt zu einer fortschreitenden Veränderung der Konsumgewohnheiten mit entsprechenden Effekten auf das Bankgeschäft. Die Verlagerung der Konsumgewohnheiten von Beratungsleistungen und Produktabschlüssen in der Filiale hin zum Internet ist ein nachhaltiger Trend.

Produkte und Dienstleistungen sind aufgrund der hohen Transparenz von Institut zu Institut leicht zu vergleichen und nahezu austauschbar. Bei erfolgreichen Produktinnovationen von Banken und Versicherern ist die Zeit der Nutzung des Alleinstellungsmerkmales innerhalb der Branche meist auf wenige Wochen begrenzt, da die Konkurrenz diese kurzfristig auf Basis des eigenen Produktbaukastens kopiert und in den Markt gibt. Die Zahl möglicher Kommunikationswege zu Bankkunden hat deutlich zugenommen. Für Banken ist es daher wichtig, das Verhalten der eigenen Zielgruppen zu verstehen. Im Kontext von Web 2.0 sind die Gruppen Digital Natives und Generation 50Plus wichtig (Buhl et al. 2012, S. 47).

16.2.1.1 Zielgruppe Digital Natives

Die Generation Y, auch Digital Natives genannt, bezeichnet die ab 1980 geborene Bevölkerung. Diese besitzt umfassende Fähigkeiten, das Internet zu Informationszwecken zu benutzen und ohne Probleme neue Technologien zu gebrauchen. Außerdem ist dieser Abnehmerkreis mit der Nutzung des Internets vertraut und macht es sich zum Vorteil, in jeglichen Lebensbereichen zwischen einer Vielzahl von Wahlmöglichkeiten entscheiden zu können. Das Internet hat für diese Generation aber eine weitaus größere Rolle, als nur Informationen bereitzuhalten. So haben Social Media-Plattformen in den letzten Jahren einen hohen Stellenwert in dieser Altersgruppe erreicht. Digital Natives können mit der durch die neuen Medien induzierten Informations- und Reizüberflutung routinierter umgehen und Informationen schneller selektieren. Aus der Masse an Angeboten werden in der Regel solche konsumiert, die zu dem selbstgewählten Lifestyle und der Persönlichkeit passen, zumal diese Zielgruppe auf die Darstellung der eigenen Persönlichkeit großen Wert legt (Parment 2013, S. 4 ff).

Da nahezu 100 % dieser Zielgruppe das Internet nutzen, ist ein ausgeprägtes Onlineangebot der Bank sinnvoll. Laut einer aktuellen Studie 'Die Bank der Zukunft' nutzt die Gruppe der Digital Natives ungefähr 73 % mindestens einmal pro Woche auf das Online-Banking-Angebot ihrer Bank (Brettschneider 2013). Der Internetauftritt eines Finanzdienstleisters sollte sowohl Informationen als auch Produktabschlüsse bereit halten, da

58 % der Befragten die Internetseiten der Banken nutzen, um sich Produktinformationen einzuholen. Für standardisierte und unkomplizierte Bankgeschäfte und Produkte sollte die Möglichkeit zur Online-Abwicklung bestehen. Hingegen ist für anspruchsvolle Produkte eine persönliche Beratung weiterhin gewünscht. Banken sollten dieser Zielgruppe die Möglichkeit eines persönlichen Ansprechpartners bei komplexen Anliegen zur Verfügung zu stellen, um ein individuelles und auf sie zugeschnittenes Konzept zu gestalten, das zu ihrem Lifestyle passt.

Bezüglich der Mediennutzung wird deutlich, dass die Generation Y im Vergleich zu den übrigen Teilen der Bevölkerung vorwiegend Apps anwenden und fast 50 % täglich das mobile Internet nutzen (ARD/ZDF-Medienkommission 2014). Mobile Endgeräte wie Smartphones oder Tablet PCs stellen nicht nur einen technischen Zugang dar, sondern bilden Informations-, Kommunikations- und Interaktionsplattform (Riederle 2013, S. 92.).

Für Finanzdienstleister stellt diese Generation neben den zum Teil nicht bekannten Ansprüchen, der schnell voranschreitende Innovationszyklus der Technologie eine neue Herausforderung dar. Neue Anwendungen sollten daher stets dahingehend geprüft werden, inwiefern sie einen Wettbewerbsvorteil und ein Differenzierungsmerkmal für das Kreditinstitut darstellen können. Ein Auftritt in verschiedenen Vertriebskanälen ist notwendig, um den Ansprüchen dieser Zielgruppe zu entsprechen. D. h. ein technisch aktueller, moderner und für mobile Nutzung gestalteter Internetauftritt mit Online-Banking-Zugang.

16.2.1.2 Zielgruppe Generation 50Plus

Die Zielgruppe der Generation 50Plus bezeichnet die Nachkriegs- bis hin zu den Baby-Boomer-Generationen. Diese Zielgruppe stellt aufgrund des demographischen Wandels künftig den größten Anteil an der Gesamtbevölkerung dar. Die ARD/ZDF Onlinestudie 2014 zeigt, dass die Generation 50Plus dem technologischen Fortschritt ebenfalls aufgeschlossen ist (ARD/ZDF-Medienkommission 2014). Diese Generation Generation 50Plus kennt Computer und das Internet bereits aus der Arbeitswelt. Deshalb ist es nachvollziehbar, dass die Internetnutzung bei den 50-59-Jährigen bei 82,1 % und bei den Jahrgängen ab 60 Jahren bei 45,4 % liegt. Bemerkenswert ist, dass 94 % der 50- bis 69-Jährigen hauptsächlich einen Computer bzw. einen Laptop für das Internet nutzen. Das Smartphone hat einen Anteil von 36 % und der Tablet PC 20 %. Die mobile Internetnutzung ist bei dieser Zielgruppe in den letzten zwei Jahren um fast das Dreifache angestiegen (ARD/ZDF-Medienkommission 2014).

Die Ergebnisse zeigen, dass die Generation 50Plus die neuen Medien umfassend nutzen und Banken ein entsprechendes Angebot anbieten sollten. Eine Bereitstellung von Beratungs- und Verkaufsprozessen über PC bzw. Laptop als auch über mobile Endgeräte, wie Smartphone oder Tablet PC bietet Mehrwerte für den Kunden und die Bank. Insbesondere mobile Anwendungen beinhalten neue, zusätzliche Potenziale im Retailgeschäft. Die Ansprüche der Generation 50Plus Bankdienstleistungen sind vergleichbar mit denen der Generation Y. Eine der wesentlichen Herausforderungen ist es, dass der Kunde seinen präferierten Kanal in Abhängigkeit von der gewünschten Dienstleistung wählt. Darauf müssen sich Finanzdienstleister und Kundenberater einstellen und die notwendigen Technologien zur Verfügung stellen.

Die Informationstechnologie hat dabei einen entscheidenden Faktor, um die Interaktion mit dem Kunden über alle Kanäle zu ermöglichen und die Prozesse zu beschleunigen. Es gilt, die Beratungs-, Verkaufs- und Serviceprozesse über alle Kanäle auszubauen, zu vereinheitlichen und im Sinne der modernen Oberflächen zu vereinfachen bzw. nutzerfreundlicher auszugestalten. Dabei sind auch die Übergänge zwischen Kunde und Berater sowie zwischen verschiedenen Endgeräten zu ermöglichen.

Die Veränderungen von Kundenpräferenzen, der Einfluss des Internets auf das Kundenverhalten sowie die Kundengruppen im Zeitalter des Internets sind die wesentlichen Determinanten, die den gesellschaftlichen Wandel im Bankgeschäft begründen. Die fortschreitende Digitalisierung im Bankgeschäft ist weiterer Einflussfaktor. Dies zeigt sich beim Mobile Banking, Mobile-Payment und an der Konvergenz der Medien.

16.2.2 Digitalisierung im Finanzdienstleistungsbereich

16.2.2.1 Mobile-Banking
Bedingt durch die zunehmende Nutzung mobiler Endgeräte, wie Smartphones oder Tablet-PCs, nutzen immer mehr Menschen von unterwegs Internetdienste und Onlineangebote. Der Bankkunde kann insbesondere einfache, standardisierte und wenig beratungsintensive Bankgeschäfte zunehmend orts- und zeitunabhängiger tätigen und versteht dies als Normalität (Oelrich und Oelrich 2013, S. 3).

Zahlreiche Banken bieten bereits ihren Kunden entsprechende mobile Services über eine internetbasierte Filiale und machen diese damit zum Aushängeschild des Instituts und zu einem wichtigen Kommunikationsknotenpunkt. Die von den Banken bereitgestellten verfügbaren Mobile-Banking Services bieten den Kunden auf einem hohen Sicherheitsniveau umfangreiche Funktionen im Online-Vertrieb und Online-Banking an. Dazu zählen beispielsweise das Abfragen von Kontoständen und Umsätzen, die Anzeige eines Finanzstatus, Überweisungen tätigen oder auch das Laden von Prepaid-Karten. Darüber hinaus werden bereits Applikationen (kurz: Apps) angeboten, mit denen sich Kunden zu dem nächsten Geldautomaten oder der nächsten Filiale führen lassen können. Immobilienfinder-Apps bieten dem Kunden Zugriff auf eine große Auswahl an Immobilien im Bestand ihrer Bank an. Ergänzend wurden die Mobile-Banking Lösungen in den letzten Jahren auch zunehmend zum Kommunikationsbindeglied zwischen Berater und Kunde ausgebaut (elektronisches Postfach, Chat, Videokonferenz mit dem Berater) ausgebaut.

Das Smartphone eröffnet aufgrund der installierten Technologien neue innovative Kommunikations- und Marketingkonzepte. Ein zukünftig wichtiges Anwendungsgebiet stellt dabei die digitale Platzierung von Werbung auf Bildschirmendar. Diese Interaktionsmöglichkeit wird als Digital Signage bezeichnet (siehe Beitrag von Groppe in diesem Buch). Mit Digital Signage bieten sich mehr Möglichkeiten als die reine Darstellung von Produktwerbung. Durch integrierte Kameras kann das Alter der Betrachter eingeschätzt werden, um gezielt eine passende Werbung einzublenden. Auch äußere Einflüsse wie Sportereignisse können ohne zeitlichen Verzug aus dem Internet herangezogen werden.

So kann bei einer Fussball-WM der Konsumentenkredit mit einem Fernseher abgebildet werden, während bei einem Autorennen eine Kfz-Versicherung beworben wird. Die Technik ermöglicht ebenfalls die Verknüpfung zwischen der Produktwerbung auf einem Display und einem QR-Code. Dieser lässt sich mit einem Smartphone einscannen und leitet den Kunden auf ein online Kontaktformular weiter. Zunehmend enthalten Plakate im öffentlichen Raum QR-Codes und zukünftig auch NFC-Tags. Der Interessent erhält durch Scannen der Tags Zugriff auf ein mobiles Internetangebot und installiert eine App. Zur Vereinbarung eines Beratungstermins dient das Smartphone anschließend für den Anruf beim Berater und es speichert den Termin im Kalender. Wenn nötig, wird der Kunde per Navigation über das Smartphone direkt zum Ort des Beratungsgespräches geführt. Im Rahmen des Mobile-Banking sind zukünftig einige weitere mobile Anwendungen vorstellbar. Dazu zählen beispielsweise Funktionen wie Warnmeldungen bei Über- oder Unterschreitung eines bestimmten Kontostandes. Auch ein sogenanntes Peer-to-Peer-Payment von einem Kunden zum anderen per Mailadresse wäre zukünftig technisch vorstellbar (Schwer 2013, S. 1).

Digitale Kommunikationswege erhalten wie dargestellt für Banken eine immer höhere Bedeutung. Sei es im digitalen und mobilen Web oder in Form von neuen digitalen Screens, die Einzug halten. Geht es heute bei den Webauftritten noch vielfach vor allem um die Bereitstellung von Informationen, so muss künftig der Fokus stärker auf direkten und vor allem einfachen Antrags- bzw. Abschlussformularen und Kontaktwegen liegen. Je mobiler die Kommunikation, desto einfacher und leichter verständlich müssen Formulare gestaltet sein, damit die Kunden auch am Smartphone zum Beispiel Kreditanträge ausfüllen können. Mobile Werbung in Verbindung mit Anruf-Buttons (sog. Click-to-Call- Optionen) könnte schon heute direkt zum Berater führen. Mit einer zeitlichen Aussteuerung (Targeting) auf die Öffnungszeiten kann diese Art der Werbung zielgerichtet ausgespielt werden. Diese Form der Kommunikation setzt die entsprechende (auch technische) voraus. Eine Herausforderung ist zum Beispiel die Kundenidentifikation mittels einer mobilen Ausweisüberprüfung.

Neben den technischen Möglichkeiten bildet ein Konzept zur Verzahnung der einzelnen Vertriebswege einen entscheidenden Erfolgsfaktor im Multikanalmanagement. Dies spiegelt sich zum Beispiel bei Fälligkeiten von Passivprodukten wieder. Der Kunde wird im stationären Vertrieb rechtzeitig per Brief über die anstehende Fälligkeit informiert. Durch die Ereignissystemsteuerung in der Bankanwendung ist der zugeordnete Berater über den Sachverhalt in Kenntnis gesetzt. Zusätzlich wird der Kunde in seinem Online-banking auf seine anstehende Fälligkeit hingewiesen. Ermöglicht wird dies über eine regelbasierte Kundenansprache, mit deren Hilfe wiederkehrende, automatisierte Anlässe für das Kampagnenmanagement generiert und an das Onlinesystem des Kunden ausgesteuert werden können. Somit werden Vertriebsanlässe über die unterschiedlichen Kanäle koordiniert und aufeinander abgestimmt. Kommt es zu einer Prolongation oder Neuanlage durch den Kunden, entweder über Telefonkontakt zum Berater oder Direktabschluss mittels einer Mobile- Banking Anwendung, werden die Verträge mit Hilfe eines elektronischen Postfachs rechtssicher zugestellt und archiviert.

Die Banken müssen die technischen, organisatorischen und personellen Voraussetzungen schaffen, um den Weg vom Bankschalter zum Tablet-PC oder Smartphone bewältigen zu können. Denn die neuen Technologien bietet ihnen die Möglichkeit, den Kunden überall dort abzuholen, wo dieser sich gerade befindet.

16.2.2.2 Mobile-Payment

Die Kartennutzung als Zahlverfahren hat in den letzten Jahren stetig an Bedeutung gewonnen. Weil die meisten Kunden Beträge bis 20 € größtenteils mit Bargeld bezahlen, besteht besonders im Bereich der Kleinbetragszahlungen für Banken ein hohes Potenzial zur Reduzierung der Bargeldzahlungen (Dapp et al. 2013, S. 6 ff.). Das kontaktlose Bezahlverfahren mittels Near Field Communication Technologie (NFC), kann hierbei eine Schlüsselrolle darstellen und das Bezahlverhalten der Kunden langfristig ändern. Indem der Kunde einen Transponder nahe an ein Lesegerät hält, werden Daten an das Lesegerät übertragen. Die Branche ist sich einig über ein hohes Erfolgspotenzial der NFC-Technologie. Für dieses Bezahlverfahren wird auf zwei unterschiedliche Varianten gesetzt. Die erste ist eine kartenbasierte Möglichkeit. Das in Bankkarten der Sparkassen integrierte Zahlverfahren Girogo ist in diesem Zusammenhang das in Deutschland wohl bekannteste Projekt. Mit der bundesweiten Ausgabe der neuen Karten an ihre Kunden haben die Sparkassen Mitte 2012 begonnen und bis 2015 sollen alle 45 Mio. SparkassenCards ausgestattet sein, was der Hälfte aller im Markt befindlichen Girokarten entspricht. Daneben bieten namenhafte Kreditkartenorganisationen wie Visa und Mastercard mit Paywave (Visa) und Paypass (Mastercard) eigenständige kontaktlose Bezahlverfahren an (Dapp et al. 2013, S. 15.).

Bei dieser Variante der NFC-Technologie handelt es sich um eine sich zukünftig mit hoher Wahrscheinlichkeit etablierende Weiterentwicklung, das Mobile Payment. Anhand eines im Smartphone integrierten NFC-Chip soll zukünftig das Bezahlen mit dem Smartphone ermöglicht werden. Aufgrund des veränderten Kommunikationsverhaltens der Kunden, hat diese Technologie ein sehr hohes Marktpotenzial. Die Entwicklung geht dahin, im Alltag so viel wie möglich mit dem Smartphone bewältigen zu können und nicht ständig eine spezielle Karte oder ein bestimmtes Gerät nutzen zu müssen. Die großen Mobilfunk- und Internetunternehmen arbeiten derzeit gemeinsam mit Partnern aus der Payment-Branche und Finanzdienstleistern an einer internationalen Lösung (Freese 2013, S. 40).

Mittlerweile wird zunehmend auch alternativen Zahlungsdienstleistern der Markteintritt in die Zahlungsverkehrsmärkte erleichtert. Damit wächst für Banken die Gefahr, bei der Abwicklung von Zahlungstransaktionen Marktanteile an alternative Anbieter zu verlieren. Internet-Bezahldienste wie PayPal haben beispielsweise beträchtliche Marktanteile im Zahlungsverkehr erobert. Marketingexperten sehen PayPal durchaus als einen ernstzunehmenden Mitbewerber. Immerhin 36 % der Deutschen haben dieses Instrument bereits für mobile Bezahlungen verwendet (Schwer 2013, S. 2.).

Im Zusammenhang von Zahlungsverkehrsdienstleistungen sind auch Payment Service Provider (PSP) zu beachten. Sie sind Dienstleister des Händlers und mit einem Netzbetreiber und/oder Acquirer im stationären Handel vergleichbar, d. h., sie sorgen für die Einbindung der Zahlungsverfahren in die Shops der Händler und können weitere Dienstleistungen und Mehrwerte in ihr Produktportfolio aufnehmen. Diese zentrale Position erlaubt es PSPs, einen Großteil der vom Internethändler gezahlten Marge abzuschöpfen. Weiterhin ist er ein kritischer Erfolgsfaktor bei der Vermarktung neuer Internetbezahlverfahren.

Es besteht demnach die Herausforderung für die Banken die Marktstellung im E- und M-Commerce deutlich auszubauen. Ein zu passives Verhalten der Banken könnte mittelfristig zu sinkenden Marktanteilen und Kundenzahlen im Bereich der mobilen Finanzdienstleistungen und der digitalen Bezahlverfahren führen. Dies könnte eine Aufgliederung der Zahlungsprozesse der Kunden auf verschiedene Anbieter sowie eine zunehmende Lockerung der Kundenbeziehungen zur Folge haben. Welche Technologien sich letztendlich durchsetzen werden, ist noch nicht vollständig klar. Festzuhalten bleibt aber, dass das zeitnahe Mitwirken bei der Ausgestaltung neuer digitaler Bezahlverfahren für Banken zur Stabilisierung der Kundenbeziehungen und Sicherung der Marktanteile eine wichtige Rolle einnimmt (Dapp et al. 2013, S. 38 ff.).

16.2.2.3 Konvergenzen

Internet und Social Media (Web 2.0) zeigen nicht nur Veränderungen in Form von Rich Media und User Generated Content. Die Medien verschmelzen sowohl technisch, wirtschaftlich und inhaltlich miteinander. Es kommt zu Technik-, Markt- und Zielgruppen-Konvergenzen (Raake und Hilker 2010, S. 31–32). Technik-Konvergenzen entstehen dadurch, dass das Internet selbst zu einer Anwendung wird. Das bedeutet, dass Software und Daten nicht mehr lokal auf jedem einzelnen Computer gespeichert werden müssen, sondern der Speichervorgang automatisch via Internet über Clouds oder Ähnlichem erfolgt. Der Zugriff auf die Anwendung ist somit unabhängig von Ort und Hardware.

Die Konvergenz von Computertechnologie, Komsumgüterelektronik und Unterhaltungsindustrie im Internet erlaubt es Unternehmen wie Apple, das ursprünglich als PC-Hersteller in Erscheinung trat, nun erfolgreich Musik im Internet zu verkaufen. Markt-Konvergenzen zeigen sich im Finanzsektor durch den Eintritt von Non- und Nearbanks. Auch Kreditinstitute können Markt-Konvergenzen für sich nutzen und ihren Kunden in ihrem Internetauftritt Produkte anbieten, die nicht aus der Finanzbranche stammen. Dies ist zugleich ein Differenzierungsmerkmal vom Wettbewerb. Die Zielgruppen-Konvergenz beeinflusst vordergründig Werbemaßnahmen der Unternehmen. Ausgangspunkt ist der Wunsch nach individuellen Produkten, die zu dem persönlichen Lifestyle passen. Finanzdienstleister sind gefordert, Produktinformationen bereitzustellen und bei Bedarf des Kunden maßgeschneiderter Produkte anzubieten. Social Media als eine Weiterentwicklung des Internets eröffnet dazu neu Möglichkeiten. Zum Beispiel ermöglicht ein aktives Viralmarketing über Social Media Plattformen eine schnelle, an Zielgruppen orientierte und kostengünstige Verteilung von Marketingbotschaften. Social Media eröffnet weitere vielfältige Ersatz- und Unterstützungsmöglichkeiten zu klassischen Marketinginstrumenten, -massnahmen und -konzepten, und darüber hinaus auch neue Marketingaspekte, die bislang nicht möglich und umsetzbar waren.

16.3 Social Media im Multikanalvertrieb

Retailbanken in Deutschland nutzen die Möglichkeiten von Social Media bisher nur eingeschränkt. In der Regel dienen Internetaktivitäten der umfassenden Darstellung des Instituts. Ein Dialog über Social Media Plattformen zwischen Kunde und Bank oder ausschließlich unter Kunden findet im geringen Umfang statt. Meist kann der Kunde nur über ein verlinktes E-Mail-Formular Fragen und Anregungen an das Kreditinstitut weiterleiten. Seitens der Institute bestehen Bedenken vor in der Öffentlichkeit bzw. über Soziale Netzwerke ausgetauschte Beschwerden und Kritiken. Auch Rich Media wird nur in geringem Maß eingesetzt. Dabei hat die Darstellungsweise und Beschreibung auf Webseiten einen hohen Stellenwert, da bei der Vielzahl der Anbieter vorzugsweise der attraktivste ausgewählt wird. Dessen scheinen sich viele Finanzinstitute nicht bewusst zu sein, denn die Vorstellung der Produkte und Leistungen erweist sich häufig als unstrukturiert und/oder unvollständig. Darüber hinaus erfolgt sie fast ausschließlich in Textform. Dabei sind insbesondere Produktvorstellungen durch Video bei Nutzern beliebt, da sie anschaulich das Produkt erläutern und der Bedarf schnell abgeschätzt werden kann.

16.3.1 Rich Media

Das Web 2.0 bietet ein stets wachsendes Angebot an Möglichkeiten, die es den Nutzern erleichtern, seinen persönlichen Informationsbedarf zu decken. Gerade in der Finanzbranche ist es wichtig, die Produktpalette möglichst anschaulich und leicht verständlich vorzustellen, denn von den Kunden werden Finanzprodukte in der Regel als langweilig und kompliziert empfunden. Eine leicht verständliche und anschauliche Aufbereitung der Informationen kann Interesse für die Produkte generieren. Finanzprodukte sind immateriell und somit potenziell erklärungsbedürftig. Abhängig vom jeweiligen Komplexitätsgrad der Leistung sowie vom Informationsstand und vom intellektuellen Niveau des Nachfragers ist ein Erklärungsbedarf auch in längerfristigen Geschäftsbeziehungen vorhanden. Je anschaulicher und leichter zugänglich die Informationsaufbereitung einer Bank im Internet ist, desto mehr differenziert sich das Institut vom Wettbewerb. Im Rahmen von Web 2.0 kann mit Hilfe von Widgets, Mashups, Podcasts, Adobe Flashs oder Streaming Media eine innovative Informationsversorgung erfolgen.

Ziel des Einsatzes von Rich Media im Finanzdienstleistungsbereich ist eine kurze, aber für einen direkten Onlineabschluss ausreichende und vor allem ansprechende Bereitstellung von Informationen, damit der potenzielle Konsument schnell seinen Bedarf abschätzen kann. Zudem sollte ein orts- und zeitunabhängiger Zugriff, vorzugsweise über das Smartphone, gewährleistet sein. Aufgrund des Wunsches der meisten (potenziellen) Kunden, komplexere Bankprodukte persönlich bei einem Bankberater abzuschließen, sollten die notwendigen Voraussetzungen für Überleitung geschaffen werden, beispielsweise durch die Angabe der Internet- oder E-Mail-Adresse, der postalischen Adresse oder einer

Telefonnummer. Ein direkter Online-Produktabschluss sollte als alternativer Vertriebsweg für den Kunden ebenfalls angeboten werden.

16.3.1.1 Widgets und Mashups

Widgets sind von einem Nutzer installierte Anwendungen auf der Benutzeroberfläche eines Desktops, Smartphones oder Tablet PC. Zweck eines Widgets ist die sich stets aktualisierende Informationsüberlieferung, zu der das Tool regelmäßig die notwendigen Websites abfragt. Dem Nutzer wird durch Widgets die Suche nach Informationen erleichtert, indem ihm ohne Aufruf einer konkreten Website oder einer Suchmaschine sofort ein aktueller Überblick zur Verfügung gestellt wird. Widgets können beispielsweise Informationen bezüglich des Wetters, der Uhrzeit oder Aktienkurse anzeigen. Einige Widgets sind durch den Nutzer teilweise individualisierbar, das heißt, er selbst kann das Design oder den Inhalt für seine Bedürfnisse anpassen, zum Beispiel durch die Auswahl bestimmter Aktienkurse.

Eine Selektion verschiedener Widgets zu kombinieren, ermöglicht sogenannte Mashups. Dazu erstellt der Nutzer eine eigene Webseite, die ausschließlich aus einer Ansammlung von Widgets besteht. Dem Nutzer werden auf dieser Webseite verschiedene Informationen von unterschiedlichen Anbietern verknüpft zur Verfügung gestellt. Auf diese Weise können geographische Karten mit Videos, Bildern und Texten übersichtlich auf einer Website dargestellt werden (Messerschmidt et al. 2010, S. 57 ff.).

Finanzdienstleister könnten zum Beispiel diese Anwendung dahingehend nutzen, dass sie ihren Kunden einen exklusiven Service bieten. Beispielsweise kann ein Widget für Aktienkurse angeboten werden, die der Kunde je nach Interesse oder Bestand in seinem Depot, zusammenstellen kann. Durch die Kombination mit RSS-Feed kann sich der Kunde darüber hinaus automatisch zum Beispiel über Push-Dienste über Veränderungen auf dem Aktienmarkt informieren lassen, ohne das Widget aufzurufen. Dadurch würde das Kreditinstitut dem Wunsch des Kunden nach schneller, übersichtlicher und vor allem bequemer Informationslieferung nachkommen. Bei der Benachrichtigung über Produkte sollte ein direkter Onlineabschluss möglich sein, um keinen Medienbruch zu verursachen. Durch ein Widget auf dem Smartphone würde sich ein Kreditinstitut als ein praktischer Begleiter im Alltag des Kunden erweisen.

16.3.1.2 Podcasts

Podcasts sind Serien von Dateien und lassen sich in drei Kategorien unterteilen: Audiopodcast, Enhanced Audiopodcast und Videopodcast. Der Abonnent wird bei der Einstellung neuer Dateien in den Podcast beispielsweise über eine Push-Mitteilung darüber benachrichtigt, dass eine neue Datei zur Verfügung steht. Notwendig sind dafür sowohl ein Endgerät, das Audio- und gegebenenfalls auch Videodateien abspielen und visualisieren kann, wie ein Computer oder Smartphone, als auch eine Internetverbindung. Innerhalb der Push-Mitteilung des RSS-Feed kann ein Link zum Podcast-Portal angegeben werden, um den Aufruf der neuen Datei bequemer zu gestalten. Neben der mobilen, orts- und zeitunabhängigen Nutzung ist es ein Vorteil, dass sich der Konsument über Suchfunktionen und Kategorisierungen innerhalb der bereits genannten Podcast-Portale die Podcasts auswählen kann. Auf Portalen wie youtube.com, kann der Konsument direkt zu der Videodatei einen Kommentar hinterlassen und darin seine Meinung verdeutlichen. Dadurch entsteht ein beidseitiger Dialog zwischen Anbieter und Konsument (Messerschmidt et al. 2010, S. 41 ff.). Podcasts werden als eine der wenigen Rich Media bereits im größeren Umfang in der Finanzbranche eingesetzt. Grund dafür sind ihre vielseitigen Gestaltungsmöglichkeiten. Einerseits ist durch Podcasts eine anschauliche Darstellung von Produktinformationen möglich, die auf breiten Plattformen wie youtube.com sowohl Bestands- als auch potenziellen Neukunden zur Verfügung gestellt werden kann; andererseits können Podcasts Imagewerbung beinhalten oder aufgrund der Push-Benachrichtigung ein regelmäßiger Online-Newsletter in Form eines Videos angeboten werden. Durch die Kommentarfunktion können Podcast-Anbieter direkt ein Feedback des Konsumenten erhalten. Diese Funktion bereitet Finanzdienstleistern häufig Bedenken, da durchaus auch negative Kommentare online veröffentlicht werden können. Deshalb bieten Portale wie youtube.com das Löschen von Kommentaren zu den eigenen Podcasts an. Grundsätzlich bietet die Kommentarfunktion eine Möglichkeit, sich direkt ein Feedback zu den Inhalten eines Podcasts einzuholen und somit den tatsächlichen Kundennutzen oder Kundenbedarf abzuschätzen.

16.3.1.3   Adobe Flash und Streaming Media

Der Adobe Flash und das Streaming Media sind weitere Varianten der Rich Media, die zur Schaffung multimedialer Informationen und Videos eingesetzt werden. Unter einem Adobe Flash, oft auch nur Flash genannt, ist eine Entwicklungsumgebung zu verstehen, die mediale Inhalte visualisiert und in der die Inhalte durch den Nutzer beeinflusst werden können. Anfangs wurden Flashs meistens als Intro auf Webseiten verwendet. Heute werden sie häufig als eigenständige Flash-Seiten verwendet, in denen eine Art Interaktion zwischen Nutzer und Software stattfindet. In den Flash-Seiten, die animierte Aktionstools beinhalten, sind für den Nutzer verschiedene Auswahlmöglichkeiten programmiert, die er mit Hilfe der Computermaus oder der Touch-Funktion auswählen kann. Dadurch beeinflusst er den weiteren Verlauf der Flash-Seite. Um es den Nutzer so anschaulich wie möglich zu gestalten, werden häufig Audio- und Video-Frequenzen eingebaut. Dadurch können selbst komplexe Zusammenhänge dem Konsumenten auf eine einfache Art und Weise und interaktiv näher gebracht werden. Aus diesem Grund eignen sich Flashs gut für Produktvorstellungen (Raake und Hilker 2010, S. 65).

Als Streaming Media, das auch als Web-TV oder Web-Radio bekannt ist, werden Audio- und Videodaten bezeichnet, die sowohl von einem Rechnernetz aus empfangen und gleichzeitig wiedergegeben werden. Die Einstellung und das Speichern in einem Podcast-Portal ist nicht erforderlich, da die Datei direkt aus dem Internet heraus abgespielt werden kann. Lediglich der Anstoß zum Abspielen durch den Nutzer ist nötig. Mit Hilfe der Streaming Media können beispielsweise Produktinformationen auf Webseiten wiedergegeben werden. Streaming Media versorgt den Kunden mit Produktinformationen, die in reiner Textform oft zu kompliziert sind. Mit den Flashs kann der Anwender seine persönlichen Ansprüche und Daten einstellen, wodurch eine einfache, schnelle und individuelle Informationsbeschaffung ermöglicht wird.

16.3.2 User Generated Content

Vor einer Kaufentscheidung informieren sich Konsumenten immer häufiger im Internet. Im Rahmen dieser Online-Recherche werden verschiedene Anbieter, Produkte und Leistungen miteinander verglichen und am Ende der persönliche Favorit ausgewählt. Innerhalb dieses Entscheidungsprozesses nutzt der Konsument verschiedene Internetplattformen, um sich auf verschiedene Arten zu informieren. Aufgrund der Vielzahl an Produkten von verschiedenen Anbietern wird häufig auf User Generated Content zugegriffen, um von den Erfahrungen und dem Wissen anderer Konsumenten zu profitieren. Grundsätzlich ist zwischen zwei Arten des User Generated Content zu unterscheiden. Einerseits gibt es Anwendungen, die hauptsächlich dazu dienen, von Nutzern erstellte Informationen und Meinungen zu veröffentlichen, aber einen Dialog zwischen verschiedenen Nutzern nicht ausschließen. Es handelt sich beispielsweise um Wikis oder Bewertungsplattformen. Andererseits kann User Generated Content zum Beispiel in Form von Online-Communities auftreten, die primär für die unmittelbare Kommunikation zwischen Nutzern ausgelegt sind (Messerschmidt et al. 2010, S. 65 ff.). Anders als bei Rich Media ist der Inhalt des User Generated Content nicht ausschließlich durch den Anbieter beeinflussbar. Dieses Merkmal wird oft als Risiko dargestellt. Allerdings bietet der richtige Umgang mit diesen Anwendungen durchaus Vorteile. Folgende Ausführungen stellen einzelne Plattformen vor und zeigen die damit verbundenen Chancen und Risiken auf.

16.3.2.1 Wikis

Wikis ermöglichen Anwendern eine schnelle und einfache Zusammenstellung von Inhalten oder deren Änderung auf dedizierten Wiki-Plattformen. Dadurch entsteht eine offene Sammlung von Informationen, die stetig wächst und sich weiterentwickelt (Przepiorka 2006). Für Finanzdienstleister bieten Wikis grundsätzlich zwei Nutzungsmöglichkeiten. Die erste besteht darin, selbst eine Wiki-Plattform zu erstellen, auf der Kunden und Interessenten miteinander kommunizieren und sich über Erfahrungen mit Produkten austauschen können. Auf diese Weise können neben den von der Bank veröffentlichten Produktinformationen zusätzlich Erfahrungsberichte von Kunden mit dem zuvor beschriebenen Produkt veröffentlicht werden. Dadurch erfährt der Anwender die Meinung eines Dritten zu einem konkreten Produkt und kann sich leichter ein Urteil zu dem besagten Produkt machen. Des Weiteren können auf Basis einer Wiki FAQ – Frequently-Asked-Questions abgebilden. Dadurch ist die Informationsbereitstellung in den FAQ nicht einseitig durch die Bank, sondern lebt durch die Beiträge der Kunden, die sowohl Fragen als auch Antworten einstellen können. Die zweite Nutzungsmöglichkeit von Wikis für Finanzdienstleister besteht darin, von den Inhalten bereits bestehender Wiki-Plattformen zu profitieren. Durch die Verlinkung auf die bekannteste aller Wiki-Plattformen, die Online-Enzyklopädie Wikipedia, kann ein Mehrwert für den Kunden generiert werden. Bei der Verlinkung kann es sich um die Bereitstellung näherer Informationen zu einem Themenbereich handeln oder um die Erläuterung eines bestimmten Fachausdrucks. Dadurch erhält der Anwender schnell und einfach nähere Informationen oder Erläuterungen und eine manuelle Suche wird ihm erspart.

Durch die Verwendung von Wikis kann dem Internetnutzer seine Recherche nach Bankdienstleistungen einfacher und komfortabler gestaltet werden. Neben den von der Bank verfassten Produktinformationen stehen Erfahrungsberichte von Dritten sowie Begriffs- und Produkterläuterungen direkt zur Verfügung, ohne dass der Internetauftritt der Bank verlassen und eine manuelle Suche gestartet werden muss. Das ist sowohl für Banken als auch für Konsumenten vorteilhaft: der Kunde spart Zeit und durch die Darstellung der Erfahrungen unabhängiger Dritter werden die Bankprodukte transparenter und für den Kunden glaubwürdiger erscheinen. Außerdem sind Produktbeschreibungen von Konsumente oft leichter zu verstehen, als von Fachleuten verfasste Inhalte. Ein Nachteil besteht für den Kunden darin, dass er innerhalb der Recherche nicht auf die Produkte anderer Anbieter stößt und dadurch nicht mehrere Produkte miteinander vergleichen kann. Das Hauptrisiko der Bank sind verfälschte oder negative Kundenbeiträge. Deshalb sollte vor dem Einsatz von Wikis entschieden werden, inwiefern die Beiträge vor Veröffentlichung durch Mitarbeiter zu prüfen sind. So kann negatives Feedback entgegengenommen und eventuell berücksichtigt und gleichzeitig die Veröffentlichung verfälschter Inhalte verhindert werden.

16.3.2.2 Bewertungsplattformen

Auf Bewertungsplattformen kann sich der Kunde über Produkte und deren Hersteller auf Grundlagen von Erfahrungen und Meinungen bisheriger Konsumenten informieren (Dellarocas 2006, S. 1577 ff.). Die Veröffentlichung von Beiträgen ist kostenfrei und erfordert lediglich eine Registrierung auf der Plattform. Das Lesen der Beiträge ist ebenfalls kostenfrei und bedarf in der Regel keiner Registrierung. Außerdem besteht die Möglichkeit, die Beiträge zu bewerten. Das kann in Textform als auch mit Hilfe eines Stufensystems erfolgen. Bei Bewertungsplattformen ist zwischen drei Kategorien zu unterscheiden: Hersteller-, Händler- und unabhängige Plattformen. Eine unabhängige Bewertungsplattform wird von Dritten zur Verfügung gestellt und dient ausschließlich der Bewertung von Produkten. Händler- oder Hersteller-Plattformen hingegen bieten Bewertungsmöglichkeiten zur Ergänzung ihrer Produktpalette an. Es soll den Konsumenten bei seiner Kaufentscheidung unterstützen und die Glaubwürdigkeit der Produktbeschreibung unterstreichen (Messerschmidt et al. 2010, S. 74 ff.).

In der Finanzbranche sind Händler- und Hersteller-Plattformen bisher eine Seltenheit. Unabhängige Bewertungsplattformen häufen sich jedoch. Grund dafür sind die zahlreichen Angebote verschiedener Anbieter, bei denen es schwierig ist, sich einen Überblick zu verschaffen. Für Finanzdienstleister bieten Bewertungsplattformen zwei mögliche Einsatzgebiete. Einerseits können die Erfahrungen und Meinungen der Konsumenten zur Marktforschung und Produktverbesserung dienen. Andererseits erzeugen Bewertungen direkt neben der Produktbeschreibung im eigenen Internetauftritt Transparenz und unterstreichen das Vertrauen der Bank in die eigenen Produkte und Leistungen. Zur Bewertung eignen sich in erster Linie leicht verständliche und risikoarme Produkte wie das Girokonto oder eine Festgeldanlage, denn aufgrund der wenig komplexen Produktmerkmale erreicht eine einzige Bewertung eine Vielzahl von potenziellen Konsumenten (Messerschmidt et al. 2010, S. 76 ff.).

Für den Konsumenten bieten Bewertungsplattformen einen transparenten Überblick über Finanzdienstleistungen und deren Anbieter. Im Vergleich zu Fachzeitschriften oder Expertenempfehlungen und -tests handelt es sich bei Bewertungsplattformen um die Meinungen der Konsumenten, die in der Regel nicht über das gleiche Fachwissen wie Experten verfügen. Deshalb sind Konsumentenbeiträge gerade bei komplexen Finanzprodukten inhaltlich häufig einfacher zu verstehen. Außerdem werden individuelle Zusatzinformationen vermittelt und ein direkter Austausch zwischen den Anwendern ermöglicht. Des Weiteren erfährt der Leser mögliche Schwachstellen und Vorteile der Produkte, die in der Produktbeschreibung des Instituts nicht deutlich heraus gestellt werden. Das kann die Entscheidung für einen Online-Produktabschluss oder für die Vereinbarung eines Beratungsgesprächs beeinflussen. Allerdings ist bei dem Zugriff auf Bewertungsplattformen Vorsicht und ein stets kritischer Blick geboten. Denn einige Meinungen zeugen von rein subjektiven Erfahrungen und sind einseitig geschildert. Der Leser muss stets abwägen, inwieweit er den Bewertungen der Konsumenten vertraut. Ein weiteres Risiko stellen Beiträge dar, die dem Anbieter des beschriebenen Produktes mit ihrem Beitrag bewusst einen Schaden zufügen wollen. Problematisch ist in diesem Zusammenhang die Anonymität des Verfassers und die damit verbundene unzureichende Rückverfolgbarkeit. Für die Bank bieten Bewertungsplattformen eine kostengünstige Chance ein Feedback zu ihren Produkten und zum Teil dem Institut selbst zu erhalten. Daraus können Maßnahmen zur Verbesserung abgeleitet werden. Bei der Einbindung von Bewertungen im eigenen Internetauftritt signalisiert das Finanzinstitut, dass es Wert auf die Meinung seiner Kunden legt. Gleichzeitig wird demonstriert, dass die Bank hinter seinen Produkten steht und negative Bewertungen nicht scheut, sondern als Anreiz zur Optimierung betrachtet (Messerschmidt et al. 2010, S. 82).

16.3.2.3 Online-Communities

Eine Online-Community ist der Zusammenschluss einer Gruppe von Menschen, die eine gemeinsame Affinität verbindet und sich über das dedizierte Internetplattformen austauschen (Kreutzer et al. 2014, S. 5 ff.). Mit Online-Communities verfolgen die Gründer und Mitglieder verschiedene Ziele, wie zum Beispiel die Darstellung der eigenen Identität oder die Aufrechterhaltung des Kontaktes. Für die Finanzbranche ist aber besonders die Funktion der Expertensuche oder des gemeinsamen Austauschs von Interesse. Online-Communities, die bei der Expertensuche unterstützen sollen, erleichtern ihren Anwendern die Suche nach Experten in bestimmten Themengebieten beispielsweise anhand von speziellen Suchkriterien oder durch Anfragen in öffentlichen Foren oder Pinnwänden. Durch die Möglichkeit auf die Beiträge der Konsumenten direkt antworten zu können oder diese

zu kommentieren, entsteht ein gemeinsamer Austausch (Kreutzer et al. 2014, S. 25 ff.).
Möchte ein Finanzdienstleister über Online-Communities mit Konsumenten in Kontakt
treten, stehen ihm zwei Varianten zur Verfügung: die Gründung einer eigenen Community oder die Erstellung eines Profils bei einer bereits bestehenden Community wie zum
Beispiel Facebook. Bei der Gründung einer eigenen Online-Community liegt automatisch der Finanzsektor im Themenfokus. Im Rahmen der Community können Bank und
(potenzielle) Kunden in Kontakt treten. Durch die Erstellung von Foren können in der
Gruppe bestimmte Themen diskutiert werden. Die Bank kann sich selbst an den Gesprächen beteiligen, Probleme direkt lösen und gegebenenfalls Falschaussagen revidieren. Die
Diskussionen zwischen den Mitgliedern kann das Kreditinstitut wiederum bei der Marktforschung unterstützen. Die aufgeführten Kundenwünsche und Beschwerden können zur
Optimierung der Produkte beitragen. Durch Werbebanner kann in der Online-Community
auf weitere Angebote der Bank hingewiesen werden. Die größte Herausforderung wird bei
einer eigenen Online-Community darin liegen, genügend Mitglieder zu aktivieren. Um
die Attraktivität der Community zu steigern und gerade zu Beginn erst zu etablieren, muss
dem Anwender ein attraktiver Mehrwert geboten werden. In diesem Zusammenhang kann
die Bereitstellung aktueller Börsennachrichten, Informationen bezüglich der Produktpalette oder eine Verknüpfung zum Online-Banking-Zugang einen Mehrwert schaffen. Die
Mitgliederrekrutierung ist in bereits bestehenden Portalen schon erfolgt. Durch die Anlage
eines Profils tritt der Finanzdienstleister hier lediglich als einer von vielen Mitgliedern
auf. Die Bank muss sich dem Themenfokus der Community, falls einer vorhanden ist,
anpassen. Sollte kein Fokus vorhanden sein oder sollte das Thema nicht direkt mit dem
Finanzsektor korrelieren, besteht die Möglichkeit, Konsumenten für sich zu gewinnen, die
sonst bewusst oder unbewusst wenige Kontaktpunkte mit der Finanzbranche haben. Die
Schwierigkeit besteht bei bereits bestehenden Online-Communities darin, die Aufmerksamkeit der Mitglieder auf sich zu ziehen. Auch hier gilt es, den Mitgliedern mit interessanten Inhalten und attraktiven Angeboten einen Mehrwert zu bieten. Die zur Verfügung
stehenden Werkzeuge werden teilweise durch den Gründer der Community begrenzt, ansonsten können gleiche Angebote wie bei einer eigenen Community eingesetzt werden.
Ferner können Gruppen und Foren zu Diskussionszwecken gegründet und im Anschluss
für die Marktforschung verwendet werden (Messerschmidt et al. 2010, S. 104).

Auf der Kundenseite haben Online-Communities den Vorteil, dass sie sich mit anderen
Konsumenten bequem und unabhängig vom Standort über Finanzdienstleistungen und
deren Anbieter informieren und austauschen können. Gerade der Austausch über etablierte Portale wie Facebook bringt den Vorteil mit sich, dass sich der Anwender über ein
Medium informiert, auf das er bereits für private Zwecke zugreift und das ihm vertraut ist.
Banking kann so in den Alltag des Konsumenten integriert werden. Darüber hinaus bieten Online-Communities einen weiteren Kanal, mit der Bank in Kontakt zu treten. Dabei
kann der Anwender selbst entscheiden, ob er sein Anliegen auf der Pinnwand der Bank,
in öffentlichen Diskussionen oder als private Nachricht nur an die Bank selbst richtet. Bei
öffentlichen Beiträgen können gegebenenfalls weitere Nutzer profitieren. Allerdings ist
wie bei den Bewertungsplattformen die Echtheit und objektive Darstellung der fremden
Beiträge kritisch zu betrachten. Eine weitere Herausforderung für Finanzdienstleister ist

die Pflege der eigenen Profilseite oder bei einer eigenen Community die Pflege des gesamten Portals.

16.4 Zusammenfassung

Vom Direktverkauf von Produkten über Social Media Plattformen ist die Finanzdienstleistungsbranche in Deuschland derzeit noch weit entfernt. Vor allem wegen der unklaren rechtlichen Rahmenbedingungen und der Wahrung des Bankgeheimnisses innerhalb der Social Media Plattformen, sind die Einsatzmöglichkeiten beschränkt. Aus diesem Grund ist Social Media im Vertrieb derzeit als eine Ergänzung zum Online-Vertrieb zu betrachten. Mögliche Weiterentwicklungen des Einsatzes von Social Media im Vertrieb liegen in Zukunft auf der Schaffung von Direktverkaufsmöglichkeiten. Die Einsatzmöglichkeit der Online-Ausweisfunktion des neuen Personalausweises zur Legitimation im Internet könnte diese Entwicklung forcieren. Auch das Produktportfolio, das derzeit von den meisten Retailbanken online vertrieben wird, könnte durch die steigenden Möglichkeiten von mobilen Services erweitert werden. Es ist durchaus vorstellbar, dass zukünftig auch komplexere Produkte mithilfe der Visualisierungs- und Kommunikationsmöglichkeiten über Social Media verkauft werden können. Damit wird auch den steigenden Ansprüchen der Kunden Rechnung getragen, die einen immer größer werdenden Wert auf Individualität und Schnelligkeit beim Produktabschluss und Service legen. So erscheint es realistisch, dass der Kunde seine Kaufabsicht der Bank über die ihm vertraute Social Media Plattform mitteilt und daraufhin einen personalisierten und verschlüsselten Link für den Direktabschluss des Produktes erhält. Zudem könnte der Kunde via verschlüsselter Connect-Funktion durch die automatische Übertragung seiner Daten von der Social Media Plattform auf seinen Online-Banking-Account komfortabel zugreifen, und somit Serviceprozesse, wie beispielsweise die Änderung seiner Anschrift, schnell und unkompliziert in Anspruch zu nehmen.

Trotz dieser kontinuierlichen Entwicklung des technischen Fortschritts bleibt der stationäre Vertrieb vorerst der wichtigste Vertriebsweg für die Retailbanken. Es ist jedoch unverzichtbar, den Online-Vertriebskanal durch die Integration von Social Media in den Multikanalvertrieb weiter auszubauen, um den kundenorientierten und differenzierten Service im Finanzdienstleistungsbereich auch zukünftig sicherzustellen.

Literatur

ARD/ZDF-Medienkommission (2014) ARD/ZDF-Onlinestudie. URL: http://www.ard-zdf-onlinestudie.de/index.php?id=504. Zugegriffen: 01.11. 2014.

Brettschneider, F. (2013) Universität Hohenheim. URL: https://www.uni-hohenheim.de/uploads/media/2013-10-10_Bank_der_Zukunft.pdf. Zugegriffen: 01.11. 2014.

Buhl, H., Fridgen, G., Moser, F., Eistert, T., Weiß, C., (2012) Die digitale (R)evolution. In: diebank 6.2012, S. 46–50.

Dapp, T., Stobbe, A., Wruuck, P., (2013) Die Zukunft des (mobilen) Zahlungsverkehrs. URL: http://www.dbresearch.de/PROD/DBR_INTERNET_DE-PROD/PROD0000000000301018.pdf. Zugegriffen: 03.11. 2014.

Dellarocas, C. (2006) Strategic Manipulation of Internet Opinion Forums: Implications for consumers and firms. In: Management Science, 52/2006, 10, S. 1577–1593.

Freese, M. (2013) Der Abschied vom Bargeld braucht eine gemeinsame Strategie. bank und markt, 1/2013, S. 39–40.

Kreutzer, R., Rumler, A., Wille-Baumkauff, B., (2014) B2B-Online-Marketing und Social Media: Ein Praxisleitfaden, Springer Gabler, Wiesbaden.

Messerschmidt, C. M., Berger, S. C., Skiera, B. (2010) Web 2.0 im Retail Banking: Einsatzmöglichkeiten, Praxisbeispiele und empirische Nutzeranalyse. Gabler, Wiesbaden.

Oelrich, F., Oelrich, A. (2013) Kampf um Aufmerksamkeit geht weiter. Betriebswirtschaftliche Blätter, 02.2013, S. 1–7.

Parment, A. (2013) Die Generation Y – Mitarbeiter der Zukunft motivieren, integrieren, führen. Springer Gabler, Wiesbaden

Przepiorka, S. (2006) Webblogs, Wikis und die Dritte Dimension. In: A. P. (Hrsg.) Weblogs professionell: Grundlagen, Konzepte und Praxis im unternehmerischen Umfeld. S. 13–27, dpunkt. Verlag, Heidelberg.

Raake, S., Hilker, C. (2010) Web 2.0 in der Finanzbranche: Die neue Macht des Kunden. Gabler, Wiesbaden.

Riederle, P. (2013) Wer wir sind und was wir wollen – Ein Digital Native erklärt seine Generation. Knaur, München.

Schwer, M. (2013) Warten auf die Killer-App. URL: https://www.sparkassenzeitung.de/warten-auf-die-killer-app/150/152/27681/. Zugegriffen: 12.11.2014.

Prof. Dr. Dirk Neuhaus promovierte nach einem Studium der Betriebswirtschaftlehre zum Dr. rer. pol. an der Universität Basel. Seinen beruflichen Werdegang begann er bei der Deutschen Leasing AG, wo er zuletzt als Teamleiter Business-Development-E-Leasing tätig war. Zwischenzeitlich war er E-Business Manager beim Telekommunikationsunternehmen COLT Telecom. Parallel zu seiner beruflichen Tätigkeit absolvierte er ein Executive MBA-Studium. Seit 2009 ist er an der Hochschule der Sparkassen-Finanzgruppe als Hochschullehrer tätig und vertritt die Professur Informationssysteme in Finanzdienstleistungsunternehmen. Er hat die Stellvertretung für die Studiengangleitung des MBA-Studienprogramms inne.

Mobile Banking – Einordnung und Entwicklung des mobilen Kanals im Multikanalvertrieb

17

Stefan K. Brinkmann

Zusammenfassung

Der mobile Kanal bringt durch seine Verfügbarkeit komplett neue Kundenbedürfnisse hervor, begleitet von einer hohen Anspruchs- und Erwartungshaltung. Die dabei vorherrschenden Entwicklungszyklen sind noch um ein Vielfaches schneller als die durch die Verbreitung des Internets ausgelösten Veränderungen. Bestehende Produkte und Services müssen in Richtung der neuen Möglichkeiten und Kundenerwartungen angepasst oder komplett neu definiert werden. Hierzu liefert der Beitrag zahlreiche Beispiele.

17.1 Einleitung

Die mobile Welt ist bunt. Heute existieren Mobiltelefone, wie wir es uns noch vor wenigen Jahren überhaupt nicht hätten ausmalen können bzw. im Kino als Science Fiction betrachtet hätten. Moderne Smartphones sind kleine Alleskönner mit einer Leistung, für die früher ganze Räume voll Computertechnik nötig waren. Die Rechnerkapazität eines einzigen Smartphones übersteigt bei weitem die Leistung der Rechner, mit deren Hilfe die ersten Menschen auf den Mond gebracht wurden.

Während früher Mobiltelefone wirklich nur zum Telefonieren oder Kurznachrichten schreiben nutzbar und dementsprechend auch mal entbehrlich waren, wird heute unser Alltag mehr und mehr von den mobilen Geräten durchdrungen. Smartphones, Tablets und

S. K. Brinkmann (✉)
Berlin, Deutschland
E-Mail: stefan.brinkmann@dsgv.de

künftig vielleicht die sogenannten Wearables[1] verändern das Verhalten der Konsumenten nachhaltig. Innerhalb nur weniger Jahre wurden durch die von Apple mit Einführung des iPhone in Gang gesetzte „Mobile-Revolution" ganze Wirtschaftszweige verändert. Der Markt für Armbanduhren, Kleinkameras, Navigationsgeräte und dem profanen Radiowecker bis hin zur Musikindustrie – nichts blieb von den Auswirkungen unberührt. Immer höhere Bandbreiten in der Übertragung ermöglichten neue Dienste und der Kostenverfall bei den Telekommunikationsdiensten sorgte ebenfalls für eine rasche Verbreitung. Mit der Verbreitung kam der Hunger nach neuen Techniken, nach neuen Anwendungen. Einige Trends haben es geschafft, andere zunächst hoch gelobte und vielversprechende Lösungen sind sang- und klanglos wieder in der Versenkung verschwunden. Die wohl bekanntesten Beispiele der jüngsten Vergangenheit sind „Second Life", die weltweit gehypte „Google-Glas" oder die Google Wallet. Letzteres darf nicht darüber hinweg täuschen, dass insbesondere dem Handels- und Finanzsektor noch große Umbrüche bevorstehen.

Dabei sind die Geschwindigkeiten als auch die Art der Entwicklung von Region zu Region unterschiedlich. Eine Lösung wie M-Pesa in Africa war aufgrund der dort quasi nicht vorhandenen Finanzinfrastruktur extrem erfolgreich, konnte aber auf dem europäischen Markt nicht Fuß fassen. Und während in Korea sich quasi das komplette soziale und wirtschaftliche Leben auf dem Smartphone abbilden lässt, die Nutzer bereitwillig nahezu sämtliche persönliche Daten preisgeben, so ist in Deutschland noch die Skepsis gegenüber der Möglichkeit zur missbräuchlichen Verwendung persönlicher Daten und der Sicherheit der Online-Angebote ausgesprochen groß, auch in der jüngeren Zielgruppe. Doch sollte man sich hier nichts vor machen: Sobald es jemandem gelingt, einen dauerhaften Nutzen zu bieten und dem Nutzer das Gefühl von Bequemlichkeit zu vermitteln, sinkt auch die Hemmschwelle zur Datenweitergabe und die Sicherheitsanforderungen, was bei dem überwiegenden Teil der Konsumenten sowieso mehr eine emotionale Komponente ist.

Nun gelten Banken und Sparkassen in Deutschland nicht unbedingt als innovativ. Und doch zeigt sich deutlich, Finanzen werden auch in Deutschland zunehmend mobil.

17.2   Vielfältige Herausforderungen

Technische Innovationen finden heute vor allem im mobilen Umfeld statt. Buchstäblich als Fernbedienung für unser Leben spricht das Smartphone heute über Apps mit Geschäften, Banken, der Haustechnik oder anderen Gadgets. Hierdurch ist in kürzester Zeit ein

---

[1] Wearable Computing (engl. tragbare Datenverarbeitung) ist das Forschungsgebiet, das sich mit der Entwicklung von tragbaren Computersystemen (Wearable Computer) beschäftigt. Ein Wearable Computer wiederum ist ein Computersystem, das während der Anwendung am Körper des Benutzers befestigt ist. Wearable Computing unterscheidet sich von der Verwendung anderer mobiler Computersysteme dadurch, dass die hauptsächliche Tätigkeit des Benutzers nicht die Benutzung des Computers selbst, sondern eine durch den Computer unterstützte Tätigkeit in der realen Welt ist. Quelle: http://de.wikipedia.org/wiki/Wearable_Computing (Stand Dezember 2014).

völlig neuer Lifestyle entstanden. Und gerade die Geschwindigkeit der technischen Entwicklungen bringt eine Vielzahl an Herausforderungen mit sich:

Veränderung der Kundenanforderungen Die mobilen Zugangswege führen zu einem völlig neuen Anspruchsdenken und auch neuen Bedürfnissen seitens der Kunden: Während früher Produkte mit fester Vertragslaufzeit und den dahinter stehenden starren Tarifwerken verkauft wurden, verlangen Kunden heute zunehmend nach flexiblen Lösungen für zeitlich begrenzte Bedürfnisse, quasi nach Produkten „on demand". Als Folge der Digitalisierung sind Bankkunden immer weniger bereit, bei nicht komplexen Produkten, wie zum Beispiel dem Zahlungsverkehr oder einfache Anlagen bzw. Finanzierungen, einen Bankberater in einer stationären Filiale aufzusuchen.

Veränderung der Kundenstruktur Für Banken und Sparkassen wird es zunehmend schwerer, an den etablierten Lebensphasen- oder Kundenwertsegmentierungen festzuhalten, während die junge Generation immer unberechenbarer und vor allem fordernder hinsichtlich Technisierung, Bereitstellung – 24/7 – mobiler Verfügbarkeit, Flexibilität der Produkte bzw. Services und letztendlich auch der Preisgestaltung wird. Mit den gegebenen Vertriebsstrukturen können Banken und Sparkassen noch eine ganze Zeit leben, aber nicht auf Dauer erfolgreich überleben

Neue Marktteilnehmer Der Finanzbereich ist neben dem Handel einer der aktivsten Sektoren im Mobile-Trend. Hier drängen sich auf der einen Seite neue Spezialanbieter, die sogenannten FinTechs, mit Lösungen zum Personal Finance Management (PFM) in den Markt der etablierten Allfinanzinstitute. Auf der anderen Seite versuchen auch globale Player wie Google, Apple oder Paypal etc. weiter in den Bereich der Zahlungsverkehrsabwicklung (Online- und Mobile-Payment) vorzudringen. Banken und Sparkassen müssen sich also im Kerngeschäftsfeld mit einer Vielzahl von Wettbewerbern auseinander setzen. Warum gerade in diesen beiden Geschäftsfeldern und nicht bei den klassischen Aktiv- und Passivprodukten? Nun, die Antwort ist recht einfach: Es geht den neuen Wettbewerbern nicht darum mit Einlagen und Krediten zu arbeiten, sondern mit den viel ertragreicheren Kundendaten. Aus den Umsatzdaten eines Girokontos lässt sich das Konsum- und Einkaufverhalten der Kunden präzise vorherbestimmen und unterliegt daher großen Begehrlichkeiten.

Regulatorik und Standardisierung Wohl kaum ein anderer Industriezweig hat sich in der Vergangenheit mit mehr regulatorischen Bestimmungen konfrontiert gesehen als die Finanzindustrie. Von Basel III über MaRisk, Beratungsprotokolle, SEPA, Preisregulierungen, der Payment Service Direktive (PSD) bis hin zu den „Recommendations for the security of internet payments" – jeder Bereich des Finanzwesens sieht sich umfangreichster Regelungen gegenüber. Große Teile des Zahlungsverkehrs sind damit nicht nur standardisiert, sondern auch streng reglementiert.

Hier haben die vorher beschriebenen neuen Marktteilnehmer zum Teil signifikante Vorteile:

Aufgrund der hohen Standardisierung von Zahlungsverkehrsprozessen, zum Beispiel dem deutschen FinTS-Standard, können sich Dritte ganz einfach der Banking-Schnittstellen der Banken und Sparkassen bedienen und müssen keine eigene Banking-Infrastruktur aufbauen.

Aufgrund des speziellen Angebotes einzelner Leistungen und der Nutzung der beschriebenen Schnittstellen oder der Abbildung von internen Schattenkonten in geschlossenen Systemen – wie zum Beispiel bei Paypal – unterliegen diese Anbieter nicht der strengen Regulierungen der PSD II oder den SEPA-Anforderungen.

IT-Infrastruktur und Prozesslandschaften Banken und Sparkassen operieren auf in langen Jahren gewachsenen, extrem komplexen IT-Infrastrukturen und Systemen. Die bestehenden Arbeitsabläufe und Prozesse sind an diesen ausgerichtet, eignen sich aber nicht zu einer 1 zu 1 Überführung in die technische Welt der mobilen Endgeräte mit den spezifischen Anforderungen. Aus dieser Ausgangsbasis heraus neue Plattformen zu unterstützen bzw. zu integrieren, ist nicht nur mit hohen Aufwänden und Kosten, sondern auch mit einem Philosophiewechsel verbunden.

Unternehmensphilosophie Um den geänderten Marktanforderungen Rechnung zu tragen, muss sich auch die Unternehmensphilosophie der Banken ändern. Weg von der althergebrachten Bereitstellung der Infrastruktur hin zum Angebot eigener Softwareprodukte. Dabei darf natürlich die bestehende Kundenstruktur nicht außer Acht gelassen werden. Schließlich muss man für einen nicht unerheblichen Zeitraum sämtliche Kundengruppen bedienen können; sowohl die „etablierten Traditionellen" bis hin zu den „jungen Hedonisten".

Profil und Ausbildung des Bankberaters Aufgrund der Veränderung der Arbeitsorganisation, die mit der Digitalisierung einhergehen muss, muss sich auch das Profil des Bankberaters ändern. Eine besondere Herausforderung stellt dabei insbesondere die Weiterbildung der vorhandenen älteren Mitarbeitergeneration in Richtung Medienkompetenz dar. Das Zitat „Banks have not to much employees – they have not the right ones – they want to hire" (Jamison 2014)[2] trifft es sehr gut.

17.3 Einordnung des mobilen Kanals im Multikanalvertrieb

Aufgrund des intensiven Wettbewerbs im Finanzdienstleistungsbereich durch den Eintritt bisher unbekannter Mitbewerber bei gleichzeitigem steigenden Leistungs- und Qualitätsanspruch und abnehmender Kundenloyalität kommen dem Kundenbeziehungsmanagement

---

[2] „[…] Banks have not to much employees – they have not the right ones – they want to hire", Mark Jamison, BBVA Director of Customer Experience and Business Intelligence.

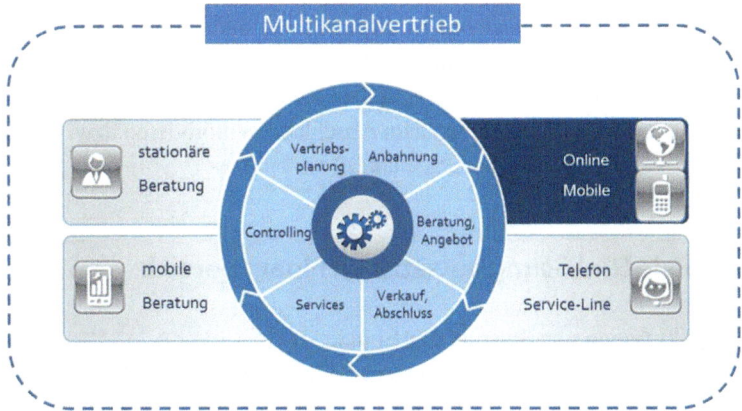

Abb. 17.1 Einsortierung des Online-/Mobile-Kanal im Gesamtvertrieb

und die Schaffung von sogenannten „phygitalen"[3] Kundenerfahrungen eine signifikant hohe Bedeutung zu.

Zur Erreichung einer hohen Kundenzufriedenheit rücken bisherige Schwerpunkte, wie zum Beispiel die persönliche Beziehung zum Kundenberater in einer stationären Filiale, in den Hintergrund. Laut einer Umfrage des Fraunhofer Instituts geben mehr als 70 % der Befragten an, dass es ihnen wichtig ist, auf unterschiedlichen Wegen mit ihrer Bank oder Sparkasse in Verbindung treten zu können und unabhängig vom Kanal einen guten Service zu erhalten (Fraunhofer Institut 2014).

Das bedeutet nicht, dass die Digitalisierung im Retailbanking eine Mensch-zu-Mensch-Interaktion entbehrlich macht. Ganz im Gegenteil, sie gewinnt noch an Bedeutung: So kann ein Verkaufsprozess auf dem Smartphone angestoßen, auf dem Tablet oder PC fortgesetzt und bei Bedarf mit einem Bankberater per Onlinechat oder im persönlichen Gespräch in der Filiale zum Abschluss gebracht werden. Derjenige Anbieter, welcher seinen Kunden diesen Service anbietet, handelt wirklich multikanal.

Eine solche Durchlässigkeit zwischen den Kanälen ohne Medienbruch ist heute nur bei den wenigsten etablierten Anbietern möglich. Multikanal bedeutet heute oft nur, dass mehrere Kanäle nebeneinander angeboten werden. Die große Herausforderung ist demnach nicht einfach nur, den mobilen Kanal mit in die Vertriebsstruktur aufzunehmen, sondern insgesamt alle Kanäle miteinander zu vernetzen (Abb. 17.1).

Strategische Positionierung des mobilen Kanals Der mobile Kanal ist kein komplett neuer, eigenständiger Vertriebskanal, sondern stellt eine weitere Ausprägung des bestehenden Online-Kanals dar und fügt sich damit in die Multikanalstrategie eines Finanzdienstleisters ein.

---

[3] Phygital: zusammengesetzter Begriff aus den Wörtern „physical" und „digital". Der Begriff definiert die Konvergenz zwischen der Online- und Offline-Welt, die insbesondere durch Mobile-Technologien immer mehr miteinander verschmelzen.

Er dient dazu, die Kundenbeziehung beispielsweise durch ständige Sichtbarkeit des Anbieters bzw. der Marke zu intensivieren, einfache Services und Banking-Funktionalitäten bereitzustellen, eine direkte Ansprache des Nutzers zu ermöglichen, Produktinformationen zu platzieren und den Kunden zum Abschluss zu motivieren bzw. ihn bei Bedarf in die Beratung überzuleiten (Zuführungskanal).

17.4 Beispiele für Lösungsansätze im Finanzbereich

Banking-Applikationen am Beispiel der Sparkassen

Die Sparkassen waren die ersten deutschen Finanzanbieter mit einem eigenen Mobile-Banking-Angebot. Bereits 2009 stellten sie mit „S-Finanzstatus" und „S-Banking" Banking-Applikationen für das iPhone zur Verfügung. Eine weitere Besonderheit: Gleich zu Beginn wurde die Applikation „S-Banking" multibankenfähig ausgerichtet, d. h., dass hierüber nicht nur die Konten der Sparkasse, sondern auch die nahezu aller anderen deutschen Banken eingebunden werden können. Auch heute noch bieten nur die wenigsten deutschen Finanzanbieter die Multibankenfähigkeit in ihren mobilen Lösungen an.

2013 erweiterten die Sparkassen das reine Bankingangebot ihrer Applikationen um Kommunikationsfunktionen, Service- und Vertriebsangebote. Um die Einbindung in die Gesamtvertriebsstruktur zu verdeutlichen, wurden die Apps in „Sparkasse" (kostenlos, nur Konten einer Sparkasse) und „Sparkasse+" (0,89 bis 0,99 €, multibankenfähig) umbenannt und auch für Android und Windows angeboten (Abb. 17.2).

Abb. 17.2 Sparkassen Banking-Applikation

Abb. 17.3 Exemplarischer
Aufbau der IBAN

Die Sparkassen waren es auch, die als erste ein mobilfähiges Sicherungsverfahren für Transaktionen auf dem Smartphone bzw. Tablet entwickelten und dieses 2013 als S-push-TAN einführten.

IBAN und seine Folgen – der „GiroCode" Während die Überführung bestehender Angebote in die mobile Welt proprietär durch jeden einzelnen Anbieter erfolgt, so gibt es doch Anwendungen bzw. Szenarien, die als Singlelösung nicht oder nur schwer funktionieren können. Wir sehen daher am Markt auch Initiativen, die unternehmensübergreifend umgesetzt werden, um eine möglichst hohe Verbreitung zu erreichen. Ein Beispiel hierfür ist die Gemeinschaftsinitiative „GiroCode" der VR-Banken und Sparkassen.

Nach wie vor gehört die Rechnung (und damit automatisch die Überweisung) zu den beliebtesten Zahlungsarten in Deutschland. Mit der Einführung der SEPA (Single Euro Payment Area) müssen Bankkunden nun die 22-stellige IBAN (International Banking Account Number) und ggf. eine BIC (Bank Identifier Code) statt der bisherigen Kontonummer und Bankleitzahl nutzen. Die IBAN ist vielen Kunden aber noch nicht so vertraut und so schleichen sich oftmals bei der Eingabe der Zahlungsdaten (IBAN, Betrag, Verwendungszweck) noch Fehler ein. Darüber hinaus ist die Erfassung von Überweisungsaufträgen im immer beliebter werdenden Mobile-Banking mittels Smartphone aufgrund der kleinen Tastaturen nicht wirklich komfortabel (Abb. 17.3).

Die IBAN Folgen für Privatkunden
• mehr Zeitaufwand durch umständliches Ausfüllen der Überweisung
• Unsicherheit, eventuell Fehler zu machen und tatsächliche Fehler.
• Ggf. aufschieben der „komplizierten" Aufgabe, Überweisungsvordrucke auszufüllen.

Die IBAN Folgen für Unternehmen
• Mehraufwand für Recherchen und Korrektur von Fehlüberweisungen
• ggf. längeres Warten auf den Zahlungseingang

Nun wurden schon einige Ansätze ausprobiert, wie es dem Rechnungsempfänger leichter gemacht werden könnte, die Zahlungsdaten zu erfassen, zum Beispiel mittels OCR-Scanning (Optical Character Recognition). Solche Ansätze erwiesen sich in der Praxis aufgrund der Fehlerhäufigkeit in der Übertragung leider nicht als hundertprozentig zuverlässig.

Eine erfolgversprechendere Lösung ist der Weg über den QR-Code[4], da es hier im Gegensatz zur OCR-Texterkennung nicht zu Fehlinterpretationen kommen kann. Auf Rechnungen gedruckt, enthält der QR-Code alle relevanten Zahlungsdaten wie Empfänger, IBAN, BIC, Zahlbetrag und Verwendungszweck, unabhängig vom Weg der Bereitstellung (online oder papiergebunden).

Der Rechnungsempfänger kann den QR-Code mit seinem Smartphones abfotografieren und das Überweisungsformular in seiner Mobile-Banking-Applikation wird automatisch mit sämtlichen Rechnungsdaten befüllt. Das stellt nicht nur einen Komfortgewinn für den Rechnungsempfänger, sondern auch für den Zahlungsempfänger dar, da über diesen Weg Schreib- oder Ausfüllfehler von vornherein komplett ausgeschlossen werden.

Anfang 2013 wurde der QR-Code durch das European Payment Council (EPC[5]) zur Zahlungsvereinfachung bei der Nutzung von Überweisungen (zum Beispiel auf Rechnungen) standardisiert und freigegeben. Die Generierung des QR-Codes wurde in der EPC-Richtlinie „EPC069-12" [6] festgelegt und ist europaweit standardisiert und kostenfrei.

Vor dem Hintergrund der Herausforderung, wie ein solcher QR-Code Einzug auf die Rechnungen der entsprechenden Rechnungsersteller findet, haben die deutschen Sparkassen und VR-Banken 2014 eine gemeinsame Initiative unter dem Claim „GiroCode – Zahlen mit Code" (www.girocode.de/) ins Leben gerufen. Diese Initiative wird inzwischen nicht mehr nur von den Sparkassen und Volksbanken, die allein schon über 70 % des Privatkundenmarktes repräsentieren, unterstützt, sondern von weiteren Kreditinstituten in Deutschland und Europa (Abb. 17.4).

Der GiroCode findet heute vor allem im kommunalen Umfeld bereits Einsatz, zum Beispiel im Bereich der Ordnungswidrigkeiten als „Scheibenwischerverwarnung" (umgangssprachlich „Knöllchen"), aber auch im Versandhandel findet die Darstellung der Zahlungsinformationen mittels des QR-Codes immer breiteren Einsatz.

Produkte/Services erlebbar machen „Sparen ist das Zurücklegen momentan freier Mittel zur späteren Verwendung. Häufig wird durch wiederholte Rücklage über längere Zeit ein Betrag aufsummiert, der dann für eine größere Anschaffung verwendet werden kann" (www.wikipedia.org/wiki/Sparen). Allein die Definition von „Sparen" klingt nicht wirklich aufregend oder spannend. „Sparen" an sich ist für den Bankkunden auch eher ein

---

[4] QR-Code: Quick Response-Code, ein zweidimensionaler grafischer Code. Der QR-Code ist eine Methode, Informationen so aufzuschreiben, dass diese besonders schnell maschinell gefunden und eingelesen werden können. Aufgrund einer automatischen Fehlerkorrektur ist dieses Verfahren sehr robust und daher weit verbreitet.

[5] Der European Payments Council (EPC) ist eine Einrichtung des europäischen Banksektors zur Koordination und Entscheidungsfindung in Bezug auf den Zahlungsverkehr. Quelle: http://www.europeanpaymentscouncil.eu/ (Stand 12.2014).

[6] EPC069–12: „Quick Response Code: Guidelines to Enable Data Capture for the Initiation of a SEPA Credit TransferStandard".

Abb. 17.4 Beispiel GiroCode

abstrakter Vorgang, denn allgemein wird es in Form sich verändernder Zahlen auf seinem Konto dargestellt.

Dabei versuchen Finanzdienstleister in der Kommunikation das Thema Sparen möglichst positiv zu besetzen, in dem Bilderwelten verwendet werden von zum Beispiel Immobilien, Autos, Booten etc.

Sparen mit einem konkreten Ziel vor Augen bringt eine ganz eigene Motivation mit sich. Aber oftmals sind Sparziele so langfristig angelegt, beispielsweise das Kfz oder eine Immobilie, und „verschwinden" deshalb vor dem täglichen inneren Auge des Kunden. Sparkonten sind dann wieder abstrakt, werden wieder zu Zahlen im Online-Banking oder auf Papier. Das Thema Sparen ruft daher eher wenig Begeisterung hervor und ein Sparbuch wird daher bei den wenigsten Kunden wahre Glücksgefühle hervorrufen.

Aber das geht auch anders: Auch ein Sparbuch kann Glücksgefühle hervorrufen, kann motivieren, wenn es dem Kunden „Bilder" vermittelt, ihm seine Ziele vor Augen führt auf die er spart, sprich das Sparen erlebbar macht. Dieses Prinzip haben die Sparkassen mit der Funktion „Klicksparen" innerhalb der Sparkassen-Applikationen „Sparkasse" und „Sparkasse+" versucht umzusetzen.

„Klicksparen" ist eine Funktion, mittels derer der Kunde persönliche Wünsche als Sparziel definieren und diese mit eigenen Bildern visualisieren kann. Dazu werden an einem Sparkonto unbegrenzt viele virtuelle Unterkonten angelegt, jeweils eines pro eingerichtetem Sparziel. Mittels einfachem Tapp kann der Kunde innerhalb der Applikation einen festgelegten oder innerhalb bestimmter Grenzen frei wählbaren Betrag von seinem Girokonto auf das Zielkonto übertragen. Die Sparkassen-App visualisiert mittels einer graphischen Fortschrittsanzeige den jeweils aktuellen Stand, sodass der Kunde immer im Blick hat, wie weit er in der Erreichung seiner Wunschziele vorangekommen ist (Abb. 17.5).

Ein Beispiel: Der Kunde Brinkmann möchte eine Urlaubsreise nach Barbados machen und benötigt dafür 2.500 €. Dieses legt er als Ziel in seiner App an und visualisiert das mit einem Bild von weißen Sandstränden unter der karibischen Sonne. Jedes Mal, wenn Herr Brinkmann nun Geld übrig hat, kann er dieses mittels einfachem Tapp auf das Sparziel einzahlen. Anhand des sich füllenden Sparschweins oder dem „Ladebalken" in der Sparzielübersicht sieht er, wie er seiner Urlaubsreise immer näher kommt.

1 Nach der Einrichtung kann direkt gespart werden. Hierbei handelt es sich um die gleiche Ansicht, die auch über die Teaserfläche im Sidebar-Menü aufgerufen werden kann. Der Sparvorgang erfolgt durch antippen des Fotos.

2 Optional kann der Standard-Sparbetrag (in diesem Fall 20 €) für den aktuellen Sparvorgang angepasst werden. Danach wird er wieder auf den Standard zurückgesetzt.

3 Nach erfolgreichem Sparen wird der aktuelle Status in einem PopUp-Fenster angezeigt.

Abb. 17.5 Beispiel Klicksparen

Das Thema Sparen wird auf diese Art und Weise positiv erlebbar, wirkt motivierend, wenn der Kunde sieht, wie nah er seinem Wunschziel bereits gekommen ist oder auch wie weit es noch weg ist.

Beim „Klicksparen" handelt es sich technisch um einen Übertrag zwischen zwei Konten eines Kontoinhabers. Bei der Übertragung von Beträgen zwischen Ausgangs- und Zielkonto wird keine TAN verlangt. Dieser TAN-lose Übertrag soll beim Kunden für ein einfaches, schnelles und bequemes Nutzungserlebnis sorgen.

Zur Sicherheit ist die „Klickspar-Funktion" daher nur für Geldübertragungen zwischen Konten möglich, die der gleichen Nutzerkennung angehören, wobei das Zielkonto vom Zahlungsverkehr ausgeschlossen ist. So wird sichergestellt, dass das Geld beim beauftragenden Kontoinhaber verbleibt. Verfügungen vom Zielkonto sind nur mit entsprechender Autorisierung möglich, d. h. im Online-Banking mittels Übertrag auf das Referenzkonto unter Eingabe einer TAN. Die Überträge auf das Sparkonto sind limitiert auf max. 30 € pro Transaktion und insgesamt max. 200 € pro Tag.

Flexible Produkte on demand Nachhaltig erfolgreich werden Anbieter sein, die es schaffen, dem Kunden technische Lösungen anzubieten, die intuitiv nutzbar sind und spontane Bedürfnisse abdecken. Dabei befinden sich solche Lösungen immer im Spannungsfeld zwischen Usability und Sicherheit. Am ehesten sind dort „Mobile-Banking" und „Mobile Payment zu nennen, doch gibt es auch ganz profane Services, an die nicht in erster Linie gedacht wird, da diese vielleicht nur selten genutzt werden, zum Beispiel Serviceaufträge wie Adressänderungen, Kartenschutz im Ausland, Geldautomatensuche etc. bis hin zum Chat oder Notruf. Auch hier müssen also die Prozesse derart angepasst werden, dass so einfache Servicefunktionen über den mobilen Kanal angeboten werden können.

Aber nicht nur schlanke, schnelle Prozesse sind notwendig, auch die bestehende Produktwelt muss sich den geänderten Nutzungsszenarien anpassen. So ist es zum Beispiel denkbar, über den mobilen Kanal Versicherungsprodukte genau in dem und für den Mo-

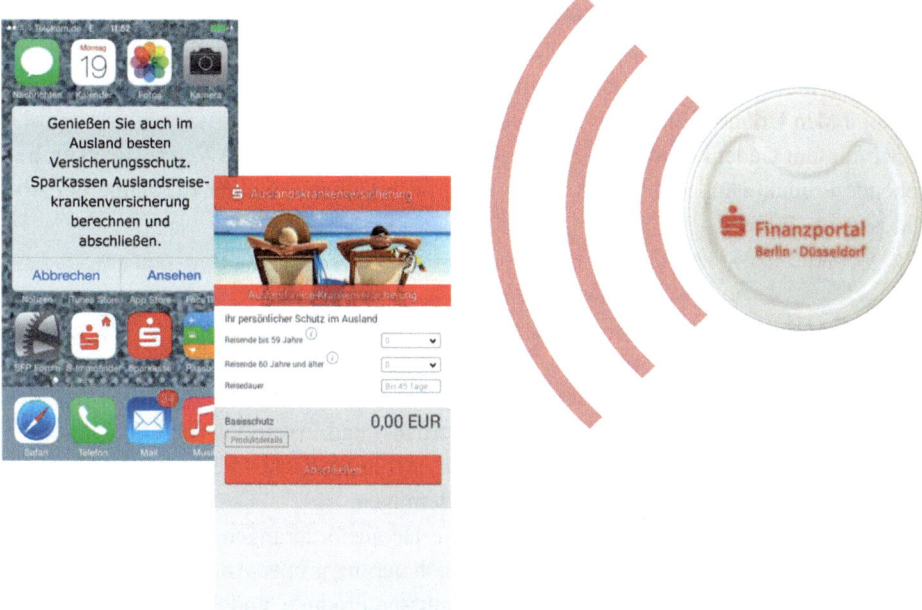

Abb. 17.6 Auslandsreise-Krankenversicherung – iBeacon

ment zu verkaufen, wenn der Kunde diese benötigt, ohne lange Bindung und komplizierte Vertragsprozesse.

Ein funktionierendes Beispiel dafür ist die zeitlich befristete Auslandsreise-Krankenversicherung. Ein Produkt, was zunächst vermeintlich keine hohe Wahrnehmung genießt, welches aber oft genutzt wird und dessen Systematik sich ideal für den mobilen Kanal eignet. Denn bei der befristeten Auslandsreise-Krankenversicherung kann der Kunde mit nur wenigen Angaben seine individuelle Versicherung zusammenstellen. Nach Ausführung der Überweisung der speziell berechneten Versicherungsprämie besteht Versicherungsschutz (Abb. 17.6).

Das Vertragswerk wird erst nachgelagert und auch nur im Falle eines durch den Kunden angezeigten Schadenfall und damit einhergehenden Kostenübernahme zur Unterzeichnung an den Kunden herausgeschickt.

In Kombination mit der iBeacon-Technologie entstehen somit völlig neue Möglichkeiten bedarfsgerechter Kundenansprache (siehe Beitrag Oelling und Brock in diesem Buch). Ein Beispiel: In einem Flughafen am internationalen Terminal werden Beacons zur Kundenansprache platziert. Kommt ein Kunde in die Reichweite eines solchen Senders, reagiert die Banking-App auf dem Smartphone des Kunden und löst eine Push-Mitteilung aus, in welcher der Kunde auf die Vorteile der Auslandsreise-Krankenversicherung in Bezug auf seine unmittelbar bevorstehenden Reise dargestellt werden. Stößt diese Meldung beim Kunden auf Interesse, wird er mittels einfachen Tap auf die push-Nachricht direkt in das Antragsformular geführt. Hier ergänzt der Kunde noch einige wenige Angaben, zum Beispiel Anzahl und Alter der zu versichernden Personen und sendet das Antragsformular ab. Hierheraus öffnet sich direkt die komplett mit den individuellen Angaben des Kunden ausgefüllte Überweisungsmaske im Mobile-Banking, die. Mit Durchführung der Überweisung genießt der Kunde quasi sofort Versicherungsschutz und kann mit einem guten Gefühl in den Urlaub fahren.

Mit diesem Gedankenansatz ließen sich viele der heute in starren Vertragswerken bestehende Produkte aus Sicht des Kunden flexibilisieren, was zu einer Erhöhung der Abschlussquote führt.

17.5   Fazit

Der mobile Kanal bringt durch seine Verfügbarkeit komplett neue Bedürfnisse seitens der Kunden hervor, begleitet von einer hohen Anspruchs- und Erwartungshaltung. Die dabei vorherrschenden Entwicklungszyklen sind noch um ein Vielfaches schneller als die durch die Verbreitung des Internet ausgelösten Veränderungen.

Dies stellt die etablierten Anbieter vor hohe Herausforderungen, da sie in einer gewachsenen IT-Infrastruktur gefangen sind, die sich nur mit großen Anstrengungen und unter erheblichen Aufwand anpassen lässt. Auch müssen Produkte und Services in Richtung der neuen Möglichkeiten und Kundenerwartungen angepasst oder komplett neu definiert werden.

Hinzu kommt, dass über die Digitalisierung nicht die bestehenden älteren und damit oftmals profitablen Kundensegmente vergessen werden dürfen. Hier müssen Banken und Sparkassen noch auf lange Zeit sich den unterschiedlichen Bedürfnissen und Gewohnheiten der Kundengenerationen stellen.

Bankprodukte lassen sich mit nur sehr wenig Aufwand über das Internet vergleichen. Das alleinige Differenzierungsmerkmal hier ist also der Preis. Aus diesem Grund ist es notwendig, nicht mehr ausschließlich die Produkte in den Mittelpunkt der Betrachtung zu stellen, sondern insbesondere die Zugangskanäle in den Fokus zu rücken.

Auf diesem Weg können sich Banken und Sparkassen differenzieren und gegenüber dem Nutzer positionieren. Um eine möglichst hohe Kundenloyalität zu erreichen, müssen Banken und Sparkassen also versuchen, über Kundenservice auf allen Kanälen zu punkten.

Literatur

Fraunhofer Institut, 2014: Bank & Zukunft 2014, Fraunhofer Institut in Kooperation mit Q_PERIOR.
Jamison, M. 2014: Vortrag auf European Banking Federation: Annual Conference: Banking for the Future, 2014.

Stefan K. Brinkmann verantwortet das Referat „Multikanaltechnologie" im Deutschen Sparkassen- und Giroverbandes (DSGV) in Berlin. Er ist dort unter anderem zuständig für die Entwicklung der Sparkassen-Apps sowie weiterer Plattformen und Services im Online-Umfeld.

Alexander Oelling, Judith Oelling und Harald Brock

Zusammenfassung

Die Online- und Offline-Welt verschmelzen? Flexible Produkte on demand? Location-based- Services (LBS)? Persodigital? Der Artikel zeigt auf, wie Kreditinstitute durch die iBeacon Technologie neue Geschäftspotenziale generieren und die Kunden-Bank Interaktion dank modernster Technik verbessern können.

18.1 Einleitung

Aufgrund einer stetig ansteigenden Emanzipation wie auch Erwartungshaltung der Kunden und der damit verbundenen Veränderung des Informations-, Nutzungs- und Kaufverhaltens, stehen Kreditinstitute vor neuen, großen Herausforderungen.

Für viele Kreditinstitute ist die Filiale nach wie vor der zentrale Ort der Dienstleistungserbringung sowie die wichtigste Quelle der Neukundengewinnung und Bestandskundendurchdringung (Mihm 2014). Heutzutage funktioniert die Filiale jedoch nicht mehr als singuläre, abgeschottete Einheit. Der stationäre Vertrieb muss vielmehr in ein profes-

A. Oelling (⊠) · J. Oelling
Berlin, Deutschland
E-Mail: alexander@sensorberg.com

J. Oelling
E-Mail: judith@sensorberg.com

H. Brock
Düsseldorf, Deutschland
E-Mail: harald.brock@think-bank.eu

© Springer Fachmedien Wiesbaden 2015
H. Brock, I. Bieberstein (Hrsg.), *Multi- und Omnichannel-Management in Banken und Sparkassen*, DOI 10.1007/978-3-658-06538-6_18

sionelles Multi- bzw. Omnichannel-Management integriert werden, um seine Potenziale auszuschöpfen. Die Relevanz von multimedialen und mehrdimensionalen Vertriebs- und Kommunikationskanälen steigt daher stetig.

Von einer regelmäßigen, qualitativ hochwertigen und kostengünstigen Kunde-Bank-Interaktion träumt die Mehrzahl der Kreditinstitute. Sie ist die Basis für einen erfolgreichen Vertrieb und eine lange Kundenbindung. Finanzinstitute sind deshalb ständig auf der Suche nach innovativen Lösungen, die eine Steigerung der Interaktion und eine damit verbundene höhere Nachfrage bewirken. Das Interaktionsspektrum von Banken und Sparkassen reicht von Internetkampagnen über Mailings bis hin zu telefonischen Akquisen beim Kunden. Das Ziel der Kreditinstitute besteht häufig darin Kunden in die Filiale zu leiten. Derartige Maßnahmen sind meist mit großem Aufwand für das Institut und für den Kunden verbunden.

Einfacher ist es hingegen, den Fokus auf die noch ungenutzten Potenziale von bereits existierenden Kundenströmen im Filialumfeld zu richten. „Know your customer" – die allumfassende Sicht auf den Kunden ist die momentane Chance von Finanzinstituten im Multikanalkontext. Nichts ist effektiver als mit einem Kunden in Kontakt zu treten, den man bereits kennt, der sich zum einen im Bank- oder Sparkassengebäude befindet und sich zum anderen auch mental auf Bankgeschäfte eingestellt hat, weil er beispielsweise Geld abheben oder Kontoauszüge ausdrucken möchte und sich deshalb im Foyer oder im Schalterbereich des Instituts befindet.

Die Nutzung dieser Kundenpotenziale zur Herstellung eines persönlichen Kontaktes fällt den meisten Instituten noch schwer. Ähnliche Schwierigkeiten zeigen sich bei der Bereitstellung von interessanten und bedarfsorientierten Kundeninformationen.

Zur Reduktion der Interaktionsdefizite sollte sich der Blick der Institute in Richtung Location-based Services (LBS) richten. Die Voraussetzungen für LBS bieten die aktuellen Trends in der Informationstechnologie. Die wichtigsten Entwicklungen sind hier vor allem die gesellschaftliche Diffusion des Internets über mobile Endgeräte und die Bereitstellung von Applikationen (Apps) auf Smartphones und Tablets.

Ein noch gültiger Definitionsversuch des Begriffs Location-based Services (LBSs) aus dem Jahr 2006 besagt: „LBSs are information services accessible with mobile devices through the mobile network and utilizing the ability to make use of the location of the mobile device." (Steiniger et al. 2006). LBSs sind somit standortbezogene, mobile Dienste, die dem Endverbraucher über dessen mobiles Endgerät kontextbezogene Informationen und Services liefern.

Ursprünglich zur globalen Verfügbarkeit von Informationen geschaffen, dann über Apps mit einzelnen Geräten zur komfortableren Gestaltung des täglichen Lebens verbunden, geht das Internet momentan auf eine andere Ebene über – die Einbindung in die reale Welt. Eine Ebene, die für Kreditinstitute an Bedeutung gewinnen wird. Man bezeichnet die Einbindung des Internets in die reale Welt in Fachkreisen als Internet of Things (IoT).

Nun stellt sich die Frage, wie orts- und kontextbezogene Informationen (LBS) mobile Endgeräte der Kunden erreichen und damit für Kreditinstitute nutzbar gemacht werden können. Oder anders ausgedrückt: wie die Online- und Offline-Welt zu einer bestimmten Zeit im Filialumfeld und an sonstigen relevanten Touchpoints zusammentreten können.

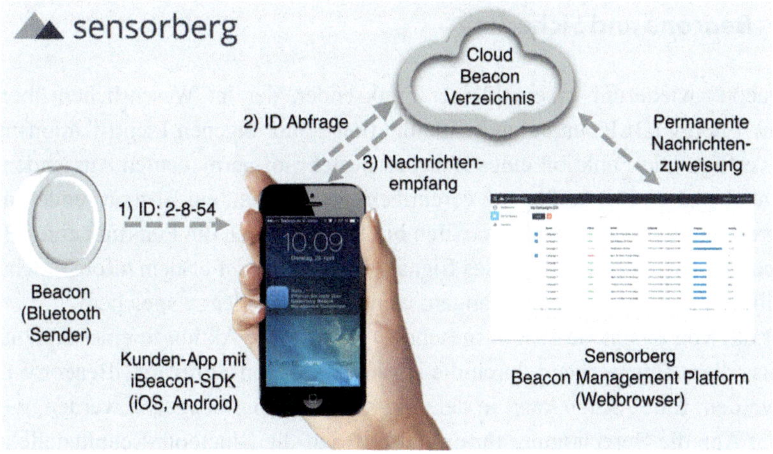

Abb. 18.1 Beacon Funktionsweise. Nach Sensorberg (2014).

Eine Grundlage zur Vernetzung beider Welten bietet die von Apple entwickelte und markenrechtlich geschützte iBeacon-Technologie aus dem Jahre 2013.

18.2   Die Technologie

iBeacon ist ein Verbindungsstück zur Verschmelzung von Online- und Offline-Welt. Beacons sind Sender, die basierend auf dem neuen Bluetooth-Standard 4.0 Push Notifications mit speziellen hinterlegten Services und Informationen in einer iBeacon-fähigen App auf einem mobilen Gerät auslösen können (Abb. 18.1).

Durch iBeacon können Unternehmen direkt vor Ort mit ihren Kunden in Kontakt treten und spezielle, relevante Services anbieten. D. h. es ist nun möglich, das Internet situativ in die reale Alltagswelt zu transportieren, um dort für Kreditinstitute und Kunden Mehrwerte zu stiften (Win-Win-Situation). Durch die Vernetzung beider Welten hat die iBeacon-Technologie das Potenzial, einen wichtigen Platz im Multi- bzw. Omnichannel-Management von Kreditinstituten einzunehmen.

18.2.1   iBeacon

Wenn von „iBeacon" die Rede ist, dann ist in der Regel die von Apple entwickelte, markenrechtlich geschützte iBeacon-Technologie, basierend auf dem Bluetooth-Standard 4.0, gemeint. Das iBeacon-SDK ist eine Software zur Funktionserweiterung von Apps auf mobilen Endgeräten. Bewegt sich ein mobiles, mit Bluetooth LE ausgestattetes Gerät (Smartphone oder iPad) mit den entsprechenden Betriebssystemen ab iOS 7 oder Android 4.3 Jelly Bean in den Senderadius eines Beacons, erhält es über eine iBeacon-fähige App eine Push Notification zu hinterlegten LBS und Angeboten.

18.2.2 Beacons und Sicherheit

Der „Beacon" wiederum ist ein kleiner Funksender, der im Wesentlichen über Bluetooth Low Energy (BLE) und eine Sendefunktion seiner eigenen Identifikationsnummer (UUID) verfügt. Die Funktion eines Beacons besteht im permanenten Aussenden seiner Identifikationsdaten. Das heißt ganz vereinfacht gesprochen, ein Beacon sendet in einem festgelegten Intervall die Information: „Ich bin hier." Da sich die Funktion eines Beacons auf das permanente Aussenden dieses Signals beschränkt, ist er demzufolge nicht in der Lage, selbst Informationen zu empfangen, weiterzuleiten oder zu speichern.

Damit das von einem Beacon ausgesendete Signal eine Aktion in einer App auslösen kann, muss diese entsprechend durch die spezielle iBeacon-Software (iBeacon-SDK) erweitert werden. Eine Aktion kann in der App allerdings nur ausgelöst werden, wenn der Nutzer der App die Berechtigung für den Zugriff auf die Bluetooth-Schnittstelle und die Ortungsdienste seines Smartphones aktiv gestattet hat.

Aufgrund dieses technischen Sachverhaltes müssen interessierte Kreditinstitute, die iBeacon zur Kundeninteraktion nutzen möchten, ihre bestehenden Apps mit einer iBeacon-Software erweitern.

18.2.3 „Beacon Management Platform" bzw. „Proximity Interaction Platform"

Damit Banken und Sparkassen iBeacon nutzen können, benötigen sie eine „Beacon Management Platform" bzw. „Proximity Interaction Platform".

Hierbei handelt es sich um eine Cloud-basierte Management Plattform zur gemeinschaftlichen Verwaltung von Beacon-Funksendern. Aber nicht nur die Verwaltung der Sender, ihrer Funk-Intervalle und Funk-Reichweiten kann auf der „Proximity Interaction Platform" bestimmt werden. Über die Plattform können vor allem die Inhalte von Mitteilungen erstellt, verwaltet und gespeichert werden, die dann als Push Notification auf den mobilen Endgeräten der Kunden ausgelöst werden.

18.3 iBeacon – Use cases für Banken und Sparkassen

18.3.1 Klassifizierung der gesendeten Mitteilungen

Über iBeacon in einer App ausgelösten LBSs sind nach ihrer Art der Informationsbereitstellung her als Push Notifications zu beschreiben.

> Push Notification ist ein Standard-Dienst, mit dem eingehende Nachrichten sofort angezeigt werden können. Eine Applikation ergänzt diesen Service, indem sie Nachrichten an den Nutzer versendet und darstellt (…). Das hat den Vorteil, dass keine Kosten für die Versendung einer Kurznachricht entstehen und der jeweilige App-User nur zielgerichtete News, Events oder Nachrichten erhält (Smasrtmobilefactory 2014).

Diese Notifications werden nicht direkt vom Benutzer angefordert, sondern benachrichtigen ihn, wenn er sich dem Sender in einem bestimmten Umkreis nähert. Üblicherweise muss der Benutzer bei Push Services im Vorfeld einwilligen, dass künftig Informationen automatisch angezeigt werden.

18.3.2 Use cases in Banken und Sparkassen

Beacons bzw. über Beacons ausgelöste Mitteilungen können zahlreiche Funktionen im direkten oder indirekten räumlichen Umfeld von Finanzinstituten erfüllen. Als besonders relevante Orte zur Implementierung von iBeacon-Use cases können die Filialen genannt werden. Neben diesen sind auch externe Orte relevant, die eine Nachfrage von Finanzdienstleistungsinformationen und -produkten erwarten lassen.

Die geöffnete Filiale Beacons können bei geöffneten Filialen zur ortsbezogenen Begrüßung und personalisierten Kundenansprache genutzt werden. Denkbar sind ebenfalls personalisierte Produkt- und Serviceangebote in Verbindung mit kundenorientierten Informationen. Den Kunden können beispielsweise beim Betreten der Filiale Verfügbarkeiten von freien Beratern bzw. Beratungsterminen angezeigt werden. Für den Fall, dass zu dem Zeitpunkt, in dem der Kunde die Filiale betritt, alle Berater in Gesprächen sind, können mittels iBeacon auch geschätzte Wartezeiten kommuniziert oder Alternativen angeboten werden. Zur Überbrückung von Wartezeiten können zudem Zeitschriften, Videoclips, Services und Angebote ausgesteuert werden. Darüber hinaus hat der Kunde die Möglichkeit sich zum Beratungsgespräch einzuchecken und seinem Berater mitzuteilen, dass er da ist. Gleichzeitig kann der Kunde innerräumlich zum Point of Interest navigiert werden (Indoor Navigation) oder über Sprachmitteilungen für sehbehinderte Kunden (Location to voice) geleitet.

Denkbar ist auch, dass Finanzinstitute, die in Filialen installierten Beacons an Kooperations-, Verbund- oder Mehrwertpartner vermieten. Bei allen ausgesteuerten Mitteilungen ist entscheidend, dass eine situative Relevanz für den Kunden existiert, die zu einer Interaktionsbereitschaft führt.

Die geschlossene Filiale Auch bei geschlossenen Filialen können die Beacons zur Verbesserung der Kunden-Bank-Interaktion eingesetzt werden. Genau wie bei einer geöffneten Filiale können individualisierte und ortsbezogene Ansprachen und Informationen über die Bank-App ausgesteuert werden. Auch die Anzeige von verfügbaren Beratungsterminen ist möglich. Vor der geschlossenen Filiale können zusätzlich Hinweise, alternative Kontaktmöglichkeiten (Multikanalangebote) und Öffnungszeiten von nahegelegenen, geöffneten Filialen angezeigt werden. Hierdurch kann der Servicelevel verbessert und die Lösungsorientierung des Kreditinstitutes gesteigert werden.

Die virtuelle Filiale an jedem beliebigen Ort Kreditinstitute können die Kunden-Bank-Interaktion durch iBeacon nicht nur in der Filiale bzw. im Foyer der Filiale verbessern, sondern praktisch an jedem beliebigen Ort.

Faktisch können alle Funktionen und Leistungen, die in einer geöffneten bzw. geschlossenen Filiale über Beacons angeboten und bereitgestellt werden, an allen beliebigen Orten genutzt werden, die mit Bank- bzw. Sparkassen-Beacons ausgestattet sind. Das sind beispielsweise hoch frequentierte Orte an Verkehrsknotenpunkte, wie Bahnhöfe oder Flughäfen, oder auch gut besuchte Veranstaltungen wie Messen und Konferenzen.

Bei allen iBeacon-Anwendungsfällen kann der Kunde individuell entscheiden, ob er die angebotenen Funktionen in Anspruch nehmen möchte oder nicht. Das bedeutet wiederum, Banken und Sparkassen müssen ihren Kunden durchdachte Angebote zur Verfügung stellen, die Mehrwerte stiften und sie nicht mit Spam belästigen. Finanzinstitute sollten größten Wert darauf legen, diese neue Chance in Bezug auf Kunden-Interaktion für ihre Zielgruppe interessant zu gestalten, ihren Kunden nützliche und vereinfachende Mehrwerte anzubieten, sodass ihr Interesse geweckt wird. Darüber hinaus muss der Kunden eigenständig entscheiden dürfen, ob er aktiv die bereitgestellten Use cases nutzen möchte. So wird verhindert, dass Kunden sich gläsern, beobachtet oder sogar der digitalen Welt ausgeliefert fühlen. In diesem Fall wäre der Einsatz von Beacons sogar kontraproduktiv. Wichtig ist, dass die ausgelieferten Push Notifications einen Mehrwert für beide Seiten darstellen (Win-win-Situation).

18.4 iBeacon – Nutzen und Chancen für Banken und Sparkassen

Die bisherigen Ausführungen haben gezeigt, dass die iBeacon-Technologie Finanzinstituten die Chance bietet, ihren Kunden Angebote, Leistungen und Informationen ortsbezogen und mit direkter Kundenansprache am Point of Interest näher zu bringen. Unter der Voraussetzung, dass die ausgesendeten Mitteilungen einen echten Mehrwert bieten, kann die Kunden-Bank-Interaktion spürbar verbessert werden. Aufgrund der möglichen Individualisierbarkeit (Anpassung an die jeweilige Bedürfnislage) der übermittelten Services, empfindet der Kunde bei einer professionellen Nutzung der neuen Technologie die angezeigten Nachrichten weder als lästig noch als störend. Die Vernetzung der Online- mit der Offlinewelt bietet daher die Chance, mögliche Kontakthürden zu reduzieren.

Wenn Banken und Sparkassen die Technologie zielgerichtet einsetzen, mündet die verbesserte Kunden-Bank-Interaktion in positiven Kundenerlebnissen. Hierdurch steigen im besten Fall die direkten und indirekten Abschluss- und Kontaktquoten. Entsprechend steigt die Wertschöpfung bestehender Vertriebs- wie Servicekanäle. Zusätzlich wird die Bank als modernes und innovatives Kreditinstitut wahrgenommen.

Durch mehr Transparenz auf Kunden- und Bankseite kann zudem die Planung und Steuerung von Beratungsgesprächen verbessert werden. Hierdurch reduzieren sich die Wartezeiten. Gleichzeitig steigen die Beratungshäufigkeiten.

Obendrein kann durch iBeacon die Verzahnung aller Kanäle verbessert werden, indem gezielte Überleitungen aufgezeigt und initiiert werden. Beispielsweise wird ein Kunde vor verschlossener Tür direkt zur nächsten geöffneten Filiale via Navigation geleitet oder es wird die Kontaktmöglichkeit eines Kunden-Service-Centers (KSC) aufgezeigt (siehe Beitrag von Brock und Matthies in diesem Buch). Das Ergebnis ist die Verbesserung der Kundenzufriedenheit und damit die Erhöhung der Kundenbindung.

18.5 Fazit und Ausblick

„Nur jeder Dritte Privatkunde bekommt nützliche Anregungen und Hinweise von seiner Bank" (IM Privatkundenstudie 2012, S. 16). „Nur jeder Zweite ist überzeugt, dass seine Bank ihm Bankgeschäfte so einfach und bequem wie möglich macht" (IM Privatkundenstudie 2012, S. 22). Fast jedes Geldhaus beklagt, dass die Zahl der Kunden-Bank-Interaktionen immer weiter abnimmt.

Um diese Situation zu verbessern, sollten Kreditinstitute zukünftig einen stärkeren Fokus auf situative Faktoren wie Kundenpräsenz, -nutzen und -bedarf legen. Die Fokussierung bezieht sich sowohl auf das Gebäude bzw. die Filiale eines Kreditinstitutes als auch auf die sonstigen Relevanzpunkte eines Kreditinstitutes, wie beispielsweise hoch frequentierte Orte und Verkehrsknotenpunkte. Relevanzpunkte sind überall dort zu finden, wo kontextbezogene Anregungen, Informationen und Finanzdienstleistungen von Kunden benötigt und nachgefragt werden.

Eine solche Fokussierung bietet den Vorteil, dass Kreditinstitute keine neuen und damit aufwändig zu gewinnenden Kundenströme in ein Bank- bzw. Sparkassengebäude generieren müssen. Entweder, weil die Kundenströme bereits vorhanden sind (der Kunde befindet sich im räumlichen Umfeld eines Kreditinstitutes) oder obsolet sind (der Kundenbedarf kann ohne einen Berater befriedigt werden). Durch die situative Relevanz kann die Interaktionsbereitschaft entscheidend verbessert und ein positives Kundenerlebnis erzeugt werden. Den hierfür benötigten Rahmen bilden Location-based Services (LBS) und das sogenannte Internet of Thinks (IoT).

Die iBeacon Technologie ermöglicht es Banken und Sparkassen, relevante Kunden gezielt, bedarfs- und lösungsorientiert anzusprechen. Beide Seiten profitieren von dieser innovativen Möglichkeit der ortsbezogenen, situativen Kundenansprache und der damit einhergehenden Verknüpfung des IoT. D. h., wenn Kreditinstitute die Bedürfnisse der Kunden erkennen und analysieren, können die Relevanzpunkte genutzt werden, um Brücken in der Kommunikation und Interaktion zu bauen. Auf Kundenseite werden hierdurch Bedürfnisse befriedigt, Risiken minimiert oder Wartezeiten reduziert. Auf Institutsseite werden Erträge generiert und die Kundenzufriedenheit optimiert.

Die iBeacon-Technologie ist damit ein spannendes Instrument im Multi- bzw. Omnikanal-Management, das in die Überlegungen von Kreditinstituten einbezogen werden sollte. Denn **die Zukunft des Banking ist persodigital:** Persönlich, personalisiert und digital (Brock 2015).

Literatur

Brock, H. (2015): Vom Mono- zum Multichannel-Management - Nur wer die Vergangenheit kennt, kann die Zukunft erfolgreich gestalten, in: Brock, H., Bieberstein, I. (Hrsg.): Multi- und Omni-channel-Management in Banken und Sparkassen, Wiesbaden.

InvestorsMarketing Privatkundenstudie (2012): Mehr Ertrag durch integriertes Multikanalmanagement

Mihm, O. (2014): Mit Multikanalmanagement Filialen profitabel machen, https://www.boersenzei-tung.de/index.php?li=1&artid=2014057812, abgerufen am 05. August 2014.

Sensorberg (2014): Leuchtfeuer über Berlin – Sensorbergs iBeacon-Technologie auf dem Vormarsch, Pressemitteilung 12.02.2014, Berlin.

Steiniger, S., Neun, M., Edwardes A. (2006): Foundations of Location Based Services – Lesson 1, http://www.spatial.cs.umn.edu/Courses/Fall11/8715/papers/IM7_steiniger.pdf, abgerufen am 08. August 2014.

Alexander Oelling studierte Mathematik und war von 2005 bis 2011 Mitgründer und Manager eines Software Technologie-Unternehmens, welches das erste NoSQL/BigData-Datenbank-System entwickelte. Im September 2013 gründete er das Berliner Unternehmen Sensorberg GmbH. Sensorberg entwickelt und vertreibt SDKs zur iBeacon-fähigen Erweiterung von Apps, eine Cloud-basierte Beacon Management Platform, europäische, zertifizierte Beacon-Funksender mit Konfigurations-App und Expertise sowie technischen Support. Als Beacon-Infrastruktur-Anbieter ermöglicht es Sensorberg jedem Unternehmen, die eigenen mobilen Apps iBeacon-fähig zu komplettieren.

Judith Oelling beendete 2010 nach ihrem Auslandsjahr an der Lettre e Filosofia die Palermo ihr Studium in Kunstgeschichte und Italianistik. Nach mehrjähriger Mitwirkung im Presse- und Verlagsumfeld gründete sie im Frühjahr 2013 die PR- und Textagentur blautexte.de in Berlin, über die sie mit namhaften Unternehmen zusammenarbeitet. Darüber hinaus ist sie Verantwortliche für Presse und Kommunikation des iBeacon-Pioniers Sensorberg.

Harald Brock studierte Betriebswirtschaftslehre an der RWTH Aachen mit Schwerpunkten Finanzierung, Finanzdienstleistungen und International Management. Im Rahmen seiner Promotion zum Thema „Shared-Value im Geschäftsmodell von Finanzdienstleistern" absolvierte er einen mehrmonatigen Forschungsaufenthalt an der Newcastle University (UK). Während seines Studiums war Harald Brock Mitglied der Deans List der RWTH sowie der Eberle-Butschkau-Stiftung. Zudem erhielt er ein Stipendium eines Kreditinstitutes. Sein Masterstudium schloss er als Bester seines Jahrgangs ab. Vor seinem Studium absolvierte er eine Ausbildung zum Bankkaufmann, die er als Landesbester beendete. Nach dem Studium arbeitete Harald Brock zunächst als wissenschaftlicher Mitarbeiter am Gründerzentrum der RWTH Aachen, wo seine Leidenschaft für innovative (Fin-Tech) Start-ups entstand. Im Anschluss führte sein Weg zurück in die Finanzdienstleistungsbranche, wo er wichtige Führungsfunktionen übernommen hat. Mit ‚thinkbank' berät und unterstützt er Kreditinstitute im Bereich Multi- und Omnichannel-Management, Marketing, CSR und Shared-Value. Er verfügt mittlerweile über mehr als zehn Jahren Erfahrung in unterschiedlichen Bereichen der Kreditwirtschaft. Harald Brock veröffentlichte bereits zahlreiche Artikel und Beiträge in führenden Fachzeitschriften und in der Wirtschaftspresse (Bankmagazin, Handelsblatt et al.). Zudem ist er der Initiator des vorliegenden Buches „Multi- und Omnichannel-Management in Banken und Sparkassen".

Crowdbanking – Die Potenziale von Social Media für deutsche Banken

19

Tom Gellrich, Jonas Grella, Johannes Hiebsch
und Lennard Weghöft

Zusammenfassung

Deutsche Banken liegen im internationalen Vergleich von Social Media Banking deutlich zurück. Dabei bieten soziale Netzwerke für Kreditinstitute viele Chancen. Der Artikel hebt hervor, was Kunden von einem Kreditinstitut im Social Media Bereich verlangen und welche Strategien Banken und Sparkassen hieraus ableiten können.

Sollte es den Banken nicht gelingen, Kunden stärker über Interaktion und Transaktion an sich zu binden, drohen bis zu 40 % der interessierten Kunden zu Wettbewerbern mit einem überzeugenderen Angebot zu wechseln

T. Gellrich (✉) · J. Grella · J. Hiebsch
Frankfurt a. M., Deutschland
E-Mail: gellrich@goetzpartners.com

J. Grella
E-Mail: grella@goetzpartners.com

J. Hiebsch
E-Mail: hiebsch@goetzpartners.com

L. Weghöft
E-Mail: weghoeft@goetzpartners.com

© Springer Fachmedien Wiesbaden 2015
H. Brock, I. Bieberstein (Hrsg.), *Multi- und Omnichannel-Management
in Banken und Sparkassen,* DOI 10.1007/978-3-658-06538-6_19

19.1 Über die Studie „Crowdbanking – die Revolution der Bankenwelt bis 2020"

Im Rahmen unserer Studie „Crowdbanking – Die Revolution der Bankenwelt bis 2020" wurde eine repräsentative Umfrage initiiert. Innerhalb der Studie wurden 1002 private Bank-Endkunden in Deutschland über ein Online-Panel befragt. Erhoben wurde die Studie von Juli bis August 2013. Der Fragebogen wurde von goetzpartners konzipiert und aufgesetzt, die operative Befragung wurde in Zusammenarbeit mit dem Umfragezentrum Bonn – Prof. Rudinger GmbH (uzbonn GmbH) Gesellschaft für empirische Sozialforschung und Evaluation durchgeführt. Die anschließende Auswertung und Analyse der Ergebnisse wurde danach von goetzpartners ausgeführt.

19.2 Soziale Medien: Einer der größten Trends der heutigen Zeit

Soziale Medien sind einer der größten sozialen Trends unserer Zeit und nehmen einen immer größeren Stellenwert in unserer heutigen Kommunikation und unserem täglichen Leben ein. Zunehmend vernetzen sich Menschen in sozialen Netzwerken wie Online-Communities, medialen Austauschplattformen, Blogs- und Microblogs, Wikis und Foren und nutzen diese als private und berufliche Kommunikationskanäle.

Nach einer Studie des amerikanischen Research- und Analyseunternehmens eMarketers (2013) nutzten bereits 2012 29,7 Mio. Deutsche soziale Netzwerke. Bis 2017 geht das Unternehmen von einer weiteren Steigerung in Deutschland von 33 % auf 39,4 Mio. Nutzer aus.

Jedoch steigt nicht nur die Anzahl der Nutzer sozialer Netzwerke, sondern gleichzeitig auch deren Nutzung der sozialen Medien. Alleine heute wird davon ausgegangen, dass jede 5. Minute online mit sozialen Medien verbracht wird.

Den Möglichkeiten zur Kommunikation sind dabei kaum Grenzen gesetzt. Nutzer informieren sich, tauschen untereinander Meinungen und Erfahrungen aus und gestalten zunehmend mediale Inhalte selbst (User Generated Content). Im Unterschied zu traditionellen Medien wird der Konsument und Nutzer immer mehr zum Produzenten medialer Inhalte und kommuniziert wesentlich direkter mit anderen Nutzern. Dadurch verschiebt sich die frontale Kommunikation herkömmlicher Medien hin zur Bildung von Online-Communities und Interaktionen in sozialen Netzwerken

Diese zunehmende Verschiebung birgt für Unternehmen hohe wirtschaftliche Potenziale. Durch eine starke Einbindung und Repräsentanz in sozialen Netzwerken versprechen sich Firmen, Zielkunden schneller und einfacher mit Informationen und Werbung zu erreichen sowie mit (potenziellen) Kunden zu interagieren. Die wirtschaftlichen Ziele reichen hierbei von der Verbreitung von Werbeinhalten und der Durchführung von Marktanalysen über Bestandskundenpflege und Neukundenakquise bis hin zur Etablierung neuer Kommunikations- und Vertriebskanäle.

19.2.1 Die Aktivitäten von Unternehmen in den sozialen Medien nehmen zu; Banken fallen jedoch zunehmend zurück

Viele Großunternehmen haben sich entsprechend auf den Social Media Trend eingestellt und Strategien erarbeitet, um dem Nutzerverhalten ihrer Zielgruppen in den sozialen Medien zu begegnen.

Insbesondere Unternehmen in Business-to-Consumer Bereichen unterschiedlicher Industrien setzen innovative und erfolgreiche Social Media Angebote auf. Der Fokus liegt hierbei vielfach auf der Aufnahme des Online-Community-Gedankens und der Entwicklung interaktiver Angebote für Zielkunden in den sozialen Netzwerken. Kerngedanke ist hierbei oftmals die Einbindung von Zielkunden in kreative Prozesse und direkte Kommunikation.

Trotz der steigenden Präsenz vieler Industrien und Unternehmen in den sozialen Medien, zeigt sich in Deutschland insbesondere die Bankenlandschaft eher unbeholfen und zurückhaltend gegenüber sozialen Medien.

Einer Studie von Assetinum, einem Schweizer Portal für Vermögensverwaltung zufolge, bezeichneten 66 % der befragten Bankenendkunden die Social-Media-Kompetenz von Banken als mäßig professionell bis derzeit nicht existent. Abgesehen von einzelnen Leuchtturmbanken wie zum Beispiel der Fidor Bank, der ASB Bank und in Teilen auch der Deutschen Bank ist die Mehrzahl der Banken in Deutschland noch nicht auf den Social Media Trend aufgestiegen, geschweige denn effektive und nachhaltige Social Media Strategien entwickelt.

Dabei zeigt jedoch eine Studie der ING Bank, dass soziale Medien in der Europäischen Bankenlandschaft verstärkt als Kommunikationskanal an Wichtigkeit gewinnen. Insbesondere in südeuropäischen Ländern wie der Türkei, Rumänien und Spanien stellen soziale Medien schon einen etablierten Kommunikationskanal dar, um mit Banken in Verbindung zu treten. In diesen Ländern nutzt darüber hinaus ein signifikanter Kundenanteil soziale Medien als Informationsquelle vor der Kontoeröffnung. In beiden Statistiken schneidet die deutsche Bankenlandschaft unterdurchschnittlich ab.

Es scheint, als ob deutsche Banken den zunehmenden Trend der sozialen Netzwerke größtenteils verschlafen und dadurch Gefahr laufen, hohe wirtschaftliche Potenziale außer Acht zu lassen.

19.2.2 Erstarkende Konkurrenz durch Eintritt von neuen Marktteilnehmern mit Social Media Ausrichtung in bankenrelevanten Dienstleistungsfeldern

Verschärft wird diese Entwicklung darüber hinaus durch die steigende Konkurrenz von Nicht-Banken in bankenrelevanten Dienstleistungsfeldern. Neue Unternehmen wie FinTech Start-Ups, Telekommunikationsunternehmen, Hardware Hersteller und Internet Unternehmen mit starker Ausrichtung auf soziale Medien setzen Banken verstärkt durch

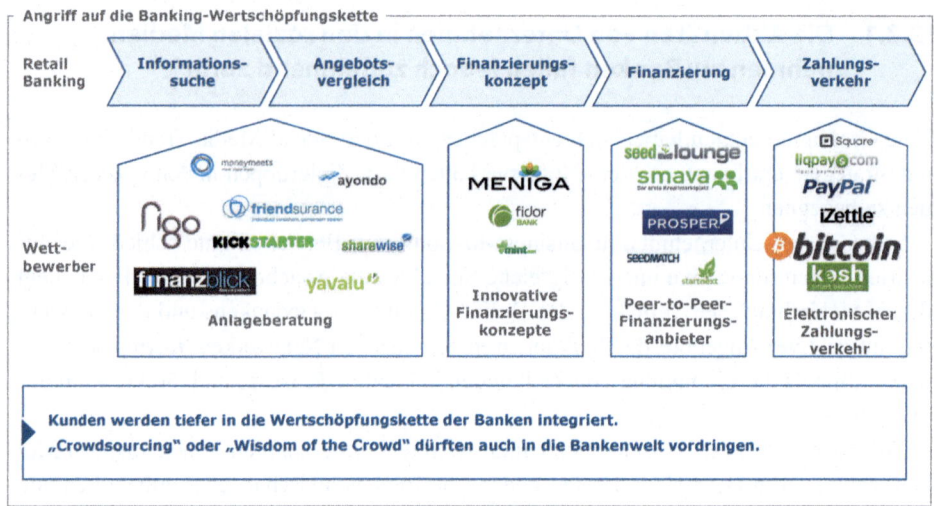

Abb. 19.1 Angriffe auf die Banking-Wertschöpfungskette

ihre Angebote unter Druck. Neben dem traditionellen Dienstleistungs- und Produktange-
bot der Banken entsteht somit ein Parallelangebot entlang der Wertschöpfungskette der
Banken. Diese Angebote reichen von Dienstleistungen bei der Informationssuche über
Finanzierungsangebote bis hin zur Abwicklung des Zahlungsverkehrs.

Der Großteil der Banken läuft somit nicht nur Gefahr, einem der großen Trends unserer
Zeit hinterher zu laufen, sondern gleichzeitig verstärkt Marktanteile an die erstarkende
Nicht-Banken-Konkurrenz zu verlieren (Abb. 19.1).

Um diesem Trend entgegenzusteuern, müssen deutsche Banken sich intensiv mit den
Chancen und Risiken einer verstärkten Präsenz in den sozialen Medien auseinandersetzen,
um die wirtschaftlichen Potenziale einschätzen zu können. In einem zweiten Schritt sollte
die Ausarbeitung einer effektiven und nachhaltigen Social Media Strategie folgen, die sich
klar an den Bedürfnissen und dem Verhalten der Zielkunden orientiert. Neue Herausforderungen wie der gesteigerte Grad an Kundeninteraktion in den sozialen Medien, die Identifikation relevanter Themenstellungen und der Aufbau eines tragfähigen Geschäftsmodells
für den Social Media Bereich müssen hierbei aktiv angegangen werden.

19.3 Crowdbanking-Studie: Social Media-affine Kunden stellen ein signifikantes Kundensegment für Banken dar

Obwohl Banken in den sozialen Medien vergleichsweise unterrepräsentiert sind, haben
28 % der Bankenendkunden ein Interesse an der Präsenz ihrer Bank in den sozialen Medien und bilden damit einen signifikanten Kundenstamm, der über soziale Medien adressiert werden kann.

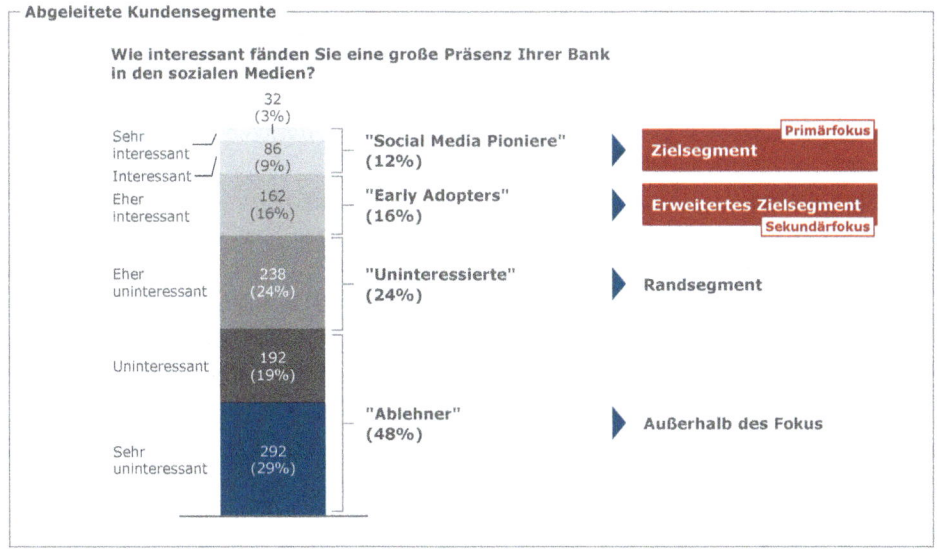

Abb. 19.2 Abgeleitete Kundensegmente

Segmentiert nach ihrem Interesse an der Präsenz ihrer Hausbank in den sozialen Medien lassen sich vier grobe Kundensegmente bilden:

Social Media Pioniere Zwölf Prozent der Bankkunden haben starkes Interesse oder Interesse an einer starken Präsenz ihrer Hausbank in den sozialen Medien und bilden das Hauptzielsegment für die Aktivitäten von Banken in den sozialen Medien (Abb. 19.2)

Early Adaptors Weitere 16 % sind eher interessiert an einer starken Präsenz ihrer Hausbank in den sozialen Medien. Neben dem Kernsegment der Social Media Pioniere stellt diese Kundengruppe das erweiterte Zielsegment für die Aktivitäten von Banken in den sozialen Medien dar.

Uninteressierte 24 % der Bankkunden empfinden eine starke Präsenz ihrer Hausbank in den sozialen Medien als eher uninteressant. Obwohl dieses Kundensegment nicht im Fokus der Social Media Aktivitäten der Banken liegen, schlummert hier ein enormes Kundenpotenzial. Nach einer stärkeren Etablierung von sozialen Medien als Kommunikations-, Vertriebs-, und Transaktionskanal könnten zumindest Teile dieses Kundensegments für Social Media Aktivitäten begeistert werden.

Ablehner Ein Großteil der Bankkunden von 48 % zeigt kein Interesse an Aktivitäten ihrer Hausbank in den sozialen Medien. Dieses Kundensegment liegt daher nicht im Fokus der Social Media Aktivitäten der Banken.

19.3.1 Zielkundensegmente für Social Media Aktivitäten werden für Banken zunehmend wirtschaftlich attraktiver

Neben der signifikanten Größe der Zielkundensegmente offerieren diese Banken auch hohe wirtschaftliche Kundenpotenziale.

Beide Zielkundensegmente (Social Media Pioniere und Early Adaptors) stellen mit jeweils über 50 % einen großen Anteil an überwiegend jungen Kunden von unter 18 bis 35 Jahren.

Jeweils über 60 % der Zielkunden besitzen mindestens das Abitur und sind damit überdurchschnittlich gut ausgebildet.

Das Einkommen der Zielkunden ist eher durchschnittlich. Aufgrund des niedrigen durchschnittlichen Alters und des hohen Ausbildungsstands kann jedoch von einem steigenden Einkommen der Kunden bei einem fortschreitenden Berufsweg ausgegangen werden. Es kann daher davon ausgegangen werden, dass die wirtschaftliche Attraktivität von Social Media Aktivitäten langfristig stark anwachsen wird.

19.3.1.1 Durch Social Media Aktivitäten können Bestandskunden stärker gebunden werden

Einer der grundlegenden Potenziale einer erhöhten Präsenz von Banken in den sozialen Medien liegt in der stärkeren Bindung von Zielkunden. 72 % der Social Media Pioniere und 52 % der Early Adaptors verbinden eine stärkere Präsenz und Erweiterung der Sociale Media Kanäle ihrer Hausbank mit einer Verbesserung der Kundenbetreuung. Insbesondere Anwendungen, dies es ihnen erlauben, passende Bankenprodukte, Leistungen und Preise zu ermitteln, treffen auf eine hohe Nachfrage. Diese hohe Nachfrage der Zielkunden nach einer stärkeren Präsenz ihrer Hausbank in den sozialen Medien sowie kunden orientierten Anwendungen enthalten ein hohes Potenzial zur Verbesserung des Kundenservice der Banken. Neben herkömmlichen Kanälen und Maßnahmen zur Bestandskundenpflege können soziale Medien genutzt werden, um attraktive Bestandskunden stärker und langfristiger an ihre Hausbank zu binden.

19.3.1.2 Social Media Aktivitäten haben ebenfalls ein hohes Potenzial in der Neukundenakquise

Neben einer stärkeren Bindung von Bestandskunden offeriert eine starke Social Media Präsenz ebenfalls ein hohes Potenzial in der Akquisition von Neukunden.

Durch die zunehmende Bedeutung der sozialen Medien für Bankkunden wird eine starke Social Media Präsenz immer mehr zu einem differenzierenden Faktor in der Bankenwahl der Kunden.

In den Zielkundensegmenten der Social Media Pioniere und Early Adaptors ist diese Entwicklung besonders ausgeprägt. 44 % der Social Media Pioniere und 31 % der Early Adaptors würden es in Betracht ziehen, zu einer anderen Bank zu wechseln, wenn diese ein in ihren Augen adäquates Social Media Angebot bereitstellen würde. Eine stärkere Ausrichtung auf soziale Medien ermöglicht daher nicht nur eine verstärkte Neukundenakquise, sondern kann gleichsam die Abwanderung von Bestandskunden an Banken mit besseren Social Media Angeboten verhindern, oder zumindest vermindern.

Darüber hinaus bieten soziale Medien ein hohes Potenzial zur Neukundenakquise durch virales Marketing.

Die Social Media affinen Zielkundensegmente setzen ein hohes Vertrauen in die Empfehlungen von Freunden in sozialen Medien, insbesondere im Vergleich zu herkömmlichen Werbemaßnahmen und Produktinformationen. 77 % der Social Media Pioniere und 65 % der Early Adopters würden der Empfehlung eines Freundes in den sozialen Medien mehr Vertrauen schenken als herkömmlicher Werbung.

Gleichzeitig besteht auch eine hohe Bereitschaft der Zielkundensegmente Banken und damit verbundene Produkte und Dienstleistungen eigenen Freunden in sozialen Medien zu empfehlen (81 % der Social Media Pioniere und 67 % der Early Adaptors).

Durch das hohe Vertrauen in virales Marketing sowie die Bereitschaft zur Weiterempfehlung erhalten soziale Medien ein hohes Wirkungspotenzial zur Akquise von Neukunden. Zusammen mit den Potenzialen der Bestandskundenpflege können soziale Medien daher zu einem starken Differenzierungsfaktor bei der Umwerbung von Kunden aufgebaut und genutzt werden.

19.3.2 Nachfrage nach dem Ausbau von sozialen Medien als Vertriebs- und Transaktionsplattformen erhält Aufwind

Neben herkömmlichen Nutzungsmöglichkeiten sozialer Medien in der Bereitstellung von Informationen und direkten Kundenkommunikation, deuten die Bedürfnisse der Endkunden ebenfalls auf Potenziale in der erweiterten Nutzung sozialer Medien als Vertriebs- und Transaktionsplattform hin.

42 % der Social Media Pioniere und 25 % der Early Adaptors hätten Interesse, Bankenprodukte wie zum Beispiel Girokonten, Kreditkarten und Konsumentenkredite über soziale Medien zu erwerben.

Gleichzeitig wäre für 82 % der Social Media Pioniere und 67 % der Early Adaptors von Bedeutung, die Möglichkeit zu erhalten, Transaktionen wie Überweisungen und Investitionen über soziale Medien abzuwickeln (Abb. 19.3).

Es wäre zu früh, von sozialen Medien als eigenständige, etablierte Vertriebs- und Transaktionsplattform zu sprechen. Durch das bereits vorhandene Interesse der Zielkundensegmente an entsprechenden Möglichkeiten, besteht jedoch mittel- bis langfristig ein hohes Potenzial im entsprechenden Ausbau bestehender Angebote in den sozialen Medien.

Während soziale Medien als Vertriebs- und Transaktionsplattform langsam an Wichtigkeit gewinnen, nutzen die Zielkundensegmente (Social Media Pioniere und Early Adaptors) sie jedoch bereits intensiv. Ca. 50 % der beiden Segmente gab an, ein Bankprodukt schon über soziale Medien genutzt zu haben.

Der Fokus lag hierbei verstärkt auf der Gewinnung von Informationen zu Produkten und Dienstleistungen.

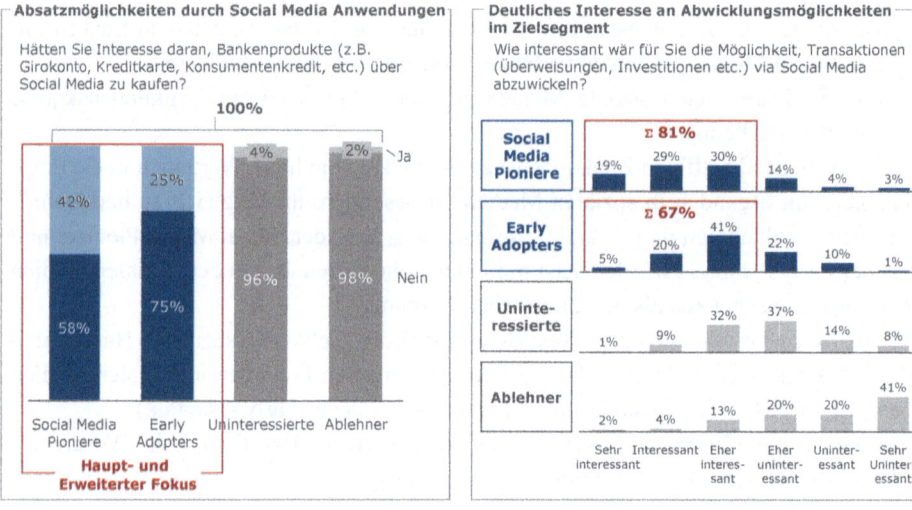

Abb. 19.3 Social Media als Vertriebskanal und Abwicklungskanal für Transaktionen

19.3.3 Dreistufiges Evolutionsmodell – Aufbau einer nachhaltigen Social Media Strategie

Zur erfolgreichen Erschließung der signifikanten Potenziale durch die stärkere Positionierung in sozialen Medien müssen Banken eine nachhaltige Social Media Strategie entwickeln (Abb. 19.4).

Die Strategie und daraus resultierende Social Media Angebote sollten primär auf den Bedürfnissen und relevanten Themenstellungen der Zielkunden ausgerichtet sein. Dadurch wird eine zielgerichtete Adressierung der Zielkundensegmente sowie ein effizienter Einsatz von Ressourcen ermöglicht.

In dieser Form erarbeitete Social Media Angebote lassen sich grob in drei Angebotskategorien unterteilen.

Information Bereitstellung von Informationen an Zielkunden über soziale Medien (zum Beispiel Verteilung von Werbung, Produktinformation, Anwendungen zur Identifikation und dem Vergleich von passenden Produktangeboten).

Interaktion Austausch von Beratern und Kunden sowie Kunden untereinander über soziale Medien (zum Beispiel Kundenservice und Beratung über soziale Medien, Bereitstellung von Plattformen für Kunden-Communities).

Transaktion Abschluß von Transaktionen und Produktkäufen über an soziale Medien angeschlossene Bankensysteme und Prozesse (zum Beispiel Durchführung von Überweisungen, Eröffnung von Giro-, Wertpapier- und Tagesgeldkonten, Identifizierungsverfahren über soziale Medien).

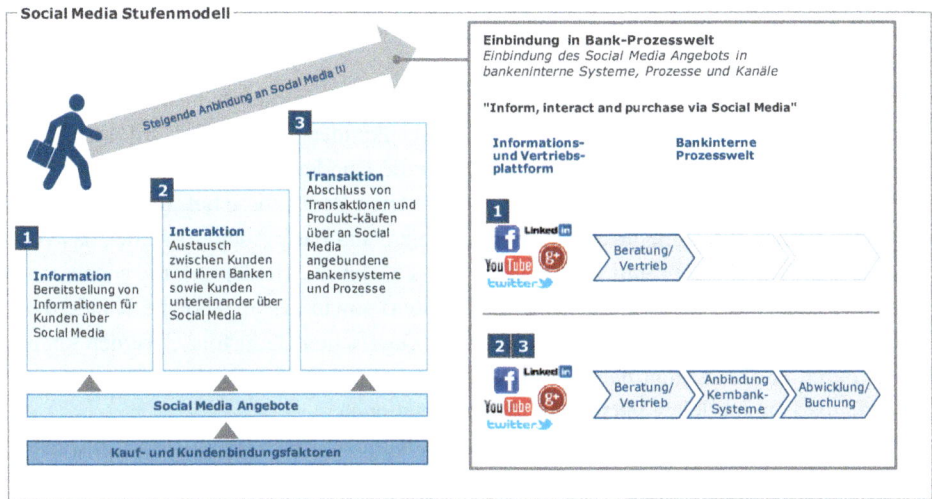

Abb. 19.4 Crowdbanking – die Evolutionsschritte zur Bank 2.0

Die drei unterschiedlichen Angebotskategorien stehen gleichsam für aufeinanderfolgende Evolutionsstufen im Aufbau einer erweiterten Präsenz in den sozialen Medien. Jede Stufe verlangt eine stärkere Anbindung der Bank an soziale Medien und damit auch oftmals eine Steigerung des Aufwands und der aufzubringenden Ressourcen. Während die Bereitstellung von Informationen teilweise noch mit beispielsweise einem Facebook-Account betrieben werden kann, müssen für eine Kommunikation über soziale Medien oftmals schon Plattformen für Kunden-Communities aufgebaut und zum Teil interne Bankensysteme wie zum Beispiel CRM-Systeme an die sozialen Medien angebunden werden. Die Abwicklung von Transaktionen und Verkaufsabschlüssen erfordert als höchste Evolutionsstufe meistens eine hohe Anbindung von bankeninternen Systemen und Prozessen.

Zeitlich betrachtet lassen sich daher Angebote der Evolutionsstufe „Information" beispielsweise wesentlich schneller durchführen als Angebote der Evolutionsstufen „Kommunikation" und „Transaktion" und können als Quick-Wins beim Aufbau einer Social Media Präsenz angesehen werden. Kommunikations- und Transaktionsangebote stehen eher im mittelfristigen bis langfristigen Fokus.

Darüber hinaus können langfristige Transaktionsangebote und Kommunikationsangebote aufgrund des höheren Zeit- und Ressourceaufwands ebenfalls einen gewissen Differenzierungseffekt gegenüber Konkurrenten erzeugen, da erste Eintrittsbarrieren aufgebaut werden.

19.3.4 Relevante Kundenbedürfnisse und Themen für eine nachhaltige Social Media Strategy

Die Aufsetzung von Social Media Angeboten sollte klar an relevanten Kundenbedürfnissen ausgerichtet sein. Ziel sollte es sein, die Social Media Strategie eng an den wichtigsten

Kundenbedürfnissen der Zielkundensegmente auszurichten und darauf aufbauende Social Media Angebote zu erarbeiten.

Vor diesem Hintergrund wurden im Rahmen der Studie zentrale Bedürfnisse von Bankenendkunden zusammengestellt und von Bankenendkunden mit Hinblick auf ihre Wichtigkeit bewertet. In einem zweiten Schritt wurden die Kunden zu ihrer Zufriedenheit mit der Leistung ihrer Hausbank hinsichtlich der bewerteten Bedürfnisse befragt.

Für die Zielkundensegmente Social Media Pioniere und Early Adaptors stellen das Vertrauen in die Bank, Preise (zum Beispiel Provisionen, Zinsen, Gebühren), die angebotene Produktqualität (zum Beispiel Leistungen, Renditen) sowie der angebotene Kundenservice die wichtigsten Bedürfnisse dar. Diese eher klassischen Bedürfnisse werden knapp gefolgt durch die Kontaktaufnahme mit Mitarbeitern, das Online Banking Angebot und die Verfügbarkeit von leicht verständlichen Informationen.

Aufgrund der hohen Wichtigkeit, die Bankenendkunden diesen Bedürfnissen zuweisen ($>75\%$ der Bankkunden erachten Kriterium als wichtig), wurden diese als Must-have Faktoren einer nachhaltigen Social Media Strategie festgelegt und stellen damit das Basisgerüst für die Entwicklung von Social Media Angeboten dar. Dem entsprechend sollten Social Media Angebote beispielsweise eingesetzt werden, um das Vertrauen der Kunden in ihre Bank zu erhöhen und sie mit leicht verständlichen Informationen über die sozialen Medien versorgen.

Gemessen an der Zufriedenheit der Bankkunden mit der Leistung ihrer Hausbank entlang der Kundenbedürfnisse liegt das Potenzial zur Erhöhung der Kundenzufriedenheit zwischen 22 und 38 %, abhängig vom betrachteten Kundenbedürfnis.

Weitere Faktoren wie zum Beispiel die regionale Präsenz der Bank (zum Beispiel durch Filialen), oder die Verfügbarkeit von Produkten wurden aufgrund einer geringer bewerteten Wichtigkeit ($<75\%$ der Zielkunden erachten Kriterium als wichtig) als Nice-to-have Faktoren gruppiert. Diese Kriterien können komplementär zu Must-have Faktoren einer Social Media Strategie eingesetzt werden, sollten jedoch nachrangig priorisiert werden. So könnten Social Media Angebote beispielsweise als Basisgerüst leicht verständliche Informationen zu Produkten und Preismodellen anbieten und komplementär dazu über eine dynamische Anwendung Social Media Nutzern erlauben, passende Produkte basierend auf der individuellen Lebenssituation zusammenzustellen.

Ähnlich wie im Falle der Must-have Faktoren liegt die Anzahl der Kunden, die mit der Leistung ihrer Bank hinsichtlich dieser Faktoren unzufrieden sind und damit das Steigerungspotenzial zwischen 27 und 34 %.

Die Einbindung von Bankkunden in die Produktentwicklung und den Kundenservice wurde von 60 % der Zielkunden als wichtig erachtet, jedoch waren 49 % unzufrieden mit der Leistung ihrer Bank in diesem Bereich. Aufgrund dieses hohen Grads an Unzufriedenheit gepaart mit der hohen Wichtigkeit, die dem Kriterium beigemessen wird, birgt es ein hohes Differenzierungspotenzial in sich. Neben dem Basisgerüst an Bedürfnissen, die von der Social Media Strategie abgedeckt werden, sollte dieses Kriterium als Hauptdifferenzierungsfokus gegenüber Konkurrenten dienen und die Bank strategisch abgrenzen.

Beispiele für die Einbindung in die Produktentwicklung und den Kundenservice sind der Aufbau von Kunden-Communities zur Diskussion von Produkten und Spartipps und die transparente Ent- oder Weiterentwicklung von Produkten auf Basis des erhaltenen Feedbacks.

19.3.5   Ableitung von Social Media Angeboten aus Kundenbedürfnissen und Zuordnung zu Evolutionsstufen

Im Rahmen unserer Studie haben wir ein Portfolio an Social Media Angeboten zusammengestellt und das Interesse von Bankkunden an den Angeboten bewerten lassen.

Beispiele für diese Social Media Angebote umfassen den Austausch mit anderen Kunden bei Fragen, Problemen und Spartipps, Informationen zu aktuellen Produkten, Serviceleistungen und Ansprechpartnern sowie die Möglichkeit zum Bewerten von Produkten und Services und Ansprechpartnern (Abb. 19.5).

Roadmap zum Aufbau einer nachhaltigen Social Media Strategie

Aus den Zuordnungen und der Bewertung der Social Media Angebote lässt sich eine nachhaltige Social Media Strategie aufbauen.

Fokus der Strategie liegt auf der kurzfristigen Implementierung von Informationsangeboten (Quick-Wins), gefolgt von der mittelfristigen Planung von Kommunikationsangeboten und dem langfristigen Ziel des Ausbaus der sozialen Medien für Transaktionsangebote (Abb. 19.6).

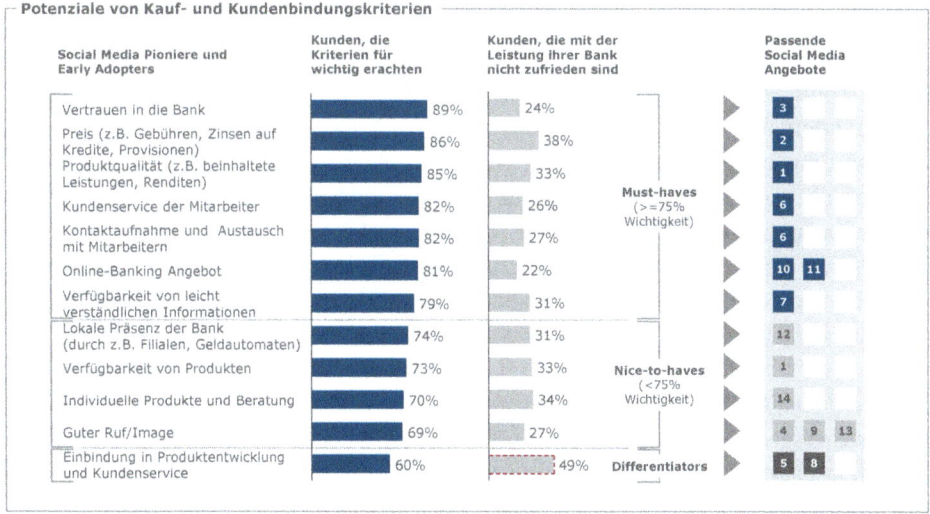

Abb. 19.5 Social Media Angebote zahlen auf unterschiedliche Kauf- und Kundenbindungsfaktoren ein

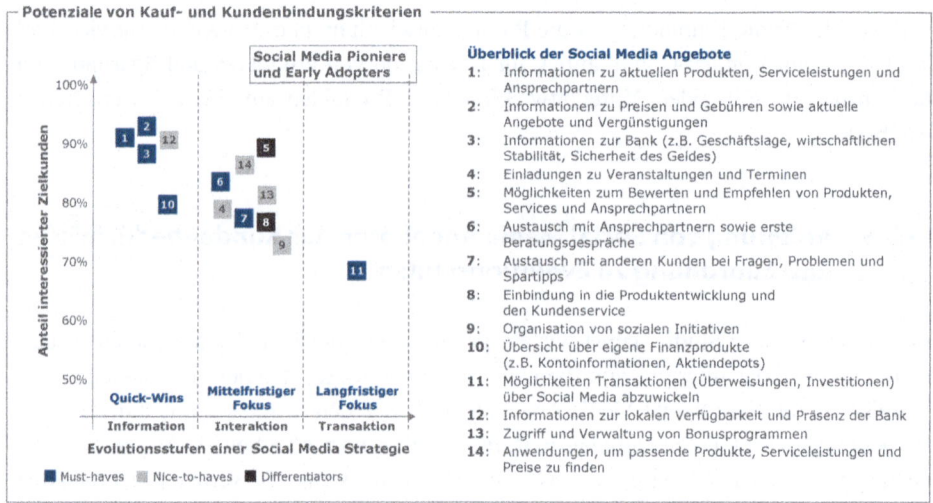

Abb. 19.6 Die wichtigen, die eiligen und die empfehlenswerten Social Media Maßnahmen

In jedem dieser Zeitintervalle liegt der primäre Fokus auf dem Aufbau eines Basis-gerüsts, das sich aus Must-have Social Media Angeboten zusammensetzt. Differenzie-rungsfaktoren („Differentiators"), wie zum Beispiel die Einbindung von Kunden in die Produktentwicklung und den Kundenservice, schaffen zusätzlich eine starke Abgrenzung zur Konkurrenz und damit starken Mehrwert für den Zielkunden der Social Media Ange-bote. Komplementär können Nice-to-have Angebote aufgebaut werden, um das Angebots-portfolio zusätzlich zu erweitern.

Konkret könnte eine nachhaltige Social Media Strategie daher wie folgt ausgestaltet werden:

Stufe 1 (Quick-Wins) – Bereitstellung von Informationen an Zielkunden Als Basisgerüst könnten Informationen zu angebotenen Produkten, Kundenportfolios, Preisen und der aktuellen Entwicklung der Bank leicht verständlich über soziale Medien für Zielkunden bereitgestellt werden. Komplementär dazu könnten Imagekampagnen initiiert werden, Informationen zur lokalen Verfügbarkeit (zum Beispiel Geldautomatenfinder, Öffnungs-zeiten) sowie dynamische Anwendungen zur Erstellung von individualisierten Angeboten zur Verfügung gestellt werden. Differenzierungsangebote sind auf dieser Stufe auch auf-grund der starken Konkurrenz bestehender Angebote schwierig zu erzeugen (Abb. 19.7).

Stufe 2 (mittelfristiger Fokus) – Aufbau von Kommunikationskanälen in sozialen Netzwer-ken Als Basisgerüst könnte eine digitale Erstberatung über soziale Medien erfolgen und Interaktionsplattformen für Diskussionen von Kunden untereinander aufgebaut werden. Komplementär könnten Programme zur interaktiven Kundenbindung und Imageförderung wie zum Beispiel Bonusprogramme, soziale Initiativen und Einladungen zu Events über soziale Medien angeboten werden. Eine starke Differenzierung vom Wettbewerb könnte

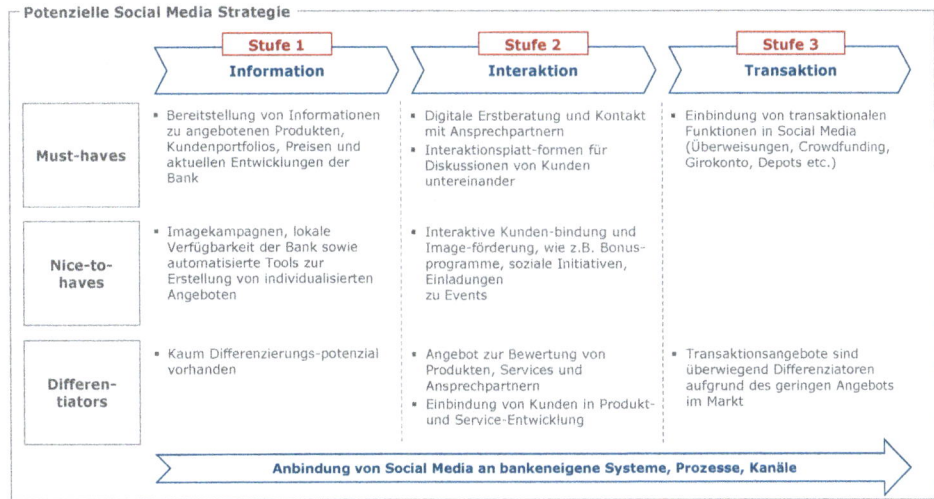

Abb. 19.7 Der Weg zur Bank 2.0 – wie Banken ihre Social Media Strategie entwickeln

über Angebote zur Bewertung von Produkten, Services und Ansprechpartnern sowie der Einbindung von Kunden in die Produktentwicklung und den Kundenservice geschaffen werden.

Stufe 3 (langfristiger Fokus) – Aufbau einer Vertriebs- und Transaktionsplattform Die Einbindung von transaktionalen Funktionen in sozialen Medien wie zum Beispiel Überweisungen, Crowdfunding und die Eröffnung von Giro-, Wertpapier- und Tagesgeldkonten stellen einerseits das Grundgerüst für diese Stufe dar. Aufgrund der momentan schwachen Konkurrenz in diesem Bereich sowie den hohen Anforderungen an Aufwand und Ressourcen (Eintrittsbarrieren), differenzieren entsprechende Angebote momentan auch vom Wettbewerb.

Parallel zum kontinuierlichen Ausbau der Social Media Angebote muss eine steigende Anbindung der bankeneigenen Systeme und Prozesse an die sozialen Medien erfolgen.

19.3.6   Grobe Analyse zum Reifegrad der Banken entlang des dreistufigen Evolutionsmodells

Eine grobe Analyse des Reifegrads der internationaler Banken entlang der beschriebenen Social Media Strategie zeigt, dass Banken insbesondere auf Stufe 1 der Social Media Strategie in der Bereitstellung von Informationen über soziale Netzwerke konkurrieren. Kommunikations- und Transaktionsangebote werden jedoch kaum angeboten. Der Konkurrenzdruck nimmt daher bei weiterem Anstieg der Stufen kontinuierlich ab. Als Resultat steigt das Differenzierungspotenzial entlang der Stufen an und ermöglicht es Banken auf höheren Stufen die Vorteile einer erweiterten Präsenz in den sozialen Netzwerken stärker auszuschöpfen. Dieses erweiterte Potenzial wird jedoch von einer korrespondierenden Steigerung in Aufwand und Ressourcen begleitet.

19.4 Banken müssen sich unterschiedlichen Herausforderungen beim Aufbau einer erweiterten Social Media Präsenz stellen

In erster Linie bedeutet all dies für die Banken neue Potenziale und Chancen. Allerdings bringen sie auch neue Herausforderungen in verschiedensten Bereichen mit. Die Kommunikation mit den Kunden über neue Kanäle um mehr über ihn zu erlernen, muss sorgfältig geplant sein. Der Aufbau bzw. die Entwicklung relevanter Funktionen ist dringend notwendig, um im Geschäft mit den „Digital Natives" nicht den Anschluss zu verlieren.

Aufgrund der steigenden Datenflut durch einen Ausbau der Social Media Aktivitäten, sowie einer völlig neuen Form „intelligenter" Auswertungs-Algorithmen, müssen Banken stärker in die Handhabung und Verarbeitung von Big Data investieren. Gleichzeitig muss bei der Anbindung an externe soziale Netzwerke Datensicherheit gewährleistet werden. Für eine effiziente Kundenansprache und Informationsauswertung zur Steuerung der Social Media Aktivitäten muss bei steigendem Social Media Ausbau eine Vernetzung des bankeneigenen CRM-Systems mit externen Social Media Plattformen erfolgen. Dies beinhaltet unter anderem auch die Auswertung von intern und extern gesammelten Kundendaten sowie Real-time Updates der Kundenprofile. Falls die Bank nicht über diese Kompetenzen verfügen, müssen diese zwangsläufig akquiriert werden. Ebenfalls essentiell ist, dass die Social Media Präsenz einer Bank professionell wirkt. Dies schafft die Bank, indem sie im Corporate Layout auftritt, relevante Informationen und Funktionen anbietet und stets den Bezug zur aktuellen Lage wahrt. Um die Identifikation von Zielkunden und ihren Bedürfnissen zu erfüllen, muss der Social Media Auftritt mit seinem Angebot maßgeschneidert sein. Daher sollten die Kompetenzen aus den Abteilungen Produktionsprozesse, Zahlungsverkehr und Vertrieb gebündelt werden, um die Ausarbeitung der Strategie zu optimieren. Nachdem Go-live ist es äußerst wichtig, dass adäquat ausgebildetes Personal weiterhin den Vertrieb über Social Media unterstützt. Intern sollte zugleich ein Profit Center für Social Media Banking eingerichtet werden, somit der Erfolg der Strategie direkt ersichtlich wird und die Kosten kontrollierbar bleiben. Zudem müssen im Voraus alle rechtlichen Hürden für die Kommunikation und den Vertrieb über Social Media überwunden werden. Schlussendlich muss die Kommunikation des Social Media Angebots präzise formuliert sein, um Streitigkeiten mit den Kunden zu vermeiden (Abb. 19.8).

Ein Social Media Auftritt einer Bank kann demnach nicht aus einer Abteilung heraus aufgesetzt werden. Vielmehr ist es ein Gemeinwerk entlang der kompletten Wertschöpfungskette aus Vertrieb, PR, Administration, Controlling, IT und den Produktabteilungen. Nur abteilungs- und kompetenzübergreifend können die einwirkenden Herausforderungen von Kunden und Wettbewerbern, der stetig weiterentwickelten Technologie und den Produkt- und Prozessanforderungen gemeistert werden.

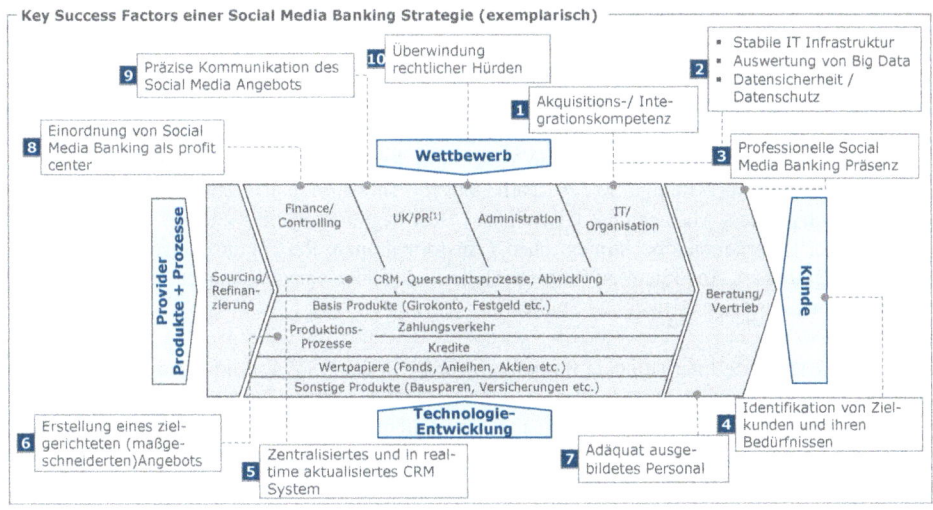

Abb. 19.8 Fundamentale Herausforderungen für Banken

Um den Ansprüchen des Zielsegmentes vollständig gerecht zu werden, müssen sich Banken grundlegend anpassen. Ihr Ziel muss es sein, wieder näher an den Kunden zu rücken um damit Wünsche und Bedürfnisse aller Kunden bedienen zu können. Dafür brauchen Banken unter anderem einen hohen Social Media Aktivitätsgrad. Um diesen zu erreichen, können die Banken selbst Expertise aufbauen, Partnering bzw. Akquisitionen tätigen oder einen Mix der beiden strategischen Optionen anwenden. Zudem wird diese Entscheidung aber auch von kritischen Einflussfaktoren beeinflusst. Teilweise werden diese extern getrieben, wie durch veränderte Ansprüche und Verhaltensmuster von Kunden, Bankenwettbewerber (besonders auch durch „Non-Banks"), der schwierigen Rechtsgrundlage, der Dynamik im Wettbewerb und der Transformation der bankeigenen Prozesse. Intern hängt die Entscheidung von Budgetierung und Finanzierung der Social Media Aktivitäten, der Formulierung der gesamtheitlichen Social Media Banking Strategie, der Integration der Social Media Aktivitäten in der Prozesslandschaft sowie vom Recruiting und Entwicklung der adäquaten Mitarbeiter.

In Zukunft gilt es für Banken, die Datensicherheit für die Kunden sicher zu stellen und insbesondere Datenklau oder ähnliche Probleme mit Daten in der Cloud zu verhindern. Dies ist enorm wichtig, um die Kunden auf Dauer zufrieden zu stellen und das positive Markenimage der Bank zu wahren. Trotz des Aufwandes und des damit verbundenen Risikos sollten Banken eine Social Media Strategie- entwickeln, um ihre Positionierung im Markt zu steigern und zu festigen.

Prof. Dr. Tom Gellrich arbeitet bei goetzpartners Management Consultants am Standort Frankfurt. Er hat nach einer Banklehre bei der Deutschen Bank in Frankfurt an der Universität Mannheim und der University of Birmingham studiert. Seinen Berufseinstieg gelang ihm als Berater in der Financial Services Strategy and Operations Practice bei KPMG Consulting/BearingPoint. Danach promovierte er am E-Finance Lab der Johann Wolfgang Goethe-Universität in Frankfurt am Main. Anschließend war er als Direktor und Mitglied der zweiten Führungsebene in verschiedenen leitenden Funktionen bei der Commerzbank AG tätig, unter anderem als Chief Operating Officer der Finanzfunktion. Dort war er maßgeblich am Merger mit der Dresdner Bank und dem Aufbau einer neuen Finanzarchitektur beteiligt. Seit 2012 arbeitet Prof. Dr. Gellrich als Berater bei der Strategie-Beratung goetzpartners Management Consultants. Dort begleitet er eine Vielzahl nationaler und internationaler Unternehmen bei strategischen Transformationen, Restrukturierungen und Kostensenkungsprogrammen. Außerdem ist Prof. Dr. Gellrich Aufsichtsratsvorsitzender der Infrasolution AG und Autor zahlreicher Artikel und Studien.

Jonas Grella studierte Internationale Betriebswirtschaft an der RSM Erasmus University mit den Themenschwerpunkten Corporate Finance und Strategie. Während des Studiums gründete er einen Investmentclub und lernte durch Studienarbeiten und Aufenthalte in Hongkong, Taiwan und Indien die hiesigen kulturellen Gegebenheiten und Markteinflüsse kennen. Vor seinem Studium absolvierte Jonas Grella eine Banklehre im Bankhaus Sal. Oppenheim, dass er als zweitbester seines Jahrgangs abschloss. In diesem Rahmen unterstützte er insbesondere die Geschäftseinheiten Private Banking und Asset Management. Vor seiner Tätigkeit bei goetzpartners Management Consultants entschloss sich Jonas Grella seine Kenntnisse in diesem Segment auszubauen. Mittlerweile verfügt Jonas über etwa drei Jahre im Private und Asset Management sowie über ca. zwei Jahre im Management Consulting.

Johannes Hiebsch studiert im Master of Finance an der Frankfurt School of Finance & Management. An dieser Hochschule absolvierte er mit Auslandsaufenthalten in Kanada und China bereits seinen B.Sc. in Internationaler Betriebswirtschaftslehre. Parallel zum Studium arbeitet Johannes Hiebsch in der Restructuring Practice bei der Unternehmensberatung goetzpartners Management Consultants.

Lennard Weghöft arbeitet seit 2011 bei goetzpartners Management Consultants. Er betreut vorwiegend Klienten bei großen Transformations- und Restrukturierungsprojekten und begleitet Finanzdienstleister bei der Entwicklung von Digitalisierungs- und Multikanalstrategien. Lennard Weghöft studierte Betriebswirtschaft mit Schwerpunkt Finance und Accounting an der London School of Economics und Rotterdam School of Management.

Verbraucherplattformen: Wie Kunden im Internet suchen und wie man sie dort abholen kann – Ein Erfahrungsbericht

Kai Fürderer

Zusammenfassung

Der Beitrag zeigt auf, welche Informationen Kunden im Internet suchen und welche Möglichkeiten Banken haben, diese Kundenbedürfnisse zu befriedigen. Der Schwerpunkt des Artikels liegt dabei auf Verbraucherplattformen.

20.1 Einleitung zur Multi-Channel-Strategie bei Banken

Insbesondere die etwas ältere Generation ist es gewohnt, dass Banken nahezu ausschließlich über einen Weg erreicht werden können, nämlich in Form des persönlichen Besuchs in der Geschäftsstelle. Heutzutage trifft dies allerdings nicht mehr ausschließlich zu, denn immer mehr Kreditinstitute entscheiden sich für eine sogenannte Multikanal-Strategie. Grundsätzlich beinhaltet Multikanal im Bankenbereich, dass es verschiedene Vertriebs- und Kommunikationswege gibt.

In den folgenden Abschnitten wird näher beleuchtet, was eine Multikanal-Strategie beinhalten kann, welche Formen es gibt und worauf Banken bei ihrem Internetauftritt noch deutlich verstärkter achten sollten. In dem Zusammenhang geht es in erster Linie um die Multi-Channel-Strategie in Form verschiedener Kommunikationswege. Dazu gehören neben der klassischen Geschäftsstelle vor allen Dingen das Internet mit dem Bereich Social-Media-Plattformen wie Facebook oder YouTube, telefonische Beratungen oder auch der virtuelle Bankberater, der seinen Kunden online zur Verfügung steht. Darüber hinaus

K. Fürderer (✉)
Herrsching, Deutschland
E-Mail: kai.fuerderer@institut-va.de

© Springer Fachmedien Wiesbaden 2015
H. Brock, I. Bieberstein (Hrsg.), *Multi- und Omnichannel-Management
in Banken und Sparkassen,* DOI 10.1007/978-3-658-06538-6_20

spielen Verbraucher- und Vergleichsplattformen eine immer wichtigere Rolle, sodass auch auf diese Angebote im näher eingegangen wird.

20.2   Was Kunden eigentlich wollen

Das Internet ist mittlerweile zu einem Medium geworden, das aus der modernen Zeit nicht mehr wegzudenken ist. Nicht nur viele Millionen Privatpersonen nutzen heutzutage das World Wide Web. Es sind zudem auch immer mehr Unternehmen, die das Internet verwenden, um ihre Produkte zu vertreiben. Bevor sich Banken allerdings im Internet etablieren können, sollten bestimmte Grundlagen bekannt sein. Dazu gehört unter anderem, dass sich Kreditinstitute die Frage stellen, was Kunden eigentlich im Internet an Informationen suchen.

Nach wie vor ist die Zahl der Internetnutzer in Deutschland stetig steigend. Im Jahr 2013 nutzten bereits rund 76,5 % der Bürger das World Wide Web. Besonders groß ist der Anteil im Bereich der 30- bis 49-Jährigen, hier sind es mittlerweile 95 %. Wenn man sich die Frage stellt, was diese Internetnutzer vom World Wide Web erwarten, dann gibt es sicherlich verschiedene Antworten. Die meisten User erwarten vor allem Informationen, Tipps und Ratschläge zu bestimmten Themen und Lebenssituationen.

Der Bedarf der User lässt sich auch auf den Bereich der Banken übertragen, denn hier erwarten die Kunden in erster Linie nützliche Informationen und Tipps. Diese sollen nicht nur leicht verständlich sein, sondern auch einen echten Mehrwert bieten. Vielen Bankkunden ist es wichtig, dass sie schnell und einfach Informationen finden können, die zudem verständlich erläutert werden. Fachchinesisch ist genauso wenig gefragt wie zu offensive Produktwerbung, die teilweise als plump und durchschaubar empfunden wird.

Die Wünsche der Bankkunden können anhand diverser Studien belegt werden. In der von der EUROGROUP CONSULTING (EGC) durchgeführten Studie „Wie Kunden Bank wollen" durchgeführt, gaben zum Beispiel 73 % an, dass sie von ihrem Institut einfache und leicht verständliche Informationen und Angebote erhalten möchten. Ein interessantes Ergebnis der Studie war zudem, dass dieser Wunsch keineswegs vom Alter der Kunden abhängt (Eurogroupconsulting 2012).

20.3   Was sind aktuell die Megatrends rund um das Thema „Finanzdienstleistungen"?

Wenn Banken sich im Internet etablieren möchten, dann müssen sie nicht nur die Bedürfnisse ihrer Kunden kennen. Darüber hinaus sollte bekannt sein, welches in der heutigen Zeit die aktuellen Trends rund um das Thema Finanzdienstleistungen sind. Nahezu sämtliche Zukunftstrends zeigen deutlich: In der Finanzdienstleistungsbranche vollzieht sich ein unaufhaltsamer Wandel, den die Banken erkennen müssen. So steigt beispielsweise der Wettbewerbsdruck stetig an, was insbesondere durch die immer stärker werdende Globalisierung verursacht wird. Auf der anderen Seite wird der Vorsprung einzelner Kreditinstitute durch neue Produkte immer geringer. Nicht zuletzt ist am Finanzmarkt durchaus ein gewisser Sättigungsgrad zu erkennen, da zahlreiche Bankkunden mittlerweile sehr gut mit den entsprechenden Produkten versorgt sind.

Kunden wünschen individuelle Lösungen Ein Megatrend ist die deutlich ausgeprägte Individualisierung. Immer mehr Bankkunden geben sich nicht mehr mit Pauschalisierungen zufrieden, sondern verlangen von ihren Kreditinstituten maßgeschneiderte Konzepte. Ebenfalls feststellbar ist, dass ein stetiger Wechsel zwischen den unterschiedlichen Lebensformen stattfindet, was deutliche Auswirkungen auf das Kundenverhalten haben kann. Demzufolge vermischen sich die Merkmale der klassischen Kundentypen immer mehr, was sich unter anderem in einem widersprüchlichen Kaufverhalten widerspiegelt.

Kunden sind immer aufgeklärter Ein weiterer Megatrend ist, dass Bankkunden immer aufgeklärter sind. Inzwischen geben sich zahlreiche Kunden nicht mehr damit zufrieden, den Empfehlungen eines Beraters „blind" zu vertrauen, sondern zuvor werden auf eigener Basis Informationen aus dem Internet eingeholt. Die Folge ist, dass Kunden sich immer mehr Fachwissen aneignen und in ihren Entscheidungen selbstbewusster werden. Kreditinstitute sollten darauf unbedingt reagieren und in die Ausbildung ihrer Berater investieren. Denn der Wissensvorsprung der Bank und der Anlageberater ist definitiv heute wesentlich geringer, als es vor zehn oder 20 Jahren noch der Fall war.

Soziale Netzwerke als neuer Trend Wer von den aktuellen Megatrends im Bereich Finanzdienstleistungen spricht, der kommt nicht an den sozialen Netzwerken vorbei. Mittlerweile ist die Mehrheit der Deutschen in sozialen Netzwerken regelmäßig und mehrmals am Tag unterwegs. Insbesondere bei den zu treffenden Kaufentscheidungen nehmen die sozialen Netzwerke einen immer größeren Stellenwert ein, was mittlerweile ebenfalls für Finanzprodukte gilt. Daher ist es für Banken immens wichtig, den Kunden über die eigene Webseite und einen guten Social Media Auftritt sogenannte „Touch-Points" anzubieten. Damit einhergehend besteht ein weiterer Trend darin, dass insbesondere die mobilen Zugriffe auf das Internet enorm steigen. Im kommenden Jahr werden mehr als die Hälfte aller Internetzugriffe auf mobilem Weg erfolgen. Auf diesen Megatrend müssen Banken ebenfalls reagieren, indem attraktive Apps angeboten werden und möglichst viele Informationen mobil per Smartphone oder Tablet abrufbar sind.

20.4 „Content is King" – wie sich eine unabhängige Verbraucherplattform diesen Trend zunutze macht

Fest steht, dass die meisten Internetnutzer besonders im Bereich Bankdienstleistungen nach zuverlässigen und leicht verständlichen Informationen suchen. Darüber hinaus möchten sie über neue Trends informiert werden, sodass der News-Bereich eine wichtige Informationsquelle darstellt, die den Bedarf zahlreicher Bankkunden abdecken kann. Oftmals wird in dem Zusammenhang der Spruch „Content ist King" genutzt. Eine Studie der Universität Hohenheim, die 2013 mit rund 1.800 Bundesbürgern durchgeführt wurde, zeigt unter anderen, dass die „Bank der Zukunft" vor allem einfach sein soll. Komplizierte Produkte sind ebenso wenig gefragt wie Informationen, die zu viel „Fachchinesisch" enthalten (Universität Hohenheim 2013).

Verbraucherplattformen in der heutigen Zeit Die ersten Verbraucher- und Vergleichsportale im Finanzbereich entstanden vor rund 15 Jahren. So gilt beispielsweise die Plattform Vergleich.de als „Online-Pionier" in diesem Bereich, denn die Gründung des Unternehmens fand bereits im Jahre 1999 statt. Heutzutage steht Vergleich.de als Beispiel für ein umfassendes Vergleichs- und Verbraucherportal vor allem für die kostenlose Gegenüberstellung zahlreicher Anbieter von Finanz- und Versicherungsprodukten (Vergleich.de 2014). Heute gibt es verschiedene Arten von Portalen, die sich vor allem in die folgenden Gruppen einteilen lassen:

- reine Preis-Vergleichsportale
- Qualitätsportale mit neutralen Informationen und Vergleichsmöglichkeiten
- Portale, die Angebote der Banken präsentieren und zum Teil Erfahrungsberichte veröffentlichen

Wie sich auch Banken diesen Trend zunutze machen können, zeigen verschiedene unabhängige Verbraucherplattformen und Vergleichsportale, wie zum Beispiel Meine Bank vor Ort (MBVO), Finanztip.de oder auch Check24.de. Diese und andere Plattformen existieren nun schon seit zwei Jahren und zeichnen sich dadurch aus, dass sie unabhängig von einzelnen Banken oder sonstigen Anbietern aus dem Finanzdienstleistungsbereich sind. Im Mittelpunkt steht der interessierte Besucher, der sich im Bereich Finanzdienstleistungen informieren möchte. Die zentralen Funktionen solcher Verbraucherportale sind das kostenlose Bereitstellen von Informationen, wie zum Beispiel aktuelle Neuigkeiten aus dem Finanzbereich. Bei Vergleichsportalen kommt zudem das Anliegen hinzu, dass Verbraucher unabhängig und objektiv verschiedene Angebote vergleichen können.

Verbraucherportale bieten kostenlose und aktuelle Finanzinformationen Wichtig ist, dass es sich um sachliche, objektive und vollkommen unabhängige Informationen handelt. Der Kunde wird also keineswegs dazu aufgefordert, ein bestimmtes Produkt zu kaufen, sondern die neutrale Information steht im Vordergrund. Dem Internetnutzer und Bankkunden wird definitiv auf Augenhöhe entgegengetreten, indem beispielsweise aktuelle Themen aus dem Finanzbereich erläutert und als Informationen zur Verfügung gestellt werden.

Immer mehr Verbraucher- und Vergleichsportale sind nicht nur mit der eigenen Webseite im Internet vertreten, sondern darüber hinaus auf gängigen Social-Media-Plattformen, wie zum Beispiel Facebook und YouTube. Der große Zuspruch vieler Verbraucher zeigt sich beispielsweise daran, dass verschiedene Videos auf YouTube dem Kunden sachliche Informationen liefern können. So erzielen beispielsweise bestimmte Themen wie Altersvorsorge oder Finanzierungen mittlerweile viele Klicks. Ein Königsweg zur Verbesserung des eigenen Social-Media-Auftrittes ist im wahrsten Sinne des Wortes „Content is King". Nur mit guten und hilfreichen Inhalten werden es die Kreditinstitute schaffen, auf Dauer mehr Kunden zu gewinnen oder bereits vorhandene Kunden weiterhin an sich zu binden.

20.5   Welche Erfahrungen können/sollten Finanzdienstleister für ihre eigenen Überlegungen berücksichtigen?

Unabhängige Verbraucherplattformen wie MBVO oder Finanztip.de sind nur ein Beispiel, welche positiven Auswirkungen ein guter Internetauftritt haben kann. Es gibt durchaus einige Erfahrungen und Gestaltungswege der Portale, die von Finanzdienstleistern im Rahmen ihrer eigenen Überlegungen berücksichtigt werden sollten. Eine wichtige Erfahrung besteht beispielsweise darin, dass sich Kunden von ihrer Bank weniger Unterhaltung oder Veranstaltungshinweise wünschen. Vielmehr ist es so, dass sich Verbraucher heutzutage von ihrer Bank nachvollziehbare und leicht verständliche Informationen erwarten, die einen echten Mehrwert haben.

Informationen zum Thema Finanzen sind gefragt Die meisten Kunden möchten sich objektiv beispielsweise zum Thema Altersvorsorge informieren können, ohne das Gefühl zu haben, dass ein bestimmtes Produkt verkauft werden soll. Dies schließt andererseits nicht aus, dass selbstverständlich spezifische Finanzprodukte als Lösungen angeboten werden können. Im Detail heißt das, die Bank könnte ihre Kunden zunächst einmal ausführlich zum Thema Altersvorsorge informieren. Gleichzeitig können mehrere Optionen in Form von Produkten an die Hand gegeben werden. So kann sich der Kunde letztendlich entweder selbst entscheiden oder im Anschluss an die Information die Geschäftsstelle aufsuchen, um sich dort umfassend beraten zu lassen. Definitiv nicht erfolgversprechend sind vor allem oftmals recht plump gestaltete Angebote, die zum Beispiel während eines Informationstextes „versteckt" werden. Die meisten Verbraucher sind heutzutage zu gut informiert und zu selbstbewusst, als dass sie sofort auf ein Angebot klicken, von dem sie nicht wirklich überzeugt sind oder über das sie kaum Informationen haben.

Halbherzige Social-Media-Auftritte sollten vermieden werden Eine weitere Erfahrung ist die wachsende Bedeutung des Bereiches Social-Media. Zwar haben zahlreiche Kredit-institute bereits eine eigene Facebook-Seite oder einen YouTube Kanal, jedoch ist der Auftritt sehr häufig nur als halbherzig zu bezeichnen. Es gibt mittlerweile die Erkenntnis, dass ein mittelmäßiger Social-Media-Auftritt eher schadet als nützt. Denn je höher die Qualität des Social-Media-Auftrittes ist, desto glaubwürdiger wirkt die jeweilige „Marke" auf den Kunden. Daher gilt in diesem Bereich eindeutig der Leitsatz, dass der Auftritt in sozialen Netzwerken eine möglichst hohe Qualität haben sollte. Dazu gehört unter ande-rem, dass deutlich mehr als bisher sachliche und neutrale Informationen zur Verfügung gestellt werden. Diese Infos sollten sich selbstverständlich auf spezielle Themen aus dem Finanzbereich beziehen können.

20.6   Was ist das Ziel im Rahmen einer guten Multikanal-Strategie?

Banken, die wissen, was Verbraucher und ihre Kunden im Internet suchen und von dem Service der Kreditinstitute erwarten, sollten diese Erkenntnisse im Zuge einer möglichst optimalen Multi-Channel Strategie umsetzen. Es handelt sich dabei um eine spezielle Kommunikations- und Vertriebsstrategie, die von Unternehmen genutzt werden kann. Diese hat zum Ziel, bestimmte Personen aus einer Zielgruppe über den Weg diverser Kommunikations- und Vertriebsmaßnahmen nicht nur zu erreichen, sondern im optimalen Fall auch zu einem bestimmten Handeln zu bewegen. Im Zuge der Multikanalstrategie können sowohl online durchzuführende Maßnahmen als auch sogenannte Offline-Maß-nahmen erfolgreich durchgeführt werden.

Online- und Offline-Maßnahmen als Säulen der Multikanalstrategie Zu den Online-maßnahmen gehören insbesondere Werbung in Suchmaschinen, Marketing im Bereich Social-Media und das sogenannte Display-Marketing. Über den Weg all dieser Werbe-maßnahmen gelingt es bereits zahlreichen Unternehmen, ihre Kunden direkt zu erreichen und letztendlich dafür zu sorgen, dass eine stärkere Kundenbindung erfolgt oder neue Kunden gewonnen werden. Die Bedeutung der Online-Aktivitäten wird auch durch eine Studie deutlich, die sich mit dem Bekanntheitsgrad der Direktbanken beschäftigte. Eine Untersuchung der „Endmark AG, Köln" ergab zum Beispiel, dass mehr als 90 % aller Internetuser mindestens ein Name einer Direktbank bekannt ist. Daraus resultiert, dass der Online-Kommunikationsweg immer wichtiger wird.

Aber auch wenn das Internet und somit die Online-Marketingmaßnahmen einen immer größeren Stellenwert erreichen, sollte dennoch das sogenannte Offline-Marketing mit sei-nen speziellen Maßnahmen nicht vernachlässigt werden. Zu diesen Offline-Maßnahmen gehören beispielsweise Printanzeigen, das sogenannte Sponsoring und auch die Erreich-barkeit sowie das Auftreten auf Messen und das Veranstalten verschiedener Events. Im Idealfall besteht das Multi-Channel-Marketing aus einem Mix zwischen Online- und

Offline-Maßnahmen. Eine Studie der „Bundesarbeitsgemeinschaft der Senioren-Organisationen (BAGSO 2007)" kommt zu dem Ergebnis, dass gerade für ältere Kunden die persönliche Beratung in der Geschäftsstelle sehr wichtig ist. So gaben mehr als 50 % der Umfrageteilnehmer im Durchschnittsalter von 68 Jahren an, dass der bevorzugte Ort für eine Beratung nach wie vor das Beratungszimmer in der Bankfiliale ist.

Das wesentliche Ziel einer Multikanalstrategie Die Multikanalstrategie hat als wesentliches Ziel dafür zu sorgen, dass Kunden erreicht werden und die individuellen Bedürfnisse auf optimale Art und Weise erfüllt werden können. Darüber hinaus besteht ein Hauptziel darin, dass das Leistungsangebot der Banken über möglichst alle Medien, die heutzutage genutzt werden können, bereitgestellt wird. Dabei ist es wichtig, dass mehrere Kanäle nebeneinander existieren. Viele Kunden möchten nicht nur online auf ihre Bank zurückgreifen können, sondern nach wie vor die persönliche Beratung vor Ort in Anspruch nehmen. Selbstverständlich ist es ferner ein Ziel der Multikanal-strategie, dass die Akquisition von Neukunden stattfindet. Leads zu generieren ist ebenfalls eine wichtige Aufgabe der Multikanalstrategie. Denn letztendlich lässt sich der Erfolg heutzutage im Internet durch die Anzahl der Klicks, die Verweildauer der Kunden auf einer Webseite bzw. einer bestimmten Information sowie durch Leads messen.

Direktvertrieb als wichtige Maßnahme Ein weiterer wichtiger Teil der Multikanalstrategie ist der Direktvertrieb, der letztendlich alle wesentlichen Kommunikationsformen, wie zum Beispiel Internet, E-Mail, Links und Printanzeigen, beinhaltet und daher ein sehr breites Spektrum hat. Darüber hinaus hat der Direktvertrieb die wichtige Aufgabe, sämtliche Möglichkeiten, die der persönliche Vertrieb beinhaltet, auf ideale Art und Weise zu ergänzen. In der Praxis sieht die ideale Kommunikation so aus, dass der Kunde im Internet eine Information findet oder eine Frage bzw. ein Problem äußert, welches dann vor Ort im Servicecenter zur Zufriedenheit des Kunden geklärt werden kann.

Wichtig ist für die Banken zu wissen, dass sowohl die Akzeptanz als auch der Erfolg von Multikanalstrategien im Wesentlichen vom Verhalten der Kunden abhängen. Heutzutage wird das Internet von Bankkunden primär als Informationsquelle sowie zum Vergleich von Angeboten genutzt. Der Abschluss von Produkten steht hingegen nicht im Vordergrund, sondern nach wie vor entscheiden sich die meisten Bankkunden für den Besuch einer Filiale, wenn es um den Vertragsabschluss geht.

20.7 Was sind die Herausforderungen und Chancen einer guten Google-Strategie?

Banken, die im Internet erfolgreich sein möchten und somit einen Grundstein für die Zukunft legen, kommen heutzutage natürlich nicht an der weltweit führenden Suchmaschinen Google vorbei. Sämtliche Aktivitäten, die im Internet durchgeführt werden, können nur dann Erfolg haben, wenn Kunden der Zielgruppe auch die Möglichkeit haben, die

Informationen schnell und einfach zu finden. Zahlreiche Unternehmen haben das Ziel, mit möglichst vielen Suchbegriffen einen der vorderen Plätze in den Suchmaschinenergebnissen einnehmen zu können. Somit muss ein hohes Ranking das wesentliche Ziel der Google-Strategie sein. Um dieses möglichst gute Ranking zu erreichen, gibt es im Kern zwei wesentliche Maßnahmen, die als tragende Säulen einer jeden erfolgreichen Strategie genannt werden sollten.

Aufbau von Links – Linkbuilding Eine tragende Säule einer guten Strategie ist eine möglichst breite und zielgerichtete Verlinkung, denn dadurch ist es möglich, sich in den Suchmaschinen wie Google hoch zu platzieren. Das sogenannte „Linkbuilding" bedeutet, dass die Webseite der Bank über einen Link auf diversen anderen Webseiten genannt wird, sodass der Kunde letztendlich nicht nur durch direkten Aufruf der Banken-Webseite auf den Anbieter aufmerksam wird. Wichtig zu bedenken ist, dass nicht automatisch die Bank in Google am höchsten listet, deren Webseite zu den meisten anderen Internetseiten verlinkt ist. Vielmehr ist es entscheidend, dass die Themen zueinanderpassen.

Qualitativ hochwertiger Content als weitere Säule Die zweite Säule einer guten Google-Strategie ist zudem ein qualitativ hochwertiger Content. Damit ist gemeint, dass der Inhalt der Banken-Webseite oder auch der Inhalt bei einem Social-Media-Auftritt einen möglichst hohen Aussagewert hat und für den Kunden zahlreiche hilfreiche Informationen liefert. Auch Google hat sich den Anforderungen der modernen Zeit in der Vergangenheit bereits mehrmals angepasst, sodass die Ansprüche an einen qualitativ hochwertigen Inhalt immer weiter gewachsen sind. Während es früher möglich war, alleine durch die Integration verschiedener Keywords in einen Text mit der Webseite möglichst hoch in der Suchmaschine zu ranken, werden heute deutlich mehr Anforderungen an die Qualität des Contents gestellt.

Was sind die Herausforderungen einer guten Google-Strategie? Die Herausforderungen an eine gute Google-Strategie bestehen heutzutage darin, einen möglichst guten Mix aus Informationen für die Kunden und Maßnahmen zu beinhalten. Diese sollten den Kunden letztendlich dazu motivieren, entweder online Produkte abzuschließen oder sich zumindest in eine Geschäftsstelle zu begeben, um dort ein Beratungsgespräch zu führen. Die Herausforderung ist sicherlich, dass möglichst viele Vertriebswege genutzt werden und der Kunde Informationen erhält, aber nicht direkt zum Abschluss bestimmter Finanzprodukte aufgefordert bzw. gedrängt wird. In diesem Bereich gibt es allerdings noch viel Verbesserungsspielraum. So zeigen beispielsweise Statistiken, dass 2012 nur rund 17 % aller Socia-Media-Nutzer überhaupt Aktivitäten ihrer Bank wahrgenommen haben (Lukaßen und Hartwig 2012). Die ist zwar im Vergleich zu 2011 ein Anstieg von vier Prozent, aber dennoch ein insgesamt eher schlechter Wert, was natürlich auch auf eine nicht optimale Google-Strategie zurückzuführen ist.

20.8   Welche anderen Social Media-Plattformen gehören einfach dazu und wie reagieren die Bankkunden auf solche Aktivitäten?

Wenn Banken sich mit dem Thema Social-Media beschäftigen, dann entsteht häufig der Eindruck, dass fast ausschließlich der Auftritt auf Facebook im Vordergrund steht. Tatsächlich ist es so, dass Facebook zwar nach wie vor eine führende Rolle einnimmt, es aber durchaus auch noch andere Social-Media-Plattformen gibt, auf die sich die Aktivitäten der Kreditinstitute ebenfalls erstrecken sollten. Mittlerweile nimmt die Beliebtheit von Facebook insbesondere bei den jüngeren Verbrauchern etwas ab. Daher ist es für Banken durchaus wichtig, sich auch mit den weiteren Networks zu beschäftigen, die im Internet zur Verfügung stehen.

Google + als direkter Konkurrent von Facebook Eine Social-Media-Plattform, die ganz ähnlich wie Facebook aufgebaut ist und mittlerweile ein direkter Konkurrent ist, ist Google +. Auch bei Google + ist es so, dass es sich dabei in erster Linie um ein Social-Network handelt, über welches viele Milliarden Internetuser miteinander kommunizieren können. Aber auch immer mehr Unternehmen nutzen die Möglichkeit, sich auf dieser Plattform zu präsentieren, um neue Kunden zu gewinnen. Ein entscheidender Vorteil von Google + gegenüber Facebook besteht sicherlich in der direkten Vernetzung zur Suchmaschine Google. Daher ist von einer stetig wachsenden Bedeutung auch im Bereich Internet-Marketing auszugehen.

Twitter als weitere wichtige Plattform Neben Facebook und Google + gehört auch Twitter zu den wichtigsten Social-Media-Plattformen, auf denen Banken aktiv sein sollten. Bei Twitter handelt es sich um einen Kurznachrichtendienst, über den Informationen schnell verbreitet werden können. Zwar ist es auf dieser Plattform im Vergleich zu Facebook und Google + weniger möglich, dass Banken sich mit einer Präsenz bzw. mit einem Webauftritt und zahlreichen Angeboten und Information präsentieren können. Dennoch ist es sinnvoll, dort aktuelle Informationen zu verbreiten und somit möglichst viele sogenannte Follower zu gewinnen.

YouTube wird insbesondere von jungen Kunden genutzt Die Social-Media-Plattform, die in der jüngsten Vergangenheit die stärksten Zuwächse erzielen konnte, ist YouTube. Insbesondere junge Erwachsene nutzen diese Plattform, um Unterhaltung zu finden, aber sich auch gezielt zu bestimmten Themen zu informieren. Zu den beliebtesten YouTube Videos gehören derzeit vor allem die Veröffentlichungen, die einen erklärenden Charakter haben. So liegen beispielsweise bei weiblichen Verbrauchern Schmink-Tipps sehr weit vorne. Also konkret Videos, die Handlungsempfehlungen und anschauliche Erklärungen liefern.

20.9 Was sind die Dos und Dont's auf anderen Plattformen, wenn man plötzlich auch im Internet messbar und gläsern ist?

Unabhängig davon, auf welcher Plattform die Banken im Bereich Social-Media tätig sind, gibt es stets einige Dos und Dont's, auf die geachtet werden sollte. Fakt ist, dass nicht nur Banken, sondern sämtliche Unternehmen, die einen Social-Media-Auftritt haben, messbar werden. Bei Facebook sind es die Fans, die eine Facebook-Seite „liken", also für gut befinden. Eine weitere wichtige Kennzahl ist bei Facebook die Anzahl der „Gefällt mir"-Wertungen. Diese Zahl sagt etwas darüber aus, welche Beiträge wie oft gelesen werden und ob diese positiv oder negativ bewertet werden. Ferner legt Facebook seit geraumer Zeit großen Wert darauf, dass nicht nur die Fans messbar sind, sondern die tatsächlich aktiven User, die sich regelmäßig mit den geposteten Beiträgen beschäftigen.

Klicks bei YouTube und andere Zahlen Das System bei der Social-Media-Plattform YouTube funktioniert ähnlich wie bei Facebook. Auch hier wird in erster Linie gezählt, wie viele Internetuser einen auf YouTube veröffentlichen Filmbeitrag für sehenswert befinden. Darüber hinaus gibt es natürlich die Möglichkeit, einen Kommentar zu hinterlassen und sich positiv oder negativ zu dem gesehenen Video zu äußern. Für Banken ist es in diesem Bereich wichtig, dass auch bei den Videos auf hohe Qualität geachtet wird. Gibt es nämlich viele negative Kommentare bei einer hohen Anzahl von Klicks, so ist dies definitiv als kontraproduktiv zu betrachten. Daher gehört es auch bei YouTube zu den Dos, dass die veröffentlichen „Erklär-Videos" hilfreich, einfach verständlich, sowie sachlich sind. Keinesfalls sollte hingegen ein bestimmtes Produkt zu offensiv beworben werden.

20.10 Fazit/Ausblick

Im Verlauf dieses Beitrags wird aufgezeigt, was Kunden im Internet suchen und welche Möglichkeiten Banken haben, Verbraucher im Netz am effektivsten abzuholen. Als Fazit ist festzuhalten, dass es bei den meisten Kreditinstituten noch erheblichen Nachholbedarf gibt. Grundsätzlich ist es wichtig, dass Banken offener als bisher sein müssen. Dabei sollten sie keine Scheu haben, auf ihrer Webseite oder bei einem Social-Media-Auftritt vor allem unabhängige Informationen und einfache Inhalte zu veröffentlichen, die sich mit dem Thema Finanzen auseinandersetzen. Denn die meisten Kunden erwarten von einem Internetauftritt definitiv Informationen zu bankrelevanten Themen, die nicht nur auch für Laien verständlich, sondern auch unabhängig sind.

Weiterhin ist zusammenfassend zu sagen, dass die Multikanalstrategie eine sehr gute Möglichkeit ist, sich den Kunden anzunähern und für sich zu gewinnen. Es wäre ein Fehler, eine immer größere Anzahl von Geschäftsstellen und Servicecentern abzuschaffen. Stattdessen sollten möglichst alle Wege genutzt werden, um Bankprodukte zu vertreiben. Es ist wichtig, dass neben dem Online-Angebot nach wie vor auch Filialen und Servicecenter existieren, in denen sich Kunden persönlich mit den jeweiligen Beratern auseinandersetzen können.

Ein Ausblick in die Zukunft Beim Blick in die Zukunft wird klar, dass das Internet und insbesondere der Bereich Social-Media weiter an Bedeutung gewinnen werden. Dennoch sollten Banken nicht den Fehler machen, sich nur noch auf die Online-Beratung oder den Verkauf der Produkte über das Internet zu konzentrieren. Die optimale Strategie wird vielmehr darin bestehen, dass Online-Angebot und Direktvertrieb über Servicecenter und Filialen einen sehr guten Mix darstellen. Beide Vertriebs- und Kommunikationswege sollten sich ergänzen und 'somit koexistieren.

Sowohl bei der Webseite der Banken als auch beim Auftritt in den verschiedenen sozialen Netzwerken wird es zukünftig bedeutsam sein, dass qualitativ hochwertige Inhalte veröffentlicht werden. Der Content sollte auch für den Laien verständlich sein, sich in hohem Maße auf Finanzthemen beziehen und möglichst neutral informieren, ohne dabei zu vergessen, dass die Banken selbstverständlich auch ihre Produkte verkaufen möchten.

Literatur

BAGSO (2007): Ältere als Bankkunden, http://www.bagso.de/aktuelle-mitteilung-auf-der-bagso-homepage/news/die-bagso-umfrage-aeltere-als-bankkunden.html, abgerufen am 11. November 2014.

Eurogroupconsulting (2012): Wie Kunden Bank wollen – Aktuelle EGC-Studie zu Kundenbedürfnissen, http://www.eurogroupconsulting.de/publikationen/ver%C3%B6ffentlichungen/75-wie-kunden-bank-wollen.html, abgerufen am 27. November 2014.

Lukaßen, G, Hartwig, J. (2012): Banken und Versicherer: Falsche Web 2.0 Strategie?, http://www.faktenkontor.de/banken-und-versicherer-falsche-web-2-0-strategie/, abgerufen am 12. Dezember 2014.

Universität Hohenheim (2013): Studie zur Bank der Zukunft, https://www.uni-hohenheim.de/news/studie-zur-bank-der-zukunftauch-digital-natives-wollen-filial-bank-nicht-voellig-missen-1, abgerufen am 12. Dezember 2014.

Vergleich.de (2014): Online-Pionier Vergleich.de wird 15 Jahre alt, http://www.presseportal.de/pm/53289/2876198/online-pionier-vergleich-de-wird-15-jahre-alt/pe, abgerufen am 10. Dezember 2014.

Kai Fürderer ist Dipl.-Betriebswirt (BA) und Investment Consultant (ebs/DBG). Er begann seine Karriere in der Fondsadministration einer Luxemburger Fondsgesellschaft. Danach war er Projektleiter bei einem führenden Anbieter von Portfoliomanagement-Software und im Anschluss daran Leiter des Risikocontrollings einer Münchner Privatbank. Zuletzt war er Senior Consultant einer mittelständischen Unternehmensberatung in Hamburg mit Spezialisierung auf Bankprozess-Optimierung. 2011 trat er dem Institut für Vermögensaufbau (IVA) AG in München als Mitglied der Geschäftsleitung bei und ist seit 2013 Vorstandsmitglied des IVA und verantwortet den Bereich Retail-Banking.

Customer Service Center – Persönlicher Ansprechpartner in allen Kanälen

Harald Brock und Henrik Matthies

Zusammenfassung

Die Anforderungen an ein Kreditinstitut wachsen. Kunden wollen schnell einen kompetenten Ansprechpartner in unterschiedlichen Kanälen, auch außerhalb der eingeschränkten Banköffnungszeiten. Der Artikel beschreibt, wie ein Customer Service Center als Touchpoint-Trichter fungieren und somit die Wettbewerbsfähigkeit von Kreditinstituten verbessern kann.

21.1 Vision Banking 2020 aus Kundensicht

Morgens auf dem Weg zur Arbeit fällt Tim in der Bahn auf, dass er zu wenig Bargeld dabei hat (welches genauso wenig wie Bankfilialen nicht komplett digital ersetzt wurde), und er aktuell seinen Kontostand gar nicht kennt. Er öffnet die App seiner Heimatbank per one-click und Fingerabdruck-Screen und wirft einen Blick auf seinen Kontostand. Eine Abbuchung kommt ihm seltsam vor, er chattet in der App mit einer Mitarbeiterin der Bank dazu. Frau Riecke, eine Mitarbeiterin des Customer Service Centers, verspricht eine schnelle Klärung. Die Recherche des Sachverhaltes wird ca. 15 min dauern, weil sie noch die Empfängerbank kontaktieren muss. Beide vereinbaren einen telefonischen Rückruf.

H. Brock (✉)
Düsseldorf, Deutschland
E-Mail: harald.brock@think-bank.eu

H. Matthies
Berlin, Deutschland
E-Mail: henrik.matthies@gmail.com

© Springer Fachmedien Wiesbaden 2015
H. Brock, I. Bieberstein (Hrsg.), *Multi- und Omnichannel-Management in Banken und Sparkassen*, DOI 10.1007/978-3-658-06538-6_21

In seiner Navigations-App hat Tim das Erweiterungsfeature seiner Hausbank installiert. Nach dem Öffnen der Navi-App sieht er, dass zwar kein Geldautomat auf dem Weg zur Arbeit liegt, er aber in den Filialen eines Einzelhändlers Bargeld abheben kann.

Er verlässt die Bahn, hebt beim Einzelhändler Bargeld ab und hat noch fünf Minuten Fußweg vor sich. Das Handy klingelt. Frau Riecke schildert wie versprochen den Sachverhalt. Es zeigt sich, dass die Abbuchung ordnungsgemäß war. Tim ist beruhigt. Zum Nachweis stellt Frau Riecke die Ergebnisse ihrer Recherche im persönlichen Postfach des Kunden und in der Kundendatenbank der Bank ein.

Im Gespräch weist Frau Riecke den Kunden zusätzlich auf eine Immobilienfinanzierung hin, und bietet in den kommenden Tagen ein persönliches Beratungsgespräch mit einem Spezialisten an. Tim hatte vor wenigen Tagen grundsätzliches Interesse über eine in-App-Umfrage signalisiert. Der Beratungstermin wird bequem in der nächstliegenden Filiale vereinbart. Automatisch wird der persönliche Kundenberater von Tim innerhalb des CRM-Systems der Bank informiert. Der Kunde bekommt in den kommenden Tagen eine Bestätigungsmail – der Termin kann mit einem Click in den Kalender übertragen werden.

Bevor Tim die Banking-App beendet, bewertet er die Arbeit der Bankmitarbeiterin heute mit fünf Sternen – er fühlt sich bei seiner Hausbank gut aufgehoben. Danach startet er zufrieden seinen Arbeitstag.

21.2 Einführung

Seit mehr als drei Jahrzehnten werden immer mehr Kundenanfragen von dezentralen Filialen oder Organisationseinheiten in zentralisierte Call- bzw. Customer Service Center verlagert. Waren es am Anfang vor allem Versandhändler und Telekommunikationsgesellschaften, die ihre Kundenkommunkation zentral abwickelten, so gibt es heute kaum noch eine Branche in Deutschland, die dies nicht auch so praktiziert.

Call Center sind Organisationseinheiten, die für die Bearbeitung von Kontakten optimiert sind. Sie zeichnen sich durch eine hohe Serviceorientierung des Personals, einen spezifischen Arbeitsprozess zur effizienten Bearbeitung von Kontakten und eine besondere technische Infrastruktur für die gezielte Steuerung der Kommunikationsvorgänge aus (Bundesministerium für Wirtschaft und Technologie 2001, S. 8).

Dabei sind drei Vorteile für den Betrieb von Call- bzw. Customer Service Centern (CSC) im Bankensektor maßgeblich:

1. **Effizientere Bearbeitung**: Gleichartige Anfragen können zusammengefasst werden, Mitarbeiter bearbeiten so rascher und fallabschließend die Anfragen. Gearbeitet wird in spezialisierten Teams, der Austausch zu gleichartigen Aufgaben erhöht zusätzlich die Optimierungspotenziale. Leerzeiten werden über alle verfügbaren Mitarbeiter hinweg optimiert. Außerdem werden die Filialen von Standardanfragen entlastet. Etwa 80 % der Anrufe in einem Kreditinstitut sind einfache Serviceanfragen nach Öffnungszeiten,

Kontoständen u. ä. Bei einer Verlagerung dieser Anfragen in ein Call- bzw. Customer Service Center stehen somit wesentlich mehr Kapazitäten in den Filialen für komplexe und ertragsstarke Vorgänge und Beratungen zur Verfügung.

Während eines Calls oder auch der schriftlichen Bearbeitung (Mail, Chat etc.) einer Anfrage stehen den Mitarbeitern sämtliche Informationssysteme, immer häufiger auch Realtime-Decision-Systeme, zur Verfügung. Grundsätzlich werden alle Arbeitsvorgänge elektronisch erfasst und ausgewertet, sodass eine kontinuierliche Verbesserung der Arbeitsprozesse möglich ist.

2. **Höhere Qualität**: Während klassische Filialmitarbeiter als Allrounder ausgebildet werden müssen, können Mitarbeiter eines Call- bzw. Customer Service Centers auf ein klar begrenztes Aufgabengebiet spezialisiert werden, zum Beispiel die Bearbeitung von Serviceanfragen und Beschwerdefälle etc. Die Spezialisierung erhöht nicht nur die Effizienz, sondern auch die Qualität der Bearbeitung. Außerdem kann pro Mitarbeiter oder pro Team (je nach Betriebsrat) die Qualität der Antworten und Fallbearbeitungen individuell oder teambezogen erfasst und ausgewertet werden, um sie so konstant zu verbessern.

Aufgrund von Schichtmodellen kann außerdem die Erreichbarkeit des Kreditinstitutes entscheidend verbessert werden. Auf diesem Weg können auch berufstätige Kunden nach Feierabend oder an Wochenenden Fragen klären und Bankgeschäfte fallabschließend erledigen. Hierdurch kann die Service- und Kundenorientierung einer Bank bzw. Sparkasse deutlich gesteigert werden.

3. **Geringere Kosten**: Call- bzw. Customer Service Center Mitarbeiter sind typischerweise günstiger als Filialmitarbeiter, weil für die meisten Aufgaben keine Fachausbildung von Nöten ist. Ob diese Annahme für alle Banken und Sparkassen zutrifft, hängt in entscheidendem Maße von der Make-or-Buy-Entscheidung ab. Beispielsweise stellt sich die Frage, ob die vorhandenen Mitarbeiter, die aufgrund von Filialumstrukturierungen freigesetzt werden, im CSC eingesetzt werden.

Da Personalkosten oftmals bis zu 80 % der Gesamtkosten eines Call- bzw. Customer Service Centers ausmachen, ist die **Personaleinsatzplanung** von ganz erheblicher Bedeutung. Zu viele Mitarbeiter führen zu einer Überdeckung, weil interne wie externe Auftraggeber oft nur nach bearbeiteten Anrufen oder schriftlichen Anfragen pro Zeiteinheit abrechnen. Sind zu wenige Mitarbeiter anwesend, können nicht alle Anrufe angenommen werden, bzw. die Bearbeitung der Anfragen dauert zu lange. Ein zentraler Faktor ist daher die Prognose des Anrufaufkommens je Zeitabschnitt. Die Prognose basiert auf Erfahrungswerten der letzten Monate bzw. Jahre und variiert täglich. Externe Faktoren wie Marketingmaßnahmen, technische Schwierigkeiten beim Produkt/Service oder Rechnungsläufe fließen ebenfalls in die Prognose mit ein. Basierend auf der Prognose und den vereinbarten Servicelevels wird dann die erforderliche Anzahl an Mitarbeitern je Zeitabschnitt berechnet. So kommt es häufig vor, dass die Schichtpläne sich wöchentlich ändern, was wiederum eine hohe Flexibilität von den Mitarbeitern verlangt.

Des Weiteren sind die Miet- und Betriebskosten der meist nicht-zentral gelegenen Call- bzw. Customer Service Center, die zudem auf Großraumbüros und damit Flächenoptimierung setzen, relativ gering. In einem virtuellen Center, das durch Cloud-Computing ermöglicht wird, lassen sich die Kosten noch weiter reduzieren. Die Mitarbeiter sind dann nicht mehr an einem Standort gebunden, sondern können im Home Office flexibel arbeiten. Es bleibt aber äußerst fraglich, ob derartige Modelle mit den hohen Sicherheitsstandards von Kreditinstituten vereinbar sind.

Zusammengefasst ermöglichen Call- bzw. Customer Service Center eine kostengünstige, effiziente Kundenkommunikation bei gleichzeitig hoher oder verbesserter Qualität. Somit ist eine weitere Rationalisierung des Massenkundengeschäfts möglich, ohne gleichzeitig Qualitäts- und Serviceeinbußen hinnehmen zu müssen (Accenture 2010; eGain Corporation 2013; Weiß et al. 2011).

Während einige Banken und Sparkassen die Bedeutung eines Call- bzw. Customer Service Centers erst im Rahmen ihrer Hinwendung zum Multikanalkreditinstitut erkennen, zählen CSC bei Direktbanken sowie Non- und Nearbanks bereits seit Jahrzehnten zum wichtigen Vertriebs- und Kommunikationskanal. Es ist über den gesamten Kundenlebenszyklus der wesentliche Kontaktpunkt (Touchpoint) zum Kunden: Von der Neukundengewinnung, der Kundenbetreuung, Kundenbindung, Kundenbefragung, bis hin zur Kundenrückgewinnung (Hamm 2011). Aufgrund der exponierten Bedeutung sind der Professionalisierungsgrad und die Systemintegration bei Direktbanken sowie Non- und Nearbanks entsprechend hoch.

21.3 Aktivitäten eines Call- bzw. Customer Service Centers

Die Aktivitäten eines Call- bzw. Customer Service Centers können in zwei Kategorien unterschieden werden:

1. **Inbound**-Aktivitäten, bei denen der Kunde das Unternehmen kontaktiert. Die Leistungsbausteine reichen von der Filialtelefonie über Telefon Banking und Brokerage, Notfallservice, Elektronic Banking Support, Telefonzentralenservice, Social Media Chat (WhatsApp oder Facebook) User Help Desk bis zum Hotline Service oder zur Onlineidentifikation.
2. **Outbound**-Aktivitäten, bei denen das Unternehmen den Kunden kontaktiert. Die Leistungsbausteine reichen hier vom Terminvereinbarungsservice, Direktverkauf, Telefonmarketing, Marktforschungsservice über Kundenzufriedenheitsstudien bis zur After-Sales-Befragung.
   Bei den Outbound-Aktivitäten ist zu beachten, dass Kunden nicht wahllos mit Anrufen einer Bank bzw. Sparkasse überhäuft werden dürfen. Kreditinstitute müssen sich hierzu an Verbraucherschutzvorgaben halten. In den Vorgaben ist geregelt, dass nur Kunden für aktive telefonische Ansprachen in Frage kommen, die ihr ausdrückliches

Abb. 21.1 Bündelung der
Kommunikationskanäle im
CSC

Einverständnis erklärt haben. Kreditinstitute sollten daher dieses Einverständnis beim
Vertragsabschluss (zum Beispiel Girokonto etc.) beim Kunden einholen.

21.4 Wandel vom Call- zum Customer Service Center

Während bis in die erste Hälfte der 2000er Jahre vor allem Call Center vorherrschten, in
denen lediglich telefoniert und schriftliche Anfragen bearbeitet wurden, wandeln sich die
Call Center im Bankensektor immer stärker zu Customer Service Center (auch Contact
Center oder Kundencenter genannt). Customer Service Center können heute Anfragen von
Kunden und Ansprachen an Kunden über zahlreiche **Kommunikations- und Vertriebs-
kanäle** abdecken (Abb. 21.1).

Damit gewinnt das Customer Service Center im Multichannel- bzw. Omnichannel-
Kontext zunehmend an Bedeutung. Neben telefonischen Anfragen kommen immer mehr
Kunden-Bank Interaktionen über Mail, bankeigene Postfächer, Video, Chat und SB-Geräte zustande. Aber auch Kontakte innerhalb von Apps bilden relevante Bezugs- und Kommunikationspunkte und sollten ganzheitlich erfasst, gemanaged und integriert werden.
Das gleiche gilt für Kundenkontakte über Social Media Netzwerke wie Twitter und Facebook. Welche Kommunikationspunkte eine Bank oder Sparkasse im CSC bündelt, muss
individuell festgelegt werden.

Nicht nur die Anzahl der Touchpoints nimmt gegenwärtig zu und erhöht die Komplexität, sondern auch die zunehmende Funktionstiefe der unterschiedlichen Kanäle. Während
beispielsweise ein Videochat lange nur zur reinen Kommunikation genutzt wurde, ist der
Videokanal heute ein Instrument, um beispielsweise Kundenlegitimationen ohne Medienbrüche durchzuführen.

Das Verständnis für Customer Service wandelt sich durch die zunehmende Anzahl, Komplexität und Bedeutung der Kanäle von der reinen Fallbearbeitung hin zum integrierten **Touchpoint-Management**, also der im Hintergrund konsolidierten Kommunikation mit dem Kunden über alle zur Verfügung stehenden Touchpoints. Es verwundert daher nicht, dass die Integration der Funktionalität der Kanäle gegenüber dem Kunden die ICT-Investitionsschwerpunkte bei Banken und Sparkassen bis 2020 bilden (Zillmann und Ströbele 2012).

Zusammengefasst betrachtet hat sich somit im Multikanalzeitalter die Rolle eines Call Centers grundlegend verändert. Während das Call Center früher das Massenkundengeschäft möglichst kostengünstig rationalisieren und die Gesprächsführung standardisieren sollte, müssen heute zunehmend der Kunde und seine Ansprüche in den Mittelpunkt gerückt werden. Die in einem Call Center erbrachten Leistungen müssen sich bei Premiumanbietern von einer industriellen Massenproduktion unterscheiden. Vielmehr sollte es sich, wenn man den Vergleich mit einem Fertigungsunternehmen anstellt (Dyckhoff 1994), um eine Serienproduktion und in Ausnahmefällen sicherlich auch um eine Einzelfertigung handeln, bei der die Qualität der Leistungserbringung dem Anspruchsniveau der Bank bzw. Sparkasse entspricht. Ursächlich ist, dass die Erfahrungen des Kunden (Customer Experience) über alle Touchpoints hinweg beeinflussen, ob ein Kunde dem Unternehmen vertraut und eine Kaufentscheidung fällt (Strehl et al. 2014).

Für Filialbanken geht damit einher, dass sich der individuelle genetische Code und die damit verbundenen spezifischen Differenzierungs- und Alleinstellungsmerkmale in allen Touchpoints widerspiegeln müssen. Dies gilt im Besonderen für einen **Touchpoint-Trichter** wie das Customer Service Center. Wenn von einem Touchpoint-Trichter gesprochen wird, heißt das nicht, dass die unterschiedlichen Vertriebs- und Kommunikationskanäle untereinander unverzahnt bleiben, ganz im Gegenteil. Das Bild eines Trichters soll deutlich machen, dass das CSC, neben der Filiale, den optimalen Sammelpunkt für die persönliche (menschliche) Kunden-Bank-Interaktion darstellt.

Banken und Sparkassen stehen somit vor der Herausforderung das Dilemma zwischen Kostendruck und Serviceorientierung zu überwinden und das CSC strategisch und operativ auf die neuen anspruchsvollen Herausforderungen in der Finanzbranche auszurichten.

In Anbetracht der veränderten Anforderungen ist es sinnvoll, das Customer Service Center als multikanalfokussierte und strategische relevante Ausprägung eines Call Centers zu verstehen und damit auch definitorisch von einem Call Center abzugrenzen. Im weiteren Verlauf des Artikels wird das CSC als weiterentwickelte Erscheinungsform des Call Centers verstanden.

21.5 Herausforderungen für Banken und Sparkassen

Es ist kein Geheimnis, dass sich viele Kreditinstitute, aber auch viele Bank- und Sparkassenmitarbeiter, bei der Cross-Channel-Integration schwer tun.

Daher ist beim Aufbau und der Etablierung eines Customer Service Centers der Fokus des Top-Managements unerlässlich. Dessen Commitment ist notwendig, um interne und externe Widerstände zu überwinden. Die Managementebene muss unzweifelhaft deutlich machen, dass ein CSC nicht zur Kannibalisierung von bestehenden Vertriebs- und Serviceeinheiten (zum Beispiel Filialen) beiträgt, sondern diese vielmehr im operativen Geschäft unterstützt und damit stärkt. Oftmals fehlt aber auch die strategische Einbindung des Customer Service Centers in die Unternehmens-, Vertriebs- und Kommunikationsstrategie. Das heißt, eine ganzheitliche, aufeinander abgestimmte Multikanalstrategie fehlt.

Des Weiteren werden die Mitarbeiter eines CSC bei der Gestaltung und Weiterentwicklung der Service- und Vertriebsstrategie häufig nur unzureichend eingebunden. Im Worst Case entsteht mit dem Customer Service Center ein Kanalsilo, das keinen Kanalwechsel ermöglicht und nicht das Gesicht des Kreditinstitutes widerspiegelt.

Eine weitere wesentliche Herausforderung besteht darin, die ganzheitliche Sicht auf Kundendaten zu ermöglichen und eine kanalübergreifende Dialogoptimierung und -kohärenz sicherzustellen. Kein Kunde ist erfreut, wenn er bei einem Anruf oder Chat wesentliche Inhalte einer früheren Konversation erneut wiedergeben muss. Banken und Sparkassen müssen hierzu ihr Back- und Frontoffice verbinden sowie datenintegrierte und in der Benutzerführung vereinheitlichte CRM-Applikationen nutzen, die durch steuernde Funktionen (wie etwa Workforce-Management) die Effektivität des CSC maximieren.

Eine weitere Herausforderung besteht darin, den Vertrieb in einem Customer Service Center zu aktivieren. Institute sollten deshalb auf prädiktive Analytikmethoden zurückgreifen. Hierzu werden operative Daten mit Geschäftsregeln verknüpft, zum Beispiel enthalten die digitalen Gesprächsleitfäden der CSC-Mitarbeiter Verkaufstipps, die den Mitarbeitern in Abhängigkeit vom Kontaktgrund und der Kundengruppe angezeigt werden. Hierfür sind im Hintergrund analytische Modelle notwendig, die auf Basis von Regelwerken in Realtime die entsprechenden Angebote platzieren. Das Ziel ist dabei die Cross- und Up-Selling-Potenziale stärker auszuschöpfen.

Wenn man dem CSC eine bedeutende Funktion im Multi- und Omnikanal-Kontext eines Kreditinstitutes attestiert, darf es nicht als bloßer Kostentreiber verstanden werden. Vielmehr sollte das Customer Service Center als strategisch wichtige Vertriebs- und Serviceeinheit bei einem Multikanalinstitut gesehen und positioniert werden. Technische KPIs, wie Service Level Agreements (SLA), dürfen daher nicht als einziger Qualitäts- und Performanceindikator verstanden werden. Additiv müssen vielmehr Soft und Hard Facts, wie beispielsweise die Kundenzufriedenheit, vorgeschlagene betriebliche Verbesserungspotenziale sowie Service- und Vertriebserfolge (Ermittlung des Wertschöpfungsbeitrages) ermittelt, reportet und bewertet werden. Der aktive Austausch mit service- und vertriebsnahen Bereichen, wie Marketing, Sales oder Produktentwicklung ist für ein CSC genauso unerlässlich (Integration in das Service-and Sales-Engineering des Unternehmens), wie die strategische Positionierung und die Verzahnung mit anderen Vertriebs- und Kommunikationskanälen (PAC und Damovo 2014).

Abb. 21.2 Strategische Determinanten eines CSC

21.6   CSC im strategischen Kontext

21.6.1   Die strategische Relevanz eines CSC

Die strategische Relevanz eines Customer Service Centers kann aus der Kunden- und aus
der Institutssicht hergeleitet werden (Abb. 21.2).

Kunde Alle Banken und Sparkassen müssen erkennen und akzeptieren, dass eine Vielzahl
der Kunden-Bankinteraktionen nicht mehr ausschließlich während der Öffnungszeiten in
der Filiale stattfinden, sondern selbstbestimmt durch den Kunden über den Tag verteilt in
einer Vielzahl unterschiedlicher Touchpoints. Das Spektrum reicht von der Homepage,
über Social Media bis zur Banking App. Nur die Entwicklung von Mono- zu Multikanalkompetenzen (Touchpoint-Mix) führt zum Erfolg (vgl. Brock 2015). Damit steigt in der
Konsequenz die strategische Relevanz eines Customer Service Centers.

Die zunehmende strategische Bedeutung kann damit begründet werden, dass Kunden
die unterschiedlichen Touchpoints eines Kreditinstituts nur solange eigenständig, d. h.
ohne die Hilfe eines Bankmitarbeiters nutzen, bis konkrete Fragen- und Problemstellungen auftreten. Dies liegt an der Abstraktheit, Komplexität und oftmals Erklärungsbedürf-
tigkeit von Finanzdienstleistungen und an der Bequemlichkeit der Kunden. Zudem möchten Kunden bei Fragen und Problemstellungen nicht warten, bis die Filiale geöffnet hat.
Die persönliche bzw. menschliche Komponente im CSC, ob nun per Telefon oder Chat,
vermittelt Kunden die Sicherheit, dass sich jemand kümmert.

Wenn Kunden aufgrund ihrer Multikanalpräferenzen immer häufiger mit dem CSC in Kontakt treten, wird die Customer Experience und damit die Kundenloyalität entscheidend im CSC mitgeprägt. Damit geht einher, dass Premiumanbieter ihre Leistungsversprechen (aus der Filiale, dem Internet etc.) auch in der strategischen Ausrichtung des Customer Service Center einfließen lassen müssen.

Bei der Betrachtung des CSC zeigt sich deutlich, dass die Zukunft des Bankings persodigital ist (Brock 2015).

Persodigital setzt sich zusammen aus den Begriffen:

- persönlich, das heißt, die menschliche Komponente in der Kunden-Bank Beziehung/Interaktion ist entscheidend für den Erfolg von Kreditinstituten.
- personalisiert, das heißt auf den konkreten Kunden ausgerichtet und
- digital, das heißt, alles, was digitalisiert werden kann, wird mit einer nie dagewesenen Geschwindigkeit und Innovationskraft digitalisiert werden.

Kreditinstitut Um die Kundenzufrieden zu verbessern, müssen Kreditinstitute ihr Kommunikations- und Vertriebsangebot ausweiten. Des Weiteren verbessert das Leistungsangebot eines CSC das Image eines Institutes. Wer in der Lage ist, schnell, kompetent und kundenorientiert in allen relevanten Kanälen verzahnt zu arbeiten, muss kein bürokratisches und biederes Image fürchten.

Des Weiteren entlastet ein Customer Service Center den stationären Vertrieb von Routinetätigkeiten. Dieser kann sich dann verstärkt um den Vertrieb von margenstarken Produkten und Dienstleistungen kümmern. Zudem kann ein CSC Standardfragen und -probleme gebündelt effizienter, zu geringeren Kosten und teilweise in einer höheren Qualität beantworten.

Obendrein bestimmt die Veränderung des Filialnetzes die strategische Relevanz eines CSC. Während einfachere Serviceaufgaben zukünftig digital und häufig in Form von Self-Service-Konzepten erfolgen, werden durch die Konsolidierung der lokalen Filialstrukturen immer mehr Aufgaben des bisherigen Filialkundenberaters auf CSC-Mitarbeiter übergehen.

Auf Basis der strategischen Determinanten sollten Kreditinstitute die strategische Positionierung ihres CSC individuell festlegen.

21.6.2 Marktanalyse

Bei der Neugestaltung bzw. Neuausrichtung eines Customer Service Centers sollen Kreditinstitute zunächst eine Marktanalyse durchführen. Die Marktanalyse beginnt bei der Identifikation der relevanten Konkurrenzunternehmen. Dabei sollte der Fokus nicht nur auf Institute gelegt werden, die im gleichen Kundenumfeld und in der gleichen Institutsgruppe angesiedelt sind. Das heißt konkret, dass Regionalbanken auch Direktbanken analysieren sollten. Direktbanken können häufig als Best-Practice-Beispiel dienen. Kreditinstitute sollten bewerten, inwiefern die Stärken und Schwächen anderer Institute für das eigene Unternehmen genutzt werden können. Die Ergebnisse sind in einer SWOT-Analyse festzuhalten und für die Strategiefindung zu interpretieren.

Nach Beendigung der Marktanalyse kann eine erste Einschätzung darüber gegeben werden, wie sich das Kreditinstitut hinsichtlich seiner Gesamtstrategie, Multikanalstrategie und daraus abgeleitet in der konkreten Customer Service Center Strategie aufstellen möchte.

21.6.3 Strategiefindung

Im Anschluss an die Betrachtung der Stärken und Schwächen des Kreditinstituts sowie der Chancen und Risiken am Markt kann die Strategie definiert werden. In einem Kreditinstitut existieren unterschiedliche organisatorische Strukturen bzw. Ebenen, die aus der strategischen Perspektive betrachtet werden müssen. Hierbei handelt es sich um die Unternehmens- und Geschäftsfeldebene.

Auf der Unternehmensebene müssen Banken und Sparkassen zunächst die Bedeutung des Themenkomplexes Multikanal verankern und damit die Ressourcen optimal verteilen. Erst im Anschluss kann die Geschäftsfeldebene des Multikanals in Verbindung mit dem Customer Service Center konkret betrachtet werden.

Auf der Geschäftsfeldebene müssen Banken und Sparkassen fixieren, wie das CSC agieren muss, um Wettbewerbsvorteile für das Gesamthaus zu generieren. Wettbewerbsvorteile entstehen durch Differenzierung (engl. *differentiation*). Hierunter versteht man die Strategie, sich im Auge des Kunden von anderen Konkurrenten abzugrenzen (Porter 1980; Minzberg et al. 1995).

> (…) Differenzierung schirmt gegen den Wettbewerb ab, indem sie Abnehmer an die Marke bindet und die Preisempfindlichkeit verringert. Sie erhöht außerdem die Ertragsspannen und macht dadurch einen Kostenvorsprung überflüssig (Porter 1983, S. 65 f.).

Um sich von anderen Instituten zu differenzieren, ist ein Idealbild der Kundenfokussierung und -orientierung zu definieren, die anhand von harten und weichen KPIs gemessen werden. Des Weiteren müssen sich wesensbildende und instituts(gruppen)spezifische Unterscheidungsmerkmale im CSC wiederfinden.

Auf der Geschäftsfeldebene eines CSC sollte keine Kundengruppe, kein Produkt, keine Serviceart oder ein gängiger Kanal ausgeklammert werden. Vielmehr muss in der strategischen Ausrichtung exakt das Maß definiert werden, mit dem über alle relevanten Kanäle Fragen und Problemstellungen beantwortet, Informationen weitergegeben sowie Produkte und Services verkauft werden sollen. Auch eine Preisdifferenzierung innerhalb eines CSC kann sicherlich in einigen Fällen sinnvoll sein. Die Herausforderung besteht darin zu erfahren, wann der Kunde für weitere (vielleicht rentablere) Produkte im CSC ansprechbar ist. Das heißt, in der Geschäftsfeldstrategie sollte neben der kommunikativen Ausrichtung auch die vertriebliche Ausrichtung bzw. Positionierung definiert werden.

21.7   Make-or-Buy Entscheidung im CSC Kontext

Banken und Sparkassen, die noch kein CSC implementiert haben, stehen vor der Frage, ob sie eine eigene Geschäftseinheit aufbauen oder das CSC an einen Dritten auslagern. Kriterien für eine systematische Make-or-Buy-Entscheidung sind neben einer Betrachtung der Transaktionskosten, die Zuverlässigkeit eines externen CSC Anbieters, die Analyse einer möglichen (unerwünschten) Abhängigkeitsbeziehung (Walker und Weber 1984) sowie die Fähigkeit eines externen CSC Anbieters, den genetischen Code eines Kreditinstitutes in die Kunden-Bank-Interaktionen zu transportieren.

Bei der Make-or-Buy Entscheidung muss damit explizit berücksichtigt werden, dass ein CSC eine zentrale Schnittstelle im Multikanalzeitalter bildet und damit eine ähnlich exponierte Bedeutung einnimmt wie der stationäre Vertrieb. Die Qualität und der Umfang der dort angebotenen Leistungen sind daher ganz entscheidend. Neben einem Eigenbetrieb (Make) und Outsourcing (Buy) besteht die Möglichkeit, Make und Buy miteinander zu kombinieren. Es kann für Kreditinstitute mit einem eigenen CSC von Nutzen sein, einen externen Dienstleister einzuschalten, um beispielsweise Spitzen (Überlauf) auszugleichen oder die Betreuung der Kunden rund um die Uhr sicherzustellen. Weiterhin kann ein teilweises Outsourcing zum Beispiel situativ bei Kampagnen sinnvoll sein, bei denen ein erhöhtes Aufkommen von Rückmeldungen erwartet werden kann.

Banken und Sparkassen sollten bei einer Make-or-Buy-Entscheidung auf einen strukturierten Bewertungsprozess zurückgreifen:

1. Zunächst sollte das Kreditinstitut eine **Ist-Analyse** durchführen. In diesem ersten Schritt sollte eine Bestandsaufnahme der individuellen Ausgangssituation des Institutes durchgeführt werden. Die Ist-Analyse bildet dabei die Datenbasis für die anschließende Nutzenwert- und Kostenanalyse. Relevante Daten können die Multikanalstrategie, Organisationsstrukturen, Prozesse die vorhandenen bzw. geplanten Servicearten des Kreditinstitutes, Schätzung der Geschäftsvorfälle je Service, Bearbeitungszeiten, Mitarbeiterstruktur und -kosten sowie die Raum- und IT-Kosten sein.
2. Im zweiten Schritt sollte ein Kreditinstitut im Rahmen des Make-Buy-Entscheidungsprozesses eine **Nutzenwertanalyse** (Zangemeister 1976) durchführen. Die Nutzenwertanalyse ist ein Entscheidungsverfahren zur Analyse und Bewertung komplexer Handlungsalternativen. Die Analyse sollte eine Strategie- und Serviceanalyse beinhalten. In der Strategieanalyse sollte sich ein Institut fragen, was es mit dem CSC erreichen will (strategisches Sollprofil). In der Serviceanalyse wird fixiert, welche Anforderungen das Kreditinstitut an die unterschiedlichen Servicearten stellt (Sollprofil je Serviceart). Die zunehmende Artenvielfalt aus zum Beispiel Telefon, E-Mail, SB, Video, Chat, Social Media lässt die zu bewältigende Komplexität steigen.

Auf dieser Basis können die optimalen Handlungsalternativen des CSC bestimmt werden. Wie eingangs erwähnt, stehen grundsätzlich drei Handlungsalternativen zur Auswahl:

a. **Insourcing**
b. **Partielles Outsourcing (Kombination In- und Outsourcing)**
c. **Outsourcing**

   Bei der Insourcing-Lösung muss zusätzlich festgelegt werden, ob eine separate Organisationseinheit bzw. ein separates Profit Center geschaffen werden soll, um die definierten Sollprofile umzusetzen. Bei einer Outsourcing-Lösung muss ein ständiger Kontakt zum Dienstleister organisiert werden. Die Art und die Intensität der Kontakte bestimmen im Wesentlichen die Transaktionskosten und damit maßgeblich die Entscheidung.

3. Im Anschluss muss nun ein objektiver und differenzierter Kostenvergleich bzw. eine **Kostenanalyse** pro Serviceart durchgeführt werden. Die Kostenanalyse sollte primär die Kalkulation der Mitarbeiterkapazitäten/-kosten sowie die Sachkosten beinhalten und final einen Kostenvergleich der festgelegten Handlungsalternativen ermöglichen. Auf dieser Basis kann ein Kosten-/Nutzenvergleich der drei Alternativen angestellt werden.

4. Final kann auf Basis der Analysen eine institutsindividuelle Make-or-Buy-Entscheidung getroffen werden, die in einer konkreten Handlungsempfehlung für Insourcing, partielles oder vollständiges Outsourcing mündet.

Die meisten Institute haben keine oder nur wenig Erfahrung mit der Implementierung eines CSC. Banken und Sparkassen sind daher gut beraten, wenn sie den Make-or-Buy Prozess strukturiert und sorgfältig gestalten. Die Komplexität dieser Aufgabe und die damit verbundene Vielfalt der Herausforderungen darf nicht unterschätzt werden.

Wenn der CSC-Implementierungsprozess abgeschlossen ist, kommt es im Anschluss darauf an, die Potenziale des Centers auszuschöpfen. Hierzu sollten Kreditinstitute die Erfahrungswerte des CSC als Grundlage für eine kontinuierliche Verbesserungen betrachten.

21.8 Open Innovation im Customer Service Center

Außerhalb der Digital-Wirtschaft beziehen nur wenige Unternehmen den Kunden (oder auch Zulieferer, externe Partner oder andere Marktanbieter) aktiv in die (Weiter)Entwicklung von Produkten und Dienstleistungen mit ein. Dieser als „Open Innovation" bekannt gewordene Ansatz nutzt sämtliches das Unternehmen umgebende Wissen durch sowohl interne wie externe Vermarktungswege, um Innovationen zu generieren (Chesbrough 2003).

Kürzere Produktlebenszyklen, steigender Wettbewerb sowie neue Player – im Finanz- und Bankensektor unter dem Begriff FinTech zusammengefasste Start-ups – üben Druck auf die konstante Innovationskraft von Unternehmen aus. Dabei können im Wesentlichen zwei Kernprozesse von Open Innovation unterschieden werden, vgl. (Gassmann und Enkel 2006):

1. Outside-In Prozess: Externes Wissen, zum Beispiel von Zulieferern (wie externen Customer Service Dienstleistern), Kunden und Partnern (zum Beispiel Universitäten), wird genutzt, um die Qualität und Geschwindigkeit des Innovationsprozesses zu erhöhen.
2. Inside-Out Prozess: Internes Wissen, das ein Unternehmen nicht selbst vermarktet, wird externalisiert, zum Beispiel über Lizenzgebühren.

Die frühe und umfassende Einbindung von Kunden, Zulieferern oder Partnern in den Innovationsprozess erhöht nicht nur die Anzahl und Güte der Ideen, beugt falschem Group Thinking vor (welches entsteht, wenn eine homogene Gruppe von Mitarbeitern mit vergleichbarer Ausbildung, gesellschaftlicher Schicht und Wissenstand etwas Neues entwickeln soll), sondern bindet auch Lead User (auch Multiplikatoren oder Brand Evangelists genannt) eng an die Marke. Open Innovation führt damit nicht nur zu wettbewerbsfähigeren Produkten, sondern bindet oft auch gleich eine erste, einflussreiche Käufergruppe an das neue Produkt/die neue Dienstleistung (Bilgram und Jawecki 2011; Strehl 2012).

CSC Mitarbeiter sind ideale Partner für Open Innovation Projekte in Kreditinstituten. Sie erhalten täglich Hinweise auf Verbesserungsbedarf bei Produkten und Dienstleistungen, zu den Kundenprozessen, wie auch zu dem kommunikativen Auftritt des Unternehmens über die unterschiedlichen Kanäle hinweg. Das heißt, sie haben im Optimum das Ohr an allen multikanalrelevanten Touchpoints. Dieses Kundenfeedback ist oft viel detaillierter als zum Beispiel auf Bewertungsportalen im Internet (Hamm 2011). Eine strukturierte Erfassung und Auswertung dieser Informationen sollte daher zum Standard im Customer Service Umfeld, und damit im Multikanalumfeld, werden. Bis heute werden die im CSC arbeitenden Mitarbeiter aber vor allem als Kostenfaktor gesehen, der möglichst effizient das aufkommende Volumen an Calls und schriftlicher Anfragen ‚abarbeiten' soll.

Selten werden Erkenntnisse der Service Center Mitarbeiter über das Kundenverhalten abgefragt, obwohl sie die Kundenbedürfnisse in vollem Maße erfahren. Stattdessen verharrt der Austausch zwischen Customer Service und dem Ideenmanagement, der Marketingabteilung, dem Vertriebs- bzw. Produktmanagement sowie dem Prozessmanagement in vielen Kreditinstituten „konstant auf einem niedrigen Niveau" (Strehl et al. 2014, S. 12).

21.9   Zusammenfassung und Ausblick

Die Ausführungen haben deutlich gemacht, dass die eingehenden (Inbound) und ausgehenden (Outbound) Kunde-Bank-Interaktionen effizient, qualitativ hochwertig und mit vergleichsweise geringen Kosten in einem Call- bzw. Customer Service Center bewältigt werden können.

Seit einigen Jahren hat in der Finanzdienstleistungsbranche ein Veränderungsprozess eingesetzt, der durch eine Veränderung der Touchpoints bzw. der Kanäle gekennzeichnet ist. Die Anzahl der Kanäle (Breite) und die Aufgaben bzw. Funktionen der Kanäle (Tiefe) haben sich grundlegend verändert und an Komplexität gewonnen. Des Weiteren haben sich die Nutzungsquoten der Kanäle entscheidend verändert. Während früher die Filiale und das Telefon die einzigen relevanten Interaktionskanäle waren, sind es heute additiv die Banking-App, die Website, das Banking Postfach und die Social Media Plattform. Kommt es in den Kanälen zu Komplikationen und Fragen, suchen Kunden bei der Problemlösung immer den geringsten Widerstand. Dies ist in vielen Fällen ein persönlicher Ansprechpartner (Mensch), der schnell, lösungs- und kundenorientiert per Text-, Videochat oder Telefon zur Seite steht. Und das am besten 24/7. Da Filialen nur begrenzte Öffnungszeiten haben und ihren Schwerpunkt in der Beratung sehen, sollte ein professionelles Multikanalinstitut die Kunden-Bank Interaktionen in einem modernen Customer Service Center bündeln. Die Make-or-Buy Entscheidung muss dabei institutsspezifisch gefällt werden, jedoch sollte auch bei einer Buy-Entscheidung ausreichend CSC-Kompetenz im Institut verbleiben.

Wichtig ist, dass das Customer Service Center in die Multikanalstrategie des Kreditinstituts eingebunden und mit den übrigen Touchpoints verzahnt wird. In diesem Zusammenhang ist die Konsistenz bzw. Transparenz der im Kanalmix genutzten und erzeugten Kundendaten entscheidend. Obendrein wird es zukünftig stärker darauf ankommen, die Vertriebs- und Verbesserungspotenziale eines CSC zu aktivieren.

Am Beispiel des Customer Service Centers zeigt sich, dass die Zukunft des Banking persodigital ist, das heißt persönlich, personalisiert und digital. Nur die Synthese dieser Komponenten macht Banken und Sparkassen zukünftig erfolgreich.

Literatur

Accenture. (2010). *Rethink, Redefine, Reinvent.* Retrieved from http://www.accenture.com/us-en/Pages/service-transform-customer-service.aspx

Bilgram, V., & Jawecki, G. (2011). Erfolgsmessung von Open-Innovation-. *Controller Magazin, Juli/Augus*, 60–65.

Brock, H. (2015). Vom Mono- zum Multi-Channel-Management, in: Brock, H./Bieberstein, I. (Hg.) (2015), Multi- und Omnichannel-Management in Banken und Sparkassen, Wiesbaden.

Bundesministerium für Wirtschaft und Technologie. (2001). *Kunden gewinnen und binden – Call Center* (1. Auflage.).

Chesbrough, H. W. (2003). *Open Innovation: The new imperative for creating and profiting from technology* (p. XXIV). Boston: Harvard Business School Press.

Dyckhoff, H. (1994). *Grundzüge der Produktionswirtschaft.* Springer, Berlin.

eGain Corporation. (2013). *Customer Service Challenges and Innovations in the Financial Services and Insurance Sectors.*

Gassmann, O., & Enkel, E. (2006). Open Innovation. Die Öffnung des Innovationsprozesses erhöht das Innovationspotential. *Zfo, 75. Jahrga*(03), 132–138.

Hamm, M. (2011). Das Call Centerwird zum Knotenpunkt. *Banken + Partner*, 3, 27–29.

Minzberg, H./Quinn, B.J./Ghoshal, S. (1995). The Strategy process, Prentice-Hall, Hemel Hempstead.

PAC und Damovo (2014): Contact Center im Aufbruch – Wie Contact Center den Wandel erfolgreich gestalten.

Porter, M. (1980): Competitive Strategy: Techniques for analyzing industries and competitors, The Free Press, New York.

Porter, M. (1983): Wettbewerbsstrategie, Methode zur Analyse von Branchen und Konkurrenten, Frankfurt/Main.

Strehl, B. (2012). Innovationsmanagement im Service Center. *Leipziger Beiträge Zur Informatik, XXXVII.*

Strehl, B., Meyer, K., & Thieme, M. (2014). *Touchpoint Management – Mehrwert aus dem Service-Center für das Leistungsportfolio & die Innovationskraft von Unternehmen.*

Walker, G./Weber, D. (1984): A Transaktion Cost Approach to Make-or-Buy Decisions, Administrativ Science Quarterly, Volume 29, Issue 3, p. 373–391.

Weiß, J., Kleer, M., & Engel, S. (2011). *Ausbildung im Dialogmarketing* (3. Auflage.). Troisdorf: Bildungsverlag EINS.

Zangemeister, C. (1976): Nutzwertanalyse in der Systemtechnik – Eine Methodik zur multidimensionalen Bewertung und Auswahl von Projektalternativen. Diss. Techn. Univ. Berlin 1970, 4. Aufl., München

Zillmann, M., & Ströbele, E. (2012). *Zukunft der Banken 2020.*

Harald Brock studierte Betriebswirtschaftslehre an der RWTH Aachen mit Schwerpunkten Finanzierung, Finanzdienstleistungen und International Management. Im Rahmen seiner Promotion zum Thema „Shared-Value im Geschäftsmodell von Finanzdienstleistern" absolvierte er einen mehrmonatigen Forschungsaufenthalt an der Newcastle University (UK). Während seines Studiums war Harald Brock Mitglied der Deans List der RWTH sowie der Eberle- Butschkau-Stiftung. Zudem erhielt er ein Stipendium eines Kreditinstitutes. Sein Masterstudium schloss er als Bester seines Jahrgangs ab. Vor seinem Studium absolvierte er eine Ausbildung zum Bankkaufmann, die er als Landesbester beendete. Nach dem Studium arbeitete Harald Brock zunächst als wissenschaftlicher Mitarbeiter am Gründerzentrum der RWTH Aachen, wo seine Leidenschaft für innovative (FinTech) Start-ups entstand. Im Anschluss führte sein Weg zurück in die Finanzdienstleistungsbranche, wo er wichtige Führungsfunktionen übernommen hat. Mit ‚thinkbank' berät und unterstützt er Kreditinstitute im Bereich Multi- und Omnichannel-Management, Marketing, CSR und Shared-Value. Er verfügt mittlerweile über mehr als zehn Jahren Erfahrung in unterschiedlichen Bereichen der Kreditwirtschaft. Harald Brock veröffentlichte bereits zahlreiche Artikel und Beiträge in führenden Fachzeitschriften und in der Wirtschaftspresse (Bankmagazin, Handelsblatt et al.). Zudem ist er der Initiator des vorliegenden Buches „Multi- und Omnichannel-Management in Banken und Sparkassen".

Henrik Matthies studierte Betriebswirtschaftslehre an der WHU Otto-Beisheim-School of Management in Vallendar mit den Schwerpunkten Controlling, Produktion und Marketing, gefördert durch ein Stipendium der Friedrich-Naumann-Stiftung. Nach seinem Studium arbeitete er fünf Jahre bei arvato/Bertelsmann, u. a. als Vorstandsassistent und zwei Jahre als Standortleiter eines Call-Centers mit 360 Mitarbeitern. Er promovierte an der RWTH Aachen über e-Commerce Konsumentenverhalten, gründete mehrere Start-ups und ist Geschäftsführer der Mimi Hearing Technologies GmbH in Berlin.

Patrick Mäder und Markus Franke

Zusammenfassung

Zwischen der NASA und deutschen Finanzdienstleistern gibt es mehr Gemeinsamkeiten als man denkt. Für beide spielt die Exploration von Daten mit Hilfe von Smart Analytics eine (zunehmend) bedeutendere Rolle. Der Artikel beschreibt, wie Finanzdienstleister Big Data im Multichannel-Kontext zur Generierung von Wettbewerbsvorteilen nutzen können.

22.1 Entscheidende strategische Fragen

Der Kunde wird „hybrid": In Abhängigkeit von der Unterschiedlichkeit der Anwendungsfälle und der eigenen Situation werden heute von ein und derselben Person unterschiedliche Kanäle genutzt (Filiale bzw. Agentur, Telefon, Internet…). Dies bedeutet insbesondere für die bisher klassisch aufgestellten Banken und Versicherungsunternehmen, dass die direkten Kanäle erheblich an Bedeutung gewinnen werden. Die Banken- und Versicherungsunternehmen selbst haben gleichzeitig die Herausforderung, die Kundenbetreuung zu optimieren und dabei die zusätzlich entstehenden Kosten in den Griff zu bekommen.

Ziel des Omni-Kanal-Ansatzes ist es, diese Herausforderungen zu meistern. Hierfür sind verschiedene grundlegende Fragen zu beantworten. Die Antworten auf die im Fol-

P. Mäder (✉) · M. Franke
Zürich, Schweiz
E-Mail: patrick.maeder@bearingpoint.com

M. Franke
E-Mail: markus..franke@bearingpoint.com

© Springer Fachmedien Wiesbaden 2015   349
H. Brock, I. Bieberstein (Hrsg.), *Multi- und Omnichannel-Management
in Banken und Sparkassen*, DOI 10.1007/978-3-658-06538-6_22

genden dargestellten Fragen sollten als „Strategische Leitplanken" in einer frühen Phase der Omni-Kanal Initiative festgelegt werden. Aus Erfahrung sind dies die Fragen, die immer wieder zu Diskussionen führen, wenn sie nicht rechtzeitig gelöst und festgeschrieben werden. Gleichzeitig sind dies aber auch diejenigen Fragen, die wesentlich die notwendigen analytischen Aktivitäten bestimmen werden.

Verschiedene Marken:Ja oder Nein? Sicherlich von enormer Tragweite ist die Entscheidung, ob eine neue Marke im Rahmen der Omni-Kanal Strategie platziert werden sollte. Dies wird meistens damit begründet, die eigenen „klassischen" Kanäle (den eigenen Außendienst) nicht kannibalisieren zu wollen.

Ausschlaggebend für die erfolgreiche Platzierung einer neuen Marke sind deshalb die Ausschöpfung des bisherigen Kundenpotenzials sowie die Möglichkeit der Neukundengewinnung in bisher nicht bearbeiteten Kundensegmenten.

„Waffengleichheit" der Kanäle? Unter Waffengleichheit der Kanäle wird im Allgemeinen die gleiche Preisfindung unabhängig vom gewählten Kanal verstanden. Dies bedeutet, dass der Kunde für das gleiche Produkt zum Beispiel bei einem Abschluss online denselben Tarif bekommt wie bei seinem Berater aus der AO-Organisation bzw. in der Filiale. Aufgrund der üblicherweise unterschiedlichen Kostenstrukturen je Kanal wird die Waffengleichheit intensiv diskutiert. Viele Banken in Deutschland haben sich mittlerweile entschieden, Waffengleichheit NICHT einzuführen.

Es muss abgewogen werden zwischen vereinheitlichten Preisen, die gleichzeitig hoch genug sind, um weiterhin ertragsstark zu sein, die aber andererseits die reinen Direktkanal-User nicht abschrecken. Hierfür ist eine umfassende Analyse des möglichen Kaufverhaltens der Kunden in Abhängigkeit der jeweiligen Kanäle und der Produktpräferenzen notwendig.

Qualitäts- vs. Preisorientierung? Die direkten Kanäle (Internet, Center) werden derzeit immer noch als die präferierten Kanäle für die preisbewussten Konsumenten gesehen. Dies ist eine besondere Herausforderung für die hochpreisigen, Qualitätsführerschaft anstrebenden Versicherer, ebenso für die Banken, die sich über Beratungsleistungen differenzieren möchten. Auch hier muss die sorgfältige Conjointanalyse darstellen, welche Merkmale welchen Wert für die verschiedenen Kundensegmente darstellen und wie diese Kunden im Omni-Kanal-Ansatz ideal angesprochen werden können.

Direktbestand: Ja oder Nein? Ebenfalls wichtig für die Betreuung des Kundenstamms ist die Beantwortung der Frage, ob es einen Direktbestand geben soll, bzw. ob dieser zielgerichtet aufgebaut werden soll. Die Alternative dazu ist, dass sämtliche Kunden aus dem Bestand einem Mitglied der AO-Organisation bzw. einem Bankberater zugeordnet werden (also auch diejenigen, die eigentlich ausschließlich direkt betreut werden wollen). Für die bestmögliche Beantwortung dieser Frage ist ebenfalls eine genaue Kenntnis des Bestands, des Verhaltens und der Kanalpräferenzen der Kunden notwendig.

Rolle des Online-Kanals Der Internet-Auftritt hat die Aufgabe, das Unternehmen im Querschnitt darzustellen. Dies sind nicht nur vertriebliche Aspekte hinsichtlich Privatkunden und Geschäftskunden, sondern auch Kundenservice (After-Sales, Kundenselfservice), allgemeine Information über das Unternehmen, Information und Anwerbung von Jobinteressenten/neuen Vermittlern, Information von Presse und Investoren.

Bezüglich der reinen Vertriebsfunktion ist zu klären, ob primär Absatzziele verfolgt werden sollen oder nicht.

Viele Unternehmen bieten vielmehr den internetaffinen Zielgruppen und Bestandskunden eine zusätzliche Online-Abschlussmöglichkeit, außerdem sollen Leads für die anderen relevanten Absatzkanäle erzeugt werden, die dann durch Omni-Kanal-Mechanismen an diese Kontaktpunkte weitergeleitet werden.

Der Online-Kanal ist ein typisches Medium zur Neukundengewinnung. Bei den meisten Unternehmen sind mehr als 80 % der rein online getätigten Abschlüsse Neukunden.

Die Nutzung des Online-Auftritts ist damit einer der wichtigsten Eintrittspunkte des Kunden in die Unternehmenswelt und muss daher sorgsam analysiert und optimiert werden. Dies gilt nicht nur für die eigene Seite, sondern auch die Herkunftsseiten (Portale, Aggregatoren, Soziale Netzwerke, bezahlte „Landingpages" etc.). Hier ist ein weites Feld für umfangreiche und aussagekräftige Analysen gegeben.

Vertriebscenter: Eigenverantwortliche Einheit oder Instrument des Vertriebs? Im Rahmen der Diskussionen um den Omni-Kanal-Ansatz werden die Center, die im Wesentlichen Telefonie, E-Mail, Schrift, also die sogenannten Offline-Kanäle außerhalb des Außendienstes bedienen, sehr stiefmütterlich behandelt. Dies ist nicht richtig. Auch weiterhin werden die Center im Omnikanal-Vertrieb eine äußerst wichtige Rolle spielen. Im optimalen Fall kann ein gutes Vertriebscenter die Vorteile einer persönlichen Beratung mit den Effizienzgewinnen aus dem Direktgeschäft miteinander kombinieren.

Damit wird das Vertriebscenter zu einer Art Mittler zwischen stationärem Vertrieb/AO und dem Online-Kanal. Ähnlich weit gefasst ist das mögliche Aufgabenspektrum dieses Centers: Es reicht von typischen Inbound/Outbound Vertriebsaktivitäten im Rahmen des klassischen Kampagnenmanagements bis zu vertriebsunterstützenden Maßnahmen oder sogar klassischen Serviceleistungen für die eigene Vertriebsorganisation.

„Schieberegler": Das A und O des zukünftigen Omni-Kanal-Auftritts Wenn alle oben genannten Vertriebskanäle installiert sind, stellt sich natürlich im Omni-Kanal-Szenario die Frage, wie diese optimal „bespielt" werden. Hier sind im Wesentlichen zwei Extrempositionen darstellbar: (Abb. 22.1)

Erste Untersuchungen zeigen unterschiedliche Positionen, die
zusammengeführt werden müssen

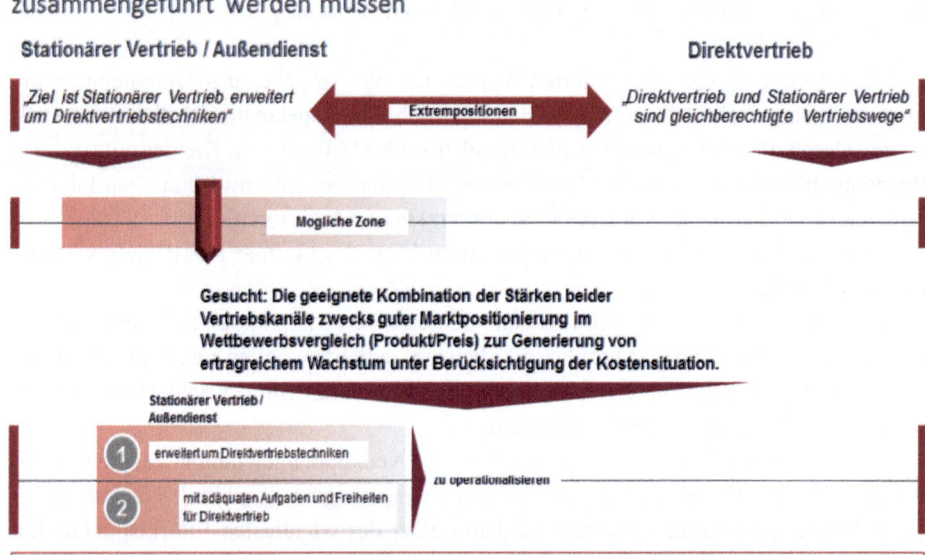

Abb. 22.1 Omni-Kanal-Ansatz und Ausgleich der möglichen Extrempositionen

Gesucht ist die geeignete Kombination der Stärken der direkten und indirekten Vertriebskanäle zwecks guter Marktpositionierung im Wettbewerbsvergleich (Produkt/Preis) zur Generierung von ertragreichem Wachstum unter Berücksichtigung der Kostensituation.

Die Kunst des Omni-Kanal-Ansatzes ist also, die richtige Positionierung dieses Reglers zu finden und dabei gleichzeitig genau zu beschreiben was diese Position für Auswirkungen hat bzgl. Abschlussfähigkeit der Kanäle, der Ausgestaltung der Produkte. Die analytische Fundierung dieser Fragestellung kann durch neue Instrumente bereitgestellt werden.

22.2 Einfluss von Digital und Smart Analytics

Der Begriff Big Data tauchte erstmals 1997 in einem Artikel von NASA Forschern auf (Cox 1997), die erste Definition wurde 2001 von Dough Laney geliefert, welche heute noch als Standarddefinition gilt. Big Data wird dabei anhand des 3-V-Modells definiert. Die drei Dimensionen beziehen sich auf ein ansteigendes Volumen (engl. volume) der Daten, auf eine ansteigende Geschwindigkeit (engl. velocity), mit der Daten erzeugt und verarbeitet werden und auf eine steigende Vielfalt (engl. variety) der erzeugten Daten (Gartner, Spotlight on Big Data: Separating Fact from Fiction, 2012b). „Data Analytics wird definiert als ...the science of examining raw data with the purpose of drawing conclusions about that information" (TechTarget 2008). Unter „Smart Analytics" werden analytische Tools und Methoden subsummiert, welche es ermöglichen, Big Data zu bearbeiten und Erkenntnisse daraus zu gewinnen. Big Data und Smart Analytics gehen daher Hand in Hand. Ohne Big Data bräuchte es keine „Smart" Analytics und nur Big Data an sich bringt keinen Nutzen bzw. keine Erkenntnisse.

In den letzten Jahren sind zunehmend analytische Tools auf den Markt gekommen, die es den Unternehmen ermöglichen, auf ihre Bedürfnisse zugeschnittene Analysen durchführen zu können. Nebst den traditionellen statistischen Methoden, werden vermehrt auch Predictive Modelling Ansätze und Cluster Methoden eingesetzt. Beim Predicitve Modelling werden mathematische Techniken angewandt, die eine mathematische Beziehung zwischen definierten Variablen herzustellen versuchen um zukünftige Werte dieser Variablen zu prognostizieren (Dickey 2012). Beispielsweise werden Produkte für die Vertriebsoptimierung, die Betrugserkennung/ -analyse, für die Optimierung des Pricings oder für die Schadensanalyse angeboten. Dabei ist, verglichen mit den analytischen Tools von vor zehn Jahren, ein tiefgreifendes IT-Verständnis häufig nicht mehr notwendig. Ebenfalls sind die Rechnerkapazitäten kein Hindernis mehr, d. h. es müssen keine großen zusätzlichen Rechnerkapazitäten in Form von Serverfarmen angeschafft werden, um Analytic-Produkte nutzen zu können. Häufig ist auch das Rechnen in der Cloud eine flexible Alternative zu Serverfarmen.

Durch die zunehmende Digitalisierung der Interaktion zwischen Kunden und Unternehmen (zum Beispiel durch Online-Verkäufe und Vertragsabschlüsse, Datenerhebungen von Kundenaktivitäten auf der eigenen Internetseite, etc.) sind auch immer mehr Daten verfügbar, die für die Analyse verwendet werden können. Es gibt auch bereits Banken und Versicherungsunternehmen, die Daten von externen Quellen (sozialen Netzwerken, öffentliche Daten) für ihre Analysen beziehen. Öffentliche Daten können kostenlos aus dem Web heruntergezogen werden. Andere Datenquellen sind potenziell Unternehmen jeglicher Art: Telekomunternehmen, Automobilhersteller, Google, Medienunternehmen, etc. Einige dieser Unternehmen bieten Daten zum Kauf an (Google), andere gehen Kooperationen ein (AIG, Vodafone). Der „Daten"-Markt wächst stetig. Es gibt auch bereits zahlreiche Start-ups, die gezielt Daten sammeln und in kondensierter Form an Unternehmen verkaufen (bspw. Daten aus Newsfeeds oder sozialen Netzwerken).

Abbildung 22.2 zeigt das vielfältige Spektrum von strukturierten und unstrukturierten Datenquellen, die zur Verfügung stehen. Die Nutzung von unstrukturierten Daten ist erst durch Smart Analytics Methoden ermöglicht worden und nimmt an Bedeutung zu, denn Daten aus dem Web sind häufig unstrukturiert (Blogeinträge, gepostete Bilder, Videos, etc.), aber auch intern verfügbare unstrukturierte Daten wie Emails oder Protokolle sind wichtige Informationsträger.

Die folgenden Beispiele zeigen illustrativ, wie Banken und Versicherungen Big Data und Smart Analytics nutzen:

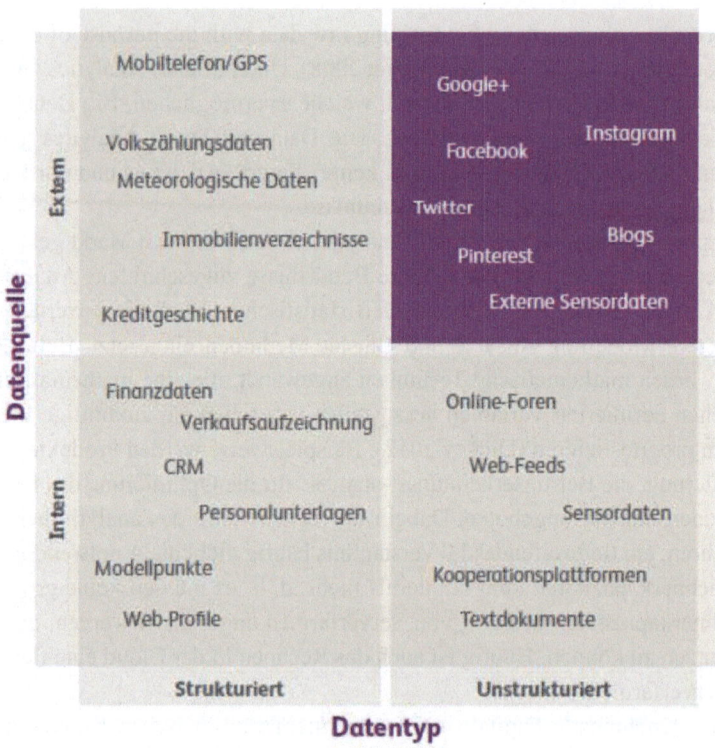

Abb. 22.2 Es ist ein vielfältiges Spektrum von strukturierten und unstrukturierten Datenquellen verfügbar. (Quelle: BearingPoint Institute, 004, The smart insurer: more than just big data, 2014)

- AIG nutzt die Datenwissenschaft zur Verwaltung der Vermittler (wie etwa der Makler), indem es deren Leistung anhand von Kriterien wie der Qualität der Kunden, die sie werben, und ihren Margen bewertet (Murli Buluswar 2012).
- Generali Hellas setzt BD&AA in seiner versicherungsmathematischen Abteilung ein, um die Portfolio-Performance zu überwachen und die Bewertungseinheit für die Motorprodukte des Unternehmens zu verbessern. Gruppen innerhalb des Unternehmens, die für die Rechnungsstellung und den Einzug zuständig sind, nutzen BD&AA, um die Leistung der Call-Center zu messen und zu verbessern (Pandiath 2012).
- Baader Bank setzen Big Data Analyse-Tools in den Wertpapierhandel ein. Der umfangreiche und elektronische Wissenspool ermöglicht schnelle und fundierte Entscheidungen.
- Jede Bank hat mittlerweile aussagekräftige Scoring-Modelle entwickelt, die einer persönlichen Bewertung vorgeschaltet werden und die auf Basis einer bestimmten Anzahl notwendiger Attribute (zwischen 30 und 70) das Ausfallrisiko für einen Kredit zu einem bestimmten Kunden bewerten. Hier ist sicherlich bereits ein recht hoher Reifegrad erzielt, dennoch gibt es viele Bereiche, die (noch) nicht Inhalt dieser analytischen Modelle sind:

- Zum Beispiel ist die Auswertung der konkreten Zahlungsverkehrsströme eines Kunden in Deutschland generell nicht gestattet (was übrigens viele Kunden gar nicht wissen). Dies darf nur anonymisiert und übergreifend erfolgen.
- Ebenfalls nur selten durchgeführt werden Analysen der Kundendaten nach psychologischen Kategorien (sog. Sinus-Milieus), wie sie in anderen Industrien längst üblich sind. Als dieses analytische Verfahren zum Beispiel die Hamburger Sparkasse 2010 einführen wollte, schlug ihr ein Sturm der Entrüstung entgegen. Die Verwendung dieser Methoden musste als Konsequenz wieder zurückgefahren werden.

Smart Analytics kann auch einen wertvollen Beitrag zur Optimierung des Omni-Kanal-Managements leisten. Es kann beispielsweise analysiert werden, welche Kundengruppe die potenziell höchste Abschlussquote hat, welche Kunden über welche Kanäle angesprochen bzw. betreut werden sollten oder welches die nächste Aktion seitens des Kundenberaters für spezifische Kunden sein sollte (up-/cross-selling). Gleichzeitig kann das konkrete Abschlussverhalten in den verschiedenen Kanälen analysiert und optimiert werden und dadurch auch Rückschlüsse auf neue Kundenbedürfnisse und auch konkrete Produktideen gezogen werden.

Marktbeobachtungen sehen aktuell vermehrte Anwendungen im Bereichen Cross-Selling-Vorschlägen und Optimierung der Kundensegmentierung. Großes Potenzial ist aber bei der eigentlichen Omni-Kanaloptimierung, der Customer Retention aber auch in der Produktentwicklung zu sehen.

22.3 Erfolgskriterien und Lessons Learned von Smart Analytics

Aufbauend auf einer kürzlich veröffentlichten Studie (Mäder 2014) sind folgende fünf Pfeiler „Partnerschaften", „Geschwindigkeit", „Datenquellen", „Fähigkeiten" und „Ethik" die Voraussetzung für eine erfolgreiche Nutzung von Smart Analytics.

Die fünf Säulen „Partnerschaften" sind von hoher Wichtigkeit, da sie zum einen die Möglichkeit liefern, an zusätzliche Daten zu gelangen, welche ein präziseres Bild des Kunden bzw. dessen Verhalten ermöglichen. Zum anderen bieten Partnerschaften auch die Möglichkeit, gemeinsame Services anzubieten, die für den Kunden Mehrwert stiften. Beispielsweise gehen Versicherer und Banken Partnerschaften im Automobilbereich ein (Telematics) oder kooperieren mit Universitäten und Forschungseinrichtungen, um Fähigkeiten und Kenntnisse im Bereich Smart Analytics zu erlangen und zu verbessern. Bereits jetzt sind starke Zunahmen von Partnerschaften zwischen Banken und High Tech Unternehmen im Markt erkennbar (neuestes Beispiel vom November 2014 ist die strategische Kooperation im Bereich der Digitalisierung zwischen der Postbank und Microsoft). In Zukunft ist denkbar, dass sich auch die Zusammenarbeit zwischen Banken und Telekommunikationsunternehmen erheblich intensivieren wird. Dies liegt an der Zunahme der Mobilität im Banking und damit an der Nähe zum Geschäft der Telekommunikationsdienstleister.

„Zugriffsgeschwindigkeit und schnelles Scheitern" sind ein weiterer Erfolgspfeiler von Smart Analytics. Da laufend neue Technologien und Methoden auf den Markt kommen, müssen Unternehmen schnell reagieren können, um die neuen Möglichkeiten optimal nutzen zu können. Ein Blick in die Hype Cycles von Gartner zeigt die Veränderungen der letzten Jahre: immer mehr wird die Integration von unstrukturierten Daten in Analysen möglich (Gartner, Hype Cycle for Big Data 2013, 2013a). Relativ weit verbreitet ist die Nutzung des Apache Hadoop Frameworks, welches erlaubt, strukturierte und unstrukturierte Daten zu speichern und auszuwerten.

Um eine solche Geschwindigkeit zu ermöglichen, müssen viele Finanzdienstleister ihre Kultur verändern. Die Nutzung von neuen Möglichkeiten setzt eine offene, risikofreudige Kultur voraus, die auch Misserfolge erlaubt. Denn neue Technologien und Methoden sind per Definition noch nicht etabliert und die Resultate nicht verlässlich prognostizierbar. Pilotstudien und –projekte ermöglichen ein schnelles Lernen. Auch wenn diese nicht immer erfolgreich sein werden, ist es wichtig sicherzustellen, dass die Initiativen, wenn sie scheitern, schnell scheitern, sodass die Lektionen daraus gelernt und in neuen Projekten verwertet werden können.

Gründe für ein Scheitern sind im Zusammenwirken einer Reihe von Herausforderungen zu suchen, die wie ein Teufelskreis wirken (Mäder 2014):

- Es besteht noch ein Mangel an Verständnis. Viele Finanzdienstleister wissen nicht, wie sie Smart Analytics nutzen können und welchen Wert dies ihnen stiften wird
- Dieses limitierte Verständnis führt zum Fehlen einer Gesamtstrategie über das ganze Geschäft und hat zur Folge, dass Pläne eher auf taktischer Ebene innerhalb der einzelnen Abteilungen entwickelt werden. Nur wenige Finanzdienstleister haben eine unternehmensweite Big Data-Strategie implementiert
- Zusammenfassend bedeutet ein Mangel an Business Ownership, dass es den IT-Führungskräften überlassen bleibt, die Möglichkeiten von Big Data mit Smart Analytics in Angriff zu nehmen
- Unzureichende Akzeptanz und Verständnis führen zu einer niedrig ausgeprägten Risikobereitschaft, wenn es um Big Data-Initiativen geht, da die Stakeholder weniger in der Lage sind, die potenziellen Vorteile gegen die Risiken abzuwägen
- Schließlich kann der Mangel an Geschäft, das aus dem Einsatz von Big Data generiert wird, zu unzureichenden Fähigkeiten und Kompetenzen führen – Finanzdienstleister haben Schwierigkeiten damit, geeignete Mitarbeiter zu finden, einzustellen und zu schulen, um das Potenzial von Big Data bestmöglich zu nutzen

Der „Zugang zu externen Datenquellen" erhöht die Möglichkeit, neue Einblicke gewinnen zu können, indem eigene Daten mit den Daten der anderen und mit den öffentlich zugänglichen (digitalen) Quellen kombiniert werden. Wie das Analystenunternehmen Gartner hervorhebt, ergibt sich der Wert nicht nur aus dem Zugang zu neuen Datensätzen, sondern auch aus der Verknüpfung der Datensätze aus den verschiedenen Kanälen miteinander (Gartner, Toolkit: board-ready slides on big data trends and opportunities, 2013b). Zum Beispiel verwendet eine globale Rückversicherungsgesellschaft ein Tool, um Business-Chancen zu erkennen und auf Kunden abzuzielen, die sich aus Ereignissen ergeben, über die in den Nachrichten berichtet wird. Eine illustrative Abbildung zu möglichen internen und externen Datenquellen stellt das vorherige Kapitel bereit.

Werte aus Daten zu schaffen, erfordert ein breites Spektrum von „Fähigkeiten und Fachwissen": von der Datenintegration und -aufbereitung über die Gestaltung spezialisierter Computerumgebungen bis zum Data-Mining und zu intelligenten Algorithmen. Darüber hinaus muss die Datenanalyse den breiteren Zusammenhang der Unternehmensstrategie berücksichtigen, die Datenwissenschaftler müssen verstehen, welche geschäftlichen Probleme sie lösen und wie ihre Arbeit die Ziele des Unternehmens voranbringt. So benötigt ein Datenwissenschaftler eine Mischung aus technischen, wirtschaftlichen und sozialen Kompetenzen. Dies ist eine einzigartige Kombination, die teilweise die Knappheit von qualitativ hochwertigen Fachkräften im Bereich der Datenwissenschaften erklärt, die für die nächsten Jahre prognostiziert wird (Gartner, Emerging role of the data scientist and the art of data science, 2012a).

Das Bedürfnis nach neuen Erkenntnissen und schnelleren Entscheidungen muss mit einer guten „Governance" in Einklang gebracht werden, um die Compliance sicherzustellen und das Reputationsrisiko zu vermindern.

Es ist eine Reihe von Initiativen im Gange, um Guidelines für gute Governance bereitzustellen. Beispiele sind:

- In Zusammenarbeit mit der National Science Foundation ist in den USA für Anfang 2014 die Einführung eines „Rates für Big Data, Ethik und Gesellschaft" geplant, „um den Big-Data-Initiativen entscheidende soziale und kulturelle Perspektiven zu liefern" (The Social, Cultural & Ethical Dimensions of „Big Data", 2014).
- 2012 gab das Weiße Haus einen Entwurf für ein Verbraucherdatenschutzgesetz („Consumer Privacy Bill of Rights") heraus, mit dem die Rechte der Verbraucher im Zeitalter des digitalen Marketing geschützt werden sollen (Weitzne 2012).
- In jüngerer Zeit bekräftigte der Erfinder des World Wide Web, Sir Tim Berners-Lee, diese Forderung nach einem Gesetz zum Schutz der Onlinerechte (Kiss 2014). Brasilien verabschiedete im März 2014 ein Internetgesetz, welches die Netzneutralität vorschreibt, welches als wegweisend gilt (Kling 2014).

Frühzeitig Use Cases selektieren und pilotieren Zentral für eine erfolgreiche Nutzung von Big Data und Smart Analytics für das Omni-Kanalmanagement ist eine frühzeitige Selektion von Use Cases, die im Rahmen von Pilotprojekten getestet und bei Erfolg flächendeckend eingeführt werden.

Bei der Entwicklung von Use Cases sollte der damit realisierbare Geschäftswert („Business value") im Vordergrund stehen. Als Ausgangspunkt zur Definition von Use

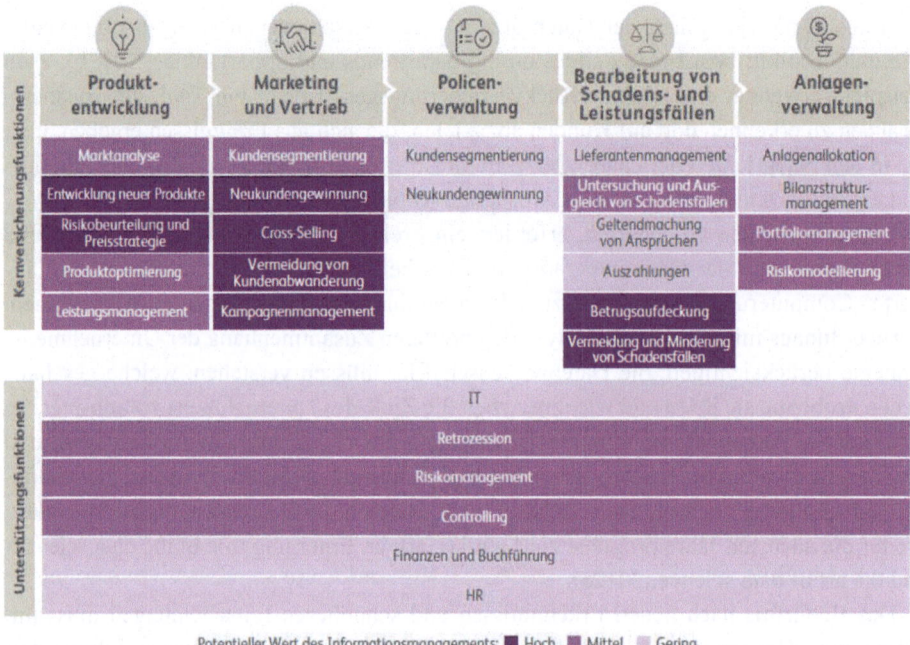

Abb. 22.3 Wertschöpfungskette (Beispiel: Versicherungsbranche), wo Smart Analytics einzusetzen ist, um maximalen Nutzen zu erzielen

Cases ist die Wertschöpfungskette sehr hilfreich. Abbildung 22.3 zeigt den potenziellen Nutzen, den durch Smart Analytics in den einzelnen Bereichen erzielt werden kann. Der Selektionsprozess ist vorab zu definieren, um zielgerichtet in die Use Cases investieren zu können. Kriterien für die Selektion sollten abhängig von der Unternehmensstrategie sein und zeitliche Dimensionen (kurzfristig/ langfristig realisierbar) berücksichtigen.

Top Management Attention und Stakeholder an Bord Ein weiterer Erfolgsfaktor stellt das Commitment und die Unterstützung von Analytics Aktivitäten durch das Top Management dar. Die Vorteile und der Nutzen von Analytics für das Omni-Kanalmanagement sowohl auf Umsatzseite (bessere Reponse Rate von Kampagnen, bessere Adressierung von Leads, höhere Kundenkontaktfrequenz bei „wertvollen" Kunden etc.) als auch auf Kostenseite (genauere Risikobewertung, bessere Betrugserkennung, niedrigere Schadenquote und dadurch insgesamt bessere Combined Ratio) müssen dem Top Management klar gemacht werden können. Wettbewerbsvorteile durch bessere Customer Insights, bessere Kundenbetreuung, profitablere Kunden sind hier die entscheidenden Vorteile, die realisiert werden können.

Des Weiteren müssen alle anderen Schlüssel-Stakeholder an Bord geholt werden, die für eine erfolgreiche Umsetzung des Smart Analytics Projektes notwendig sind. Dies sind die IT und die Legal-Abteilung, aber auch die HR-Abteilung muss evtl. früh miteingebunden werden, falls neue Kompetenzen benötigt werden. Das Business und die IT müssen eng zusammenarbeiten, um ein gemeinsames Verständnis über Bedürfnisse des Business und Möglichkeiten von Tools zu erreichen. Zudem muss die Legal-Abteilung eingebunden werden, um die Aktivitäten erfolgreich umsetzen zu können und rechtliche Risiken zu minimieren.

Change Management früh aufsetzen Wie bei traditionellen Transformationsprojekten gilt es bei Analytics-Projekten im Omni-Kanalmanagement frühzeitig Change Management Maßnahmen aufzusetzen, um die betroffenen Mitarbeitenden auf die Veränderung vorzubereiten und zu involvieren. Analytics-Projekte sind insofern Transformationsprojekte, als dass die Mitarbeitenden auf die Wichtigkeit von korrekten und möglichst umfassenden Datenkollektionen sensibilisiert werden müssen. Häufig erfordert dies eine Verhaltens- bzw. Einstellungsänderung. Datenqualität muss oberste Priorität sein und bereits bei der Datenerfassung ansetzen. Wenn die Daten falsch oder unvollständig erfasst werden, nützen auch die besten analytischen Methoden und Tools nichts. Die Mitarbeitenden darauf zu sensibilisieren und gegebenenfalls zusätzlich zu schulen, sollte Inhalt der Change Management Maßnahmen sein.

Zudem bedarf es einer Änderung der Praxis, wie Entscheidungen getroffen werden. Zwar entscheiden gemäß der neuen BARC Studie immer mehr Führungskräfte auf Basis von Datenanalysen; herkömmliche Praxis bleibt aber das Vertrauen auf eigene Erfahrungen und persönliche Erkenntnisse bei Entscheidungen (BARC 2014).

Bedeutung der IT richtig einschätzen Analytics-Projekte sind keine reinen IT-Projekte. Das Business sollte die Projekte treiben und gemeinsam mit der IT an der Umsetzung arbeiten. Die IT spielt sehr wohl eine wichtige Rolle, denn eine leistungsfähige Infrastruktur und unter Umständen auch neuartige Analytics-Software sind notwendig für eine erfolgreiche Anwendung von Big Data/ Analytics im Omni-Kanalmanagement. Die IT sollte das Business bei der Beurteilung, welche neuen Tools und Methoden die geeignetsten sind für den jeweiligen Use Case, unterstützen. SAS, SAP, Oracle und IBM sind im Bereich Banken und Versicherungen am häufigsten vertreten, es gibt aber auch eine Vielzahl an kleineren Anbietern. Die Selektion der besten Technologien ist abhängig von den zu verwendenden Daten und den spezifischen Use Cases. Es ist daher wichtig, dass in die Use Case Definition auch die Technologiebetrachtung mit einfließt.

22.4 Zusammenfassung und Ausblick

Die Notwendigkeit eines Omni-Channel Ansatzes entsteht zum einen aus dem Druck von außen, d. h. ein zunehmendes hybrides Verhalten der Kunden zwingt Finanzdienstleister zur Anpassung. Zum anderen ist auch ein Druck von innen vorhanden, nämlich jener Ausgaben zu optimieren und effizienter mit den Ressourcen umzugehen um Kosten einsparen zu können.

Um diese Fragen beantworten zu können, ist ein Blick auf die aktuellen Möglichkeiten, die durch das digitale Zeitalter und Big Data und Smart Analytics entstanden sind, von Nutzen. Heutzutage sind Smart Analytics nicht mehr nur Forschungseinheiten und externen Dienstleistern mit entsprechenden Rechnerkapazitäten vorbehalten. Es gibt Standardprodukte von SAS, SAP, etc., welche Finanzunternehmen nutzen können, um ihre eigenen Daten und externe Daten integrieren und analysieren zu können. Die Technologieselektion sollte Use Case spezifisch erfolgen.

Erfolgskriterien bei der Nutzung von Big Data und Smart Analytics sind gemäß einer internationalen Studie von BearingPoint in fünf Säulen gruppiert (Mäder 2014): Partnerschaften, Geschwindigkeit, Datenquellen, Fähigkeiten und Ethik. Zudem gilt es, Use Cases frühzeitig zu selektieren, Top Management Attention sicherzustellen und alle Stakeholder an Bord zu holen, das Change Management früh aufzusetzen, die Bedeutung der IT richtig einzuschätzen, und das Thema „Social Media" aktiv zu bearbeiten.

In Zukunft wird die gezielte Nutzung von Smart Analytics im Bereich des Omni-Kanalmanagements zunehmen. Die aufgezeigten Möglichkeiten von Smart Analytics erlauben den Unternehmen, ihr Omni-Kanalmanagement besser aufzustellen und ihre bestehenden und neuen Kunden gezielter anzusprechen und zu halten.

Literatur

BARC. (2014). Big Data Analytics 2014. BARC.

Council for Big Data, Ethics, and Society. (2014). The Social, Cultural & Ethical Dimensions of "Big Data"'. New York: Data & Society Research Institute.

M. Cox, D. (1997). Application-Controlled Demand Paging, for Out-of-Core Visualization. Retrieved from Application-Controlled Demand Paging, for Out-of-Core Visualization: http://www.evl.uic.edu/cavern/rg/20040525_renambot/Viz/parallel_volviz/paging_outofcore_viz97.pdf

Dickey, D. A. (2012). Introduction to Predictive Modeling with Examples. Raleigh, N. Carolina State U., NC.

Gartner (2012a). Emerging role of the data scientist and the art of data science. Stamford: Gartner.

Gartner (2012b, 10 16). Spotlight on Big Data: Separating Fact from Fiction.

Gartner (2013a). Hype Cycle for Big Data 2013. Gartner.

Gartner (2013b). Toolkit: board-ready slides on big data trends and opportunities. Gartner.

Kiss, J. (2014, 03 12). Guardian, London, UK. Retrieved from News | Technology | Tim Berners-Lee | An online Magna Carta: Berners-Lee calls for bill of rights for web': http://bit.ly/1i8CpV2

Kling, B. (2014, 03 27). ZDnet. Retrieved from Brasilien verabschiedet wegweisendes Internet-Gesetz: http://www.zdnet.de/88188703/brasilien-verabschiedet-wegweisendes-internet-gesetz

Mäder, P. (2014). The smart insurer: more than just big data. Zurich: BearingPoint Institute.

Murli Buluswar, A. (2012, 10 30). Anant Bhardwaj's blog. Retrieved from Using big data to shape empirical decision making in insurance application, Bigdata@CSAIL, MIT Big Data Initiative, Cambridge, MA, USA: http://bit.ly/Pb1431

Pandiath, S. (2012, 11 21). Insurance Technology, Norwalk, CT. Retrieved from Featured article | Insurance technology: Generali Hellas harnesses SAS Insurance Analytics Architecture to speed its analytics': http://bit.ly/QzCtWs

TechTarget. (2008, 01). TechTarget. Retrieved from Search Data Management Definitions: http://searchdatamanagement.techtarget.com/definition/data-analytics

Weitzne, D. (2012, 02 23). 'Blog | We can't wait: Obama Administration calls for a Consumer Privacy Bill of Rights for the digital age', The White House, Washington, DC, USA. Retrieved from http://1.usa.gov/1gIg1nV

Patrick Mäder ist Partner bei BearingPoint und als Mitglied des globalen Führungsteams für das firmenweite Versicherungssegment verantwortlich. Sein Schwerpunkt liegt auf Businesstransformationsprojekten in der Finanzdienstleistungsbranche, besonders im Bereich der Versicherungen. Seit vielen Jahren berät er Kunden in den Vereinigten Staaten, im Vereinigten Königreich und in Kontinentaleuropa und ist ein anerkannter Meinungsführer mit zahlreichen Referaten, Publikationen und Interviews. Er hat einen Abschluss in Betriebswirtschaft von der FHS St. Gallen und absolvierte das Executive Program der Loyola University of Chicago.

Markus Franke leitet seit Januar 2011 die Service Line Digital Customer Management im Segment Financial Services bei BearingPoint. Zuvor war er zehn Jahre Leiter der Service Line „Marketing, Sales und Service" bei Capgemini Consulting. Insgesamt verfügt er über 19 Jahre Berufserfahrung und hat umfassendes Know-how in allen Bereichen des Kundenmanagements mit Schwerpunkten in den Themen „Vertrieb", „Service" sowie „CRM Strategie". Herr Franke hat verschiedene, große Projekte erfolgreich geleitet, hauptsächlich in den Sektoren Versicherungen, Banking, High Tech sowie Travel & Transport. Schwerpunkt seiner derzeitigen Tätigkeiten sind Projekte zur Digitalisierung von Vertriebs- und Servicekanälen bei Finanzinstituten. Neben seiner Projekttätigkeit hat er verschiedene Artikel in führenden Publikationen (u. a. Harvard Business Manager) veröffentlicht und ist Referent bei zahlreichen Veranstaltungen (Euro Finance Week et al.). Herr Franke hat einen Abschluss als Diplom-Mathematiker der Ruhr-Universität Bochum sowie einen MBA der Kölner Akademie für Betriebswirtschaft.

Onlineidentifikation – Medienbruchfreies Multikanalmanagement

Franz Thomas Fürst und Frank Stefan Jorga

Zusammenfassung

Die Identifikation in der Filiale oder mittels PostIdent war lange Zeit ein störender Medienbruch, der den Onlinevertrieb von Kreditinstituten drastisch behinderte. Der Beitrag zeigt ein neuartiges Identifikationsverfahren und beschreibt, wie Kreditinstitute und Kunden hiervon profitieren und medienbruchfreie Angebote im Multikanalumfeld bereitstellen können.

Wo bislang die Identifikation in der Filiale oder die Alternative, PostIdent, für viele Verbraucher zwar bekannt und gelernt war, wurde von vielen Finanzdienstleistern in Gesprächen immer wieder der starke Wunsch nach einem Identifikationsverfahren herangetragen, das der zunehmenden Entwicklung und Wichtigkeit von online oder mobilen Produkten und Dienstleistungen im Finanzdienstleistungssektor Rechnung trägt. Ziel war somit die technische, prozessuale sowie rechtlich/regulatorische Entwicklung und Markteinführung eines neuartigen Verfahrens, das eine zusätzliche Alternative für Verbraucher darstellen würde.

F. T. Fürst (✉) · F. S. Jorga
Berlin, Deutschland
E-Mail: thomas.fuerst@webid-solutions.de

F. S. Jorga
E-Mail: frank.jorga@webid-solutions.de

© Springer Fachmedien Wiesbaden 2015
H. Brock, I. Bieberstein (Hrsg.), *Multi- und Omnichannel-Management in Banken und Sparkassen,* DOI 10.1007/978-3-658-06538-6_23

23.1 Überblick Verfahren WebID Identify Personal

Von Beginn der Entwicklung des Verfahrens herrschte die Überzeugung vor, dass ein neues Verfahren für eine erfolgreiche Platzierung im Markt folgende Eckpunkte erfüllen müsste:

1. Leicht verständlich und angenehm zu nutzen für einen größtmöglichen Kreis von Verbrauchern
2. Erreichung einer signifikant höheren Zuverlässigkeit bei der Identifikation von Personen im Vergleich zu herkömmlichen Verfahren
3. Erfüllung aller sicherheits- und datenschutzrelevanten Anforderungen, die an ein solches Verfahren gestellt werden könnten
4. Bestätigung der GwG-Konformität durch das Bundesministerium der Finanzen (BMF) und den Regulator (BaFin)

Es wurde schnell klar, dass zwischen diesen Punkten Interdependenzen bestehen, die es aufzulösen bzw. zu berücksichtigen galt. So war letztlich die Entwicklung des Verfahrens, wie es heute im Markt platziert ist, nur in enger und iterativer Abstimmung mit dem BMF möglich. Am Ende dieses sorgfältigen Abstimmungsprozesses mit dem zuständigen Referat VII A stand die schriftliche Bestätigung unseres Verfahrens zur Eignung hinsichtlich der GwG-konformen Identifikation von Personen auf der einen Seite. Wichtiger jedoch mit Blick auf Punkt 1 war die ebenfalls bestätigte Änderung in der Auslegung des GwG durch das BMF dahingehend, dass unter Berücksichtigung der von WebID entwickelten und patentierten Sicherheitsmomente eine Identifikation per Videotelefonie als „Identifikation unter Anwesenden" gewertet werden kann und somit die verstärkten Sorgfaltspflichten nach § 6 Abs. 2 Nr. 2 GwG keine Anwendung finden. Hierauf wird unter „Rechtlich-/ Regulatorische Einordnung" näher eingegangen. Das Fundament für ein für den Verbraucher angenehmes Verfahren, das innerhalb weniger Minuten ohne Medienbruch absolviert werden kann, war nun gelegt.

Wie also läuft eine WebID Solutions Identifikation per Videotelefonie für den Verbraucher ab?

23.1.1 Schritt 1: Persönliche Daten werden erfasst

Die WebID Solutions erbringt eine professionelle Dienstleistung; sie ist ein „vertrauensvoller Dritter" aus Sicht des Bankpartners. Es wird keine Software an den Bankpartner geliefert oder dort installiert. Vielmehr gilt es den Bankpartner an die WebID Solutions zu binden.

Die hiermit an dieser Stelle in Zusammenhang stehende Frage lautet: Wie kommt der Kunde (und seine Daten) zu WebID Solutions? Variante A ist die Einholung der Zustimmung zu den Geschäftsbedingungen und der Datenschutzerklärung der WebID auf Seite des Bankpartners, worauf die Übermittlung der bereits vom Kunden auf der Antrags-/Eröffnungsstrecke eingegebenen Daten folgen kann.

Variante B ist die Weiterleitung des Kunden auf eine für den Bankpartner individualisierte Landing Page, wo er/sie seine Daten erneut erfassen muss. Hiernach stimmt er/sie den WebID Geschäftsbedingungen und der Datenschutzerklärung zu.

Die Kundendaten werden in jedem Fall verschlüsselt an ein WebID Hochsicherheitsdatenzentrum in Deutschland übermittelt und dort ebenfalls verschlüsselt abgelegt. Eine Prüfung der Unversehrtheit sowie der Datenkonsistenz wird ebenfalls sichergestellt.

23.1.2   Schritt 2: Durchführung der Identifikation im Videotelefonat

Dem Kunden wird nun eine Vorgangsnummer angezeigt, die von WebID generiert wird und einzigartig ist. Sie ist mit dem anstehenden Vorgang dauerhaft verknüpft. Der Kunde erhält nun eine übersichtliche Erläuterung 1) welche Schritte nun weiterhin anstehen, 2) welche technischen Voraussetzungen er erfüllen muss und 3) welche Dokumente er bitte bereithalten möge.

WebID hat zu diesem Zeitpunkt bereits bestimmt, welche Technologien dem Kunden für die Video Telefonie angeboten werden können. Dies ergibt sich aus der Schnittmenge der technischen Begebenheiten beim Kunden sowie den vom Bankpartner ausgewählten Set der durch WebID unterstützten Technologien. Hier sind aktuell die browserbasierte Videotelefonie auf Basis von WebRTC (Web Real Time Communication) neben Skype als weitverbreitetste Technologie zu nennen.

Durch Anklicken der gewünschten Variante wird der Kunde mit einem Video Agenten der WebID verbunden, der an einem von drei Standorten in Deutschland das Gespräch entgegennimmt. Die Öffnungszeiten der WebID Video Call Center werden von Kundenwünschen getrieben von ursprünglich 08:00–22:00 Uhr an sieben Tagen der Woche über aktuell 07:00–24:00 an sieben Tagen der Woche auf bald 24/7/365 ausgeweitet.

Der Video Agent begrüßt nach Zustandekommen der Verbindung den Kunden. Aus Sicherheitsgründen ist dem Video Agenten nicht bekannt von welcher Bank der Kunde soeben zur WebID gekommen ist, noch für welches Produkt er sich entschieden hat. Die Zustimmung zur Aufzeichnung eines Tonmitschnitts des Gesprächs wird vom Kunden eingeholt und bereits dokumentiert.

Im Video Call wird in zwei Modulen eine Sicherheitsprüfung aller visuell prüfbaren Sicherheitsmerkmale auf der einen sowie die Beobachtung und Auswertung von unterbewussten Verhaltensmerkmalen auf der anderen Seite durchgeführt. Hierfür werden zuerst Fotos des Kunden sowie der Ausweisvorder- und rückseite angefertigt. Über selbstentwickelte und laufend optimierte Softwarekomponenten wird der Video Agent nun bei der Prüfung der Sicherheitsmerkmale, insbesondere fluoreszierender Merkmale und algorithmischer Prüfmechanismen bei der Verifizierung des Ausweises unterstützt. Eine Videoaufzeichnung findet zu keinem Zeitpunkt statt. Der Agent nimmt nun weitere Plausibilitätschecks der Ausweisdaten vor (zum Beispiel Alter laut Ausweis vs. Einschätzung Foto).

Zur Beobachtung von ggf. betrugsrelevanten Verhaltensweisen werden dem Kunden nun einige Fragen (zum Beispiel Geburtsdatum) gestellt. Bei der Beobachtung von einer oder mehreren Auffälligkeiten in einer vordefinierten Frequenz kann eine erfolgreiche Identifikation nicht abgeschlossen werden. Das Selbe gilt für Betrugsverdachtsmomente die sich aus dem Prüfen des Ausweises ergeben.

Am Ende des Gesprächs ergeben sich drei mögliche Fallkonstellationen:

23.1.2.1 Der Kunde wurde erfolgreich identifiziert

In diesem Fall sendet der Video Agent dem Kunden eine von WebID generierte und dem Agenten nicht bekannte TAN Nummer per E-mail oder auf sein Mobiltelefon. Der Kunde muss diese nun in Anwesenheit des Agenten in die Ursprungsmaske eintragen und erhält hiernach eine Erfolgsmeldung. Der Vorgang ist erfolgreich abgeschlossen, das Nachweispaket wird für den Bankpartner erstellt und diesem auf vereinbartem Weg übermittelt.

23.1.2.2 Der Kunde wird auf Basis von *Verdachtsmomenten* abgelehnt

In diesem Fall klärt der Video Agent über das Vorhandensein von „technischen Problemen" auf, der Kunde wird gebeten sich auf anderem Weg zu identifizieren. Die Rückmeldung an den Bankpartner enthält keine Nachweise, sondern lediglich den Status „abgelehnt".

23.1.2.3 Der Kunde wird auf Basis eines *dringenden Tatverdachts* abgelehnt.

In diesem Fall klärt der Video Agent über das Vorhandensein von „technischen Problemen" auf, der Kunde wird gebeten sich auf anderem Weg zu identifizieren. Da in diesem Fall zweifelsfrei ein Betrugsversuch vorliegt, enthält die Rückmeldung an den Bankpartner alle gefertigten Nachweise sowie das auslösende Moment des konkreten Betrugsfalls.

In jedem Fall werden im Moment der Vorgangsbeendigung durch Ablehnung seitens des Agenten oder aber erfolgreiche TAN Eingabe durch den Kunden alle Nachweise verschlüsselt in das WebID Hochsicherheitsdatenzentrum übermittelt und dort abgelegt. Die Vorgangsnummer ist nun nicht mehr aktiv, ein Zugriff auf die Daten durch den Agenten ist nicht mehr möglich.

Auch während des Gesprächs war dem Agenten ein Entwenden der Daten zu keinem Moment möglich, da er/sie sich

- in einem abgeschlossenen, nur durch Zugangskontrolle zu betretenden Raum befindet.
- Keinerlei Mobiltelefon/Smartphone o. ä. in diesem Raum erlaubt sind (Taschenkontrolle).
- Alle Anschlüsse des Arbeitsgeräts ausgeschaltet sind, somit kein USB o. ä. Zugang besteht.
- Der Arbeitsraum videoüberwacht wird außerhalb der Arbeitszeiten.

23.1.3   Schritt 3: Lieferung der Nachweise an den Bankpartner

Die nunmehr im Hochsicherheitsdatenzentrum verschlüsselt abgelegten Nachweise werden nun durch WebID automatisiert in ein mit dem jeweiligen Bankpartner abgestimmtes Nachweispaket überführt und auf die vereinbarte Methode bereitgestellt.

Standardmäßig werden dem Bankpartner die Nachweise wenige Sekunden nach erfolgreicher Identifikation auf einem nur ihm zugänglichen SFTP Server zur Verfügung gestellt bzw. von WebID beim Kunden auf einem solchen abgelegt. Je nach Vorgangsvolumen kann aber auch eine Lieferung per PGP-verschlüsselter E-Mail vereinbart werden. In jedem Fall ist das Nachweispaket komprimiert und in sich bereits verschlüsselt.

Das Nachweispaket enthält folgende Nachweise, die den Bankpartner in die Lage versetzen, die korrekte Durchführung der Identifikation jederzeit kontrollieren bzw. nachweisen zu können:

- Im Gespräch gefertigtes Foto des Kunden
- Scan Ausweisvorderseite
- Scan Ausweisrückseite
- Bestätigung des WebID Agenten mit Datum- und Zeitstempel
- Tonmitschnitt des gesamten Identifikationsgesprächs

Mehrere Modifikationen dieses Standards sind für Bankpartner bereits umgesetzt worden, um einen schnellen, kostengünstigen Start des Partners bei minimalem Primäränderungsbedarf der existierenden Prozesse realisieren zu können.

Nach diesem kurzen Überblick wird nun die rechtlich-regulatorische Einordnung etwas detaillierter erläutert.

23.2   Rechtlich-regulatorische Einordnung und Anerkennung durch das Bundesministerium der Finanzen (BMF)

Aufgrund des umfassenden Antrags der WebID Solutions GmbH hat das BMF auf zusätzlicher Basis des persönlichen Erörterungstermins am 31. Januar 2014 nachfolgend schriftlich am 4. Februar 2014 den Online-Identifikationsweg der WebID Solutions anerkannt und dem Unternehmen gegenüber bestätigt. Damit wurde die rechtliche Basis für das weltweit erste Verfahren dieser Art geschaffen. Die BaFin hat dies am 5. März 2014 (Gz. GW 1-GW 2001–2008/0003) veröffentlicht und damit klargestellt, dass eine ordnungsgemäße Identifizierung gemäß § 3 Abs. 1 Nr. 1 GwG auch dann vorliegt, wenn die am Identifizierungsverfahren Beteiligten zwar nicht physisch, aber im Rahmen einer Videoübertragung visuell wahrnehmbar sind, und gleichzeitig eine sprachliche Kontaktaufnahme möglich ist und in diesem Zusammenhang eine Überprüfung der Identität des Vertragspartners anhand eines Identifikationsdokuments vorgenommen werden kann. Damit ist auch dann von einer „persönlichen Anwesenheit" auszugehen und es liegt kein Fall des § 6 Abs. 2 Nr. 2 GwG (verstärkte Sorgfaltspflichten) vor.

Das Rundschreiben der BaFin stellt es im Wortlaut wie folgt dar:

> Voraussetzung ist dabei, dass die Identifizierung von entsprechend geschulten und hierfür ausgebildeten Mitarbeitern des Verpflichteten oder eines Dritten durchgeführt wird, auf den der Verpflichtete die Identifizierung gemäß § 7 Abs. 2 GwG ausgelagert hat oder auf den er gemäß § 7 Abs. 1 GwG zurückgreift. Diese Mitarbeiter müssen sich während der Identifizierung zudem in abgetrennten und mit einer Zugangskontrolle ausgestatteten Räumlichkeiten befinden.

Zur Wahrung der vertraulichen Inhalte des Antrags bleibt in der Veröffentlichung der BaFin hier und an anderen Stellen offen, wie die WebID Solutions GmbH die Sicherheit des Verfahrens technisch gewährleistet und ihre Mitarbeiter schult und ausbildet, um den strengen gesetzlichen Anforderungen zu genügen.

Die BaFin führt weiter aus:

> Im Rahmen der Videoübertragung sind von dem jeweiligen Mitarbeiter Fotos/Screenshots anzufertigen, auf denen der Vertragspartner sowie Vorder- und Rückseite des von diesem zur Identifizierung verwendeten Ausweisdokumentes und die darauf jeweils enthaltenen Angaben deutlich erkennbar sind.
>
> Der Kunde hat ferner während der Videoübertragung die vollständige Seriennummer seines Ausweisdokuments mitzuteilen.
>
> Das Gespräch zwischen dem Mitarbeiter und dem Vertragspartner ist zudem akustisch aufzuzeichnen. Eine Identifizierung des Vertragspartners mittels Videoübertragung ist nur zulässig, wenn sich dieser zu Beginn mit den Aufzeichnungen ausdrücklich einverstanden erklärt hat. Nur Ausweisdokumente, die über optische Sicherheitsmerkmale verfügen, welche holographischen Bildern gleichwertig sind, können im Rahmen dieses Verfahrens als Identifikationsnachweis dienen. Der Mitarbeiter muss sich vom Vorhandensein dieser optischen Sicherheitsmerkmale visuell überzeugen und sich damit hinsichtlich der Authentizität des Ausweises vergewissern. Hierzu muss der zu identifizierende Vertragspartner den Ausweis vor der Kamera nach Anweisung des Mitarbeiters horizontal bzw. vertikal kippen. Der Mitarbeiter muss außerdem überprüfen, ob das Ausweisdokument unversehrt laminiert ist und kein aufgeklebtes Bild enthält. Eine korrekte Ziffernorthographie muss vorliegen.
>
> Der Mitarbeiter muss sich zudem davon überzeugen, dass das Lichtbild und die Personenbeschreibung auf dem verwendeten Ausweisdokument zu dem zu identifizierenden Vertragspartner passen. Lichtbild, Ausstellungsdatum und Geburtsdatum müssen ebenfalls zueinander passen.
>
> Der Mitarbeiter muss sich außerdem davon überzeugen, dass die weiteren Angaben auf dem Ausweis mit bereits vorhandenen Kundendaten (etwa solchen aus einer Applikation des Kunden) übereinstimmen.
>
> Ist die vorstehend beschriebene visuelle Überprüfung – etwa aufgrund von schlechten Lichtverhältnissen oder einer schlechten Bildqualität/-übertragung – und/oder eine sprachliche Kommunikation nicht möglich, ist der Identifizierungsprozess abzubrechen. Gleiches gilt bei sonstigen vorliegenden Unstimmigkeiten oder Unsicherheiten. In diesen Fällen kann die Identifizierung mittels eines anderen nach dem GwG zulässigen Verfahrens vorgenommen werden.
>
> Schließlich muss der zu Identifizierende während der Videoübertragung eine eigens für diesen Zweck gültige, zentral generierte und von dem Identifizi renden an ihn (per E-Mail oder

SMS) übermittelte Ziffernfolge (TAN) unmittelbar online eingeben und an den Mitarbeiter elektronisch zurücksenden.
Mit Eingabe dieser TAN durch den Vertragspartner ist das Identifizierungsverfahren, einen erfolgreichen systemseitigen Abgleich der TAN vorausgesetzt, abgeschlossen.

Für die Anerkennung des WebID-Verfahrens waren u. a. die Ziele des GwG wesentlich. Diese bestehen im Wegfall der Anonymität und Herstellung der Transparenz von Transaktionen und Geschäftsverbindungen, insbesondere die Möglichkeit der Behörden, der „Papierspur" zu folgen. Diese Ziele des Geldwäschebekämpfungsgesetzes erfüllt das WebID-Online-Identifizierungsverfahren. Der flüchtige Blick eines Bankmitarbeiters, eines PostIdent-Schaltermitarbeiters oder von sonstigen Identifizierungsunternehmen wird durch eine Kameraaufnahme und die Aufzeichung des Dialogs mit dem Mitarbeiter des Verpflichteten oder des Auslagerungsunternehmens ersetzt. Zudem ermöglicht die Online-Gesprächssituation, dass sich dieser Mitarbeiter während des Identifikationsdialogs auf das mögliche Vorhandensein von betrugsrelevanten Merkmalen und Auffälligkeiten sowohl in den Dokumenten als auch im Dialog mit dem Kunden konzentriert.

Keine Identifizierung *unter Abwesenden* gemäß § 6 Abs. 2 Nr. 2 GwG

Das BMF hatte zudem zu prüfen, ob es sich bei dem WebID-Online-Verfahren um eine Identifizierung im Sinne von § 6 Abs. 2 Nr. 2 GwG handelt, der *„persönliche Abwesenheit"* voraussetzt. Sprachlich lässt sich „persönliche Anwesenheit" auch annehmen, wenn sich Personen im Rahmen einer Videokonferenz gegenüber sitzen. Die Gesetzesbegründung des Geldwäschebekämpfungsergänzungsgesetzes spricht einerseits von „nicht physisch anwesend", jedoch ist andererseits deutlich hervorzuheben, dass der Gesetzgeber die „Abwesenheit" mit der Unmöglichkeit einer „face-to-face-Situation", das gegenseitige Sehenkönnen, gleichsetzt. Die heutigen Übertragungsmöglichkeiten, insbesondere über Videotelefonie-Produkte, hatte der historische Gesetzgeber offenbar noch nicht berücksichtigt und nicht vorausgesehen. Auch andere nationale und internationale Quellen sprechen dafür, das Merkmal „persönlich anwesend" weit und damit unter Einschluss von Videokonferenzen zu verstehen.

Somit ist § 6 Abs. 2 Nr. 2 GwG so auszulegen ist, dass eine Videoübertragung auch als „persönlich anwesend" im Sinne dieser Norm gilt und das WebID-Online-Identifizierungsverfahren nicht in den Anwendungsbereich von § 6 Abs. 2 Nr. 2 GwG fällt. Nach Sinn und Zweck des Gesetzes und auch unter Betrachtung der neueren gesetzgeberischen Hinweise in anderen Gesetzen (zum Beispiel Aktienrecht) ist eine Identifizierung über das WebID-Online-Identifizierungsverfahren als „unter Anwesenden" anzusehen.

Die WebID Solutions hat damit rechtlich und inhaltlich weltweit erstmalig den GwG-konformen Identifikationsweg in eine neue, sichere, aber online-basierte Zukunft von Finanzprodukten aller Art beschritten.

Auf die Verbesserung der Sicherheit und die wirtschaftlich-praktischen Anwendungsszenarien wird in den folgenden Betrachtungen eingegangen.

23.3 Verbesserungen zu herkömmlichen Verfahren (zum Beispiel PostIdent)

Nun könnte man meinen, dass alleine die Zulassung dieses neuartigen Online-Identifizierungsverfahrens in inhaltlicher und rechtlicher Sicht einen gewaltigen Sprung für alle von GwG-konformer Identifikation betroffenen Branchen darstellt. Das ist sicher eingetreten, soweit kann man bereits konstatieren. Vielmehr werden damit jedoch auch parallel erhebliche Verbesserungen zu den bestehenden herkömmlichen Verfahren erreicht. Dies soll im Folgenden in der gebotenen Kürze anhand eines Vergleichs mit dem in Deutschland allseits bekannten PostIdent-Verfahren, dem aktuell am meisten verbreiteten externen Identifikationsweg, veranschaulicht werden.

23.3.1 Verbraucherfreundlichkeit und Nutzbarkeit

Beim sog. PostIdent-Basic-Produkt ist es erforderlich, dass der Nutzer sich auf den Weg in eine Postfiliale macht oder einen der Postfiliale gleichkommenden Ort aufsucht. Dort hat sich der Nutzer auf Wartezeiten einzustellen und muss Reisezeiten für den Hin- und Rückweg mit einplanen.

Im Rahmen des WebIdents (kurz ab hier für Online-Identifizierungsverfahren im allgemeinen) benötigt der Nutzer nur eine Videotelefonie (zum Beispiel Browser oder Skype) und eine Kamera (zum Beispiel extern, Laptop, Tablet/Pad, Smartphone), jedoch keinerlei zusätzliche Hard- oder Software. Reisewege und lange Wartezeiten entfallen vollständig. Dem Nutzer wird es weltweit erstmalig ermöglicht, sich in Übereinstimmung mit einem vom Bundesfinanzministerium bestätigten Verfahren höchst komfortabel ohne Verlassen seines Aufenthaltsortes zu identifizieren.

23.4 Sicherheit

Die Identifikation in der Postfiliale ist anerkannt, aber nicht fehlerfrei. In Gesprächen mit Banken hat sich gezeigt, dass die Zufriedenheit mit dem Verfahren im Verlauf der letzten Jahren stark abgenommen hat. Das hat seinen Grund zum einen darin, dass die Anzahl der Fehlidentifikationen (zum Beispiel Ausweis oder Daten des Nutzers weisen Abweichungen vom amtlichen Ausweis auf oder das Ausweisdokument ist sogar gefälscht) nach Angabe einiger Banken zugenommen hat. Dies führt zu erhöhten Risiken für die Banken und zu teuren Anschlussprüfungen. Zum anderen ist die Prüfung in der Postfiliale nur rudimentär. Die Ausweisnummer oder die Codierzeile des amtlichen Personalausweises, die nach Auskunft der Polizeibehörden bei sehr vielen gefälschten Ausweisen nicht korrekt berechnet sind, werden weder manuell noch automatisch geprüft.

Anders beim WebIdent: hier werden Mitarbeiterinnen und Mitarbeiter eingesetzt, die ausschließlich Ausweisprüfungen vornehmen und entsprechend komplex geschult wurden. Zudem werden Ausweisnummer und Codierzeile vollautomatisch und damit 100-prozentig fehlerfrei vom System geprüft.

Im Ergebnis lässt sich schon anhand dieser einzelnen Argumente erkennen, dass ein WebIdent auch in der Sicherheit eine deutliche Verbesserung zur herkömmlichen Situation darstellt.

23.5   Fraud und Risk Management mit Unterstützung des WebIdents

GwG-Konformität, Sicherheit und Kosten sind die bestimmenden Punkte aus Sicht einer Bank für den Einsatz eines Identifikationsverfahrens.

Das neuartige WebIdent-Verfahren kann jedoch noch mehr leisten, was hier an dieser Stelle kurz umrissen werden soll: es hilft den Banken und anderen Finanzdienstleistern, mögliche Betrüger und Betrugsversuche zu erkennen und diese wirksam zu vermeiden.

Einerseits filtert ein WebIdent fehlerbehaftete Ausweise heraus, was unter C. beschrieben wurde. Andererseits kann ein WebIdent die Fraud- und Risk-Management-Prozesse einer Bank wirksam unterstützen.

Das Ergebnis eines Online-Identifizierungsverfahrens ist die gesicherte Identität, d. h. die exakte Prüfung des Ausweisdokumentes in Abstimmung mit der Person des Nutzers. Viele Fraud-Fälle basieren auf einer Art des „Identitätsdiebstahls", bei der sich eine dritte Person der Identität eines echten Nutzers bemächtigt, um damit zum Beispiel Konten zu eröffnen. Das wird wirksam vermieden.

Ein WebIdent enthält stets zudem, und das ist ganz entscheidend, die Prüfung der hinter dem Ausweis stehenden Person auf eine mögliche Betrügereigenschaft. Das kann sich in zwei Arten zeigen: zum einen kann die Person einen Ausweis erkennbar gefälscht haben und zum anderen kann die Person einen Ausweis nicht erkennbar gefälscht haben.

Ein WebIdent eruiert erkennbar gefälscht Ausweise durch geschulte Mitarbeiter und automatische Prüfroutinen. So werden vom System fehlende Sicherheitsmerkmale eines Ausweisdokumentes und auch fehlerhafte Ausweisnummern und Codierzeilen sicher erkannt.

Im Rahmen des Verfahrens wird zudem anhand einer komplexen, wissenschaftlich und praktisch nachgewiesenen Scorecard die mögliche Betrügereigenschaft der Person geprüft. Das geschieht, indem bewusste und unterbewusste typische Verhaltensweisen eines Betrügers in den Aufbau der Scorecard implementiert wurden. Eine entsprechende Scorecard enthält zur Steigerung der Genauigkeit mindestens 20 Verhaltensweisen, die unterschiedlich bewertet zu einem Ergebnis führen. Hat das Ergebnis einen definierten Schwellwert nicht erreicht, ist das Risiko zu hoch und damit besteht die Möglichkeit einer Betrügereigenschaft. Die Identifikation kann nicht fortgesetzt werden.

Das hilft nicht nur, die Sicherheit des Verfahrens zu steigern, sondern hilft zudem der Bank in der Erkennung und Vermeidung von Betrugsfällen. Wenn bei herkömmlichen Verfahren der Nutzer maximal abgelehnt wird, sendet hier der Anbieter eines WebIdents die erkannten Fälle verschlüsselt an die Fraud-Abteilung einer Bank. Selbstverständlich werden nur doppelt geprüfte und eindeutige Fälle gemeldet. Es muss ein sogenannter „dringender Tatverdacht" objektiv vorliegen. Die Bank hat dann die Möglichkeit, zu entscheiden, ob der benannte Fall polizeilich weiterverfolgt werden soll. Und die Bank hat die Möglichkeit, den benannten Fall zu sperren, damit weitere Betrugsversuche nicht gegebenenfalls zu einem Betrugserfolg, zum Beispiel zu einer betrügerischen Kontoeröffnung, führen können.

23.6 Exemplarische Anwendungsszenarien im Praxisbeispiel für Banken und Sparkassen

Die Anwendungsbreite eines WebIdents geht weit über das hinaus, was sich im ersten Eindruck vermittelt. Das folgt aus der hohen Sicherheit dieses Verfahrens, aber vor allem auch aus der Mobilität des Verfahrens. Ein WebIdent kann an vielen Orten und mit vielen unterschiedlichen Devices mobil durchgeführt werden. Zudem fällt durch Einsatz eines WebIdents der bisherigen „Medienbruch" (Nutzer musste bisher seinen Aufenthaltsort verlassen oder war zu weiteren Arbeitsschritten gezwungen) weg.

Hier im Folgenden soll ein kurzer, prägnanter Ausblick auf exemplarische Anwendungsszenarien gegeben werden.

23.6.1 Online-Finanzprodukte

Bislang war es ein „Medienbruch" erforderlich, um sich rechtswirksam zu identifizieren. Das hat den Markteintritt von Banken bei Online-Finanzprodukten und auch die Einführung von neuen, innovativen Online-Finanzprodukten behindert. Die Banken hatten keinen Anlass für Online-Produktentwicklungen, wenn der potenzielle Kunde sowieso im späteren Prozess gezwungen war, sich aus der Onlinewelt wegzubegeben. Zudem war das Abbruchrisiko sehr hoch. Das zeigen viele Berichte von Banken, die aufzeigen, dass bei herkömmlichen Identifikationsverfahren gerade einmal 20 bis 30 % der Antragssteller im Anschluss das herkömmliche Verfahren durchgeführt haben.

Das alles ändert sich mit einem WebIdent und eröffnet den Banken und anderen Finanzdienstleistern den großen Raum für neue, erfolgreiche Finanzinnovationen.

23.6.2 Produkte für bestimmte Finanzsituationen (Kleinkredite, Absatzfinanzierung, Bargeld überall, Mobile Banking)

Als Teil dieser Finanzinnovationen lässt sich auch die enorme Anwendungsbreite durch die Mobilität des Verfahrens benennen. Was wird in Zukunft möglich werden?

Kleinkredite überall Der Nutzer hat die Möglichkeit, seine Identität per mobilem Device (Laptop, Tablet/Pad, Smartphone) zu belegen. Steht er nun zum Beispiel kurz vor einer Kaufsituation (zum Beispiel LCD-Screen, Küche, Auto) hat er die Möglichkeit, auch ohne Anwesenheit eines geschulten Mitarbeiters, seinen Kredit online zu beantragen und seine Identität durch ein WebIdent zu belegen. Damit wird es erstmals möglich, dass die Kreditvergabe der Lebens- und Kaufsituation des Kreditinteressierten folgt. Die Kreditvergabe kann, muss aber nicht mit einem Produktverkauf kombiniert werden.

a. Absatzfinanzierung

Die Absatzfinanzierung erfreut sich in Deutschland großer Beliebtheit. Aber auch innerhalb dieser Branche war bislang stets die erforderliche GwG-Identifikation ein erheblicher Hinderungsgrund für noch größeres Wachstum. Nunmehr wird es möglich, nicht nur den Umsatz und damit das Wachstum durch eine höhere Konversionsrate zu steigern, sondern die Absatzfinanzierung wird jetzt auch mobil und kann an jedem beliebigen Ort vom Laptop aus durchgeführt werden. Daraus ergeben sich Anwendungsfälle für diese Branche, die bislang nicht denkbar waren.

b. Bargeld überall

Jeder kennt die Geldautomaten, an denen der Kunde einer Bank mittels einer Legitimationskarte (zum Beispiel EC-Karte) Bargeld erhalten kann. Den weiteren Ausbau dieser Bargeld-Stellen haben zwei Hauptgründe verhindert: zum einen kostet der Ausbau und die Errichtung von Geldautomaten sehr viel Investitionskapital und zum anderen ist am Geldautomaten stets die Legitimation mittels Hardware (zum Beispiel EC-Karte) erforderlich. Das alles wird nun durch ein WebIdent einfacher. Der WebIdent ersetzt die Hardware und als Geldausgabestellen kann jede Präsenzstelle dienen, die an das System angeschlossen ist. Bargeldverfügbarkeit wird an sehr viel mehr Ausgabestellen und zu geringeren Kosten möglich.

c. Mobile Banking

Im noch immer neueren Segment „FinTech" entwickeln sich zunehmend Anbieter von neuartigen Mobile-Banking-Anwendungen. Mit technischer Expertise und einigen Mehrwerten versuchen diese Anbieter Kunden zu gewinnen. Dem bisherigen Wachstum waren bislang aufgrund des regulativen Umfelds bestimmte Hürden gestellt. Eine wesentliche Hürde ist die erforderliche GwG-konforme Identifikation des Kunden. Aufgrund der Möglichkeit des WebIdents wird diese Hürde nun genommen und ein aufgrund dessen stattgefundenes Ausweichen einiger dieser Anbieter ins regulative Umfeld anderer Länder wird obsolet.

23.6.3 Online-Vertragsabschluss (WebID Contract)

Die Digitalisierung nimmt bei Banken und Sparkassen ständig zu. Es führt kein Weg daran vorbei, optimierte digitale Antragsstrecken für Finanzprodukte zu haben. Der potenzielle Kunde verlangt in einer digitalen Welt danach.

Diesen Weg haben sehr viele der Finanzdienstleister bereits beschritten.

Nun wurde oben dargestellt, was das neuartige, von der WebID Solutions GmbH erstmalig weltweit entwickelte WebIdent-Produkt mit dem Namen „WebID Identify" zu leisten vermag. Auch das verhilft zu einer vertieften und weitergehenden Digitalisierung. Nutzer und Kunden freuen sich über die sehr gute Nutzbarkeit ohne „Medienbruch". Die Umsätze der Finanzdienstleister werden davon positiv beeinflusst.

Was ist bislang noch nicht oder nur unzureichend digital verfügbar? Es ist der Vertragsabschluss des Kunden. Bei bestimmten Vertragstypen wie Kreditverträgen ist es nach deutschem Recht erforderlich, dass der Kunde dort die „Schriftform" wahrt. Das bedeutet, dass der Kunde Verträge handschriftlich zu unterschreiben hat oder diese Verträge mit einer qualifizierten elektronischen Signatur versieht. Das Signaturgesetz hat sich in der Praxis aufgrund rechtlicher und technischer Komplexität bislang nicht durchgesetzt. Kaum ein Nutzer hat die dafür erforderliche Hard- und Software. Und die Alternative „handschriftliche Unterschrift" ist bislang mit der postalischen Zusendung der Dokumente und damit wieder mit einem „Medienbruch" verbunden.

Damit steht der vollständigen Digitalisierung bei bestimmten Vertragstypen das Geschilderte maßgeblich entgegen.

Auf Basis des WebIdents hat die WebID Solutions GmbH auch hierfür eine weltweit neuartige Lösung entwickelt, die es Banken und Sparkassen ermöglicht, auch den Vertragsabschluss in die digitale Welt zu verlagern. Unter Berücksichtigung der einschlägigen Gesetze und in Abstimmung mit zwei internationalen Law Firms wurde diese Lösung rechtskonform entwickelt.

Sie teilt sich in zwei unterschiedliche Wege, dem Nutzer die rechtsgültige Unterzeichnung in einer digitalen Welt zu ermöglichen. Der erste Weg knüpft an den klassischen und gelernten Weg einer handschriftlichen Unterschrift an und verlagert alle Prozesse drum herum und die Weiterleitung der Dokumente in die digitale Welt. Eine große Zeit- und Kostenersparnisse für alle Seiten.

Der zweite Weg knüpft an die rechtlichen Möglichkeiten des Signaturgesetzes an und verbindet diese mit einem WebIdent. Dem Nutzer wird dadurch die Möglichkeit gegeben, durch die elektronische Bestätigung digital verfügbarer Dokumente in Verbindung mit seinem Mobiltelefon die Verträge digital zu unterschreiben.

In der Gesamtschau lässt sich konstatieren, dass die aufgezeigten Innovationen so bedeutsam für den Finanzdienstleistungssektor, insb. für Banken und Sparkassen, sind, dass ein großes Umdenken, Neudenken und Neugestalten bereits begonnen hat. Die gesamten Auswirkungen sind aus heutiger Sicht bereits erkennbar, aber in ihrer ganzen Breite noch gar nicht konkret beschreibbar. Als Vorteil stellt sich hier zudem heraus, dass die Auswirkungen positiv für alle Marktteilnehmer sind. Sie stärken die Banken durch neue

Produkte, sinkende Kosten und Umsatzsteigerungen. Und auch Filialbanken mit ihrem großen Filialnetz werden bei unterstützendem Einsatz der genannten Innovationen davon profitieren. Sie dienen den Verbrauchern durch mehr Komfort und Kostenersparnis. Und sie dienen nicht zuletzt auch dem Finanzplatz Bundesrepublik Deutschland, da sich zeigt, dass digitale Innovation auch in Deutschland ohne ein regulatives Abwandern der Marktteilnehmer möglich ist.

Franz Thomas Fürst studierte an der Boston University und erlangte dort innerhalb von drei Jahren einen BS/BA in Business Administration. Nach Verkauf der familieneigenen Firmengruppe setzte er seine akademische Ausbildung an der London Business School fort und erlangte dort einen MBA. Nach mehrjähriger Beratungstätigkeit für CSC Index in Cambridge, Massachusetts sowie London und München war Thomas Fürst für die Credit Suisse First Boston in London und Frankfurt im M&A Investment Banking tätig. Über zehn Jahre baute er ein eigenes Beratungsunternehmen mit den Industrieschwerpunkten Finanzdienstleistungen, Medien und Retail auf. Seit 2012 ist Thomas Fürst Gründer und Geschäftsführer der WebID Solutions GmbH, dem Erfinder der GwG-konformen Onlineidentifikation ohne Medienbruch.

Frank Stefan Jorga startete früh mit einer eigenen unternehmerischen Tätigkeit im Bereich Informationstechnologie. Im Anschluss absolvierte er eine Ausbildung zum Bankkaufmann bei der deutschen Großbank Dresdner Bank AG und war dort tätig. Dem folgten betriebswirtschaftliche Studien und beide juristische Staatsexamina (Zulassung als Rechtsanwalt) an der Christian-Albrechts-Universität zu Kiel. Nach einem abgeschlossenen Zusatzstudium im Bereich Law & Business Administration an der Universität Bielefeld, einem internationalen Projekt in Los Angeles und einer Tätigkeit für den Aufsichtsrat der Dresdner Bank AG folgten verantwortliche leitende Positionen als Chefsyndikus und Geschäftsführer bei Mittelstandsunternehmen und Konzernen. Prägende Themen sind International Collection, Payment, Risk Management, Distressed Debts, Strategische Geschäftsfelder und die Marktetablierung neuer eCommerce-Finanzprodukte. Frank S. Jorga ist aktuell zudem Inhaber der Beteiligungsgesellschaft FEB Capital GmbH und Aufsichtsrat der Deutsche Kontor Privatbank AG. Nach einer erfolgreichen Aufbauphase seit 2011 als Gründer und Hauptgesellschafter der WebID Solutions GmbH engagiert er sich nun seit Anfang 2014 in geschäftsleitender Position für die nationale und weltweite Expansion der Gesellschaft.

Sachverzeichnis

© Springer Fachmedien Wiesbaden 2015
H. Brock, I. Bieberstein (Hrsg.), *Multi- und Omnichannel-Management
in Banken und Sparkassen,* DOI 10.1007/978-3-658-06538-6

Printed by Printforce, the Netherlands